아 이 네 이 스

숲

Aeneis
by Publius Vergilius Maro

아이네이스
—
개정판 제1판 1쇄 2007년 4월 20일
개정판 제1판 12쇄 2022년 4월 20일
—
지은이-베르길리우스
옮긴이-천병희
펴낸이-강규순
—
펴낸곳-도서출판 숲
등록번호-제406-2004-000118호
주소-경기도 파주시 돌곶이길 108-22
전화-(031)944-3139 팩스-(031)944-3039
E-mail-book_soop@naver.com
—
ⓒ 천병희, 2007. Printed in Seoul, Korea
ISBN 978-89-91290-18-1 93890
값 32,000원
—
디자인-씨디자인

아이네아스, 앙키세스
17세기 베르니니의 대리석상(부분), 보르게세 미술관, 로마
아이네아스가 아버지 앙키세스를 어깨에 짊어진 순간, 그는 로마 건국의 사명을 짊어진 것이다.

아이네아스, 앙키세스, 아스카니우스
17세기 베르니니의 대리석상, 전체와 부분(아스카니우스), 보르게세 미술관, 로마
아이네아스는 아버지 앙키세스를 업고, 아들 아스카니우스를 데리고 함락된 트로이아를 탈출한다.
아이네아스의 아들 아스카니우스 일명 이울루스는 카이사르와 아우구스투스 등이 속한
로마의 유서 깊은 귀족 가문 율리아 가의 선조로 여겨졌다.

오른손에 벼락을, 왼손에 로마의 독수리가 올라앉은 지팡이를 든 윱피테르(왼쪽)
윱피테르는 아이네아스에게 로마 건국의 사명을 주고 '조상의 땅'을 찾아갈 것을 명한다.

두 마리 바다뱀에 감긴 라오코온 삼부자
청동으로 만들어진 원작의 대리석 복제본, 바티칸 박물관, 로마
『아이네이스』에는 트로이아의 사제였던 라오코온의 비참한 운명이 생생하게 묘사되어 있다.

아스카니우스로 변한 쿠피도와 아이네아스를 맞이하는 디도
1720~30년, 프란체스코 솔리메나(왼쪽 상단)

델로스에서 아이네아스가 머무는 풍경
1672년, 클로드 로랭(왼쪽 하단)

디도의 죽음(부분), 1696~1770년, 티에폴로
디도와 아이네아스의 사랑은 이 작품에서 가장 사랑 받아온 부분으로,
디도와 사랑에 빠져 있을 때 메르쿠리우스가 찾아와 과업을 일깨워주며 디도를 떠날 것을 재촉한다.
아이네아스가 떠나자 디도는 실연의 아픔을 이기지 못하고 그가 남기고 간 물건들을
태우려고 쌓아둔 장작 더미에 올라가 스스로 목숨을 끊는다.

쿠마이에 있는 시빌라의 동굴 입구
아이네아스는 예언녀 시빌라의 동굴을 찾아가 저승으로 내려가는 길을 안내해 달라고 부탁한다.

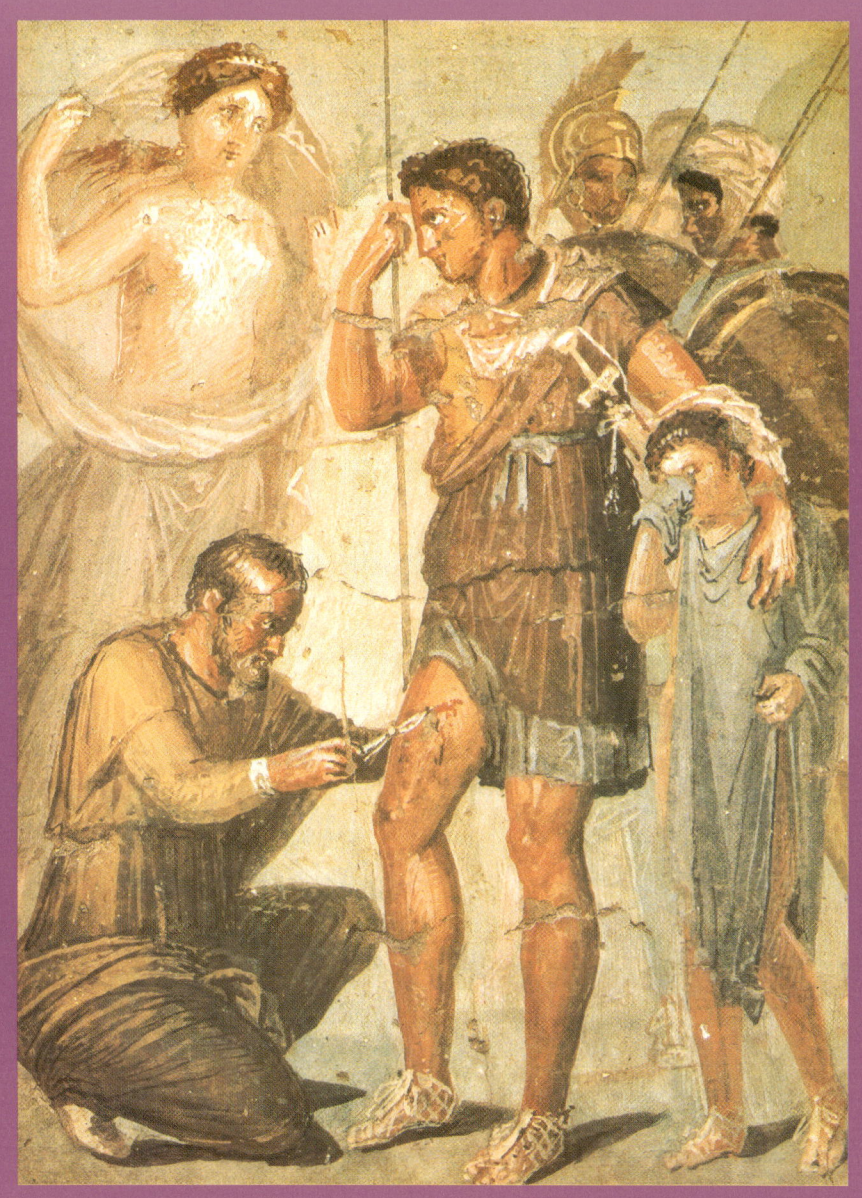

부상을 치료 받는 아이네아스
기원후 1세기 벽화(폼페이), 국립고고학박물관, 나폴리
부상당한 아이네아스가 이아퓍스에게 치료를 받다.
그림 왼쪽으로 베누스가, 오른쪽으로 울고 있는 아스카니우스 일명 이울루스가 보인다.

마르스의 대리석상
카피톨리노 박물관, 로마(왼쪽)
군신 마르스는 누미토르의 딸 레아 실비아에게 다가가 로물루스와 레무스의 어머니가 되게 한다. 이러한 이유로 마르스는 로마인들에게 사랑 받는 신이 된다.

에트루리아의 암늑대 청동상
기원전 500년경의 청동상, 카피톨리노 박물관, 로마
암늑대가 로물루스와 레무스 형제에게 젖을 물리고 있다. 쌍둥이들은 르네상스 시대에 덧붙여진 것이다.

프리마 포르타의 아우구스투스
기원후 1세기 초의 채색 대리석상, 바티칸 박물관, 로마
베르길리우스는 죽어가며 미완의 『아이네이스』를 태워버리라고 유언하지만 그의 사후
아우구스투스 황제의 명을 받고 바리우스와 툭카가 『아이네이스』를 정리하여 지금의 형태로 발간한다.

아이네이스

Aeneeius
Vergilius

베르길리우스 지음 / 천병희 옮김

이 책에 등장하는 이름 쓰기 비교표 (신명, 인명, 지명 순)

라틴어 이름	그리스어 이름
우라누스	우라노스
테라, 텔루스(대지의 여신)	가이아
사투르누스	크로노스
융피테르	제우스
넵투누스	포세이돈
플루톤, 디스	하데스, 플루톤
유노	헤라
케레스	데메테르
베스타	헤스티아
라토나	레토
미네르바	아테나, 아테네
아폴로	아폴론
포이부스	포이보스
디아나	아르테미스
베누스	아프로디테
마르스	아레스
메르쿠리우스	헤르메스
볼카누스	헤파이스토스
박쿠스	디오뉘소스, 박코스
쿠피도	에로스
파르카이(운명의 여신들)	모이라이
켄타우루스	켄타우로스
프로세르피나	페르세포네
아이스쿨라피우스	아스클레피오스
아우로라	에오스
포르투나	튀케
빅토리아	니케
헤르쿨레스	헤라클레스
다르다누스	다르다노스
테우케르, 테우크루스	테우크로스
아이네아스	아이네이아스
아스카니우스	아스카니오스
울릭세스	오뒷세우스
아킬레스	아킬레우스
헬레나	헬레네
일리움	일리온, 일리오스
이다	이데
크레타	크레테
리뷔아	리뷔에
카르타고	카르케돈

| 차례 |

옮긴이 서문 _ 최초의 로마인의 인생 역정을 다룬 로마 건국 신화 ············· 18
일러두기 ·· 20

제 1 권 아이네아스 일행이 카르타고에 도착하다 ·· 21
제 2 권 화염에 싸인 트로이야 ·· 53
제 3 권 신이 내린 방랑 ··· 87
제 4 권 디도와 아이네아스의 사랑 ··· 117
제 5 권 장례식 경기 ·· 147
제 6 권 저승으로 가서 아버지를 만나다 ·· 185
제 7 권 예언의 땅 라티움 ·· 223
제 8 권 아이네아스가 로마에 가다 ·· 257
제 9 권 니수스와 에우뤼알루스 ··· 289
제10권 동맹군과 돌아온 아이네아스 ··· 323
제11권 여전사 카밀라 ··· 361
제12권 운명의 결투 ·· 399

부 록 주석 ·· 440
옮긴이 해제 _ 베르길리우스, 로마의 사명을 노래하다 ································ 542
참고 문헌 ·· 552
찾아보기 ·· 554
지도 ·· 602

| 옮긴이서문 |

최초의 로마인의 인생 역정을 다룬 로마 건국 신화

요즘 우리 나라에서도 그리스 로마 신화에 대한 관심이 고조되고 있다. 그러나 그러한 관심이 일시적인 호기심에 그치지 않고 서양 문화를 깊이 있게 이해하기 위한 토대로 발전하기 위해서는 그리스 로마 신화에 관한 1차 문헌들을 체계적으로 연구하고 온전하게 소개하는 작업이 선행되어야 할 것이다. 그리고 그러한 작업의 핵심은 그리스 로마 시대에 씌어진 1차 문헌들을 자의적으로 재구성한 신화 연구서들을 흥미 위주로 편집하는 것보다는 1차 문헌들 자체를 충실히 번역하고 이에 필요한 주석을 다는 일일 것이다. 그래야만 이 분야에 관심 있는 이들이 올바른 신화 읽기의 뿌리를 튼튼히 세우고 관심의 대상을 보다 정확하고 생생하게 파악할 수 있을 것이다.

그리스 문화가 서양 문화의 뿌리를 이룬다고 하면 로마 문화는 그것을 계승 발전시키며 폭과 깊이를 더해갔다. 그중에서도 로마 제국의 라틴어와 라틴 문학이 서구의 언어와 문학에 끼친 영향은 말로 다 설명할 수 없는 정도다. 조탁된 언어와 함축적인 표현으로 그 자체가 후세의 서양 문학에 큰 영향을 주었는데 특히 로마 최대의 시인 베르길리우스의 장편 서사시 『아이네이스』(Aeneis '아이네아스의 노래'라는 뜻)와 이 작품에서 영감을 받아 오비디우스가 쓴 『변신 이야기』(Metamorphoses)는 명실공히 라틴 문학을 대표하는 작품이다.

그리스 신화가 트로이야 전쟁까지의 이야기를 담고 있다면 『아이네이스』는 트로이야 전쟁 이후의 이야기를 담고 있다. 기원전 12세기에 트로이야가 그리스인들에 의해 함락당한 후 트로이야보다 더 위대한 제2의 트로이야를 건설하게 되리라는 신탁을 받은 베누스(그리스 신화의 아프로디테)의 아들 아이네아스는 가족과 추종자들을 데리고 패전의 그림자가 드리운 조국을 떠난다. 그들은 인간사를 주재하는 운명의 힘에 떠밀려 신탁이 말한 조상의 땅을 찾아 각지를 방랑하게 되는데 가는 곳마다 그는 본의 아니게 온갖 고통과 재난을 불러온다. 피할 수 없는 운명(로마 제국을 건설하라는 사명)에 휘둘리며 천신만고 끝에 이탈리아에 정착지를 건설하고 최초의 로마인이 되는 영웅의 이야기를 통해 이 작품은 로마 건국이라는 신탁을 수행하며 겪는 한 인간의 비애와 운명을 배경으로 한 국가의 세계사적 의미를 찾아가고 있다.

『아이네이스』의 위대함은 로마의 앞날에 대한 숭고한 전망을 제시하고 찬미하는 차원을 넘어 한 나라의 통치 기구가 갖는 목표와 그 성취를 한 인간의 좌절과 인간적 고뇌에 대한 공감으로부터 뽑아 올리고 있다는 것이다. 그리하여 '로마'는 한 도시의 이름이 아니라 모든 인류가 찾아가고 있는 이름이 된다.

후세의 시인들은 『아이네이스』의 장려한 필치에서 시 예술의 최고 경지를 발견했고 기교와 구성, 어법, 운율 등의 모범을 찾았으며, 『아이네이스』에서 표방한 가치관에 따라 이상적 인간상을 찾았을 정도로 이 작품은 지대한 영향력을 갖게 되었다. 이 작품은 처음 씌어졌을 때부터 지금까지 2000년 이상의 세월 동안 끊임없이 읽혀지고 있으며, 베르길리우스를 '서양 문화의 어버이'로 칭송할 만큼 서양인들의 자의식 형성에 큰 영향을 주었다.

국내에서 처음 시도되는 『아이네이스』의 라틴어 원전 번역이 좁게는 라틴 문학, 넓게는 '로마'에 대한 우리의 이해를 심화하는 데 조금이라도 보탬이 된다면 옮긴이로서는 더 바랄 것이 없겠다.

2007년 3월
옮긴이 천병희

| 일러두기 |

1. 이 역서의 대본은 *P. Vergili Maronis Opera*, edited by R. A. B. Mynors(Oxford Classical Texts), Oxford 1969의 라틴어 텍스트를 사용했다. 현대어역으로는 H. R. Fairclough(Loeb Classical Library 1999), C. D. Lewis(Oxford World's Classics 1986), W. F. Jackson Knight(Penguin Books 1958), D. West(Penguin Books 1991) 및 R. Fitzgerald(Everyman's Library 1992)의 영역들과 J. Götte(Artemis und Winkler ¹⁰2002), V. Ebersbach(Reclam ⁴2001) 및 W. Hertzberg(Aufbau-Verlag 1965)의 독역을 참고했다.
2. 각 권의 제목은 원전에 없는 것으로 독자의 편의를 위해 옮긴이가 덧붙인 것이다.
3. 고유명사는 그리스 이름이라 하더라도 원전대로 라틴어로 읽고 경우에 따라 그리스어를 병기했다. 예: 윱피테르(Iuppiter 그/Zeus), 유노(Iuno 그/Hera), 디아나(Diana 그/Artemis).
4. 라틴어 발음은 고전 라틴어 발음을 따랐다. 몇 가지만 언급하자면, 이중모음(diphthong) ae는 '아이'로, 예컨대 Caesar는 카이사르로, Aeneas는 아이네아스로 읽었다. 단 드물게 Phaëton에서처럼 ae가 두 음절인 경우에는 '아에'로 읽었다. 이중모음 oe는 '오이'로, 예컨대 Oebalus는 오이발루스로, Poenus는 포이누스로 읽었다. i는 단어의 맨 앞에 있고 그 뒤에 모음이 따를 경우 또는 두 모음 사이에 있을 경우 영어의 y처럼, 예컨대 Iulius는 율리우스로, Troia는 트로이야로 읽었다. 단 예외에 속하는 Iulus, Io 등 몇몇 이름은 이울루스, 이오로 읽었다. 그리고 같은 자음이 중복될 경우 둘 다 읽었다. 모음에 두 개 이상의 자음이 따를 경우 그 모음은 영어나 독일어에서는 대체로 짧은 음절이 되는 것과 달리, 그리스어와 라틴어에서는 긴 음절이 되는데, 긴 음절이 되자면 뒤따르는 자음들을 반드시 읽어주어야 하기 때문이다. 예: Iuppiter는 윱피테르로, Tyrrhenia는 튀르레니아로, Anna Perenna는 안나 페렌나로 읽었다. 참고로 중복되는 자음을 ㄲ, ㄸ, ㅃ, ㅆ, ㅉ 등 된소리로 읽는 이들이 있는데 된소리는 단자음(單子音)이다.
5. 12권 전체에 대한 주석은 T. E. Page(London 1894, 1900, 2vols.)의 것을, 개별 권들에 대한 주석으로는 Oxford University Press에서 나온 R. G. Austin(1, 2, 4권), R. D. Williams(3, 5권), F. Fletcher(6권), C. J. Fordyce(7, 8권) 및 S. J. Harrison(10권)의 것과 Cambridge University Press에서 나온 K. W. Gransden(8, 11권) 및 P. Hardie(9권)의 것과, E. Norden(Darmstadt ³1927)의 것을 참고했다.
6. 대조하거나 참고하기에 편리하도록 매 5행마다 행수를 표시했다. 번역상의 문제로 원전의 것과 정확히 일치하지는 않지만 두 행 이상 차이나지 않도록 했다.
7. 본문 뒤에 찾아보기를 달아 원어와 함께 고유명사를 쉽게 찾을 수 있도록 했다.
8. 후일 가필된 것으로 추정되는 부분은 ( )로, 가필된 것이 확실해 대부분의 양질의 필사본에는 빠져 있는 부분은 [ ]로 표시했다. 미완성 시행은 · · · 으로 표시했다.

제1권

아이네아스 일행이 카르타고에 도착하다

[1]무기[2]들과 한 전사[3]를 나는 노래하노라. 그는 운명에 의해[4] 트로이야의
해변에서 망명하여 처음으로[5] 이탈리아와 라비니움[6]의 해안에 닿았으나,
육지에서나 바다에서나 하늘의 신들의 뜻에 따라 숱한 시달림을 당했으니
잔혹한 유노가 노여움[7]을 풀지 않았기 때문이다. 그는 전쟁에서도
많은 고통을 당했으나[8] 마침내 도시[9]를 세우고 라티움[10] 땅으로   5
신들[11]을 모셨으니, 그에게서[12] 라티니족[13]과 알바[14]의 선조들과
높다란 로마의[15] 성벽들이 생겨났던 것이다.
무사 여신[16]이여, 신들의 여왕이 신성(神性)을 어떻게 모독당했기에
속이 상한 나머지 그토록 많은 시련과 그토록 많은 고난을
더없이 경건한[17] 남자로 하여금 겪게 했는지 말씀해주소서!   10
하늘의 신들도 마음속에 그토록 깊은 원한을 품을 수 있는 건가요?
　　　이탈리아와 티베리스[18] 강 어귀 맞은편 저 멀리
튀로스[19]인들이 세운 오래된 식민시(植民市) 카르타고[20]가 있었다.
카르타고는 물자가 풍부하고 거친 전쟁에도 적합한지라
유노는 모든 나라들, 아니 사모스[21]보다도 이곳을 거처로   15
삼았다고 한다. 이곳에 유노의 무구들과 전차(戰車)가
있었으니, 운명만 허락해준다면 이곳을 모든 민족의 수도로
삼겠다는 뜻을 품었던 것이다. 그러나 트로이야 혈통에서
한 지파가 갈라져 나와 언젠가는 튀로스의 성채[22]를
뒤엎을 것이고, 거기서[23] 광활한 지역을 통치하고   20

전쟁에 뛰어난 한 민족이 태어나 리뷔아[24]에 파멸을 가져다줄 것인즉,
이것이 곧 운명의 여신들[25]의 뜻이라는 말을 들었다.
사투르누스[26] 딸[27]은 이것이 두렵고 자신이 처음으로 트로이야에 맞서
사랑하는 아르고스[28]를 위해 치렀던 옛 전쟁[29]을 기억하고는···
그 밖에도 노여운 것들이 더 있었고 쓰라린 고통이 25
마음을 떠나지 않았으니 부당하게도 자신의 아름다움을 모욕한
파리스의 심판[30]을 뼛속 깊이 기억하며 트로이야의 종족을 미워했고[31]
납치한 가뉘메데스[32]에게 부여된 명예도 못마땅했던 것이다.
이런 일에 열이 올라 그녀는 다나이족[33]과 사나운 아킬레스[34]가 남겨둔
얼마 안 되는 트로이야인들을 온 바다 위로 내동댕이쳐 30
라티움에서 멀리 떨어져 있게 했고, 이들은 운명에 쫓겨
여러 해 동안 이 바다에서 저 바다로 모든 바다를 떠돌아다녔다.
로마 민족을 창건한다는 것은 그만큼 힘든 과업이었다.

  [35]그들이 신나게 돛을 올리고는 청동을 댄 이물로 짠 바닷물의 거품을
가르며 시킬리아[36] 땅이 보이지 않는 바다로 막 나왔을 때, 35
가슴속에 영원한 상처를 품은 유노는 이렇게 혼잣말을 했다.
"정녕 나는 뜻을 이루지 못하고 물러나 테우케르 백성들[37]의 왕[38]을
이탈리아에 가지 못하게 막을 수 없단 말인가? 운명이 내게 그렇게
명령하고 있단 말인가? 하지만 팔라스[39]는 아르고스인들의
함대를 불사르고 그들 자신은 바닷물에 잠기게 하지 않았던가, 40
단 한 사람 오일레우스의 아들 아이약스[40]의 죄와 광기 때문에?
그녀는 구름 사이에서 손수 윱피테르의 화염[41]을 내던져
함선들을 흩어버리고 폭풍으로 바다를 뒤집어놓았으며,
그자[42]가 가슴을 꿰뚫려 화염을 토할 때 회오리바람으로
낚아채어 뾰족한 암초에 찔려 죽게 하지 않았던가! 45

한데 나는 신들의 여왕으로, 윱피테르의 누이이자
아내로 거닐건만 단 하나의 민족과 이토록 여러 해 동안
전쟁을 치러야 하다니! 이래서야 누가 유노의 신성을
숭배하고 내 제단에 탄원자로서 제물을 바치겠는가?"
   성난 가슴속에서 홀로 이런 생각을 굴리며 여신은   50
먹구름의 나라이자 미쳐 날뛰는 남풍의 고장인 아이올리아[43]로 갔다.
아이올루스 왕은 넓은 동굴 안에서 서로 다투는
바람들과 울부짖는 폭풍들을 권세로 누르며
사슬과 감옥으로 붙들고 있었다.
빗장 뒤에서 그것들이 사방으로 으르렁거리니 산이 요동을 친다.   55
홀(笏)을 들고 성채 위에 높직이 앉아 아이올루스는
그것들의 성난 마음을 달래고 제지한다.
그가 그렇게 하지 않으면 그것들은 바다와 대지와
깊숙한 하늘을 재빨리 낚아채어 대기 속으로 삼켜버릴 것이다.
하나 전능한 아버지[44]가 이를 우려하여 그것들을   60
캄캄한 동굴 안에 가두고 그 위에 거대한 산들을 쌓은 뒤
왕을 정해주니, 확실한 계약에 따라 그가 그것들의 고삐를
죄게도 하고 또 명령에 따라 늦추게도 하려는 것이었다.
유노는 그에게 이렇게 간청했다.
   "아이올루스여, 신들의 아버지이자 인간들의 왕인 그분께서 65
그대에게 그대의 바람으로 파도를 달래고 일으키는 권한을 주셨으니,
지금 튀르레니아 바다[45]를 항해하며 일리움[46]과 패배한 수호신들[47]을
이탈리아로 싣고 가는 내가 싫어하는 민족의 함선들을 뒤집어
가라앉히거나 아니면 선원들을 흩어버리고 바다에 그들의 시신을
뿌리시오. 바람에 힘을 불어넣어주시오. 내게는 몸매가 빼어난   70

요정(妖精)이 이칠 십사 열네 명이나 있소.
그중에서 가장 예쁜 데이오페아[48]를 나는 지속적인 결합을 위해
그대에게 정해줄 것이오. 내 청을 들어준 보답으로
그녀는 평생 그대와 함께하며 귀여운 자식들을 낳아
그대를 아버지로 만들어줄 것이오."[49] 75

　아이올루스는 대답했다. "오! 여왕이여, 그대가 원하는 것을
알아내는 것은 그대가 할 일이고, 명령 받은 바를 이행하는 것은
내 임무요. 나의 이 왕국은 모두 그대 덕분이며, 나의 홀과
윱피테르의 호의도 모두 그대 덕분이오. 그대가 나를 신들의
연회장으로 불러 먹구름과 폭풍의 주인으로 만들어주셨잖소." 80

　그러고는 창을 돌려 자루의 끝으로 속이 비어 있는
산의 옆구리를 찔렀다. 그러자 바람들이 마치 대열을 짓고 있었는 듯
열린 문 사이로 쏟아져 나오더니 회오리바람으로 대지를 채운다.
동풍과 남풍과 수많은 돌풍을 동반한 아프리카 바람이
한꺼번에 바다를 덮쳐 가장 깊은 심연에서부터 온 바다를 85
뒤집으며 해안들로 긴 파도를 굴린다. 남자들의 비명과
밧줄들이 삐걱거리는 소리가 인다. 별안간 구름들이
테우케르 백성들의 눈에서 하늘과 낮을 앗아가고
칠흑 같은 밤이 바다 위로 들어찬다.
하늘에서 갑자기 천둥이 치기 시작하고 대기는 잇달아 번갯불과 90
섞이니 모든 것이 그 자리에서 남자들을 죽이겠다고 위협한다.
그러자 이내 아이네아스의 사지는 싸늘한 공포로 풀린다.
그는 신음하며 하늘의 별들을 향해 두 손을 들고 말한다.
"오오! 세 배나 네 배나 행복하도다,[50] 아버지들의 면전에서[51]
트로이야의 높은 성벽 아래서 죽을 운명을 타고났던 자들은! 95

오오! 다나이족 가운데 가장 용감한 튀데우스의 아들[52]이여!
왜 나는 일리움의 들판에서 그대의 오른손에 나의 이 넋을 토하고
쓰러져 눕지 못했던가! 그곳에는 용맹스런 헥토르[53]도 아이아쿠스의
손자[54]의 창에 맞아 누워 있고, 그곳에는 거한 사르페돈[55]도
누워 있으며, 남자들의 그토록 많은 방패와 투구와   100
용사들의 시신을 시모이스[56]가 물살로 쓸어가지 않았던가!"
    그가 아직 그런 말을 내뱉고 있는데 세찬 북풍이 윙윙대며
정면에서 돛을 덮치고 하늘 높이 물결을 쳐올린다. 노들이 부러진다.
그러자 배가 이물을 돌리며 파도에 옆구리를 맡기니
거기에 우뚝 솟은 물의 절벽이 이어진다. 어떤 배의 선원들은   105
물마루에 걸려 있고, 어떤 배의 선원들에게는 파도가 갈라지며 바닥을
보여주니 그곳에서는 물결이 모래와 함께 끓어오르고 있었다.
배 세 척은 남풍이 빙빙 돌리며 숨은 암초들 쪽으로 낚아채가고
(바다 한가운데서 수면 가까이 거대한 등을 내민 바위들을
이탈리아인들은 '제단들'이라고 부른다) 배 세 척은 동풍이   110
바다에서 얕은 여울들과 쉬르티스[57]들로 몰고 가―참으로 처참한
광경이다―얕은 곳에다 내동댕이치고 그 주위에 모래 둑을 쌓는다.
한 척은 뤼키아[58]인들과 성실한 오론테스를 싣고 가고 있었는데,
아이네아스의 눈앞에서 거대한 파도가 고물 쪽을 내리 덮친다.
배의 키잡이는 퉁겨져 나가 머리를 아래로 한 채 곤두박질친다.   115
배는 파도에 의해 그 자리에서 세 번이나 빙글빙글 돌다가
게걸스런 소용돌이 속으로 빨려들어간다.
몇 사람만이 광대한 심연 위에서 남자들의 무구들과 널빤지들과
트로이야의 보물들과 함께 파도 사이로 헤엄치는 것이 보일 뿐이다.
폭풍은 어느새 일리오네우스의 튼튼한 배와 용감한 아카테스의 배를,   120

그리고 아바스와 고령의 알레테스가 타고 있던 배를 제압했다.
옆구리의 이음매들이 풀린 그 배들은 구멍이 뚫리는 바람에
여기저기 무방비로 바닷물이 쏟아져 들어온다.
  그사이 넵투누스는 바다가 크게 으르렁거리고 폭풍이 풀려나
바닷물을 맨 밑바닥에서부터 뒤집어놓은 것을 알아차리고   125
언짢아하며 수면 위로 고개를 들어 차분하게
바다 위를 내다보았다. 그는 아이네아스의 함대가
온 바다 위에 흩어져 있고 트로이야인들이
파도와 무너져 내리는 하늘[59]에 제압당하는 것을 본다.
유노의 계략과 노여움을 오라비[60]인 그가 모를 리 있겠는가.   130
그는 동풍과 서풍을 불러놓고 이렇게 말한다.
  "너희들은 너희들 가문[61]을 믿고 이런 소동을 벌이는 게냐?
바람들이여, 너희들이 감히 내 승낙도 없이 하늘과 대지를
뒤섞고 산더미 같은 파도를 일으켰단 말이냐?
내 너희들을……[62] 일단 파도부터 가라앉히는 것이 좋겠구나.   135
앞으로는 이처럼 가벼운 벌로 죄에서 벗어나지 못하리라.
서둘러 이곳을 떠나 너희들의 왕에게 전하도록 하라. 바다의 통치권과
준엄한 삼지창[63]은 그가 아니라 제비에 의해 내게 주어졌다[64]고 말이다.
그의 영역은 바위산으로, 동풍이여, 너희들의 거처는 그곳이다.
아이올루스는 그곳에 있는 자신의 궁전에서나 뻐기라 하고,   140
바람들을 다스리되 감옥에 가두어놓고 다스리라 하라!"
  이렇게 말하며 말보다 더 빨리 그는 부풀어오른 바다를
진정시키고 한데 모인 구름을 흩어버리고 해를 도로 데려온다.
퀴모토에[65]와 트리톤[66]이 힘을 모아 뾰족한 바위에서 함선들을 밀어낸다.
한편 넵투누스 자신은 삼지창을 지레로 사용하여   145

그들을 돕고 광대한 쉬르티스들에 뱃길을 여는가 하면
파도의 물마루 위로 전차를 타고 미끄러지듯 가볍게 달리며
바다를 진정시킨다. 군중이 모이면 흔히 폭동이 일어나고
천민들의 마음이 사나워져 어느새 횃불과 돌멩이가 날아다니고
광기가 무기를 마련하게 된다. 그러다가도 그때 우연히   150
마음이 경건하고 나라에 공적 있는 사람을 보게 되면
그들은 다시 조용해지며 그의 말을 듣고자 가만히 서 있고,
그는 말로써 그들의 마음을 바꾸고 그들의 가슴을 어루만진다.
꼭 그처럼 아버지[67]가 바다를 응시하자 바다의 소요는 모두
가라앉았다. 이제 하늘이 열린 가운데 그는 전차를 돌려   155
나는 듯이 몰며 순종하는 말들의 고삐를 늦춘다.

　　한편 아이네아스의 백성들은 녹초가 되어 가장 가까운 해안으로
서둘러 나아가려고 애썼으니, 그들이 향하는 곳은 리뷔아의 해안이었다.
안으로 깊숙이 들어간 곳에 한 장소가 있는데, 섬 하나가 양 옆구리로
그 앞을 막아 섬으로써 포구를 이루고 있다. 바다에서 밀려드는 모든   160
파도가 그 옆구리에 부서져 갈라진 채 만으로 들어오는 것이다.
양쪽의 높은 절벽들 위에는 쌍둥이 바위가 하늘을 찌를 듯이 아찔한
위용으로 솟아 있고, 이 두 봉우리 아래로 널찍한 바다가 보호를 받으며
침묵을 지키고 있다. 위로는 나무 우듬지가 바람에 흔들리고
아래로는 으스스한 그늘 짙은 숲이 병풍처럼 드리워 있다.   165
바위 밑 바다 쪽으로 안에 신선한 물과 자연석으로 된
의자들이 있는 종유석 동굴이 하나 있으니,
바로 요정들의 거처이다. 이곳에서는 지친 배들의
밧줄도 붙잡지 않고 이빨이 굽은 닻도 붙들지 않는다.
아이네아스는 전(全) 함대에서 일곱 척의 배를 모아   170

이곳으로 피난했다. 그러자 트로이야인들은 육지가
몹시 그리웠던지라 배에서 내려 고대하던 모래를 밟으며
소금물에 전 사지를 바닷가에 뉘었다.
맨 먼저 아카테스가 부싯돌로 불을 피워
잎으로 옮기고 나서 그 주위에 마른 잎들을 대주어   175
나무 부스러기들 사이로 불꽃이 피어오르게 했다.
그러자 불행에 지칠 대로 지친 사람들이 파도에 상한
케레스의 선물들과 케레스의 도구들[68]을 내와서
바다에서 건진 곡식을 불에 그슬리고 빵을 준비를 했다.

　　그사이 아이네아스는 바다 위를 두루 살펴보려고   180
바위를 타고 올라갔으니, 혹시 어딘가에서 바람에 내동댕이쳐진
안테우스나, 프뤼기아[69]의 함선들이나, 카퓌스나, 높다란 고물에
걸려 있는 카이쿠스의 무구들을 볼 수 있을까 해서였다.
하지만 배는 한 척도 보이지 않고, 수사슴 세 마리가 바닷가에서
노니는 것이 보였다. 그 뒤로 한 떼의 사슴이 따라가며   185
긴 열을 지어 골짜기에서 풀을 뜯고 있었다. 그는 멈춰 서서
활과 날랜 화살들을 손에 들었다. 믿음직한 아카테스가 들고 다니던
무기들이었다. 그는 먼저 나뭇가지 같은 뿔이 난 머리를
자랑스레 들고 다니던 우두머리 무리부터 땅에 누이고,
이어서 날아다니는 무기들로 보통 녀석들과 무리 전체를   190
우거진 숲 사이로 추격하며 혼란에 빠뜨렸다.
그는 육중한 몸뚱이를 일곱이나 의기양양하게 쓰러뜨리며
그 수가 함선의 수와 같아질 때까지 멈추지 않았다.
그러고 나서 그는 포구로 돌아가 그것들을 전우들에게 나눠주었다.
이어서 선량한 영웅 아케스테스[70]가 트리나크리아[71]의 해안에서   195

작별 선물로 독들에 가득 채워준 포도주를 나눠준 다음,
그는 그들의 쓰라린 가슴을 달랬다.

"오, 전우들이여! (전부터 불행에 관한 한 우리는 무지하지 않소.)
그대들은 이보다 더한 일도 겪었소. 신께서 이번 일도 끝내주실 것이오.
그대들은 광란하는 암캐인 스킬라[72]의 깊숙이 메아리치는 바위들에   200
접근했으며, 그대들은 또 퀴클롭스[73]의 바위 동굴도 알게 되었소.
그러니 이제 정신을 차리고 불행과 공포는 잊어버리시오.
아마 이 고생도 그대들에게 언젠가는 즐거운 추억거리가 될 것이오.
온갖 파란을 겪고, 그토록 많은 위험을 뚫고 우리는
라티움으로 향하니, 그곳에서 운명은 우리에게 안식처를 줄 것이오.   205
그곳에 제2의 트로이야를 세우는 것이 우리의 임무이기 때문이오.
그대들은 참고 견디고 더 나은 미래를 위해 그대들 자신을 보전하시오."

그는 이렇게 말했다. 그는 크나큰 근심에 싸여 마음이 괴로웠으나
자신만만한 표정을 지으며 아픔을 가슴 깊이 묻었다.
그들은 사냥해온 짐승들로 잔치를 준비하기 시작했다.   210
그들이 갈빗대에서 껍질을 벗기자 살코기가 드러났다.
더러는 고기를 잘게 썰어 아직도 떨고 있는 고기를 꼬챙이에 꿰고,
더러는 바닷가에 솥을 걸어놓고 불을 땠다.
그들은 음식으로 기운을 차리고 풀밭에 기대 누워
기름진 고기와 오래된 포도주를 배불리 먹고 마셨다.   215
진수성찬으로 주린 배를 채우고 상을 거두자
그들은 장탄식을 하며 곁에 없는 전우들을 아쉬워했고,
그들이 살아 있다고 믿어야 할지, 이미 최후를 맞아 아무리 불러도
듣지 못한다고 믿어야 할지 몰라 기대 반 걱정 반이었다.
경건한 아이네아스는 특히 용맹스런 오론테스와   220

아뮈쿠스의 운명을 마음속으로 슬퍼했고, 불현듯 뤼쿠스의 잔혹한
운명과 용감한 귀아스와 클로안투스의 운명을 떠올리며 슬퍼했다.
    이윽고 그들이 식사를 마쳤을 때 윱피테르는 대기의 꼭대기에서
돛으로 날개를 단 바다와 저 아래 자리 잡은 대지와 해안들과
넓은 세상의 백성들을 살펴보았다. 이처럼 그는   225
하늘의 정상에 서서 리뷔아의 나라에 시선을 고정하고 있었다.
그가 이렇듯 마음속으로 걱정하고 있을 때 베누스가
여느 때보다 더 슬픈 표정으로 눈물을 글썽이며 그에게 말했다.
"오오! 인간들과 신들의 일을 영원한 통치권으로
다스리시고 천둥소리로 두려움을 불어넣으시는 분이시여,   230
내 아들 아이네아스와 다른 트로이야인들이 그대에게
무슨 큰 잘못을 저지를 수 있었기에 그토록 많은
죽음의 고비를 넘게 하시고 이탈리아에 도착하지 못하도록
온 세상이 그들에게 닫혀 있는 건가요?
세월이 흐르면 언젠가 그들[74]에게서 로마인들이,   235
테우케르[75]의 부활한 혈통에게서 지도자들이 태어나 바다와
온 대지를 지배하리라고 그대는 지약하셨거늘, 아버지여, 무엇이 생각을
바꿔놓았나요? 진실로 나는 트로이야가 망해 비참한 폐허가 되어도
그것으로 위안 삼았고, 지난 불운을 다가올 행운으로 바꾸어 생각했어요.
지금도 똑같은 불운이 그토록 숱한 역경을 겪은 남자들을 뒤쫓고 있어요.   240
그들의 시련을, 위대하신 왕이시여, 언제쯤 끝내실 건가요?
안테노르[76]는 아키비족[77] 사이로 빠져나가 배를 타고
일뤼리쿰 만[78]들과 리부르니인들[79]의 깊숙한 나라들로 무사히 들어가
티마부스[80] 강의 원천(源泉)을 건널 수 있었어요.
산이 크게 으르렁거리는 가운데   245

바로 그 강의 아홉 개의 입에서 조수가 용솟음쳐 올라 들판들을 바다의
굉음으로 에워싸지요.[81] 이곳에 그는 파타비움 시와 테우케르 백성들의
거처를 세우고, 백성들에게 이름을 지어주고[82] 트로이야의 무구들을
걸어둘 수 있었으며,[83] 지금은 정착하여 평화와 안식을 누리고 있어요.
하오나 하늘의 성채에 오르도록 그대가 허락해주신[84] 그대의 자식들[85]인   250
우리는 단 한 분[86]의 노여움에 이토록 비참하게 함선을 잃고
배신당한 채 이탈리아의 해안에서 멀리 떨어져 있어요. 이것이 경건에 대한
보답인가요? 이렇게 그대는 우리를 왕좌에 복위시키시는 것인가요?"
　　인간들과 신들의 아버지가 하늘을 개게 하고
폭풍을 가라앉히는 미소를 지어 보이며   255
가볍게 딸에게 입맞춘 후 말했다.
"두려워 마라, 퀴테레아[87]여. 네 백성의 운명은 변함이 없다.
너는 약속된 라비니움 시의 성벽을 보게 될 것이며,
고매한 아이네아스를 하늘의 별들에게로 올리게 될 것이다.
내 생각은 결코 바뀌지 않았다.   260
네가 이 일로 이렇게 노심초사하고 있으니 나는 여기서 더 먼
미래를 말하고 운명의 두루마리를 펼쳐 보여주겠다.
이탈리아에서 큰 전쟁을 치르며 아이네아스는 거만한 부족들을 제압하고
자신의 전사들을 위해 관습을 정하고 성벽을 쌓을 것인즉,
그때까지 세 번의 여름이 라티움에서 통치하는 그를 보게 될 것이며,   265
그는 루툴리족[88]을 정복한 뒤 진영에서 세 번의 겨울을 나게 되리라.
하나 이제 이울루스라는 별명을 갖게 된—일리움이 함락되기
전에 그는 일루스[89]였다—그의 아들 아스카니우스가
자신의 통치권으로 삼십 년 동안 순환하는 달들을 채울 것이며,
라비니움으로부터 도읍을 옮겨   270

왕성한 정력으로 알바 롱가[90]의 성벽을 쌓게 되리라.
이곳에서 헥토르의 종족[91]이 꼬박 삼백 년 동안 다스리게 되리라.
그러다가 여왕이자 여사제인 일리아[92]가 마르스에 의해
잉태하여 마침내 쌍둥이 아들을 낳게 되리라.[93]
그러면 자기에게 젖을 먹여준 암 늑대의 적갈색 모피를 자랑스레   275
입고 다니는 로물루스가 가계를 이어 마보르스[94]의 성벽을 쌓고
백성들을 제 이름에서 따와 로마인들이라 부르게 되리라.
이들에게 시공(時空)의 한계를 정해주지 않을 것인즉,
나는 그들에게 무한 제국을 주었다. 게다가 두려움에서 지금
바다와 대지와 하늘을 괴롭히는 거친 유노도   280
생각을 고쳐 토가[95]를 입고 다니는 민족인 로마인들을,
세계의 주인들을 나와 함께 돌봐주게 되리라.
이것이 내 뜻이다. 세월이 흘러 때가 되면
앗사라쿠스[96]의 집안이 프티아[97]와 이름난 뮈케나이를 예속시키고,
정복당한 아르고스[98]를 지배하게 되리라.[99]   285
고귀한 혈통의 트로이야인인 카이사르[100]가 태어나니 그의 제국은
사해(四海)에 미치고 그의 명성은 별들 사이에서 끝날 것인즉,
그가 바로 위대한 이울루스의 이름을 딴 율리우스[101]이다. 너는 언젠가
동방의 전리품을 잔뜩 짊어진[102] 그를 마음 편히 하늘로 맞게
될 것이며, 그에게도[103] 사람들은 기원(祈願)하게 되리라.   290
그러면 전쟁이 종식되고, 폭력의 세대들은 점점 유순해질 것이다.
백발의 성실[104]과 베스타[105]와 퀴리누스[106]가 아우인 레무스와 더불어[107]
법을 제정할 것이다. 재앙을 가져다주는, 전쟁의 문들은 무쇠 빗장들을
질러 단단히 닫아둘 것이다. 그러면 그 안에서 불경한 광기가
무자비한 무구 더미에 앉아 일백 개의 청동 사슬에 두 손이 등 뒤로   295

묶인 채 피투성이가 된 입으로 무시무시하게 울부짖게 되리라."

    이렇게 말하고 읍피테르가 마이야의 아들[108]을 하늘에서 내려보내니, 새로 건설한 카르타고의 나라와 성채가 테우케르 백성들을 호의로써 받아들이고 운명을 알지 못하는 디도[109]가 그들을 국경 밖으로 내쫓지 못하게 하려는 것이었다. 그는 날개를 저어   300
광대한 대기 사이를 날아가 금세 리뷔아의 해안에 닿았다.
그가 어느새 명령을 이행하니, 포이누스인[110]들은 신의 뜻에 따라
적개심을 버렸고 특히 여왕은 테우케르 백성들에게
상냥한 마음씨와 호의를 품게 되었다.

    한편 경건한 아이네아스는 밤새도록 이런저런 생각을 하다가   305
생명을 부양하는 햇빛이 비치자마자 밖으로 나가 낯선 땅을 정탐하여,
바람에 밀려 자기가 어떤 해안으로 떠밀려왔으며, 이곳에는 누가 사는지,
그것이 사람인지 야수인지 ─ 이곳이 황무지처럼 보였기 때문이다 ─
알아내 전우들에게 알려주기로 결심했다.
그는 나무들과 으스스한 그늘에 싸이도록 함대를   310
아치처럼 걸려 있는 숲 안쪽 돌출한 바위 아래에 숨겼다.
그 자신은 날이 넓은 창 두 자루를 손에 쥐고
아카테스 한 명만 데리고 출발했다.
거기 숲 한가운데에서 그의 어머니[111]가 그에게 마주 다가가니,
그녀는 안색과 태도가 처녀 같았고, 스파르타[112]의 처녀나   315
빠른 발로 말들도 지치게 하고 날랜 헤브루스[113] 강도 앞지르는
트라키아[114]의 여인 하르팔뤼케[115]가 갖고 다니는 무기를 들고 있었다.
그녀는 여자 사냥꾼처럼 관습에 따라 다루기 쉬운 활을 어깨에
메고는 바람에 머리를 흩날리고 있었고, 흘러내리는 옷자락을 한데
묶어 무릎을 노출시키고 있었던 것이다. 그녀가 먼저 말했다.   320

"이봐요! 젊은이들, 혹시 내 언니들 가운데 한 명이
이곳을 헤매고 있거나, 거품 문 멧돼지를 함성을 지르며
뒤쫓는 것을 보았다면 가리켜주세요.
화살통을 메고 점박이 살쾡이가죽을 걸치고 있어요."
    베누스가 말하자 베누스의 아들이 이렇게 대답했다.   325
"그대의 언니를 나는 듣도 보도 못했소. 오오! 아가씨, 그대를
어떻게 불러야 합니까? 그대의 얼굴은 인간의 것이 아니고 그대의
목소리도 인간의 것이 아니니 그대는 여신이 틀림없소. 포이부스[116]의
누이[117]이신가요? 아니면 요정[118]들 중 한 분이신가요? 아니 누구시든
우리에게 행운을 가져다주시고, 우리의 노고를 덜어주십시오.   330
그리고 우리가 대체 하늘 아래 어디에, 이 세상의 어느 해안에
내던져졌는지 알려주십시오. 바람과 거대한 파도에 떠밀려 와서
사람도 지리도 알지 못한 채 헤매고 있습니다. 말씀해주시면
우리는 그대의 제단 앞에 많은 제물을 바치겠습니다."
    베누스가 말했다. "정말 나는 그런 명예를 누릴 자격이 없어요.   335
튀로스의 처녀들은 화살통을 메고 자줏빛 반장화 끈을 장딴지 위쪽으로
매고 다니는 것이 관습이지요.[119] 그대는 포이누스인들의 나라와
튀로스인들과 아게노르의 도시[120]를 보고 있어요.
그러나 주위는 리뷔아 땅이며, 그곳 부족들은 전쟁에서 무적이에요.
디도는 오라비를 피해 튀로스 시를 떠나와서 이곳을   340
통치하고 있어요. 그녀가 수모 받은 이야기를 다 하자면
길고도 복잡하지만 사건의 요지만 이야기하겠어요.
그녀는 포이니케인들 중에서 가장 황금[121]이 많은
쉬카이우스와 결혼하여 가련하게도 그를 열렬히 사랑했지요.
그녀의 아버지는 그녀를 숫처녀로 그에게 처음 시집보냈어요.   345

튀로스의 왕권은 그녀의 오라비 퓌그말리온이 차지했는데
그자는 천하의 악당이었어요.
두 사람 사이에 심한 말다툼이 벌어졌지요.
불경하게도 그자는 황금욕에 눈이 멀어 제단 앞에서
쉬카이우스에 대한 누이의 애정 따위는 아랑곳하지 않고   350
방심하고 있던 쉬카이우스를 몰래 죽였어요. 그리고 나서 그자는
범행을 숨겼고 이런저런 핑계를 대며 공허한 희망으로 그녀의 아픈
사랑을 잔인하게 농락했어요. 그러던 어느 날 밤 디도가 자고 있을 때
땅에 묻히지 못한 그녀 남편의 환영이 나타나 으스스하게
창백한 얼굴을 들더니 잔인한 제단과 칼에 찔린 가슴을 드러내며   355
집 안의 숨은 비밀을 완전히 들춰내는 것이었어요.
그러더니 그는 속히 조국을 떠날 것을 권하며
여행길에 도움이 될 수 있도록, 땅속 어디에서 오래된 보물을,
아무도 알지 못하는 금괴와 은괴를 찾을 수 있는지 일러주었어요.
충격 속에서도 디도는 도주를 준비하고 친구들을 모았어요.   360
폭군을 심히 증오하거나 몹시 두려워하는 자들은 모두 모였어요.
그들은 출항할 준비가 되어 있던 배들을 빼앗아 황금을 실었어요.
그리하여 탐욕스런 퓌그말리온의 보물[122]은 바다 밖으로
실려 나갔으며, 한 여인이 이 일을 이끌었지요.
그들은 지금 그대가 거대한 성벽들과 신도시 카르타고의 성채가   365
솟아오르는 것을 보고 있는 이곳으로 와서는 황소가죽
한 장으로 덮을 수 있는 만큼 땅을 샀어요.
그 일 때문에 이곳은 '황소가죽'[123]이라고 불리지요. 한데
그대들은 뉘시며, 어느 해안에서 왔으며, 어디로 가는 길인가요?"
그는 가슴 깊숙한 곳에서 목소리를 끌어내며 한숨을 쉬었다.   370

"여신이시여, 내가 처음부터 이야기를 시작하고
또 우리 고난의 역사를 들어주실 여가가 그대에게 있으시다면,
내 이야기가 끝나기 전에 하늘이 닫히며
저녁이 낮을 쉬게 할 것입니다.
혹시 트로이야란 이름을 들어보신 적이 있으신지요.   375
우리는 오래된 트로이야를 출항해 수많은 바다를 항해하다가 변덕스런
폭풍에 떠밀려 리뷔아의 해안으로 왔습니다. 나는 경건한 아이네아스로
가정의 수호신들인 페나테스 신들을 적군에게서 빼앗아 함선들에
싣고 가는 중이며 내 명성은 하늘에 닿았습니다. 나는 내 조국 이탈리아와
최고신 읍피테르에게서 태어난 나의 친족을 찾고 있습니다.[124]   380
나의 어머니께서 길을 가리켜주시어, 예정된 운명에 따라
함선 스무 척을 이끌고 프뤼기아 앞바다로 나왔습니다.
하지만 파도와 동풍에 찢겨 이제 겨우 일곱 척이 남았습니다.
나 자신은 에우로파[125]와 아시아에서 밀려난 궁핍한 나그네로서
리뷔아의 사막을 지나고 있습니다." 그의 비탄을 견딜 수 없어   385
베누스는 그의 괴로움을 이렇게 중단시켰다.
"그대가 뉘시든, 생각건대 하늘의 신들의 미움을 샀다면 살아서
숨 쉴 수 없을 것이며, 튀로스인들의 도시에도 오지 못했을 거예요.
어서 이곳을 떠나 여왕의 궁전으로 가세요. 내 그대에게 이르노니,
그대의 전우들은 그대에게 돌아왔고, 잃어버린 함대는   390
방향을 바꾼 북풍이 무사히 항구로 데려다주었어요. 나의 부모님이
나에게 새를 보고 점치는 법을 헛되이 가르쳐주신 것이 아니라면 말예요.
저기 저 백조[126] 열두[127] 마리가 줄지어 신나게 날아가는 것을 보세요.
저것들은 읍피테르의 새[128]가 하늘 높은 곳에서 내리덮쳐 열린 하늘에서
추격당했지요. 하나 지금 저것들은 긴 열을 지어 더러는 땅 위에 내렸고,   395

더러는 다른 백조들이 이미 차지하고 있는 땅을 내려다보고 있어요.
저것들이 무사히 돌아와 날개를 윙윙거리며 놀고 있고,
그에 앞서 울면서 떼 지어 하늘을 빙글빙글 돌았듯이,
그대의 함선들과 그대의 젊은이들도 더러는 포구에 들어와 있고
더러는 돛에 바람을 가득 안고 포구의 입구로 들어오고 있어요. 400
어서 출발하여 길이 그대를 인도하는 곳으로 발걸음을 재촉하세요."
　이렇게 말하고 돌아서니 그녀의 장밋빛 목덜미가 환히 드러났고,
그녀의 암브로시아[129] 같은 머리에서는 신들의 향기가 났으며,
그녀의 옷은 발밑까지 흘러내렸다.
발걸음을 보니 그녀는 영락없는 여신이었다. 405
어머니를 알아보고 그는 달아나는 그녀의 등 뒤에서 말했다.
"당신 역시 잔인하시군요. 어째서 이토록 자주 이렇게 위장하여
당신의 아들을 농락하시는 거죠? 어째서 우리는 손에 손잡고
본래의 모습으로 이야기를 주고받으면 안 되는 건가요?"
이런 말로 그는 그녀에게 호소하고 성벽 쪽으로 발걸음을 옮겼다. 410
하지만 베누스는 걸어가는 그들을 짙은 안개로 둘러쌌다.
여신이 그들을 두터운 구름 외투로 휘감아 싼 것은 아무도 그들을
보거나 만지지 못하게 하고, 그들을 지체시키거나 그들이 찾아온
이유를 묻지 못하게 하려는 것이었다. 그러고 나서 그녀는
하늘을 지나 파푸스[130]로 가서 흡족한 마음으로 거처에 드니, 415
그곳에는 그녀의 신전이 있어 일백 개의 제단에서 사바[131]의
향(香)이 타고 있었고, 싱싱한 꽃다발들이 향기를 뿜어내고 있었다.
　그사이 그들은 발자국을 따라 서둘러 길을 걸어
어느새 도시의 진산(鎭山)에 오르고 있었으니,
그곳에서는 맞은편 성채가 내려다보였다. 420

전에는 유목민의 천막밖에 없던 이 도시의 규모에
아이네아스는 놀랐고, 성문들과 포장도로들과 도시의 소음에도 놀랐다.
튀로스인들은 열심히 일하고 있었는데 더러는 긴 성벽을 쌓거나
성채를 짓기 위해 바윗돌을 굴려 올리고 있었고, 더러는 건물을 지을
터를 잡고 쟁기로 고랑을 파 윤곽을 표시하고 있었다. 425
또 법과 관직을 정하고 존경스런 원로원 의원들을 뽑기도 했다.
그들은 여기서는 항구를 파고 있었고, 저기서는 극장 터들을
깊숙이 닦는가 하면 앞으로 세울 극장의 아름다운 무대 배경이
되도록 채석장에서 거대한 기둥들을 캐오고 있었다.
그들은 초여름날 꽃이 만발한 풀밭 사이에서 햇빛을 받으며 430
열심히 일하는 벌 떼와도 같았다. 벌 떼는 어느새 다 자란
한 배의 새끼를 벌집에서 데리고 나가거나, 스며나오는 꿀을 짜서
봉방(蜂房)들을 달콤한 넥타르[132]로 가득 채우거나,
들어오는 벌들의 짐을 받아주거나, 대열을 지어 빈둥거리기만 하는
수벌들의 무리를 벌통들에서 쫓아낸다. 벌집은 활동으로 분주하고 435
사방에서 백리향 냄새가 나는 꿀 향기가 진동한다.
"오오! 저들은 행복하도다, 성벽이 벌써 일어서고 있으니!"[133]
아이네아스는 건물들의 꼭대기를 쳐다보며[134] 말했다.
그는 말할 수 없이 신기한 안개에 둘러싸인 채 사람들 속으로 들어가
그들과 섞이지만 어느 누구의 눈에도 띄지 않았다. 440

　도심에는 임원이 있어 넉넉한 그늘을 드리우고 있었다.
포이누스인들이 파도와 회오리바람에 밀려 처음 이리로 왔을 때
바로 이곳에서 여왕 유노가 예언했던 전조를 파냈으니,
그것은 기운찬 말[馬][135]의 머리였다. 여신은 그러면 그들의 종족이
대대로 전쟁에서 영광을 얻고 식량이 풍족할 것이라고 했다. 445

그곳에다 시돈[136]의 여인 디도는 유노의 거대한 신전을 세우고 있었는데,
그 신전은 제물이 넉넉했고 여신이 임(臨)하고 있음을 느낄 수 있었다.
계단 위로 우뚝 솟은 문턱들도 청동이고, 들보들도 청동 꺾쇠로
연결되어 있었으며, 돌쩌귀가 삐걱거리는 문들도 청동으로 되어 있었다.
여기 이 임원에서 아이네아스는 이상한 경험을 했으니, 450
그는 처음으로 두려움이 가시며 감히 구원을 바라게 되었고
지금까지는 불운했어도 자신의 미래를 더욱 신뢰하게 되었다.
여왕을 기다리며 그는 이 거대한 신전의 지붕 아래 있는 것들을
일일이 살피고 이 도시의 행운과 서로 다투는 장인(匠人)들의 솜씨와
작업 규모에 감탄하며 들여다보니 일리움에서의 전투 장면들이 455
차례차례 눈에 들어왔다. 그 전쟁에 관한 소문이 벌써 온 세상에
퍼졌던 것이다. 거기에는 아트레우스의 아들들[137]과 프리아무스와
양쪽을 다 미워한 아킬레스도 있었다. 아이네아스는 멈춰 서서
눈물을 흘리며 말했다. "아카테스여, 이 지상에 아직도 우리의 노고로
가득 차지 않은 장소와 나라가 있을까요? 보시오, 프리아무스를. 460
이곳에서도 공적은 보답 받고, 인간의 운명에는 눈물이 떨어지고,
인간의 고통은 마음을 감동시키는구려. 두려움을 버리시오. 우리는
여기서도 알려져 있으니 그것이 다소 그대의 안전을 보장해줄 것이오."
이렇게 말하고 그는 깊은 한숨을 쉬며 실체 없는 그림을
마음의 양식으로 삼으니 그의 볼에는 눈물이 강물처럼 흘러내렸다. 465
그가 보니 페르가마[138]를 둘러싸고 양군이 서로 싸우는데,
여기서는 그라이키아[139]인들이 달아나고 트로이야의 젊은이들이
뒤쫓는가 하면, 저기서는 프뤼기아인들[140]이 달아나고 깃털 장식의
투구를 쓴 아킬레스가 전차로 추격하고 있었다. 그는 또 그 가까이서
레수스[141]의 눈처럼 흰 천으로 만든 천막들을 알아보고 눈물을 흘렸다. 470

그 천막들은 초저녁잠에 배신당하여 수많은 살육에 피투성이가 된
튀데우스의 아들142에게 유린당했으니, 그는 그 열화 같은 말들이
트로이야의 풀과 크산투스143 강의 물을 마시기도 전에 빼돌려 자신의
진영으로 몰고 가고 있었다. 다른 곳에서는 아킬레스의 적수가 못 되는
불쌍한 소년 트로일루스144가 무구들을 잃어버린 채 달아나고 있었다. 475
그는 말들에서 내동댕이쳐져 뒤로 자빠졌음에도 여전히 고삐를 쥔 채
빈 전차에 매달려 있었다. 그의 목덜미와 머리털은 땅바닥 위로 끌려가고
뒤로 향한 그의 창끝은 먼지 속에 금을 긋고 있었다. 한편 일리움의
여인들은 머리를 풀고는 자신들에게 공평하지 못한 팔라스145의
신전으로 가고 있는데, 슬픔을 이기지 못해 손바닥으로 480
가슴을 치며 탄원하기 위하여 긴 옷을 가져갔다.146
하나 여신은 고개를 돌린 채 땅바닥만 응시하고 있었다.
아킬레스는 또 헥토르를 끌고 일리움의 성벽을 세 바퀴 돈 다음147
목숨이 떠난 그의 시신을 황금을 받고 팔고 있었다. 아이네아스는
이때 그의 몸에서 벗긴 무구와, 전차148와, 전우였던 485
그의 시신과, 무기도 들지 않은 채 두 손을 내밀고 있는 프리아무스를
보고는 가슴 가장 깊숙한 곳으로부터 한숨을 쉬었다.
그는 또 아키비족 장수들에 둘러싸인 자신의 모습도 보았고,
동방의 전사들149과 가무잡잡한 멤논150의 무구도 보았다.
초승달 모양의 방패를 든 아마존족151 무리도 있었는데, 490
그 대열 속에서 펜테실레아152가 열화같이 날뛰며
지휘를 하고 있었다. 여전사인 그녀는 드러난 젖가슴 밑에
황금 허리띠를 맨 채 처녀의 몸으로 남자들과 맞서 싸우고 있었다.
 다르다누스의 자손인 아이네아스가 한곳에 서서
이 놀라운 장면들을 열심히 응시하고 있는데 495

용모가 더없이 아름다운 여왕 디도가
수많은 젊은이들을 거느리고 신전으로 들어섰다.
마치 에우로타스[153] 강변이나 퀸투스[154]의 산등성이에서
디아나가 가무단을 이끌고, 수천 명이나 되는 산의 요정들이
여기저기서 몰려들어 그녀의 뒤를 따를 때와 같이   500
(딸이 어깨에 화살통을 메고 걸어가며 모든 여신들[155]을
압도하니 라토나는 말은 않지만 기뻐 가슴이 벅차다[156])
꼭 그처럼 디도도 미래의 왕국을 건설하기 위한 그들의 작업을
독려하려고 무리를 거느리고 즐겁게 발걸음을 옮기고 있었다.
그녀는 신상 안치소[157] 문 앞, 박공 지붕을 얹은 신전의   505
한가운데에 무구들에 둘러싸인 채 높다란 왕좌에 앉았다.
그녀가 백성들에게 법과 규범을 정해주고
균등하게 또는 추첨으로 여러 가지 공사를 할당하고 있는데,
그때 갑자기 아이네아스는 안테우스와 세르게스투스와
용감한 클로안투스와 그 밖에 폭풍에 떠밀려   510
멀리 다른 해안들로 뿔뿔이 흩어졌던 테우케르의
다른 백성들이 큰 무리를 지어 다가오는 것을 보았다.
그 자신도 어리둥절했고, 아카테스도 기쁨과 두려움에
어안이 벙벙했다. 두 사람은 전우들의 손을 잡고 싶었지만
도대체 어찌 된 영문인지 몰라 마음이 불안했다.   515
두 사람은 시치미를 떼고 여전히 구름옷을 입은 채, 전우들에게 무슨 일이
일어났고, 어느 해안에 함선들을 두고 왔으며, 무슨 일로 이곳에
왔는지 알아볼 참이었다. 그들은 각 함선에서 대표로 뽑혀 딱한 처지를
하소연하려고 떠들썩하게 신전으로 다가오고 있었기 때문이다.

    그들은 안으로 들어왔고, 여왕을 알현하는 것이 허용되었다.   520

가장 나이 많은 일리오네우스가 침착하게 말하기 시작했다.

"오오! 여왕이시여, 윱피테르께서는 그대가 신도시를 세워 정의로써
오만한 부족들에게 재갈을 물리는 것을 허락하셨습니다. 우리는 가련한
트로이야인들로 폭풍을 만나 바다란 바다는 모두 떠돌아다니다
그대에게 탄원하러 온 것입니다. 함선들에서 끔찍한 불을 막아주시고,   525
신을 두려워할 줄 아는 우리를 부디 너그럽게 보아주십시오.
우리가 온 것은 리뷔아의 가정들을 칼로 노략질하거나
약탈한 전리품들을 해안으로 끌고 가기 위해서가 아닙니다.
우리는 패배자들이며 그럴 기백도 없고 그런 오만도 없습니다.
그라이키아인들이 헤스페리아[158]라고 부르는 한 지역이 있습니다.   530
그곳은 오래된 나라로 전쟁에 강하고 땅은 기름집니다.
오이노트리아[159]인들이 이곳을 경작했습니다. 소문에는, 그 자손들이
지금은 자신들의 왕[160]의 이름에서 따와 그곳을 이탈리아라고
부른다 합니다. 이곳이 우리의 목적지였습니다···[161]
그때 폭풍을 동반한 오리온자리가 갑자기 산더미 같은 파도와 함께   535
일어서더니[162] 숨은 여울들로 우리를 몰고 갔고, 물결이 우리를 압도하는
사이 사악한 남풍이 우리를 파도 사이로, 길 없는 바위들 사이로
흩어버렸습니다. 우리는 소수만이 그대의 해안으로 떠밀려왔습니다.
이들은 대체 어떤 종류의 사람들입니까? 이곳은 어떤 야만국이기에
그런 식으로 행동하는 것이 허용되는 것입니까? 우리는 손님인데 모래에   540
접근하는 것조차 금지당했답니다. 그들은 전쟁을 걸어오며 땅에 발도
붙이지 못하게 했습니다. 만일 그대들이 인간의 종족과 인간의 무구를
우습게 본다면 정의와 불의를 잊지 않으시는 신들을 생각하십시오.
우리의 왕은 아이네아스였습니다. 그분보다 정의롭고 경건하고,
그분보다 전쟁과 무구에 출중한 사람은 없었습니다.   545

운명이 그분을 보호해주시고, 그분이 아직도 하늘의 대기를 숨쉬며
인정 없는 그림자[163]들 사이에 죽어 누워 계시는 것이 아니라면,
우리는 두렵지 않고 그대도 그대가 베푼 호의를 후회하지
않을 것입니다. 시킬리아 땅에도 우리의 도시들과 무구가 있고
트로이야 혈통의 유명한 아케스테스가 있습니다. 우리가   550
바람에 부서진 함선들을 뭍으로 끌어올리고 그대의 숲에서 선재들을
베어 와 노를 만들게 해주십시오. 만일 우리의 전우들과 왕이 돌아와
우리가 이탈리아로 향할 수 있게 되면 즐거운 마음으로 이탈리아와
라티움으로 갈 수 있도록 말입니다. 만일 그들이 죽었다면,
테우케르 백성들의 최선의 아버지여,[164] 그대가 리뷔아 앞바다에서   555
익사하시어 이울루스[165]에게 희망을 걸 수 없다면, 우리가 적어도
마지막으로 들렀던 그리고 우리의 거처들이 마련되어 있던
시카니아[166]의 해협으로 나가 그곳에서 아케스테스를 우리의 왕으로
삼도록 말입니다." 일리오네우스가 이렇게 말하자 다르다누스 백성들이
모두 이에 찬동하며 이구동성으로 웅성거렸다 · · ·   560

    그러자 디도가 눈을 내리깔고 간단하게 말했다.
"테우케르 백성들이여, 마음속으로 두려워하지도 걱정하지도 마시오.
우리의 과업은 고되고 이 나라는 새 나라요. 그래서 나는 그런 조치를
취하고 사방 국경에 파수병을 배치하지 않을 수 없는 것이오.
아이네아스의 백성들과 트로이야 시와 그 전사들의 용맹과   565
그토록 끔찍했던 전쟁의 화염을 모르는 사람이 어디 있겠소?
우리 포이누스인들은 마음이 그리 무디지도 않거니와
개명되지 않은 변방에 살고 있는 것도 아니오.[167]
그대들이 위대한 헤스페리아와 사투르누스의 들판들[168]로 가든,
에뤽스[169]의 나라와 아케스테스 왕을 찾아가기를 바라든,   570

나는 그대들을 안전하게 호송케 하고 필요한 식량을 지원할 것이오.
아니면 여기 이 나라에 동등한 자격으로 나와 함께 정착하기를 원하시오?
내가 세우고 있는 이 도시는 그대들의 것이오. 함선들을 뭍으로
끌어올리시오. 트로이야인들과 튀로스인들을 나는 조금도
차별하지 않을 것이오. 아아, 그대들의 왕 아이네아스도 똑같은 575
남풍에 떠밀려 이리 왔으면 좋았을 것을! 나는 꼭 심복들을 바닷가로
보내 리뷔아의 가장 먼 구석까지 샅샅이 뒤지게 하겠소. 그가 난파하여
어떤 숲 속이나 도시를 헤맬 경우를 대비해서 말이오."

　　용감한 아카테스와 아버지 아이네아스는 아까부터 구름을 벗기를
열망하고 있었는데, 이제 그녀의 말에 마음이 고무되었다. 580
아카테스가 먼저 아이네아스에게 말을 걸었다. "여신의 아들이여,
지금 그대는 마음속으로 무슨 생각을 하고 있습니까? 그대도 보시다시피
모두가 안전하고 함대도 전우들도 돌아왔습니다. 한 명[170]이 비는데,
그는 파도 한가운데에서 익사하는 것이 목격되었습니다.
그 밖에 모든 것이 그대의 어머님의 말씀과 일치합니다." 585
그가 이렇게 말하자마자 별안간 그들을 에워싸고 있던 구름이 갈라지며
맑은 대기 속으로 깨끗이 사라졌다. 아이네아스는 거기 밝은
빛 속에 또렷이 서 있었다. 그의 얼굴과 어깨는 신의 것과 같았다.
그의 어머니가 몸소 아들의 모발(毛髮)에 우아함을,
그의 두 눈에 기쁜 빛을 불어넣고, 그에게 청춘의 590
광휘(光輝)를 쏟아 부었기 때문이다. 그것은 장인의 손이
상아에 덧붙인 우아함과도 같았고, 황금을 입힌 은이나
파로스[171] 섬의 대리석과도 같았다. 그때 그는 그런 모습으로
여왕에게 느닷없이 말을 걸어 모두를 놀라게 했다.
"그대들이 찾는 사람은 그대들의 면전에 있소이다. 내가 바로 595

트로이야인 아이네아스로 리뷔아의 바닷물에서 구출되었소.
오오, 그대만이 트로이야의 이루 말할 수 없는 시련을 불쌍히 여기시는구려.
다나이족[172]에게서 살아남은 우리는 육지와 바다의 온갖 재앙으로
기진맥진하고 가진 것을 다 잃었건만 그대는 우리를 그대의
도시와 집에 들게 하시는구려. 그대에게 합당한 사의를 600
표한다는 것은 능력 밖의 일이오. 디도여, 그것은 그들이 누구든
넓은 대지 위에 흩어진 다른 다르다누스의 자손들에게도 마찬가지요.
만약 경건한 자들을 존중하시는 신들이 계시다면, 만약 어딘가
정의란 것이 있고 바른 것이 무엇인지 아는 정신이 있다면, 신들께서
그대에게 합당한 보답을 베푸실 것이오. 그대를 낳은 시대는 605
얼마나 행복하며, 그대 같은 딸을 둔 부모는 얼마나 위대한가!
강들이 바다로 흘러드는 동안, 그림자들이 산골짜기를 따라 도는 동안,
하늘에서 별들이 양 떼처럼 풀을 뜯는 동안, 어느 나라들이
나를 부르든 그대의 명예와 이름과 그대에 대한 칭찬은
언제까지나 변함이 없을 것이오." 이렇게 말한 그는 친구인 610
일리오네우스에게 오른손을, 세레스투스에게 왼손을 내밀었으며,
다른 이들 즉 용감한 귀아스와 용감한 클로안투스에게도 그렇게 했다.

　시돈의 여인 디도는 먼저 그의 외모에 놀라고,
다음에는 그의 엄청난 추락에 놀라며 이렇게 말했다.
"여신의 아들이여, 대체 어떤 운명이 그토록 많은 위험들 사이로 그대를 615
추격하는 것이오? 대체 어떤 힘이 그대를 이 잔혹한 해안으로 데려온
것이오? 그대가 바로 프뤼기아의 시모이스 강변에서 상냥한 베누스가
다르다누스의 자손인 앙키세스[173]에게 낳아준 그 아이네아스란 말이오?
나는 테우케르[174]가 시돈에 왔던 일을 잘 기억하고 있어요.
그는 고국 땅에서 쫓겨나 벨루스[175]의 도움으로 새 왕국을 620

세우려 했지요. 당시 나의 아버지 벨루스께서는 부유한 퀴프루스를
약탈하셨고, 그곳을 정복하시어 당신의 지배하에 두셨지요.
그 후로 나는 트로이야 시의 함락과 그대의 이름과
펠라스기족[176]의 왕들을 알게 되었지요.
적이었던 테우케르조차도 테우케르 백성들을 극구 칭찬하며   625
자신은 테우케르의 후손들의 오래된 가문에서 태어난
자손이라고 주장했지요.[177] 그러니 자, 젊은이들이여,
어서 내 집으로 드소. 나도 그대들처럼 고생도 많이 했고
풍상도 겪을 만큼 겪었다오. 드디어 이 땅에 정착하게 될 때까지 말이오.
나는 불행을 모르지 않기에 불쌍한 이들을 돕는 법을 배우고 있어요."   630
이렇게 말하고 그녀는 아이네아스를 자신의 궁전으로
데리고 들어갔다. 동시에 그녀는 신전들에
제물을 바치도록 지시했다. 그 밖에도 그녀는 또 바닷가에 있는
그의 전우들에게 황소 스무 마리와 등에 센 털이 난 큰 수퇘지
일백 마리와 살찐 새끼 양 일백 마리를 그 어미 양들과 함께   635
즐거운 하루를 위한 선물[178]로 보냈다···
궁전에서는 왕궁의 온갖 화려함과 사치 속에서 잔치 준비가
한창이었으니, 그들은 홀 한가운데에서 연회를 준비하고 있었다.
그곳에는 정교하게 수놓은 고귀한 자줏빛 벽걸이 융단들이 있었고,
식탁 위에는 은으로 만든 큼직한 식기들이 놓여 있었다. 황금 식기에는   640
또 조상들의 용감한 행적들이 새겨져 있었는데, 오래된 가문의
시초부터 수많은 영웅들을 거쳐 그들의 행적이 면면히 이어져 있었다.
　　한편 아이네아스는 (그의 아들 사랑은 그의 마음을 잠시도 쉬게
내버려두지 않았던 것이다) 아카테스를 급히 함선들로 보내
아스카니우스에게 소식을 전하고 그를 데려오게 했으니,   645

그의 부정(父情)은 온통 아스카니우스에게 집중되어 있었던 것이다.
그는 또 일리움의 폐허에서 구해낸 선물들을 가져오게 했으니,
그것은 황금으로 여러 가지 형상들을 수놓은 빳빳한 외투와
단에 노란 아칸서스를 수놓은 의상이었다. 이것들은 아르고스의
헬레나[179]가 입고 다니던 것들로 자기 어머니   650
레다[180]에게서 받은 놀라운 선물인데, 그녀가 불법적인 결혼을
좇아 페르가마[181]에 왔을 때 뮈케나이[182]에서 가져왔던 것이다.
그 밖에 전에 프리아무스의 장녀 일리오네가
들고 다니던 홀과 진주 목걸이와
보석을 박은 이중의 황금 보관(寶冠)도 있었다.   655
명을 받들고 아카테스는 서둘러 함선들이 있는 곳으로 갔다.
　　한편 퀴테레아[183]는 가슴속에서 새로운 계획과 책략을
꾸미고 있었으니, 그녀는 쿠피도[184]의 얼굴과 외모를 바꾼 다음
달콤한 아스카니우스 대신 쿠피도를 보내 이런 선물들로 여왕에게
불을 질러 미치게 하고 그 불로 그녀의 뼈[185]들을 휘감게 할 참이었다.   660
그녀는 음흉한 가문과 일구이언하는 튀로스인들이 두려웠던 것이다.
유노의 적의도 초조하게 했고, 밤만 되면 그녀의 근심도 되돌아왔다.
그래서 그녀는 날개 달린 아모르[186]에게 이렇게 말했다.
"내 아들아, 너는 내 힘이고 내 권능이다. 너만이 나의 아버지이신 최고신
읍피테르께서 튀포에우스[187]에게 던지신 벼락을 보고 비웃을 수 있다.[188]   665
나는 탄원자로 네게 와 네 신성에 도움을 청하노라.
너도 알다시피, 네 아우 아이네아스가 혹독한 유노의 미움을 사
이 해안에서 저 해안으로 온 바다 위로 내동댕이쳐져 헤매고 있고,
내 곁에서 종종 너도 괴로워하곤 했지. 지금 포이니케[189] 여인
디도가 그를 붙들고 감언이설로 지체시키고 있다.   670

나는 유노의 환대[190]가 어떤 결과를 가져올지 두렵구나.
이런 운명의 전환점에서 유노가 수수방관하지는 않을 것이다.
내가 먼저 기선을 잡아 여왕을 계략으로 정복하고 불로 에워쌀
작정이다. 그러면 어떤 신도 그녀의 마음을 바꾸지 못할 것이고,
그녀는 아이네아스에게 반해 나에게 묶이게 될 것이다. 675
어떻게 이 일을 해낼 수 있을 것인지 지금 내 마음속 생각을
들어보아라. 내가 가장 아끼는 어린 왕자[191]가 사랑하는 아버지의
부름을 받고 시돈 시(市)로 갈 채비를 하고 있다.
바다와 트로이야의 화염에서 살아남은 선물들을 가지고 말이다.
나는 그를 잠재워 퀴테라[192]의 언덕들이나 이달리움[193] 위에 있는 680
나의 성소 중 한 곳에 숨겨둘 것이다.
그가 내 계략을 알고 훼방 놓지 못하도록 말이다.
너는 꾀를 써서 딱 하룻밤만 그의 외모로 위장하도록 하라.
너도 그처럼 소년이니 네가 잘 알고 있는 그의 얼굴을 하고 있다가
궁전의 잔치와 뤼아이우스[194]의 액즙 사이에서 685
더없이 즐거워진 디도가 너를 무릎에 앉히고
꼭 껴안으며 달콤하게 입맞추거든
그녀에게 은밀히 불과 독(毒)을 불어넣도록 해라."
아모르는 사랑하는 어머니의 말에 복종했다. 두 날개를 벗은
아모르는 즐거워하며 이울루스의 걸음걸이로 성큼성큼 걸었다. 690
베누스는 아스카니우스의 사지에 평온한 휴식을 쏟아 부은 다음
가슴에 안고 여신의 힘으로 이달리아의 높다란 임원 위로
들어올렸다. 그러자 그곳에서 부드러운 마요라나[195]가
꽃과 그늘로 그를 감싸며 향기를 내뿜었다.
  어느새 쿠피도는 어머니가 시킨 대로 튀로스인들에게 줄 왕의 695

선물들을 가져가고 있었는데 아카테스가 길잡이라는 것이 기뻤다.
그가 도착했을 때 여왕은 벌써 커튼을 치고
한가운데에 있는 긴 황금 의자에 기대앉아 있었다.[196]
아버지 아이네아스와 트로이야의 젊은이들도 어느새
모여들어 자줏빛 덮개를 깐 긴 의자에 기대앉았다. 700
그러자 하인들이 그들의 손에 물을 부어주고, 바구니에 든
빵을 건네주고, 부드러운 모직 냅킨을 가져다주었다.
안쪽에서는 쉰 명의 하녀들이 질서정연하게 음식을 준비하여
기다랗게 늘어놓고[197] 화덕의 불이 잘 타오르게 하고 있었다.
일백 명의 하녀들과 일백 명의 하인들이 더 있었는데, 705
같은 또래인 그들은 식탁에 음식을 차리고 술잔을 가져다놓았다.
튀로스인들도 무리 지어 연회장으로 몰려들어
수놓은 긴 의자들 위에 앉았다.
그들은 아이네아스의 선물들에 감탄했고, 이울루스에,
말하자면 신의 빛나는 외모와 그럴듯한 말에 감탄했으며, 710
외투와 노란 아칸서스를 수놓은 의상에 감탄했다.
다가올 파멸[198]에 내맡겨진 더없이 불행한 포이니케 여인[199]은
아무리 보아도 물리지 않았고, 소년과 선물들에
똑같이 감동해 보면 볼수록 더 달아올랐다.
쿠피도는 아이네아스의 목에 매달리고 그에게 안기며 715
가짜 아버지의 깊은 부정을 만족시켜준 다음 여왕에게 갔다.
디도는 두 눈으로, 온 가슴으로 쿠피도에게 매달리며 가끔은 무릎 위에
앉혀놓고 귀여워해주었으니, 가련하게도 얼마나 위대한 신이 자기에게
음모를 꾸미는지 알지 못했던 것이다. 그러나 그는 아키달리아[200] 샘의
여신인 어머니를 기억하고는 디도의 마음에서 조금씩 쉬카이우스의 720

기억을 지우기 시작했고 이미 오래 전부터 쉬고 있던 그녀의 정염과,
사랑을 잊어버린 그녀의 마음을 살아 있는 사랑으로 기습하려 했다.
    잔치가 처음으로 잠시 조용해지며 식탁들이 치워지자 그들은 큼직한
포도주 희석용 동이들을 가져다놓더니 포도주[201]를 화환으로 둘렀다.
궁전 안에 소음이 일었고, 넓은 홀들에 그들의 목소리가 울렸다.[202]   725
불을 켠 등들이 격자무늬의 황금 천장에서 아래로 매달려 있었고
횃불들이 화염으로 밤을 몰아내고 있었다. 이때 여왕이
보석을 가득 박은 황금 잔을 가져오게 하더니 물 타지 않은
포도주로 가득 채웠다. 이 잔은 벨루스와 벨루스의
모든 자손들이 사용하던 것이었다. 그러자 홀 안이 조용해졌다.   730
"읍피테르여, 그대는 주인과 손님을 위해 법을 정해주신다고 하옵니다.
하오니 그대는 이날이 튀로스인들과 트로이야를 떠나온 자들에게
즐거운 날이 되게 하시고, 우리의 후손들이 이날을 기억하게 하소서!
환희의 시여자(施與者)이신 박쿠스와 관대하신 유노도 참석하소서.
그리고 튀로스인들이여, 그대들은 이 모임을 기쁜 마음으로 축하하시오."   735
이렇게 말하고 그녀는 신들을 위해 식탁 위에다 포도주를 헌주했고,
헌주하고 나서는 맨 먼저 잔을 입술 끝에 갖다 댔다. 그러고 나서 그녀는
잔을 비티아스[203]에게 건네며 마셔보라고 했다. 그러자 그는 거품이 이는
잔을 쭉 들이켜며 넘칠 듯한 황금 잔을 비웠다. 이어서 다른
지도자들도 그렇게 했다. 그러자 위대한 아틀라스[204]의 제자인   740
장발의 이오파스[205]가 황금의 키타라[206]로 홀을 울렸다.
그는 방랑하는 달[207]과 태양의 노고[208]를 노래했다. 또 인간과 동물의
기원과 비와 불의 기원을 노래했으며, 아르크투루스[209]와
비를 가져다주는 휘아데스[210]와 두 곰[211]에 관해 노래했다.
그는 또 왜 겨울 해들이 오케아누스[212]에 잠기려고[213]   745

그토록 서두르며, 무엇이 느린 밤들을 방해하고 늦추는지 노래했다.[214]
튀로스인들은 박수에 또 박수를 보냈고 트로이야인들도 따라 했다.
이에 질세라 불행한 디도도 사랑을 깊숙이 들이마시며
온갖 이야기로 밤을 길게 늘이고 있었으니, 그녀는 프리아무스와
헥토르에 관해 묻고 또 물었고, 아우로라의 아들[215]이   750
어떤 무구들을 갖고 왔는지 묻는가 하면, 디오메데스[216]의 말들은
어떤 종이었으며, 아킬레스는 얼마나 큰지 물었다.
"아니, 그럴 것이 아니라" 하고 그녀는 말했다. "손님이여,
다나이족의 계략과 그대의 전우들의 파멸과 그대 자신의
방랑에 관해 처음부터 이야기해주세요. 그대가 모든 바다와   755
육지 위로 떠돌아다니며 벌써 일곱 번째 여름을 맞았다니 말예요."

제2권

화염에 싸인 트로이아

그들은 모두 입을 다물고 그를 응시하고 있었고,
아버지 아이네아스는 상석에 앉아 이렇게 말하기 시작했다.

　"여왕이시여, 그대는 나더러 다나이족이 어떻게 트로이야의
부(富)와 두고두고 슬퍼하게 될 왕국을 파괴했는지 이야기함으로써
이루 말할 수 없는 고통을 다시 시작하라 하시는군요.　　　　　　5
그것은 지금까지 본 가장 비참한 광경으로 나도 거기에 적잖은
역할을 했지요. 뮈르미도네스족[1]이나 돌로페스족[2] 가운데 어느 누가
또는 무시무시한 울릭세스[3]의 어느 군사가 그런 이야기를 하며
눈물을 억제할 수 있겠습니까? 게다가 이슬에 젖은 밤은 하늘에서
곤두박질치고 있고, 지는 별들은 잠자리에 들라고 권하고 있습니다.　10
하지만 그대가 우리의 파멸을 그토록 알고 싶으시고 트로이야의
단말마의 고통을 대략이나마 듣고 싶으시다면, 비록 떠올리기만 해도
가슴이 떨리고 쓰라려 뒷걸음질치게 되지만 시작해보겠습니다.
어느새 긴 세월이 흘러가자 다나이족 장수들은 전쟁에 좌절하고 운명에
외면당하여 팔라스의 신적인 기술로 산더미만 한 말[馬]을 만들었고,　15
소나무 널빤지들로 그 늑골들을 짜 맞추었습니다.
그들은 그것이 자신들의 무사 귀환을 위한 제물인 척했고,
그런 소문이 나돌았습니다. 그러고 나서 그들은 전사들을
제비로 가려 뽑아 몰래 그 캄캄한 안쪽으로 들여보냈고,
거대한 동굴 같은 뱃속을 무장한 군사들로 채웠습니다.　　　　　　20

트로이아에서 보이는 곳에 테네도스[4]라는 매우 유명한 섬이 있는데,
프리아무스의 왕국이 서 있는 동안에는 부유했지만
지금은 하나의 만에, 안전하지 못한 정박지에 불과합니다.
그곳으로 그들은 배를 타고 가서 황량한 해안에 숨었습니다. 우리는
그들이 철수했고, 바람을 안고 뮈케나이로 향한 줄 알았습니다. 25
그리하여 테우케르 나라[5] 전체가 오래된 고난에서 해방되었습니다.
우리는 성문들을 열고 나가 도레스족[6]의 진영들과 황량한 폐허와
버려진 해안들을 보며 기뻐했습니다. 이곳에 돌로페스족의 부대가,
이곳에 흉포한 아킬레스가 진을 치고 있었답니다. 이곳에서 함선들이
해안으로 끌어올려져 있었고, 이곳에서 양군이 격돌을 벌이곤 했습니다. 30
더러는 처녀신 미네르바를 위한 그 치명적인 선물에 어안이 벙벙했고
어마어마한 말의 크기에 놀랐습니다. 맨 먼저 튀모이테스[7]가
음모에 의해서든 결국 트로이아의 운명이 그렇게 정해졌기 때문이든
그것을 성벽 안으로 끌고 가 성채 위에 안치하자고 재촉했습니다.
하나 카퓌스[8]와 더 온전한 판단력을 가진 그 밖에 다른 이들은 모두 35
다나이족의 음모를, 의심스런 선물을 바다에 던져버리거나,
불을 놓아 태워버리거나, 구멍을 뚫어
그 속에 무엇이 들었는지 살펴보자고 했습니다.
군중들은 어찌할 바를 몰랐고 의견이 갈렸습니다.
　그때 라오코온[9]이 수많은 무리가 뒤따르는 가운데 40
앞장서서 성채 위에서 쏜살같이 뛰어내려오며 멀리서 외쳤습니다.
'오오! 가련한 동포들이여, 그토록 그대들은 제정신이 아니란 말이오?
그대들은 적군이 배를 타고 떠난 줄 아시오? 일찍이 다나이족의 선물에
음모가 없었던 적이 있나 생각해보시오. 그대들은 울릭세스를
그런 사람으로 알고 있었소? 이 목조물 안에 아키비족이 숨어 있거나, 45

우리의 집들을 들여다보고 위에서 시내로 내려와 우리의 성벽들을
공격할 목적으로 만들어졌거나 아니면 다른 어떤 계략이 숨어 있음에
틀림없소. 말[馬]을 믿지 마시오, 테우케르 백성들이여.
그것이 무엇이든, 나는 다나이족이 선물을 가져올 때에도 두렵소이다.'
이렇게 말하고 그는 짐승[10]의 옆구리에, 널빤지들을 둥그스름하게   50
이어붙인 복부에 큰 창을 힘껏 던졌습니다. 창은 떨면서
그곳에 꽂혔고, 충격이 가해지자 텅 빈 뱃속이 공허하게 울리며
신음 소리를 냈습니다. 우리의 마음이 뒤틀리지만 않았더라면,
신들께서 내리신 운명대로 우리는 아르골리스인들[11]의 은신처를
칼로 열어젖혔을 것입니다. 그랬더라면 트로이야는   55
아직도 서 있을 것이고, 프리아무스의 높은 성채여, 너도 남아 있겠지.

　　한데 그때 다르다누스 백성들의 목자들이 시끄럽게 떠들어대며
등 뒤로 두 손이 묶인 한 젊은이를 왕의 면전으로 끌고 오고 있었습니다.
그들은 그자를 모르고 있었고, 그자는 그들에게 일부러 걸려들었습니다.
그자의 목적은 아키비족에게 트로이야를 여는 것이었습니다.   60
그자는 자신의 기개를 믿었고, 계략을 실천에 옮기든
확실한 죽음을 맞든 둘 중 어느 쪽이라도 받아들일 각오가
되어 있었습니다. 트로이야의 젊은이들이 그자를 보려고 사방에서
몰려와 에워싸고 포로로 잡힌 그자를 앞다투어 능멸했습니다.
자, 다나이족의 음모를 들어보십시오. 그리고 단 하나의   65
범행으로 그들이 어떤 자들인지 알도록 하십시오 · · ·
그자는 뭇 사람이 보는 가운데 어리둥절해하며 무장도 하지 않은 채
서 있다가 프뤼기아의 군중들을 두루 살피더니 말했습니다.
'아아, 슬프도다. 이제 어느 육지와 어느 바다가 나를 받아줄 수
있을 것인가? 결국 어떤 운명이 비참한 나를 기다리고 있는 것인가?   70

나는 다나이족 사이에서도 설 자리가 없고, 게다가 다르다누스 백성들도
내게 적의를 품고 피의 복수를 요구하고 있구나.' 그의 신음 소리를
듣고 우리는 마음이 바뀌었고 격한 감정도 누그러졌습니다. 우리는
그가 어떤 가문에서 태어났으며 전할 말이 무엇인지 어서 말하라고
재촉했고, 그가 무엇을 믿고 포로로 잡혔는지 말하게 했습니다.   75
[그는 마침내 두려움을 떨쳐버리고 이렇게 말했습니다.]

　　'왕이시여, 저는 무슨 일이 있어도 모든 것을' 하고 그는 말했습니다.
'사실대로 말씀 드리겠나이다. 제가 아르골리스 출신임을 부인하지
않겠나이다. 먼저, 행운의 여신이 이 시논12을 비참하게 만들었지만,
그녀의 악의도 저를 사기꾼이나 거짓말쟁이로 만들지는 못할 것이옵니다.   80
그대는 아마도 벨루스13의 자손인 팔라메데스14의 이름과
높은 명성과 영광에 관해 들어보신 적이 있을 것이옵니다.
아무 죄도 없는 그분을 펠라스기족15은 반역자라고 무고하여
처형했는데, 그것은 그분이 전쟁을 중단하려 했기 때문입지요.
하나 그들은 이제 그분이 죽은 것을 안타까워하고 있습지요.   85
제 아버지는 가난하여 저를 어린 나이에 싸움터로 보내 그분과
함께하게 했습지요. 그분은 우리 친족 중 한 분이었으니까요.
그분의 왕권16이 굳건하게 서 있고 왕들의 회의에서 그분이 힘을
발휘하는 동안 우리는 다소 명예와 명성을 누렸습지요.
하나 그분이 교활한 울릭세스의 시기심 탓에 (그대도 아마   90
모르지 않으실 것이옵니다) 세상을 떠난 뒤로는 저는 넘어진 채
어둠과 슬픔 속에서 인생을 끌고 가며 무고한 내 친족의 파멸을
한탄하곤 했습지요. 그러다가 마침내 저는 미친 사람처럼
침묵을 깨고, 행여 제게 기회가 온다면, 제가 언젠가
고국 아르고스로 개선하게 된다면 복수하겠다고 약속했고,   95

이런 말은 심한 증오심을 불러일으켰습지요. 그때부터 제 운세는
내리막길로 곤두박질치기 시작했고, 그때부터 울릭세스는 자꾸만
새로운 중상모략으로 나를 겁주었으며, 그때부터 그자는 병사들 사이에
모호한 소문을 퍼뜨리며 의도적으로 저를 칠 무기를 찾았습지요.
그자는 쉬지 않았고, 마침내 칼카스[17]를 하수인 삼아 · · ·   100
제가 왜 괜히 이런 달갑잖은 이야기를 늘어놓으며 그대를 붙잡는 거죠?
그대들이 모든 아키비족을 한통속으로 보시고 제가 아키비족이라는 말을
듣는 것으로 충분하시다면, 당장 복수하십시오. 그것은 이타카인[18]이
바라는 바고, 아트레우스의 아들들[19]도 후히 값을 지불할 것이옵니다.'
　그러자 우리는 그 까닭을 물어 알고 싶어 몹시 안달이 났으니,   105
그런 규모의 범죄에는, 펠라스기족의 재주에는 익숙하지
못했던 것입니다. 그자는 떨면서 걱정에 휩싸인 양 말을 이었습니다.
　'전쟁이 좀체로 끝나질 않자 다나이족은 지쳐 때때로
트로이야를 뒤로하고 이곳을 떠나 도망치고 싶어했습지요.
그렇게 했더라면 좋았을 것을! 때로는 바다 위의 거친 폭풍이   110
그들을 방해하고, 남풍이 출항하는 그들을 놀라게 했습지요.
특히 이 말[馬]이, 단풍나무[20] 들보로 만든 이 구조물이 어느새
이곳에 자리 잡고 섰을 때 먹구름이 온 하늘을 뒤덮고 천둥을 쳤습지요.
우리는 어찌할 바를 몰라 에우뤼필루스[21]를 보내 포이부스의 신탁을
알아오게 했습지요. 그는 신전에서 이런 슬픈 소식을 가져왔습지요.   115
　'다나이족이여, 처음 일리움의 해안에 왔을 때 너희들은 처녀[22]를 죽여
그 피로 바람들을 진정시켰느니라. 그러니 너희들이 무사히 귀향하려면
사람의 피를, 아르골리스의 목숨을 제물로 바쳐야 하느니라.'
이 말이 백성들 사이로 퍼져나가자 이것이 누구의 운명일까,
아폴로가 요구하는 것은 누구일까 하고 두려워했습지요.   120

그들은 정신이 얼떨떨했고 차가운 공포가 뼛속 깊이 스며들었습지요.
그때 이타카인이 크게 소란을 피우며 예언자 칼카스를 한가운데로
끌어내더니 신의 뜻이 무엇인지 말하라고 윽박질렀습지요.
많은 사람들은 벌써 제가 이 잔인한 음모꾼의 제물임을
짐작하고는 다가올 일을 말없이 지켜보고 있었습지요.   125
이오 십, 열흘 동안 예언자는 침묵을 지키며 막사에 틀어박힌 채
자기 입으로 누군가를 배신하거나 죽음으로 몰아넣기를 거부했습지요.
그러나 결국 예언자는 이타카인이 크게 소란을 피우자 마지못해
미리 짠 대로 입을 열고 저를 제단에 바치도록 지목했습지요.
그들은 모두 찬동했습지요. 각자가 자신을 위해 두려워하던 것이   130
가련한 한 사람의 파멸로 귀착되자 참고 견딜 만했던 것이지요.
어느새 가증스런 날이 다가왔습지요. 저를 위해 의식 때 쓸 물건들인
소금을 친 곡식²³과 관자놀이에 두를 머리띠들이 준비되었습지요.
고백하건대, 저는 밧줄을 끊고 죽음에서 내뺐습지요.
그러고는 호수의 진흙 속에, 갈대밭 속에 밤새 숨어 있었습지요.   135
그들이 떠날 경우 돛을 올리고 떠날 시간을 주려고 말이옵니다.
이제 저는 옛 고향 땅과 사랑하는 자식들을 만나보고
그리운 아버지를 뵐 희망이 사라졌사옵니다.
아마도 그들은 제가 도망쳤기 때문에 불행히도 벌을 받아 제 죄과를
자신들의 죽음으로 갚게 될 것이옵니다. 저 위에 계시는   140
신들의 이름으로, 진실을 알고 있는 신성의 이름으로, 그리고
인간들 사이 어딘가에 더럽혀지지 않은 믿음이 아직 남아 있다면
그 이름으로 비오니, 부디 그토록 큰 시련을 불쌍히 여기시고
부당한 고통을 당하고 있는 한 인간을 불쌍히 여기소서.'
    이 눈물 때문에 우리는 그자를 살려주었고, 게다가 그자를 불쌍히   145

여기기까지 했습니다. 프리아무스가 먼저 그자의 수갑과 단단히 묶인
밧줄들을 풀어주라고 명령하며 상냥하게 말을 건넸습니다.
'네가 누구든 그라이키아인들[24]이 너를 떨구고 간 만큼 앞으로는 그들을
잊어버리고 (우리들 중 한 명이 되도록 하라) 묻는 말에 이실직고하라.
저처럼 덩치가 거대한 말을 왜 세워두었느냐? 누가 발의했느냐?   150
무슨 목적이었느냐? 종교 의식을 위해서인가 아니면 전쟁 장치인가?'
술수와 펠라스기족의 재주에 능한 그자가 사슬에서 풀려난 두 손을
하늘 높이 쳐들고 말했습니다. '그대들 영원한 불덩어리들[25]이여,
그대들 신성불가침한 신성이여, 내 증인이 되어주소서.
너희들 제단들과, 내가 도망쳤던 저주 받을 칼과,   155
그리고 내가 제물로서 맸던 신성한 머리띠도! 제가
그라이키아인들에 대한 신성한 서약을 어기는 것은 불의가 아니며,
제가 그들을 미워하고 또 어떤 비밀이 있다면 그것을 모두 밝히는 것도
불의가 아니옵니다. 저는 제 조국의 어떤 법에도 구속 받지 않사옵니다.
하나 트로이야여, 내가 그대를 구한다면 그대도 약속을 지켜 나를   160
구해주시오. 내 말이 사실임이 밝혀지고 내가 그대에게 크게
보답한다면 말이오. 다나이족이 이 전쟁을 시작하면서 걸었던
모든 희망은 언제나 팔라스의 도움에 달려 있었습지요.
하오나 불경한 튀데우스의 아들과 범죄의 발명가 울릭세스가
다가가 트로이야의 운명이 걸려 있는 팔라디움[26]을 감히 신성한   165
신전에서 빼돌리고, 성채 위에서 파수꾼들을 죽이고,
신성한 여신상을 낚아채며 피투성이가 된 손으로
처녀신의 머리띠를 만진 뒤로는, 그때 이후로는
다나이족의 희망은 썰물을 만나 뒷걸음질치기 시작했고,
그들의 힘은 꺾이고 여신의 마음은 그들에게서 돌아섰습지요.   170

트리토니아²⁷는 의심할 여지 없는 전조들로 그것을 표시했습지요.
신상이 우리 진영에 안치되자마자 그것의 부릅뜬 눈에서는
화염이 번쩍였고, 그것의 사지 위로 소금땀이 흘러내렸으며,
(말하기에도 놀라운 일이옵니다) 신상이 방패와 창을 흔들며
세 번이나 땅바닥에서 펄쩍 뛰어올랐습지요. 그러자 칼카스가   175
즉시 그들은 바다를 건너 도주해야 할 것이라며, 그들이
아르고스에서 새 전조를 구한 뒤²⁸ 바다 위로 구부정하게 휜 함선들에
싣고 갔던 신상을 도로 이곳으로 모셔오기 전에는 페르가마²⁹는 결코
아르골리스³⁰의 무구들에 의해 함락되지 않을 것이라고 예언했습지요.
그래서 지금 그들은 다시 무장하고 신들을 자기들 편으로 삼기 위해   180
조국인 뮈케나이로 순항하고 있습니다만, 도로 바다를 건너와 불시에
이곳에 나타날 것이라고 칼카스는 풀이했습지요. 이런 조언을 듣고
그들은 팔라디움과 여신에게 가한 모욕을 보상하고 신상을 모독한
죄에 대해 용서를 빌기 위해 여기 이 말을 세운 것이옵니다.
하오나 칼카스는 그들에게 말을 만들되 튼튼한 참나무 널빤지로   185
하늘에 닿을 만큼 거창하게 만들라고 명령했습지요. 그것이 성문 안으로
받아들여지거나 성벽 안으로 끌려들어가 백성들이 옛날처럼 경건하게
모셔서³¹ 그 백성을 보호해주지 못하도록 말입니다. 왜냐하면
그대들의 손이 미네르바에게 바친 이 선물을 모독하게 되면 그때는
프리아무스의 왕국과 프뤼기아인들에게 큰 파국이 닥칠 테니까요.   190
(그런 파국이라면 신들께서 차라리 예언한 자에게 돌리시기를!)
하오나 그대들이 그대들의 손으로 그것을 그대들의 도시로 올린다면,
아시아³²는 한걸음 더 나아가 펠롭스³³의 성벽들을 크게 공격하게
될 것이옵니다. 그것이 우리 후손들을 기다리고 있는 운명이옵니다.'
    거짓 맹세를 한 시논의 그러한 술수와 재주에 걸려들어 우리 모두는   195

그자의 말을 믿었습니다. 튀데우스의 아들과 라리사[34]의 아킬레스가
십 년 동안 일천 척의 함선으로도 제압하지 못했던 우리건만
그자의 계략과 거짓 눈물에 그만 포로가 되고 만 것입니다.
   그때 더 크고 더 무시무시한 또 다른 전조가 가련한 우리들을
엄습하여 아무 영문도 모르는 우리의 마음을 혼란스럽게 했습니다.   200
제비로 넵투누스의 사제로 뽑힌 라오코온[35]이 신성한 제단에
큰 황소 한 마리를 제물로 바치고 있었습니다. 보십시오,
그때 뱀 한 쌍이 거대한 원을 그리며 나란히 테네도스[36] 쪽의
잔잔한 바다 위에서 (이야기만 해도 몸이 떨리는군요)
물살을 가르며 해안으로 다가오고 있었습니다.   205
그것들의 가슴은 물결 사이에 들려 있었고, 피처럼 붉은 볏은
파도 위에 떠 있었으며, 나머지 부분들은 뒤에서 바다 위로
미끄러지듯 나아갔고, 거대한 등은 구불대며 원을 그렸습니다.
짠 물보라가 이는 소리도 들렸습니다. 그것들은 어느새 뭍에 닿자
피와 불이 뒤섞인 두 눈을 번쩍이며 날름거리는 혀로   210
입을 핥았고 입에서는 쉿쉿 소리가 났습니다.
그것을 보자 우리는 새파랗게 질려 뿔뿔이 달아났습니다.
뱀들은 곧장 라오코온을 향해 나아갔습니다.
그리고 먼저 각각 그의 두 아들의 작은 몸통을
친친 감고는 가련한 그들의 사지를 뜯어먹었습니다.   215
그리고 나서 그것들은 무기를 들고 구하러 온 라오코온을
붙잡더니 거대한 똬리를 틀며 감기 시작했습니다.
그것들은 어느새 그의 허리와 목을 비늘 있는 등으로
두 번이나 감은 뒤 머리와 목을 높이 쳐들었습니다.
그동안 내내 그는 두 손으로 그것들의 똬리를 풀어 젖히려 했고,   220

그의 머리띠는 피와 시커먼 독액으로 더럽혀졌으며,
그동안 내내 그는 하늘을 향해 무시무시하게 소리쳤습니다.
그것은 흡사 부상당한 황소가 잘못 겨냥한 도끼를 목에서 떨쳐버리고
제단에서 도망칠 때 울부짖는 소리와도 같았습니다.
하나 그 한 쌍의 용(龍)37은 가장 높은 신전을 향해 225
미끄러지듯 도망쳐 무정한 트리토니스38의 성채로 가더니39
여신의 발과 둥근 방패 아래 숨는 것이었습니다.
그러자 새로운 두려움이 우리 모두의 떨리는 가슴속으로 스며들었고,
라오코온은 신성한 참나무 널빤지를 창으로 모독하고
저주 받은 창을 그 몸통에 내던졌으니 230
응분의 죗값을 받은 것이라고 그들은 말했습니다.
여신을 모셔놓은 자리로 목마를 끌고 가서 여신에게
탄원해야 한다고 모두들 외쳤습니다 · · ·
우리는 성벽을 뚫어 길을 내고 도시의 흉벽들을 허물어버렸습니다.
모두들 팔을 걷어붙이고 나서서 목마의 발밑에 235
바퀴를 달고 목에는 대마 밧줄을 걸었습니다. 그 운명의 장치는
우리의 성벽들을 타고 넘었습니다. 뱃속에 무구들을 가득 넣은 채.
소년들과 결혼하지 않은 소녀들이 성스러운 노래를 부르며
그것을 호송했고, 손으로 밧줄을 만지며 기뻐했습니다. 목마는 성벽 위로
올라가더니 위협적으로 도시 한가운데로 미끄러져 들어갔습니다. 240
오오, 조국이여! 오오, 신들의 집인 일리움이여! 전쟁으로 유명해진
다르다누스 백성들의 성벽들이여! 네 번이나 그것은 다름 아닌
성문의 문턱에 멈춰 섰고, 네 번이나 그 뱃속에서 무구들이 맞부딪는
소리가 났습니다. 그럼에도 우리는 지각 없이 광기에 눈이 멀어
계속 밀어붙여 불길한 괴물을 신성한 성채 위에 세워놓았습니다. 245

그때는 캇산드라⁴⁰도 예언하려고, 신⁴¹의 명령에 따라
테우케르 백성들이 한 번도 믿어주지 않던 그 입을 열었습니다.
그날이 우리에게는 마지막 날이었음에도 가련한 우리는
온 시내의 신전들을 축제의 나뭇가지들로 장식했습니다.

    그사이 하늘이 빙 돌아⁴² 밤이 오케아누스에서 솟아올라 거대한   250
그늘로 대지와 하늘과 뮈르미도네스족⁴³의 계략을 에워쌌습니다.
온 시내의 테우케르 백성들은 소리 없이 편안히 누웠으니,
곤한 잠이 그들의 지친 사지를 꽉 붙들었던 것입니다.
그리고 어느새 아르고스의 밀집대열은 함선들을 정렬시키고는
말없는 달의 우호적인 침묵 속에서 테네도스로부터 익히 아는   255
해안으로 움직이기 시작했습니다. 그때 왕⁴⁴이 타고 있던 기함에서
횃불이 오르자 신들의 사악한 운명의 보호를 받고 있던
시논이 몰래 목마의 소나무 빗장을 벗겨 뱃속에 갇혀 있던
다나이족을 풀어놓았습니다. 목마가 열리며 신선한 공기를 쐬자
속이 빈 널빤지 방에서 신이 난 장수 텟산드루스⁴⁵와   260
스테넬루스⁴⁶와 무시무시한 울릭세스가 내려진 밧줄을 타고
미끄러져 내려왔습니다. 아카마스⁴⁷와 토아스와 펠레우스의 손자
네옵톨레무스⁴⁸와 제일인자⁴⁹인 마카온과 메넬라우스와
이 속임수를 주도한 에페오스⁵⁰도 뒤따라 내려왔습니다.
그들은 잠과 술에 파묻힌 시내로 쳐들어가   265
파수병들을 죽이고는 성문들을 열어젖힌 뒤 전우들을 모두
들어오게 해 계획대로 주력부대와 합류했습니다.

    괴로운 인간들에게 첫잠이 시작되고 신의 자비로 더없이 달콤한
잠이 인간들에게 살그머니 다가갈 때였습니다. 나는 잠결에 헥토르의
모습을 보았습니다. 더없이 슬픈 표정으로 하염없이 눈물을   270

쏟으며 내 앞에 서 있는 모습을 보았습니다. 그는 전차 뒤에
끌려갈 때의 모습 그대로 먼지와 피로 시커멨고,
부은 발에는 가죽끈이 꿰어져 있었습니다.[51]
아아, 이게 무슨 꼴이란 말인가! 아킬레스의 무구들을 입고[52]
또는 다나이족의 함선들에 프뤼기아의 불을 던지고 나서[53]   275
돌아올 때의 헥토르와는 얼마나 다른 모습인가!
그는 수염이 텁수룩하고, 머리털에는 피가 엉기었으며,
몸에는 그가 조국의 성벽 둘레에서 입은 수많은 상처가
나 있었습니다. 나도 꿈에서 눈물을 흘리며 먼저 그에게
말을 걸었고 이런 슬픈 말을 억지로 짜냈습니다.   280
'오오! 다르다니아[54]의 빛이여, 테우케르 백성들의 가장 믿음직한
희망이여, 무엇이 그대를 그토록 오래 지체하게 한 것이오?
그리운 헥토르여, 어느 해안에서 오는 길이오? 그대의 친구들이 수없이
죽고 백성들과 도시가 온갖 시련을 겪어 우리는 지칠 대로 지친 터라
그대가 얼마나 반가운지 모르겠소! 무슨 부당한 이유로 그토록   285
해맑던 그대 얼굴이 이렇듯 망가졌소? 이게 대체 어찌 된 상처요?'
그는 아무 대꾸도 하지 않았으며, 나의 무익한 질문 따위는 들은 척도 않고
깊은 한숨을 푹 내쉬며 말했습니다. '아아! 여신의 아들이여,
도망치시오. 이 화염에서 달아나시오. 성벽은 적군의 손아귀에 있고,
트로이야는 그 높은 꼭대기서부터 무너지고 있소.   290
조국과 프리아무스를 위해 그대는 할 만큼 했소. 만약 페르가마를
오른손으로 구할 수 있었다면, 내 이 오른손으로 구했을 것이오.
트로이야는 그대에게 자신의 성물들과 페나테스[55] 신들을 맡겼소.
이들을 그대는 운명의 동반자로 삼고, 이들을 위해 강력한 도시를 구하시오.
그대는 바다 위를 떠돌다가 마침내 그 도시를 세우게 될 것이오.'   295

이렇게 말하고 그는 신전의 맨 안쪽에서 머리띠를 맨
강력한 베스타와 영원한 불을 두 손으로 내왔습니다.
　　그사이 도시는 도처에서 비명으로 아수라장이 되었습니다.
나의 아버지 앙키세스의 집은 시내에서 멀리 떨어져 있고
나무들로 가려져 있는데도 무기들이 맞부딪는　　　　　　　　　300
무시무시한 소음이 점점 더 가까이 다가왔습니다.
나는 잠을 떨쳐버리고 지붕 꼭대기로 올라가
그 위에 서서 귀를 세웠습니다.
그 모습은 마치 미쳐 날뛰는 남풍을 타고 불길이 곡식밭으로
번지거나 또는 산골의 급류가 범람하여 들판들을 뉘고　　　　305
또 즐거운 곡식들과 황소들의 수고를 뉘며 숲을 거꾸로
끌고 내려가자 목자가 바위 위에 서서 그 소리를 듣고는
영문을 몰라 어리둥절하는 것과도 같았습니다. 그제야
진실이 밝혀졌고, 다나이족의 음모가 드러났습니다. 어느새
데이포부스[56]의 널찍한 집은 볼카누스[57]에 제압되어 무너져내렸고,　310
어느새 바로 옆 우칼레곤[58]의 집에도 불이 붙었습니다.
그 화염들은 넓은 시게움[59] 해협에 반사되고 있었습니다.
사람들의 함성과 나팔 소리가 일었습니다. 나는 정신없이
무기를 들었습니다. 어디에 써야 할지 알지 못했지만
내 마음은 전쟁을 위해 부대를 집결시키고 전우들과 함께 성채로　315
달려가기를 열망했습니다. 광기와 분노가 나를 내몰았고,
무장한 채 죽는 것이 아름답다는 생각이 들었습니다.
　　한데 보십시오. 그때 아카비족의 무기들을 헤치고 판투스[60]가,
오트뤼스의 아들로 성채 위에 있는 아폴로 신전의 사제인 판투스가
손에 성물들과 정복당한 신들을 들고, 그리고 어린 손자를 끌고　　320

정신없이 우리 집 문턱을 향해 달려오고 있었습니다.
'판투스여, 최대 격전장이 어디요? 우리의 방어 진지는 어디요?'
나의 물음에 그는 신음하며 이렇게 대답했습니다.
'마지막 날이, 피할 수 없는 시간이 다르다니아에 닥쳤습니다.
트로이야인들도, 일리움도, 테우케르 백성들의 위대한 영광도   325
다 지난 이야기입니다. 무자비하신 윱피테르께서 모두 다 아르고스에
넘겨주셨습니다. 불타는 도시에서는 다나이족이 주인입니다.
목마는 시내 한복판에 우뚝 서서 무장한 전사들을 토해내고 있고,
시논은 승리에 도취되어 도처에 화염을 뿌리고 다닌답니다.
활짝 열어젖힌 성문들 옆에는 위대한 뮈케나이에서 건너온   330
수천 명의 적군이 집결해 있습니다. 다른 자들은 무기를 들고
좁은 거리들을 봉쇄하고 있습니다. 그들은 칼집에서 칼을 빼어
칼끝을 번쩍이며 대열을 이루고 서 있고, 죽일 준비가 되어 있습니다.
그들이 문에서 마주친 첫 번째 파수병들만이 간신히
전투를 시도하며 눈먼 전투[61]에서 대항할 뿐이었습니다.'   335
오트뤼스의 아들의 그러한 말을 듣고 나는 신들의 뜻에 따라 화염과
무구들 속으로 들어갔습니다. 그곳으로 음산한 복수의 여신[62]이,
전쟁의 소음이 나를 불렀고, 그곳에서는 함성이 하늘에 닿았습니다.
그때 리페우스와 강력한 전사인 에퓌투스가 달빛 속에 모습을
드러내며 전우로서 우리와 합류했습니다. 휘파니스와 뒤마스도   340
우리의 측면을 보강했으며, 뮉돈의 아들인 젊은 코로이부스도
그렇게 했습니다. 코로이부스는 캇산드라에 대한 미친 듯한
사랑에 달아올라 며칠 전에야 트로이야에 도착했고,
사위로서[63] 프리아무스와 프뤼기아인들을 돕고 있었습니다.
불행히도 그는 약혼녀[64]의 영감에서 나온 경고도   345

듣지 않았습니다···

나는 그들이 밀집대열을 이루고는 싸우기를 열망하는 것을 보고 이렇게
부추기기 시작했습니다. '젊은이들이여, 우리의 용기가 우리에게 도움이
되지는 않겠지만, 만약 그대들이 끝장을 보겠다는 나를 따르기로
결심했다면 우리의 형세가 어떠한지는 그대들이 보고 있는 그대로요.   350
이 나라가 건재하도록 도와주시던 신들께서는 모두 신전과 제단을
버리고 이곳을 떠났고, 그대들이 도우려는 도시는 화염에 싸여 있소.
우리 죽기를 작정하고 무구들 한가운데로 돌진합시다.
싸움에 진 자들의 유일한 구원은 어떤 구원도 바라지 않는 것이오.'
그리하여 젊은이들의 용기에 광기가 더해졌습니다.   355
그때부터 우리는, 새끼들이 집에서 눈이 빠지게 기다리거나 말거나
미칠 듯한 허기에 내몰려 맹목적으로 먹이를 찾아 새카만 안개 속을
헤매는 약탈자 늑대처럼, 무구들과 적군을 헤치고
확실한 죽음 속으로 뛰어들어 도심 쪽으로 진로를 잡았습니다.
캄캄한 밤이 어둠의 날개로 우리를 감싸주었습니다.   360
누가 그날 밤의 재앙과 살육을 말로 형언할 수 있을 것이며,
어떤 눈물이 우리의 고통에 합당하겠습니까?
오랜 세월 군림하던 유서 깊은 도시가 무너지고 있었고,
거리들과 집들과 신들의 신성한 문턱들 위에는 생명 없는
수많은 시신들이 곳곳에 뻗어 누워 있었습니다.   365
테우케르 백성들만이 피로 대가를 치른 것은 아니었습니다.
때로는 전쟁에 진 자들의 가슴속에 용기가 되돌아와 승리자들인
다나이족을 쓰러뜨리기도 했습니다. 도처에 잔인한 고통과
공포가 가득했고, 도처에 수많은 형태의 죽음이 있었습니다.
맨 먼저 우리와 마주친 것은 안드로게오스[65]였는데, 다나이족의   370

대부대를 거느린 그는 아무 영문도 모르고 우리가
우군인 줄 알고는 먼저 우호적인 말로 인사를 건넸습니다.
'서두르시오, 전사들이여! 왜 이리 늑장을 부리며 꾸물대는 게요?
다른 사람들은 불타는 페르가마를 약탈해가고 있소이다.
그대들은 우뚝 솟은 함선들에서 이제야 오는 길이오?' 375
이렇게 그는 말했고, (납득할 수 있는 충분한 답변을 듣지 못하자)
자신이 적군의 한가운데로 빠져들었음을 즉시 알아차렸습니다.
깜짝 놀라 그는 하던 말을 멈추고 뒷걸음질쳤습니다.
마치 거친 가시덤불을 헤치며 땅 위로 무거운 발걸음을 옮겨놓다가
무심코 뱀을 밟은 사람이 화가 난 뱀이 고개를 들고 380
검푸른 목을 부풀리자 더럭 겁에 질려 뒷걸음질치듯이,
그렇듯 안드로게오스도 우리를 보자 뒤로 물러가고 있었습니다.
우리는 뒤쫓아가서 무구들로 빈틈없이 에워싸고는
지형에 어둡고 겁에 질린 그들을 사방에서 땅에 뉘었습니다.
행운의 여신은 우리의 첫 번째 노고에 호의를 보였습니다. 385
그곳에서 코로이부스가 성공과 용기에 고무되어 말했습니다.
'오오! 전우들이여, 행운의 여신이 이제 우리에게 구원의 길을
가리켜주며 우리에게 호의를 보여준 곳으로 따라갑시다.
방패를 바꾸어 다나이족의 식별 표지들[66]을 입도록 합시다.
그것이 속임수인지 용기인지 싸움터에서 누가 묻겠습니까? 390
그들이 손수 우리에게 무구들을 줄 것입니다.'
그는 안드로게오스의 깃털로 장식한 투구를 쓰고, 아름다운 휘장이
새겨진 방패를 두르고, 허리에 아르고스인들의 칼을 찼습니다.
리페우스도 그렇게 했고, 뒤마스와 젊은이들도 모두 기꺼이
따라했으니 그들은 각자 방금 얻은 전리품들로 무장했습니다. 395

이어서 우리는 우리 편이 아닌 신[67]의 보호 아래 다나이족과 섞이며
앞으로 나아갔습니다. 우리는 눈먼 밤에 여러 차례 접전을 벌여
수많은 다나이족을 오르쿠스[68]에게 보냈습니다. 더러는 흩어져
함선들이 있는 바닷가로 달아나며 안전한 길로 달려갔고,
더러는 치욕적인 두려움에 도로 거대한 목마로   400
기어올라가 익숙한 뱃속에 숨었습니다.
  아아, 누구든지 신들의 뜻을 거슬러 신들을 신뢰해서는 안 됩니다!
보십시오, 프리아무스의 딸 캇산드라가 머리를 흩날리며
미네르바의 신전에서, 아니 성소에서 끌려가고 있었습니다.
그녀는 고운 손바닥[69]들이 밧줄에 묶여 있었기에   405
불타는 두 눈을 하늘로 향했으나 아무 소용 없는 짓이었습니다.
코로이부스는 이 광경을 보고 참다못해 발광하여 죽기를 각오하고
적군의 무리 한가운데로 몸을 던졌습니다. 우리는 모두 뒤따라가서
밀집대열을 이루고 공격했습니다. 이곳에서 처음으로 우리는
높은 신전 지붕에서 쏘아대는 우군의 무기들에 압도되었습니다.   410
그들이 우리 무구들의 모양새와 그라이키아인들의 투구를 보고
적군으로 오인한 탓에 더없이 비참한 살육이 시작되었습니다.
이어서 소녀[70]를 구출하려는 것에 격분하여 다나이족이 함성을 지르며
사방에서 몰려와 우리를 공격했습니다. 아이약스가 가장 격렬하게 공격했고,
아트레우스의 두 아들과 돌로페스족의 전(全) 부대도 그러했습니다.   415
그 모습은 마치 갑자기 회오리바람이 일기 시작하자 서풍과 남풍과
동방의 말[馬]들을 타고 우쭐대는 동풍이 서로 맞부딪고, 숲들이 신음하며,
네레우스[71]가 거품을 뒤집어쓰고는 삼지창을 가지고 날뛰며
바다를 그 가장 깊숙한 곳으로부터 휘저어 올릴 때와도 같았습니다.
게다가 어두운 밤 그늘 속에서 우리가 책략으로 패주시켜   420

온 시내로 흩어버렸던 자들도 나타났습니다.
그들이 맨 먼저 우리의 방패들과 기만적인 무기들을 알아보았고,
또 우리의 말이 그들의 말과 음조가 다르다는 것을 눈치챘습니다.
우리는 즉시 수에 압도되었습니다. 맨 먼저 코로이부스가
전쟁의 여신[72]의 제단 옆에서 페넬레우스의 손에 쓰러졌습니다. 425
리페우스도 쓰러졌습니다. 그는 모든 트로이야인들 중에서도 지극히
올곧고 몹시도 정의감이 강했습니다. (하나 신의 뜻은 달랐습니다.)
휘파니스와 뒤마스도 우군에 찔려 죽었습니다.[73] 그리고 판투스여,
그대의 남다른 경건함도, 그대가 아폴로의 사제로서 매고 다니던
머리띠도 쓰러지는 그대를 보호해주지 못했소이다. 430
오오! 일리움의 잿더미여, 내 동포들을 화장하던 화염[74]들이여,
그대들[75]은 증언해주시오. 그대들이 쓰러질 때 나는 다나이족의
어떤 무기도 어떤 공격도 피하지 않았으며, 만약 내가 죽을 운명이었다면
내 이 손이 죽음을 가져다주었으리라는 것을! 그곳에서 나와
이피투스와 펠리아스[76]는 찢겨나갔습니다. (그중 이피투스는 이미 435
나이가 많았고, 펠리아스도 울릭세스에게 부상당하여 걸음이 느렸습니다.)
우리는 함성에 이끌려 곧장 프리아무스의 거처로 갔습니다. 그곳은
그야말로 엄청난 전투가 한창이었습니다. 마치 다른 곳에는 어떤 전투도
벌어지지 않고 온 시내에서 아무도 죽지 않는 것처럼 보였습니다.
우리는 그처럼 마르스가 날뛰고[77] 다나이족이 궁전으로 돌진하여 440
거북처럼 방패들로 등을 가린 채 나아가며 문을 공격하는 것을 보았습니다.
그들은 사닥다리를 성벽에 기대놓고 문설주들 바로 옆에서 사닥다리의
가로장들을 타고 올라갔는데, 왼손으로는 날아오는 무기들을 막고자
방패를 쳐들고 있었고, 오른손으로는 흉벽들을 움켜쥐고 있었습니다.
한편 다르다누스 백성들은 성탑과 궁전의 지붕들을 모두 445

뜯어내고 있었으니, 최후가 임박한 것을 알고는 죽는 순간까지도
그것을 던져 방어할 태세를 갖추기 위함이었습니다. 그들은 선조들의
당당한 자랑거리인 황금 서까래들을 아래로 던져댔습니다.
또 더러는 칼을 빼어든 채 밑에서 문들을 점거하고는
밀집대열을 이루고 지키고 있었습니다.   450
우리는 다시 용기를 냈습니다. 왕의 궁전을 구하고
그들을 지원하고 패배한 자들에게 힘을 보태주려고요.
   뒤쪽에 문이 하나 있었는데, 그것은 프리아무스의 궁전의 방들을
서로 연결해주는 숨은 통로였습니다. 아직 왕국이 서 있던 때에는
이 외딴 뒷문을 통해 가련한 안드로마케[78]가 가끔   455
시녀들을 거느리지 않고 시부모를 찾아가거나 어린 아스튀아낙스[79]를
할아버지에게 데려다주곤 했습니다. 이 문을 지나 나는 지붕의
맨 꼭대기로 올라갔습니다. 그곳에서도 가련한 테우케르 백성들이
날아다니는 무기들을 힘껏 던져댔으나 소용없었습니다. 그 가파른
가장자리에 탑이 하나 서 있었는데, 그 꼭대기는 하늘을 향해   460
우뚝 솟아 있었습니다. 그곳에서 우리는 트로이야 전체와
다나이족의 함선들과 아키비족의 진영을 내다보곤 했습니다.
우리는 사방에서 덤벼들어 쇠지레로 위층들이 느슨하게
연결되어 있는 곳을 깊숙한 토대에서 들어올린 다음 밀었습니다.
탑이 비틀거리더니 쿵 하고 곤두박질치며 파멸을 안겨주었고,   465
다나이족의 무리 위에 널찍이 떨어졌습니다. 하나 다른 자들이
그들을 대신했고, 그사이에도 그들이 던지는 돌멩이들과
온갖 종류의 날아다니는 무기들은 그치지 않았습니다···
   문간의 문턱 바로 위에서는 퓌르루스[80]가 무기들과
청동의 광채를 번쩍이며 미쳐 날뛰고 있었습니다.   470

그는 흡사 독초를 잔뜩 뜯어먹고 겨우내

차가운 땅속에 숨었다가 이제야 햇빛 속으로 나와서는

허물을 벗고 새로워져 젊음을 과시하며 미끌미끌한 배로

똬리를 틀고는 해를 향해 가슴을 곧추세운 채

세 갈래 진 혀를 날름거리는 뱀과 같았습니다. 475

거한 페리파스와, 아킬레스의 마부였다가 지금은 그의 시종인

아우토메돈[81]과, 스퀴로스[82]의 젊은 전사들이 모두 그와 함께하며

궁전을 공격했고 그 지붕 위에 화염을 던져대고 있었습니다.

그는 선두 대열에서 양날도끼로 견고한 문을 쳐서 깨뜨리고

청동을 입힌 문짝들을 돌쩌귀에서 밀어내려 했습니다. 480

어느새 그는 널빤지 한 장을 뜯어내어 단단한 참나무에 구멍을 냈고,

이어서 창문만큼 넓은 큼직한 틈을 만들었습니다.

궁전 안이 드러나고 긴 홀들이 노출되었습니다.

프리아무스와 옛 왕들의 방들이 드러났습니다.

그들은 또 무장한 군사들이 문간에 서 있는 것도 보았습니다. 485

궁전 안에는 신음 소리와 비명이 어지럽게 일었고,

소리가 잘 울리는 안쪽 홀들에서는 여인들의 울음소리가

메아리쳤습니다. 소음은 황금빛[83] 별들에 닿았습니다.

이어서 어머니들이 겁에 질려 넓은 궁전 안을 돌아다니며

기둥들을 꼭 껴안고는 거기에 입을 맞추었습니다. 490

퓌르루스가 그의 아버지 못지않은 힘으로 밀어붙였습니다. 빗장들도

파수병들도 막을 수 없었습니다. 잇단 충차(衝車)의 충격에 문이

비틀거리다가 문짝들이 돌쩌귀에서 떨어져 나가 나동그라졌습니다.

힘이 길을 열었습니다. 다나이족이 안으로 물밀듯 밀고 들어와

첫 번째 파수병들을 죽이고 넓은 장소를 자기 편 군사들로 채웠습니다. 495

거품이 이는 강물이 둑을 넘고 범람하여 빙글빙글 도는 급류로
거대한 제방들을 뉘고는 산더미처럼 경작지들로 질주하며
온 들판에서 가축 떼와 축사들을 휩쓸어갈 때에도
이렇지는 않습니다. 나는 살육에 미친 네옵톨레무스와
아트레우스의 두 아들을 문턱에서 내 눈으로 보았으며,   500
나는 헤쿠바와 그녀의 쉰 명의 딸들과 쉰 명의 며느리들[84]을 보았으며,
프리아무스가 제단들 사이에서 신성하게 여기던 불들을 자신의 피로
더럽히는 것을 보았습니다. 수많은 후손을 약속해주었던 저 쉰 개의 방들과
야만인의[85] 황금과 전리품들을 자랑하던 문들은 쓰러져 있었습니다.
불이 닿지 않은 곳에서는 다나이족이 주인이었습니다.   505
    아마도 그대는 프리아무스의 운명이 어떠했는지
묻고 싶으시겠지요. 함락된 도시가 넘어지고 궁전의 문들이
뜯겨나가고 집 안 깊숙이 적군이 와 있는 것을 보자
그는 노령임에도 불구하고 오랫동안 쓰지 않던 무구를
늙어서 떨리는 어깨에 헛되이 두르고 쓸모없는 칼을 차고는   510
죽기 위해 적군이 밀집한 곳으로 돌진했습니다.
궁전 한복판 하늘이 드러난 곳에 큰 제단이 하나 있고,
바로 옆에 오래된 월계수 한 그루가 제단 위로 기대며
그 그늘로 페나테스 신들을 감싸고 있었습니다.
그곳에서 헤쿠바와 그녀의 딸들이 마치 시커먼 폭풍에   515
아래로 곤두박질친 비둘기 떼처럼 헛되이 옹기종기 모여 앉아
신상들을 껴안고 있었습니다. 헤쿠바는 프리아무스가
젊었을 적 무구들로 무장하고 있는 것을 보고는 말했습니다.
'불쌍한 양반, 대체 무슨 끔찍한 생각에서 이런 무구들을
몸에 두른 거예요? 대체 어디로 달려가려고요?   520

지금 이 순간 필요한 것은 그런 도움이나 그런 방어자들이 아녜요.
내 아들 헥토르가 지금 이곳에 있다 하더라도 그건 마찬가지예요.
제발 이리로 물러나세요. 이 제단이 우리 모두를 지켜주거나
아니면 당신은 우리와 함께 죽게 될 거예요.'
그녀는 노인을 끌어당겨 신성한 제단 옆에 앉혔습니다.   525
   보십시오. 그때 프리아무스의 아들들 가운데 한 명인
폴리테스[86]가 퓌르루스의 살육을 피해 날아오는 무기들과 적군을 뚫고
긴 주랑들을 따라 도망치다가 부상당하여 빈 홀들을 건너고 있었습니다.
부상당한 그를 퓌르루스가 위협하며 바싹 뒤쫓고 있었고
당장이라도 손으로 붙잡아 창으로 찌를 것 같았습니다.   530
그는 마침내 부모의 면전에 다다르자 쓰러져
많은 피를 쏟으며 목숨을 토해버렸습니다.
그러자 프리아무스가 죽음으로 포위되어 있음에도
참지 못하고 분개하여 목청을 돋우고 외쳤습니다.
'이봐요, 만약 하늘에 그런 일을 관장하는 정의란 것이 있다면,   535
내가 면전에서 내 아들의 죽음을 목격토록 하고
자식의 죽음으로 한 아버지의 얼굴을 모독한 그대의 범행에 대해서,
그대의 그러한 흉악한 행위에 대해서 신들께서 그대에게
합당한 사의를 표하시고 알맞은 대가를 지불하시기를!
그대는 자신이 아킬레스의 아들이라고 주장하나 그건 거짓말이오. 540
그는 자신의 적이었던 프리아무스를 이렇게 대하지는 않았소. 그는
탄원자의 권리와 신뢰를 존중했고, 피가 없는 헥토르의 시신을 장례식을
위해 돌려주었으며, 나를 내 왕국으로 돌려보냈소.' 이렇게 말하고
노인은 창을 던졌으나 거기에는 힘이 없어 상대를 해칠 수 없었습니다.
창은 쨍그랑 하고 울리며 청동에 부딪쳐 더 나아가지 못했고   545

방패의 한복판 배꼽에 헛되이 매달려 있었습니다. 그에게 퓌르루스가
대답했습니다. '그렇다면 나의 아버지이신 펠레우스의 아드님에게
사자로 가서 전하시구려. 잊지 말고 그분께 내 악행을 알리고
네옵톨레무스가 그분의 친자가 아니라고 전하도록 하시오.
이제 가시지요.' 그렇게 말하고 그는 떨고 있는, 그리고 흥건히   550
고인 아들의 피에 미끄러지는 노인을 곧장 제단으로 끌고 갔습니다.
그는 왼손으로 노인의 머리채를 감아쥐고 오른손으로 번쩍이는 칼을
높이 들더니 옆구리 속으로 칼자루 있는 데까지 밀어 넣었습니다.
이것이 프리아무스의 운명의 종말이었습니다. 이것이 운명에 따라
그가 맞은 죽음이었습니다. 한때는 수많은 백성들과 나라들 위에   555
아시아의 군주로 군림했건만 죽는 순간 트로이야가 불타고 페르가마가
무너지는 것을 보아야 했던 것입니다. 그의 큰 육신은 바닷가에 누워 있고,
그의 머리는 목에서 잘려나갔으며, 그는 이름 없는 시신일 따름입니다.[87]

    그때 처음으로 나는 무시무시한 두려움에 휩싸였습니다.
나는 망연자실하여 서 있었습니다. 나의 아버지와 같은 연배의   560
왕이 잔혹한 부상으로 목숨을 내놓는 것을 보자 내 눈앞에
사랑하는 아버지의 모습이 떠올랐고, 방치된 크레우사[88]와
약탈당한 집과 어린 이울루스[89]의 운명이 떠올랐습니다.
나는 고개를 돌려 내 주위의 군사들을 살펴보았습니다.
모두들 지칠 대로 지쳐 내 곁을 떠나고 없었으니, 몸을 지붕에서   565
땅바닥으로 내동댕이쳤거나 아니면 절망하여 화염에 맡겼던 것입니다.

    [이제 나 혼자만 남았습니다. 그때 튄다레우스의 딸[90]이
베스타 신전의 문턱에 바싹 달라붙으며 그곳에 숨어 있는 것을
보았습니다. 내가 헤매며[91] 이곳저곳을 유심히 살펴보고 있을 때
밝은 불들이 온 주위를 환히 밝혀주었던 것입니다.   570

트로이야와 자신의 조국에 똑같이 복수의 여신 노릇을 한 그녀는
페르가마가 전복된 마당에 테우케르 백성들이 자기를 증오할까,
다나이족이 복수하고 자기가 버렸던 남편이 노여워할까,
지레 겁을 먹고 몸을 숨긴 채 제단 옆에 쭈그리고 앉아 있었습니다,
그 가증스런 여인은. 내 마음속에서 불이 활활 타올랐고, 화가 나 조국이   575
함락된 것을 복수하고 범행을 범행[92]으로 응징하고픈
욕구를 느꼈습니다. '틀림없이 저 여인은 아무 탈 없이 스파르타와
자신의 조국인 뮈케나이[93]를 볼 것이고 개선식을 올리며
여왕으로 돌아가겠지? 남편과 아버지의 집과 자녀들을 만나게 되고,
일리움의 여인들과 프뤼기아의 종들에게 시중을 받겠지.   580
프리아무스가 칼에 맞아죽었고, 트로이야가 불에 타버렸고,
다르다누스 나라의 바닷가가 그토록 자주 피로 물들었는데도!
그렇게는 안 되지. 비록 여인을 응징하는 것이 기억에 남을 명성이
되는 것도 아니고 그런 승리가 칭찬 받을 것도 아니지만
그럼에도 불의를 말살하고 벌 받아 마땅한 자를 응징했다는 것,   585
복수자의 화염[94]으로 내 마음을 채웠다는 것, 그리고
내 동포들의 재를 진정시켰다는 것은 내게 기쁨이 될 것이다.'
이런 말을 내뱉으며 나는 격분하여 달려갔습니다.[95]]
그때 사랑하는 나의 어머니께서 내 앞에 모습을 드러내셨습니다.
순수한 광채를 발하시며 밤을 헤치고 다가오셨는데 나는 전에는   590
그분의 모습을 그렇게 선명하게 본 적이 없었습니다. 그분은
하늘의 신들 앞에 나타나시곤 할 때의 그런 모습으로 나타나시어
자신이 여신임을 보여주셨습니다. 그분은 오른손으로 나를 붙잡으시더니
장밋빛 입술로 말씀하셨습니다. '내 아들아, 너는 무엇이 그리 괴로워
걷잡을 수 없이 화를 내는 것이며, 어째서 이리 날뛰는 것이냐?   595

나를 배려하던 너의 마음은 대체 어디로 갔단 말이냐? 너는 먼저 노쇠한
네 아버지 앙키세스를 어디에 남겨두고 왔는지, 네 아내 크레우사와
어린 아스카니우스가 아직도 살아 있는지 알아봐야 하지 않겠느냐?
전(全) 그라이키아인들의 대열들이 사방에서 그들 주위를 배회하고 있고,
내가 배려해 막아주지 않았더라면 벌써 화염이 휩쓸어가고 적군의   600
칼이 그들의 피를 마셔버렸을 것이다. 알아두어라, 라코니케[96] 여인인
튄다레우스의 딸의 가증스런 미모 탓도 아니고 네가 비난하고 있는
파리스 탓도 아니다. 그것은 신들의 가혹함 때문이다. 이 모든 부(富)를
뒤엎고 트로이야를 그 정상에서 내동댕이치는 것은 신들이란 말이다.
보아라. (지금 네 눈을 가리어 네 인간적인 시력을 무디게 하고   605
우중충한 어둠으로 너를 에워싸고 있는 구름을 모두 걷어내겠다.
네 어머니가 무엇을 명령하든 두려워 말고 그 지시에 복종하기를 거부하지
마라.) 석조물들이 흩어져 있고 바위들이 바위들로부터 떨어져 나와 있고
연기가 먼지와 섞이며 물결치는 것을 네가 보고 있는 여기 이곳에서는
넵투누스가 거대한 삼지창으로 성벽들과 주춧돌들을 들어올려   610
흔들고 있고, 도시 전체를 그 기초에서부터 뿌리째 뽑고 있다.
여기 이곳에서는 지극히 잔혹한 유노가 스카이아[97] 문을 차지하려고
앞장서서 공격을 주도하며 칼을 찬 채 함선들로부터
미친 듯 전우들의 무리를 부르고 있다 · · ·
돌아서서 보아라, 성채의 꼭대기에는 벌써 트리토니아[98] 팔라스가   615
무시무시한 고르고[99]와 더불어 먹구름[100] 사이로 번쩍이며 앉아 있다.
아버지[101]께서 친히 다나이족의 전사들에게 용기와 승리의 힘을 주시고,
친히 다르다누스 백성들의 무구들을 향해 신들을 부추기신다. 내 아들아,
어서 달아나거라. 네 노력을 끝내도록 하라. 네 아버지의 문턱에 네가 무사히
서 있는 것을 볼 때까지 나는 어디서도 네 곁을 떠나지 않을 것이다.'   620

이렇게 말씀하시고 그분께서는 짙은 밤 그늘 속으로 사라지셨습니다.
무시무시한 형상들이, 트로이야의 적들이, 신들의 위대한 힘들이
내 눈앞에 모습을 드러냈습니다···

아닌 게 아니라 그때 일리움 전체가 불속에 주저앉고 넵투누스가
지은[102] 트로이야가 맨 밑바닥에서부터 뒤집어지는 것 같았습니다.   625
그 모습은 마치 산꼭대기에서 고목이 된 물푸레나무를
나무꾼들이 무쇠와 양날도끼로 잇달아 쳐서 다투어
넘어뜨리려고 할 때와도 같았습니다. 나무는 금방이라도
넘어질 듯이 머리를 끄덕이며 충격에 잎들과 우듬지를 흔들더니
마침내 잇단 부상에 차츰 제압되어 요란한 마지막 신음 소리와 함께   630
산마루에서 찢겨져 쿵 하고 길게 넘어집니다. 나는 지붕에서 내려와[103]
여신의 안내를 받으며 화염과 적군 사이를 헤치고 나아갔습니다.
무구들이 길을 비켜주고 화염들이 뒤로 물러섰습니다.

마침내 유서 깊은 집인 나의 아버지 거처의 문턱에
이르렀을 때, 맨 먼저 높은 산으로 모시고 싶었던,   635
그래서 맨 먼저 찾았던 나의 아버지께서는 이미 트로이야가
파괴된 만큼 목숨을 연장하거나 망명을 감수하기를 거절하셨습니다.
'너희들이나, 아직도 혈기방장하고 원기 왕성하여
제 발로 서 있을 수 있는' 하고 그분께서 말씀하셨습니다.
'너희들이나 서둘러 도망하도록 하라···   640
나로 말하자면 하늘의 신들께서 내가 목숨을 이어가기를 원하셨더라면
나를 위해 이 집을 구하셨으리라. 나는 도시가 한 번 파괴되는 것을 본 적이
있고 도시가 함락되었어도 살아남았으니 그것으로 충분하고도 남는다.[104]
이렇게 오오, 누워 있는 내 몸에 작별 인사를 하고 너희들은 떠나거라.[105]
내 손수 죽음을 찾을 것이다.[106] 적군이 나를 불쌍히 여겨[107] 나에게서   645

전리품을 구하게[108] 될 것이다. 무덤은 갖지 못하겠지만 그건 약과다.[109]
신들의 아버지이시고 인간들의 왕이신 그분[110]께서 내게 번개의 바람을
부시고 그 불로 나를 치신 뒤[111] 나는 오랫동안 신들에게 미움 받고
인간에게 쓸모없는 존재로 헛된 목숨만 이어가고 있으니 말이다.'
　　그분께서는 이렇게 말씀하셨고 그분의 뜻은 요지부동이었습니다.　650
내 아내 크레우사와 아스카니우스와 온 집안 식구가 눈물을 쏟으며
간청했습니다. 한 가정의 가장은 자신과 함께 모든 것을 파괴해서는 안 되며,
그러잖아도 무겁게 짓누르는 운명을 더 무겁게 하면 안 된다고요.
그분께서는 거절하시며 마음도 자리도 바꾸려 하지 않으셨습니다. 나는
몹시 낙담해 무구들이 있는 곳으로 도로 달려갔고 죽기를 바랐습니다.　655
우리에게 그때 무슨 계책이, 무슨 요행이 남아 있었겠습니까?
'아버지, 제가 아버지를 남겨두고 발걸음을 뗄 수 있다고 생각하셨습니까?
어떻게 그런 무도한 말씀이 아버지의 입에서 나오는지요? 도시가
아무것도 남지 않는 것이 하늘의 신들의 뜻이고, 아버지의 뜻이 확고해
멸망하는 트로이야와 함께 아버지 자신과 가족들도 멸망하는 것이　660
마음에 드신다면 그러한 죽음을 위해서라면 문이 활짝 열려 있습니다.
프리아무스의 피에 흠뻑 젖은 퓌르루스가 곧 이리로 올 것입니다. 그는
아버지의 면전에서 아들을 죽이고 제단 옆에서 아버지를 베는 자입니다.
사랑하는 어머니, 이러자고 무구들과 화염들 속에서 저를 구하셨습니까?
집 안에서 적군을 보라고, 아스카니우스와 제 아버지와 그 옆에　665
크레우사가 서로가 서로의 피 속에 죽어 누워 있는 것을
저더러 보라고 말입니까? 전사들이여, 무구들을 가져오시오.
최후의 날이 패배자들을 부르고 있소. 그대들은 나를
다나이족에게 돌려주시오. 돌아가 내가 다시 싸우게 내버려두시오.
오늘 우리 모두가 복수도 못 하고 죽지는 않을 것이오.'　670

그러고 나서 나는 다시 칼을 차고 방패 안으로 왼팔을 집어넣어
고정시킨 다음 집 밖으로 달려나가고 있었습니다. 한데 보십시오,
그때 문턱 위에서 아내가 내 두 발을 잡고 늘어지며
어린 이울루스를 내밀었습니다. '당신이 죽으러 떠나는 것이라면
무슨 일이 일어나든 우리도 함께 데려가세요. 그러나 만약 이미 675
무구들을 시험해본 당신이 무구들에 어떤 희망을 거는 것이라면, 먼저
이 집부터 지키세요. 그렇지 않으면 어린 이울루스와 당신의 아버지와
한때 당신의 아내라고 불리던 나는 누구에게 내맡겨지겠습니까?'[112]
  크게 울부짖는 그녀의 비탄 소리가 온 집 안을 가득 채웠을
때였습니다. 바로 그때 말하기도 경이로운 기적이 일어났습니다. 680
보십시오, 양친의 손들과 슬픈 얼굴들 사이에 있는
이울루스의 정수리에서 가벼운 불의 혀가 빛을 쏟고 있고,
만져도 다치지 않는 화염으로 그의 부드러운 머리털을 핥으며
그의 관자놀이들 주위로 어른거리는 것이 보였던 것입니다.
우리는 깜짝 놀라 그의 머리털 속의 화염을 서둘러 쳐내고 685
신성한 불을 물로 끄려 했습니다. 하나 나의 아버지 앙키세스께서는
기뻐하시며 별들로 시선을 향하신 채 하늘을 향해 두 손바닥을 드시고는
말씀하셨습니다. '전능하신 읍피테르시여, 기도가 그대의 마음을
움직일 수 있는 것이라면, 우리를 굽어살피소서. 이것이 내 유일한
기도이옵니다. 그리고 우리의 선행으로 그럴 자격이 있다면 690
우리에게 도움을 주시고, 아버지시여, 이 전조를 확인해주소서.'[113]
  노인께서 그렇게 말씀하시자마자 갑자기 왼쪽[114]에서
천둥소리가 울리더니 별 하나가 수없이 빛을 발하는 별똥별을 끌며
하늘에서 밤 그림자 사이로 미끄러져 떨어졌습니다.
그 별이 지나가는 길을 선명하게 드러내며 궁전의 지붕 위로 695

미끄러져 가더니 여전히 빛을 발하면서 이다 산의 숲 속에 묻히는 것을
우리는 보았습니다. 그것이 사라진 뒤에도 그것이 지나간 길은
긴 밭이랑처럼 빛났고, 주위는 온통 유황 냄새로 가득했습니다.
그러자 실제로 나의 아버지께서 확신하시고는 하늘을 향해 똑바로
일어서시더니 신들께 인사 드리고 신성한 별에 경의를 표하셨습니다. 700
'더는 지체할 시간이 없나이다. 따르겠나이다, 조국의 신들이시여,
그대들이 어디로 인도하시든 나는 거기 있겠나이다. 이 집과 내 손자를
구하소서. 이것은 그대들의 전조이고 트로이야는 그 보호 아래 있나이다.[115]
암, 나는 양보하고, 내 아들아, 동행을 거절하지 않겠다.' 그분께서
말씀을 마치셨습니다. 벌써 온 도시에 불의 소음이 더 또렷이 들렸고, 705
화재는 불의 홍수가 되어 더 가까이에서 넘실거렸습니다.
'사랑하는 아버지, 자 내 목덜미에 타십시오. 제가 몸소
양어깨에 멜 것이며 이 일은 제게 짐이 되지 않을 것입니다.
어떤 일이 일어나든, 우리 두 사람은 위험해도 같이 위험하고
안전해도 같이 안전할 것입니다. 어린 이울루스는 내 옆에서 걷고 710
부인은 떨어져서 우리 뒤를 따라오도록 하시오.
그리고 하인들이여, 너희들은 내 말을 명심해서 듣도록 하라.
너희들이 도시에서 나가면 둔덕과 외딴[116] 케레스의
오래된 신전이 있고, 그 옆에는 우리 선조들이 오랫동안
외경심을 갖고 보존해오신 삼나무 고목이 한 그루 있다. 715
우리는 여러 경로로 해서 이 한곳으로 모이게 될 것이다.
아버지, 아버지께서는 성물들과 조상대대로 모시던
페나테스 신들을 팔에 안으십시오. 저는 저 모든 전투와
살육에서 막 떠나온 터라 흐르는 물에 목욕하기 전에는
그것들을 만질 수 없습니다 · · · ·' 720

이렇게 말하고 나는 넓은 양어깨와 구부린 목덜미 위에다
황갈색 사자 모피를 얹은 다음 짐을 졌습니다.
아스카니우스는 내 손에 제 손을 감아넣고는 보폭이 같지 않은데도
아버지와 보조를 맞추었습니다. 뒤에서는 내 아내가
따라오고 있었습니다. 우리는 그늘진 곳117을 따라 나아갔습니다.   725
그리고 나는 잠시 전에는 적군의 날아오는 무기들과
나와 맞선 그라이키아인들의 밀집대열에도 꿈쩍하지 않았건만,
지금은 미풍만 불어도 두렵고 소리만 들려도 긴장했습니다.
그만큼 나는 동행과 짐118이 걱정되고 염려되었던 것입니다.
어느새 성문들에 접근하고 여정을 무사히 마쳤다고 생각했을 때   730
불현듯 떼 지어 행군하는 발소리가 내 귀에 들려오는 듯했고,
아버지께서는 어둠 속을 꿰뚫어보시며 외치셨습니다.
'내 아들아, 달아나라, 내 아들아. 그들이 다가오고 있다.
화염에 반사된 방패들과 번쩍이는 청동들이 보이는구나.'
그 순간 내가 알지 못하는 어떤 적대적인 힘이 나를 어리둥절하게 하며   735
정신을 잃게 만들었습니다. 왜냐하면 나는 길이 없는 곳으로 따라가고
내가 방향을 알고 있는 거리들에서 벗어났기 때문입니다. 아아,
그때 운명이 내 아내 크레우사를 가련한 나에게서 낚아채어 갔습니다.
그녀가 멈춰 섰는지, 길에서 벗어났는지, 아니면 지쳐서 주저앉았는지
아무도 모릅니다. 나는 그녀를 다시 보지 못했습니다. 그녀가 없어져도   740
나는 뒤돌아보지도 않았고 그녀를 생각조차 하지 않았습니다,
우리가 둔덕과 오래된 케레스의 신성한 거처에 이를 때까지 말입니다.
마침내 그곳에 모두들 모였을 때 그녀만이 없었으니
그녀는 일행들과 아들과 남편에게서 사라졌던 것입니다.
어느 인간을 저주하지 않고, 어느 신을 저주하지 않을 수 있었던가?   745

그리고 내가 전복된 도시에서 본 광경 중 어떤 것이 이보다 더 잔인했던가?
나는 아스카니우스와 아버지 앙키세스와 테우케르 백성들의
페나테스 신들을 전우들에게 맡기고 그들을 움푹 팬 골짜기에 숨겼습니다.
나 자신은 번쩍이는 무구들을 두르고 도로 도시로 향했습니다.
나는 모든 모험을 되풀이하며 다시 트로이야를 샅샅이 750
뒤지고 다시 위험에 목숨을 내맡기기로 결심했습니다.
나는 먼저 성벽들과 내가 그리로 해서 도시를 떠났던 그늘진
성문으로 되돌아갔습니다. 내 발자국들을 찾아내어 어둠을 헤치고
다시 그것들을 따라가며 두 눈으로 유심히 살폈습니다.
도처에서 나는 마음속으로 두려움을 느꼈고, 정적에도 놀랐습니다. 755
그러고 나서 그녀가 혹시 그곳으로 발걸음을 옮겼을까 하고 나는 집으로
돌아갔습니다. 다나이족이 쳐들어와 집 전체를 차지하고 있었습니다.
어느새 게걸스런 불이 바람을 타고 지붕 꼭대기로 굴러 올라가고 있었고,
불꽃들이 위로 솟구치며 그 뜨거운 입김이 하늘을 향해 날뛰고 있었습니다.
나는 계속 걸어 프리아무스의 궁전과 성채를 다시 보았습니다. 760
그곳에서는 파수를 보도록 선발된 포이닉스[119]와
무시무시한 울릭세스가 유노의 신전의 텅 빈 주랑들에서 벌써
전리품을 지키고 있었습니다. 화재에서 구출된 트로이야의 보물들인
신들의 식탁들과 순금으로 만든 포도주 희석용 동이들과
약탈된 의상들이 사방에서 운반되어 그곳에 765
쌓이고 있었던 것입니다. 주위에는 소년들과 겁에 질린
어머니들이 길게 줄 지어 있었습니다· · ·
나는 감히 어둠 사이로 큰 소리로 부르며 거리들을
내 고함으로 가득 메웠고, 비감에 젖어 '크레우사!' '크레우사!'
하고 거듭거듭 그녀를 불렀으나 소용없는 일이었습니다. 770

내가 그녀를 찾아 끝없이 도시의 건물들 사이로 내닫고 있을 때
크레우사의 가련한 환영과 그림자[120]가 내 눈앞에 나타났는데
우리가 알고 있던 그녀의 모습보다 더 컸습니다.
소름이 끼치고 모골이 송연해서 목구멍에서 말이 나오지 않았습니다.
그녀가 먼저 말을 건네며 이런 말로 내 근심을 쫓아버렸습니다. 775
'오오! 사랑하는 낭군이여, 그리 미친 듯이 슬픔에 빠져드는 것이
무슨 도움이 되나요? 이런 일들은 신들의 동의 없이는 일어나지 않아요.
당신이 여기서 크레우사를 데려간다는 것은 법도가 아니거니와
높은 올륌푸스의 저 위대한 통치자[121]께서도 허용하시지 않아요.
긴 망명이 당신의 운명이며, 당신은 망망대해를 쟁기질해야 해요.[122] 780
당신은 헤스페리아[123] 땅에 가게 될 것인데, 그곳에는 농부들의 풍요한
들판 사이로 뤼디아의 튀브리스[124] 강이 유유히 흘러가지요. 그곳에서
즐거운 일들과 왕국과 왕족 출신의 아내가 당신을 기다리고 있어요.
당신의 사랑하는 크레우사를 위해서라면 더는 눈물 흘리지 마세요.
다르다누스의 자손이자 베누스 여신의 며느리인 나는 뮈르미도네스족과 785
돌로페스족의 오만한 궁전들을 보게 되지도 않을 것이며,
가서 그라이키아 여인들의 노예가 되는 일도 없을 거예요···
천만에, 신들의 위대한 어머니[125]께서 나를 이 해안에 붙들고 계세요. 자,
이제 잘 가세요. 그리고 우리 두 사람의 아들을 언제까지나 사랑해주세요.'
이렇게 말한 그녀는 눈물을 흘리며 그녀에게 많은 말을 790
하고 싶어하는 내 곁을 떠나 희박한 대기 속으로 사라졌습니다.
세 번이나 나는 그곳에서 그녀의 목을 얼싸안으려 했으나, 세 번이나
그녀의 환영은 헛되이 포옹하는 내 두 손에서 빠져나갔습니다,
가벼운 바람결처럼, 그 무엇보다도 날개 달린 꿈처럼.[126]
이렇게 밤을 보내고 나서 나는 마침내 전우들에게 돌아갔습니다. 795

그러나 그곳에서 나는 어머니들하며 남자들하며
엄청난 수의 사람들이 합류해 있는 것을 보고 놀랐습니다.
그들은 망명하기 위해 모인 백성들로 불쌍한 무리들이었습니다.
그들은 사방에서 모여들었고, 내가 바다를 건너 어느 나라로 인도하든
마음과 재산을 바쳐 나를 따를 각오가 되어 있었습니다. 800
어느새 이다 산의 가장 높은 산등성이 위에 샛별이 뜨며
새날을 가져다주고 있었습니다. 다나이족은
성문들을 봉쇄하고 있었고, 구원의 희망은 전혀 없었습니다.
나는 단념하고 아버지를 업고는 산으로 향했습니다.

제3권

신이 내린 방랑

하늘의 신들께서 아시아[1]의 왕국과 프리아무스의 무고한
백성들[2]을 타도하기로 결정하시자, 자랑스러운 일리움이 함락되고
넵투누스가 지은[3] 트로이야 전체가 땅바닥에서부터 연기를 내뿜자,
우리는 하늘의 전조에 의해 멀리 떨어진 처녀지로 망명하도록
강요당했습니다. 프뤼기아의 이다[4] 산 기슭에 있는 안탄드로스[5] 시(市) 5
바로 옆에서 우리는 운명이 우리를 어디로 인도할지, 어디쯤에서
우리에게 정착이 허용될지 알지 못한 채 애써 함선들을 건조하고
대원들을 점검했습니다. 초여름[6]이 시작되고 아버지께서 우리더러
운명을 향해 돛을 올리라고 명령하셨을 때 나는 눈물을 흘리며
내 조국의 해안들과 포구들과, 한때 트로이야가 서 있던 10
들판들을 떠났습니다. 나는 망명자의 몸으로 전우들과 아들과 더불어
페나테스 신들[7]과 위대한 신들[8]을 모시고 바다로 나갔습니다.

   트로이야에서 조금 떨어진 곳에 있는 마보르스[9]의 넓은 들판은
트라키아[10]인들의 경작지로 한때 잔혹한 뤼쿠르구스[11]가 통치한 곳입니다.
오래전부터 트로이야에 우호적[12]이었고, 우리가 행운을 누리는 동안 15
양쪽 페나테스 신들은 서로 동맹을 맺고 있었습니다.[13]
나는 그곳으로 가서 그곳 만에다 성벽을 쌓기 시작했고, 그곳에서 살
사람들을 내 이름에서 따와 아이네아다이[14]라고 불렀지만 운명은
이 계획에 적대적이었죠. 디오네의 따님[15]이신 나의 어머니와 다른
신들에게 나의 사업을 축복해주시도록 제물을 바쳤고, 하늘에 20

사시는 신들의 높으신 왕[16]에게 바칠 제물로 윤이 나는 새하얀 황소
한 마리를 바닷가에서 잡고 있었습니다. 마침 그 바로 옆에
둔덕이 있었는데 그 맨 꼭대기에는 층층나무 덤불과 도금양(挑金孃)[17]
가지들이 빽빽히 자라고 있었습니다. 나는 잎이 무성한
가지들로 제단을 덮고자 가까이 다가가 초록빛 덤불을 땅에서   25
뽑으려다 말하기도 끔찍한 놀라운 전조를 보았습니다.
내가 땅에서 나무 하나를 뽑아내자마자
뿌리가 찢겨나가며 시커먼 핏방울들이 뚝뚝 떨어져
대지를 핏덩어리로 더럽히는 것이었습니다.
두려움에 등골이 오싹했고, 공포에 피가 얼어붙었습니다.   30
나는 안쪽에 숨어 있는 그 원인을 알아내고자 다시
두 번째 나무에서 나긋나긋한 가지 하나를 잡아 찢었습니다.
이 두 번째 나무의 껍질에서도 시커먼 피가 흘러 나왔습니다.
곰곰이 생각하다가 나는 시골의 요정들과 게타이족[18]의 들판을
지배하시는 아버지 그라디부스[19]에게 기도하며, 내가 본 것이 좋은   35
결과를 가져다주게 해주고 무거운 전조를 가볍게 해 달라고
간청했습니다. 하나 내가 모래에 대항해 두 무릎을 버티고는 체중을
더 많이 실어 세 번째 가지들[20]에게 덤벼들었을 때 (말해야 하나요,
침묵을 지켜야 하나요?) 둔덕 밑 깊숙한 땅속에서 애처롭게
신음하는 소리가 들렸고, 대답하는[21] 목소리가 내 귀에 들려왔습니다.   40
'아이네아스여, 왜 나를 찢는 것이오? 이곳에 묻힌 나를 불쌍히 여기시고,
죄 없는 그대 손을 더럽히지 마시오. 나는 그대에게 낯선 사람이 아니오.
트로이야가 나를 낳아주었으니까. 이 피는 나무에서 흘러내린
것이 아니오. 제발 이 잔혹한 나라를, 이 탐욕스런 해안을 피하시오.
나는 폴뤼도루스[22]요. 이곳에서 나는 꼼짝할 수 없도록 수많은 무기들에   45

뒤덮여 있는데, 그것들이 뿌리내려 날카로운 창 자루 감들로 자라난 것이오.'
의혹과 두려움이 마음을 짓눌렀습니다. 나는 소름이 끼쳤고
모골이 송연했으며 목구멍에서는 아무 말도 나오지 않았습니다.[23]
　　불행한 프리아무스는 다르다니아의 무구들이 더 이상
미덥지 않고 도시가 완전히 포위당한 것을 보자 50
트라키아 왕[24]에 의해 양육되도록 몰래 큰 금괴와 함께
이 폴뤼도루스를 떠나보냈던 것입니다. 그러나 테우케르 백성들의
부가 파괴되고 행운의 여신이 물러가자 그자는 승승장구하는
아가멤논의 편으로 넘어가 도리를 모두 저버리고
폴뤼도루스를 살해하고는 억지로 황금을 차지했습니다. 55
황금에 대한 저주 받을 탐욕이여, 사람의 마음이 일단 그대에게 쫓기면
무슨 짓인들 못하겠는가! 나는 두려움에서 벗어나 백성들 중에서
선발된 지도자들과 누구보다도 먼저 아버지께 신들이 보내주신
전조를 알리고 이 일을 그들은 어떻게 판단하는지 물었습니다.
그들은 모두 같은 생각이었습니다. 우정을 모독한 60
이 범죄의 나라를 떠나 함선들의 돛을 올리자는 것이었습니다.
우리는 폴뤼도루스를 다시 엄숙히 장사지내주고 둔덕에
흙을 높이 쌓아올렸습니다. 그리고 망령을 위해 제단을 세우고는
칙칙한 색조의 애도의 화환들과 검은 삼나무[25]로 둘렀고,
그 주위에 일리움의 여인들이 관습에 따라 머리를 풀고 65
서 있었습니다. 더운 우유가 거품을 일으키는 잔들과
제물의 피가 담긴 접시들을 바치고 혼백을 무덤에 안치한 다음
목청을 돋우어 마지막으로 그의 이름을 불렀습니다.
　　그러고 나서 우리가 바다를 믿을 수 있게 되자, 바람들이 바다를
진정시켜주고 부드럽게 속삭이는 미풍이 바다로 우리를 부르자 70

전우들은 함선들을 바다로 끌어내리고 바닷가에 떼 지어 모였습니다.
우리는 포구에서 출항했고, 육지와 도시들은 멀어져 갔습니다.
바다 한가운데 신성한 섬이 하나 있는데, 그곳은 네레우스의 딸들의
어머니[26]와 아이가이움[27]의 넵투누스가 가장 아끼는 곳입니다.
그런데 그 섬은 이 해안에서 저 해안으로 떠돌아다니곤 했답니다.   75
궁술의 신[28]이 감사하는 마음에서 높다란 뮈코노스와 귀아로스[29]에
단단히 매어 움직이지 않게 해주고 바람들을 무시할 수 있게 해줄 때까지
말입니다. 우리는 그곳으로 항해했고, 그곳은 안전한 포구로
지칠 대로 지친 우리를 더없이 평화롭게 맞아주었습니다. 배에서 내려
아폴로의 도시를 보며 경탄하고 있을 때 인간들의 왕이자 신의 사제인   80
아니우스 왕이 이마에 머리띠와 신성한 월계수[30] 가지를 두르고 우리를
만나러 왔습니다. 그는 앙키세스가 오래된 친구임을 알아보았습니다.
주인과 손님들이 악수를 교환했고, 우리는 그의 집에 들었습니다.
　　나는 오래된 바위로 지은 신전에 경의를 표하며 간청했습니다.
'튐브라[31]의 신이시여, 항구적인 집을 주소서. 지친 우리에게   85
성벽과 후손과 지속될 도시를 주소서. 트로이야의 제2의 성채[32]를,
다나이족과 잔혹한 아킬레스가 남겨둔 우리를[33] 구해주소서.
누구를 따라야 하나이까? 어디로 가라는 것인가요? 어디에 정착해야
옳은가요? 아버지시여, 전조를 보여 우리를 격려해주소서!'
그러자 별안간 모든 것이 떨리는 것 같았습니다.   90
신의 문턱들과 월계수와 주위의 산[34] 전체가 흔들렸습니다.
그리고 지성소의 문이 활짝 열리며 세발솥이 울부짖기 시작했습니다.
우리가 땅에 엎드리자 이런 음성이 들려왔습니다. '참을성이 많은
다르다누스 백성들이여, 처음에 너희 선조들의 줄기에서
너희들을 낳아준 바로 그 나라가 돌아오는 너희들을 반갑게   95

품에 안아줄 것이니라. 너희들은 옛 어머니를 찾도록 하라.
그곳에서 아이네아스의 집안과 자식들의 자식들과 그들에게서
태어난 자식들이 온 세상을 지배하게 될 것이니라.'
이렇게 포이부스가 말했습니다. 그러자 큰 환호성과 소음이 일었고,
포이부스가 방랑하는 우리더러 찾아가라고 부르고 지시하는   100
성벽들은 대체 어디 있냐고 하나같이 물었습니다. 그때 옛 사람들에게서
전해들은 일들을 곰곰이 생각하시며 아버지께서 말씀하셨습니다.
'지도자들이여, 그대들은 내 말을 듣고 그대들의 희망이 어디 있는지
알도록 하시오. 바다 한가운데 위대한 읍피테르의 섬인 크레타[35]가 있는데,
그곳에는 이다 산이 있고 그곳은 우리 민족의 요람이었소.[36]   105
그곳 사람들은 일백 개의 큰 도시에서 살고 있소. 내 기억이 틀림없다면,
이 더없이 풍요로운 왕국으로부터 우리의 첫 번째 선조인 테우케르께서
처음에 로이테움[37] 곶의 해안으로 항해해 오셔서 왕국의 터를 잡았다고
들었소. 그때는 아직 일리움도, 페르가마의 성채들도 서 있지 않았소.
사람들은 골짜기의 낮은 곳에 살고 있었소. 그곳[38]으로부터   110
퀴벨루스[39] 산에 사시는 어머니[40]와 코뤼반테스[41]들의 바라들과
이다 산의 임원이 유래했으며, 그곳으로부터 그녀의 비의에 대한 신심에서
우러나오는 침묵과 여주인의 수레 밑에서 멍에를 멘 사자들이 유래했소.
그러니 자, 신들의 지시가 인도하는 곳으로 따라가도록 합시다.
바람들을 달래고 크노수스[42]의 왕국을 찾아가도록 합시다. 그곳까지   115
그리 먼 거리가 아니오. 읍피테르께서 호의만 베풀어주신다면
세 번째 날 새벽이면 우리 함대는 크레타 해안에 정박하게 될 것이오.'
이렇게 말씀하시고 그분께서는 제단 위에 합당한 제물을 바치셨으니,
넵투누스에게는 황소를, 아름다운 아폴로여, 그대에게도 황소를,
폭풍의 신에게는 검은 양을, 상냥한 서풍에게는 흰 양을 바치셨습니다.   120

그런데 이도메네우스⁴³ 왕이 선조들의 왕국에서 추방된 이래
크레타의 해안들은 방치되어 있다는 소문이 떠돌았습니다. 집들에는
적군이 없고, 버려진 거처들은 우리를 기다리고 있다는 것이었습니다.
우리는 오르튀기아⁴⁴의 포구를 떠나 나는 듯이 바다 위를 달렸고,
그 산등성이들에서 박쿠스의 술잔치가 벌어지는 낙소스⁴⁵와 초록빛   125
도누사와 올레아로스와 눈처럼 흰 파로스와 바다 위에 흩어져 있는
퀴클라데스⁴⁶ 군도를 지나 수많은 섬들 사이로 세차게 흐르는 해협들을
누볐습니다. 선원들은 다투어 노를 저으며 함성을 질렀고, 전우들은
'선조들의 나라인 크레타로 갑시다'라고 서로를 격려했습니다.
고물 쪽에서 바람이 일어 항해하는 우리를 호송해주었습니다.   130
우리는 마침내 쿠레테스들의 오래된 해안으로 미끄러져 들어갔습니다.
그리하여 나는 내가 바라던 도시의 성벽을 열심히 쌓기 시작하며 그것을
페르가마 시(市)라고 불렀고, 백성들이 그 이름을 좋아하자 자신들의
화로를 사랑하고 높다란 지붕의 성채를 세우도록 그들을 격려했습니다.

    어느새 함선들은 마른 해안으로 끌어올려졌고,   135
젊은이들은 결혼하고 새 땅을 경작하느라, 그리고 나는 법과 집을
정해주느라 분주했습니다. 그때 갑자기 하늘의 일부가 오염되면서
우리 몸에 역병이 내렸고 나무와 곡식들도 비참하게
말라죽었습니다. 그해의 수확은 죽음뿐이었습니다.
사람들은 달콤한 목숨을 버리거나 병든 몸을 끌고 다녔습니다.   140
시리우스⁴⁷가 들판을 태워 불모지로 만들었고, 풀은 말라죽고,
씨앗은 병들어 식량 대주기를 거절했습니다. 나의 아버지께서 나더러
배를 타고 오르튀기아에 있는 포이부스의 신탁소로 되돌아가
그분의 선처를 빌며 그분이 우리의 이 고통을 어떻게 끝내실 것인지,
이 역경에서 벗어나려면 어디서 도움을 구해야 하며   145

어디로 진로를 잡아야 하는지 물어보라고 하셨습니다.
    때는 밤이었고, 잠이 대지의 모든 동물들을 감쌌습니다.
내가 누워 자고 있는데 화염에 싸인 트로이아 시의 한복판에서
내가 구출해낸 프뤼기아의 페나테스 신들의 신성한 신상들이
거기 내 눈앞에, 열려 있는 창들을 통해 둥근 달이   150
쏟아져 들어오는 곳에 환히 빛을 받으며 또렷이 서 있는 듯했습니다.
그분들은 이윽고 내게 이런 말을 건네며 내 근심을 위로하셨습니다.
'아폴로께서는 그대가 오르튀기아에 갔더라면
그대에게 말씀하셨을 것을 지금 이곳에서 말씀하시려고
자진하여 우리를 그대의 문턱으로 보내신 것이니라.   155
우리는 다르다니아가 불타버린 뒤 그대와 그대의 무구들을 따라왔고,
그대의 지휘하에 있는 함선들을 타고 부풀어오른 바다를 건넜느니라.
마찬가지로 장차 태어날 그대의 자손들을 우리는 별들로 올릴 것이며,
그대의 도시에 제국을 줄 것이니라. 그대는 위대한 자들[48]을 위해 위대한
성벽들을 준비하고 망명길이 길고 고되더라도 결코 포기하지 마라.   160
그대는 거처를 바꾸도록 하라. 델로스의 아폴로께서 그대에게 권하신 곳은
이 해안이 아니며, 그분께서 정착을 명하신 곳은 크레타가 아니니라.
한 지역이 있는데, 그라이키아인들이 헤스페리아란 이름으로
부르는 곳이니라. 그곳은 오래된 나라로 전쟁에 강하고 땅은 기름지느니라.
오이노트리아인들이 이곳을 경작했느니라. 들리는 소문에 따르면,   165
그 자손들은 자신들의 왕의 이름을 따 그곳을 이탈리아라고 부른다더라.[49]
그곳이 우리의 진정한 거처이니라. 그곳에서 다르다누스와 아버지
이아시우스[50]가 태어났고, 또 그에게서 우리 민족이 생겨났느니라.
자, 일어나서 기쁜 마음으로 그대의 연노하신 아버지께 이 확실한 소식을
전하라. 그는 코뤼투스[51]와 아우소니아[52] 땅을 찾아야 할 것이니라.   170

딕테[53]의 들판들은 윱피테르께서 그대에게 거절하시니라.'
그러한 환영과 신들의 목소리에 나는 깜짝 놀랐습니다.
(공허한 꿈이 아니라 나는 그분들과 대면하는 듯했고,
그분들의 표정과 화관을 쓴 머리와 얼굴을 친견하는
듯했습니다. 전신에 식은땀이 흘러내렸습니다.) 175
나는 침대에서 벌떡 일어나 두 손바닥을 하늘로 향한 채 기도했고
화로에다 물을 타지 않은 포도주를 부어 드렸습니다.
의식을 마친 후 나는 기쁜 마음으로 앙키세스에게 가서
내가 겪었던 일을 사실대로 전했습니다. 그분께서는 우리 백성들의
조상과 선조가 한 분이 아니라 두 분[54]이시고, 이 유서 깊은 180
장소들[55]에 관해 새로 해석하시며 당신이 착각을 일으켰다는
것을 알아차리고는 말씀하셨습니다. '일리움의 운명으로 시련을 겪은
내 아들아, 오직 캇산드라만이 내게 이 일들을 예언한 적이 있다.
우리 민족에게 이런 일들이 운명으로 정해져 있다며 그녀가 가끔
헤스페리아와 이탈리아 왕국의 이름을 부르던 일이 이제야 생각나는구나. 185
하지만 테우케르 백성들이 헤스페리아의 해안에 상륙하게 될 것이라고
누가 믿었겠느냐? 당시 캇산드라의 예언이 누구를 움직였겠느냐?
자, 우리 포이부스에게 복종하고 더 나은 조언을 따르도록 하자꾸나!'
그분의 말씀에 우리는 모두 환호성을 올리며 복종했고,
소수의 인원만 그곳에 남겨둔 채 그곳을 뒤로하고 190
돛을 올리고는 속이 빈 함선을 타고 망망대해를 달렸습니다.
　　함선들이 심해로 나와 이제 더 이상 육지는 보이지 않고
사방이 하늘이고 사방이 바다뿐일 때, 시커먼 비구름이 머리 위에
멈춰 서더니 암흑과 폭풍을 가져다주기 시작했고,
물결은 어둠 속에서 몸서리쳤습니다. 195

그 뒤 곧 바람들이 물결을 굴려 올리자 큰 파도가 일었고,
거대한 심연 위에서 우리는 사방으로 흩어졌습니다.
먹구름이 낮을 에워쌌고, 비 내리는 밤은 하늘을 감춰버렸으며,
찢어진 구름 사이로 잇달아 번갯불이 번쩍였습니다.
우리는 진로에서 벗어나 맹목적으로 물 위를 떠다녔습니다. 200
팔리누루스[56]조차 하늘을 보고 낮과 밤을 구별할 수 없었으며
바다 한가운데서 길을 잃어버렸다고 말했습니다. 꼬박 사흘 낮을
아무것도 구별할 수 없는 암흑 속에서 바다 위를 헤맸고,
또 별이 보이지 않는 사흘 밤을 헤맸습니다. 그러다가
나흘째 되던 날 마침내 처음으로 솟아 있는 육지를 보았고, 205
멀리 산과 소용돌이치며 하늘로 올라가는 연기가 보였습니다.
우리는 돛을 내리고 일어서서 노를 젓기 시작했습니다. 선원들은 재빨리
푸른 바다 위를 지나가며 힘껏 노를 저어 거품을 쳐올렸습니다.
바다에서 구출된 나를 맨 먼저 받아준 것은 스트로파데스[57] 섬들의
해안이었습니다. 그라이키아 이름으로 불리는 스트로파데스 섬들은 210
넓은 이오니아 해[58]에 있는데, 피네우스[59]의 궁전이 닫히고 겁이 나
먼젓번 식탁을 떠난 뒤로[60] 그 섬들에는 무서운 켈라이노[61]와
다른 하르퓌이아들이 살고 있습니다. 이들보다 더 고약한
괴물은 없었으며, 이들보다 더 지독한 역병과 신들의 노여움이
스튁스[62] 강의 물결에서 솟아오른 적은 없었습니다. 215
그들은 소녀의 얼굴을 한 새들로 배설물에서는
심한 악취가 났고, 손에는 맹금류의 발톱이 나 있었으며,
굶주려 얼굴은 늘 누렇게 떠 있었습니다 · · ·
우리가 그곳에 도착하여 포구로 들어갔을 때, 보십시오,
들판 도처에 수많은 소 떼들이 보였고, 풀밭에는 220

지키는 사람 없는 염소 떼가 보였습니다. 우리는 칼을 빼들고
그것들을 덮쳤고, 신들과 윱피테르 자신에게 우리의 전리품에
참가해주시도록 청했습니다. 그러고 나서 우리는 만을 이루고 있는
해안에 자리를 마련하고는 진수성찬을 즐겼습니다.
그때 하르퓌이아들이 갑자기 요란하게 날개 치는 소리를 내며   225
산에서 우리 사이로 무시무시하게 내리 덮치며 음식을
갈기갈기 찢어버렸고 불결한 접촉으로 모든 것을 오염시켰습니다.
이어서 악취가 진동하는 가운데 끔찍한 울음소리가 들렸습니다.
돌출한 바위 밑 안으로 쑥 들어간 곳에다
[그곳은 나무들과 으스스한 그늘에 둘러싸여 있었습니다]63   230
또다시 식탁을 차리고 제단에 불을 지폈습니다.
또다시 그 요란한 무리들이 반대 방향에 있는 숨은 은신처에서
날아와 먹이 주위를 맴돌며 구부정한 발톱으로 움켜쥐었고,
입으로 음식을 오염시켰습니다. 그래서 나는 그 무시무시한 족속과
전쟁을 수행하기 위해 전우들에게 무장하라고 일렀습니다.   235
전우들은 지시한 대로 칼들을 풀숲에 감추었고 방패들을
눈에 띄지 않게 숨겨두었습니다. 그리하여 그들이 만을 이루는
해안을 따라 소리를 지르며 내리 덮쳤을 때, 높은 곳에서 망보던
미세누스64가 속이 빈 청동65으로 신호를 보냈습니다.
그러자 전우들이 공격을 가하며 불길한 바다66 새들을   240
칼로 망가뜨리기 위해 새로운 종류의 전투를 시도했습니다.
그러나 우리가 날개를 쳐도 그들은 그것을 느끼지 못했고,
등에 부상을 입지 않았으며, 반쯤 먹다 남은 음식과
역겨운 발자국들을 남겨둔 채 재빨리 하늘 높이 날아올랐습니다.
불길한 예언녀인 켈라이노만이 높다란 바위에   245

자리 잡고 앉아 가슴속으로부터 이런 말을 했습니다.
'라오메돈[67]의 백성들이여, 그대들은 우리 소 떼를 잡고
우리 암송아지들을 죽이더니 이제 우리에게 전쟁까지 걸어오고,
죄 없는 하르퓌이아들을 그들의 아버지의 왕국[68]에서 내쫓을
참인가? 그렇다면 그대들은 내 이 말을 명심해서 듣도록 하라.   250
전능하신 아버지께서 포이부스에게, 그리고 포이부스가 내게
예언한 것을 복수의 여신들[69] 가운데 맏이인 내가 그대들에게 알리노라.
그대들은 이탈리아로 향하고 있고 바람을 부르고 있느니라.
그대들은 이탈리아에 가게 될 것이고, 그 포구들에 들어가는 것이
허용될 것이니라. 하나 약속된 도시에 성벽을 두르기 전에   255
우리를 죽이려 했던 불의의 대가로 무서운 허기를 만나
그대들의 식탁 가장자리를 갉아 입안에서 씹어 먹게 될 것이니라.'
이렇게 말하고 그녀는 날개에 실려 숲 속으로 사라졌습니다.
전우들은 두려움에 피가 얼어붙었습니다.
그들은 사기가 떨어져 하르퓌이아들이 여신이든 아니면   260
무섭고 불길한 새든, 이제는 무구에 의해서가 아니라
서약과 기도로 평화를 추구하기를 원했습니다.
그러자 아버지 앙키세스께서 바닷가에서 두 손바닥을 위로
향하신 채 위대한 신들을 부르시며 합당한 제물을 서약하셨습니다.
'신들이시여, 이 위협들을 막아주소서. 신들이시여, 이 재앙을   265
물리쳐주시고 그대들을 섬기는 자들을 자비로운 마음으로 구해주소서.'
이어서 그분께서는 바닷가에서 밧줄을 풀고 범각삭을 끌러
늦춰주라고 명령하셨습니다. 돛들은 남풍으로 팽팽해졌습니다.
우리는 바람과 키잡이가 가리켜주는 진로를 따라 거품 이는 물결 위로
내달았습니다. 어느새 파도 한가운데에 숲이 우거진 자퀸토스[70]와   270

사메와 가파른 암벽의 네리토스[71]가 모습을 드러냈습니다.
우리는 라에르테스[72]의 왕국인 이타카의 바위들 옆을 지나가며
잔혹한 울릭세스를 길러준 그 나라를 저주했습니다. 그 뒤 곧
레우카테스[73] 산의 구름에 가린 봉우리와, 선원들에게
공포의 대상인, 본토에 있는 아폴로 신전이 눈앞에 나타났습니다. 275
우리는 지쳐서 그곳으로 향했고 작은 도시[74]로 다가갔습니다.
이물에서 닻이 던져졌고, 고물들은 바닷가에 가지런히 서 있었습니다.

    그리하여 마침내 예상보다 빨리[75] 육지에 오른 우리는
윱피테르를 위해 정화의식을 거행하고 제단 위에 제물을 태워 드렸으며,
악티움의 해안에서 일리움의 경기들을 개최했습니다. 전우들은 280
옷을 벗고 몸에 기름을 바른 다음 전통적인 레슬링 시합을 했습니다.
그들은 자신들이 그토록 많은 아르고스[76]의 도시들 옆을 통과하고
적군의 한가운데를 지나 도망칠 수 있었던 것이 기뻤던 것입니다.
그사이 태양은 한 해의 큰 원을 일주하고[77] 얼음처럼 차가운 겨울이
다가오자 북풍에 바다는 거칠어졌습니다. 나는 위대한 아바스[78]가 285
메고 다니던 오목한 청동 방패를 신전 문 바깥쪽에다 못을 박아
고정시키고 이를 기념하여 다음과 같은 헌정의 글을 썼습니다.
아이네아스가 이 무구들을 승리한 다나이족에게서 빼앗아 바치나이다.
그리고 나서 나는 포구를 떠나 노 젓는 자리에 앉으라고 명령했습니다.
그러자 전우들이 다투어 노로 바다를 치며 바닷물 위로 나아갔습니다. 290
우리는 파이아케스족[79]의 구름에 가린 산봉우리들[80]을 뒤로하고
에피로스[81]의 해안을 따라 나아가다가, 카오니아[82] 포구에
들어가 높다란 부트로툼[83] 시를 향해 걸어 올라갔습니다.

    그곳에서 도무지 믿어지지 않는 소문을 들었는데, 프리아무스의
아들 헬레누스[84]가 아이아쿠스[85]의 증손자인 퓌르루스[86]의 295

왕홀과 결혼 침대를 물려받아 그라이키아의 도시들을 다스리고,
안드로마케는 다시 그녀의 고국 출신의 남편에게 넘어갔다는 것이었습니다.
나는 어안이 벙벙했고, 헬레누스를 만나 어찌하여 그런 엄청난 일이
일어나게 되었는지 그 까닭을 알아보고 싶은 이상한 열망에 사로잡혔습니다.
나는 함선들과 해안을 뒤로하고 포구를 떠나 앞으로 걸어갔습니다. 300
마침 그때 안드로마케가 도시 앞, 모조(模造) 시모이스[87] 강변에 있는
임원에서 고인을 위해 제물을 바치며 제사를 지내고 있었습니다.
그녀는 헥토르의 혼백이 자기 무덤을 찾아오도록 부르고 있었는데,
그 무덤이란 잔디로 만든 허묘(虛墓)로 그녀는 그 위에다
두 개의 제단을 세우고는 그곳에서 눈물을 흘리곤 했던 것입니다. 305
그녀는 내가 무장한 트로이야인들을 거느리고[88] 다가오는 것을 보자
정신이 나갔습니다. 도무지 믿어지지 않는 이 기적에 깜짝 놀라
그 순간 몸이 굳어지고 온기가 뼈를 떠났던 것입니다.
그녀는 졸도할 뻔했다가 한참 만에야 겨우 말을 건넬 수 있었습니다.
'내게 다가오는 그대는 과연 그대가 맞나요? 그대가 정말 내게 310
소식을 전하러 왔나요, 여신의 아들이여? 그대는 살아 있는 것인가요?
혹시 생명의 빛이 그대를 떠났다면 헥토르는 어디 있지요?' 그녀는
온 사방을 울음소리로 메웠습니다. 설움이 복받치는 그녀에게 나는
더듬거리며 대답했으니, 나도 흥분하여 말이 잘 나오지 않았던 것입니다.
'나는 정녕 살아 있고, 온갖 역경을 헤치며 살고 있소. 의심하지 마시오. 315
그대가 보고 있는 것은 진짜요····
아, 그대는 그토록 위대한 남편을 여읜 뒤로 어떤 운명을 만났소?
그대에게 걸맞은 합당한 어떤 행운이 찾아왔나요,
헥토르의 아내 안드로마케여? 그대는 아직도 퓌르루스의 아내인가요?'
그녀는 눈을 내리깔고 나직한 목소리로 말했습니다. 320

'오오, 트로이야의 높은 성벽 밑, 적군의 무덤가에서 죽도록 명령 받은
프리아무스의 처녀 딸[89]이야말로 트로이야의 여인들 중에서
가장 행복해요! 자기를 놓고 제비를 뽑는[90] 수모도 당하지도 않고,
정복자의 노예가 되어 주인의 침대에 눕지도 않았으니까요.
그러나 나는 조국이 불타버리자 멀리 낯선 땅으로 실려가   325
아킬레스의 아들의 오만과 젊은 교만을 참고 견디며 예속 속에서
그의 아들[91]을 낳았지요. 나중에 그는 레다[92]의 외손녀인
헤르미오네[93]와 '라케다이몬 여인과의 결혼'[94]을 하려고
하녀인 나를 하인인 헬레누스에게 가지라고 넘겨주었지요.
하지만 빼앗긴 신부[95]에 대한 열렬한 사랑에   330
불타오르던 오레스테스가 자신의 범행[96]으로 인한 광기에 쫓겨
불시에 급습하여 아버지의 제단[97] 옆에서 그를 죽였어요.
네옵톨레무스가 죽자 그의 왕국 일부는 합법적으로 헬레누스에게
넘어갔고, 그러자 헬레누스는 이곳을 카오니아 들판이라고 이름 짓고,
나라 전체를 트로이야에 있는 카온에서 이름을 따와 카오니아라고   335
불렀으며,[98] 언덕 위에다 페르가마를, 이 일리움의 성채를 지었답니다.
그런데 그대를 이리로 데려다준 것은 무슨 바람이며, 무슨 운명이지요?
어떤 신께서 우리의 해안으로 아무것도 모르는 그대를 인도하셨나요?
그대의 어린 아들 아스카니우스는 어떻게 됐지요? 아직도 살아
숨쉬고 있나요? 그를 트로이야에서 이미 그대에게 · · ·[99]   340
그는 사별한 어머니를 여전히 생각하고 있나요? 아이네아스가
아버지이고 헥토르가 아저씨[100]라는 사실이 대대로 내려오는 용기와
남자다운 기개를 갖도록 그를 부추기던가요?' 그녀는 한꺼번에
질문을 쏟아냈습니다. 무익한 눈물을 흘리며 그녀가 길게
흐느끼고 있을 때 프리아무스의 아들 영웅 헬레누스가   345

도시의 성벽에서 한 무리의 수행원을 거느리고 다가왔습니다.
그는 자신의 친척들을 알아보고 흔쾌히 자기 집으로
인도하면서도 눈물이 앞을 가려 말을 제대로 잇지 못했습니다.
나는 앞으로 걸어가며 소(小)트로이야와, 강력한 페르가마를
모방한 성채와, 크산투스[101]란 이름의 마른 수로를 보았습니다. 350
나는 또 스카이아 문[102]의 문턱을 껴안았습니다.
나의 테우케르 백성들도 이 도시의 우정을 함께 즐겼습니다.
왕은 그들을 널찍한 주랑으로 데려갔습니다. 그들은 안마당의
한가운데에서 박쿠스의 음료[103]를 헌주했고, 황금 접시에
진수성찬을 받아놓고는 저마다 술잔을 들고 있었습니다. 355
　　어느새 하루가 지나고 또 하루가 지났습니다.
미풍이 돛을 부르고 있었고, 돛은 남풍으로 부풀어 있었습니다.
나는 예언자[104]에게 다가가 물었습니다. '트로이야 출신이여,
신의의 해설자여, 그대는 포이부스의 뜻과 클라로스[105]에 있는
그분의 세발솥들과 월계수들을 알고 있소. 360
그대는 또 별들과 새들의 울음소리와 새들의 비상을 읽을 수 있소.
자, 말해주시오. (하늘이 보낸 전조들은 모두 나의 이번 여행에 관해
길한 말을 했고, 모든 신들께서는 나더러 이탈리아로 가서
머나먼 나라를 찾으라고 신의(神意)로써 설득하셨으나
다만 하르퓌이아인 켈라이노만이 입에 담기도 무서운 이상한 365
예언을 하며 무시무시한 노여움과 가증스런 허기로 우리를 위협했소.)
내가 우선적으로 피해야 할 위험들이 무엇이오?
어떻게 해야만 나는 그토록 많은 역경을 극복할 수 있겠소?'
그러자 헬레누스는 먼저 관례에 따라 수송아지 몇 마리를 제물로
바치고 나서 신들의 축복을 빌었습니다. 그러고 나서 신성한 370

머리에서 머리띠를 풀더니 신의 친림(親臨)에 몹시 긴장해 있는
나를, 포이부스여, 그대의 신전으로 손수 인도했습니다.
사제는 신성한 입을 열어 이렇게 예언했습니다.

　'여신의 아들이여! (그대가 더 강력한 신의에 의해 바다를 항해한다는
것은 의심할 여지없이 확실하오. 신들의 왕[106]께서 이렇게 운명을　　　375
배정하시고 변화의 수레바퀴를 굴리시니, 이것이 곧 순환의 질서지요.)
그대가 낯선 바다들을 더 안전하게 건너 아우소니아의 포구에
정착할 수 있도록 많은 것 가운데 그 일부만 말하겠소.
나머지를 아는 것은 운명의 여신들[107]이 이 헬레누스에게 허용치 않으며,
그것을 말하는 것은 사투르누스의 따님이신 유노가 금하기 때문이오.　　380
첫째, 이탈리아가 벌써 가까이 있어 지금 당장이라도 그 포구들로
들어갈 수 있다고 그대가 생각하고 있다면 그것은 오산이오.
길도 없는 먼 길[108]과 긴 해안들이 그대와 그곳을 갈라놓고 있소.
그대는 안전한 땅에 도시를 세울 수 있기 전에
먼저 트리나크리아[109] 해에서 노를 휘도록 저어야 하고,　　　　　　385
아우소니아 해[110]의 수면을 배를 타고 건너야 하며, 저승의
호수[111]들과 키르케[112]의 섬인 아이아이아[113] 옆을 통과해야 할 것이오.
그대에게 징표를 일러줄 것인즉 깊이 명심해두시오.
그대가 괴로워하며 어떤 머나먼 강의 흐르는 물가에 도착하여,
거기 강가의 떡갈나무들 밑에 거대한 흰 암퇘지가　　　　　　　　　390
누워 있고 그 젖꼭지 주위에는 그것이 갓 낳은 역시 흰 새끼 돼지
서른 마리가 누워 있는 것을 발견하게 되면,[114] 그곳이 그대의 도시의
터가 되고 그대의 고난의 종착지가 될 것이오. 그대는 식탁을
먹게 될 것이라는 위협에 주눅 들 필요는 없소. 운명이 길을
찾아낼 것이며, 그대가 부르면 아폴로께서 도우러 오실 것이오.　　　395

하지만 그대는 이탈리아의 이쪽 부분과 우리 바다[115]의 조수에 씻기며
우리와 가장 가까운 거리에 있는 이쪽 해안[116]은 피하도록 하시오.
그곳에 있는 모든 도시들에는 적대적인 그라이키아인들이 살고 있기
때문이오.[117] 그곳에는 나뤽스[118]의 로크리스인들이 성벽을 쌓았고,
살렌티니족[119]의 들판들은 뤽토스[120]의 이도메네우스가 무력으로   400
점령했소. 그곳에는 또 멜리보이아[121]의 필록테테스[122]의
유명한 소도시 페텔리아가 그가 쌓은 성벽 위에 버티고 앉아 있소.
뿐만 아니라 그대의 함선들이 바다를 건넌 뒤 닻을 내리게 되어
그대가 마침내 해안에 제단을 쌓고 서약을 이행하게 되더라도,
신들의 명예를 위하여 제단의 불이 활활 타오를 때   405
적대적인 형상이 그대와 마주쳐 전조를 망쳐놓는 일이 없도록
자줏빛 천으로 반드시 그대의 머리를 가리시오.[123]
그대와 그대의 전우들은 이러한 관습을 반드시 지켜야 하며,
후손들도 이 관습을 지킴으로써 마음이 정결해야 할 것이오.
하지만 그곳을 떠난 그대를 바람이 시킬리아의 해안으로 데려다주고   410
펠로루스[124]의 좁은 해협이 열리기 시작하면, 우회하게 되면
길이 멀어진다 해도 그대는 육지도 왼쪽에 끼고 바다도 왼쪽에 끼고
나아가고 오른쪽으로는 해안도 바다도 피하도록 하시오.
사람들이 말하기를, 이 두 나라는 원래 하나의 나라였으나
(긴 세월은 그런 큰 변화를 초래할 수 있는 법이오)   415
엄청난 변화가 일어나 오래전에 서로 떨어졌다고 하오.
그러자 그 사이로 바다가 억지로 밀고 들어가 바닷물로
헤스페리아의 옆구리에서 시킬리아를 떼어놓았고, 좁은 해협을
이루며 그 사이로 흘러 들어가 들판들과 도시들을 해안선으로
서로 갈라놓았소. 그대의 오른쪽에는 스퀼라[125]가, 왼쪽에는   420

물릴 줄 모르는 카륍디스가 기다리고 있소. 카륍디스는
하루 세 번씩 심연의 깊숙한 소용돌이로써 거대한 파도들을
나락으로 빨아들였다가 그때마다 도로 하늘을 향해 내뿜으며
물보라로 별들을 매질하오. 한편 스퀼라는 동굴의 컴컴한 구석에
숨어 있다가 입을 내밀어 배를 자신의 바위들 쪽으로 끌고 가오.   425
그녀는 상체는 사람의 모습이고 샅까지는
가슴이 예쁜 소녀이지만, 하체는 늑대의 배에
돌고래의 꼬리가 달린 바다 괴물이오.
그러니 넓은 동굴 안에 있는 무시무시한 스퀼라나,
검푸른 개[126]들이 짖는 소리가 울리는 바위들을 일단 보게 되느니   430
차라리 우회하면 길이 멀어지더라도 서둘지 않고 트리나키아 섬의
파퀴눔[127] 곶을 빙 돌아가는 편이 더 나을 것이오.
만일 이 헬레누스에게 그 밖의 어떤 선견지명이 있다면, 만일 내 말이
믿음직하다면, 만일 아폴로께서 내 마음을 진실로 가득 채워주신다면,
여신의 아들이여, 나는 그대에게 이 한 가지만은,   435
특히 이 한 가지만은 꼭 예언하고 거듭거듭 경고해두겠소.
무엇보다도 위대한 유노의 신성을 찬양하고 그녀에게 기도하시오.
흔쾌히 유노에게 서약하며 강력한 여주인을 탄원과 선물들로
그대 편으로 만드시오. 그렇게 하면 그대는 마침내 당당하게
트리나크리아를 뒤로하고 이탈리아의 경계에 이르게 될 것이오.   440
그대가 그곳에 상륙하여 쿠마이[128] 시와 숲이 살랑대는
신성한 아베르나 호수[129]로 가면, 신들린 예언녀를 보게 될 것인데
그녀는 거기 바위 동굴 깊숙한 곳에서 잎에다
표지와 이름을 적음으로써 운명을 예언하오.
소녀[130]는 잎에다 무슨 예언을 적든 간에 그것들을   445

순서대로 정돈하여 동굴 안에 은밀히 보관한다오.
그것들은 그녀가 정돈해놓은 그대로 꼼짝 않고 그곳에 머물러 있소.
하지만 돌쩌귀가 돌며 가벼운 미풍이 불어와 그것들을 팔랑거리고
열린 문이 가벼운 잎들을 흩어버리고 나면, 그녀는 동굴 안을
날아다니는 예언들을 붙잡으려고도 하지 않고 그것들을   450
이전 자리로 돌리거나 한데 묶으려고도 하지 않아요. 그러면 사람들은
조언도 못 듣고 떠나며 시뷜라[131]의 거처를 못마땅하게 여기게 되지요.
아무리 그대의 전우들이 조급증을 내더라도, 아무리 항해하기 좋은
날씨가 돛을 바다로 급히 부르더라도, 순풍이 아무리 그대의
돛을 부풀려놓는다 하더라도 그대는 그곳에 머무는 시간을   455
아까워하지 말고 예언녀를 찾아가 그녀가 자진하여 입을 열어
직접 예언을 노래해 달라고 기도하고 간청하시오. 그러면 그녀는
그대에게 이탈리아의 부족들과 다가올 전쟁들과, 어떻게 그대가
그 하나하나의 노고를 피하고 견딜 수 있을지 일러줄 것이오.
그대가 경의를 표하면 그녀는 그대에게 유리한 항해도 허용할 것이오.   460
이것이 내가 그대에게 말하도록 허용된 조언들이오. 자, 가서
그대의 행적으로 트로이야가 하늘까지 우뚝 솟도록 하시오!'
　예언자는 우호적인 입으로 말하고 황금과 상아로
묵직하게 장식된 선물들을 우리 함선들이 있는 곳으로
실어다주라고 명령했습니다. 그는 또 배의 화물칸들에 다량의 은과   465
도도나[132]의 대야[133]들과 금실로 세 번이나 누빈 쇠사슬 갑옷의
가슴받이와 전에 네옵톨레무스가 쓰고 다니던 것으로
정수리에 깃털들이 너울거리는 훌륭한 투구를 채워 넣었습니다.
나의 아버지를 위한 선물들도 있었습니다.
그는 또 우리에게 말들과 길잡이들을 제공해주고, 노 젓는   470

선원들을 보충해주는가 하면 내 전우들에게 무구들을 대주었습니다.
　그사이 앙키세스께서는 순풍이 불어오면 우리가 꾸물대는 일이 없도록
함선들에 돛을 동여맬 것을 명령하고 계셨는데, 그분에게 포이부스의
예언자가 큰 존경심을 갖고 말을 건넸습니다. '앙키세스여,
신들에게 사랑 받는 분이여, 그대는 베누스와의 신성한 결혼에　　　　475
합당한 분으로 여겨졌고 페르가마의 폐허에서 두 번이나 구출되었거늘[134]
보십시오. 저기가 아우소니아입니다. 돛을 올리고 가서 그곳을 차지하십시오.
하지만 그대는 항해하되 이쪽 해안은 비켜가야 합니다. 아폴로께서 말씀하신
아우소니아의 그 부분은 여기서 멀리 떨어져 있습니다. 잘 가십시오.'
하고 그는 말했습니다. '아들의 효성으로 행복하신 분이여,　　　　　　480
바람이 이는데 내가 왜 잡담으로 그대를 계속 붙들고 있지요?'
안드로마케도 이 마지막 작별을 아쉬워하며 아스카니우스를 위해
황금 실로 수놓은 옷들과 프뤼기아의 외투를 가지고 왔습니다.
(그녀는 선심에서 지지 않았습니다.)
그녀는 손으로 짠 선물들을 한아름 안겨주며 말했습니다.　　　　　　485
'소년이여, 이것들도 받아라. 그리하여 내 솜씨의 기념물이 되고,
헥토르의 아내 안드로마케가 변함없이 너를 사랑하고 있다는
증거가 되게 하여라. 네 동포들의 이 마지막 선물들을 받아라.
너는 내게 유일하게 남아 있는, 내 아들 아스튀아낙스[135]의 모습이다.
그 아이도 이런 눈을, 이런 손을, 이런 얼굴을 갖고 있었지.　　　　　490
그리고 지금쯤 너와 같은 또래로 자랐겠지.' 그들과 작별할 때
나는 눈물을 흘리며 말했습니다. '그대들은 행복하게 오래 사시오.
그대들의 운명은 이미 성취되었소. 하나 우리는 이 운명에서 저 운명으로
끊임없이 부름을 받고 있소. 그대들에게는 안식이 주어졌소.
그대들은 바닷물을 쟁기질할 필요도 없고,　　　　　　　　　　　　　495

언제나 뒤로 물러서는 아우소니아의 들판을 찾을 필요도 없소.
그대들은 크산투스 강의 모습과 그대들의 손으로 만든
트로이아를 보고 있소. 원컨대 그것은 옛날의 트로이아보다
더 번성하고 그라이키아인들의 공격에 덜 노출되기를.
만약 내가 언젠가 튀브리스[136] 강과 튀브리스 강에 인접한 들판들에   500
닿게 되고, 우리 백성들에게 약속된 도시의 성벽들을 보게 된다면,
그때에는 우리는 장차 헤스페리아와 에피로스에 있는 친족 도시들과
이웃 백성들을 결합시킬 것이오. 그들에게는 똑같이 다르다누스가 선조이고
똑같은 재앙이 주어졌기 때문이오. 그리하여 우리는 정신적으로 하나의
트로이아를 만들 것이오. 그 일은 우리의 후손들에게 맡깁시다.'   505

 우리는 케라우니아[137] 산들 가까이까지 항해해 갔습니다.
거기서 이탈리아로 건너는 것이 가장 짧은 항로였기 때문입니다.[138]
그사이 해는 지고 산들은 그늘에 들었습니다.
우리는 제비를 뽑아 노 저을 순번을 정한 다음 파도 옆, 여기저기
고대하던 육지의 품에 누운 채 마른 해안에서 원기를 회복했습니다.   510
지칠 대로 지친 우리의 사지에 잠이 물밀듯 몰려왔습니다.
밤이 호라이 여신들[139]이 끄는 수레를 타고 주로를 아직 반도
돌기 전에 민첩한 팔리누루스는 잠자리에서 일어나 온갖
바람들을 시험하며 두 귀로 공기의 움직임을 감지하려 했습니다.
그는 조용한 하늘을 미끄러져가는 모든 별들, 즉 아르크투루스[140]와   515
비를 가져다주는 휘아데스[141]와 두 곰[142]을 눈여겨보았고,
황금으로 무장한 오리온[143]을 살펴보았습니다.
그는 하늘 전체가 조용하고 안정되어 있는 것을 본 뒤에
고물에서 맑은 나팔 소리로 신호를 보냈습니다. 우리는 야영지를
뒤로하고는 돛들의 날개를 펴고 앞으로 나아갔습니다.   520

어느새 별들이 스러지고 새벽의 여신이 하늘을 붉게 물들이고
있을 때 우리는 저 멀리 흐릿한 언덕들과 야트막한 이탈리아를
보았습니다. '이탈리아다!' 하고 맨 먼저 아카테스가 소리치자
전우들도 '이탈리아다!' 하고 반갑게 환성을 올렸습니다.
그러자 아버지 앙키세스께서 고물에 우뚝 서서 커다란 희석용 동이에   525
화환을 감고 거기에 물 타지 않은 포도주를 부으시더니
신들을 부르셨습니다. · · ·
'바다와 육지와 폭풍을 지배하시는 신들이시여, 순풍으로 우리의 항해를
순조롭게 해주시고 부드러운 입김을 우리에게 보내주소서.'
그러자 바라던 미풍이 일기 시작하며 포구가 우리의 눈앞에 점점 더   530
가까이 열리면서 마침내 성채 위에 미네르바의 신전이 보였습니다.
전우들은 돛을 말고 뱃머리를 해안 쪽으로 돌렸습니다. 포구는 동쪽에서
밀려드는 파도에 활처럼 패여 있었습니다. 어귀의 바위들이 짠 바닷물로
거품을 일으키고 있었고, 포구는 그 뒤에 가려져 있었습니다.
탑처럼 생긴 암벽들이 양쪽에서 팔을 아래로 뻗어   535
두 개의 성벽을 이루고 있었고, 신전은 해안으로부터 물러나 있었습니다.
그곳에서 내가 본 첫 번째 전조는 넓은 들판에서 풀을 뜯는
눈처럼 흰 말 네 마리였습니다. 아버지 앙키세스께서 말씀하셨습니다.
'오오! 우리를 맞아준 나라여, 너는 전쟁을 가져다주는구나.
말은 전쟁을 위해 무장하니, 이 말 떼는 전쟁의 위협을 의미한다.   540
하지만 이 동물들은 또 때로는 전차를 끌도록 훈련 받아
사이좋게 멍에와 고삐를 차고 다닌다. 그러니 평화의 희망도 있다.'
그때 우리는 환호하는 우리를 맨 처음으로 맞아준,
무구들을 부딪쳐 소리내는 팔라스의 신성에 기도했습니다.
우리는 제단 앞에서 프뤼기아의 천으로 머리를 가리고는   545

헬레누스의 특명에 따라 아르고스의 유노에게
지시 받은 대로 구운 제물들을 격식에 맞게 바쳤습니다.
    우리는 그곳에서 지체하지 않고 순서대로 의식을 마치자
돛을 올리고 활대들의 끝을 바다 쪽으로 돌리고는 그라이키아에서
태어난 자들의 거처를, 믿지 못할 그곳을 떠났습니다.   550
그 다음에 (소문이 사실이라면) 헤르쿨레스의 도시인
타렌툼[144]의 만이 보였고, 그 맞은편에는 라키니움[145]의 유노 신전과
카울론[146]의 성채와 배를 난파시키는 스퀼라케움[147]이 솟아 있었습니다.
이어서 저 멀리 수평선 위에 트리나크리아의 아이트나[148] 산이 보였고,
바닷물이 바위들에 부딪치며 내는 거대한 신음 소리와 해안에 부서지는   555
파도 소리가 멀리서 들려왔습니다. 바닷물은 높이 솟구쳤고
모래는 파도 속에서 소용돌이쳤습니다. 그러자 아버지 앙키세스께서
소리치셨습니다. '저것이 그 악명 높은 카륍디스야. 저게 헬레누스가
말한 암벽들이고, 저게 그 무시무시한 바위들이다. 전우들이여,
그대들 자신을 구하고, 있는 힘을 다해 다 함께 노를 저으시오.'   560
그들은 시키는 대로 했습니다. 맨 먼저 팔리누루스가
삐걱거리는 뱃머리를 좌측 바다 쪽으로 돌리자
전 대원이 노와 돛으로써 왼쪽으로 나아갔습니다.
우리는 물마루에 실려 하늘 높이 들어올려졌다가
파도가 물러나자 망령들의 거처인 저승으로 내려앉았습니다.   565
세 번이나 암벽들이 바위 동굴들 사이에서 으르렁거렸고,
세 번이나 우리는 치솟는 물보라와 흠뻑 젖은 별들을 보았습니다.
그 사이 해가 지며 바람도 우리 곁을 떠났고, 우리는 지칠 대로 지쳐
어딘지도 모르고 퀴클롭스[149]들의 해안으로 미끄러져 들어갔습니다.
    그곳에는 바람이 닿지 않는 포구가 하나 있었는데,   570

그 포구는 조용하고 널찍했지만 바로 옆에서 아이트나가 천둥을 치며
무시무시한 파멸을 내뿜고 있었습니다. 이따금 그것은 하늘을 향해
먹구름과 역청처럼 검은 연기의 소용돌이와 하얗게 작렬하는 재를
쏘아 보내고 불덩어리를 올려 보내 별들을 핥고 있었습니다.
이따금 그것은 산의 찢어진 내장들인 바위들을 토해냈고, 575
흐르는 바위들을 맨 밑바닥에서 끓여서는 신음 소리와 함께
그것들을 하늘로 내던졌습니다. 소문에 따르면,
벼락에 반쯤 탄 엥켈라두스[150]의 몸뚱이가 이 거대한 덩어리에
짓눌려 있고, 거대한 아이트나는 그 위에 앉아
찢어진 화덕에서 화염을 내뿜는데, 그자가 아픈 옆구리를 580
쉬게 하려고 돌아누울 때마다 전 트리나크리아가 떨면서
굉음을 내고 연기로 하늘을 가린다고 합니다.
그날 밤 우리는 숲 속에 숨어 이 무시무시하고 괴이한 현상을
참고 견뎌냈지만 이 소음의 원인이 무엇인지는 보지 못했습니다.
별빛도 꺼져 하늘에는 별자리들의 광휘도 없고, 585
어두운 하늘에는 안개만 자욱했으며, 칠흑 같은 밤이
달을 먹구름 속에 붙들어두고 있었기 때문입니다.
　　이윽고 샛별이 뜨고 다음날이 밝기 시작했습니다.
새벽의 여신이 하늘에서 이슬에 젖은 밤 그늘을 흩어버리자
이상한 형상이 숲에서 불쑥 걸어 나오는 것이었습니다. 590
그는 우리가 모르는 사람으로 극도로 초췌한 모습에 넝마를 걸친 채
해변에 있는 우리를 향해 다가오며 탄원자로서 두 손을 내밀었습니다.
우리는 그를 응시했습니다. 그는 수염이 길게 나 있었으며
몹시 꼬질꼬질했고 그의 넝마는 가시로 여며져 있었습니다.
하나 그 밖의 점들은 그라이키아인이었고, 전에 그의 조국의 595

무구들을 갖추고 트로이야로 보내졌던 자였습니다. 그는 멀리서
다르다니아의 복장과 트로이야의 무구들을 보더니, 그 광경에 주눅들어
발걸음을 멈추고는 꼼짝 않고 그대로 서 있었습니다. 그러다가 곧 그는
눈물로 하소연하며 급히 바닷가로 달려 내려왔습니다. '별들과
하늘의 신들과 우리가 숨쉬는 이 하늘의 빛의 이름으로 간청하노니 600
테우케르 백성들이여, 나를 데려가주시오. 어느 나라로든 데려다주시오.
그것으로 족합니다. 나는 내가 다나이족의 함선을 타고 갔던 사람들 중
한 명이라는 것과, 전시에 트로이야의 페나테스 신들을
공격했음을 시인합니다. 그것이 그토록 중대한 범행이라면 그 대가로
나를 갈기갈기 찢고 파도 위에 뿌려 망망대해에 가라앉게 하시오. 605
내가 꼭 죽어야 한다면 사람 손에 죽어야 여한이 없겠소이다.'
그는 우리의 무릎에 매달려 그것을 움켜잡고는[151] 일어서려
하지 않았습니다. 그가 누구며, 어떤 부모에게서 태어났는지 말하고,
이어서 어떤 불운에 쫓기는지 고백하라고 우리는 재촉했습니다.
아버지 앙키세스께서 잠시 망설이시다가 그 젊은이에게 610
오른손을 내미시어 이 우정의 표시로써 그를 안심시키셨습니다.
마침내 두려움을 떨쳐버리고 그가 말했습니다. '나는 이타카 출신으로
불운한 울릭세스의 일행이며, 내 이름은 아카이메니데스[152]요.
나의 아버지 아다마스투스께서 가난하셨던 탓에
(차라리 그러한 나의 운명이 계속되었더라면 좋았을 것을!) 나는 615
트로이야에 갔던 것이오. 나의 전우들은 그 잔혹한 문턱을 넘으면서
겁에 질려 미처 생각지도 못하고 저기 저 퀴클롭스의 넓은 동굴 안에다
나를 남겨두고 떠났소. 그곳은 유혈과 피의 잔칫집으로 그 안은 컴컴하고
널찍하다오. 그 동굴의 주인은 어찌나 키가 큰지 머리가 하늘의
별들에 닿았소. (신들께서는 그런 괴물을 대지에서 제거해주소서!) 620

그자에게는 누구도 쉽게 쳐다보거나 말을 걸 수가 없었소. 그자는
가련한 인간 제물들의 고기를 먹고 검은 피를 마셨소. 동굴 한가운데에
누운 그자가 거대한 손으로 우리 일행 가운데 두 명을 잡더니
그들의 몸통을 바위에 후려치자, 그것들이 사방으로 튀며
동굴 안이 온통 피투성이가 되는 것을 나는 내 두 눈으로 보았소.   625
그자가 검은 피가 흘러내리는 그들의 사지를 먹자 아직도 따뜻한
그들의 지체가 그자의 이빨 사이에서 떠는 것도 보았소.
하지만 그자도 벌 받지 않은 것은 아니오. 이타카 출신의 울릭세스가
그런 짓을 용납하지도 않았고, 그런 위기의 순간에도 자기 자신을
망각하지 않았던 것이지요.¹⁵³ 배불리 먹고 마신 그자는   630
술에 취해 잠이 들었소. 그자가 고개를 숙이면서 큰 대 자로 누워 동굴을
가득 메운 채 자면서 피와 술이 섞인 피투성이 음식 조각들을
토하고 있을 때, 우리는 위대한 신들에게 기도한 뒤 제비를 뽑아
각자 할 일을 정하고는 사방에서 그자 주위로 몰려들었소.
그리고 나서 우리는 날카로운 말뚝으로 아르고스의 방패¹⁵⁴나   635
포이부스의 등불¹⁵⁵ 모양 무시무시한 이마 밑에 깊숙이
자리 잡고 있는 하나뿐인 그자의 거대한 눈을 찔렀소.
그리하여 우리는 마침내 전우들의 혼백을 위해 신나게 복수했소.
그건 그렇고 그대들은 도망치시오, 가련한 자들이여.
밧줄을 끊고 해안에서 도망치시오···   640
저기 저 속이 빈 동굴에 털북숭이 양 떼를 가두어놓고 젖꼭지에서
젖을 짜고 있는 폴뤼페무스¹⁵⁶도 그렇지만, 생김새와 크기가
그와 같은 일백 명의 말할 수 없이 무시무시한 다른 퀴클롭스들이
이 해안가에 떼 지어 살며 높은 산 위를 돌아다니고 있단 말이오.
어느새 세 번째로 달¹⁵⁷의 뿔들이 빛으로 채워지고 있소.   645

내가 숲 속에서 야수들의 외딴 잠자리와 소굴들 사이에서 연명해가며
바위에 올라 거한들인 퀴클롭스들을 망보다가 그들의 발자국 소리와
목소리만 들려도 떨며 지내온 지도 말이오. 내 양식은 보잘것없소.
나뭇가지들이 대주는 것이라고는 딸기와 돌처럼 딱딱한
산수유 열매가 전부요. 풀들을 나는 뿌리째 뽑아 먹었소. 650
나는 늘 지켜보았지만, 이 포구에 들어온 것은 그대들의 이 함선들이
처음이오. 그것들이 어떤 것이든 나는 그것들에게 나 자신을
맡긴 것이오. 이 극악무도한 족속에게 벗어나는 것으로 족하오.
어떻게 죽이든 차라리 그대들이 이 목숨을 빼앗는 편이 낫겠소.'
　　그가 말을 마치자마자 우리는 목자인 폴뤼페모스 자신이 655
산꼭대기에서 양 떼를 거느리고 거대한 덩치를 움직이며
자신이 잘 알고 있는 바닷가로 내려오는 것을 보았습니다.
무시무시하고 못생기고 거대하고 눈먼 괴물이
손에 들린 소나무 밑동의 길 안내를 받으며 발걸음을
떼었습니다. 털북숭이 양 떼가 동행하고 있었는데, 660
양 떼는 고통 속에서 그자의 유일한 낙이자 위안이었습니다···
그자는 바닷가에 이르러 높은 물결에 닿게 되자,
아직도 눈에서 흘러내리는 피를 바닷물로 씻으며 이를 갈고
신음했습니다. 그자는 어느새 바다 한가운데로 걸어 들어갔으나
파도는 그자의 높은 옆구리까지는 적시지 못했습니다. 665
우리는 놀란 나머지 그럴 만한 자격이 있는 탄원자를 배에 태우고
소리 없이 밧줄을 푼 다음 서둘러 그곳에서 멀리 도망치려고 몸을
앞으로 구부리고는 다투어 노를 저어 바다의 표면을 뒤집었습니다.
그것을 감지한 괴물은 소리 나는 쪽으로 발걸음을 돌렸습니다.
하나 그자는 손으로는 아무래도 우리를 움켜잡을 수 없고 670

또 이오니아 해의 물결을 따라잡을 수 없게 되자[158]
엄청나게 크게 고함을 질렀습니다. 그 고함 소리에 바다와 그 물결이
모두 떨었고, 저 안쪽에 있는 이탈리아 땅도 겁에 질렸으며,
아이트나도 그 구불구불한 동굴들 안에서 으르렁거렸습니다.
그러자 퀴클롭스 종족이 일어나 숲과 높은 산들에서 포구로   675
달려 내려와 해안을 가득 메웠습니다.
우리는 아이트나의 형제들[159]이 각자 한 눈을 부라리며
하늘 높이 머리를 쳐들고 무력하게 서 있는 것을 보았는데,
그것은 무시무시한 모임이었습니다. 마치 높은 산마루에 있는
윱피테르의 높다란 숲이나 디아나의 임원에 하늘에 닿는 참나무들이나   680
구과(毬果)가 달린 삼나무들이 서 있을 때와 같았습니다.
우리는 질겁하여 서둘러 범각삭들을 풀고는 아무 방향으로든
순풍에 돛을 부풀게 했습니다. 한데 헬레누스는 스퀼라와 카륍디스
사이로는 나아가지 말라고 지시하며, 계속해서 그리로 갈 경우
어느 쪽으로든 죽음에서 아슬아슬하게 떨어져 있게 될 것이라고   685
했습니다. 그래서 우리는 뱃머리를 돌리기로 결정했습니다.
보십시오, 그때 마침 좁은 펠로루스 해협에서 북풍이 불어오기
시작했습니다. 나는 자연석으로 이루어진 판타기아스[160] 강의 하구와
메가라[161] 만과 야트막한 탑수스[162] 옆을 배를 타고 지나갔습니다.
불운한 울릭세스의 전우 아카이메니데스가 자신이 전에 헤매던 해안을   690
따라 되돌아갔을 때 이런 장소들을 우리에게 가리켜주었던 것입니다.
　　시카니아[163] 만[164] 입구, 파도 치는 플레뮈리움[165] 맞은편에 섬이
하나 있는데, 옛 사람들은 그 섬을 오르튀기아[166]라고 불렀습니다.
전하는 이야기에 따르면, 이곳으로 엘리스[167] 지방의 알페우스[168] 강이
바다 밑으로 비밀 통로를 내어 지금은, 아레투사여,[169]   695

그대의 샘을 지나 시킬리아의 파도와 섞이고 있다고 하더이다.[170]
우리는 지시 받은 대로 그곳의 위대한 신들을 공경했고,
이어서 늪이 많은 헬로루스[171] 강의 비옥한 토양 옆을 지나갔습니다.
이어서 우리는 파퀴눔[172]의 높은 암벽들과 돌출한 바위들 옆을
스쳐 지나갔습니다. 그러자 저 멀리 운명의 여신들이 치우지 말라고   700
했던 카메리나[173]가 나타났고, 이어서 겔라[174]의 들판들과
거센 강[175]에서 그 이름이 유래한 겔라 시(市)가 나타났습니다.
이어서 한때는 기운이 넘치는 말들의 고장이었던 우뚝한
아크라가스[176]가 멀리서 강력한 성벽들을 과시했습니다.
이어서 나는 순풍에 힘입어, 종려나무가 많은 셀리누스[177]여, 그대를   705
뒤로하고 릴뤼바이움[178]의 위험한 여울들과 암초들 옆을 누볐소이다.
이어서 드레파눔[179]의 포구와 기쁨 없는 해안이 나를 받아주었습니다.
아아, 나는 그토록 많은 바다의 폭풍에 쫓기다가 그곳에서 온갖 근심과
고생을 덜어주시던 나의 아버지 앙키세스를 여의었던 것입니다.
그곳에서, 가장 훌륭하신 아버지시여, 당신은 지칠 대로 지친 내 곁을   710
떠나셨습니다. 아아, 내가 그토록 많은 위험에서 구해 드린 보람도 없이!
많은 무서운 일을 경고한 예언자 헬레누스도 그런 슬픔은 예언하지
않았으며, 무시무시한 켈라이노도 그런 일은 예언하지 않았습니다.
그것이 마지막 시련이었고, 나의 긴 여정의 전환점이었습니다. 그곳에서
출발한 나를 신께서 그대들의 해안으로 데려다주셨던 것입니다."   715
　아버지 아이네아스는, 다른 사람들이 모두 귀 기울이는 가운데
신들이 보내주신 운명과 자신의 방랑에 관해 다시 이야기해주었다.
이윽고 그는 입을 다물고 거기서 이야기를 끝내더니 잠잠해졌다.

제4권

디도와 아이네아스의 사랑

한편 여왕[1]은 아까부터 심한 상사병에 걸려 자신의 생명의 피로
상처를 키우며 보이지 않는 그 불길에 점점 소진되어가고 있었다.
자꾸만 영웅[2]의 용기와 그의 고귀한 가문에 대한 여러 상념이
그녀의 마음속으로 되돌아오곤 했다. 그의 용모와 언변이
그녀의 가슴속에 각인되어 그녀는 사랑의 번민으로 안절부절못했다. 5
다음날 새벽의 여신이 포이부스의 등불을 들고 대지를 지나며
이슬에 젖은 밤 그림자를 하늘에서 내쫓기 시작했을 때,
그녀는 거의 이성을 잃고 흥허물 없이 지내는 아우에게 말했다.
"오오! 안나,[3] 비몽사몽간에 무서운 환영에 얼마나 시달렸는지 몰라!
내가 우리 집에 손님으로 맞아들인 그 낯선 남자는 누구일까? 10
아아, 그 얼굴 표정! 아아, 그 용맹심과 무구들[4]! 나는 정말로 믿어.
그가 신들의 자손이라고 나는 믿어 의심치 않아. 마음이 야비한 자는
겁쟁이로 드러나게 마련이지. 아아, 그런데 어떤 운명에 그토록
괴롭힘을 당했는지! 그는 자신이 전쟁의 쓴 잔을 비웠다고
말하지 않던가! 첫사랑이 배신과 죽음으로 나를 기만한 이후로, 15
만일 내가 어떤 남자와도 혼인의 연분으로 결합하지 않겠다고
마음속으로 흔들림 없이 굳게 결심하지 않았더라면,
만일 결혼 침대와 결혼식 때의 햇불에 넌더리가 나지 않았더라면,
이것은 아마도 내가 굴복할 수도 있는 유일한 유혹이었겠지.
안나, (고백하건대) 가련한 내 남편 쉬카이우스[5]가 죽고 처남에게 20

그가 살해되어[6] 우리 가정의 페나테스 신들이 풍비박산된 뒤로
그는 내 의지를 꺾고 내 마음을 미끄러지게 흔들어놓은 유일한 남자야.
나에게 오래 전 불꽃의 흔적을 다시 느끼게 해주니 말이야.
하지만 염치여, 내가 너를 침해하거나 너의 법을 어기기 전에
원컨대 대지가 입을 벌려 그 심연 속으로 나를 삼켜버리거나   25
전능하신 아버지께서 벼락으로 쳐서 나를 그림자들에게로,
에레부스[7]에 있는 창백한 그림자들과 깊디깊은 밤으로 내던지시기를!
맨 먼저 나와 결혼한 나의 그이가 나의 사랑을 가져가버렸으니
그이가 그것을 간직하고 무덤 속에서 잘 간직하시기를!"
고백하는 동안 눈물이 흘러내려 그녀의 젖가슴을 흥건히 적셨다.   30
　　안나가 대답했다. "아우인 나에게는 햇빛보다 더 소중하신 언니,
언제까지 혼자 슬퍼하며 청춘을 소모해버릴 참인가요, 자식들의 낙도
사랑의 보답도 모르신 채 말예요? 유골이나 땅속에 묻힌 망령들이
그런 일에 관심이 있으리라고 언니는 믿으세요? 그래요.
리뷔아에서도, 그전에 튀로스에서도 여태까지 어떤 구혼자도   35
언니의 슬픔을 털어버릴 수 없었다고 해요. 언니는 이아르바스[8]와
그 밖에 승승장구하는[9] 아프리카[10] 땅이 기르는 다른 지배자들을
무시했으니까요. 그렇다고 언니를 즐겁게 해주는 사랑과도 싸울 건가요?
언니가 정착한 이 나라의 백성들이 어떤 사람들인지 잊어버렸나요?
한쪽에서는 전쟁에서 이길 수 없는 가이툴리족[11]의 도시들과   40
굴레를 씌울 수 없는 누미디아[12]인들과 적대적인 쉬르티스[13]가
언니를 둘러싸고 있고, 다른 쪽에서는 메마른 사막 지대와 멀리까지
약탈하러 나가는 바르카이이족[14]이 둘러싸고 있어요. 튀로스로부터의
전쟁 위험과 오라비의 위협은 두말할 필요도 없고요··· ·
일리움의 함선들이 바람과 함께 이리로 방향을 잡은 것은,   45

정말이지 신들의 호의이자 유노의 도움이라고 나는 생각해요.
언니, 언니가 그런 남자와 결혼하게 된다면 어떤 도시가, 어떤 왕국이
일어서는 것을 보시게 될까요! 테우케르 백성들의 무구들이
우리와 함께한다면 포이누스인들의 영광이 얼마나 높이 치솟을까요!
언니는 신들의 호의를 빌고, 신성한 제물을 바친 뒤 손님을   50
융숭하게 접대하며 이곳에 붙들어둘 핑계들을 대기만 하면 돼요.
폭풍과, 비를 가져다주는 오리온이 바다에서 맹렬하게 날뛰고,
함선들이 아직 흩어져 있고, 날씨가 험악한 동안에는 말예요."
    그녀는 여왕의 가슴을 열렬한 사랑으로 불태우고
망설이는 마음에 희망을 주며 염치의 족쇄를 풀어주었다.   55
그들은 먼저 신전들을 찾아가 제단마다 신들의 자비를 빌었다.
관습에 따라 정선한 두 살배기 양들을 잡아 입법자 케레스[15]와
포이부스와 아버지 뤼아이우스[16]와 그 누구보다도
결혼의 연분을 관장하는 유노[17]에게 바쳤다.
천하일색 디도는 몸소 잔을 들고   60
흰 암송아지의 뿔 사이에 술을 부어 드리거나,
신들의 면전에서 기름진 제단으로 위엄 있게 걸어가 날마다
새 제물을 바치며 제물로 바친 양들의 가슴이 열리면 그 속에서
맥박 치는 내장[18]을 열심히 들여다보며 전조를 읽곤 했다.
아아, 예언자들은 얼마나 무지한가! 사랑에 미친 자에게 서약이나   65
신전은 또 무슨 소용인가! 그동안 내내 정염은 그녀의 부드러운 골수를
파먹고, 그녀의 가슴속에서는 사랑의 상처가 말없이 살아 있었던 것이다.
불행한 디도가 불길에 휩싸여 온 도시를 정신없이 쏘다니니, 그 모습은
마치 화살 맞은 암사슴 같았다. 화살로 사냥하는 목자가 크레타의
숲 속에서 방심하고 있던 암사슴을 향해 멀리서 화살을 날려 보내   70

그런 줄도 모르고 날개 달린 무쇠[19]를 그 몸속에 남기게 되면,
암사슴은 옆구리에 치명적인 갈대[20]가 꽂힌 채 도망치며
딕테[21] 산의 숲과 골짜기를 쏘다닌다. 때로는 아이네아스를 데리고
도시의 중심부를 지나가며 그녀는 시돈[22]의 부와 준비된 도시를
과시하기도 했다. 그녀는 그에게 자신의 마음을   75
고백하기 시작하다가 중간에서 그만두곤 했다.
때로는 해가 기울면 그녀는 똑같은 연회를 요구하며
또다시 이성을 잃고 일리움의 고난을 듣기를 요청했고,
또다시 말하는 이의 이야기를 넋 놓고 듣곤 했다.
나중에 그들이 헤어지고 달도 제 차례가 되어[23] 그 빛이   80
희미해지고 지는 별들이 잠자기를 청하면, 그녀는 빈 집에서
홀로 슬퍼하며 그가 머물다 간 긴 의자에 쓰러져 누웠다.
그는 거기 없고 그와 헤어졌지만 그녀에게는 그가 보이고 그가 들렸다.
또한 그녀는 자신의 말로 표현할 수 없는 사랑을 속일 수 있을까 해서
아버지를 쏙 빼닮은 것에 매혹되어 아스카니우스를   85
무릎에 앉히곤 했다. 이미 시작된 성탑들은 더 이상 솟지 않았고,
젊은이들은 더 이상 훈련하지 않거나 항구들과 전쟁에서 안전을
보장해주는 보루들을 세우지 않았다. 하던 일들은 중단되었으니,
위협적인 거대한 성벽들도 그랬고 하늘에 닿는 비계도 그랬다.

    사투르누스의 딸로 읍피테르의 사랑하는 아내인 유노는   90
디도가 심한 상사병에 걸려 명예심도 광기를 막지 못함을
알아차리고 베누스를 찾아갔다. "그대와 그대의 소년이 얻은
영광은 진실로 빛나고 승리는 눈부시겠군요.
(그대의 신성도 위대하고 두고두고 기억에 남겠구려.) 한 여인이
두 신의 계략에 제압되었으니 말이오. 그대가 우리 도시를   95

두려워하여 높다란 카르타고의 집들을 의심스런 눈으로
보고 있었음을 나는 잘 알고 있었소. 대체 이 일을 어디까지
끌고 갈 참이오? 지금 이렇게 치열하게 경쟁할 필요가 어디 있겠소?
왜 우리는 차라리 결혼 계약을 통해 항구적인 평화를
추구하지 않는 거죠? 그대는 마음속으로 바라던 것을 다 얻었소. 100
디도는 사랑에 불타고 있고, 그녀의 사랑의 광기는 뼛속까지 스며들었소.
그러니 자, 우리는 이 백성들을 똑같은 권위를 가지고 공동으로
통치하도록 해요! 그녀로 하여금 프뤼기아의 남편에게 봉사하게 하고,
자신의 튀로스인들을 지참금으로 그대의 손에 넘겨주게 해요!"
　　베누스는 (이 모든 것이 이탈리아 왕국을 리뷔아의 해안으로 105
돌리기 위한 평계에 불과하다는 것을 알아차리고)
이렇게 대답했다. "그런 제안을 거절하고 그대와 전쟁을
하려 할 만큼 정신 나간 자가 어디 있겠어요?
그대의 의도가 다행히 이루어진다면 말예요. 하지만 나는
운명 앞에서는 속수무책이며, 윱피테르께서 튀로스인들과 110
트로이아에서 온 자들이 하나의 도시를 공유하길 원하실지,
두 백성들이 섞여 서로 동맹을 맺는 것을 묵인하실지 모르겠네요. 그대는
그분의 아내이니, 간청하며 그분의 의도를 알아보는 것은 당연한 일이에요.
앞장서세요. 뒤따라갈게요." 그러자 여왕 유노가 말했다. "그 일이라면
내가 맡겠소. 우리가 어떤 방법으로 우리의 계획을 이룰 수 있는지 115
지금 내가 간단히 설명하겠소. (그대는 귀담아들으시오.)
아이네아스와 더없이 가련한 디도는, 내일 새벽 해가 떠서
티탄[24] 신이 햇살로 세상의 장막을 벗기자마자
숲 속으로 사냥 나갈 채비를 하고 있소.
사냥꾼들이 분주히 움직이며 산골짜기를 그물로 에워싸는 동안 120

나는 그들 두 사람에게 우박이 섞인 시커먼 비를 내리쏟고
온 하늘을 천둥소리로 뒤흔들어놓을 것이오.
그들 일행은 사방으로 흩어지며 캄캄한 암흑으로 가려질 것이오.
디도와 트로이야의 지도자는 같은 동굴로 피신하게 될 텐데
나는 그곳에서, 그대의 호의를 기대할 수 있다면, 125
지속적인 결혼으로 그들을 결합시키고 그녀를 그의 것으로 만들 것이오.
이것이 곧 그들의 결혼식이 될 것이오." 퀴테레아[25]는 거절하지 않고
이러한 요구에 동의하며 그녀의 계략을 꿰뚫어보고는 웃었다.
　그사이 새벽의 여신이 떠오르며 오케아누스를 떠났다.
햇빛이 비추기 시작하자 정선된 젊은이들이 코가 성긴 그물들과 130
올가미들과 날이 넓은 사냥용 창들을 들고 성문 밖으로 나갔고,
맛쉴리족[26]의 기병대와 후각이 예민한 개 떼가 질주했다. 여왕은
방안에서 지체하고 있었고 포이누스인[27]들의 지도자들은 문 밖에서
그녀를 기다리고 있었다. 발굽 소리도 요란한 혈기왕성한 그녀의 말은
자줏빛과 금빛 찬란한 마구를 걸친 채 거품 묻은 재갈을 씹고 있었다. 135
이윽고 그녀가 옷단에다 수를 놓은 시돈의 외투를 입고서
많은 무리들에 둘러싸여 앞으로 걸어 나왔다. 그녀의 화살통은
황금으로 만들어졌고, 그녀의 머리채는 황금 고리로 묶여 있었으며,
그녀의 자줏빛 웃옷은 황금 브로치[28]로 여며져 있었다.
함께할 프뤼기아인들과 즐거워하는 이울루스도 합세했다. 140
아이네아스는 선두에 섰고, 자신의 대원들을 여왕의 대원들과
합류시킬 때 그들 중에서 가장 출중했다. 그의 모습은 아폴로가
겨울 거처인 뤼키아[29]와 크산투스[30] 강을 떠나 어머니의 집이 있는
델로스 섬을 찾아가서는, 크레타인들과 드뤼오페스족[31]과
몸에 문신을 한 아가튀르시족[32]이 제단 주위에서 서로 섞여 145

웅성거리고 있는 동안, 가무를 다시 시작하게 할 때와도 같았다.
아폴로 자신은 퀸투스[33] 산의 등성이를 거니는데 부드러운 잎 장식[34]으로
흘러내리는 모발을 정돈해 황금 고리로 매고 있고, 어깨 위에서는
화살들이 덜커덩거린다. 그에 못지않게 의젓하게 아이네아스는
걸어갔고, 그의 빼어난 얼굴에서는 그런 매력이 풍겨 나왔다. 150
그들이 산 위의 길이 나 있지 않은 짐승들의 소굴에 이르렀을 때,
보라, 야생 염소들이 바위 봉우리에서 쫓겨 산등성이를 타고
아래로 달려 내려오고 있었다. 다른 쪽에서는 수사슴 떼가
탁 트인 들판을 뛰어서 건너고 있었는데, 그것들은 산을 뒤로하고
구름 같은 먼지를 일으키며 떼 지어 도망치고 있었다. 155
한편 골짜기 중간에서는 어린 아스카니우스가 혈기왕성한 말을 타고
보란 듯이 질주하며 때로는 이 녀석들을, 때로는 저 녀석들은 추월했고,
이 허약한 짐승들 사이에서 입에 거품을 문 멧돼지를 만나게 되거나
또는 산에서 황갈색 사자 한 마리가 내려오게 해 달라고 기도했다.

    그사이 하늘이 무시무시한 굉음과 섞이기 시작하더니 160
이어서 우박 섞인 비를 뿌리기 시작했다. 그러자 튀로스인들 일행과
트로이야의 젊은이들과 다르다누스의 자손으로 베누스의 손자인
아스카니우스는 질겁을 하며 피신처를 찾아 온 들판으로
뿔뿔이 흩어졌다. 주위의 산들에서 급류가 쏟아져 내렸던 것이다.
디도와 트로이야의 지도자는 같은 동굴로 가게 되었다. 165
태초의 대지의 여신[35]과 신부 들러리[36]인 유노가 신호를 보냈다.[37]
그러자 불이 번쩍이며 하늘이 혼인의 증인이 되었고,
산꼭대기들 위에서는 요정들이 비명을 질렀다. 이날이 애초에
죽음의 원인이었고, 이날이 애초에 재앙의 씨앗이었으니
그때부터 디도는 외양과 명성에는 전혀 관심이 없었고, 170

은밀한 사랑은 염두에도 없었던 것이다.
그녀는 그것을 혼인이라 부르며 그 이름으로 자신의 죄를 덮었다.
　　즉시 리뷔아의 대도시들에 소문이 퍼졌으니,
소문은 세상의 악 가운데 가장 빠르다.
그녀[38]는 움직임으로써 강해지고 나아감으로써 힘을 얻는다.　　175
그녀는 처음에는 겁이 많아 왜소하지만 금세 하늘을 찌르고,
발로는 땅 위를 걸어도 머리는 구름에 가려져 있다.
전하는 이야기에 따르면, 대지의 여신이 신들에게 화가 나[39]
코이우스[40]와 엥켈라두스[41]의 누이로서 그녀를 막내둥이로
낳았다고 한다. 그녀는 발이 빠르고 날개가 날랜　　　　　　　180
무시무시하고 거대한 괴물로 몸에 난 깃털만큼 많은
(들어도 믿어지지 않겠지만) 잠들지 않는 눈과 혀와 소리 나는 입과
쫑긋 선 귀를 그 깃털 밑에 갖고 있다. 밤마다 그녀는
어둠을 뚫고 하늘과 대지 사이를 윙윙거리며 날아다니고,
한시도 눈을 감고 단잠을 자는 일이 없다.　　　　　　　　　185
또한 낮에는 지붕 꼭대기나 높은 성탑들 위에 앉아 망을 보며
대도시들을 놀라게 한다. 그녀는 사실을 전하는 것 못지않게
조작된 것들과 왜곡된 것들에 매달리기 때문이다.
바야흐로 그녀는 신이 나서 여러 백성들 사이에 온갖 이야기를
퍼뜨리며 사실과 허구를 똑같이 노래해댔으니,　　　　　　　190
그 내용인즉 트로이야 혈통의 아이네아스가 오자
아름다운 디도는 그와 결혼하는 것이 적합하다고 여겼으며,
두 사람은 이제 왕국도 잊어버리고 어리석은 애욕의 포로가 되어
겨우내 함께 방탕한 생활을 하고 있다는 것이다. 가증스런 여신은
도처에서 사람들의 입에 이런 이야기를 쏟아 부었다.　　　　195

그러고 나서 그녀는 곧장 이아르바스 왕에게로 발걸음을 돌려
그의 마음에 말로 불을 지르고 그의 노여움을 돋우었다.

 이자는 함몬[42]과 그에게 겁탈당한 가라만테스족[43]의 요정의 아들로
자신의 넓은 왕국에 윱피테르를 위해 일백 개의 거대한 신전들과
일백 개의 제단을 세우고는 잠들지 않는 불을 축성하여 신들의   200
영원한 파수꾼이 되게 했다. 땅바닥은 제물로 잡은 짐승들의 피로
젖어 있었고, 입구는 온갖 화환들로 장식되어 있었다.
전하는 이야기에 따르면, 그는 이 쓰라린 이야기를 듣고 화가 나
실성한 채 제단들과 신들의 면전으로 가서는 탄원자로서
손바닥을 위로 향한 채 윱피테르에게 거듭해서 기도했다고 한다.   205
"전능하신 윱피테르시여, 그대는 지금 수놓은 긴 의자들 위에서
잔치를 벌이는 마우리족[44]에게서 레나이우스[45]의 제물[46]을 받으시거늘
이 일들을 보고 계시나이까? 아니면 아버지시여, 그대가 벼락을
내던지실 때 우리가 공연히 두려워하는 것이옵니까? 구름 속에서
우리의 마음을 놀라게 하는 저 불들은 눈먼 것이며, 그것들과 섞인   210
굉음들은 무의미한 것이옵니까? 그 여인은 우리의 국경에서
헤매다가 내가 정해준 보유 조건으로 해안 지대의 일부를 경작하려고
값을 주고 빌려서는 조그마한 도시를 세우더니, 나의 구혼을
거절하고 아이네아스를 자신의 왕국에 주인으로 받아들였나이다.
그리하여 지금 이 제2의 파리스는 마이오니아[47]의 모자를 턱 밑에   215
매고 기름칠한 머리에 덮어쓴 채 환관의 무리들을 거느리고는
훔친 것을 차지하고 있나이다. 한데도 우리는 신전들을 그대의 것이라
믿고는 여전히 제물을 바치며 그대의 허명에 집착하고 있나이다."
 그가 제단을 잡고 이런 말로 기도하자 전능하신 신이
듣고 왕도(王都)와 자신들의 더 높은 명성을   220

망각한 연인들에게로 눈길을 돌렸다. 그리고 나서 그는
메르쿠리우스[48]에게 말을 건네며 지시했다. "자, 가라, 내 아들아.
서풍을 불러 날개를 타고 미끄러지듯 달려가, 운명이 정해준 도시들은
염두에도 없이 튀로스의 카르타고에서 마냥 어정대고 있는
다르다누스 백성들의 지도자에게 일러라. 날랜 바람들을 지나   225
내 지시를 갖고 내려가 그에게 전하도록 하라. 가장 아름다운 여신인
그의 어머니가 우리에게 약속한 것은 그런 남자가 아니며, 이러자고
그녀가 그라이키아인들의 무구들로부터 그를 두 번씩이나 구해준 것[49]은
아니라고 말이다. 그녀의 말인즉 그는 제국의 산실로서 전쟁의 함성으로
요란한 이탈리아를 다스리게 되고, 테우케르의 고귀한 혈통에서 태어난   230
종족을 물려주고, 온 세상을 자신의 법 아래에 두게 될 것이라고 했다.
그토록 위대한 운명의 영광도 더 이상 그의 마음에 불붙일 수 없고,
또 그가 자신의 명성을 위해 노고를 무릅쓸 뜻이 전혀 없다면, 그는
아버지로서 아스카니우스에게 로마의 성채들을 주기를 꺼리는 것인가?
그는 어쩔 셈인가? 무엇을 바라고 적대적인 부족 사이에 머물며   235
아우소니아에서 태어날 후손들과 라비니움의 들판들은 안중에 없단 말인가?
그는 항해하라! 이것이 요점이니, 너는 나의 이 말을 전하도록 하라!"

　　윱피테르는 그렇게 말했다. 그러자 메르쿠리우스가 강력한
아버지의 명령에 복종할 채비를 했다. 그는 먼저 발에 황금 샌들을
매어 신었는데, 그것의 날개들은 그를 바람의 입김처럼 빨리   240
바다와 육지 위로 하늘 높이 날라다준다. 다음에 그는
지팡이를 집어 들었는데, 그것은 창백한 망령들을 오르쿠스[50]에서
불러내는가 하면 다른 망령들을 음울한 타르타라[51]로 보내기도 하고,
잠을 주는가 하면 잠을 빼앗아 죽은 자가 눈을 뜨게도 한다.
이 지팡이의 힘으로 그는 바람들을 앞으로 몰며 먹구름을 헤치고   245

나아갔다. 그는 날아가며 어느새 정수리로 하늘을 떠받치고 있는,
참을성이 많은 아틀라스의 정상과 가파른 옆구리들을 보았다.
아틀라스의 소나무에 덮인 머리는 늘 먹구름에
싸여 있어 비바람에 얻어맞는다. 그의 어깨에는
눈이 내려 수북이 쌓여 있고, 노인의 턱밑으로는   250
강물이 쏟아져 내리고, 그의 텁수룩한 수염은 얼어서 빳빳하다.
그곳에서 퀼레네의 신[52]은 양쪽 날개로 균형을 잡고 공중에 뜬 채
처음으로 멈춰 섰다. 그리고 체중을 모두 실어 파도를 향해
곤두박질치니, 그 모습은 마치 해안들과 물고기가 많은
바위들을 맴돌며 수면 위로 낮게 날아다니는 새와 같았다.   255
퀼레네에서 자란 신은 외조부[53] 곁을 떠나 바람을 가르며,
꼭 그처럼 하늘과 땅 사이를 지나 모래가 많은 리뷔아의
해안으로 날아갔다. 그의 날개 달린 발바닥들이
그곳에 있는 천막들에 닿자마자, 그는 아이네아스가
성채의 초석을 놓고 새 건물들을 세우는 것을 보았다.   260
그리고 그의 칼에는 노란 황옥들이 별처럼 박혀 있었고,
그의 어깨에는 튀로스의 자줏빛으로 불타는 외투가 걸쳐져 있었는데,
그것은 부유한 디도가 만들어 선사한 것으로 그녀가 금실을
섞어 짠 것이었다. 메르쿠리우스는 지체 없이 그를 나무랐다.
"그대는 지금 아내를 기쁘게 해주려고 높다란 카르타고의   265
초석을 놓고 아름다운 도시를 세우고 있는 것인가?
아아, 그대는 자신의 왕국과 운명은 완전히 잊어버렸구려!
그 권세로 하늘과 땅을 다스리시는 신들의 통치자께서 직접 밝은
올륌푸스에서 나를 그대에게 내려 보내셨고, 바람을 헤치고 이 명령을
속히 전하라고 직접 명령하셨소. 그대는 어쩔 셈인가?   270

그대는 무엇을 바라고 리뷔아 땅에서 빈둥거리는 것인가?
만약 그토록 위대한 운명의 영광도 그대를 움직이지 못한다면
[또 그대가 자신의 명성을 위해 노고를 무릅쓸 뜻이 없다면]
장성해가고 있는 아스카니우스 그대의 후계자인 이울루스의
희망을 생각하구려. 이탈리아의 왕국과 로마의 땅은 그의 몫이니까.'' 275
그렇게 말하고 퀼레네의 신은 말이 채 끝나기도 전에
인간들의 시계(視界)를 뒤로하고 그들의 눈에서
멀리 벗어나 희박한 공기 속으로 사라졌다.
　　　아이네아스는 그 광경에 놀라 정신이 얼떨떨하고,
모골이 송연하고 말문이 막혔다. 280
그는 신들의 이러한 경고와 명령에 충격을 받고
그 감미로운 나라를 뒤로하고 도망치듯 떠나기를 열망했다.
아아, 그는 어떻게 해야 하나? 무슨 말로 그는 지금 사랑에 빠진
여왕에게 감히 다가가야 하나? 어떻게 그는 말문을 열어야 하나?
그의 생각은 때로는 이쪽으로, 때로는 저쪽으로 재빨리 움직이며 285
여러 방향으로 질주했고, 온갖 가능성을 짚어보았다.
갈팡질팡하는 그에게 역시 이렇게 하는 것이 상책인 것 같았다.
그는 므네스테우스와 세르게스투스와 용감한 세레스투스를 불러놓고
소리 없이 함대를 의장(艤裝)하고 선원들을 바닷가로 모으고
무구들을 준비하되, 계획을 바꾼 이유는 비밀로 하라고 지시했다. 290
착한 디도는 아무것도 모르고 그런 위대한 사랑이 깨지리라고는
꿈에도 생각지 못할 것이므로, 그사이 그 자신은 그녀에게
접근을 시도하여 말하기 가장 좋은 기회와 이 일을 처리할 수 있는
최선의 방법을 찾아낼 참이었다. 그들은 모두 기꺼이 명령에
복종했고 망설임 없이 명령대로 시행했다. 295

그러나 여왕은 (누가 사랑하는 사람을 속일 수 있겠는가?) 그의 속임수를
미리 알아챘다. 그녀는 모든 것이 안전한 데에서도 두려움을 느끼던 터라
다가올 일들의 낌새를 알아차렸던 것이다. 그래서 흥분해 있던 그녀에게
바로 그 불경한 소문이 함대가 의장하고 출항할 준비를 하고 있다는
말을 전했다. 그녀는 활활 타올라 자제력을 잃고 온 시내를 쏘다녔다. 300
그 모습은 마치 한 해 걸러 한 번씩 박쿠스를 연호하는 소리가
들려와 자극하고 밤에 키타이론[54] 산이 떠들썩하게 부를 때면,
흔들어대는 표장(標章)들에 미치고 마는 튀이아스[55]와도 같았다.
마침내 그녀는 아이네아스를 찾아가 먼저 말을 건넸다.
"배신자여, 그대는 정말로 그런 엄청난 못된 짓을 숨기고 305
말 한마디 없이 내 나라를 떠날 수 있기를 바랐나요?
우리의 사랑도, 내게 한 서약도, 비참하게 죽게 될
이 디도의 운명도 그대를 제지할 수 없는 건가요?
이 한겨울에 열심히 함대를 준비하여
북풍 속에서 바다를 건너겠다고요, 무정한 자여? 310
그래, 그대가 낯선 들판들과 알지 못하는 집들이 아니라
유서 깊은 트로이야가 아직도 남아 있어 그곳을 찾아간다 하더라도, 과연
이 함대를 이끌고 파도 치는 바다를 건너 트로이야로 항해하려 했을까요?[56]
그대는 나에게서 도망치려는 것인가요? 나는 이 눈물들과 그대의 서약과,
(나 스스로 가련하게도 나 자신에게 다른 것은 아무것도 남겨두지 315
않았으니까요) 우리의 결합과 막 시작한 혼인에 걸고 간청하고 있어요.
만일 내가 그대에게 무언가 호의를 베푼 적이 있다면, 나의 어떤 것을
그대가 사랑한 적이 있다면, 넘어지고 있는 내 집을 불쌍히 여기세요.
애원하건대, 내 기도가 너무 늦지 않았다면 그대의 그 계획을 단념하세요.
그대 때문에 리뷔아의 부족들과 노마데스족의 왕들이 나를 미워하고 320

튀로스인들이 나를 적대시하고 있어요. 또한 그대 때문에 내 정절과,
내가 하늘[57]에 이를 수 있는 유일한 희망이었던 이전의 명성도
사라져버렸어요. 죽어가는 나를 누구에게 맡기는 것인가요,
손님이여? (그 이름만이 '남편'이란 이름 대신 남았으니까요.)
내가 왜 머뭇거리고 있지? 내 오라비 퓌그말리온이 이 도시를 파괴하거나   325
가이툴리족[58]의 이아르바스가 나를 사로잡아 갈 때까지 머뭇거릴 참인가?
그대가 도망치기 전에 내 품에 그대의 아이라도 안겨주어 내 궁전에서
작은 아이네아스가 뛰놀기라도 한다면, 그리하여 그대의 이 모든
잔인한 짓에도 불구하고 그 애가 자기 얼굴로 그대를 연상하게 해준다면,
나는 이렇게 완전히 무너지고 버림받은 느낌은 들지 않으련만!"   330
 이렇게 그녀는 말했다. 그는 윱피테르의 경고를 명심하고는
눈을 똑바로 뜨고 마음속 괴로움을 애써 억제했다.
마침내 그는 단호하게 이렇게 말했다. "나는 그대가 말할 수 있는 것보다
더 많이 그대에게 신세졌음을 결코 부인하지 않겠소, 여왕이여. 그리고
나는 나 자신을 기억하고 있는 동안, 생명의 입김이 이 사지들을   335
지배하는 동안, 결코 엘릿사[59]를 기억하는 일에 물리지 않을 것이오.
사실을 간단히 말하겠소. 나는 결코 몰래 도망칠 의도가 없었소.
(그렇다고 상상하지 마시오.) 그리고 나는 결혼을 빙자한 적도 없고
그대와 그런 계약을 맺은 적도 없소. 만약 내가 내 인생을 내 자신의
선택에 따라 살아가고 내 문제들을 내 자신의 뜻에 따라   340
풀어나가는 것을 운명이 허용한다면, 내 첫 번째 관심사는 트로이야 시와
아직도 살아 있는 나의 동포들을 돌보는 일이겠지요. 그러면 프리아무스의
높다란 궁전은 여전히 서 있을 것이고, 나는 정복된 페르가마 대신
새 성채를 손수 재건했을 것이오. 하지만 지금 그뤼니움[60]의
아폴께서는 나더러 위대한 이탈리아를 차지하라고 명령하셨고,   345

그분의 뤼키아 신탁소에서 던져진 제비[61]에도 이탈리아가 적혀 있었소.
그곳이 나의 사랑이고, 나의 조국이오. 카르타고의 성채들과 리뷔아에 있는
이 도시의 광경이 포이니케 출신인 그대를 붙들고 있다면, 어째서 테우케르
백성들이 아우소니아에 정착하는 것이 시기의 대상이 되는 것이오?
우리도 해외에서 왕국을 찾을 권리가 있소.   350
이슬 젖은 그늘로 밤이 대지를 덮을 때마다,
불타는 별들이 뜰 때마다 나는 아버지 앙키세스가 괴로워하는
모습으로 다가와 나를 경고하고 놀라게 하는 꿈을 꾸오.
그리고 내 아들 아스카니우스를 보면 내가 그에게서 헤스페리아의
왕국과 운명이 그에게 정해준 나라를 사취함으로써 그에게   355
못할 짓을 했다는 생각이 드오. 게다가 (우리 두 사람의 목숨에 걸고
맹세하오) 지금 윱피테르께서 친히 보내신 신들의 사자가 날랜 바람을
헤치고 그분의 명령을 가져왔소. 그분이 밝은 대낮에 우리 성벽으로
들어오는 것을 나는 직접 보았고, 그분의 목소리를 이 두 귀로 들었소.
그러니 이런 불평으로 나와 그대 자신을 괴롭히는 일일랑 그만두시오.   360
내가 이탈리아로 향하는 것은 내 뜻이 아니오 · · · ·"
　　그가 이렇게 말하는 동안 그녀는 돌아서서 눈을 이리저리 굴리며
말없이 그를 위아래로 노려보더니 열이 나서 이렇게 말했다.
"배신자여, 그대의 어머니는 여신이 아니며, 그대의 조상은
다르다누스가 아녜요. 정나미 떨어지는 절벽들 위의 울퉁불퉁한   365
카우카수스[62]가 그대의 아버지이며, 휘르카니아[63]의 암호랑이들이
그대에게 젖을 물렸던 거예요. 내가 왜 숨길 것이며, 더 나쁜 일이
일어날까봐 내가 왜 자제한단 말예요? 내가 울 때 그가 탄식이라도 했으며,
거들떠보기라도 했나요? 그는 마음이 누그러져 눈물을 흘리거나,
자기를 사랑하던 여인을 동정이라도 했나요? 무엇을 먼저 말하고,   370

무엇을 나중에 말하죠? 강력한 유노도 사투르누스의 아드님이신
아버지께서도 이제 더 이상 이 불의를 냉정한 눈으로 보실 수 없을 거예요.
신의(信義)는 어느 곳에서도 안전하지 못해요. 해변에 내던져진
거지였던 그를 나는 받아들여 바보처럼 내 왕권에 참여하게 했지요.
그의 잃어버린 함대와 그의 전우들을 나는 죽음에서 구해주었어요.   375
(아, 생각하면 열이 나서 미칠 것만 같아요.) 그런데 이제 와서 예언의 신
아폴로는 뭐며, 이제 와서 뤼키아의 제비는 뭐며, 이제 와서 읍피테르께서
친히 보내신 신들의 사자가 바람을 헤치고 무시무시한 명령을 가져온다는
것은 또 뭐예요! 물론[64] 그것은 저 위에 계신 신들에게는 괴로운 일이고
그분들의 평온을 깨는 걱정거리겠죠. 나는 그대를 붙잡지 않으며   380
그대가 한 말을 논박하지도 않겠어요. 가서, 바람을 받으며 이탈리아를
좇으세요. 파도 위에서 왕국을 찾으세요. 내가 진실로 바라는 것은,
정의로운 신들에게 어떤 힘이 있다면, 그대가 암초들 한가운데에서
복수의 잔을 다 들이켜며 자꾸만 디도라는 이름을 부르는 거예요.
그러면 나는 멀리 떨어져 있어도 시커먼 횃불[65]들을 들고   385
그대에게 다가갈 것이며, 싸늘한 죽음이 내 혼과 몸을 갈라놓으면
내 혼백은 어디서나 그대와 함께할 거예요. 비열한 자여,
그대는 벌 받게 될 거예요. 나는 그것을 듣게 될 것이며,
그 소문은 저 아래 망령들 사이에 있는 나에게도 들릴 거예요."
그녀는 더 이상 말을 잇지 못하고 절망한 나머지 그에게서   390
몸을 돌리더니 집 안으로 뛰어들어갔고, 혼자 남은 그는 할 말은
많았지만 두려움에 사로잡혀 망설이고 있었다. 그녀가 실신하자
하녀들이 부축하여 대리석으로 지은 그녀의 방으로 옮겨 침상에 뉘었다.
　경건한 아이네아스는 괴로워하는 그녀를 달래고 진정시키고 싶었다.
하지만 그는 크게 신음하면서도, 그리고 크나큰 사랑에 마음이   395

흔들리면서도 신들의 명령에 따라 함선들이 있는 곳으로 갔다.
테우케르 백성들은 온 해안에서 자신들의 높다란 함선들을 바다로
열심히 끌어내리고 있었다. 역청을 바른 용골은 물 위에 떠 있었고,
그들은 떠나고 싶은 마음에서 숲에서 아직도 잎이 달려 있는 노들과
손질하지 않은 선재들을 운반하고 있었다··· 400
그대는 그들이 온 도시에서 쏟아져 나오는 것을 볼 수 있었을 것인즉,
그 모습은 마치 개미 떼가 겨울을 대비하여 큰 곡식 무더기를
약탈하여 자신들의 집에다 저장할 때와도 같았다.
개미들은 새까맣게 떼 지어 들판 위로 움직이며 풀 사이의
좁은 통로로 전리품을 운반한다. 더러는 커다란 곡식 낟알에 405
어깨를 대고는 앞으로 밀어붙이고, 더러는 대열을 통제하며
꾸물거린다고 나무라니, 길 전체가 활동의 열기로 가득하다.
이런 광경을 보았을 때, 디도여, 그대의 감정은 어떠했던가?
성탑 꼭대기에서 넓은 해안이 들끓는 것을 내려다보았을 때
그리고 그대가 보고 있는 앞에서 온 바다가 그토록 410
큰 소음과 섞이는 것을 보았을 때 그대는 얼마나 신음했던가!
잔인한 사랑이여, 너는 인간의 마음을 어디까진들 못 몰아가겠는가!
그녀는 또다시 눈물로 되돌아가도록, 또다시 기도로써 그의 마음을
움직이고 탄원자로서 자존심을 사랑에 종속시키도록 내몰렸으니,
헛되이 죽을 것이 아니라 할 수 있는 짓은 무엇이든 다 해볼 참이었다. 415
 "안나, 온 해안이 복작대고 있는 것을 너도 보았겠지.
그들은 사방에서 모여들었어. 벌써 돛은 바람을 부르고 있고,
선원들은 신이 나서 배들을 화환으로 장식했구나.
내가 이토록 큰 고통을 예견할 수 있었더라면, 그것을
참고 견딜 수도 있겠지, 아우야. 하지만 불쌍한 나를 위해 420

이 한 가지만은 꼭 해다오, 안나. 그 배신자가 너를 친구로 여기며
너에게는 자신의 은밀한 속내까지 털어놓았으니까.
너만은 그에게 접근할 수 있는 적절한 방법과 기회를 알고 있을 거야.
아우야, 가서 그 오만한 적에게 탄원자로 말을 붙여보려무나.
나는 아울리스[66]에서 트로이야 백성들을 절멸시키기로 다나이족과   425
공모한 적도 없고, 페르가마로 함대를 보낸 적도 없으며, 그의 아버지
앙키세스의 무덤을 파헤쳐 유골과 망령을 욕보인 적도 없어. 어째서 그는
막무가내로 내 말을 귀담아들으려 하지 않는 거지. 그는 황망히 어디로
떠나는 거지? 사랑하는 불쌍한 여인에게 그가 이 마지막 호의를 베풀도록
해줘. 순풍을 맞아 손쉽게 도주할 수 있을 때까지 그가 기다리게 해줘.   430
그에게 더는 간청하지 않겠어. 그가 배신한 지난날의 혼인을 복원하자고도,
아름다운 그의 라티움을 포기하고 왕국을 단념하라고도 하지 않겠어.
내가 요구하는 것은 약간의 시간이야. 내 불운이 패배한 나에게 슬퍼하는
법을 가르쳐줄 때까지 내 광기를 달래기 위해 평화와 휴식을 요구할 뿐이야.
이게 그에게 요구하는 마지막 호의란다. (이 언니를 불쌍히 여겨다오.)   435
그가 내게 이 호의를 베푼다면 나는 죽을 때[67] 이자를 붙여서 갚을 거야."

    이런 말로 그녀는 간청했고, 이런 눈물겨운 사연을 그녀의 더없이
가련한 아우가 전하고 또 전했다. 하나 어떤 눈물겨운 사연에도 그는
움직이지 않았고, 누구의 목소리도 귀담아듣지 않았다. 운명이 그러지 못하게
막았고, 고분고분 남의 말을 잘 듣는 그의 귀를 신이 막았던 것이다.   440
마치 알페스[68]의 북풍들이 세월에 의하여 강해진 건장한 참나무를
때로는 이쪽에서, 때로는 저쪽에서 서로 다투어 덮치며
뿌리째 뽑으려 할 때 점점 삐걱대는 소리가 커지고
밑동이 흔들리며 꼭대기의 잎들이 땅 위에 우수수 떨어져도
나무 자체는 그 뿌리가 타르타라에 닿아 있고 그 우듬지는   445

하늘의 대기에 닿아 있어 바위들에 꼭 달라붙어 있듯이,
그와 다르지 않게 영웅은 이쪽 저쪽으로부터의 끊임없는 하소연에
시달림을 당하고 위대한 마음속으로 고통을 뼈저리게 느끼면서도
마음은 요지부동이었고, 눈물[69]만 헛되이 흘러내렸다.

    그러자 불행한 디도는 자신의 운명이 두려워 정말로 죽음을   450
기원했다. 그녀는 하늘의 둥근 천장을 보는 것이 싫증났다.
햇빛을 떠나겠다는 그녀의 결심이 더욱 굳어진 것은,
향이 타고 있던 제단들 위에 그녀가 선물들을 올려놓았을 때
(말하기도 무섭게) 축성한 성수(聖水)가 꺼메지고 부어 드린
포도주가 불길하게도 피로 변하는 것을 보고 나서였다.   455
그녀는 자신이 본 것을 누구에게도, 아우에게도 말하지 않았다.
그것말고도 그녀의 궁전에는 그녀의 전(前)남편에게 바쳐진
대리석 사당이 하나 있었는데, 그녀는 그곳을 눈처럼 흰 양모피와
축제의 잎가지로 늘 장식함으로써 정성껏 돌보았다.
그런데 밤의 어둠이 대지를 붙잡을 때면 그곳에서 그녀의 남편이   460
그녀를 부르는 듯한 소리와 말이 들려오는 것 같았다.
그리고 지붕 위에서는 외로운 올빼미 한 마리가 가끔 만가를 부르며
목소리를 길게 늘여 흐느껴 울곤 했다. 그 밖에도 옛 예언자들의
수많은 예언들이 무서운 경고로 그녀를 놀라게 했다.
그녀는 잔혹한 아이네아스가 몸소   465
자기를 미치도록 뒤쫓고, 자기는 언제나 외돌토리이고,
언제나 동반자 없이 먼 길을 걸어가며
황무지에서 튀로스인들을 찾는 꿈을 꾸곤 했다.
그녀는 실성하여 자비로운 여신들[70]의 무리가 보이고
두 개의 해와 이중의 테바이가 보이는 펜테우스[71]나   470

복수의 디라들[72]이 문간에 웅크리고 앉아 있는 동안
횃불들과 시커먼 뱀들로 무장한 어머니에게서 도망치며
무대 위에서 쫓기는 아가멤논의 아들 오레스테스[73]와도 같았다.
      그래서 그녀는 고뇌에 제압되어 광기를 자신 속으로 받아들이고는
죽기로 결심했다. 그녀는 마음속으로 시간과 방법을 결정하고 나서,   475
슬퍼하는 아우를 찾아가 자신의 계획을 숨기려고
얼굴에 희망이 넘치는 밝은 표정을 지으며 말했다.
"피를 나눈 내 아우야, (나와 함께 기뻐해줘) 그를 되돌리거나
아니면 그에 대한 사랑에서 나를 해방시킬 방법을 찾아냈어.
오케아누스의 경계와 해지는 곳 근처에 지상에서 가장 먼 나라인   480
아이티오페스족[74]의 나라가 있는데, 그곳에서는 가장 강력한
아틀라스가 불타는 별들이 박혀 있는 하늘의 축을 양어깨 위에서
돌리고 있지. 그곳에서 맛쉴리족[75] 출신의 한 여사제가 내 앞에
나타났는데, 그녀는 전에 헤스페리데스들[76]의 신전[77]지기로
신성한 사과나무의 가지들을 지키는 용에게 흐르는 꿀과,   485
잠을 청하는 양귀비씨를 친 음식을 주곤 했대. 그녀의 말인즉
자기는 누구든 자기가 원하는 사람의 마음을 주문(呪文)으로
해방시킬 수 있고, 잔혹한 사랑의 고통을 남에게 떠넘길 수 있고,
흐르는 강물을 세울 수 있고, 별들을 되돌릴 수 있으며, 밤의 망령들을
움직이게 할 수 있대. 너는 네 발밑에서 대지가 으르렁거리는 소리를   490
듣게 되고 물푸레나무들이 산에서 걸어 내려오는 것을 보게 될 거야.
사랑하는 내 친아우야, 신들과 네 머리에 걸고 맹세하지만,
내가 마술로 무장하는 것은 내 본의가 아니야.
너는 궁전의 안뜰 노천에 화장용 장작 더미를 몰래 쌓되
그 불경한 자가 내 방에 걸어두고 떠난 모든 무구들과   495

그가 입었던 모든 옷가지와 내 파멸이 된 결혼 침대를 그 위에
올려놓도록 해. 그 불의한 자를 떠올리는 것은 뭐든 없애버리고 싶고,
그것이 여사제의 지시이기도 해." 이렇게 말하고 그녀는 조용해졌다.
그녀의 얼굴은 점점 창백해졌지만 안나는 이런 이상한 의식은
핑계에 지나지 않으며 언니가 죽기로 결심한 줄은 꿈에도 몰랐다.   500
언니가 그토록 광기에 사로잡힌 줄 몰랐고,
쉬카이우스가 죽을 때보다 더 나쁜 일이 생기리라고
생각지 않았던 것이다. 그래서 그녀는 시키는 대로 했다···
 한편 여왕은 궁전의 맨 안뜰 노천에 소나무와 참나무 장작으로
거대한 화장용 장작 더미가 쌓이자, 그곳에 화환들을 걸고   505
죽음의 잎으로 장식했다. 그리고 나서 그녀는 맨 위에 침상을 얹고는
그 위에다 그가 입던 옷가지들과 그가 남겨둔 칼과
그의 화상을 올려놓았다. 그녀는 다가올 일을 잘 알고 있었던 것이다.
그 주위에는 제단들이 서 있었다. 그리고 여사제가 머리를 풀고
우레 같은 목소리로 그녀의 삼백 신들과 에레부스[78]와 카오스[79]와   510
세 가지 모습의 헤카테[80]와 세 얼굴의 처녀신 디아나를 불렀다.
그녀는 또 아베르누스 호수[81]에서 길어 왔다는 물도 뿌렸다.
그녀는 달빛을 받으며 청동 낫으로 벤, 검은 독즙(毒汁)이
가득 들어 있는 독초들을 찾았다. 그녀는 또 어미 말이
낚아채기 전에 먼저 갓 태어난 망아지의 이마에서   515
떼어낸 사랑의 미약[82]도 찾았다···
디도 자신은 정결한 손에 신성한 제물을 들고는
한쪽 발에서 샌들을 벗고 허리띠를 푼 채 제단 옆에 서서
죽기 전에 신들과 별들을 자신의 운명의 증인으로 불렀다.
그리고 나서 그녀는 그것이 어떤 신이든 간에 불공평한 사랑으로   520

고통 받는 연인들을 보살펴주는 공정하고 세심한 신에게 기도했다.
　　때는 밤이었다. 온 지상의 육신들은 단잠을 자고 있었고,
숲들과 거친 바다들은 휴식을 취하고 있었다.
별들이 궤도의 중간에 이르고, 모든 들판이 침묵하고,
가축 떼와 알록달록한 새 떼들이, 525
호수의 넓은 물가에 출몰하는 것이든 덤불이 우거진 들판에
사는 것이든, 고요한 밤의 보호를 받으며 잠에 빠져 있었다.
[그것들은 마음의 근심을 달래며 잠시 삶의 괴로움을 잊을 수 있었다.][83] 528
그러나 포이니케 여인[84]은 그렇지 않았다. 마음이 괴로워
잠이 오지 않았고, 그녀의 눈과 가슴은 밤을 받아들이지 않았다. 530
오히려 그녀의 고통은 곱절로 늘었고, 그녀의 사랑은 또다시
부풀어 오르며 분노의 세찬 밀물을 타고 높이 솟구쳤다. 이렇게
그녀는 마침내 말하기 시작했고, 이런 생각과 마음속으로 씨름했다.
"대체 어떡하지? 또다시 이전의 구혼자들의 마음을 떠봐?
웃음거리만 되겠지. 내가 지금까지 남편감으로 보지 않던 535
노마데스족 가운데 한 명에게 결혼해 달라고 애걸복걸해봐?
아니면 일리움의 함대를 따라가 테우케르 백성들의 가장 가혹한 명령에도
복종한다? 내가 전에 그들을 도와준 것을 그들이 고마워하고 있고,
내가 전에 베푼 선행을 그들이 명심하고 있으니까? 내가 원한다고
그들이 과연 나를 배에 태워줄까? 그들은 오만한데다 나를 미워해. 540
아아, 이 대책 없는 여인아, 너는 라오메돈[85] 백성들의 배신을 아직도
알지 못하고 아직도 느끼지 못했단 말인가? 그들이 나를 받아준다면?
나는 기고만장한 선원들과 혼자서 동행해야 하나, 아니면 내 튀로스인들을
모두 거느리고 그들과 합류해야 하나? 나는 그들을 이전의 고향 도시인
시돈에서 간신히 떼어놓았거늘, 이제 또다시 바다로 545

데리고 나가서는 바람 앞에 돛을 펴라고 어찌 명령할 수 있단 말인가?
아니야, 너는 죽어 마땅해. 칼로 고통을 끝내도록 해.
아우야, 네가 내 눈물에 설득되어 광기에 사로잡힌 나에게
맨 처음으로 이런 재앙을 지우고 나를 적에게 내맡긴 거야.
신방도 모르고 들짐승처럼 순결하고 고민도 모르는 550
허물없는 삶을 살아가는 것이 내게는 허용되지 않았으며,
나는 쉬카이우스의 유골에게 약속한 정절을 지키지 못했구나."
    이런 비탄의 말을 그녀가 가슴속에서 쏟아내고 있는 동안,
아이네아스는 떠나기로 결심하고는 출항할 준비를 모두
마치고 나서 우뚝한 고물 위에서 자고 있었다. 555
그곳에서 그가 자고 있을 때, 신의 형상이 전과 똑같은 모습으로
나타나 또다시 자기에게 조언을 해주는 것 같았다.
그것은 목소리하며 안색하며 금발하며 젊음이 넘치는
우아한 사지하며 모든 점에서 메르쿠리우스를 닮아 있었다.
"여신의 아들이여, 사태가 이토록 급박한데 그대는 잠이 오는가? 560
그대는 지금 자신이 위험에 포위되어 있는 것도 보이지 않으며,
정신 나간 자여, 유리한 서풍이 불어오는 소리도 들리지 않는가?
그녀는 죽기로 결심하고 가슴속에서 계략과 끔찍한 악행을
꾀하며 변덕스런 분노의 밀물을 부추기고 있다.
아직 서둘 수 있을 때 그대는 왜 서둘러 이곳에서 도망치지 않는가? 565
그대가 이 땅에서 머뭇거리고 있는 것을 새벽의 여신이 보게 된다면,
그때는 벌써 온 바다에 적선(敵船)들이 우글거리고, 햇불들이
활활 타오르고, 벌써 해안이 화염으로 들끓는 것을 그대가 보게 되리라.
자 어서, 더 이상 지체하지 마라. 여자란 언제나 변덕스럽고
쉬 변하는 법이다." 이렇게 말하고 그는 밤의 어둠 속으로 사라졌다. 570

그러자 아이네아스는 갑작스런 환영의 출현에 깜짝 놀라
잠을 깨고 벌떡 일어나 급히 전우들을 깨웠다. "전우들이여,
잠을 털고 일어나 노 젓는 의자로 가 자리 잡고 앉으시오.
어서 돛을 펴시오. 어떤 신이 하늘에서 파견되어, 보시오,
꼰 밧줄들을 끊고 서둘러 이곳에서 도망치라고 이번에도 우리를   575
재촉하고 있소. 신성한 신이시여, 그대가 뉘시든 우리는 그대를
따르고 있으며, 이번에도 기꺼이 그대의 명령에 복종하고 있나이다.
우리와 함께해주시고 자비롭게 우리를 도와주시고 하늘에
호의적인 별들을 배치하소서."[86] 그는 칼집에서 섬광 같은
칼을 뽑아 칼날로 밧줄을 쳤다. 그 순간 모두들   580
똑같은 열의에 사로잡혀 그들은 부랴부랴 황급히 해안을 떠났다.
바다는 함선들에 가려 보이지 않았다. 그들은 몸을 구부려
힘껏 노를 저었고, 거품을 쳐올리며 검푸른 바다 위를 누볐다.

　어느새 새벽의 여신이 티토누스[87]의 사프란색 침상을 떠나
대지 위에 새 빛을 뿌리고 있었다.   585
여왕이 망루에서 내다보니, 날이 밝아오는 가운데
함선들이 돛을 가지런히 하고 앞으로 나아가고 있었다.
그녀는 해안과 포구가 노 젓는 자라고는 한 명도 없이
텅 비어 있는 것을 알아차리고는 세 번 네 번 자신의 고운 가슴을
손으로 치고 금발을 쥐어뜯으며 외쳤다. "오오, 읍피테르여!   590
그는 가는 것인가? 이방인인 그가 우리 나라를 웃음거리로 만들고 마는가?
그대들은 무구들을 가지고 온 시내에서 나와 그를 추격하지 않을 것이며,
다른 사람들은 조선소에서 함선들을 끌어내리지 않을 참인가? 서둘러라.
그대들은 어서 화염을 가져오고, 무기들을 내오고, 힘껏 노를 젓도록 하라!
내가 무슨 말을 하는가? 나는 어디 있는가? 어떤 광기가 내 마음을   595

바꿔놓는가? 불행한 디도여, 네 비행들이 이제야 가슴에 사무치는가?
네가 네 왕홀을 내주었을 때 그랬어야지. 이것이 조국의
페나테스 신들을 모시고 다니고 연로한 아버지를 어깨에 멨다는
그 사람의 약속이자 서약이란 말인가! 나는 그를 붙잡아 사지를
갈기갈기 찢어 바닷물에 흩어버릴 수 있지 않았던가?   600
그의 전우들과 아스카니우스와 그 자신을 칼로 죽여
그 고기를 그의 아버지의 식탁에 올려놓을 수 있지 않았던가?[88]
물론 전투의 결과는 자신할 수 없었겠지. 그렇다 하더라도 죽기로
작정한 터에 내가 누구를 무서워한단 말인가? 나는 그의 진영으로
횃불들을 가져가 그의 함선들의 갑판들을 화염으로 가득 채워   605
그의 아들과 아버지와 백성들을 몰살하고 그 더미 위에다
나 자신을 내던졌어야 해. 그 빛으로 지상의 모든 일을 살펴보시는
태양신이여, 이 사랑의 괴로움의 중재자이시자 증인이신 유노여,[89]
밤에 온 도시의 삼거리에서 숭배자들이 울면서 그 이름을 부르는
헤카테여, 그리고 복수의 디라들과 죽어가는 엘릿사의 신들이시여,   610
지금 내 말을 들어주소서. 당연한 결과이긴 하지만 내 이 괴로움에
주목해주시고, 내 기도를 들어주소서. 만일 그 저주 받은 자가
포구에 닿아 육지에 올라야 한다면, 만일 그것이 읍피테르께서
정해놓으신 운명이고 그것이 정해진 경계라면, 그렇다 하더라도
그는 전쟁에서 대담한 부족의 무구들에 시달리게 하고, 자기 영토에서 615
쫓겨나게 하고, 이울루스의 품에서 떨어져 도움을 애원하게 하고,
자기 전우들이 무자비하게 살육당하는 것을 보게 해주소서.
그리고 그는 마지못해 불평등한 평화 조약을 맺은 다음,
왕국도 바라던 햇빛[90]도 즐기지 못하고 요절하여 묻히지도 못한 채
모래 한가운데에 누워 있게 해주소서.[91] 이것이 내 기도이며,   620

이 마지막 말을 나는 내 피와 함께 쏟아내고 있나이다.
오오! 튀로스인들이여, 그대들은 그의 씨족들과 앞으로 태어날
그의 모든 자손을 줄곧 미워하게 하여 나의 망령에게 그런 선물을
보내도록 하시오. 두 민족 사이에는 사랑도 맹약도 없게 하시오.
나의 유골에서는 어떤 복수자가 일어서 다르다누스 백성들이   625
정착할 때마다 불과 칼로 그들을 괴롭힐지어다. 지금도 앞으로도
우리에게 그럴 힘이 생길 때마다. 비노니, 해안이 해안과 대결하고,
바다가 바다와 대결하며, 무구들이 무구들과 대결할지어다.
두 민족은 그들 자신은 물론이고 그들의 자손들도 서로 싸울지어다."
　　이렇게 말하고 그녀는 어떻게 하면 되도록 빨리 가증스런 삶에서   630
벗어날 수 있을까 하고 마음속으로 온갖 방법을 강구했다.
그러고서 그녀는 쉬카이우스의 유모 바르케에게 몇 마디 말을 건넸으니,
그녀의 유모는 지금 검은 재가 되어 옛 고향땅에 누워 있었기 때문이다.
"나의 사랑하는 유모, 내 아우 안나를 데려다주되
그녀에게 서둘러 몸에 강물을 뿌리고 제물로 쓸 가축들과   635
속죄의 제물들을 지시 받은 대로 이리로 가져오라고 일러줘요. 그녀더러
그러고 나서 오게 해요. 그대도 이마에 경건한 머리띠를 두르도록 해요.
나는 격식에 맞춰 준비하고 시작한, 스튁스[92]의 윱피테르의 의식을
마무리하고, 그 다르다누스의 자손의 화장용 장작 더미를
화염에 넘겨줌으로써 내 고통을 끝낼 작정이에요."   640
이렇게 그녀가 말하자 유모는 노파심에서 발걸음을 재촉했다.
디도는 떨고 있었고, 자신의 끔찍한 의도에 제정신이 아니었다.
그녀는 핏발이 선 눈알을 굴리며 떨리는 볼에 붉은 반점을
띄운 채 임박한 죽음에 파랗게 질려 있었다. 그녀는 문을 지나
궁전의 맨 안마당으로 뛰어 들어가더니 높다란 장작 더미 위에   645

미친 사람처럼 기어 올라가 다르다누스의 자손에게서
선물로 받은 칼을 뺐다. 하나 그것을 그녀는 그런 용도로
요구한 것은 아니었다. 그리고 그곳에서 일리움의 옷들과
잘 알고 있는 침대를 보게 되자 잠시 눈물을 흘리며
회상에 잠겼다가 침대 위에 누워 마지막 작별 인사를 했다. 650
"운명과 신이 허용했던 동안에는 달콤했던 그의 유품들이여,
너희들은 나의 이 혼백을 받아주고 이 고통에서 나를 풀어다오.
나는 내 인생을 살았고 운명이 정해준 노정을 모두 마쳤으니,
이제는 나의 위대한 혼백으로서 지하로 내려갈 것이다.
나는 이름난 도시를 세우고 내 자신의 성벽들을 보았으며, 655
남편의 원수를 갚고 내 적이었던 오라비를 응징했다. 나는 행복하되,
아아, 그것도 말할 수 없이 행복했을 것이다. 다르다니아의 함선들이
우리 해안에 닿지만 않았어도." 이렇게 말하고 그녀는 침상에
얼굴을 파묻고 말을 이었다. "원수도 갚지 못하고 죽어야 하는가?
그래도 죽을 테야. 이렇게, 이렇게! 그림자들 사이로 나는 기꺼이 660
내려가고 있어. 그 무정한 다르다누스의 자손은 저 멀리 바다 위에서
내 장작 더미가 불타는 것을 오래오래 바라보며 내 죽음에서
나쁜 전조들을 가져가게 되기를!" 그리고 이렇게 말하던 도중에
그녀가 칼 위에 쓰러지며, 칼날 위로 피가 뿜어져 나오고 그녀의 두 손이
피로 얼룩지는 것을 시녀들이 보았다. 높은 궁전 안에는 665
그들의 비명이 울려 퍼졌고, 소문은 충격에 휩싸인 온 도시를
박쿠스의 여신도처럼 싸다녔다. 온 궁전에 울음소리와 신음 소리와
여인들의 비명이 울려 퍼지고, 하늘은 요란한 곡성으로 메아리쳤다.
그 모습은 마치 적군이 쳐들어와 전(全) 카르타고나
또는 오래된 튀로스가 무너져 내리고 화염이 미쳐 날뛰며 670

인간들과 신들의 지붕 위로 굴러가는 것 같았다. 안나는
소식을 듣고 아찔했다. 그녀는 겁에 질려 손톱으로 얼굴을 할퀴고
주먹으로 가슴을 내리치며 군중들의 한가운데를 헤치고 달려와
죽어가는 여인을 큰 소리로 불렀다. "언니, 이게 언니의 의도였나요?
언니는 나를 속일 셈이었나요? 이게 화장용 장작 더미의 의미이며, 675
이게 화염과 제단의 의미였나요? 나를 버린 언니를
나는 무엇부터 나무라야 하나요? 언니는 죽는 순간 인생의 동반자였던
나를 경멸했나요? 나를 같은 운명으로 불러들일 것이지!
그러면 같은 시간 같은 칼의 고통이 우리를 데려갔을 텐데!
언니가 이렇게 누워 있는 동안, 무정하게도 멀리 떨어져 있자고 680
나는 이 손으로 장작 더미를 쌓고 큰 소리로 조국의 신들을 불렀나요?
언니, 언니는 언니 자신뿐만 아니라 나도, 아니 백성들과 시돈의 원로들과
언니의 도시도 파괴했어요. 자, 나를 도와줘요. 내가 언니의 상처를 물로
씻고, 만약 언니의 입에 마지막 숨결이 머뭇거리고 있다면, 그것을
내 입으로 잡을 수 있도록93 말예요." 이렇게 말하고 그녀는 높은 계단을 685
타고 장작 더미 위로 올라가 다 죽어가는 언니를 가슴에 안더니
흐느끼고 애무하며 시커먼 핏방울들을 제 옷으로 닦아주려 했다.
디도는 한 번 더 무거운 눈을 들려다가 기절했다.
가슴 밑에서 깊숙한 상처가 쉿 소리를 냈다.
세 번이나 그녀는 팔꿈치를 딛고 몸을 일으켜 세웠으나, 690
세 번이나 도로 침대 위로 넘어졌다. 그녀는 초점 없이 헤매는
눈으로 높은 하늘에서 햇빛을 찾았고, 그것을 발견할 때마다 신음했다.
    그때 전능한 유노가 그녀의 오랜 고통과 힘겨운 죽음을 불쌍히 여겨
올림푸스에서 이리스94를 내려 보내 그녀의 괴로워하는 넋을
그것에 밀착되어 있는 육신에서 풀어주게 했다. 695

그녀는 운명이나 당연한 응보에 의해 죽어가는 것이 아니라
갑자기 상사병에 걸려 때가 되기도 전에 비명횡사한 까닭에
프로세르피나[95]가 아직 그녀의 머리에서 금발머리를 잘라
그녀를 스튁스 강의 오르쿠스로 넘겨주지 않았기 때문이다.[96]
그래서 이리스는 이슬에 젖은 채 사프란색 날개를 타고는 햇빛을 받아   700
다채롭게 반짝이는 일천 가지 색깔을 끌면서 하늘을 가로질러
날아 내려와 그녀의 머리맡에 멈춰 섰다. "나는 명령 받은 대로 이 머리털을
신성한 제물로 디스[97]에게 가져가고, 그대를 그대의 육신에서 풀어주노라."
이렇게 말하고 이리스는 손을 들어 머리털을 잘랐고, 그러자
일시에 모든 온기가 가시며 그녀의 생명은 바람 속으로 사라졌다.   705

제5권

장례식 경기

그사이 아이네아스는 함대를 이끌고 바다 한가운데로 나가
흔들림 없이 단호하게 북풍으로 거뭇거뭇해진 파도를 가르며,
불행한 디도의 장례식 화염으로 발갛게 타오르는 성벽을
뒤돌아보았다. 왜 그토록 큰불이 났는지 알 수 없는 일이었다.
하지만 여자란 자신의 큰 사랑이 모욕당하게 되면 심한 고통에　　　　5
제정신을 잃고 무슨 짓을 할 수 있는지 알고 있던 터라,
테우케르 백성들은 불길한 예감을 떨쳐버릴 수 없었다.
함선들이 난바다로 나와 이제 더 이상 육지는 보이지 않고
사방이 바다고 사방이 하늘뿐이었을 때,
시커먼 비구름이 그의 머리 위에 멈춰 서더니 암흑과 폭풍을　　　　10
가져다주기 시작했고, 물결은 어둠 속에서 몸서리쳤다.[1] 키잡이
팔리누루스조차[2] 우뚝한 고물에서 소리쳤다. "아아, 무슨 일로 이런
먹구름이 하늘을 에워싸는 것일까? 대체 무슨 준비를 하시는 것입니까,
아버지 넵투누스여?" 이렇게 말하고 나서 그는 선구들을 조이고
몸을 구부려 힘껏 노를 저으라고 명령했다.　　　　15
이어서 그는 돛들을 바람을 향해 비스듬히 고정하고 나서 이렇게 말했다.
"고매한 아이네아스여, 설사 윱피테르께서 몸소 내게 약속하신다 해도,
이런 날씨에 이탈리아에 도착하기를 기대할 수는 없을 것이오.
바람은 방향이 바뀌며 시커먼 서쪽에서 일어 우리의 항로를 가로질러
노호하고 있고, 대기는 짙어져 구름이 되고 있소. 우리는 이 폭풍에　　　　20

대항할 수 없고, 그것을 헤치고 나아갈 수도 없소. 행운의 여신이
우리보다 더 강한 만큼, 우리는 복종하고 그녀가 부르는 곳으로 진로를
바꾸도록 합시다. 생각건대 그대와 형제간인 에뤽스[3]의 우호적이고
안전한 해안과 시카니아의 포구는 여기서 멀지 않소. 내가 지난번[4]에
관찰했던 별들을 제대로 기억하며 역추적하고 있다면 말이오." 25
경건한 아이네아스가 대답했다. "나도 아까부터 그것이 바람이 요구하는
바이고, 그대가 그것을 헤치고 나가려 해도 헛수고라는 것을 알고 있었소.
돛을 돌려 진로를 바꾸도록 하시오. 나를 위해 다르다누스의 자손인
아케스테스를 지켜주고, 내 아버지 앙키세스의 뼈를 가슴에 품고 있는
그 나라보다 더 반가운 나라가 나에게 어디 있으며, 그 나라만큼 내가 30
지칠 대로 지친 함선들을 정박시키고 싶은 나라가 또 어디 있겠소?"
그가 이렇게 말하자마자 그들은 포구로 향했고, 고물에서 불어오는
서풍에 돛들은 팽팽해졌다. 함대는 심해 위를 재빨리 달렸고,
그들은 마침내 즐거운 마음으로 낯익은 해안으로 뱃머리를 돌렸다.

  한편 아케스테스는 저 멀리 산꼭대기에서 전우들의 함선들이 35
다가오는 것을 보고는 이를 이상히 여기고 투창들과
리뷔아 암곰의 모피를 몸에 두른 채 그들을 맞으러 갔다.
그는 하신 크리니수스[5]의 아들로 트로이야의 어머니가 그를
잉태했던 것이다. 그는 옛 선조들을 잊지 않고는
그들의 귀환을 축하하고 시골의 풍성함으로써 그들을 환영했으며, 40
지칠 대로 지친 그들에게 우정 어린 도움을 베풀었다.

  다음날 먼동이 트며 밝은 빛이 별들을 내쫓을 때,
아이네아스는 사방의 해안에서 전우들을 소집해놓고 흙 둔덕에
서서 그들에게 말했다. "위대한 다르다누스 백성들이여,
신들의 고귀한 혈통에서 유래한 자들이여, 우리가 45

내 고귀한 아버지의 유물들인 유골들을 대지에 맡기고
슬픔의 제단을 쌓은 지도 어언 열두 달이 지나 한 해가 다 되었소.
그리하여 어느새, 내가 잘못 생각하고 있는 것이 아니라면,
내가 영원히 슬픔의 날로, 그리고 영원히 명예의 날로
(그것이 신들의 뜻이었소) 간직하게 될 그날이 다가왔소.　　　　　　　50
내가 가이툴리족의 쉬르티스들 사이에서 망명자로서 또는
아르고스의 바다와 뮈케나이 시에 붙들려 있으며[6] 이날을 보내고
있다 하더라도 나는 해마다 반복되는 서약을 행하고 관례에 따라
엄숙한 행렬을 지어 제단들에 적절한 제물들을 바쳤을 것이오.
한데 지금 우리는 내 아버지의 재와 유골 바로 옆에 와 있으며,　　　　55
육지에 상륙하여 우호적인 포구에 들어와 있소. 나는 이것이 신들의
의도이자 뜻이라고 확신하는 바이오. 그러니 자, 모두 즐거운 마음으로
이 의식을 거행합시다. 우리는 그분[7]께 순풍을 빕시다. 그리고
그분께서는 내 도시가 세워지면 그분께 바쳐진 신전에서 내가 해마다
이 의식을 거행하는 것을 허락해주시기를! 트로이야 출신인　　　　　60
아케스테스가 그대들에게 함선 한 척당 황소 두 마리씩 내놓았소.
그대들은 잔치에 조국에서 모셔온 그대들 자신의 페나테스 신들과
그대들의 주인인 아케스테스가 경배하는 페나테스 신들을 초대하시오.
그 밖에 새벽의 여신이 지금부터 아홉 번째[8]로 생명을 가져다주는 날을
인간들을 위해 높이 들어올리며 그 빛으로 세상을 드러내면, 나는　　65
테우케르 백성들을 위해 경기를 개최할 것인데, 먼저 함선들의 경주를
열 것이오. 다음에는 달리기 선수들과, 투창과 가벼운 화살에
재주가 있어 자신의 담력을 믿고 경기장에 들어서는 자들과,
무두질하지 않은 가죽끈을 손에 두르고 싸울 자신이 있는 자들은
모두 참가하여 승리의 상인 종려나무를 바라도록 하시오.　　　　　　70

하나 지금은 모두 침묵하고 이마에 잎 장식을 두르도록 하시오."

이렇게 말하고 그는 이마에 자신의 어머니의 도금양[9] 화관을
둘렀다. 헬뤼무스도, 나이 많은 아케스테스도 그렇게 했으며,
소년인 아스카니우스도 그렇게 하자 그곳에 있던 다른 사람들도 따라 했다.
그러자 아이네아스가 수많은 무리를 거느리고는 동행하는 무리들의   75
중심을 이루며 회의장에서 봉분을 향해 걸어가기 시작했다. 그곳에서
그는 헌주의 격식에 따라 물 타지 않은 포도주 두 잔과, 갓 짠 우유 두 잔과,
제물의 피 두 잔을 땅에 부어 드리고 나서 밝은 색의 꽃들을 뿌리며
이렇게 말했다. "신성하신 아버지, 또다시 인사 드리나이다.
내가 헛되이 구해 드렸던 아버지의 유골들과 내 아버지의   80
혼백과 그림자여, 내 그대들에게 인사 드리나이다. 아버지를 모시고
이탈리아의 경계와, 운명이 정해준 들판들과, 그것이 무엇이든 간에
아우소니아의 튀브리스를 찾는 것이 제게는 허용되지 않았나이다."
그가 이렇게 말했을 때 뱀 한 마리가 사당 밑에서 미끄러지듯
기어 나왔다. 그것은 일곱 번이나 거대한 똬리를 틀고 일곱 번이나   85
꿈틀거리며 앞으로 움직여 제단들 사이로 미끄러지더니 아무
악의 없이 봉분을 감았다. 등에는 검푸른 반점들이 나 있고 비늘들은
황금빛 얼룩으로 번쩍였다. 그 모습은 마치 무지개가 햇빛을 받아
구름 사이에 수천 가지 다채로운 색깔을 던질 때와도 같았다.
그 광경에 아이네아스는 아연실색했다. 마침내 뱀은   90
대접들과 반짝이는 술잔들 사이로 길게 몸을 끌며 기어가더니
제물들을 맛보고 나서 아무도 해코지하지 않고
제물을 먹은 제단을 떠나 도로 봉분 밑으로 물러갔다.
이에 고무되어 그는 아버지를 위해 시작했던 제사를 다시 시작했으나,
그 뱀을 지역의 수호신으로 여겨야 할지, 아니면 아버지의 시종으로   95

여겨야 할지 알지 못했다. 그는 격식에 따라 양 두 마리와
돼지 두 마리와 같은 수의 등 검은 송아지를 제물로 바치고
대접에서 포도주를 부어 드리며 위대한 앙키세스의 혼백과
아케론[10]에서 풀려난 그의 망령을 불렀다.
그의 전우들도 각자 재력에 따라 기꺼이 제물들을 가져오고   100
송아지들을 잡아 제단들 위에 쌓아올렸다.
다른 사람들은 청동 솥들을 적절한 자리에 갖다 내놓았다.
그들은 풀밭에 흩어져 숯불 위에다 꼬챙이들을 얹고 고기를 구웠다.
　고대하던 날이 다가와 어느새 파에톤[11]의 말들이
청명한 하늘로 아홉 번째 새벽을 끌어올리고 있었다.   105
유명한 아케스테스의 명성과 이름에 이끌려 인근 주민들이 몰려와서는
즐겁게 모여 앉아 해안을 가득 메웠는데, 더러는 아이네아스의 백성들을
구경하려고 그랬고, 더러는 경기에도 참가할 참이었다.
먼저 상으로 줄 물건들이 경기장 중앙에 누구나 볼 수 있도록
전시되었는데, 신성한 세발솥들과 푸른 화관들과   110
승리자들에게 상으로 줄 종려나무들과 무구들과 자줏빛 물을 들인
옷가지와 1탈렌툼[12]짜리 은과 금 들이 그것이다.
그러자 한가운데에 있는 둔덕에서 나팔이 경기의 시작을 알렸다.
　첫 번째 경기를 위해 무거운 노들을 갖춘 서로 대등한 함선 네 척이
들어왔는데,[13] 그것들은 전 함대에서 가려 뽑은 것들이었다.   115
므네스테우스는 쾌속선 프리스티스[14] 호와 그 열성적인 선원들을 지휘했는데,
그는 곧 이탈리아의 므네스테우스가 되고 멤미우스 씨족[15]은 그에게서
이름을 따올 것이었다. 귀아스는 덩치가 엄청나게 큰 키마이라[16] 호를
지휘했다. 도시만큼 넓은 이 배는 다르다니아의 대원들이
삼단(三段)으로 앉아 세 개 층에서 노를 저음으로써 앞으로 몰았다.   120

그에게서 세르기아 가(家)가 이름을 따온 세르게스투스는 거대한
켄투우루스[17] 호를 몰았다. 그리고 클로안투스는 하늘색 스퀼라[18]를
몰았는데, 로마의 클루엔티우스여, 그대의 씨족은 그에게서 유래했소이다.
    거품이 이는 해변 맞은편 저 멀리 바다 한가운데에 바위가
하나 있다. 그것은 겨울의 북서풍이 별들을 숨길 때 이따금   125
부풀어 오른 파도에 난타당하기도 하고 물속에 잠기기도 한다.
그러나 바람이 없을 때는 소리 없이 잔잔한 수면 위로 평지를
드러내며 갈매기들에게 햇볕을 쬘 수 있는 반가운 휴식처가 된다.
그곳에 아버지 아이네아스는 잎이 달린 참나무 말뚝을
반환점으로 세워 선원들이 어디서 돌아서서   130
긴 주로를 되돌아와야 하는지 알게 했다.
이어서 그들은 출발점을 정하기 위해 제비를 뽑았다.
대장들 자신은 자줏빛과 황금 장식을 멀리까지 번쩍이며 고물 위에
서 있었고, 나머지 선원들은 미루나무[19] 잎 관을 쓰고 있었는데,
그들의 드러난 어깨는 올리브기름을 발라 번쩍이고 있었다.   135
그들은 가로장 위에 앉았다. 그들의 팔은 노 위에 팽팽하게 얹혀졌고,
그들이 긴장하여 신호를 기다리는 동안 가슴에는 피가 마르고,
흥분과 영광에 대한 욕심에 심장이 쿵쾅거렸다.
마침내 나팔 소리가 맑게 울려 퍼지자 모두들 지체 없이
출발선에서 앞으로 튀어나갔다. 선원들의 함성은 하늘에 닿았고,   140
그들이 노를 뒤로 당기자 바닷물이 소용돌이치며 거품이 일었다.
그들이 일제히 바다에 고랑을 파기 시작하자, 바다는 노들과
삼지창 같은, 부리 모양의 이물들에 의해 밑바닥까지 갈라졌다.
말 두 필이 끄는 전차도 갇혀 있던 문에서 쏟아져 나와
이렇듯 재빨리 들판 위를 다투어 내닫지는 않으며,   145

마부들이 내닫는 말들 위로 출렁이는 고삐를 흔들어 대며
윗몸을 앞으로 숙여 채찍질할 때에도 이렇지는 않다.
그러자 모든 숲에 구경꾼들의 박수 소리와
응원자들이 격려하는 소리가 울려 퍼졌고,
함성은 해안을 둘러싼 언덕들에 부딪쳐 메아리가 되어 되돌아왔다. 150
　혼잡과 소음 사이로 귀아스가 다른 사람들 앞으로 빠져나가더니
파도 위를 선두로 미끄러져 나갔다. 그 뒤를 클로안투스가
바싹 따르고 있었다. 그의 선원들은 더 훌륭했으나 소나무로 만든
배가 무거워 뒤쳐졌던 것이다. 그 뒤로 똑같은 거리를 두고
프리스티스 호와 켄타우루스 호가 서로 앞서려고 다투고 있었다. 155
때로는 프리스티스 호가 앞서는가 하면, 때로는 거대한
켄타우루스 호가 앞질렀고, 때로는 두 배가 이물을 나란히 하고
나아가며 긴 용골들로 짠 바닷물을 갈랐다.
그들이 어느새 바위에 다가가 반환점에 접근했을 때,
이 반(半) 주로에서 여전히 선두를 유지하던 귀아스가 160
자신의 배의 키잡이인 메노이테스를 큰 소리로 불렀다.
"그렇게 우측으로 벗어나 어디로 가는 게냐? 이리로 뱃머리를 돌려라.
바위 끝에 바싹 달라붙되 왼쪽 노들이 바위를 스치도록 하라. 깊은 바다는
다른 사람들에게 내주고." 이렇게 그는 말했으나 메노이테스는
숨어 있는 바위들이 두려워 뱃머리를 넓은 바다 쪽으로 돌렸다. 165
귀아스가 또다시 외쳤다. "주로에서 벗어나 어디로 가는 게냐?
저 바위들 쪽으로 향하란 말이다, 메노이테스!" 이렇게 큰 소리로
외치고 귀아스가 뒤돌아보니, 보라, 클로안투스가 바싹 뒤쫓아오며
더 가까운 주로로 파고들지 않는가! 그는 귀아스의 함선과 요란한
바위 사이에서 왼쪽으로 바싹 붙여 주로를 잡으며 불쑥 앞선 자를 170

추월하더니 반환점을 뒤로하고 안전한 바다로 나섰다.
그러자 젊은 귀아스는 불같이 화가 났다. 그는 걷잡을 수 없이
화가 났고 그의 두 볼에는 눈물이 흘러내렸다. 그래서 그는
자신의 품위도 전우들의 안전도 망각한 채 소심한 메노이테스를
우뚝한 고물에서 바다로 거꾸로 내던져버렸다. 175
그리고 나서 그 자신은 키가 있는 곳으로 가서 스스로 키잡이가 되더니
대원들을 독려하며 키의 손잡이를 돌려 배를 해안 쪽으로 돌렸다.
한편 메노이테스는 나이가 많은데다 옷이 흠뻑 젖어 무거워지는 바람에
밑바닥에서 한참 만에 간신히 수면 위로 떠오르더니,
바위 꼭대기로 기어 올라가 마른 땅 위에 앉아 있었다. 180
테우케르 백성들은 그가 떨어져 헤엄칠 때도 웃었고,
그가 가슴에서 짠 바닷물을 토할 때도 웃었다.
  이제 맨 뒤에 처진 두 사람 세르게스투스와 므네스테우스는
귀아스가 지체하는 것을 보고 기뻐하며 그를 앞지를 수 있다는
희망을 품었다. 바위에 다가가는 동안에는 세르게스투스가 앞섰으나 185
배 한 척의 길이가 아니라 그 일부분만큼밖에 앞서지 못했으니,
경쟁자인 프리스티스 호의 이물이 그의 배의 고물을 앞섰던 것이다.
한편 므네스테우스는 배의 중앙에서 전우들 사이로 걸어 다니며 독려했다.
"자, 이제야말로 그대들은 일어서서 노를 저으시오, 헥토르의
전우들이여. 트로이야의 최후의 날에 나는 그대들을 내 일행으로 190
선택했소이다. 이제야말로 그대들이 가이툴리족의 쉬르테스들과
이오니아 해와 말레아[20] 곶의 뒤쫓아오는 파도들 위에서 보여주었던
그 힘과 용기를 보여주시오. 나 므네스테우스는 이미 일등은 바라지도 않으며
완전한 승리를 추구하지도 않소. (하지만 아아!—하나 넵투누스여, 누구든
그대가 허용하시는 자가 승리하게 하소서.) 꼴찌로 돌아간다는 것은 195

창피한 일이오. 동포들이여, 그것이 곧 우리의 승리이니, 부디 그런
치욕만은 면하게 하시오." 그러자 그들은 앞으로 몸을 구부리고
있는 힘을 다해 노를 저었다. 그들의 엄청난 추진력에 청동을 입힌 배는
몸을 떨었고, 바다의 수면은 그들 밑에서 날아갔다. 그들은 숨이 가쁘고
팔다리가 쑤시고 입이 마르고 온몸에서 땀이 비 오듯 흘러내렸다. 200
그러나 그들이 바라던 명예를 얻은 것은 순전히 우연 때문이었다.
세르게스투스가 미친 듯이 흥분하여 뱃머리를 바위 쪽으로 붙여
므네스테우스의 안쪽을 통과하려다가 그 사이 통로가 너무 좁아서
불행히도 툭 튀어나온 바위들에 얹히고 말았던 것이다.
암초들은 끼익 소리를 냈고, 노들은 암초들의 날카로운 가장자리에 205
부딪쳐 삐걱거렸으며, 뱃머리는 얹혀서 허공에 떠 있었다.
그러자 선원들이 벌떡 일어서서 배가 이렇게 지체되는 것을
큰 소리로 욕하더니 무쇠를 입힌 상앗대들과 끝이 뾰족한
장대들을 꺼내어 부러진 노들을 바다에서 건지고 있었다.
그러나 므네스테우스는 바로 이러한 성공에 용기가 나고 210
힘이 나서 재빨리 노를 저었고 바람을 등지고는 해안 쪽 바다[21]를
돌아 탁 트인 바다 위를 내달았다. 그 모습은 마치 보금자리와
귀여운 새끼들이 은밀한 속돌 안에 자리 잡고 있는 동굴에서
비둘기가 갑자기 후닥닥 날아오를 때와 같았다.
비둘기는 깜짝 놀라 요란하게 날개를 치며 집을 떠나 215
들판으로 날아가지만 곧 고요한 대기 사이로 밝은 햇빛을 받으며
미끄러지듯 날아가고 날갯짓도 하지 않는다.
꼭 그처럼 므네스테우스와 프리스티스 호는 바다의 마지막 구간을
재빨리 갈랐고, 꼭 그처럼 나아가는 기세 자체가 날아가는 배를
앞으로 날랐다. 므네스테우스는 먼저 세르게스투스를 추월했다. 220

세르게스투스는 처음에는 우뚝한 바위 위에서 다음에는 여울에서
사투를 벌이며 헛되이 도움을 호소하고 부러진 노들로 항해하는 법을
배우고 있었던 것이다. 이어서 므네스테우스는 귀아스와 덩치가 큰
키마이라 호를 뒤쫓았다. 그러자 이 배도 키잡이를 잃고서 뒤로 처졌다.
그래서 이제 결승점까지는 그의 앞에 클로안투스만이 남아 있었다. 225
므네스테우스는 사력을 다하여 그를 바싹 뒤쫓았다.
　이제는 물론 함성도 배가되었다. 구경꾼들은 모두들 뒤쫓고 있는
그를 열심히 응원했고 그 소음은 하늘에 메아리쳤다. 한쪽[22]은 당연히
자기들 것인 명예와 따놓은 영광을 지키지 못하는 것을 치욕으로
여기며 명성을 위해서라면 목숨을 내놓을 각오가 되어 있었다. 230
다른 쪽은 성공에 고무되어 있었다. 그들은 할 수 있다고
믿었기 때문에 할 수 있었다. 그리하여 양쪽의 뱃머리가 나란히 들어와
상을 나누어 가졌을 것이나, 클로안투스가 바다를 향해 두 팔을 뻗고
잇달아 기도를 올리며 자신의 서약의 증인으로 신들을 불렀다.
"바다를 다스리시는 신들이시여, 나는 지금 그대들의 물 위를 달리거늘, 235
내 서약을 이행하기 위하여 이 해안에 있는 그대들의 제단들 앞에
눈처럼 흰 황소 한 마리를 기꺼이 세우겠나이다. 그리고 그 내장은
짠 바닷물에 던지고 흐르는 포도주도 부어 드리겠나이다."
그렇게 그가 말하자 깊은 바다 밑에서 모든 네레우스의 딸들[23]과
포르쿠스[24]의 모든 무리들과 바다의 요정 파노페아[25]가 그의 기도를 240
들었다. 그리고 아버지 포르투누스[26]가 몸소 그가 타고 있던 배를
큰 손으로 밀자 그의 배는 남풍보다도 더 빨리, 날아가는 화살보다도
빨리 육지를 향해 내달아 포구의 깊은 물 안에 무사히 도착했다.
그러자 앙키세스의 아들이 관례에 따라 그들을 모두 불러놓고
전령을 시켜 큰 소리로 클로안투스를 우승자로 선언하게 하더니 245

그의 이마에 월계수의 푸른 잎으로 만든 관을 씌워주었다.
이어서 그는 선원들을 위한 선물로 함선마다 수송아지 세 마리와
포도주와 1탈렌툼짜리 큼직한 은괴를 골라 가지게 했다.
이에 덧붙여 그는 대장들에게는 특별 선물들을 주었다.
그는 우승자에게는 황금으로 수놓고 멜리보이아[27]의 자줏빛으로   250
물결 무늬의 단을 이중으로 널찍하게 댄 외투를 주었다.
거기에는 젊은 왕자[28]가 잎이 무성한 이다 산에서 투창을 들고
열심히 뒤쫓으며 날랜 사슴들을 지치게 하는 모습이 짜여져 있는데,
살아 숨쉬는 듯했다. 그러한 그를 읍피테르에게 무기를 날라다주는 새[29]가
구부정한 발톱으로 이다 산에서 하늘로 납치해가고 있었다.[30]   255
한편 그의 나이 많은 보호자들은 별들을 향해 헛되이 손바닥을
내밀고 있고, 개들은 대기를 향해 사납게 짖어대고 있었다.
그리고 자신의 용기로 이등을 차지한 므네스테우스에게
아이네아스는 광을 낸 사슬과 세 겹의 금실로 짠 가슴받이를 주었는데,
그것은 그가 높다란 일리움 아래 재빠른 시모이스 강변에서   260
데몰레오스[31]를 이기고 그에게서 벗긴 것이었다. 그것을 지금 그는
전사에게 자랑 삼아 전투에서 호신용으로 입고 다니라고 주었다.
그의 시종들인 페게우스와 사가리스가 여러 겹으로 된 그 가슴받이를
간신히 어깨에 떠메어 갔다. 그러나 데몰레오스는 전에
패주하는 트로이야인들을 추격할 때 그것을 입고 달리곤 했었다.   265
삼등을 위한 상으로 아이네아스는 청동 솥 한 쌍과
형상들을 돋을새김 한 순은으로 만든 술잔들을 내놓았다.
이제 그들이 모두 선물을 받은 뒤 이마에 자줏빛 띠를 두르고
자신이 받은 상을 뽐내며 떠나가고 있을때, 세르게스투스가
여러 가지 재주를 부려 그 무정한 바위에서 간신히 벗어나   270

상당수 노들을 잃고 한쪽 뱃전은 완전히 망가진 채
아무 명예도 없이 웃음거리가 되어 배를 이끌고 들어왔다.
그 모습은 마치 흔히 그러하듯 뱀이 높은 도로를 건너다 잡혀
청동 바퀴에 치이거나 행인이 던진 무거운 돌에 맞아 으깨진 채
초주검이 되어 뒤에 남겨져 있을 때와도 같았다. 275
뱀은 긴 몸뚱이를 꿈틀거리며 도망치려고 해보지만 소용없다.
그 일부는 반항적이어서 두 눈은 불타고 쉿 소리를 내는 목은
높이 쳐들려 있지만 부상당한 부분이 그것을 끌어당겨서, 그것은
제 몸을 비틀어 매듭을 꼬지만 제 사지들 속으로 몸을 꼴 뿐이다.
꼭 그처럼 그의 배는 느릿느릿 노를 저으며 움직였지만, 280
돛에 바람을 가득 안고 포구의 입구로 들어오고 있었다.
아이네아스는 세르게스투스가 배를 구하여 전우들을 데리고
돌아온 것을 기뻐하며 약속했던 상을 그에게 주었다.
그에게는 미네르바의 일[32]에 능한 폴로에라는 크레타 출신의
노예가 주어졌는데, 그녀는 가슴에 쌍둥이 아들을 안고 있었다. 285
　　경기가 끝나자 경건한 아이네아스는 풀이 무성한 들판으로 갔다.
그곳은 사방이 숲이 우거진 언덕들로 둘러싸여 있어,
그 한가운데에 있는 골짜기는 자연스레 원형극장과 경주로를
이루고 있었다. 그곳으로 영웅은 수많은 무리들을 거느리고 가서
무리들 한가운데에 있는 둔덕에 자리 잡고 앉았다. 290
그곳에서 그는 누구든지 경주에 참가하고자 하는 자에게는
상을 주겠다며 상품으로 그들의 경쟁심을 부추겼다.
그러자 사방에서 테우케르 백성들과 시카니족[33]이 섞여서 몰려왔다.
니수스와 에우뤼알루스가 맨 먼저 나왔다 · · ·
에우뤼알루스는 한창때의 준수한 미남이고, 니수스는 자신이 좋아하는 295

소년에 대한 헌신적 사랑으로 유명했다. 그들의 뒤를 이어
프리아무스의 고귀한 가문에서 태어난 디오레스 왕자가, 그 다음에는
살리우스[34]와 파트론이 동시에 나왔는데, 전자는 아카르나니아[35]출신이고
후자는 아르카디아[36] 출신으로 테게아[37] 태생이었다. 그 다음에는
두 명의 트리나크리아 출신 젊은이 헬뤼무스와 파노페스가 나왔는데,   300
숲에 익숙한 이들은 늙은 아케스테스의 시종들이었다.
그 밖에도 그 이름이 망각에 묻힌 많은 사람들이 더 나왔다.
아이네아스는 그들 한가운데에 서서 말했다. "그대들은 내가 하는 말을
명심해서 듣고 기뻐하시오. 그대들 가운데 어느 누구도
나에게서 선물을 받지 못하고 돌아가는 일은 없을 것이오.   305
나는 그대들 각자에게 광을 낸 크노수스[38] 산(產) 무쇠 화살촉 두 개와
은을 새겨 넣은[39] 양날도끼 한 자루씩을 가져가라고 줄 것이오.
그대들은 모두 똑같이 이 상품들을 받게 될 것이오. 하나 선두 세 사람은
특별상으로 연초록의 올리브 잎 관을 머리에 쓰게 될 것이오.
일등은 우승자로서 빼어난 말 장식을 단 말을 가지도록 하시오.   310
이등은 트라키아 산 화살이 가득 든 아마존족[40]의 화살통을
가지도록 하시오. 그것은 널찍한 황금 멜빵으로 메게 되어 있고,
광을 낸 보석을 박은 죔쇠로 채우도록 되어 있소이다.
삼등은 이 아르고스 산 투구로 만족하고 경기장을 떠나도록 하시오."
　　그가 이렇게 말하자 그들은 자리 잡고 섰다. 그리고 출발 신호가   315
울리자 그들은 출발선을 뒤로하고 앞으로 내달아 주로 위를 달렸다.
그들은 구름처럼 앞으로 쏟아져 나갔다. 하나 결승점이
그들의 시야에 들어오자, 니수스가 다른 선수들을 모두 앞질러
멀리 선두로 나서니, 그는 바람보다도 더 빨랐고 날개 달린
벼락보다도 더 빨랐다. 바로 그 뒤를, 그러나 멀리 떨어져서   320

살리우스가 따라가고 있었다. 그 다음에는 거리를 두고
에우뤼알루스가 삼등으로 달리고 있었다 · · ·
에우뤼알루스 뒤에는 헬뤼무스가 달리고 있었다. 그리고 바로 그 뒤에는,
보라, 디오레스가 이제 발끝으로 그의 발꿈치를 스치고 그의 어깨에
기대며 나는 듯이 달리고 있었다. 그리하여 달려야 할 주로가 더   325
남았더라면 디오레스는 그를 추월하여 앞으로 나섰거나 아니면
승부를 가리지 못했을 것이다. 하나 경주가 거의 막바지에 이르러
그들이 숨을 헐떡이며 결승선에 다가갔을 때 니수스는 불행히도
미끌미끌한 피를 밟고 미끄러져 넘어졌으니, 그곳은 마침 수송아지들을
잡은 곳이라 피가 쏟아져 땅과 그 위에 난 풀이 젖어 있었던 것이다.   330
자신이 승리했다고 믿고 우쭐대던 젊은이는 그곳을 밟아
비틀거리다가 몸의 균형을 잃고는 더러운 오물과 제물들의 피에
얼굴을 박고 엎어졌다.⁴¹ 그럼에도 그는 사랑하는 친구
에우뤼알루스를 잊지 않았으니, 미끄러운 땅에서 일어나
살리우스가 지나가는 길 위로 몸을 던졌던 것이다.   335
그러자 살리우스는 공중에서 거꾸로 떨어져 딱딱한 모래 위에 뻗었고,
에우뤼알루스는 앞으로 내달았다. 그는 친구 덕택에
선두로 나서서 박수와 응원을 한 몸에 받으며 나는 듯이 달렸다.
그 다음으로 헬뤼무스가 들어왔고, 디오레스는 삼등을 했다.
그러자 살리우스가 넓은 원형극장의 전 관중과 앞자리에서   340
관람하던 원로들 앞에 서서 큰 소리로 이의를 제기하며
반칙으로 빼앗긴 상을 자기에게 되돌려 달라고 요구했다.
그러나 대중의 인기도, 우아한 눈물도, 그리고 아름다운 외모와
함께할 때에는 더욱 호감을 사게 되는 기백도 에우뤼알루스 편이었다.
디오레스도 목청을 돋우어 항의함으로써 그를 도왔다.   345

디오레스는 등수 안에 들긴 했으나, 만약 일등상이 살리우스에게
돌아간다면, 자신이 삼등으로 들어온 것이 허사가 될 것이기 때문이다.
그러자 아버지 아이네아스가 말했다. "젊은이들이여, 그대들의 상은
그대로 유지될 것이며, 어느 누구도 그 순서를 바꾸지 못할 것이오.
하나 잘못도 없이 불운을 당한 친구를 내가 동정할 수 있게 해주시오."   350
이렇게 말하고 그는 살리우스에게 가이툴리족의 엄청나게 큰 사자의
가죽을 주었는데, 그것은 텁수룩한 갈기와 금박을 입힌 발톱들로 묵직했다.
그러자 니수스가 말했다. "넘어진 자들을 동정하여 진 자들에게
이토록 큰 상이 주어진다면, 니수스에게는 어떤 합당한 상을
주실 것입니까? 살리우스를 덮친 것과 같은 악운이 나를 덮치지만   355
않았더라도 나는 당연히 우승자의 영관을 받았을 것입니다."
그는 축축한 오물로 더럽혀진 자신의 얼굴과 팔다리를 보여주었다.
자애로운 아버지[42]는 그를 향해 웃으며 사람을 시켜
방패 하나를 내오게 했다. 그것은 디뒤마온[43]의 예술 작품으로
다나이족이 넵투누스의 신성한 문설주[44]에서 내린 것이었다.   360
그는 이 탁월한 선물을 고귀한 젊은이에게 주었다.

    경주가 끝나고 상이 모두 수여되자 아이네아스가 말했다.
"이제 누구든지 가슴속에 용기와 기개가 있는 자는
앞으로 나와 장갑을 끼고 권투를 하도록 하시오."
이렇게 말하고 그는 이 경기를 위해 한 쌍의 상을 내놓았는데,   365
승자에게는 뿔에 금박을 입히고 화환을 씌운 수송아지 한 마리를,
패자에게는 위로하려고 칼 한 자루와 번쩍이는 투구 하나를 내놓았다.
그러자 지체 없이 다레스가 엄청난 힘을 뽐내며 턱을 내밀고는
일어섰고, 그가 일어섰을 때 군중들은 크게 웅성거렸다.
오직 그만이 파리스에 맞서 싸우곤 했다.[45]   370

그는 또 승승장구하던 거대한 덩치의 부테스가 아뮈쿠스 왕이
다스리는 베브뤼케스족[46]의 자손임을 뽐내며 경기에 참석했을 때,
위대한 헥토르가 누워 있는 봉분 옆 황갈색 모래 위에서[47]
부테스를 때려눕혀 사지를 뻗고 죽게 만든 사람이기도 하다.
그러한 다레스가 지금 시합의 시작을 위하여 머리를 곧추세우고는   375
넓은 어깨를 뽐내더니 왼손과 오른손을 번갈아 내지르며
대기를 향해 주먹질을 하고 있었다.
이제 필요한 것은 그의 적수였다. 하지만 그곳에 모인 그토록 많은
무리 가운데 아무도 감히 장갑을 끼고 그에게 다가서려 하지 않았다.
다레스는 모두들 상을 단념한 줄 알고 으스대며   380
아이네아스 앞으로 걸어가 그 앞에 서더니 지체 없이
왼손으로 황소의 뿔을 잡고 말했다. "여신의 아들이여,
아무도 감히 나와 싸우려 하지 않는데 얼마나 오래 나는
여기 서 있어야 하며 언제까지 기다리고 있어야 합니까?
나더러 상을 가져가라고 명령하십시오." 그러자 모든 다르다누스   385
백성들이 이구동성으로 그에게 약속대로 상을 주라고 명령했다.

　　그러자 아케스테스가 마침 푸른 풀밭 위에 자기와 나란히
앉아 있던 엔텔루스[48]를 엄하게 꾸짖었다. "엔텔루스여, 그대는 전에
가장 용감한 영웅이었거늘 그것도 이제는 다 지난 이야기란 말이오?
그대는 싸워보지도 않고 저토록 큰 상을 가져가도록 얌전히   390
내버려둘 참이오? 전에 그대의 스승이었다는 에뤽스[49] 신은 지금
어디 가셨단 말이오? 그것도 공허한 자랑이었소? 온 트리나크리아에
자자하던 그대의 명성은 어디 갔으며, 그대의 집에 걸려 있는
전리품들은 어디로 갔소?" 엔텔루스가 대답했다. "내가 겁을 먹고
명예욕과 자부심을 잃어버린 것이 아니라, 노령이 나를 굼뜨게 만들어   395

피는 차고 느리게 돌며, 사지의 힘은 쇠진하여 식어버렸지요.
만일 내가 전에 가졌던 것을, 저기 저 허풍선이를 기고만장하게 만드는
그것을 가지고 있다면, 만일 내가 지금 그러한 젊음을 갖고 있다면,
아름다운 황소라는 미끼 없이도 앞으로 나섰을 것이오.
나는 상 같은 것에는 관심도 없소이다." 이렇게 말하고 나서   400
그는 권투 경기장에 엄청난 무게의 권투장갑 한 켤레를
내던졌다. 그것은 민첩한 에뤽스가 단단한 가죽끈으로
팔에 묶은 다음 경기장에 갖고 들어가던 것이었다.
그들은 아연실색했다. 납과 무쇠로 빳빳하게 꿰맨
일곱 마리의 큰 황소 가죽은 그만큼 컸던 것이다.   405
누구보다도 다레스 자신이 깜짝 놀라 뒤로 물러서며 싸우기를 거부했다.
그러나 앙키세스의 고매한 아들은 여러 겹으로 된 가죽끈들을 이리저리
뒤집으며 그것의 무게를 느껴보았다. 그때 노인[50]이 이렇게 마음속에서
우러나오는 말을 했다. "그대들 가운데 누가 헤르쿨레스 자신이
사용하던 권투장갑과 바로 이 해안에서 벌어졌던 두 분[51]의 잔인한   410
싸움을 보았더라면 무슨 생각을 했을까요? 바로 이것이 그대와
형제간인 에뤽스가 쓰던 무구들입니다. (보다시피 아직도 피와
깨진 골[52] 조각이 묻어 있습니다.) 이것들을 갖고 그분은
알카이우스의 손자[53]와 맞섰습니다. 그리고 나도 질투심 많은 노령이
내 양쪽 관자놀이를 하얗게 물들여놓기 전 더 많은 피가 내 기운을   415
돋워주는 동안 이것을 갖고 싸우곤 했습니다. 하나 만일 트로이야의
다레스가 나의 이 무기와 맞서기를 거절한다면, 그리고 경건한 아이네아스가
그렇게 결정하고 나의 후원자인 아케스테스가 승낙한다면 무승부로 해도
좋소. 나는 에뤽스의 권투장갑을 끼지 않을 것이오. (그러니 다레스여,
그대는 안심하고) 트로이야의 권투장갑을 벗도록 하시오."   420

이렇게 말하고 그는 두 겹으로 된 외투를 어깨에서 벗어던지더니
사지의 굵은 관절과 굵은 뼈와 근육을 드러내며
우람하게 경기장 한가운데에 자리 잡고 섰다.
그러자 경기를 주재하는 앙키세스의 아들이 서로 대등한 두 켤레의
권투장갑을 내오더니 두 사람의 손에 같은 무게의 무기들을 매주었다. 425
두 사람은 저마다 즉시 싸울 자세를 취하며 발끝으로 서서
주먹을 높이 쳐들었고, 조금도 두려워하는 기색이 없었다.
그들은 상대방의 가격에서 벗어나려고 머리를 높이 들고 있었고,
서로 주먹으로 주먹을 치며 싸움을 돋우었다.
다레스는 젊음을 믿을 수 있었고 발이 빨랐으며, 430
엔텔루스는 사지가 강하고 덩치가 컸다. 그러나 그는 무릎이
느리고 흔들렸으며, 곧 숨이 가빠 큰 몸집이 비틀거렸다.
그들은 서로 상대방에게 위험한 강타를 날렸으나 더러는 빗맞고,
더러는 빈 옆구리에 쏟아지거나 가슴 위에서 요란하게 울렸다.
그들의 주먹은 줄곧 상대방의 귀와 관자놀이 주위를 헤매곤 했으나, 435
턱뼈가 강타를 맞아 덜커덩거리기도 했다.
엔텔루스는 굳건하게 제자리에 버티고 선 채 자세를 바꾸지 않고
줄곧 상대방을 노려보며 몸만 흔들어 가격을 피하고 있었다.
다레스는 성벽이 높은 우뚝한 도시를 공격하거나
또는 산중의 성채를 포위하고는 전투를 벌이는 사람과 같았다. 440
그는 때로는 이쪽에서, 때로는 저쪽에서 접근하여 교묘하게
지형을 탐색하며 다양한 공격을 퍼부어보지만 모두가 허사였다.
그러자 엔텔루스가 몸을 곧추세우며 보란 듯이 오른손을 들어
내리칠 자세를 취했고, 민첩한 다레스는 아래로 떨어지는
주먹을 미리 보고 있다가 재빨리 몸을 틀어 피해버렸다. 445

그러자 힘이 허공으로 쏠리며
육중한 엔텔루스가 제풀에 땅 위에 쿵 하고 쓰러졌다.
그 모습은 마치 속이 빈[54] 소나무가 에뤼만투스 산[55]이나
큰 이다 산에서 뿌리째 뽑혀 넘어질 때와 같았다.
테우케르 백성들과 트리나크리아의 젊은이들은 흥분하여 일제히   450
일어섰다. 고함 소리가 하늘에 닿는 가운데 아케스테스가 맨 먼저
달려가 나이 많은 친구를 불쌍히 여겨 땅에서 일으켜 세웠다.
하나 영웅 엔텔루스는 넘어졌다고 해서 속력이 느려지거나 겁먹기는커녕
더 날카로운 기세로 싸우러 돌아왔고, 분노로 인해 새로운 힘이 솟아났다.
수치심과 자신의 용기에 대한 자신감이 그의 힘에 불을 지르자,   455
그는 열이 나서 다레스를 온 경기장 안으로 거세게 몰아붙이며
가격을 배가하여 때로는 왼손을, 때로는 오른손을 날렸고,
그에게 숨돌리거나 쉴 틈을 주지 않았다. 먹구름에서
지붕 위로 후두두 떨어지는 우박처럼 많은 주먹을 날리며
영웅은 두 손으로 다레스를 이쪽 저쪽에서 치고 때렸다.   460
　　그러자 아버지 아이네아스가 엔텔루스의 분노가
더 멀리 나아가는 것을 허용하지 않고
그의 야만적 열정을 제지하며 싸움을 끝냈다.
그는 지칠 대로 지친 다레스를 구출하며 이런 위로의 말을 했다.
"불행한 자여, 그대는 어쩌다가 이런 광기에 사로잡혔단 말이오?   465
서로의 힘이 다르고 신들이 마음을 바꾸었음을 그대는 느끼지 못하겠소?
그대는 신에게 양보하시오." 이런 말로 그는 싸움을 말렸다.
다레스는 그의 성실한 친구들이 함선들이 있는 곳으로 데려갔다.
그는 지칠 대로 지친 다리를 질질 끌며 떨군 고개가 이쪽 저쪽으로
흔들리며 입에서는 핏덩어리와 피투성이가 된 이빨들을 뱉아냈다.   470

그들은 앞으로 불려 나와 투구와 칼을 받았고,
종려나무 잎과 황소는 엔텔루스를 위해 남겨놓았다.
그러자 우승자가 기고만장하여 황소를 뽐내며 말했다.
"여신의 아들이여, 그리고 테우케르 백성들이여, 그대들도 알아두시오,
내가 젊을 적에 내 몸 안에 어떤 힘이 들어 있었는지, 그리고 어떤   475
종류의 죽음에서 그대들이 다레스를 불러내고 구했는지 말이오."
이렇게 말하고 그는 시합의 상품으로 그곳에 서 있던
수송아지 앞에 자리 잡고 서서는 오른손을 뒤로 당기며
높이 들어 겨누더니 단단한 권투장갑을 바로 뿔 사이로
내리쳐 두개골을 박살내며 골을 흩어버렸다.   480
황소가 숨이 끊어져 버둥대며 땅 위에 뻗어 눕자, 엔텔루스가
가슴속에서 우러나오는 말을 덧붙였다. "에뤽스여, 이 황소의 목숨은
다레스의 죽음보다 더 값진 것이거늘 이것을 나는 그대에게 바치나이다.
지금 나는 우승자로서 권투장갑과 내 기술을 내려놓겠나이다."[56]
　　아이네아스는 누구든지 날랜 화살로 시합하기를   485
원하는 자는 지체하지 말고 모두 나오라며 상품들을 알려주었다.
이어서 그는 세레스투스의 함선에서 빌려온 돛대를 큼직한 손으로 세우더니,
돛대를 관통한 노끈에 비둘기를 매달아 돛대의 꼭대기로부터
푸드덕거리게 함으로써 무쇠 촉이 달린 화살의 과녁이 되게 했다.
경쟁자들이 모이자 청동 투구 안에 제비를 던져 넣었다.   490
그러자 누구의 것보다도 먼저 박수 소리와 함께 휘르타쿠스의 아들
힙포코온의 제비가 튀어나와, 그에게 첫 번째 순번이 주어졌다.
잠시 전에 함선 경주에서 상을 탄 므네스테우스가 그 다음이었는데,
므네스테우스는 아직도 푸른 올리브 잎 관을 쓰고 있었다.
세 번째는 지난날 휴전 조약을 깨뜨리라는 명령을 받고는   495

맨 먼저 아키비족의 한가운데로 화살을 쏘아 보낸,
가장 유명한 판다루스[57]여, 그대의 아우 에우뤼티온이었소.
맨 꼴찌로 투구의 바닥에서 아케스테스의 제비가 튀어나왔으니,
그도 젊은이들의 경기에서 감히 자신의 손을 시험해보려 했던 것이다.
그러자 그들은 각자 있는 힘을 다해 활을 구부려   500
시위를 얹더니 화살통에서 화살을 꺼냈다.
시위 소리 요란한 가운데 휘르타쿠스의 젊은 아들이
맨 먼저 화살을 쏘자, 화살은 날개 달린 대기를 가르며
날아가 과녁을 맞히고 돛대의 나무에 꽂혔다.
돛대가 떨리며 새가 깜짝 놀라 날개를 푸드덕거리자   505
주위로 구경꾼들의 요란한 박수 소리가 울려 퍼졌다.
다음에는 다혈질의 므네스테우스가 자리 잡고 서서 높이 쏘려고
시위를 뒤로 당기더니 동시에 눈과 화살로 겨냥했다.
하나 불운하게도 그는 무쇠 촉으로 새를 맞히는 데는
실패했으나 거기 돛대의 꼭대기에 매달려 있는 새의 발에   510
묶여 있던 아마 노끈의 매듭을 끊었다.
새는 남쪽의 검은 구름을 향해 서둘러 도망쳤다.
그러자 에우뤼티온이 벌써 활을 구부려놓고 화살을 준비해두고
있던 터라 자기 기도를 들어달라고 재빨리 형을 부르며
어느새 하늘의 자유를 즐기고 있던 비둘기를 겨누었다.   515
그가 검은 구름 바로 밑에서 날개를 퍼덕이는 비둘기를 맞히자
비둘기는 숨이 끊어져 목숨을 하늘의 별들 사이에 남겨둔 채
아래로 떨어지며 제 몸을 꿰뚫은 화살을 도로 가져다주었다.
　　이제 아케스테스만이 남았다. 그는 우승자의 종려나무는
이미 잃어버렸으나, 그럼에도 자신의 노련한 기술을 과시하고자   520

대기를 향해 높이 화살을 겨누며 시위 소리를 울렸다.
그러자 갑자기 그들의 눈앞에 미래에 대해 매우 중요한 의미를 갖는
전조가 나타났다. 무서운 예언자들이 나중에야 실현된 그 전조에 관해
노래할 때 엄청난 사건[58]이 훗날 그 의미를 밝힐 것이었다.
화살대가 흐르는 구름 사이로 날다가 불이 붙어 지나가는 길을   525
화염으로 표시하더니 다 타서 바람 속으로 희미하게 사라져버렸던 것이다.
그 모습은 마치 가끔 그러하듯 별들이 정해진 자리에서
벗어나 꼬리를 길게 끌며 하늘을 가로질러 날아가는 것 같았다.
트리나크리아인들과 테우케르 백성들은 대경실색하여 꼼짝 않고 서서
하늘의 신들에게 기도했다. 그러나 가장 위대한 아이네아스는   530
그 전조를 반기며 고양된 아케스테스를 껴안았고, 그에게 큰 선물들을
쌓아주며 이렇게 말했다. "아버지, 이것들을 받으시오. 올림푸스의
위대한 왕께서 이 전조를 보내 그대가 이 특별 선물을 가져가기를
원하신다는 것을 보여주셨기 때문이오. 그대는 전에 연로하신
앙키세스의 것이었던 이 선물을 받게 될 것이오. 형상들을 새겨 넣은   535
이 포도주 희석용 동이는 전에 트라키아의 킷세우스[59]가 자신에 대한
기념이 되고 자신의 우정의 담보가 되도록 후한 선물로서
집에 가져가시라고 나의 아버지 앙키세스에게 주었던 것이오."
그는 아케스테스의 관자놀이에 푸른 월계관을
씌워주며 그를 모든 경쟁자를 이긴 승리자라고 불렀다.   540
마음씨 착한 에우뤼티온은 자신이 유일하게 높은 하늘에서 새를
쏘아 떨어뜨렸음에도 그가 더 나은 상을 받는 것을 시기하지 않았다.
그 다음으로 상을 받은 것은 노끈을 자른 자였고,
꼴찌는 날개 달린 화살로 돛대를 맞힌 자였다.
　　활쏘기 시합이 끝나기 전에 아버지 아이네아스는   545

젊은 이울루스의 보호자이자 동료인 에퓌투스의 아들[60]을
불러놓고 그의 믿음직한 귀에다 이렇게 속삭였다.
"자, 가서 아스카니우스가 그의 소년대원들을 벌써 준비해두고
기병대를 정렬해놓았거든 무장하고 나타나
할아버지의 명예를 위해 그들을 사열하라고 일러라."   550
그러고 나서 그는 몰려든 군중들에게
모두 긴 주로에서 물러나 들판을 비우라고 명령했다.
소년들이 마구를 얹은 말들을 타고 번쩍이며
나란히 아버지들의 면전으로 나오자, 그들이 지나갈 때
트리나크리아인들과 트로이야인들이 감탄하며 웅성거렸다.   555
그들은 관습에 따라 가지런히 손질한 나뭇잎 관으로 모발을 묶었고,
각자 무쇠 끝을 단 층층나무 창을 두 자루씩 들고 있었다.
그중 더러는 어깨에 광을 낸 화살통을 메고 있었고, 목에는 가슴 위로
나긋나긋한 금목걸이가 감겨 있었다. 기병대의 수는 셋이었고
세 명의 대장이 선두에서 인솔했다. 그들 뒤에는 각각   560
이륙 십이 열두 명의 소년들이 따랐다. 세 개의 기병대에는 각각
조교가 한 명씩 있었는데, 이들이 어우러져 멋진 묘기를 펼쳐 보였다.
이 사열식에서 젊은 전사들의 첫 번째 기병대는 할아버지에게서
이름을 따온[61] 작은 프리아무스가 인솔했는데, 폴리테스[62]여,
그는 그대의 이름난 아들로 이탈리아인들을 늘릴 것이었다.[63]   565
그는 흰 반점들이 있는 트라키아 산 얼룩말을 타고 있었는데,
그 말은 걸을 때 흰 발목들과 우뚝한 이마가 돋보였다.
두 번째 기병대는 라티움의 아티우스들의 시조가 된 아튀스[64]가
인솔했는데, 작은 아튀스는 소년 이울루스가 아끼는 소년 친구였다.
마지막으로 용모가 가장 준수한 이울루스는 시돈 산 말을   570

타고 있었는데, 그것은 눈부시게 아름다운 디도가
자신에 대한 기념이 되고 자신의 애정의 담보가 되도록
그에게 준 것이었다. 다른 젊은이들은 늙은 아케스테스가 준
트리나크리아 산 말을 타고 있었다···
다르다누스 백성들은 소심한 소년들을 박수로 환영하며 그들에게서   575
옛 선조들의 모습을 보고는 기뻐했다. 그들이 말을 타고 자신들의
친족들이 보는 앞에서, 함께 모여 앉아 있는 전 군중 주위를 신나게
한 바퀴 돈 다음 대기하고 있을 때, 에퓌투스의 아들이 멀찍이 떨어져 서서
큰 소리로 신호를 보냈고, 이어서 채찍 소리로 신호를 보냈다.
그러자 소년들은 선회하여 세 기병대의 대열을 똑같이 나누며   580
두 개의 열(列)로 갈라졌고, 그러다가 두 번째 명령이 떨어지자
돌아서서 서로 창을 겨누며 나아갔다.⁶⁵
이어서 그들은 사이에 공간을 두고 공격과 후퇴를 반복하며
때로는 이쪽에서, 때로는 저쪽에서 서로 에워쌌다.
그렇게 그들은 완전무장하고 모의 전투를 벌이며   585
때로는 등을 드러내고 도망치는가 하면, 때로는 창끝을 돌려
공격하기도 하고, 또 때로는 평화롭게 나란히 나아가기도 했다.
옛날에 높다란 크레타에 미궁이 하나 있었는데,
그곳에는 눈먼 벽들 사이로 길이 나 있고, 그것이 또 속이기 위해
교묘하게 수천 갈래의 꼬부랑길로 갈라져 있어 그 속으로 들어가는   590
길을 찾아내거나 되돌아온다는 것은 불가능했다고 한다.
그와 다르지 않은 경로로 테우케르 백성들의 아들들은
경기에서 도주와 전투의 베를 짜며 길을 엮어 나갔으니,
그 모습은 마치 카르파투스⁶⁶ 해와 리뷔아 해의 물결을 가르며
눅눅한 바닷물에서 헤엄치는 돌고래들과도 같았다.   595

훗날 아스카니우스는 알바 롱가에 성벽을 두를 때,
이런 방법의 승마와 모의 전투를 처음으로 부활시켜
옛 라티니족에게 자기가 소싯적에 다른 트로이야 소년들과 함께
거행했던 방식 그대로 거행하도록 가르쳤다. 그것을 알바인들이
자신들의 자식들에게 가르쳤고 그것을 가장 위대한 로마가　　　　600
알바에게서 계승하여 선조들의 의식을 보존했다.
지금도 소년들은 '트로이야'라고, 그들의 기병대는 '트로이야 부대'라고
불린다. 이로써 아이네아스의 신성한 아버지를 위해 개최된 경기는 끝났다.
　이때 처음으로[67] 행운의 여신은 마음을 바꾸어 트로이야인들을
적대시했다. 각종 경기로 무덤가에서 엄숙한 의식을 거행하는 동안　　605
사투르누스의 딸 유노가 이리스[68]를 하늘에서 일리움의 함대로
내려보내며 그녀가 갈 때 뒤에서 순풍을 불어주었다. 묵은 원한이 아직
풀리지 않은 유노는 마음속으로 여러 가지 음모를 꾸미고 있었던 것이다.
처녀신은 천 가지 색깔의 무지개를 따라 길을 재촉했고,
어느 누구의 눈에도 띄지 않도록 빠른 길로 해서 날아 내려온 채　　　　610
그녀가 사람들이 많이 모여 있는 것을 지켜보다가 해안을 유심히 살펴보니,
포구가 비어 있고 지키는 사람도 없이 함대가 버려져 있는 것이 보였다.
멀리 외딴 해안에서는 트로이야의 여인들이 앙키세스를 여읜 것을 슬퍼하며
눈물을 흘렸고, 모두들 눈물을 흘리며 깊은 바다를 바라보고 있었다.
아아, 그들은 지칠 대로 지쳤건만 아직도 얼마나 많은 파도와 얼마나 많은　615
바다를 건너야 하는가! 그들은 이구동성으로 그렇게 외치고 있었다.
그들이 기구하는 것은 도시였다. 그들은 바다와 끝없는 항해에 싫증이
났던 것이다. 그래서 해코지하는 일이라면 무지하지 않은 이리스는
그들 한가운데로 뛰어들어가 여신의 모습과 의상을 벗어버리고 베로에가
되었으니, 트마로스[69] 사람 도뤼클루스의 늙은 아내인 베로에는　　　　620

명문가 출신으로 지난날 아들들도 있었고 명망도 누렸다. 이리스는
그렇게 변장하고 다르다누스 백성들의 어머니들 속으로 들어가 말했다.
"오오, 전쟁 때 조국의 성벽 밑에서 아키비족의 손이 우리를
죽음으로 끌어가지 않았던 것은 유감스런 일이에요. 불행한 백성들이여,
어떤 종류의 파멸을 위해 행운의 여신은 그대들을 남겨둔 것일까요?   625
트로이야가 함락된 지 어언 일곱 번째 여름이 지나고 있건만, 그동안 내내
우리는 그토록 많은 잔인한 별들 아래서 그토록 많은 적대적인 바위들
옆을 지나 모든 바다와 모든 육지를 떠돌아다녔고, 지금도 뒤로 물러나는
이탈리아를 찾아 망망대해를 건너며 파도 위에 뒹굴고 있어요. 이곳은
우리 형제인 에뤽스의 나라이고, 아케스테스가 우리를 환대해주고 있어요.   630
우리가 성벽의 주춧돌을 놓고 백성들에게 도시를 주는 것을 누가 막겠어요?
오오, 조국이여, 헛되이 적군의 손에서 빼앗은 페나테스 신들이여,
앞으로 어떤 도시도 트로이야의 것이라고 불리지 않을 것입니까?
어느 곳에서도 나는 헥토르의 강들인 크산투스와 시모이스를 보지 못한단
말입니까? 자, 차라리 나와 함께 이 저주 받은 함선들을 태워   635
없애버려요! 나는 예언녀 캇산드라[70]의 환영이 활활 타는 횃불을
내 손에 쥐어주며 이렇게 말하는 꿈을 꾸었어요. '이곳에서 트로이야를
찾으세요. 이곳이 그대들의 집이에요.' 지금은 행동할 때예요. 그토록 강력한
전조들은 잠시도 지체되어서는 안 돼요. 자, 보세요. 여기 넵투누스를
위해 네 개의 제단이 있어요. 신께서 손수 횃불들과 용기를   640
주실 거예요." 이렇게 말하고 그녀는 앞장서서 모든 것을 없애버리는
불을 거칠게 낚아채어 오른손에 높이 들고 힘껏 휘두르다가 내던졌다.
그러자 일리움의 여인들은 마음이 격앙되어 제정신이 아니었다.
그때 그들 가운데 한 명이, 프리아무스의 그토록 많은 아들의
성실한 유모였던 가장 나이 많은 퓌르고[71]가 소리쳤다.   645

"어머니들이여, 보세요. 이것은 베로에가 아니에요.
로이테움[72] 출신의, 도뤼클로스의 아내가 아니란 말예요.
저 신적인 아름다움의 징표들과 저 불타는 눈을 보세요. 그녀의
당당한 태도와 외모와 목소리의 울림과 걸음걸이를 보시라고요.
내가 방금 베로에의 곁을 떠나올 때 그녀는 몸이 아팠고   650
자기만이 이런 의식에 참석하지 못하고 앙키세스에게
적절한 제물을 바치지 못하는 것을 안타까워했어요."
그녀는 이렇게 말했다 · · ·
그러나 어머니들은 처음에는 긴가민가하여 지금 상륙해 있는 땅에
그대로 눌러앉고 싶은 불행한 욕망과 운명의 목소리로 자기들을 부르는   655
왕국 사이에서 망설이며 악의에 찬 눈으로 함선들을 노려보고 있었다.
그때 여신이 날개를 펴고 하늘로 떠오르더니
구름 아래에서 거대한 무지개를 가로지르며[73] 날아갔다.
그들은 이 전조에 압도되고 말았다. 그리하여 그들은 결국 미쳐서
비명을 지르며 더러는 진영 안의 화로에서 불을 낚아채고   660
더러는 제단들을 약탈하더니 나뭇잎과 잔가지와 불타는 횃불들을
던져 댔다. 그러자 불카누스[74]가 노 젓는 의자들과 노들과
색칠한 전나무 고물들 위에서 아무 제지도 받지 않고 미쳐 날뛰었다.
　　앙키세스의 무덤과 원형극장의 쐐기꼴로 배열된 의자들로 함선들이
불타고 있다는 소식을 전한 것은 에우멜루스였다. 관중들이 고개를   665
돌리자 구름 같은 연기 속에서 시커먼 재가 소용돌이치는 것이 육안으로
보였다. 그러자 맨 먼저 아스카니우스가 속보로 달리던 기병대를 신나게
인솔하다가 그대로 말을 몰아 혼란에 빠진 진영으로 급히 달려갔고,
조교들은 뒤따라가느라 숨이 가빠 그를 제지할 수 없었다. 그는 말했다.
"이 무슨 해괴한 광기란 말인가? 지금 대체 어디로 가고 있는 것이오,   670

아아, 가련한 트로이야 여인들이여? 그대들이 불태우고 있는 것은 적군인
아르고스인들의 진영이 아니라 그대들 자신의 희망이란 말이오. 자, 보시오.
나는 그대들의 아스카니우스란 말이오!" 그는 모의 전투에서 소년들을
인솔할 때 쓰고 있던 투구를 벗어 빈 투구를 자신의 발 앞에 내던졌다.
이때 아이네아스도 달려왔고, 테우케르 백성들도 그와 함께 달려왔다.   675
그러나 여인들은 겁이 나 온 해안에 뿔뿔이 흩어져 달아나며
숲이든 바위 동굴이든 숨을 곳을 찾아 흩어졌으니, 자신들의
소행이 창피하고 햇빛 보기가 부끄러웠던 것이다. 제정신이 돌아오자
그들은 자신들의 백성들을 알아보았고, 유노[75]는 그들의 가슴에서 가시었다.

    그럼에도 불과 화염은 그 길들일 수 없는 힘을 조금도   680
누그러뜨리지 않았다. 축축한 선재들 사이에서 뱃밥들이 아직도
불이 꺼지지 않고 시커먼 연기를 토하고 있었다. 그리고 불기가 서서히
용골들을 파먹어 들어가며 역병처럼 선체 전체로 파고들어가니,
영웅들이 아무리 애써도, 물을 아무리 퍼부어도 아무 소용없었다.
그러자 경건한 아이네아스가 어깨에서 옷을 쥐어뜯고   685
두 손을 내밀며 신들에게 도움을 청했다. "전능하신 읍피테르시여,
만일 그대가 트로이야인들을 모두 다 미워하시는 것이 아니라면,
만일 그대가 이전처럼 측은지심에서 인간의 고통을 굽어 살피신다면,
지금 이 함대가 화염에서 벗어날 수 있게 해주소서, 아버지시여.
그리고 테우케르 백성들의 실낱같은 행운을 파멸에서 구해주소서.   690
달리 도리가 없고 내가 그런 벌을 받아 마땅하다면 그대가 성난
벼락으로 손수 우리를 죽이시고, 그대의 오른손으로 지금 당장
우리를 제압하소서!" 그가 기도를 끝내자마자 비가 억수같이 쏟아지며
시커먼 폭풍이 마구 미쳐 날뛰었고, 천둥소리에 대지의 높은
곳들과 들판들이 떨기 시작했다. 그리고 온 하늘에서 폭풍우가   695

물을 머금은 남풍으로 새카매진 채 세차게 쏟아졌다.
함선들에 물이 가득 고이고 반쯤 탄 선재들이 물에 흠뻑 젖자,
마침내 불기가 모두 가시며 네 척을 잃은 것을 제외하고는
함선들이 모두 파멸에서 구출되었다.

  그러나 아버지 아이네아스는 이 심각한 타격에 어안이 벙벙하여   700
가슴속에서 큰 근심을 때로는 이쪽으로, 때로는 저쪽으로 굴리며
운명을 잊고 시킬리아의 들판에 정착해야 할지,
아니면 다시 이탈리아의 해안을 찾아나서야 할지 망설였다.
그때 늙은 나우테스가 말했다. 트리토니아[76] 팔라스는
누구보다도 그를 가르쳐 큰 재능으로 이름을 날리게 했는데,   705
신들의 엄청난 노여움이 어떤 전조인지, 운명의 질서가 요구하는 바가
무엇인지 풀이할 수 있는 대답을 그에게 주었던 것이다.
그가 아이네아스를 위로하며 이렇게 말했다.
"여신의 아들이여, 운명이 우리를 앞으로 인도하든 뒤로 인도하든
따르기로 합시다. 무슨 일이 일어나더라도 우리는 인내로써 운수를   710
이기는 수밖에 없습니다. 그대 곁에는 다르다누스의 자손으로 신들의 후손인
아케스테스가 있습니다. 그와 상의하십시오. 그는 그러기를 바라고
있습니다. 그와 협력하십시오. 함선을 잃고 살아남은 선원들과, 그대의
위대한 사업과 운명에 몹시 싫증난 사람들을 그에게 맡기도록 하십시오.
나이 많은 노인들과 항해에 지칠 대로 지친 어머니들과 그대와 함께하는   715
자들 가운데 몸이 허약하여 위험이 두려운 자들을 모두 고르시어
그들 지친 자들은 이 나라에 도시를 갖도록 허락하십시오.
이 이름이 허락된다면 그들은 이 도시를 아케스타[77]라고 부를 것입니다."
  아이네아스는 나이 많은 친구의 이러한 조언에 고무되었으나,
그의 마음은 진실로 온갖 걱정으로 갈기갈기 찢어졌다.   720

캄캄한 밤이 쌍두마차를 몰고 올라가 하늘을 차지했을 때,
그의 아버지 앙키세스의 환영이 불쑥 하늘에서 미끄러져
내려오는 듯하더니 다급한 어조로 이렇게 말했다.
"내게 목숨이 남아 있던 동안에도 목숨보다 더 소중했던 아들아,
일리움의 운명으로 시련을 겪은 내 아들아,[78]   725
나는 네 함대에서 불을 몰아냈고 마침내 높은 하늘에서
너를 불쌍히 여기시는 윱피테르의 명령을 받들어
이리로 오는 길이다. 너는 지금 늙은 나우테스가 너에게 준
가장 현명한 조언에 따라 네 백성들 가운데 마음이 가장 용감한
젊은이들을 골라 이탈리아로 데려가도록 하여라. 거기   730
라티움 땅에서 너는 사납고 야만적인 부족을 전쟁으로 제압해야 한다.
하지만 그전에 너는 하계에 있는 디스[79]의 집으로 가서 깊숙한
아베르나[80]를 건너 나와의 만남을 주선해야 한다, 내 아들아. 나는
저주 받은 타르타라의 슬픈 그림자들 속에 붙잡혀 있지 않고
엘뤼시움[81]의 축복 받은 무리들 속에 살고 있다. 네가 검은[82] 양들을 많이 735
제물로 바치고 나면 정결한 시뷜라[83]가 너를 그리로 인도할 것이다. 그러면
너는 네 모든 후손들과, 어떤 성벽들이 네게 주어질 것인지 알게 될 것이다.
잘 있거라. 눅눅한 밤이 마차를 몰고 궤도의 중간 지점을 지나는구나.
잔인한[84] 먼동이 트는지 그의 말들의 헐떡이는 숨결이 느껴지는구나."
그렇게 말하고 나서 그는 희박한 대기 속으로 연기처럼 사라졌다.   740
그러자 아이네아스가 소리쳤다. "어디로 그리 급히 달려가십니까?
누구를 피하시는 것입니까? 우리가 포옹하지 못하게 누가 아버지를
막는단 말입니까?" 이렇게 말하며 그는 타다 남은 재를 쑤석거려 불을
피우고 신성한 소금을 친 곡식 가루[85]와 향로에 가득 든 향을 제물로
바침으로써 페르가마의 라르[86]와 백발의 베스타의 사당에 경의를 표했다.   745

그는 즉시 아케스테스를 위시하여 전우들을 불러모아놓고
윱피테르의 명령과 사랑하는 아버지의 지시와 지금 마음속으로 다진
자신의 결의를 알려주었다. 회의하는 데 긴 시간이 걸리지도 않았고,
아케스테스도 그의 명령을 거역하지 않았다. 그들은 어머니들을
신도시에 입적시켰고, 그러기를 원하는 자들을 바닷가에 내려놓았으니,　　750
이들은 위대한 영광의 필요를 느끼지 않는 자들이었다.
한편 그들 자신은 노 젓는 의자들을 수리하고 화염이 갉아먹은
선재들을 교체하고 노와 밧줄들을 갖추었다. 그들은 소수에
불과했지만 전의가 넘쳤다. 그사이 아이네아스는 쟁기로
도시의 경계들을 표시하고 백성들에게 집을 배정해주었다.　　755
이곳이 그들의 일리움이 되고, 이 지역들이 그들의 트로이야가 되게
하라고 명령했다. 트로이야인 아케스테스는 자신의 왕국을 기뻐하며
광장의 위치를 정해주고 원로들을 불러모아놓고 법을 정해주었다.
그리고 나서 하늘에 가까운 에뤽스 산의 정상에 이달리아[87]의 베누스를
위해 거처[88]가 세워졌고, 앙키세스의 무덤에는 그것을 돌볼 사제가　　760
임명되고 그 주위에 넓은 임원이 둘려졌다.
　　이제 전 백성들이 아흐레 동안 잔치를 벌이며 제단에
제물들을 바쳤다. 부드러운 미풍이 파도를 평평하게 폈고,
끊임없이 불어오는 남풍은 그들을 또다시 바다로 부르고 있었다.
굽은 해안을 따라 울음소리가 크게 울려 퍼졌으니,　　765
그들은 서로 부둥켜안고 하룻밤 하루 낮을 머뭇거렸던 것이다.
어머니들조차도, 그리고 전에는 바다의 모습이 사나워 보이고
그 힘을 감당할 수 없을 것 같아 보이던 남자들조차도
이제는 가서 망명길의 온갖 노고를 무엇이든 참고 견디기를 원했다.
그러나 이들을 선량한 아이네아스는 다정한 말로 위로했고,　　770

눈물을 흘리며 그들의 동족인 아케스테스에게 맡겼다.
이어서 그는 에뤽스에게 송아지 세 마리를, 폭풍의 여신들에게
새끼 양 한 마리를 제물로 바치고 차례차례 밧줄을 풀라고 명령했다.
그 자신은 가지런히 자른 올리브 잎 관을 머리에 쓴 채
잔을 들고 혼자 멀찍이 이물 위에 서서 짠 바닷물에 775
제물들의 내장을 던지고 흐르는 포도주를 붓고 있었다.
전우들은 다투어 노로 바다를 치며 바다 위로 나아갔다.[89]
고물 쪽에서 바람이 일어 항해하는 그들을 호송해주었다.[90]
　　그러나 그사이 베누스는 한걱정으로 넵투누스를 찾아가
그에게 마음속의 불만을 털어놓았다. 780
"넵투누스여, 유노의 심한 노여움과 달랠 수 없는 마음 때문에
나는 치욕을 참고 무슨 부탁이든 드리지 않을 수 없게 되었어요.
어떤 선의도, 아무리 긴 세월도 그녀를 누그러뜨릴 수 없어요.
그녀는 윱피테르의 명령과 운명에도 굽히지 않으며 멈추지 않아요.
그녀는 잔혹한 증오심에서 프뤼기아인들의 심장인 트로이야 시를 785
먹어치우고는 남은 트로이야인들을 온갖 고난 사이로 끌고 다녔어도
성에 차지 않아 도륙당한 도시의 재와 뼈를 여전히 괴롭히고 있어요.
그토록 심한 광란의 원인은 그녀나 이해하라고 하세요.[91] 얼마 전
그녀가 리뷔아의 앞바다에서 갑자기 얼마나 큰 소동을 피웠는지[92]
다름 아닌 그대가 나의 증인이에요. 그녀는 아이올루스의 폭풍을 790
믿고 온 바다를 하늘과 뒤섞었지만 소용없는 짓이었어요.
그리고 그런 짓을 그녀는 감히 그대의 왕국에서 저질렀어요 · · ·
보세요. 또 트로이야의 어머니들을 부추겨 범행을 저지르게 했고,
악랄하게도 그들의 함선들을 불태워 함대를 잃은 전우들을
낯선 땅에 남겨두고 가게 만들었어요. 청컨대, 795

나머지 트로이야인들[93]은 그대에게 돛을 맡기고 무사히 바다를 건너
라우렌툼[94]의 튀브리스 강에 닿게 해주세요. 내 요구가 정당하고
그곳에서의 성벽을 운명의 여신들[95]이 그들에게 허락한다면 말예요."
그러자 깊은 바다의 지배자인, 사투르누스의 아들[96]이 이렇게 말했다.
"퀴테레아여,[97] 그대가 나의 왕국인 바다를 신뢰하는 것은 온당한 일이오. 800
그대는 바다에서 태어났으니까. 나는 또 그대의 신뢰를 받을 만하지요.
나는 가끔 하늘과 바다의 광기와 광란을 제지하곤 했으니까. 육지에서도
나는 그에 못지않게 그대의 아이네아스를 돌봐주었소. 크산투스 강과
시모이스 강을 나는 그 증인으로 부르겠소. 아킬레스가 추격의 고삐를
늦추지 않고 겁에 질려 허둥지둥 달아나던 트로이야군을 그들의 성벽으로 805
몰아붙이며 수 천 명을 죽음에 넘겨주었 때, 그리하여 강들이 시신들로
숨이 막혀 신음하고 크산투스가 길을 찾지 못해 바다로 흘러 들어갈 수
없었을 때, 힘과 신들의 도움이란 점에서 적수가 되지 못하면서도 펠레우스의
용감한 아들과 맞선 아이네아스를 다름 아닌 내가 속이 빈 구름으로
낚아채었던 것이오.[98] 비록 내가 손수 쌓은, 거짓 맹세를 한 트로이야의 810
성벽을 밑바닥에서부터 거꾸로 뒤엎어놓는 것이 내 소망이었지만 말이오.[99]
지금도 내 뜻은 그때나 다름없소. 그대는 두려워하지 마시오.
그는 그대가 기도한 대로 무사히 아베르누스의 포구[100]에 도착할 것이오.
그대는 단 한 사람만을 잃게 되어 그를 바다에서 헛되이 찾게 될 것이며,
여럿을 위해 단 하나의 생명이 바쳐지게 될 것이오······" 815
이런 말로 그는 여신의 마음을 어루만지며 그녀를 기쁘게 해주었다.
아버지 넵투누스는 말들에 황금 마구를 채우고 거품을 문
입에 재갈을 물리더니 손안에서 고삐를 한껏 늦추어주었다.
그러고 나서 그가 검푸른 마차를 타고 바다 위로 가볍게 날아가니,
물결이 가라앉고, 부풀어 오른 바닷물이 천둥 치는 굴대 밑에서 820

잔잔해졌으며, 광대한 하늘에서 먹구름이 걷혔다. 그러자
온갖 모습의 그의 수행원들이 나타났는데, 거대한 해수(海獸)들과,
글라우쿠스[101]의 나이 많은[102] 무리들과 이노의 아들 팔라이몬[103]과
날랜 트리톤[104]들과 포르쿠스의 전 부대가 곧 그들이다.
한편 왼쪽에는[105] 테티스[106]와 멜리테와 파노페아[107] 소녀와   825
니사이에와 스피오와 탈리아와 퀴모도케[108]가 있었다.
　　그러자 아버지 아이네아스는 불안이 가시고 대신 차분한 기쁨에
마음이 설레었다. 그는 어서 돛대를 모두 세우고 활대들에서
돛들을 활짝 펴라고 명령했다. 그들은 모두들 범각삭을
고정하고는 일제히 돛들을 때로는 왼쪽으로, 때로는 오른쪽으로   830
늦춰주곤 했다. 그들은 또 일제히 높다란 활대의 끝을
때로는 이리, 때로는 저리 틀어 순풍이 함대를 앞으로 날라주게 했다.
팔리누루스가 선두에서 밀집대열을 이루고 있는 함대를 이끌었고,
다른 사람들은 그가 이끄는 대로 진로를 정하라는 명령을 받았다.
어느새 눅눅한 밤이 거의 중천에 이르고   835
선원들이 노 밑의 딱딱한 의자에 쓰러져
사지의 긴장을 풀고 조용히 쉬고 있을 때,
잠의 신이 어렴풋한 대기를 가르고 어둠을 헤치며
하늘의 별들에게서 가볍게 미끄러져 내려오더니,
팔리누루스여, 그대에게 다가가 죄 없는 그대에게 악몽을   840
가져다주고 있었소. 신은 포르바스[109]의 모습을 하고
높다란 고물 위에 앉더니 입에서 이런 말을 쏟아냈다.
"이아수스의 아들이여,[110] 바다 자체가 함선들을 날라주고 있고,
순풍이 이어지고 있으니 지금은 쉴 시간이오. 머리를 누이고
잠깐 눈을 붙이도록 하시오. 그대의 눈은 망보느라 지쳐 있소.   845

잠시 동안 내가 몸소 그대 대신 그대의 책무를 맡겠소."
팔리누루스가 겨우 눈을 들고 그에게 말했다.
"그대는 나더러 바다의 평온한 얼굴과 잔잔한 물결 뒤에 숨어 있는
것을 잊으라고 명령하는 것이오? 나더러 이 괴물을 믿으란 말이오?
나는 청명한 하늘의 속임수에 그토록 자주 당했거늘 나더러   850
아이네아스를 음흉한 바람에 맡기란 말이오? 왜 그래야 하지요?"
이렇게 말하고 그는 키의 손잡이를 꼭 붙든 채 한순간도
손에 쥔 것을 놓지 않고 두 눈으로 계속해서 별들을 응시했다.[111]
보라, 레테[112] 강의 물방울이 듣고 스튁스[113] 강의 힘으로 졸리게
만드는 나뭇가지를 신이 그의 양쪽 관자놀이 위에다 흔들어대자   855
그의 온갖 노력에도 그의 몽롱한 두 눈은 감기기 시작했다.
느닷없이 졸음이 그를 엄습하여 사지를 풀어버리자 잠의 신은
그 위로 몸을 구부리며 아직도 키의 손잡이를 꼭 쥔 그를 맑은
바닷물 속에 내던졌고, 그러자 고물의 일부도 함께 떨어져 나갔다.[114]
그는 떨어지며 전우들을 몇 번 불러보았지만 아무도 듣지 못했다.   860
신은 날개를 타고 희박한 공기 속으로 날아올라갔다.
그럼에도 함대는 아무 두려움 없이 무사히 바다 위를 내달았으니,
아버지 넵투누스가 그렇게 약속했기 때문이다. 그들은 앞으로
내달아 어느새 시렌[115]들의 바위들에 다가가고 있었는데,
그곳은 예전부터 지나기가 어렵고 수많은 인골(人骨)로 하얗다.   865
(이때에는 쉴새없이 바위들에 부서지는 둔중한 파도 소리가 멀리서도
들렸다.) 그때 아버지 아이네아스는 자신의 함선이 키잡이를 잃고
표류하고 있음을 알아차리고는,[116] 밤의 파도 속에서 손수 배를 제어했다.
그는 친구를 잃은 것을 마음속으로 슬퍼하며 자꾸만 탄식했다.
"팔리누루스여, 그대는 청명한 하늘과 잔잔한 바다를 너무 믿다가   870

낯선 해안에 묻히지도 못한 채 눕게 되리라."

제6권

저승으로 가서 아버지를 만나다

이렇게 그는 눈물을 흘리며 말하고는 함선들을 마음껏 달리게 했고,
마침내 에우보이아의 쿠마이[1]의 해안으로 미끄러지듯 들어갔다.
그들은 이물을 바다 쪽으로 돌렸다. 그리고 닻이 이빨로 물어
함선들을 고정시키고 있는 동안 둥그스름한 고물은
해안에 가지런히 늘어섰다.[2] 그러자 일단의 젊은이들이 흥분하여[3]   5
헤스페리아의 해안으로 달려나갔다. 더러는 부싯돌의 혈관 속에
숨어 있는 불씨를 찾았고, 더러는 땔나무를 찾아 야수들의 거처인
짙은 숲을 쏘다니거나[4] 새로 발견된 시내들로 가는 길을 가리켜주었다.
하나 경건한 아이네아스는 아폴로가 높은 옥좌 위에 자리 잡고 있는
성채[5]와 거기서 조금 떨어진 곳에 있는 무시무시한 시빌라의 은밀한   10
거처인 넓은 동굴을 찾아갔으니, 델로스의 예언의 신이 그녀에게
미래사를 열어 보여주며 지성과 영감을 불어넣어 주었던 것이다.
어느새 그들은 트리비아[6]의 임원과 황금 지붕 밑으로 들어서고 있었다.
　[7]전하는 이야기에 따르면 다이달루스[8]는 미노스의 왕국에서
도망칠 때 날랜 날개를 타고 감히 자신을 하늘에 맡기며 아무도 간 적이   15
없는 길을 따라 차가운 아르크토스[9] 별자리들을 향해 날아가다가
마침내 칼키스의 성채[10] 위를 가볍게 선회했다고 한다. 이곳에서 그는
처음으로 대지에 되돌려져 하늘을 노 젓던 날개들을, 포이부스여,
그대에게 봉헌하고 널찍한 신전을 지어 드렸나이다. 신전의 문짝 위에는
안드로게오스의 죽음이, 이어서 케크롭스의 자손들[11]이   20

(아아, 가련하도다!) 자신들의 살아 있는 일곱 아들을 해마다[12] 배상금으로
바치는 장면이 새겨져 있었다. 항아리가 서 있고, 이미 제비를 뽑은[13]
뒤였다. 맞은편 문짝에는 이에 맞서 크노수스[14] 땅이 바다에서
솟아오르고 있었다. 거기에는 황소의 야만적인 애정과 파시파에의 은밀한
교합이 새겨져 있었고, 불륜한 사랑에 대한 경고로서 잡종의 자식이,   25
반인반우(半人半牛)의 미노타우루스가 새겨져 있었다.
거기에는 공들여 지은 그것의 집도, 빠져나올 수 없는 미궁도 있었다.
그러나 다이달루스는 공주[15]의 열렬한 사랑을 불쌍히 여겨
눈먼 발자국들[16]을 실로 안내함으로써 자신이 지은 미궁의 음흉하고
꼬불꼬불한 길들을 손수 풀었다. 이카루스여, 이 위대한 작품에서   30
그대도 큰 자리를 차지했을 것이오, 다이달루스의 비통한 마음이 그것을
허락했더라면. 두 번이나 그는 그대의 추락을 황금으로 형상화해보려고
했으나, 두 번이나 아버지의 두 손은 아래로 떨어졌소. 트로이야인들은
계속해서 이야기 전체를 자세히 살펴보았을 것이나, 이때 먼저 심부름 갔던
아카테스가 돌아오며 포이부스와 트리비아의 여사제인, 글라우쿠스의 딸   35
데이포베[17]를 함께 데리고 왔는데 그녀가 왕에게 이렇게 말했다.
"지금은 그대가 그런 광경들이나 구경할 때가 아니오. 지금은
멍에를 멘 적 없는 가축 떼 중에서 수송아지 일곱 마리와 규칙에 따라
가려 뽑은 그만큼의 암양들을 제물로 바치는 것이 더 나을 것이오."
이렇게 아이네아스에게 말하고 (남자들은 그녀의 신성한 명령을 지체 없이 40
이행했다) 여사제는 테우케르 백성들을 높다란 신전 안으로 불렀다.
에우보이아[18]의 바위는 한쪽이 패여 거대한 동굴이 되어 있었다.
그곳으로는 일백의 널찍한 통로가, 일백의 입구가 통해 있었고,
그 입구들에서 시뷜라의 대답이 그만큼 많은 목소리로 흘러 나왔다.
그들이 동굴의 문턱에 이르렀을 때 처녀가 외쳤다. "지금이야말로   45

그대들의 운명에 관해 물을 시간이오. 보시오. 저기 신이 와 계시오."
문 앞의 그녀는 말하는 순간 급작스레 안색도 달라지고
혈색도 변했으며, 머리는 풀려 헤쳐졌다. 가슴은 헐떡였고,
심장은 심한 흥분으로 부풀고 있었다. 그녀는 더 커 보이고,
그녀의 말은 사람의 것처럼 울리지 않았다. 이미 신의 입김을 더   50
가까이 느꼈던 것이다. "서약하고 기도하기를 아직도 망설이는가,
트로이야인 아이네아스여?" 하고 그녀는 외쳤다. "그대는 망설이고
있는가? 그대가 기도를 올려야 이 동굴의 강력한 입들이 놀라서
열릴 것이오." 그리고 그녀는 입을 다물었다. 테우케르 백성들은
두려움에 등골이 오싹했고, 그들의 왕은 마음속으로 열심히 기도했다.   55
"포이부스여, 그대는 트로이야의 쓰라린 고난을 늘 불쌍히 여기셨나이다.
파리스의 손과 다르다니아의 화살을 아이아쿠스의 손자[19]의 몸속으로
인도한 것도 그대이며, 나 또한 그대의 인도에 따라 광대한 나라들을
에워싸고 있는 그토록 많은 바다들과, 멀리 떨어져 있는 맛쉴리족[20]과,
쉬르티스들과 마주하고 있는 들판으로 들어갔나이다. 이제 드디어   60
언제나 뒤로 물러나던 이탈리아의 해안이 우리 손안에 들어왔거늘,
더 이상은 트로이야의 악운이 우리를 쫓아다니지 않도록 해주소서.
일리움과 다르다니아의 위대한 영광을 시기하시던 모든 신들과
여신들[21]이여, 이제는 그대들도 페르가마의 백성들을 아끼는 것이
도리입니다. 그리고 미래사를 미리 알고 있는 가장 신성한 예언녀여!   65
(나는 내 운명이 내게 빚지고 있는 왕국을 요구할 뿐이오)
그대는 테우케르 백성들이 떠돌아다니며 폭풍에 시달리던
트로이야의 신들과 함께 라티움에 정착하는 것을 허락하소서.
그러면 나는 포이부스와 트리비아를 위해 대리석 신전을
지을 것이며, 포이부스의 이름으로 축제일들[22]을 정할 것입니다.   70

그대도 우리 왕국에 큰 신전을 갖게 될 것인즉, 나는 그곳에
그대의 신탁들과 그대가 우리 백성들에게 말한 수수께끼 같은
예언들을 안치하고 그것들을 위해 사제들을 선임할 것입니다.[23]
자비로운 이여, 그대의 노래[24]들을 한갓 나뭇잎에 맡기지 마옵소서.
그것들이 낚아채는 바람의 노리개가 되어 뿔뿔이 흩어지지 않도록[25]   75
부디 직접 노래해주십시오." 그는 하던 말을 끝내고 입을 다물었다.

    예언녀는 위대한 신을 가슴에서 떨쳐버릴 수 있는 방법이
달리 없는 양 포이부스에게 반항하며 동굴 안에서 미친 듯이 날뛰었다.
그럴수록 신은 더욱더 그녀의 광란하는 입을 지치게 하고,
사나운 마음을 길들이고, 자신의 뜻에 맞게 그녀를 제압했다.   80
그러자 마침내 그녀의 집의 일백의 거대한 입구가 저절로
열리며 공기를 뚫고 예언녀의 대답을 날라주었다.
"오오, 그대 마침내 바다의 큰 위험들은 물리친 자여,
(하나 더 나쁜 일들이 육지에서 기다리고 있구나) 다르다누스
백성들은 라비니움 땅으로 들어가게 될 것이오. (그 점은 걱정 마시오.)   85
그러나 그들은 온 것을 후회하게 될 것이오. 내 눈에 전쟁들이, 끔찍한
전쟁들이, 피거품이 부글거리는 튀브리스 강이 보이는구나. 그곳에서
그대는 시모이스와 크산투스[26]를, 그리고 도레스족[27]의 진영[28]들을
발견하게 될 것이오. 라티움에는 이미 제2의 아킬레스[29]가 태어났으니,
그 역시 여신의 아들이오. 유노는 여전히 적개심을 품고 테우케르   90
백성들을 뒤쫓고 그동안 그대는 곤경에 처한 나머지 탄원자로
이탈리아의 모든 백성과 모든 도시를 찾아가 애원하게 될 것이오.
테우케르 백성들에게는 또다시 이방의 신부[30]가, 이방인과의 결혼이
온갖 고통의 원인이 될 것이오···
이 재앙들에 굴복하지 말고, 그대의 운명이 허락하는 한 그대는   95

더욱 과감하게 맞서도록 하시오. 안전으로 나아가는 길은, 그대는
전혀 기대하지 않겠지만, 그라이키아의 도시[31]로부터 출발할 것이오."
　쿠마이의 시빌라는 자신의 성소에서부터 무시무시한 수수께끼를
노래했고, 진리를 어둠으로 싸며 동굴 안에서 으르렁거렸다.
그녀가 광란할 때 아폴로는 그렇게 고삐를 흔들었고,　　　　　　100
그렇게 그녀의 가슴 밑에 박차를 가했다. 그녀의 광기가 그치고
사납던 입이 잠잠해지자 영웅 아이네아스가 말했다.
"오오, 처녀여, 어떤 노고도 낯설고 예상하지 못한 모습으로
떠오르지는 않을 것이오. 나는 모든 것을 예상했고
마음속으로 이미 다 겪었소이다. 내 한 가지 청이 있소.　　　　　　105
이곳에는 저승의 왕의 문이 있고, 아케론 강[32]이
솟아올라 생긴, 어둠에 싸인 늪이 있다고 들었소.
나를 사랑하는 아버지의 면전으로 갈 수 있도록 해주시오.
그대가 길을 가리켜주고 신성한 문을 열어주시오.
이 양어깨에 그분을 메고 화염과 뒤에서 날아오는　　　　　　　　110
수천의 무구들을 뚫고 적군의 한복판을 탈출했소.
나의 동반자로 그분은 모든 바다를 나와 동행하시며
허약한 몸으로 바다와 하늘의 온갖 위협을 참고 견디셨으니,
노인으로는 감당할 수 없는 힘에 부치는 시련이었소.
또한 탄원자로 그대를 찾아가 그대의 문에 다가가라고　　　　　　115
나에게 간청하고 명령하신 것도 다름 아닌 그분이었소.
자비로운 이여, 비오니, 그대는 아들과 아버지를 불쌍히 여기소서.
(그대는 전능하며 헤카테가 아베르누스의 임원을 그대에게
공연히 맡긴 것은 아닐 것이오.) 오르페우스[33]도 트라키아의
키타라[34]와 울리는 현에 의해 아내의 망령을 불러올 수 있었으며,　120

폴룩스도 번갈아 죽으며 형을 구했을 때 그 길을 그토록 자주 왕래했소.[35]
테세우스[36]와 위대한 헤르쿨레스[37]를 언급할 필요가
어디 있겠소? 나도 지고하신 읍피테르의 자손이라오."[38]

　그가 제단에 손을 얹고 이렇게 기도하자 예언녀가
말하기 시작했다. "신의 피를 받아 태어난 자여,　　　　　　　　　　125
트로이야인이여, 앙키세스의 아들이여, 아베르누스로
내려가는 것은 쉽다오. 검은 디스[39]의 문은 밤낮으로 열려 있으니.
하나 발걸음을 되돌려 상계(上界)의 대기로 되돌아오는 것은
정말 어렵다오. 읍피테르가 각별히 사랑했던, 자신의 미덕의
열기에 의해 하늘로 올려진 소수만이, 신들의 아들들만이 그렇게　130
돌아올 수 있었소. 그 한복판에 숲이 있고, 검은 코퀴투스[40] 강이
그것을 껴안고 그 주위를 미끄러지듯 흐르고 있지요.
스튁스의 호수를 두 번 건너는 것이, 검은 타르타라를
두 번 보는 것이 그토록 그대의 소망이고 소원이라면,
그런 무모한 노고를 스스로 떠맡는 것이 그토록 기쁘다면,　　　　135
그전에 행할 일이 무엇인지 들으시오. 그늘을 드리우는 나무에
잎들과 나긋나긋한 줄기가 황금으로 되어 있는 가지 하나가
감추어져 있는데 저승의 유노[41]에게 바쳐진 것이라 하지요. 임원 전체가
그것을 숨겨주고, 햇빛이 잘 들지 않는 골짜기에서 그늘이 그것을
가려주고 있지요. 그 나무에서 황금 잎과 열매를 따기 전에는,　　140
어느 누구에게도 대지의 숨겨진 곳으로 내려가는 것이 허용되지 않소.
그것을 자기에게 선물로 가져와야 한다고 아름다운 프로세르피나가
정했지요. 가지 하나를 찢으면 또 다른 황금 가지가 생겨나고
줄기에는 똑같은 금속의 잎이 돋아나지요.
그대는 눈을 높이 들고 찾되 그것이 발견되면 격식에 따라　　　　145

손으로 그것을 따도록 하시오. 운명이 그대를 부르고 있다면 그것이
자진하여 그대를 따를 것이고 그렇지 않다면 그대는 어떤 힘으로도
그것을 얻을 수 없으며, 단단한 무쇠로도 그것을 벨 수 없을 것이오.
그리고 그대가 내 문 앞에서 서성거리며 신탁을 구하는 동안
그대 친구의 죽은 시신이 누워 (아아, 그대는 모르고 있구려!) 150
전(全) 함대를 죽음으로 더럽히고 있어요.
그를 먼저 제자리로 옮겨 무덤에 안치하시오. 그런 다음
검은 가축들을 몰고 와 우선 속죄의 제물로 바치시오.
그래야만 그대는 스틱스의 임원들과 산 사람이 밟아서는 안 되는
왕국을 볼 수 있을 것이오." 이렇게 말하고 그녀는 입을 다물었다. 155
　　아이네아스는 근심에 잠긴 얼굴로 눈을 내리깔고
동굴을 빠져나와 걸어가며 불가사의한 결과에 관해 마음속으로
곰곰이 생각했다. 충실한 아카테스가 그와 동행했고,
같은 걱정을 하며 무거운 발걸음을 옮겨놓고 있었다.
그들은 오랫동안 이야기하며 예언녀가 말한 죽은 전우가 누구인지, 160
땅에 묻어야 한다는 시신이 누구의 것인지 서로 의견을 교환했다.
조수가 닿지 않는 해안에 이르렀을 때,
그들은 미세누스⁴²가 부당한 죽임을 당한 것을 보았다.
아이올루스의 아들 미세누스는 청동 나팔로 전사들을 소집하고
노래로 군신 마르스를 점화하는 데 타의 추종을 불허했다. 165
그는 위대한 헥토르의 전우였고,
헥토르의 옆에서 나팔수와 창수로 이름을 날렸다.
아킬레스가 이겨 헥토르의 목숨을 빼앗은 뒤에는,
이 용감무쌍한 영웅은 더 열등한 자를 추종하지 않고
다르다누스의 자손인 아이네아스의 전우가 되었다. 170

그런데 그날 그는 어리석게도 바다 위로 빈 소라고둥을 불며
노래 시합을 하자고 신들에게 도전했다.
그러자, 이 이야기를 믿어도 좋다면, 트리톤이 샘이 나
그를 붙잡아 바위들 사이의 거품 이는 파도 속에 빠뜨렸다.
그래서 그들은 모두 그를 둘러싸고 큰 소리로 호곡했고,   175
경건한 아이네아스가 누구보다도 큰 소리로 울었다. 그러고 나서
눈물을 흘리며 시뷜라의 명령을 지체 없이 이행했으니,
그들은 다투어 나무들로 무덤의 제단⁴³을 하늘 높이 쌓아올리려 했다.
오래된 숲 속으로, 야수들의 깊숙한 보금자리들 사이로 그들은 들어갔다.
소나무들이 넘어졌고, 도끼로 치자 떡갈나무들이 울렸으며,   180
물푸레나무의 통나무들과 잘 절개되는 참나무가 쐐기에 의해
갈라졌다. 그들은 거대한 마가목들을 산 밑으로 굴렸다.

    아이네아스는 그런 일을 하는 데 앞장서며 전우들을 격려했고,
그들과 똑같이 연장들을 들고 다녔다.
그러나 그는 광대한 숲을 바라보며 마음속으로   185
슬픈 생각에 잠겨 이렇게 기도했다.
"이제 그 황금 가지가 이 큰 숲 속에서 우리에게
모습을 드러냈으면 좋으련만! 미세누스여,
예언녀가 그대에 관해 말한 것은 모두, 아아, 틀림없는 사실로
밝혀졌으니까 말이오." 그가 이렇게 말하자 마침 비둘기 한 쌍이   190
그가 보는 앞에서 하늘에서 날아 내려오더니
푸른 풀밭에 앉았다. 그러자 가장 위대한 영웅은
어머니의 새⁴⁴들을 알아보고 기뻐하며 기도했다.
"길이 있다면 너희들이 내 길라잡이가 되어다오. 그리고 하늘을 지나
풍요한 가지가 기름진 땅 위에 그늘을 지워주는 임원으로   195

진로를 잡아다오. 그리고 여신이신 어머니, 이 고비에서 저를
버리지 마세요." 이렇게 말하고 그는 그 자리에 멈춰 섰으니,
비둘기들이 어떤 신호를 보내는지, 어느 방향으로 향하는지 볼 참이었다.
비둘기들은 때로는 먹이를 먹으며, 때로는 날며 뒤따라오는 자들이
눈으로 볼 수 있는 거리만큼 앞장서 나아갔다. 200
새들은 악취가 나는 아베르누스의 아가리에 이르러
재빨리 솟아올랐다가 맑은 대기를 뚫고 미끄러지듯 내려오더니
장소를 고르다가 두 종류의 잎을 가진 나무 위에 앉았다.
그 나무에서는 가지들 사이로 이색적인 황금빛이 반짝이고 있었다.
마치 겨우살이가 그것이 자라고 있는 나무에서 씨 뿌려진 것이 205
아니건만 겨울 숲에서 싱싱한 잎을 피우며
노란 열매로 둥근 나무 밑둥을 휘감듯이, 그늘을 드리우는
가시털나무 위의 황금 잎은 꼭 그런 모습이었고,
금박 잎은 꼭 그처럼 미풍에 바스락거렸다.
아이네아스는 당장 움켜지더니 말을 잘 듣지 않는 그 가지를 210
탐욕스럽게 꺾어 예언녀 시뷜라의 집으로 가져갔다.

    그사이 해안에서는 테우케르 백성들이 미세누스를 위해 울면서
이제는 감사할 줄도 모르는 그의 유골에 마지막 경의를 표하고 있었다.
그들은 먼저 송진이 많은 소나무와 참나무의 통나무들로 거대한
화장용 장작 더미를 쌓은 다음 그 옆구리들에는 검푸른 잎들을 215
두르고 그 앞에는 사자(死者)들의 나무인 삼나무들을
세우더니 그 위쪽은 번쩍이는 무구들로 장식했다.
몇몇은 솥 아래 불을 피워 물을 데워 싸늘한 시신을
씻고 연고를 발라주었다. 이어서 곡성이 일었다.
그들은 실컷 울고 난 후 침상에 시신을 뉘고 220

그가 평소 입고 다니던 자줏빛 옷들로 덮었다. 몇몇은
슬픈 봉사를 위해 무거운 관을 어깨에 메고 선조들의 관습에 따라
얼굴을 돌린 채 화장용 장작 더미 밑에다 횃불을 갖다 댔다.
그러자 향이며, 제물로 바친 짐승의 고기며, 올리브기름을
부은 동이들이며, 쌓아놓은 모든 선물들이 불탔다.   225
타다 남은 불이 내려앉고 화염이 꺼지자 그들은
남아 있는 목마른 유해를 포도주로 씻고,
코뤼나이우스가 뼈를 추려 청동 항아리에 담았다.
그는 또 깨끗한 물을 들고 전우들 주위를 세 바퀴 돌며
풍요한 올리브나무 가지로 물을 뿌렸고, 정화의식을 행하며   230
작별 인사를 했다. 그리고 경건한 아이네아스는
거대한 봉분을 짓고 그를 위해 그 자신의 무구들과 노와
나팔을 올려놓았다. 그 봉분은 높은 산 밑에 있는데,
그 산은 그에게서 이름을 따와 지금 미세누스[45]라고 불리고 있으며,
영원토록 그의 이름을 간직하게 될 것이다.   235
    이 일을 마치자 그는 서둘러 시뷜라의 명령[46]을 이행했다.
깊디깊은 삐죽삐죽한 바위 동굴 하나가 큰 아가리를 쩍
벌리고 있었고, 검은 호수와 숲의 어둠으로 가려져 있었다.
그 위로는 어떤 날짐승도 무사히 지나갈 수 없었으니,
그 검은 아가리에서 그러한 입김이 솟아나와   240
하늘로 떠올랐던 것이다. [그래서 그곳을
그라이키아인들은 아오르노스[47]라고 불렀던 것이다.]
그곳에서 여사제는 먼저 등이 검은 수송아지 네 마리를
일렬로 세우더니 그것들의 이마 위에 포도주를 부었다.
그리고 나서 그녀는 두 뿔 사이에 난 털들의 끝부분을 뜯어   245

신성한 불 위에 첫 번째 제물[48]로 올려놓더니, 목청을 돋우어 하늘에서도
에레부스[49]에서도 권세가 있는 헤카테를 불렀다. 다른 사람들이 제물들의
목에 칼을 대고 대접에 더운 피를 받는 동안, 아이네아스는 자신의
칼을 집어 들고 자비로운 여신들[50]의 어머니와 그녀의 언니에게[51]
검은 털의 새끼 양 한 마리를, 그리고 프로세르피나여,　　　　　　　　250
그대에게는 새끼를 낳은 적이 없는 암소 한 마리를 제물로
바쳤나이다. 그러고 나서 그는 스튁스의 왕[52]을 위해 밤의 제단을
준비하더니, 죽은 황소들의 몸통들을 통째로 화염에 얹고
불타는 내장에 기름을 듬뿍 부었다. 그러자, 보라,
햇빛이 비치며 뜨기 직전에 발밑에서 땅이 울부짖고　　　　　　　　　　255
수풀에 덮인 산등성이들이 움직이더니 어둠 사이로 개들[53]이
짖는 것 같은 소리가 들렸다. 여신이 다가오고 있는 것이었다.
"물러서시오. 물러서시오. 입문(入門)하지 않은 이들은."
예언녀는 외쳤다. "그대들은 속히 임원을 떠나야 하오.
하나 그대는 여행길에 오르고 칼집에서 칼을 빼시오. 아이네아스여,　　　260
지금이야말로 용기가, 지금이야말로 담력이 필요하오."
거기까지 말하고 그녀는 무아경에 빠져 열려 있는 동굴에 몸을 던졌고,
그는 아무 두려움 없이 길라잡이를 한 걸음 한 걸음 뒤따라갔다.
　　영혼들의 세계를 지배하는 신들이시여, 침묵하는 그림자들[54]이여,
카오스와 플레게톤[55]과 소리 없는 밤의 광야여,　　　　　　　　　　265
내가 들은 것을 말하도록 허락해주소서! 지하의 어둠 속 깊숙이
감추어져 있는 것을 그대들의 동의 아래 밝히도록 허락해주소서.
　　그들은 어둠 속에서 외로운 밤에 그림자와
디스[56]의 빈 궁전들과 황량한 왕국을 지나가고 있었다.
그것은 마치 윱피테르가 하늘을 그늘 속에 묻어버리고　　　　　　　　270

밤이 사물들에게서 색채를 빼앗아버릴 때,
불확실하고 희미한 달빛 아래 숲 속을 걸어가는 것 같았다.
입구 바로 앞 저승의 아가리 안에는
슬픔과 후회가 침상을 가져다놓고 있었다.
그곳에는 창백한 병과 슬픈 노년과 공포와275
죄를 짓도록 유혹하는 기아와 누추한 가난과
―이들은 보기 끔찍한 형상들이다― 죽음과 고통이 살고 있다.
다음에는 죽음과 동기간인 잠과 나쁜 쾌락들이 있고,
그들 맞은편 문턱에는 죽음을 가져다주는 전쟁이 있다.
그곳에는 또 자비로운 여신들의 무쇠 방들과 피 묻은 머리띠로280
뱀 머리털을 묶고 있는 정신 나간 불화의 여신도 있다.
중앙에는 그늘을 드리운 거대한 느릅나무가 태고의 가지들을
팔처럼 벌리고 있는데 잎들마다 그 밑에는 거짓 꿈들이
매달려 도처에 둥지를 틀고 있다고 한다. 그 밖에도 문간에는
여러 가지 야수들의 수많은 거친 형상들이 머물고 있는데,285
켄타우루스[57]들과, 반은 여자고 반은 개인 스퀼라[58]들과,
일백의 팔을 가진 브리아레우스[59]와, 무시무시하게
쉿 소리를 내는 레르나의 괴수[60]와, 화염으로 무장한 키마이라[61]와,
고르고[62]들과, 하르퓌이아[63]들과, 몸통이 셋인 게뤼온[64]의
망령이 그것이다. 깜짝 놀란 아이네아스는 칼을 빼들고290
다가오는 그들에게 칼끝을 들이댔다. 현명한 동행자가
그들은 육신 없이 날아다니는 가벼운 생명들로
실체 없는 허상에 지나지 않는다고 일러주지 않았더라면,
그는 덤벼들어 칼로 그림자들을 헛되이 내리쳤을 것이다.
    그곳에서 타르타루스의 아케론의 지류가 시작된다.295

그곳에서는 소용돌이치며 끓어오르는 거대한 심연이
진흙과 모래를 모두 코퀴투스 강으로 토한다.
무섭고 누추한 사공인 카론[65]이 지키고 서 있는데,
그의 턱에는 손질하지 않은 백발이 텁수룩하고,
눈은 불을 켜고 노려보고 있다. 그의 어깨에서는   300
때 묻은 외투가 매듭[66]으로 묶인 채 아래로 처져 있다.
그는 손수 상앗대로 배를 밀고 돛들을 손질하며
거무스름한 나룻배로 사자(死者)들을 건네준다.
그는 이미 늙었지만 신의 노년은 건장하고 푸른 법이다.
그곳의 강가로 모든 무리들이 몰려가고 있었다.   305
어머니들과, 남자들과, 지상에서의 삶이 끝난
고매한 영웅들과, 소년들과, 결혼하지 않은 소녀들과,
부모가 보는 앞에서 장작 더미 위에 올려진 젊은이들이었다.
그들은 숲 속에서 첫가을 추위에 우수수 떨어지는
나뭇잎만큼 많았고, 한 해의 추운 계절이 바다 위로   310
내몰아 양지바른 나라들로 보낼 때 깊은 심연으로부터
육지로 떼 지어 몰려드는 새 떼만큼이나 많았다.
그들은 먼저 건너가게 해 달라고 간청하며 서서
저편 강가에 대한 그리움에 손을 내밀었다.
그러나 무뚝뚝한 뱃사공은 때로는 이들을, 때로는 저들을 받고,   315
다른 자들은 강가에 접근하지 못하도록 밀쳤다.
이 혼란에 진실로 놀라고 흥분한 아이네아스가 물었다.
"말해주시오, 처녀여. 무엇 때문에 저들이 강가로 몰려드는 것이오?
혼백들이 추구하는 것이 무엇이오? 어떤 차이로 이들은 남고,
저들은 노를 저어 푸르스름한 물을 건너는 것이오?"   320

나이 많은 여사제가 그에게 이렇게 짤막하게 대답했다.
"앙키세스의 아들이여, 신들의 가장 확실한 후손이여,
그대는 지금 코퀴투스의 깊은 못들과 스튁스의 늪을 보고 있는데,
신들도 스튁스의 신성에 걸고 거짓 맹세하기를 두려워하오.[67]
그대가 보고 있는 여기 이 무리들은 묻히지 못한, 의지가지없는   325
자들이오. 저기 저 뱃사공이 카론이오. 강물이 날라다주고 있는
저들은 묻힌 자들이오. 어느 누구도 뼈가 무덤에 들기 전에는
쏴쏴 소리 나는 물결을 지나 공포의 강가에서 공포의 강가로 건널 수
없소. 일백 년 동안 그들은 이 강변을 푸드덕거리며 헤매야 하오.
그런 다음에야 비로소 그들은 고대하던 못들을 다시 볼 수 있게 되오."   330
앙키세스의 아들은 발걸음을 멈추고 서서 많은 생각에 잠겼고,
마음속으로 그들의 불공평한 운명을 동정했다. 그때 그는 그곳에서
레우카스피스와 뤼키아 함대를 이끌던 오론테스가 죽음의 명예를
빼앗기고 슬픔에 잠겨 있는 것을 보았다. 그들이 아이네아스와
함께 트로이야를 출발하여 폭풍이 부는 바다를 항해하고 있을 때   335
남풍이 그들을 덮쳐 함선도 선원도 물로 싸버렸던 것이다.

보라, 저기 팔리누루스도 지나가고 있었다.
그는 최근에 리뷔아에서 건너오던 도중 별자리들을 지켜보다가
고물에서 떨어져 파도 한가운데로 빠졌던 것이다.
아이네아스는 짙은 어둠 속에서 슬픔에 잠겨 있는 모습을 간신히   340
알아보고 말을 걸었다. "팔리누루스여, 신들 중에 어느 분이
우리에게서 그대를 낚아채어 바다 한가운데에 빠뜨렸소?
자, 말해주시오. 전에는 거짓말하시지 않는 것으로 알려진
아폴로께서 한 가지 대답으로 내 마음을 조롱하셨기 때문이오.
그분께서는 그대가 바다에서 무사히 나와 아우소니아의 경계에   345

닿을 것이라고 예언하셨소. 이것이 약속을 지키신 것인가?"
그가 대답했다. "앙키세스의 아들이여, 우리 지도자여,
포이부스의 솥[68]이 그대를 속인 것도, 신이 나를 바다에 빠뜨린
것도 아니오. 나는 내게 맡겨진 키를 꼭 잡고 진로를 잡고 있다가,
어떤 강력한 힘에 의해 키가 부러져 그만 거꾸로 떨어지면서   350
키도 함께 끌고 내려갔던 것이오. 거친 바다에 맹세코 말하거니와,
나는 나 자신을 위해서는 그리 겁내지 않았소.
오히려 나는 선구들을 잃고 키잡이를 빼앗겨 그대의 배가
그토록 거세게 이는 파도 속에서 가라앉지나 않을까 두려웠소.
폭풍이 부는 사흘 밤을 남풍이 맹위를 떨치며 나를 끝없는   355
바닷물 위로 몰고 갔소. 네 번째 날 해뜰 무렵,
나는 물마루 위로 들어올려져 이탈리아를 볼 수 있었소.
나는 천천히 육지 쪽으로 헤엄쳐 갔소. 나는 이미 안전한 곳에 닿고도
남았을 것이나, 그때 옷이 젖어 무거워진 채 손가락들을 구부려
툭 튀어나온 바위의 끝부분을 잡고 있던 나를 야만족이   360
전리품[69]인 줄 잘못 알고 칼로 공격했소. 지금은 파도가 나를
차지하고, 바람들이 해안에서 나를 굴리고 있소. 그래서
하늘의 즐거운 빛과 바람의 이름으로, 그대의 아버지의 이름으로,
그리고 떠오르는 이울루스에 대한 희망에 걸고 간청하노니,
패배를 모르는 이여, 이 고통에서 나를 구출해주시오. 그대는   365
벨리아[70] 항으로 되돌아가 내 몸에 흙을 뿌려주시오.[71] 그대는 그렇게
할 수 있기 때문이오.[72] 또는 길이 있다면, 그대의 어머니이신 여신께서
그대에게 길을 가리켜주신다면 (생각건대 신들의 도움 없이는 그대는
이토록 큰 강들과 스튁스의 늪을 건널 엄두도 못 냈을 테니까요)
그대는 이 불쌍한 사람에게 손을 주시어 물결을 헤치고 나를   370

데려가시오, 내가 죽어서라도 조용한 곳에서 쉴 수 있게 말이오."
그의 말에 예언녀는 이렇게 말하기 시작했다.
"오오! 팔리누루스여, 그대의 뻔뻔스런 욕망은 어디서 온 것인가?
묻히지도 못한 그대가 스틱스의 물과 자비로운 여신들의 준엄한
강[73]을 보려 하다니. 초대 받지도 못한 주제에 강가로 다가가려 하다니. 375
하늘이 정한 일을 기도로 바꿀 수 있다는 생각일랑 버려야지.
명심해서 듣거라. 그대의 가혹한 운명에 위안이 될 것이니.
그대가 죽은 곳 주변의 수많은 도시의 주민들은
하늘의 전조들에 쫓겨 그대의 유골을 축성하리라. 그들은
그대를 위해 무덤을 짓고 그 무덤에 해마다 제물을 바칠 것이며, 380
앞으로 그곳[74]은 영원히 팔리누루스란 이름을 갖게 되리라."
이 말에 그의 괴로운 마음에서 잠시 근심과 고통이 가시었다.
그 도시가 자신의 이름을 가질 것이라는 것이 기뻤던 것이다.

      그들은 가던 길을 계속해서 걸어 강가에 닿았다.
그러자 뱃사공이 스틱스 강의 한복판에 나가 있다가 그곳에서 벌써, 385
그들이 고요한 숲을 지나 강가로 발걸음을 돌리는 것을
보고는 먼저 말을 걸며 다짜고짜 그들을 나무랐다.
"무장을 한 채 우리 강으로 다가오고 있는 거기 그대가 누구든
그대로 게 멈춰 서서 그대가 왜 왔는지 말하시오.
이곳은 그림자들과 잠과, 졸음을 가져다주는 밤의 나라요. 390
살아 있는 자들은 스틱스 강의 배를 타지 못하게 되어 있소.
실제로 나는 이곳에 온 알카이우스의 손자[75]를, 그리고 테세우스와
피리토우스를 여기 이 호수 위로 받았다가 별로 재미를 보지 못했소.
그들이 아무리 신들의 아들들이고 힘이 절륜해도 말이오.
헤르쿨레스는 맨손으로 타르타루스의 경비견[76]을 사슬로 묶더니 395

부들부들 떠는 그 개를 다름 아닌 우리 왕[77]의 옥좌에서 끌고 갔소.
다른 두 사람은 우리 왕비[78]를 디스의 방에서 납치하려 했고."
그러자 암프뤼수스[79]의 예언녀가 단호하게 대답했다.
"그런 음모는 여기 없소. (걱정 마시오.) 이 무기들은
해치지 않소. 거대한 문지기[80]는 자신의 동굴 안에서 400
영원히 짖어 대며 핏기 없는 그림자들을 놀라게 해도 좋으며,
프로세르피나는 순결한 몸으로 숙부[81]의 집을 지키게 하시오.
경건과 무훈으로 이름난 트로이야의 아이네아스가 아버지를 찾아
에레부스의 맨 아래쪽에 있는 그림자들에게 내려가려 하오.
이런 효성의 장면을 보고도 전혀 감동되지 않는다면 그대는 405
이 가지를," (그녀는 옷안에 감추어두었던 가지를 보여주었다)
"알아보시오." 그러자 부풀어 오르던 노여움이 그의 마음속에서
가라앉았다. 그 이상의 말이 필요없었다. 그는 운명의 가지라는
신성한 선물을 오랜만에[82] 보고 놀라 검푸른 배를 돌려
강가로 다가왔다. 그러더니 배의 긴 의자들에 앉은 410
혼백들을 내쫓고 통로를 치우더니 거인
아이네아스를 태웠다. 가죽을 이어 붙인 배는
그 무게를 이기지 못해 삐걱거렸고,
틈새 사이로 늪의 흙탕물이 새어 들어왔다.
마침내 강을 건넌 그는 더러운 진흙 위 415
푸르스름한 갈대들 사이에 예언녀와 영웅을 무사히 내려놓았다.
　왕국의 이쪽 편에서는 세 개의 목구멍[83]으로 울부짖는 거대한
케르베루스의 소리가 요란하게 울려 퍼졌는데, 그 괴물은
맞은편 동굴 안에 엎드려 있었다. 예언녀는 그것의 목에 뱀들이
꼿꼿이 서는 것을 보면서 수면제에 담갔던 꿀 케이크를 던져주었다. 420

괴물이 게걸스럽게 세 개의 아가리를 쩍 벌리더니
던져준 것을 덥석 물었다. 그러자 거대한 등이 이완되더니,
괴물은 땅바닥에 큰 대 자로 드러누우며 동굴을 가득 채웠다.
파수꾼이 잠에 곯아떨어지자 아이네아스는 입구를 장악하고
아무도 돌아올 수 없는 강의 강변에서 재빨리 멀어져갔다. 425

  그러자 즉시 목소리가 들려왔는데, 그것은 거기 입구의 초입[84]에서
엉엉 울고 있는 아이들의 혼백들의 울음소리였다. 아이들은 제 몫의
달콤한 삶을 누리지 못했으니, 어떤 흉일(凶日)[85]이 어머니의
젖가슴에서 그들을 낚아채 쓰라린 죽음 속에 담가버렸던 것이다.
그들 다음에는 무고당하여 사형 선고를 받은 자들이 있었다. 430
여기서 그들에게는 추첨에 의해, 재판관에 의해 자리가 배정되었다.[86]
미노스[87]가 재판장으로 제비들이 들어 있는 항아리를 흔드는데,
그는 사자들을 배심원으로 불러모아놓고 그들의 삶과 그들에 대한
고소 내용을 심문한다. 그들 바로 다음 자리는 아무 죄 없이 제 손으로
자신에게 죽음을 안기며 햇빛이 싫어 스스로 목숨을 내팽개친 435
불행한 자들이 차지하고 있었다. 하나 그들은 지금은 저 위 하늘
밑에서 가난과 가혹한 노고를 감내하기를 얼마나 원하고 있는가!
그러나 운명이 이에 반대하니, 가증스런 늪이 죽음의 물로 그들을
묶고 있고, 스튁스가 아홉 개의 원으로 그들을 가두고 있는 것이다.
거기서 멀지 않은 곳에 슬픔의 들판이 사방으로 뻗어 있는 것이 440
보인다. 그곳을 그들은 그런 이름으로 부르고 있는 것이다.
가혹한 사랑의 잔인한 고통에 시들어간 자들을 은밀한
오솔길이 숨겨주고 도금양 숲이 주위를 덮어주고 있었다.
죽어서도 고통이 그들을 떠나지 않는 탓이다.
그곳에서 그는 파이드라[88]와, 프로크리스[89]와, 자신의 잔인한 445

아들이 자기에게 입힌 상처를 보여주며 슬퍼하는 에리퓔레와,[90]
에우아드네[91]와, 파시파에[92]를 볼 수 있었다. 그들과 함께
라오다미아[93]와 한때는 청년이었으나 지금은 운명에 의해
옛 모습으로 되돌려져 여인이 된 카이네우스[94]가 걸어간다.
그들 사이에서 포이니케 여인 디도가 아직도 상처가 아물지　　　　　450
않은 채 그 큰 숲 속을 헤매고 있었다. 트로이야의 영웅은
마침 그녀 가까이 멈춰 서서 그림자들 사이로, 마치 초승에 누가
구름 사이로 달 뜨는 것을 보고 있거나 또는 보았다고 믿고
있을 때와 같이, 희미한 그녀의 모습을 알아보자마자
눈물을 흘리며 그녀에게 달콤한 사랑의 말을 건넸다.　　　　　　455
"불행한 디도여, 그대가 죽고 칼로 인생을 마감했다고 들었거늘,
그러니까 그 소식이 사실이었단 말이오? 아아, 그대가 죽은 것은
나 때문인가요? 별들에 걸고, 하늘의 신들에 걸고, 그리고
지하 깊숙한 곳에 신성한 것이 있다면 그것에 걸고 맹세하노니,
나는 내키지 않는 마음으로 그대의 해안을 떠났소, 여왕이여.　　　460
지금 이 그림자들을, 이 울퉁불퉁하고 버림받은 장소들을, 그리고
칠흑 같은 밤을 지나가도록 내게 강요하시는 신들의 지시가 그대의
곁을 떠나도록 엄명을 내렸다오. 내가 떠나는 것이 그대에게 그토록
큰 고통을 줄 줄은 미처 몰랐소. 발걸음을 멈추고 내 시야에서
벗어나지 마시오. 누구 앞에서 그대는 도망치는 것이오?　　　　　465
이것이 그대에게 말을 걸도록 운명이 허락한 마지막 기회란 말이오."
아이네아스는 그녀를 달래려 애쓰며 눈물을 흘렸다.
그러나 화가 난 그녀는 돌아선 채 땅에다 시선을 고정하고는
그를 노려보았고, 그가 말하기 시작했을 때 그녀의 얼굴 표정은
마치 단단한 부싯돌이나 마르펫사[95] 산의 대리석으로 깎은 양　　470

미동도 하지 않았다. 그러더니 이윽고 그녀는 홱 돌아서서
그에게 적의를 품은 채 그늘진 숲 속으로 달아났는데, 그곳에서는
그녀의 전(前)남편 쉬카이우스가 그녀의 고통을 이해하며
사랑에 사랑으로 보답하고 있었다. 그럼에도 아이네아스는
그녀의 부당한 운명에 충격을 받아 그녀를 한참 동안 눈물로   475
떠나보내며 멀어지는 그녀를 측은히 여겼다. 그는 정해진 길을
계속 걸었다. 그들은 곧 이 들판에서 가장 먼 곳[96]에 닿았는데,
그곳에서는 전쟁으로 이름을 날린 자들이 따로 떨어져 살고 있었다.
그곳에서 그는 튀데우스[97]와 무훈으로 이름난 파르테노파이우스[98]를
만났고, 아드라스투스[99]의 창백한 환영도 만났다.   480
그는 또 전장에서 쓰러져 지상에서 한없이 애도의 눈물을
흘리게 했던 다르다누스 백성들이 모두 긴 대열을 이루고 서 있는
것을 보고 신음했으니, 안테노르[100]의 세 아들 글라우쿠스,
메돈 및 테르실로쿠스[101]와 케레스 여신의 사제 폴뤼보이테스[102]와
여전히 전차를 잡고 무구들을 들고 있는 이다이우스[103]가 그들이다.   485
혼백들이 그의 주위를 좌우로 떼 지어 둘러섰다.
그들은 본 것으로는 성에 차지 않아 그를 지체시키고,
그와 나란히 걸으며 그가 그곳에 온 연유를 알아보고 싶어했다.
그러나 다나이족의 장수들과 아가멤논의 밀집대열들은
그림자들 사이로 영웅과 그의 무구들이 번쩍이는 것을 보고는   490
질겁하고 부들부들 떨었다. 그중 더러는 마치 이전에 함선들을 향해
도망칠 때처럼 꽁무니를 뺐고, 더러는 함성을 질렀으나
잘 들리지 않았다. 쩍 벌린 입에서 고함이 나오지 않았던 것이다.
　　그곳에서 그는 전신이 난도질당하고 얼굴이 무자비하게
찢겨진 프리아무스의 아들 데이포부스[104]도 보았다.   495

얼굴과 두 손은 찢겨 있고, 유린당한 관자놀이들은 두 귀를
약탈당했으며, 코는 치욕스런 상처와 함께 베어져 있었다.
몸을 웅크리며 자신이 받은 끔찍한 형벌을 가리고자 하는 그를
간신히 알아보고 아이네아스가 친숙한 목소리로 말을 걸었다.
"강력한 전사 데이포부스여, 테우케르의 고귀한 피를 타고난 후손이여,   500
그대에게 누가 이런 잔혹한 벌을 과할 생각을 했단 말이오?
그대에게 누가 이렇게까지 할 수 있었단 말이오? 나는 그대가
그 마지막 날 밤에 펠라스기족[105]을 마구 도륙하다가 지쳐
한데 섞인 양군의 시신 더미 위에 쓰러졌다고 들었소.
나는 그대를 위해 로이테움[106] 곶 해안에 손수 빈 무덤을 짓고   505
큰 소리로 그대의 망령을 세 번이나 불렀소. 그대의 이름과
무구[107]들이 그곳을 지켜주고 있소. 그러나 친구여, 나는 그대를
볼 수가 없어서 조국 땅에서 떠날 때까지 그대를 묻어주지 못했소."
프리아무스의 아들이 대답했다. "친구여, 그대가 소홀히 한 것은
아무것도 없소. 그대는 데이포부스와 그의 죽은 그림자를 위해   510
할일을 다했소. 나를 이런 고통에 빠뜨린 것은 내 자신의 운명과
라코니케 여인[108]의 사악한 범행이오. 이것은 그녀가 남겨놓은
기념물들이오. 우리가 기만적인 기쁨 속에서 그 마지막 날 밤을
어떻게 보냈는지는 그대도 알고 있을 것이오. 우리는 그것을
똑똑히 기억해야만 하오. 운명의 말[109]이 뱃속에 보병들을 잔뜩   515
품고 높은 페르가마[110]를 뛰어넘어 왔을 때, 그녀는 가무단을
인도한답시고 환성을 지르며 축하하는 프뤼기아의 여인들을
데리고 도시를 돌고 있었소. 그녀 자신은 한가운데에서
거대한 횃불을 들고 성채의 꼭대기에서 다나이족을 부르고 있었소.
그때 나는 근심에 지친 나머지 저주 받은 신방에서   520

잠에 곯아떨어져 있었는데, 누워 있던 나를 내리누르던
달콤하고 깊은 그 잠은 죽음의 평화와도 같은 것이었소.
그사이 출중한 내 아내는 집 안에서 무구들을 모두 치웠고,
심지어 내 머리맡에서 믿음직한 칼을 빼돌리기까지 했소.
그리고 나서 그녀는 메넬라우스를 불러들이며 문을 활짝 열었소. 525
물론 그녀는 이것이 그녀의 정부(情夫)[111]에게 큰 선물이 되어,
그녀의 악명 높은 지난날의 비행이 불문에 붙여지기를 바랐겠지요.
간단히 말해 그들은 내 방안으로 쳐들어왔고, 그들과 함께 범행의 사주자인
아이올루스의 손자[112]도 들어왔소. 신들이시여, 복수에 대한 내 요구가
정당한 것이라면, 그라이키아인들에게 내가 당한 대로 되돌려주소서. 530
자, 이번에는 어떤 운명이 아직도 살아 있는 그대를 이리로 데려왔는지
말해주시오. 그대는 바다를 떠돌아다니다가 이리로 왔소, 아니면 신들의
명령을 받고 왔소? 그것도 아니면 햇빛도 들지 않는 이 슬픈 거처들을,
이 무질서한 곳을 찾아가도록 어떤 운명이 그대를 떠밀었단 말이오?"
  그들이 이야기를 주고받는 사이에 새벽의 여신의 535
장밋빛 사륜마차는 어느새 중천을 지나 하늘 길을 달리고 있었다.[113]
그리하여 그들은 주어진 시간을 그렇게 다 써버릴 뻔하였으나,
그의 길라잡이인 시빌라가 짤막한 말로 그에게 경고했다.
"아이네아스여, 밤이 다가오고 있소. 우리는 우느라 시간을
낭비하고 있소. 이곳은 길이 양쪽으로 갈라지는 지점이오. 540
오른쪽 길은 위대한 디스의 성벽 밑으로 이어지는데,
우리가 엘뤼시움으로 가는 길이오. 그러나 왼쪽 길은 악한 자들을
응징하고 그들을 무자비한 타르타라로 보낸다오."
데이포부스가 대답했다. "노여워하지 마시오, 위대한 예언녀여.
나는 이곳을 떠나 사자들의 숫자를 채울 것이며 어둠으로 돌아갈 것이오. 545

잘 가시오, 우리의 자랑이여, 잘 가시오. 그대는 더 나은
운명을 즐기시오." 그리고 그는 발길을 돌렸다.
    아이네아스가 뒤돌아보니[114] 왼쪽에 있는 절벽 아래
세 겹의 성벽으로 둘러싸인 넓은 도시가 보였다. 그곳에는
돌진하는 화염의 급류가 휘감아 흐르고 있었다.[115] 그것은 550
타르타루스의 플레게톤으로 굉음을 내는 바위들을 굴리고 있었다.
그의 앞에는 거대한 문과 아다마스[116]의 기둥들이 서 있었다.
그 기둥들은 인간들, 아니 하늘에 사는 신들도 전쟁에서 힘으로
뽑을 수 없었다. 그곳에는 무쇠 탑이 하늘 높이 솟아 있었는데,
티시포네[117]가 피투성이가 된 옷을 졸라매고 그 위에 앉아 555
잠도 자지 않고 밤낮으로 입구를 지키고 있었다.
그 안에서는 신음 소리와 야만적인 채찍 소리와
쇠사슬이 끌리며 절걱거리는 소리가 들려왔다. 아이네아스는
놀란 나머지 멈춰 서서 그 소음에 귀를 기울였다.
"저것들은 어떤 종류의 범행이오? 오오! 처녀여, 말해주시오. 저들은 560
어떤 벌을 받고 있는 것이오? 하늘로 솟는 저 비탄의 소리는 무슨
소리요?" 그러자 예언녀가 이렇게 대답했다. "테우케르 백성들의
이름난 지도자여, 순결한 이는 저 저주 받은 문턱에 발을 올려놓지 못하게
되어 있소. 하나 헤카테께서 내게 아베르누스의 임원을 맡기셨을 때
신들께서 내리시는 벌들을 친히 설명해주시며 그것들을 모두 보여주셨소. 565
저곳에서는 크노수스[118]의 라다만투스[119]가 철권 통치를 하고 있소.
그는 응징하고 저들이 행한 모든 기만을 심문하고 저들이 지상에서 저지른
범행들을 자백하도록 강요하니, 저들이 범행을 저지르고도 들키지 않았다고
좋아한 것도 다 소용없는 일이오. 단지 그 처벌을 사후로 연기한 것에
지나지 않기 때문이오. 즉시[120] 응징하는 티시포네가 채찍을 들고 570

유죄 선고를 받은 자들에게 덤벼들어 채찍을 휘두르고, 왼손으로는
끔찍한 뱀 떼를 휘두르며 자신의 야만적인 자매들[121]의 무리를 부르지요.
그러면 결국 돌쩌귀가 삐걱거리며 지하의 신들에게 바쳐진 문들이
활짝 열리지요. 그대는 그녀가 문간에 앉아 어떤 파수를 보고 있는지,
어떤 모습으로 문턱을 지키는지 보이시오? 575
저 안에는 쉰 개의 검은 목구멍을 가진 더 사나운 휘드라[122]가
도사리고 있소. 그 다음에는 타르타루스 자신이 어둠을 향해
수직으로 입을 쩍 벌리고 있는데, 그 깊이는 우리가
하늘의 올륌푸스를 쳐다볼 때의 높이의 갑절이나 되오.
그곳에서는 대지의 여신의 오래된 자식들인 티탄 신족[123]이 580
벼락에 의해 내던져져 나락의 밑바닥에서 몸부림치고 있소.
그곳에서 나는 또 거한들인 알로에우스의 쌍둥이 아들들[124]을
보았는데, 그들은 맨손으로 거대한 하늘을 찢고 윱피테르를
하늘의 권좌에서 축출하려고 했지요. 나는 또 살모네우스[125]가
윱피테르의 화염과 올륌푸스의 천둥을 흉내 내다가 585
무자비한 벌을 받고 있는 것도 보았소. 그는 사두마차를 타고
횃불들을 휘두르며 그라이키아의 백성들과
심지어 엘리스[126] 시(市) 한가운데를 의기양양하게 지나갔고,
신에게나 어울릴 영광을 자신을 위해 요구했던 것이오.
정신 나간 사람 같으니라고. 먹구름과 모방할 수 없는 벼락을 590
청동이나 각질의 말발굽 소리로 흉내 내려 하다니!
그러나 전능하신 아버지께서 짙은 구름 사이로 벼락을 던지시어
—그것은 횃불도 아니고 송진으로 그을음이 나는 불빛도 아니었소—
그 강력한 회오리바람으로 그를 심연 속으로 내던지셨소.
그곳에서는 또 만물의 어머니인 대지의 여신의 양자 티튀오스[127]도 595

볼 수 있었소. 그의 몸뚱이는 무려 아홉 유게룸[128]에 걸쳐
뻗어 있고, 부리가 구부정한 거대한 독수리가 그의 불사의 간과,
새로운 고통 거리를 넉넉히 대주는 그의 내장을 쪼고 있소.
독수리는 먹을거리를 찾느라 그의 가슴속 깊숙이 자리 잡고는
끊임없이 새로 돋아나는 내장을 한시도 쉬지 못하게 하오.   600
라피타이족[129]과 익시온[130]과 피리토우스[131]에 관해서는 말할 필요가
없을 것이오. 그들의 머리 위에는 금방이라도 미끄러져
떨어질 것 같은 검은 바위가 매달려 있소.[132] 높다란 잔치용
긴 의자가 황금 등받이로 번쩍이고 있고, 그들의 눈앞에는 임금님의
수라상 같은 진수성찬이 차려져 있소. 그러나 복수의 여신들 중에   605
맏이가 가까이 누워 있다가 벌떡 일어서서 횃불을 휘두르고
천둥소리 같은 고함을 지르며 그들이 식탁에 손도 대지 못하게 하오.
그곳에는 평생 동안 형제들을 미워하거나, 아버지를 치거나,
피보호자[133]를 속이거나, 또는 자신이 모은 재산을 혼자 꿰차고
앉아 친척들에게 아무것도 내주지 않는 자들이나   610
(이들의 수가 가장 많지요) 또는 간통죄로 죽은 자들이나,
동포들을 향해 무구를 든 자들이나, 주인에게 불충하기를
두려워하지 않던 자들이 감금되어 벌을 기다리고 있소. 그대는
그들이 받는 벌이 어떤 것인지, 어떤 종류의 운명이 나락에서 그들을
기다리고 있는지 알려고 하지 마시오. 더러는 거대한 바위들을   615
굴리고 있거나,[134] 수레의 바퀴살에 사지를 쭉 편 채 매달려 있소.[135]
불행한 테세우스는 그곳에 앉아 있고 영원토록 앉아 있을 것이오.[136]
그리고 그들 중에서 가장 비참한 플레귀아스[137]는 모두에게
경고하며 큰 소리로 그림자들 사이에서 증언하고 있소.
'경고하건대, 그대들은 정의를 배우고 신들을 경멸하지 마시오.'   620

어떤 자는 황금을 받고 조국을 팔고는 그 위에 참주(僭主)를 앉혔고,
대가를 받고 법률을 제정하는가 하면 취소하기도 했소.
또 어떤 자는 딸의 침실로 밀고 들어가 금지된 결혼을 강요했소.
그들은 모두 끔찍한 일을 감행했고, 감행한 일을 성취했소.
아니, 내게 일백 개의 혀와 일백 개의 입이 있고 무쇠의 목소리가   625
있다 해도 범행의 종류를 하나하나 설명하고
벌의 이름을 빠짐없이 열거할 수는 없을 것이오."
　　포이부스의 오래 산 여사제는 또 이렇게 덧붙였다.
"자, 그대는 길을 재촉하여 시작한 과업을 완수하시오.
어서 서둘러야 하오. 저 앞에 벌써 퀴클롭스들[138]의 용광로에서   630
만든 성벽들과 출입문의 아치가 보이는데,
그곳에 정해진 선물[139]을 내려놓으라는 명령을 받았소."
이렇게 말하고 그녀는 그와 나란히 어두컴컴한 길을 걸어갔고,
그들은 곧 사이의 공간을 지나 출입문에 다가갔다.
아이네아스는 입구를 장악하고는 몸에 신선한 물을   635
뿌리고 나서 문턱 앞에다 가지를 꽂았다.
　　이윽고 의식이 끝나고 여신[140]에 대한 의무가 이행되자
그들은 환희의 나라로, 행복한 임원들의
사랑스런 잔디밭으로, 축복 받은 이들의 거처들로 들어갔다.
그곳에는 더 넓은 대기가 눈부신 빛으로 들판을 뒤덮고 있었고,   640
그들은 자신들만의 해와 자신들만의 별들을 알고 있었다.
그중 더러는 풀이 난 레슬링장에서 사지를 단련하거나,
경기를 하거나, 황갈색 모래에서 레슬링을 하고 있었다.
더러는 발로 리듬을 맞추며 춤추고 노래하고 있었다.
한편 긴 겉옷을 입은 트라키아의 사제[141]는 때로는 손가락으로,   645

때로는 상아 채로 뤼라[142]를 뜯으며, 그것의 서로 다른
일곱 음조로 춤과 노래에 박자를 맞춰주고 있었다.
그곳에는 테우케르의 오래된 가문이, 가장 훌륭한 자손들이,
더 행복한 시대에 태어난 고매한 영웅들이, 일루스[143]와
앗사라쿠스[144]와 트로이야의 창건자인 다르다누스[145]가 있었다.   650
그는 멀리서 그들의 무구들과 전차들의 환영을 보고 놀랐다. 땅에는
그들의 창들이 꽂혀 있고, 들판에는 도처에서 멍에에서 풀려난 그들의
말들이 풀을 뜯고 있었다. 그들이 생전에 자신들의 전차들과 무구들에
느꼈던 것과 같은 즐거움이, 윤기 나는 말들을 먹이던 것과 같은
정성이 지금 지하에서 쉬고 있는 그들과 여전히 함께하고 있었던 것이다.   655
보라, 그때 그는 갑자기 좌우의 풀밭에서 다른 이들이 잔치를 벌이며
향기로운 월계수나무 숲 속에서 아폴로를 찬미하는 즐거운
노래를 합창하는 것을 보았는데, 바로 그곳에서 에리다누스[146] 강이
솟아올라 위쪽 세계의 숲을 지나 힘차게 흘러가는 것이다.
그곳에는 조국을 위해 싸우다가 부상당한 이들의 무리와   660
살아생전에 정결했던 사제들과,
포이부스에게 어울리는 말을 한 경건한 예언자들과,
기술을 발명하여 삶을 향상시킨 이들과, 사람들에게
봉사함으로써 자신을 기억하게 만든 이들이 있었는데,
그들의 이마에는 모두 눈처럼 흰 머리띠가 매여져 있었다.   665
그들이 주위로 모여들었을 때 시뷜라는 누구보다도 먼저
무사이우스[147]에게 이렇게 말했다. (수많은 무리가 자기들보다
머리 하나만큼 더 큰 그를 에워싸고 쳐다보고 있었기 때문이다.)
"말해주시오, 축복 받은 혼백들이여, 그대 가장 훌륭한 예언자여.
어느 지역이, 어느 장소가 앙키세스를 붙들고 있소?   670

그분 때문에 우리는 에레부스의 큰 강들을 건너 이곳에 온 것이오."
무사이우스는 이렇게 대답했다. "우리는 아무도 정해진 거처가 없소.
우리는 우거진 임원들에서 살며, 강가의 푹신한 잔디밭과
개천이 흐르는 싱싱한 풀밭이 우리의 거처요. 하지만 그것이
그대들의 마음의 소원이라면 이 언덕을 오르시오.   675
그러면 곧 내가 그대들을 쉬운 길로 인도하게 될 것이오."
그는 앞장서서 걸어가더니 아래에 펼쳐져 있는 찬란한 들판을 가리켰다.
그러자 아이네아스와 시뷜라가 산마루에서 내려갔다. 아버지 앙키세스는
푸른 골짜기 깊숙한 곳에서 그곳에 갇혀 있지만 위쪽의 빛으로
나아가게 되어 있는 혼백들을 깊은 생각에 잠겨 살펴보고 있었다.   680
그는 마침 자신의 백성들의 수를 일일이 세며
자신의 사랑하는 자손과 그들의 운명과 행운과,
그들의 성격과 행적을 검토하고 있었다.
그는 아이네아스가 풀밭을 지나 자기에게로 다가오는 것을
보고는 반갑게 두 손을 내밀었고, 두 볼 위로 눈물이   685
쏟아지는 가운데 입에서 고함이 터져 나왔다.
"그예 네가 왔구나. 네 아비가 기대한 대로 네 효성으로
여행길의 온갖 어려움을 극복해냈구나. 내 아들아,
네 얼굴을 쳐다보며 네 정다운 목소리를 듣고 대답해도 되겠느냐?
이렇게 되리라고 마음속으로 믿어 의심치 않고   690
날수를 세고 있었는데 과연 기대가 어긋나지 않았구나.
네가 어떤 나라들과, 어떤 대해들을 건너왔는지 알고 있다.
내 아들아, 네가 어떤 위험들에 처했었던가! 리뷔아의 여왕이
너를 해칠까봐 내가 얼마나 두려워했는지 모른다!"
아이네아스가 대답했다. "아버지, 아버지의 슬픈 환영이 자꾸만   695

눈앞에 떠올라 이 문턱들을 찾도록 저를 강요했습니다.
함선들은 튀르레니아 바다[148]에 정박해 있습니다.
아버지의 오른손을 잡도록 허락해주십시오. 아버지,
제 포옹을 피하지 마세요." 그의 얼굴에는 눈물이 비 오듯 흘러내렸다.
세 번이나 그는 거기서 아버지의 목을 끌어안으려 했으나, 700
세 번이나 환영은 헛되이 포옹하는 그의 두 손에서 빠져나갔다,
가벼운 바람결처럼, 그 무엇보다도 날개 달린 꿈처럼.[149]
 그사이 아이네아스는 골짜기 뒤편에서
호젓한 임원과 바람에 잎이 살랑거리는 덤불과,
조용한 장소들 옆을 흘러 지나가는 레테[150] 강을 보았다. 705
그 강 주위에는 수많은 부족들과 민족들이 날아다니고 있었다.
그 모습은 마치 청명한 여름날 풀밭에서 벌 떼가
다채로운 꽃들 위에 내려앉고 흰 백합들 주위로 몰려다니고
온 들판이 윙윙거리는 소리로 가득 찰 때와도 같았다.
아이네아스는 갑작스런 광경에 놀란 나머지 영문을 몰라 710
저기 저 강은 어떤 강이며, 그 강가에 모여 있는
저렇게 큰 무리들은 어떤 사람들인지 물었다.
앙키세스가 대답했다. "저들은 운명에 의해 두 번째로
몸을 받은 혼백들로 레테 강의 물가에서 근심을
잊게 해줄 음료와 긴 망각을 마시고 있는 것이란다. 715
벌써 오래전부터 나는 너에게 그들에 관해 말해주고, 그들을 너와
대면시키고, 나의 이 후손들을 너에게 세어주고 싶었단다. 네가
이탈리아를 발견한 것을 나와 더불어 더욱더 기뻐하도록 말이다."
"아버지, 그렇다면 몇몇 혼백들은 이곳에서 지상으로
올라가 다시 둔중한 육체 속으로 되돌아간다는 것인가요? 720

그 가련한 자들은 어째서 그런 비참한 욕망을 품게 되는 거죠?"
"내 아들아, 내가 한 점 의혹이 없도록 너에게 말해주겠다."
앙키세스는 모든 것을 순서대로 설명해주었다.

"처음에는 하늘과 대지와 흐르는 바다의 수면(水面)과
달의 빛나는 천구(天球)와 티탄의 별들[151]을 그 속에 있는 정신이   725
부양했단다. 그리고 마음이 사지 속으로 스며들어가
이 모든 것을 움직이며 그 거대한 육체와 섞였단다.
이 결합에서 인간들과 짐승들의 종족과, 날짐승들의 생명과,
바다가 대리석 같은 수면 아래 감추고 있는 괴물들이 태어났단다.
그 씨앗들은 하늘에서 비롯된 것으로 그 안의 생명력은 불로   730
이루어져 있지만, 그들은 해로운 육체로 인해 허약해지고
지상의 관절과 죽게 마련인 사지로 인해 무뎌지는 것이란다.
그래서 그들은 두려움과 욕망과 슬픔과 기쁨을 느끼게 되며,
암흑과 눈먼 감옥에 갇혀 하늘의 빛을 보지 못하는 것이란다.
어디 그뿐인가. 생명이 그 마지막 빛과 더불어 그들을 떠난다 해도,   735
그들은 가련하게도 모든 악과 육신의 모든 역병에서 완전히
해방되는 것이 아니란다. 그중 많은 것들이 장기간 배여 있다가 우리가
알 수 없는 방법으로 그들의 내면에 깊숙이 뿌리내릴 수밖에 없으니까.
그래서 그들은 벌을 받는 것이고 과거의 죄과에 대해 죗값을
치르는 것이란다. 그중 더러는 활짝 펴진 채 바람에 마르도록 허공에   740
매달려 있고, 더러는 범행의 오점이 거대한 소용돌이에 의해
씻겨져 없어지거나 불에 타 없어지는 것이란다.
우리는 사후에 저마다 자신의 운명을 받아들이게 되는데
우리 가운데 소수만이 넓은 엘뤼시움으로 가 환희의 들판에서
살게 되지. 기간이 다 지나 긴긴 세월이 우리 속에   745

배여 있는 오점을 지우고 높은 하늘에서 태어난 감각과
원초적 입김의 불이 순수하게 남을 때까지 말이다.
저들은 모두 천 년 동안 수레바퀴를 굴린 후에야 레테 강으로
무리 지어 나오도록 신의 부름을 받은 것이란다. 그것은 물론 저들이
아무것도 기억하지 못한 채 지상으로 돌아가, 육신을 다시 보고는   750
육신 속으로 되돌아가고 싶은 욕망을 느끼게 하려는 것이란다."
   곧 이어 앙키세스는 아들과 시뷜라를 데리고
혼백들의 요란한 무리 한가운데로 가서 둔덕에 자리 잡고 섰다.
그곳에서 그는 긴 행렬을 지어 다가오는 자들을 앞에서 살펴보며
지나가는 자의 얼굴을 분간할 수 있었던 것이다.   755
   "자, 이제 너에게 다르다누스의 자손들이 어떤 영광을 누리는지,
이탈리아의 부족에게서 네가 어떤 후손들을 기대할 수 있는지[152]
설명해주겠다. 앞으로 우리의 이름을 계승하게 될
찬란한 혼백들 말이다. 또 너에게 네 자신의 운명도 가르쳐주겠다.
너도 보다시피, 창끝 없는 창 자루[153]에 기대 서 있는   760
저 젊은이가 제비에 의해 여기서 빛에 가장 가까운 자리를
차지하고 있다. 이탈리아의 피가 섞인 그는 저들 가운데 맨 먼저
지상으로 오를 것이다. 그는 실비우스라는 알바의 이름을 가진
네 막냇자식으로 나중에 네가 고령이 될 때 네 아내 라비니아가
그를 숲 속에서 왕으로 그리고 왕들의 아버지로 길러줄 것인즉,   765
그를 통해 우리 집안이 알바 롱가[154]를 다스리게 될 것이다.
그 다음이 트로이야 민족의 영광인 프로카스와 카퓌스와
누미토르와, 네 이름을 부활시키게 될 실비우스 아이네아스인데,[155]
언젠가 그가 알바를 물려받아 다스리게 되면 너와 마찬가지로
경건과 무훈에서 이름을 빛낼 것이다. 저들은 얼마나 멋있는   770

젊은이들인가! 보라, 저들은 어떤 힘을 과시하고 있는가!
그리고 저들의 이마에 그늘을 드리운 참나무 잎 관[156]을 보라!
저들이 너에게 노멘툼과 가비이와 피데나[157] 시를 세울 것이다.
저들이 산 위에 콜라티아[158] 성채를 세울 것이며, 포메티이와
카스트룸 이누이와 볼라와 코라[159]를 세울 것이다. 지금은 이름 없는   775
곳이지만 그때는 그런 이름을 갖게 될 것이다. 나아가 마보르스[160]의
아들인 로물루스도 할아버지와 함께할 것인데, 앗사라쿠스의 혈통을
물려받은 로물루스는 그의 어머니 일리아가 기르게 될 것이다.
보이느냐, 그의 투구의 정수리 위에 이중의 깃털 장식이 서 있는 것이,
그의 아버지[161]가 몸소 그를 자신의 명예[162]로써 신으로 표시해놓은 것이?   780
내 아들아, 그의 복점(卜占)[163]에 의해 저 유명한 로마는
그 통치권이 온 대지에 미치고 그 기백이 하늘을 찌를 것이다.
로마는 일곱 언덕을 하나의 성벽으로 에워쌀 것이며,
자손이 흥성할 것이다. 마치 베레퀸투스 산의 어머니[164]가 탑 모양의
관을 쓰고 수레를 타고 프뤼기아의 도시들을 돌아다니며   785
신들을 낳은 것을 기뻐하고, 모두가 하늘의 거주자이자 하늘에
거처를 갖고 있는 일백 명의 자손들을 껴안고 있는 것처럼 말이다.
이제는 두 눈을 이쪽으로 돌려 네 이 로마 민족을 보아라.
여기 이것이 카이사르와, 언젠가는 넓은 하늘 밑으로
나가게 되어 있는 이울루스의 모든 자손들이다.   790
그리고 여기 이것이 그가 올 것이라고 너도 가끔 들은 적이 있는
바로 그 사람으로 신[165]의 아들 아우구스투스 카이사르이다.
그가 사투르누스[166]가 다스리던 라티움의 들판에 또다시
황금시대를 열 것이며, 제국을 가라만테스족[167]과 인디아[168]인들
너머로 확장할 것이다. 그의 영토는 별들 저편에, 그리고 아틀라스가   795

온통 불타는 별들이 박혀 있는 하늘을 어깨에 떠메고
그 축 위에서 돌리고 있는, 해[年]와 태양의 궤도[169]
저편에 이르게 될 것이다. 벌써부터 카스피이족의 왕국들과
마이오티스[170] 호의 땅이 그가 온다는 예언에 벌벌 떨고 있으며,
닐루스[171]의 일곱 하구들도 안절부절못하고 있다.   800
알카이우스의 손자[172]도 그렇게 두루 대지를 돌아다니지는 못했다.
비록 그가 청동 발굽의 암사슴[173]을 쏘아 맞히고, 에뤼만투스의 숲에
평화를 가져다주고, 레르나[174]를 자신의 활로 떨게 했지만 말이다.
리베르[175]가 의기양양하게 포도덩굴 고삐로 수레를 인도하며
뉘사[176] 산의 정상에서 호랑이들을 몰고 내려올 때에도 그렇게   805
두루 돌아다니지는 못했다. 하거늘 우리는 행동으로 우리의 가치를
알리기를 아직도 망설이며, 아우소니아 땅에 정착하기를 두려워하는
것인가? 한데 저기 저 조금 떨어진 곳에서 올리브 가지 관을 쓰고
제물을 올리는 자는 누구지? 그래, 백발과 흰 수염을 보니 알겠구나.
그는 가난한 나라의 소도시 쿠레스[177]로부터 대권(大權)으로   810
부름 받은 로마의 왕[178]으로 초창기의 도시를 법의 토대 위에
올려놓게 될 것이다. 그 바로 뒤를 이을 툴루스[179]는
조국의 평화를 깨고 나태한 백성들과 오랫동안
승리를 맛보지 못한 군대를 전쟁터로 불러낼 것이다.
그 바로 뒤를 지나치게 우쭐대는 앙쿠스[180]가 잇게 될 것인데   815
그는 지금도 대중의 인기라는 미풍(微風)을 너무 즐기고 있지.
너는 타르퀴니우스 왕들과 복수자 브루투스의 교만한 혼백과
되찾은 속간(束桿)도 보고 싶으냐?[181] 그가 처음으로
집정관의 권한과 잔인한 도끼를 받게 될 것이며,
그의 아들들이 모반을 꾀하면 아버지인 그는   820

자유라는 미명하에 그들을 응징하게 될 것이다.
그는 불운하지만 후세 사람들은 그의 행적을 찬양할 것이며,
그의 애국심과 끝없는 명예욕은 승리를 거두게 될 것이다.
저기 저 데키우스[182]들과 드루수스[183]들과 무자비하게 도끼를 휘두르는
토르콰투스[184]와 군기(軍旗)를 도로 가져오는 카밀루스[185]를 보아라!   825
너도 보다시피, 저기서 똑같은 무구들을 번쩍이고 있는
저 두 혼백[186]은 어둠 속에 갇혀 있는 지금은 서로 화목하지만,
일단 생명의 빛에 이르게 되면, 아아, 서로 어떤 전쟁을,
어떤 전투와 살육을 불러일으킬 것인가! 장인은 알페스 산의
방벽[187]과 모노이쿠스[188]의 요새에서 내려가고,   830
사위는 동방의 군대[189]로 그와 맞서면서 말이다.
내 아들들이여, 결코 그런 전쟁에 마음을 길들이지 말고,
조국의 심장을 향해 조국의 강력한 힘을 돌리지 마라.
올륌푸스 신들의 혈통을 이어받은 네가 먼저 용서하고
손에서 무기를 던지도록 하라, 내 피를 타고난 내 자손이여![190]   835
저기 저분[191]은 아카이족을 도륙함으로써 명성을 얻고 코린투스의 승리자로서
카피톨리움 언덕으로 전차를 몰 것이다. 저기 저분[192]은 아르고스와
아가멤논의 뮈케나이[193]와, 아이아쿠스의 후손으로 강력한 전사 아킬레스의
자손이기도 한 페르세우스를 무찔러 트로이야의 선조들과 모독당한
미네르바 신전[194]을 위해 복수할 것이다. 누가, 위대한 카토[195]여, 그대를,   840
그리고 콧수스[196]여, 그대를 말없이 지나치겠는가? 누가
그락쿠스[197] 집안과, 둘 다 전쟁의 벼락[198]이자 리뷔아[199]의 파괴자인
두 스키피오를, 적은 것으로 많은 일을 해낼 파브리키우스[200]와,
세르라누스[201]여, 밭고랑에 씨 뿌릴 그대를 지나치겠는가?
파비우스[202]들이여, 지칠 대로 지친 나를 어디로 끌고 가는가?   845

네가 바로 지연 전술로 혼자서 나라를 구한 그 막시무스[203]로구나.
다른 자들은 청동을 두들겨 살아 숨쉬는 것 같은 형상들을 만들어내고
(나는 그렇게 믿는다) 대리석에서 살아 있는 얼굴을 이끌어낼 것이며,
다른 자들은 탁월한 웅변으로 변론할 것이며, 또 다른 자들은 하늘의
운동을 막대기로 추적하며 언제 별들이 뜰 것인지 예언해줄 것이다. 850
로마인이여, 너는 명심하라. (이것이 네 예술이 될 것이다.)
권위로써 여러 민족들을 다스리고, 평화를 관습화하고, 패배한
자들에게는 관대하고, 교만한 자들은 전쟁으로 분쇄하도록 하라."
 이렇게 아버지 앙키세스는 말했고 감탄하는 자들에게
이렇게 덧붙였다. "보라, 마르켈루스[204]가 다른 전사들을 모두 855
압도하는 승리자로 적장에게서 빼앗은 전리품을 과시하며 당당하게 걷는
것을! 그는 큰 변란이 일어날 때, 기사로서 로마의 국가를 안정시킬 것이고,
포이누스인[205]들과 갈리아의 역도들을 쓰러뜨릴 것이며, 아버지
퀴리누스[206]에게 적장에게서 빼앗은 전리품을 세 번째로 바칠 것이다."[207]
아이네아스가 말했다. (그는 마르켈루스와 나란히 잘생긴 젊은이[208]가 860
무구들을 번쩍이며, 그러나 침울한 표정으로 눈을 내리깔고
지나가는 것을 보았던 것이다.) "아버지, 마르켈루스와
나란히 걸어가는 저 사람은 누구죠? 그의 아들인가요,
아니면 그의 집안의 수많은 자손들 중 한 명인가요? 그의 주위에서
수행원들은 얼마나 웅성거리며, 그 자신은 얼마나 당당한가! 865
하지만 그의 이마에는 죽음의 검은 그림자가 맴돌고 있어요."
그러자 아버지 앙키세스가 눈물을 흘리며 말하기 시작했다.
"내 아들아, 네 백성들의 쓰라린 슬픔을 알려고 하지 마라.
운명은 그를 여러 나라들에 보여주기만 할 뿐
오래 머물지 못하게 할 것이다. 하늘의 신들이시여, 870

그런 선물들을 간직하게 될 경우 그대들의 눈에는 로마의 자손들이 너무
강력할 것으로 보였던 것이겠지요. 남자들의 어떤 곡소리가 들판[209]에서
마보르스의 위대한 도시로 울려 퍼질 것인가? 티베리누스 강의 하신이여,
그대가 새로 지은 무덤 옆을 미끄러지듯 지나갈 때 어떤 장례식을 보게 될
것인가! 일리움의 혈통에서 태어난 어떤 소년도 라티움의 선조들을   875
그토록 희망에 들뜨게 하지는 못할 것이며, 로물루스의 나라는
다시는 그토록 자기 자식을 자랑스럽게 여기지 못할 것이다.
아아, 그의 경건이여, 아아, 그의 고풍스런 성실성과 전쟁에서
패배를 모르는 오른손이여! 그가 보병으로 적에게 다가가든,
거품 같은 땀을 흘리는 말들의 옆구리에 박차를 가하든,   880
어느 누구도 벌 받지 않고는 그와 맞서지 못했을 것이다.
아아, 가련한 소년이여, 가혹한 운명을 극복할 수 있다면,
너는 진정한 마르켈루스가 될 텐데. 너희들은 내가 빛나는 백합들을
두 손으로 듬뿍 뿌려, 설사 그것이 소용없는 짓이라 하더라도,
내 자손의 혼백 위에 이런 선물이나마 수북이 쌓아올리는 것을   885
허락해다오." 이렇게 그들은 대기의 넓은 들판들을 사방으로
두루 돌아다니며 모든 것을 유심히 살펴보았다.
앙키세스는 아들을 데리고 다니며 그곳의 광경을 일일이 보게 하고
다가올 명성에 대한 욕망으로 그의 마음에 불을 지른 다음,
머지않아 그가 치르게 될 전쟁들과 라우렌툼[210]의 백성들과   890
라티누스의 도시에 관해, 그리고 어떤 방법으로
그가 모든 위기를 피하거나 감당할 수 있을 것인지 일러주었다.
잠의 문은 두 가지가 있다.[211] 그중 하나는 뿔로 만들어졌다고
하는데, 진실한 그림자[212]들에게는 쉽게 통과할 수 있는 출구이다.
다른 하나는 온통 번쩍이는 흰 상아로 만들어져 있다.   895

그러나 망령들은 그곳을 통해 거짓 꿈들을 하늘로 올려 보낸다.

그렇게 말하며[213] 앙키세스는 아들과 시뷜라를

그곳까지 바래다주더니 상아 문을 통해 내보냈다.

아이네아스는 함선들로 돌아가 전우들과 합류했다.

그리고 나서 그는 해안을 따라 카이예타[214] 항으로 직행했다. 900

이물에서 닻이 던져졌고, 함선들은 고물을 해안으로 향한 채 서 있었다.

제7권

예언의 땅 라티움

그대도,¹ 아이네아스의 유모 카이에타여, 죽음을 통해 우리 해안들에
영원한 명성을 주었구려.² 지금도 여전히 그 장소에서는 그대를 경배하는
의식이 거행되며, 그대의 이름은 그대의 유골이 광대한 헤스페리아의
어느 곳에 묻혔는지 말해주고 있으니, 이 어찌 영광이 아니겠소!
　　경건한 아이네아스는 그녀를 위해 격식에 맞게 장례식을　　　　5
치르고 봉분을 지은 다음 깊은 바다가 잔잔해지자마자
포구를 뒤로하고는 돛을 달고 출발했다.
밤이 되자 줄곧 미풍이 불고 밝은 달이 그들의 항로를
비춰주었으며, 바다는 춤추는 달빛을 받아 반짝였다.
그들은 키르케 나라³의 해안을 바싹 스쳐 지나갔는데,　　　　　　10
그곳에서는 태양신의 부유한 딸⁴이 사람의 발길이 닿지 않은
임원들에 끊임없이 노랫소리가 울려 퍼지게 하고,
밤의 어둠을 밝히고자 자랑스러운 궁전 안에 향기로운 삼나무를
태우며 고운 날실 사이로 요란한 베틀 북이 지나가게 한다.
그녀의 궁전에서는 사슬을 거부하여 밤늦도록 울부짖는　　　　　15
사자들의 성난 신음 소리와, 털이 센 돼지들과
우리에 갇힌 곰들이 사납게 날뛰는 소리와, 늑대 모양의
큰 짐승들이 짖어 대는 소리가 들려왔다. 이들은 원래
사람이었으나 잔인한 여신 키르케가 효험 있는 약초들로
야수들의 얼굴과 가죽을 입혔던 것이다.　　　　　　　　　　　　20

하나 경건한 트로이야인들이 포구에 들어가거나 또는
그 무시무시한 해안에 다가가다가 그런 해괴한 일을 당하지 않도록
넵투누스가 돛들에 순풍을 가득 안겨주며 그들이 도망할 수 있게
해주었고, 부서지는 파도 옆을 지나 안전한 곳으로 데려다주었다.

      바다는 햇빛을 받아 붉어지기 시작했고, 하늘 높은 곳에서는   25
말 두 필이 끄는 수레를 탄 새벽의 여신이 샛노랗게 빛났다.
그때 바람이 자기 시작하며 갑자기 바람의 입김이 모두 그쳤고,
그러자 흐름이 느린 바다 위에서 노들이 애를 썼다.
그때 아이네아스가 바다에서 거대한 임원을 보았는데,
그 사이를 지나 우아하게 흐르는 티베리누스 강이 세차게   30
소용돌이치며 수많은 모래로 누렇게 된 채
바다로 쏟아져 들어가고 있었다. 그 주위와
그 위로는 강가와 강의 하상에 사는 온갖 새들이
사랑스런 노래로 대기를 가득 채우며 임원을 날아다니고 있었다.
아이네아스는 전우들에게 진로를 바꿔 뱃머리를   35
뭍으로 돌리라고 명령하더니 기뻐하며[5] 그늘진 강으로 들어갔다.

      자 이제, 에라토여,[6] 이방의 군대가 아우소니아의 해안에 처음
상륙했을 때 고대 라티움의 왕들은 누구였으며, 시대는 언제였으며,
그곳 사정은 어떠했는지 나는 말할 것입니다. 나는 또 어떻게 해서
첫 전투가 벌어지게 되었는지 노래할 것입니다. 그대는, 여신이시여,   40
그대의 시인에게 가르쳐주소서. 나는 무시무시한 전쟁과 전투에 관해
말할 것이며, 자신들의 기개에 쫓겨 죽음으로 내몰린 왕들과,
튀르레니아인[7]들의 부대와, 무장한 채 소집된 전 헤스페리아에 관해
말할 것입니다. 일련의 굵직굵직한 사건들이 지금 내 앞에 놓여 있고,
내가 지금 시작하는 것은 큰 과업입니다. 어느새 연만해진 라티누스 왕이   45

들판들과 도시들을 오래전부터 평화롭게 다스리고 있었다. 듣건대,
그는 파우누스[8]와 라우렌툼의 요정 마리카[9]의 아들이라고 한다.
파우누스에게는 피쿠스[10]가 아버지이고, 피쿠스는, 사투르누스여, 그대를
자기 아버지라고 부르고 있으니, 그대야말로 그의 가계의 시조입니다.
라티누스에게는 신들의 뜻에 따라 아들이, 남손이 하나도 없었으니,   50
아들 한 명이 자라고 있었으나 어린 나이에 요절했던 것이다.
그래서 외동딸이 살림을 돌보며 큰 재산을 관리하고 있었다.
그녀는 어느새 시집갈 나이가 되고, 어느새 결혼 적령기가 되었다.
넓은 라티움과 전 아우소니아에서 수많은 남자들이 그녀에게
구혼 중이었다. 그들 가운데 제일 미남은 투르누스[11]였는데,   55
그는 유서 깊은 집안의 자손으로 권세가 대단했다. 그래서 왕비[12]는
놀라운 열성을 갖고 그를 사위로 삼고 싶어했다. 그러나 신들이
보낸 전조들은 여러 가지 공포감을 주며 그것을 막았다. 궁전의
맨 안마당 깊숙한 곳에는 월계수 한 그루가 자라고 있었는데 그 잎은
신성시되었다. 월계수는 여러 해 동안 외경심에 의해 보전되었다.   60
전하는 이야기에 따르면, 아버지 라티누스가 최초의 성채를
쌓았을 때 친히 그것을 발견하고는 포이부스에게 봉헌했으며,[13]
그것에 따라 주민들에게 라우렌툼인들이라는 이름을 주었다고 한다.
그런데 놀라운 일이 일어났다. 벌 떼가 맑은 대기를 지나
크게 윙윙거리며 구름처럼 몰려와서는 그 우듬지에 앉더니   65
느닷없이 서로 다리로 다리를 감으며 푸른 나뭇가지에서
새까맣게 아래로 매달리는 것이었다. 그러자 예언자가 말했다.
"내 눈에는 한 영웅이 이방에서 다가오고, 그와 더불어
어떤 군대가 같은 곳[14]에서 같은 곳[15]으로 향하더니
성채의 꼭대기에서 통치하는 것이 보이는구나."   70

그 밖에도 아버지가 정결한 횃불들로 제단[16]에 불을 지르고,
라비니아 소녀가 아버지 곁에 서 있는 동안,
(끔찍하게도) 그녀의 긴 머리에 불이 붙고 그녀의 장신구가
탁탁 소리 나는 화염 속에서 모조리 불타는 것이 보였다.
공주의 모발에도 불이 붙고 보석들을 박은 찬란한 관에도   75
불이 붙었다. 이어서 연기와 누런 화광에 싸이며 그녀가 온 궁전에
불을 뿌리는 것이 보였다. 그것은 진실로 무시무시하고도
놀라운 일이라는 소문이 퍼졌다. 그녀 자신의 운명과 명성은
찬란하게 빛날 것이나 그녀의 백성들에게는 큰 전쟁이
닥칠 것이라고 예언자들이 노래했기 때문이다.   80
    왕은 전조 때문에 걱정되어 예언의 능력을 가진 자신의 아버지
파우누스의 신탁소를 찾아가 높은 알부네아[17] 아래에 있는
임원들에게 물었는데, 그곳은 신성한 샘물 소리가 들리는
큰 숲으로 독한 유황 증기를 시커멓게 내뿜고 있었다.
이곳에서 이탈리아의 부족들과 오이노트리아[18]의 모든 나라들이   85
곤란한 일이 생기면 해답을 구하곤 했다.
이곳으로 사제가 제물을 가져가 고요한 밤에
도살한 양들의 양모피를 펴고 누워 잠을 청하게 되면,
그는 수많은 환영들이 기이하게 떠다니는 것을 보게 되고,
온갖 목소리를 듣게 되고, 신들과 대화를 즐기게 되며   90
아베르나의 깊숙한 곳에 있는 아케론에게 말을 걸게 된다.
그때에도 이곳에 아버지 라티누스가 해답을 구하러 와서는
격식에 따라 일백 마리의 털북숭이 양을 제물로 바치고 나서
그 가죽과 모피를 펴고 그 위에 기대 누워 있었다.
그때 임원 깊숙한 곳에서 불쑥 어떤 목소리가 들려왔다.   95

"네 딸을 라티움인과 결혼시키려고 애쓰지 마라, 내 아들이여.
그리고 이미 준비되어 있는 신방을 믿지 마라. 이방인들이 와서
네 사위가 될 것인즉, 그들은 자신들의 혈통으로 우리의 이름이
별들에 이르게 할 것이다. 그리고 그들의 종족에서 태어난 자손들은
태양이 오케아누스에서 뜨고 질 때 내려다보는 온 세계가 자신들의   100
발아래 굴복하고 자신들의 지배를 받는 것을 보게 될 것이다."
이것이 그의 아버지 파우누스의 해답이었고, 고요한 밤에
그가 받은 충고였다. 그러나 라티누스는 그것을 혼자 마음속에
간직하지 못했다. 라오메돈의 자손들이 풀이 무성한 강둑에
함선들을 정박시켰을 때는, 소문의 여신이 사방으로 날아다니며   105
벌써 아우소니아의 도시들에 그 소식을 전한 뒤였다.

    아이네아스와 주요 장수들과 준수한 이울루스는
키 큰 나무의 가지들 아래 편안히 앉아 음식을 차리고 있었다.
(그렇게 하도록 윱피테르 자신이 충고했던 것이다.) 그들은 풀 위에다
밀가루 케이크를 놓고는 그 위에 음식물을 올려놓고 케레스의 선물인   110
이 밀가루 바탕 맨 위에 들판의 과일들을 쌓아올렸다.
그런데 다른 것들을 다 먹어도 여전히 허기가 가시지 않아
그들은 이빨로 케레스의 얇은 케이크를 깨물지 않을 수 없었다.
그들은 손으로, 대담한 턱으로 운명의 둥근 케이크를 모독하며
그것의 납작한 4등분들을 다 먹어치웠다. "아니, 우리는 식탁마저   115
먹어치우는 것인가요?"라고 이울루스가 농담 삼아 말했고,
더는 말하지 않았다. 그의 말이 들리는 순간, 그것은 그들의 시련이
끝나가고 있음을 의미했다. 그의 입에서 말이 나오기가 무섭게
그의 아버지는 그것을 받았고, 신의 뜻에 놀라며 그를 침묵시켰다.
아이네아스가 즉시 말했다. "반갑도다, 내게 약속된 운명의 땅이여.   120

반갑나이다, 내게 신의를 지키신 트로이야의 페나테스 신들이시여.
이곳이 내 집이고, 이곳이 내 조국이오. 나의 아버지 앙키세스께서는
내게 (이제야 생각나오) 이런 운명의 비밀을 남겨주셨기 때문이오.[19]
'내 아들아, 네가 어떤 해안에 도착하여 먹을거리가 부족한 탓에
허기져 식탁마저 먹지 않을 수 없게 되면, 그때야말로 너는   125
비록 지쳐 있더라도 집을 바랄 때이고, 그곳이야말로, 명심해두어라,
처음으로 네 손으로 집들을 짓고 그것들을 성벽으로 두를 곳이니라.'
이것이 그 허기이며, 이것이 우리를 기다리고 있는
마지막 시련으로 우리의 재앙은 이것으로 끝날 것이오···
그러니 자, 우리는 해가 뜨는 대로 흔쾌히 포구에서 여러 방향으로   130
흩어져, 이곳이 어떤 곳인지, 어떤 사람들이 살고 있는지,
어디에 그들의 도시들이 있는지 알아보도록 합시다. 하나 지금은
윱피테르께 그대들의 잔으로 헌주하고, 나의 아버지 앙키세스를
기도로써 부르고, 식탁 위에 다시 포도주를 내오도록 하시오."
　이렇게 말하고 그는 이마에 잎이 달린 가지를 두르고는   135
그곳의 수호신과, 신들 가운데 첫째인 대지의 여신과,
요정들과, 아직까지 알려져 있지 않은 강들에게 기도했다.
이어서 그는 밤과, 떠오르는 밤 별들과, 이다[20] 산의 윱피테르와,
프뤼기아의 어머니[21]를 잇달아 불렀고,
하늘에 계신 어머니와 에레부스에 계신 아버지를 불렀다.   140
그러자 전능하신 아버지가 높은 하늘에서 세 번이나
맑게 천둥을 쳤고, 황금빛 광선으로 불타는 구름을
하늘에서 손수 휘두르며 보여주었다.
그러자 트로이야인들의 대열 사이에 별안간
약속된 도시를 세울 날이 다가왔다는 소문이 퍼졌다.   145

그들은 열심히 다시 식사하기 시작했고, 큰 전조를 기뻐하며
포도주 희석용 동이들을 가져다놓더니 포도주에 화환을 둘렀다.[22]

　다음날 아침 날이 밝아 첫 번째 햇빛이 대지를 비추기 시작하자,
그들은 흩어져 그곳 주민들의 도시와 경계와 해안을 정탐하러 나섰다.
그들에 따르면, 이곳은 누미쿠스[23] 강이 솟아나는 못이고, 이곳은　　　150
튀브리스 강이고, 이곳에는 용감한 라티니족이 산다는 것이었다.
그러자 앙키세스의 아들은 각 계층에서 일백 명의 사절단을 뽑아
왕의 당당한 도시로 보내며, 모두들 팔라스의 나뭇가지[24]로
몸을 가리고 가되[25] 영웅에게 선물을 가져다주고
테우케르 백성들을 위해 화친을 도모하라고 명령했다.　　　155
그들은 명령을 서둘러 이행하기 위해 발걸음을 재촉했다.
한편 그 자신은 얕은 도랑으로 성벽의 윤곽을 그리고
땅을 고르기 시작했고, 해안에 있는
이 첫 거주지에 병영 모양 방벽과 둔덕을 둘렀다.
그의 사절단은 어느새 여정을 마치고 성벽으로 다가갔고,　　　160
라티니족의 성탑들과 높은 지붕들을 눈으로 볼 수 있었다.
도시 앞에서는 소년들과 한창 나이의 젊은이들이
말을 훈련시키고 먼지 속에서 전차를 제어하는 법을 배우거나,
팽팽한 활을 구부리거나, 단단한 창을 팔로 내던지거나,
서로 경주를 하거나, 권투 시합을 하고 있었다.　　　165
그때 어떤 사자가 말을 타고 먼저 달려가서 낯선 옷차림의
거한[26]들이 도착했다는 소식을 연만한 왕의 귀에 전해주었다.
그러자 왕은 그들을 궁전 안으로 들여보내라고 명령하고는 신하들에
둘러싸인 채 선조들에게서 물려받은 옥좌에 자리 잡고 앉았다.

　그의 궁전은 당당하고 컸으며, 일백 개의 기둥에 떠받쳐진 채　　　170

시내의 가장 높은 곳에 우뚝 솟아 있었다. 전에는 라우렌툼 사람 피쿠스의
궁전이었던[27] 이 건물은 물결치는 숲과 전통적인 외경심으로 인해
두려움의 대상이었다. 이곳에서 홀과 속간을 처음으로 받는 것은 왕들에게는
좋은 전조였다. 이곳의 신전은 그들에게는 원로들의 집회장이었고,
이곳은 그들의 신성한 연회장이었으니, 이곳에서 원로들은 숫양을   175
제물로 바친 뒤 길게 늘어 선 식탁들 앞에 앉아 있곤 했던 것이다.
이곳에는 또 현관에 오래된 삼나무에 새겨진 옛 조상들의
상(像)들이 순서대로 서 있었으니, 이탈루스[28]와,
포도나무의 재배자로서 조각된 손에 구부정한 전지용 칼을 든
아버지 사비누스[29]와, 연로한 사투르누스[30]와,   180
두 얼굴을 가진 야누스[31] 상이 여기 서 있었던 것이다.[32]
이곳에는 또 나라가 창건된 이후부터의 다른 왕들과 조국을 위해
싸우다가 전쟁에서 부상당한 자들도 서 있었다. 그 밖에 신전의
기둥들에는 수많은 무구들과, 노획한 전차들과, 구부정한 도끼들과,
투구의 깃털 장식들과, 성문들의 거대한 빗장들과, 투창들과, 방패들과,   185
함선의 이물에서 베어온 충각(衝角)들이 걸려 있었다.
이곳에는 또 퀴리누스[33]의 굽은 지팡이를 들고 짧은 토가를
매어 입은 채, 그리고 왼손에 신성한 방패를 든 채
말을 길들이는 피쿠스 자신이 앉아 있었다. 키르케가 그와
동침하고 싶은 욕망에 사로잡혀 황금 지팡이로 건드리고   190
약을 먹여 그를 깃털이 알록달록한 새[34]로 변신시켰다.
　　그런 신전 안에서 라티누스는 대대로 전해 내려오는 왕좌에 앉아
테우케르 백성들을 면전으로 불러들였고, 그들이 들어오자 먼저
상냥하게 말을 건넸다. "말하시오, 다르다누스 백성들이여!
(우리는 그대들의 도시와 가계를 모르지 않으며, 그대들이 바다를   195

건너 이리로 오기 전에 그대들에 관해 듣고 있었기 때문이오.)
그대들이 바라는 것이 무엇이오? 어떤 이유에서, 어떤 필요에서 그대들은
검푸른 바다를 그토록 넘고 또 넘어 함선들을 아우소니아의 해안으로
몰고 온 것이오? 길을 잘못 들어서든 폭풍으로 항로에서 이탈해서든
그런 것은 높은 바다에서 선원들이 자주 겪는 일들이긴 하지요.   200
그대들은 강둑들 사이로 들어와 지금은 포구에 정박해 있소.
아무쪼록 우리의 우의를 거절하지 마시오. 그리고 라티니족은
사투르누스의 백성들로서 강압과 법규 때문이 아니라, 자발적으로
우리의 오래된 신[35]의 생활방식을 지키기에 의롭다는 점을 알아두시오.
내 기억이 틀림없다면, (세월이 흘러 소문이 흐릿해지긴 했어도)   205
아우룽키족[36]의 노인들이 말하기를 다르다누스는 이곳의 들판에서
태어나[37] 프뤼기아의 이다 산자락에 있는 도시들과 지금은
사모트라키아[38]라고 불리는 트라키아의 사모스 섬으로 들어갔다고 하오.
그는 이곳의 튀르레니아 지방에 있는 코뤼투스[39]의 거처에서
출발했으나, 지금은 별이 총총한 하늘의 황금 궁전에 있는   210
옥좌에 앉아 신들의 제단의 수를 늘리고 있지요."

그가 말을 마치자 일리오네우스가 이런 말로 대답했다. "왕이시여,
파우누스의 빼어난 아드님이시여, 우리는 파도에 밀리거나 검은 폭풍에
쫓겨 그대들의 나라에 상륙한 것도, 별이나 해안을 잘못 읽고 길을
잃은 것도 아닙니다. 확고한 의지를 갖고 우리 모두는 심사숙고 끝에   215
이 도시에 온 것입니다. 우리는 태양이 일찍이 하늘의 가장 높은
곳에서 내려올 때 볼 수 있었던 나라들 중에서 가장 큰 나라에서
쫓겨났습니다. 우리 민족은 윱피테르에게서 비롯되었으며,[40]
다르다니아의 젊은이들은 자신들의 시조가 윱피테르라는 것을
자랑스럽게 여기고 있습니다. 우리의 왕 아이네아스도   220

윱피테르의 최고의 혈통에서 비롯되었는데, 다름 아닌 트로이야의
아이네아스가 우리를 그대의 문으로 보냈습니다. 얼마나 세찬 폭풍이
무자비한 뮈케나이에서 터져 나와 이다 산자락의 들판들을 휩쓸었는지,
어떤 운명에 쫓겨 에우로파와 아시아의 두 세계가 서로 충돌했는지는
오케아누스가 자신 속으로 흘러드는, 대지의 맨 가장자리[41]에 사는   225
사람도 들었고, 우리와 떨어져 네 지역의 중간에 뻗어 있는
폭군 같은 태양의 지역[42]에 사는 사람도 들었습니다.
그 대홍수에서 벗어나 우리는 망망대해를 수없이 항해했고,
지금은 조국의 신들을 위한 작은 거처와 안전한 해안 지대와
만인에게 개방되어 있는 물과 공기를 청하고 있습니다.   230
우리는 그대들의 왕국에 치욕이 되지 않을 것입니다. 사람들 사이에서
그대들의 명성은 가볍지 않을 것이며, 그런 선행에 감사하는 마음은
줄어들지 않을 것입니다. 아우소니아인들은 트로이야를 가슴에 받아준 것을
후회하지 않을 것입니다. 아이네아스의 운명에 걸고, 그리고 누가 신의로
떠보았든 전쟁과 무구로 떠보았든 그분의 강력한 오른손[43]에 걸고   235
맹세하건대, 많은 백성들이 (우리가 자진하여 양털을 감은
올리브나무 가지를 손에 들고 와서 탄원의 말을 건넨다고 해서 우리를
무시하지 마십시오) 많은 부족들이 우리와 동맹을 맺기를 원했습니다.
그러나 신들께서 정해주신 운명은 우리를 떠밀어 그대들의 땅을
찾아오게 했습니다. 이곳에서 다르다누스가 태어났습니다.   240
이곳으로 아폴로께서 우리를 도로 부르시며, 튀르레니아의 튀브리스 강과
누미쿠스 샘의 신성한 물로 향하라고 지엄하신 명령으로 재촉하십니다.
그 밖에 우리의 왕께서는 그대에게 이 작은 선물들을 바치시는데, 이것은
그분이 누리시던 이전의 행운의 잔재들로 불타는 트로이야에서 건진
것들입니다. 이 황금 잔으로 그분의 아버지 앙키세스께서는 제단들에   245

헌주하셨습니다. 이 홀과 이 신성한 관과 이 옷들은 프리아무스가
백성들이 모인 앞에서 관습에 따라 판결을 내릴 때 쓰던 것으로
일리움의 여인들의 수공품들입니다···"
    이렇게 일리오네우스가 말했을 때, 라티누스는
시선을 바닥으로 향한 채 가만히 응시하며 생각에 잠겨   250
두 눈을 쉴새없이 움직였다. 그는 왕으로서 수놓은 자줏빛 옷과
프리아무스의 홀을 보고 감동하지 않은 것은 아니었으나,
그보다는 자신의 딸의 결혼과 신방에 관한 생각에 빠져 오래된
파우누스의 신탁을 마음속에서 이리저리 저울질해보고 있었던 것이다.
그래, 이 사람이야말로 운명에 의해 먼 이방에서 이리로 와서는   255
내 사위가 되어 대등한 권력과 권위를 가지고 통치하게 되어 있다는
바로 그 사람이야. 그에게서 빼어나게 용감한 자손들이 태어나 온 세상을
자신들의 힘으로 제압하게 될 것임에 틀림없어. 이윽고 그는 흔쾌히 말했다.
"신들께서는 우리의 뜻과 자신들의 예언이 이루어지게 해주시기를!
트로이야인이여, 그대의 소원은 이루어질 것이오.   260
그리고 나는 선물들을 거절하지 않을 것이오. 라티누스가 왕인 동안에는,
그대들에게 비옥한 농경지와 트로이야의 부가 부족한 일은 없을 것이오.
다만 아이네아스가 몸소 이리로 와야 할 것이오. 그가 우리와
함께하기를 그토록 원하고, 우리의 친구가 되어 동맹자라고 불리기를
서둔다면 말이오. 그는 친구들의 면전에서 몸을 사려서는 안 될 것이오.   265
내가 제시하는 화친의 조건은 그대들의 왕의 오른손을 잡는 것이오. 그대들은
지금 이 제의를 그대들 왕에게 전하시오. 내게는 딸이 하나 있소. 한데
내 딸이 우리 백성들 중 한 남자와 결혼하는 것을 내 아버지의 성소에서 나온
신탁도, 하늘의 수많은 전조들도 허용치 않고 있소. 그것들의 예언에 따르면,
라티움에 다가올 운명이란 이방에서 이방인들이 와서 사위가 될 것인즉   270

그들이 자신들의 피로 우리의 이름을 하늘로 올릴 것이라 했소.
아이네아스야말로 운명이 요구하는 바로 그 사람이라고 나는 생각하며,
그것은 내 소원이기도 하오. 내게 조금이라도 선견지명이 있다면 말이오."
이렇게 말하고 아버지[44]는 자신이 갖고 있던 모든 말들 중에서 가려 뽑았다.
(그의 높다란 마구간에는 윤기 나는 말들이 삼백 마리나 있었다.) 275
그러더니 그는 즉시 모든 테우케르 백성들에게 그 준마들을
수놓은 자줏빛 마구를 입힌 채 차례차례 끌어다주라고 명령했다.
그것들의 가슴에는 황금 목걸이가 걸려 있었고,
그것들의 장식들은 황금이었으며, 그것들은 또 이빨로 황금 재갈을
씹고 있었다. 그 자리에 없는 아이네아스를 위해 그는 전차 한 대와 280
한 쌍의 천마(天馬)를 골랐다. 콧구멍에서 불을 내뿜는
이 말들은 교활한 키르케가 그녀의 아버지[45]의 말들에 몰래
암말을 붙여 얻은 그 말들의 자손들이었다. 아이네아스의 백성들은
라티누스에게서 그런 선물을 받고 그런 말을 들은 다음
안장 위에 높이 앉아 화친의 전언을 갖고 돌아갔다. 285

  그러나 보라, 윱피테르의 잔혹한 아내[46]가 바람을 가르며
이나쿠스[47]의 도시인 아르고스에서 돌아오고 있었는데
시킬리아의 파퀴눔[48] 곶 위에서 대기 사이로 저 멀리
기뻐하는 아이네아스와 다르다니아의 함대가 그녀의 눈에 띄었다.
그녀가 보니 그들은 어느새 집을 짓기 시작했고, 그 나라를 믿고는 290
함선들을 떠나 있었다. 그녀는 쓰라린 고통에 멈춰 섰다.
그러더니 그녀는 머리를 흔들며 가슴속에서 이런 말을 쏟아냈다.
"아아, 저 가증스런 종족이여! 아아, 내 자신의 운명과 마주치는
저 프뤼기아인들의 운명이여! 저들은 시게움[49]의 들판에서 죽을 수도
있지 않았던가? 저들은 함락되었으니 사로잡힐 수도 있지 않았던가? 295

화염에 싸인 트로이야가 저들을 화장할 수도 있지 않았던가? 하거늘 저들은
대열 사이로 화염 사이로 길을 찾아내지 않았던가! 생각건대, 여신으로서의
내 힘도 마침내 쇠진했거나 아니면 내가 증오에 물려 휴식을 취하고 있나봐.
천만에, 저들이 조국에서 쫓겨났을 때 나는 파도 사이로 과감하게
저들을 뒤쫓았고, 모든 바다 위에서 도망치는 저들과 맞서지 않았던가! 300
저 테우케르 백성들에게 나는 하늘의 힘도 바다의 힘도 써보았지.
하나 내게 쉬르티스들이나 스퀼라가 무슨 소용 있었으며, 소용돌이치는
카륍디스가 무슨 소용 있었던가? 저들은 바다와 나에게서 안전하게
벗어나 고대하던 튀브리스의 골짜기에 둥지를 틀고 있지 않는가!
마르스는 거한들인 라피타이족을 파멸시킬 수 있었고,[50] 신들의 아버지는 305
오래된 칼뤼돈을 디아나에게 분풀이하도록 손수 넘겨주었거늘[51]
대체 라피타이족과 칼뤼돈이 무슨 죄를 지었기에 그런 벌을 받았던가?
한데 윱피테르의 위대한 아내인 나는 안 해본 것 없이 할 수 있는 일은
무엇이든 다 해보았건만 불행히도 아이네아스에게 지고 말았어!
하지만 여신으로의 내 힘이 달린다면, 310
나는 어느 곳에서든 주저 없이 도움을 청할 거야.
하늘의 신들을 굽힐 수 없다면 나는 아케론[52]이라도 움직여야지.
그가 라티움의 왕이 되는 것을 막을 수 없고, 그가 라비니아와
결혼하는 것이 움직일 수 없는 운명이라면, 그렇게 되라지.
하지만 그런 중대사들을 질질 끌며 나는 지연시킬 수 있을 것이며, 315
그들 두 왕의 백성들을 결단낼 수도 있겠지.
그들은 서로 장인과 사위가 된 대가로 제 백성들의 목숨을 바칠 것이고,
소녀여, 트로이야인들과 루툴리족의 피가 그대의 지참금이 될 것이며,
벨로나[53]가 그대의 신부 들러리가 되리라. 킷세우스의 딸[54]만이
횃불을 잉태하여 그 결혼이 화재가 되고 만 아들을 낳은 것이 아니라, 320

베누스에게도 똑같은 아들이, 제2의 파리스가 태어나, 이번에도
다시 태어난 페르가마에게 결혼 횃불은 장례 횃불이 되리라."
    이렇게 말하고 무서운 여신은 대지로 내려오더니,
무시무시한 여신들[55]의 거처와 저승의 어둠에서 재앙을
가져다주는 알렉토를 불러냈으니, 알렉토에게는 비참한 전쟁과   325
원한과 음모와 해코지하는 범죄가 마음에 들었던 것이다.
이 타르타루스의 괴물은 자신의 아버지 플루톤[56]에게도 미움 받았고,
자매들에게도 미움 받았다.[57] 그만큼 자주 그녀는 둔갑했고,
그만큼 그녀의 모습은 무서웠으며, 그만큼 많은 시커먼 뱀[58] 떼가
그녀의 머리에서 우글거렸다. 유노는 그녀를 부추겼다.   330
"소녀[59]여, 밤의 따님이여, 그대는 부디 나를 위해 봉사하고 수고하여,
내 명예와 명성이 훼손되거나 감소하는 일이 없게 해주시고,
아이네아스의 백성들이 이 결혼으로 라티누스를 구슬려
이탈리아 땅을 차지하는 일이 없게 해주세요. 그대는 한마음
한뜻의 형제들도 서로 싸우도록 무장시킬 수 있고,   335
한 가정을 증오심으로 괴롭힐 수 있으며, 지붕 아래에 채찍과 장례
횃불들을 가져다줄 수 있어요. 그대에게는 천 가지 이름이 있고, 천 가지
해악의 수단이 있어요. 가슴속에 가득 들어 있는 것들을 샅샅이 뒤져
그들이 합의한 화친을 깨고, 전쟁의 씨앗을 뿌리세요. 그리하여
그들의 젊은이들이 동시에 무구를 원하고, 요구하고, 손에 들게 하세요."   340
    그러자 고르고[60]의 독에 절어 있던 알렉토가
먼저 라티움에 있는 라우렌툼 왕의 높다란 궁전을 찾아가
아마타[61]의 침묵에 싸여 있는 문턱 앞에 앉았다.
아마타는 테우케르 백성들의 도래와 투르누스의 결혼 문제로
걱정되고 화가 나 여자답게 안절부절못하며 속을 끓이고 있었다.   345

그녀에게 여신이 자신의 검푸른 머리에서 뱀 한 마리를 던져 그녀의
가슴속으로 심장 가까이까지 밀어 넣었으니, 이는 그녀가 이 괴물에 미쳐
온 집 안을 발칵 뒤집어놓게 하려는 것이었다. 뱀이 그녀의 의상과
부드러운 젖가슴 사이로 미끄러져 들어가 똬리를 틀어도 그녀는 그것을
느끼지 못했고, 그것이 자신 속에 독기를 불어넣어도 그녀는 미쳐서   350
아무것도 눈치채지 못했다. 거대한 뱀은 황금 목걸이가 되기도 하고,
긴 머리띠의 리본이 되기도 하고, 모발 속으로 들어가기도 하고,
그녀의 사지 위로 슬슬 돌아다니기도 했다.

처음에 역병이 미끌미끌한 독액과 함께 아래로 흘러내리며
그녀의 감각들에 스며들고 불로 그녀의 뼈를 에워싸기는 했어도,   355
그녀의 가슴속 마음이 완전히 화염에 싸이지 않았을 동안에는 그녀는
어머니들이 흔히 그렇게 하듯 부드럽게 말했고, 딸이 프뤼기아인에게
시집간다고 비통하게 울었다. "여보, 정말로 라비니아가 고향에서 쫓겨난
테우케르 백성들에게 아내로 주어지는 거예요? 당신은 딸이, 그리고 당신
자신이 애처롭지도 않으세요? 당신은 이 어미가 불쌍치도 않으세요?   360
신의 없는 그자는 북풍[62]이 불어오기만 하면 배를 타고 내 곁을 떠나며
소녀를 전리품으로 데려갈 텐데도 말예요? 프뤼기아의 목자[63]도 이렇게
라케다이몬으로 들어가 레다의 딸 헬레나를 트로이야의 도시들로
싣고 가지 않았던가요? 당신의 엄숙한 서약은 어떻게 된 거예요?
당신의 가족에 대한 옛날의 배려와, 당신의 인척[64]인   365
투르누스에게 준 언질과 악수는 대체 어떻게 된 거예요? 당신이
라티니족을 위해 이방인들 사이에서 사위를 구하고 계신다면, 그것이
당신의 확고한 결심이라면, 그리고 당신의 아버지 파우누스의 명령이
그대를 압박한다면, 우리의 홀에 종속되지 않고 자유로운 나라는
모두 이방이며 신들께서도 그런 뜻으로 말씀하셨다고 나는 생각해요.   370

우리가 그의 가문의 기원으로 거슬러 올라간다면, 투르누스도 이나쿠스와
아크리시우스의 후손으로 그의 고향은 뮈케나이의 중심부예요."[65]

 이런 말로 그녀는 라티누스를 움직여보려고 해도 소용없었다.
그녀는 그의 결심이 확고한 것을 보았다. 그러자 사람을 미치게 하는
뱀의 독이 그녀의 살 속 깊숙이 들어가 그녀의 전신을 돌아다녔다.   375
그러자 진실로 불행한 왕비는 엄청난 고통에 쫓겨
제정신을 잃고 발광하며 온 시내를 채신머리없이 싸다녔다.
그 모습은 소년들이 자신들의 놀이에 열중하여
빈 마당에서 크게 원을 그리며 팽이를 돌리면
이따금 팽이가 채찍에 맞아 빙빙 돌 때와 같았다.   380
팽이는 채찍에 쫓겨 곡선 주로를 따라 빙글빙글 돌고,
소년은 채찍으로 쳐서 팽이를 살리며 그것을 내려다보고는
이상히 여기기도 하고 감탄하기도 한다. 그런 팽이 못지않게
급히 그녀는 사나운 백성들 사이로 시내 한복판을 싸다녔다.
심지어 그녀는 박쿠스에 씌었답시고 숲 속으로 달려들어가   385
더 큰 죄를 짓고 더 큰 광기를 부리기 시작했고, 숲이 우거진 산에다 딸을
숨기기도 했으니, 이는 테우케르 백성들에게서 신부를 빼앗거나 결혼식을
지연시키자는 것이었다. "박쿠스, 만세!"[66]라고 그녀는 외쳤다. "그대만이
소녀에게 합당하옵니다." 그녀는 계속해서 소리쳤다. "그녀는 진실로
그대를 위해 부드러운 잎의 튀르수스[67]를 들고 있고, 그대를 위해 춤추며,   390
그녀가 기르고 있는 머리단도 그대에게 바칠 것이옵니다."
소문이 쏜살같이 떠돌아다니자 다른 어머니들의 가슴속에도
똑같은 광기가 불붙어 새 거처를 찾도록 그들을 모두 내몰았다.
그들은 느닷없이 집을 버리고 떠나가 목덜미와 머리털을 바람에 맡겼다.
그중 더러는 짐승의 모피[68]를 걸치고 포도덩굴을 감은 창[69]을   395

휘두르며 떨리는 외침 소리로 대기를 가득 채웠다. 그들 한가운데에서
열광하는 왕비는 활활 타는 관솔 횃불을 높이 들고 핏발 선 눈을 굴리며
딸과 투르누스의 축혼가를 불렀다. 그러더니 그녀는 갑자기 무시무시하게
소리쳤다. "아아, 라티움의 어머니들이여, 그대들은 지금
어디 있든 모두 내 말을 들으세요. 그대들이 모정을 이해하고   400
이 가련한 아마타에게 아직도 관심이 있다면,
어머니의 권리에 대한 걱정이 아직도 그대들의 마음을 아프게 한다면,
그대들은 머리띠를 풀고 나와 함께 박쿠스의 비의에 참가해요."
이렇게 알렉토는 왕비를 박쿠스의 막대기로 숲들 사이로,
야수들의 외딴 거처 사이로 이리저리 내몰았다.   405

    왕비의 첫 번째 광기가 충분히 날카로워
라티누스의 계획과 집을 발칵 뒤집어놓았다고 생각되자,
재앙을 가져다주는 여신은 곧장 검은 날개를 타고 루툴리족의
대담한 왕[70]의 성벽으로 날아갔다. 이 도시는, 사람들이 말하기를,
다나에가 날랜 남풍에 떠밀려 와서 아크리시우스[71]의 식민지   410
이주자들과 함께 창건했다고 한다.[72] 우리 선조들은 전에 이곳을
아르데아[73]라고 불렀다. 지금도 아르데아라는 위대한 이름은 그대로
남아 있으나, 그 행운은 옛이야기가 되었다. 이곳에 있는
높은 궁전에서 투르누스는 캄캄한 밤에 깊은 잠에 곯아떨어져 있었다.
알렉토는 무시무시한 얼굴과 광란하는 사지를 벗고   415
노파의 모습으로 변신했다. 그러고 나서 그녀는 역겨운 이마에
주름을 파고 머리띠로 백발을 묶더니 거기에 올리브 잎 관[74]을 엮었다.
그녀는 유노 신전의 늙은 여사제 칼뤼베가 되어 젊은이의
눈앞에 나타나 이렇게 말했다. "투르누스여, 그대의 모든 노고가
수포로 돌아가고 그대의 왕홀이 다르다니아의 이주민들에게   420

넘어가는데도 그대는 그냥 우두커니 보고만 계실 참이세요?
왕은 그대가 피로 얻은 결혼과 지참금[75]을 그대에게
거절하고 자신의 왕국을 계승할 이방인을 찾고 있어요.
지금 당장 나가세요. 이 조롱거리여, 그대를 보답 없이
위험에 내맡기세요. 가서 튀르레니아인들의 대열을 무찌르고,　　　　425
라티니족을 평화로 가려주세요.[76] 사실은 사투르누스의
전능하신 따님께서 친히 명령하시기를, 그대가 고요한
밤에 누워 있는 동안 이렇게 공공연히 전하라고 하셨어요.
그러니 자, 그대는 흔쾌히 군대를 동원하여 성문 밖을 나서 싸움터로
인솔하세요. 그리하여 우리의 아름다운 강가에 진을 치고 있는　　　　430
프뤼기아인들의 장수들과 색칠한 그들의 함선들을 불태워버리세요.
하늘의 강력한 힘이 그렇게 명령하고 있어요. 만일 약속대로 결혼을
승낙하지 않는다면, 라티누스 자신이 그 대가로 고통 당하게 하시고,
종국에는 무장한 투르누스가 얼마나 강력한지 느끼게 해주세요."

　　젊은이가 예언녀를 비웃으며 입을 열어 이렇게 대답하기 시작했다.　　435
"함대가 튀브리스 강의 하구로 들어왔다는 소식이라면,
그대의 예상과는 달리 나도 들었소.
그렇게까지 호들갑 떨 것 없소.
그리고 여왕 유노께서 우리를 잊지 않고 계시오 · · ·
할멈, 그대는 늙고 노쇠하여 진실을 알지 못하는 탓에　　　　440
공연스레 야단법석을 떨고 불안해하며, 마치 예언녀인 양 왕들이
서로 전쟁을 한다는 근거 없는 두려움에 사로잡혀 있는 것이란 말이오.
그대는 신상들이나 돌보고 신전이나 지키도록 하시오. 전쟁과 평화는
남자들에게 맡겨두시오. 전쟁을 하는 것은 남자들의 소관이오."

　　이 말을 듣고 알렉토는 노여움으로 활활 타올랐다.　　　　445

젊은이는 급작스레 사지가 떨리고 두 눈이 두려움으로 굳어졌다.
복수의 여신은 그만큼 많은 휘드라들이 쉿쉿 소리를 내게 하며
자신의 거대한 모습을 드러냈던 것이다. 그리고 그가 더 말하려고
더듬거리고 있는데, 그녀는 불타는 두 눈을 굴리며 그를 밀쳤다.
그리고 머리에서 뱀 두 마리가 일어서게 하더니 채찍을 홱 울리며 450
광란하는 입으로 덧붙였다. "뭣이, 내가 늙고 노쇠하여
진실을 알지 못하는 탓에, 왕들이 서로 전쟁을 한다는
근거 없는 두려움에 사로잡혔다고! 이것들 좀 보라고!
나는 무서운 자매들[77]의 거처에서 이곳으로 왔으며,
전쟁과 죽음을 나는 이 손안에 갖고 다녀···" 455
이렇게 말하고 그녀는 젊은이에게 횃불을 던져 시커먼 불빛과
더불어 그을음을 내뿜는 그 관솔을 그의 가슴 아래에 단단히 박았다.
엄청난 공포가 그의 잠을 망쳐놓았고, 온 전신에서 솟아나온 땀에
그는 뼈와 사지가 흠뻑 젖었다. 그는 발광하여
무구들을 가져오라고 소리쳤고, 의자에서도 방안에서도 460
무구들을 찾았다. 무쇠에 대한 욕망과 전쟁의 저주 받은 광기와,
무엇보다도 원한이 미쳐 날뛰었다. 그 모습은 마치 섶나무 단이
끓는 솥 밑에서 타닥거리는 소리를 내며 활활 타오르면
물이 끓으며 튀어 오르고, 솥에서는 물줄기가 빙글빙글 돌며
김과 거품을 내뿜다가 더 이상 주체할 수 없게 되면 465
구름처럼 짙은 증기가 하늘로 올라갈 때와도 같았다.
그리하여 투르누스는 평화를 유린하며 젊은이들의 우두머리들에게
라티누스 왕을 향해 진격하라고 지시했고, 무구들을 갖추어 이탈리아를
지키고 적군을 국경 밖으로 쫓아내라고 명령했다. 그는 자기가
동시에 테우케르 백성들과 라티니족에 능히 맞설 수 있다고 했다. 470

투르누스가 이렇게 말하고 서약[78]의 증인으로 신들을 부르자,
루툴리족은 무장하라고 서로 다투어 격려했다. 그들 가운데 더러는
그의 외모와 젊음의 빼어난 아름다움에 동했고, 더러는 대대로 왕이었던
그의 조상들에게 움직였고, 더러는 그의 찬란한 무훈에 따랐다.

    투르누스가 루툴리족을 담력과 용기로 가득 채우고 있는 동안 475
알렉토는 스튁스의 날개를 타고 테우케르 백성들에게로 급히 날아가,
준수한 이울루스가 해안에서 덫을 놓거나 개 떼로 추격하여
야수들을 사냥하고 있던 장소를 찾아낸 다음 새로운 음모를 꾸몄다.
그곳에서 코퀴투스의 소녀[79]가 개 떼에게 갑자스런 광기를
불어넣고 개들의 코에 익숙한 냄새를 발라주자, 개 떼는 480
열심히 수사슴 한 마리를 뒤쫓았다. 이것이 모든 고통의
단초가 되었고, 시골 백성들의 마음에 전의를 불붙였던 것이다.
녀석은 큼직한 뿔이 달린 빼어나게 잘생긴 수사슴으로 아직도
젖을 빨던 것을 어미의 젖가슴에서 떼어내어 튀르루스와
그의 어린 아들들이 기르고 있었는데, 튀르루스는 왕의 가축 떼를 485
돌보며 넓은 초지를 맡아 관리하고 있었다. 소년들의 누이인
실비아는 녀석을 정성껏 돌보며 자신의 명령에 복종하도록 훈련시켰다.
또 부드러운 화환을 감아 녀석의 뿔을 장식해주기도 하고,
털을 빗기기도 하고, 맑은 샘물에 목욕을 시키기도 했다.
수사슴은 사람의 손에 길들여지고 주인이 주는 음식에 익숙해지자, 490
숲 속을 돌아다니다가 아무리 늦은 밤이라도
낯익은 문을 향해 제 발로 돌아오곤 했다.
집을 멀리 떠나 들판을 돌아다니던 녀석이 마침
냇물을 타고 떠내려 와서 강가의 풀밭에서 더위를 식히다가,
사냥하던 이울루스의 개 떼에게 쫓기게 되었던 것이다. 495

물론 아스카니우스도 남다른 명성을 얻고 싶은 욕망에 불타올라
구부러진 활에서 화살을 겨누었다. 그리고 신[80]은 그의 손이
빗맞히게 내버려두지 않았으니, 시위 소리 요란한 가운데
화살은 곧장 날아가 녀석의 배와 내장을 꿰뚫었다.
부상당한 네발짐승은 익숙한 지붕 밑으로 달아나   500
신음하며 우리 안으로 기어들어가더니, 피투성이가 되어
애원하듯 온 집 안을 고통의 절규로 가득 채웠다.
맨 먼저 누이 실비아가 손바닥으로 팔을 치며 도움을 청했고,
그러자 그녀의 소리를 듣고 강인한 농부들이 모여들었다.
(고요한 숲 속에는 사나운 역병[81]이 잠복하고 있었기 때문이다.)   505
그들은 예상보다 빨리 그녀에게 왔는데, 더러는 불에 그슬린 장작개비로
무장했고, 더러는 옹이투성이 몽둥이를 가지고 있었다. 각자 손에
잡히는 대로 분노는 그것을 무기로 만들었던 것이다. 튀르루스는
무리들을 불러모았다. 그는 거친 숨을 몰아쉬며 도끼를 낚아챘는데,
마침 참나무를 네 조각으로 패려고 쐐기를 박던 중이었다.   510
　　한편 잔혹한 여신은 높은 곳에서 지금이 해코지할 때임을
알고 농가의 지붕 위로 날아가 그 꼭대기에 앉더니
목자의 신호 소리를 울리며 구부정한 뿔을 불어
타르타루스의 음성을 더 강화했다. 그 소리는 즉시
숲 속 깊숙이 메아리쳤다. 임원들이 모두 부들부들 떨었다.   515
트리비아의 호수[82]도 멀리서 그것을 들었고, 유황수로 하얘진
나르[83] 강과 벨리누스[84]의 샘들도 그것을 들었다.
그리고 어머니들은 겁에 질려 아이들을 가슴에 꼭 껴안았다.
그 무시무시한 뿔피리가 부르는 소리에 호응하여
거친 농부들이 무구들을 집어 들고 부리나케 사방에서   520

모여들었다. 트로이야의 젊은이들도 진영의 문을
열어젖히고 아스카니우스를 도우러 쏟아져 나왔다.
양측이 대열을 갖추고 마주 다가섰다. 그것은 이미 단단한 몽둥이와
불에 그슬려 뾰족하게 다듬은 말뚝으로 싸우는 시골 싸움이 아니었으니,
그들은 쌍날칼로 서로 싸우고 있었던 것이다. 칼집에서   525
뺀 칼들이 사방의 들판에서 곡식인 양 까맣게 곤두서 있었고,
청동이 햇빛을 받아 번쩍이니 그 광채가 구름 아래까지 닿았다.
그 모습은 마치 바다가 처음에 바람이 불기 시작하면 하얘지지만
차츰차츰 높아지며 점점 더 높은 파도를 일으키다가
맨 밑바닥으로부터 대기까지 솟아오를 때와도 같았다.   530
그곳에서 쉿 하고 화살 나는 소리가 들리더니 선두 대열에서 싸우던
한 젊은이가 쓰러졌다. 그는 튀르루스의 장남 알모였다. 화살이
그의 목구멍 깊숙이 박히며 목소리의 축축한 길과 연약한 목숨을
피로 막아버렸던 것이다. 그 주위에는 수많은 전사자들이
누워 있었다. 그중에는 양측을 위해 화친을 주선하려다가 죽은   535
늙은 갈라이수스도 있었다. 그는 전에 아우소니아의 들판들에서
의롭기 그지없었고 가장 부유한 사람들 가운데 한 명이었다.
다섯 무리의 양 떼와 다섯 무리의 소 떼가 저녁이면 그의 축사로
돌아왔고, 그는 일백 개의 쟁기로 자신의 땅을 갈아엎었다.
    양측이 들판에서 백중지세를 이루며 싸우고 있는 동안,   540
여신은 자기가 일단 전쟁을 피에 담그고 주검으로
첫 전투를 개시한 만큼 자신의 약속이 이행되었다고 보고
헤스페리아를 뒤로하고 하늘의 대기를 뚫고 올라가서는
교만한 목소리로 유노에게 의기양양하게 말했다.
"보세요, 그대의 뜻대로 불화 끝에 참혹한 전쟁이 벌어졌어요.   545

이제는 그들더러 친구가 되어 휴전 조약을 맺으라고 말씀하세요. 하지만 나는
기왕에 테우케르 백성들에게 아우소니아의 피를 뿌린 만큼 거기에 이런 것을
덧붙일까 해요. 그대가 확실히 동의해주신다면 말예요. 나는 소문을 퍼뜨려
인근 도시들을 전쟁으로 끌어들이고 전쟁에 대한 광기 어린 열정으로
그들의 마음에 불을 지를 참예요. 사방에서 도우러 오도록 말예요. 550
나는 그들의 들판들에 무기들을 씨 뿌릴까 해요."
유노가 대답했다. "공포와 기만은 그만하면 됐소. 전쟁의 명분은
확고해졌소. 그들은 무기를 들고 맞서 싸우고 있고, 처음에는 우연히
무구를 집어 들었으나 지금은 새로운 유혈이 그것을 적셔주고 있으니까.
이것이 베누스의 빼어난 아들과 라티누스 왕이 맺게 될 혼인이 되고, 555
이것이 그들의 축혼가가 되기를! 그건 그렇고
그대가 상공의 대기 위를 멋대로 돌아다니는 것은
높은 올륌푸스의 통치자인 저 높은 아버지가 원치 않는 일이오.
그대는 이곳을 떠나도록 하시오. 앞으로 더 할 일이 남아 있다면
그것은 내가 알아서 할 것이오." 이렇게 사투르누스의 따님은 말했다. 560
그러자 알렉토가 뱀들이 쉿 소리를 내는 날개[85]들을 활짝 펴더니
하늘의 언덕을 떠나 코퀴투스에 있는 자신의 집으로 향했다.
이탈리아의 심장부에는 높은 산들의 기슭에 암상크투스[86] 계곡이
있는데, 이곳은 유명한 곳으로 여러 나라에 널리 알려져 있다.
그 양쪽으로 숲의 끝자락이 검게 우거진 나뭇잎으로 565
그것을 에워싸고 있고, 그 한가운데에는 소용돌이치는
요란한 급류가 바위들 사이로 흘러가며 굉음을 낸다.
이곳에서는 무시무시한 동굴과 사나운 디스의 숨구멍을 볼 수 있다.
그리고 아케론이 분출함으로써 생긴 거대한 심연이 역병을 내뿜는
아가리를 쩍 벌리고 있다. 가증스런 여신인 복수의 여신은 570

그 속으로 사라짐으로써 대지와 하늘을 가볍게 해주었다.

하지만 그 사이 여왕인 사투르누스의 따님은 전쟁에
마지막 손질을 하고 있었다. 그러자 목자들의 무리가 모두
전사자들인 알모 소년과 얼굴이 훼손된 갈라이수스를 들고
싸움터에서 도시로 쏟아져 들어가 그곳에서 신들에게 탄원하고   575
라티누스에게 간청했다. 투르누스가 그곳에 있다가, 사람이 죽었다고
그들이 화가 나서 아우성치는 가운데 그들의 공포를 배가했으니,
테우케르 백성들은 통치하도록 부름 받은 것이고, 라티니족의 피는
프뤼기아의 피와 섞일 것이며, 자기는 문밖으로 쫓겨났다는 것이었다.
그러자 박쿠스에 미쳐 길 없는 숲 속을 떼 지어 춤추며 돌아다니던   580
어머니들의 남편들이 (아마타란 이름은 그들에게는 큰 영향력이
있었던 것이다) 사방에서 모여들어 전쟁을 요구하며 마르스를
못살게 굴었다. 그들은 모두 악령에 씌어 전조를 거슬러
신들의 뜻을 거슬러 즉시 이 저주 받은 전쟁을 요구했다.
그들은 다투어 라티누스 왕의 궁전 주위로 몰려들었다.   585
그러나 왕은 바다의 암벽처럼 요지부동이었다.
큰 파도가 밀려와 부서져도 주위에서 울부짖는 물결에 둘러싸인 채
큰 덩치로 버티는 바다의 암벽처럼. 절벽들과 거품을 뒤집어쓴
바위들이 주위에서 으르렁거려도 소용없고, 해조류도
그것의 옆구리를 쳤다가는 물결 따라 도로 물러간다.   590
그러나 아버지는 자신에게 맹목적인 계획을 제지할 힘이 없고,
모든 것이 무자비한 유노의 뜻에 따라 진행되는 것을 보자,
신들과 비어 있는 대기를 자꾸만 증인으로 부르며 말했다.
"아아, 우리는 운명에 가격당하고 있고, 폭풍에 떠내려가고 있소!
이 신성 모독에 대해 그대들의 피로 대가를 치르게 될 것이오,   595

가련한 자들이여. 투르누스여, 이 불의한 자여, 가혹한 처벌이 그대를
기다리고 있소. 그대는 서약으로 신들을 공경하겠지만 때는 이미
늦을 것이오. 나에게는 이미 안식이 주어져 있소. 나는 이미 항구에
다 들어왔으며, 잃을 것은 행복한 죽음밖에 없단 말이오."[87]
그는 궁전 안에 틀어박히더니 통치의 고삐를 놓아버렸다. 600

    헤스페리아의 라티움에는 한 가지 관습이 있었는데, 알바의 도시들이
그 뒤를 이어 신성시해오던 이 관습은 지금은 제국의 여왕 로마가
지키고 있다. 그들이 게타이족[88]이나 휘르카니아[89]인들이나
아라비아인들[90]에게 자신들의 손으로 눈물겨운 전쟁을 가져다줄
준비를 하든, 또는 인디아[91]와 동방을 향해 진격하고 파르티족[92]에게 605
군기들을 되돌려줄 것을 요구할 준비를 하든, 먼저 전투를 위해 마르스를
분기시킬 때 이 관습이 지켜지는 것이다. 전쟁의 문들[93]이 (그것들은
이렇게 불리고 있다) 두 개 있는데, 그것들은 종교와 사나운 마르스에 대한
두려움에 의해 신성시되고 있다. 그것들은 일백 개의 빗장과 무쇠의
영원한 힘에 의해 닫혀 있으며, 그것들을 지키는 야누스는 결코 610
그 문턱을 떠나는 일이 없다. 원로원에서 전쟁을 하기로
최종 결정이 나면 집정관이 퀴리누스[94]의 짧은 토가를
가비이[95] 식으로 돋보이게 매어 입고는[96] 삐걱거리는 이 문들을
손수 열며 전쟁을 불러낸다. 그러면 전군이 따라 외치고,
청동 나팔들도 함께 거친 소리를 불어 댄다. 615
그때 라티누스도 이 관습에 따라 전쟁을 선포하며
아이네아스의 백성들에게 무시무시한 문을 열도록 요구 받았다.
하지만 아버지는 그것들을 만지려 하지 않고 가증스런 직무 앞에서
뒤로 물러나 사람들의 눈에 띄지 않게 어둠 속에 숨어버렸다.
그러자 신들의 여왕[97]이 하늘에서 내려와 머뭇거리는 문들을 손수 620

밀었다. 그리하여 돌쩌귀가 돌자, 사투르누스의 따님은
무쇠로 된 전쟁의 문들을 활짝 열어젖혔다.
이제까지는 조용하고 활발하지 못하던 아우소니아가 활활 타올랐다.
더러는 보병으로 들판 위를 행군할 준비를 했고, 더러는 높은
말 위에 우뚝 앉아 구름 같은 먼지를 일으키며 내달았다. 625
저마다 무구를 찾았다. 더러는 기름기를 듬뿍 발라 가벼운 방패와
투창에 번쩍번쩍 광을 내는가 하면 숫돌에다 도끼를 갈았다.
그들은 군기를 들고 나팔 소리를 듣는 것이 즐거웠다.
다섯이나 되는 대도시들이 모루를 세우고 새 무구들을 벼렸으니,
강력한 아티나[98]와 당당한 티부르[99]와 아르데아[100]와 630
크루스투메리[101]와 성탑이 있는 안템나이[102]가 곧 그들이다. 그들은 머리를
보호하기 위해 속이 빈 투구를 만들고, 버드나무 잔가지로 방패의 틀을
엮었으며,[103] 다른 사람들은 청동 가슴받이를 두들겨 만들거나 나긋나긋한
은으로 번쩍번쩍 광이 나는 정강이받이를 만들었다. 보습과 낫에 대한
경의는 그리로[104] 향했으며, 쟁기에 대한 모든 사랑도 그리로 향했다. 635
그들은 아버지들의 칼들을 화덕에서 다시 벼리고 있었다.
어느새 나팔 소리가 울려 퍼졌고, 전쟁터로 부르는 암호가 돌았다.
이 사람은 황급히 집에서 투구를 가져왔고,
저 사람은 흥분한 말들을 멍에 밑에 매고 방패와 황금 쇠사슬로
세 번 엮은 가슴받이를 입고 허리에 믿음직한 칼을 찼다. 640
 여신들이시여,[105] 이제 헬리콘[106] 산을 여시고 내게 영감을 불어넣으시어,
어떤 왕들이 싸우도록 분기되었고, 어떤 대열들이 그들 각자를 따르며
들판을 메웠고, 이미 풍요한 이탈리아 땅에는 어떤 영웅들이 꽃피고 있었으며,
어떤 무구들이 열기를 내뿜었는지 노래할 수 있게 해주소서! 여신들이시여,
그대들은 기억할 수도 있고 기억하는 것을 말할 능력도 있사오나 645

우리는 고작 소문의 어렴풋한 속삭임만을 들을 수 있을 뿐입니다.
맨 먼저 대열들을 무장시켜 전쟁터로 들어간 것은 튀르레니아의
해안에서 온 포악한 메젠티우스[107]로 그는 신들을 경멸했다.
그의 옆에는 그의 아들 라우수스가 서 있었는데,
그보다 잘생긴 사람은 라우렌툼의 투르누스말고는 아무도 없었다. 650
라우수스는 말의 조련사이자 야수들의 사냥꾼으로 아귈라[108] 시에서
일천 명의 전사들을 데리고 왔으나 다 부질없는 짓이었다.
하지만 그는 그 명령에 복종하는 것이 더 큰 기쁨을 주었을 아버지를,
메젠티우스보다 더 나은 아버지를 가질 자격이 있었다.
   그들 뒤에서는 잘생긴 아버지 헤르쿨레스의 잘생긴 아들인 655
아벤티누스가 경주에서 우승하는 말들과 종려나무로 장식한 전차를
풀밭 위에서 과시하고 있었다. 그는 방패에 아버지의 문장(紋章)을
그려 갖고 다녔는데, 그것은 일백 마리의 뱀에 감긴 휘드라[109]였다.
여사제 레아가 아벤티누스 언덕[110]의 숲에서 몰래
그를 낳아 빛의 경계 지대로 나오게 했는데, 660
그녀가 신과 교합한 것은 티륀스[111]의 영웅이 게뤼오네스[112]를
죽이고 승리자로서 라우렌툼의 들판에 이르러 튀르레니아의 강[113]에
히베리아[114]의 소 떼를 목욕시켰을 때였다. 그의 전사들은 투창과
무시무시한 미늘창을 들고 전쟁터로 들어가고 있었다.
그들은 또 끝이 뾰족한 쌍날칼과 사벨리족[115]의 꼬챙이 창으로도 싸웠다. 665
아벤티누스는 거대한 사자의 가죽을 두른 채 걸어서 왔는데,
그 가죽에는 무시무시한 강모가 텁수룩하게 나 있었고,
하얀 이빨들은 그의 머리를 덮고 있었다. 그는 이렇게 헤르쿨레스의
겉옷[116]을 어깨에 걸치고 무시무시한 모습으로 궁전에 들어섰다.
   이어서 쌍둥이 형제가 그들의 형 티부르투스에게서 이름을 따온 670

사람들이 살고 있는 티부르[117]의 성벽들을 떠나왔으니,
아르고스의 젊은이들[118]인 카틸루스와 용감한 코라스가 그들이다.
그들은 무기들이 빗발치는 가운데 선두 대열 앞으로 돌진하곤 했다.
그 모습은 마치 구름에서 태어난[119] 두 명의 켄타우루스가
높은 산꼭대기에서 내려와 호몰레와 눈 덮인 오트뤼스[120]를   675
질주하며 떠나오면 큰 숲이 다가오는 그들에게 길을 내주고
덤불들이 우지끈 부러지며 뒤로 물러설 때와도 같았다.

　　프라이네스테[121] 시의 창건자인 카이쿨루스 왕도 빠지지 않았으니,
그 당시 사람들은 노소불문하고 모두 그가 볼카누스의 아들로
시골의 가축 떼 사이에서 태어나 화덕 위에서 발견되었다고 믿고 있었다.   680
주위에 널리 흩어져 사는 농민들의 부대가 그의 뒤를 따랐는데, 그들은
높은[122] 프라이네스테나, 유노를 숭배하는 가비이 주위의 들판들이나,
차가운 아니오 강가나, 시냇물에 씻기는 헤르니키족[123]의 바위들 사이에
살거나, 부유한 아나그니아[124]여, 그리고 아버지 아마세누스여,[125]
그대가 먹여 살리는 전사들입니다. 그들이 모두 다 무구와 방패와   685
덜컹거리는 전차를 가진 것은 아니었다. 그들은 대부분
투석기(投石器)로 푸르스름한 납덩이를 쏟아 부었고, 일부는 손에
투창 두 자루를 들고 있었다. 그들은 머리가리개로 늑대의 황갈색
모피를 쓰고 있었다. 그들은 맨발인 왼발로는 땅에 발자국을 남기지만,
그들의 오른발은 생가죽으로 만든 장화가 보호해주고 있었다.[126]   690

　　그러나 어느 누구도 불이나 무쇠로 눕힐 수 없는
대열의 돌파자 멧사푸스는 넵투누스의 자손으로
이미 오래전에 무뎌진 백성들과, 전투의 습관을 버린 군대를
느닷없이 무장하도록 소집하며 다시 칼을 집어 들었다.
더러는 페스켄니아[127]와 아이퀴 팔리스퀴족[128]의 산등성이들을   695

차지하고 있고, 더러는 소락테[129]의 언덕들과 플라비나[130]의 들판들과
키미누스[131] 호수 및 산과 카페나[132]의 임원들을 차지하고 있었다.
그들은 대오를 갖추고 행군하며 자신들의 왕을 노래로 찬양했다.
그 모습은 마치 눈처럼 흰 백조 떼가 먹이를 찾던 장소를
떠나 흐르는 구름 사이로 되돌아가며 긴 목에서 곡조를 쏟아내고,   700
그 노랫소리가 강과 멀리 아시아의 늪지대에서
되울려올 때와도 같았다 · · · [133]
청동으로 무장한 대열들이 섞여 그토록 큰 무리를 이루었다고
생각할 사람은 아무도 없었을 것이다. 아니, 그것은 시끄러운 새 떼가
하늘의 구름처럼 모여 깊은 바다에서 해안으로 돌진하는 것 같았다.   705
　　보라, 저기 사비니족의 오래된 혈통에서 태어난 클라우수스[134]가
대군을 이끌고 오고 있는데, 그 자신도 대군에 진배없다.
사비니족이 로마에 참여한 뒤로 그에게서 유래한
클라우디아 가(家)의 집안이 지금은 온 라티움 지방에 퍼져 있다.
그와 더불어 아미테르눔[135]의 대 부대와 옛날의 퀴리테스들[136]과   710
에레툼과 올리브나무가 자라는 무투스카[137]의 전 부대가 행군하고 있었다.
그리고 노멘툼[138] 시와, 벨리누스[139] 호(湖)의 로세아[140] 들판과,
테트리카[141]의 무시무시한 암벽들과, 세베루스[142] 산과, 카스페리아[143]와,
포룰리[144]와 히멜라[145] 하천 옆에 사는 자들과, 티베리스 강과
파바리스[146] 하천의 물을 마시는 자들과, 차가운 누르시아[147]가 보낸 자들과,   715
오르타[148]의 부대와 라티움 백성들과, 불길한 이름의 알리아[149] 강이
물길들로 그 나라를 갈라놓는 자들도 함께 행군했다.
그들은 사나운[150] 오리온 별자리가 겨울 바다 밑으로 가라앉을 때
리뷔아의 바다에서 굴러오는 파도만큼이나 많았고,
또는 헤르무스[151] 평야나 뤼키아[152]의 누런 들판들에서   720

아침 햇볕에 그을리는 곡식 이삭만큼이나 빽빽했다.
방패들은 요란하게 울렸고, 대지는 그들의 발에 밟혀 진동했다.

  저곳에서는 아가멤논의 전우로 트로이야 것이라면 무엇이든 미워하는
할라이수스가 자신의 말들을 전차에 매고 사나운 전사들을 데리고
투르누스를 급히 좇아갔다. 그들은 박쿠스를 위해 맛시쿠스 산[153]의   725
기름진 땅을 곡괭이로 갈아엎는 자들과, 높은 언덕들에서 아버지들이 보낸
아우룽키족[154]과, 그 옆 시디키니족[155]의 평야가 보낸 자들과, 칼레스[156]를
떠나온 자들과, 여울이 많은 볼투르누스[157] 강가의 주민들과, 그 밖에 거친
사티쿨라[158]인과, 오스키족[159]의 부대들이었다. 그들의 무기는 가느다랗고
가벼운 창[160]으로 그들은 그것에 나긋나긋한 가죽끈을 달곤 했다.[161]   730
가죽 방패가 그들의 왼쪽 옆구리를 가려주었고,
육박전을 위해 그들은 신월도(新月刀)를 갖고 다녔다.

  오이발루스[162]여, 그대도 내 노래에서 언급되지 않은 채 넘어가서는
안 될 것이오. 사람들이 말하기를, 텔론[163]이 이미 고령임에도 불구하고
텔레보아이족의 카프레아이 섬을 통치하고 있을 때 요정 세베티스[164]가   735
그에게 그대를 낳아주었다고 하오. 그러나 아들은 아버지에게서
물려받은 들판들로 만족하지 않고, 그때 이미 사르라스테스족[165]의
여러 부족들과 사르누스[166] 강이 적셔주는 들판들과, 루프라이[167]와
바툴룸과 켈렘나의 들판들을 차지하고 있는 자들과, 사과의 고장
아벨라[168]의 성벽들이 내려다보고 있는 자들을 다스리고 있었는데,   740
이들은 테우토네스족[169]처럼 부메랑[170]을 던지곤 했다. 그들은
코르크나무에서 벗긴 나무껍질로 만든 투구를 머리에 쓰고 있었고,
반월형의 방패는 청동으로 번쩍였으며, 그들의 청동 칼도 번쩍였다.

  무훈으로 유명하고 무구로 성공을 거둔 우펜스[171] 강이여,
산악 지방인 네르사이[172]는 그대도 전쟁터로 보냈도다.   745

그대의 부족인 아이퀴쿨리족은 척박한 땅에 살며
숲 속에서의 잦은 사냥으로 단련되었고 유난히 거칠지요.
그들은 무장한 채 땅을 갈며, 언제나 새 전리품을 가져와
약탈한 물건으로 살아가는 것이 그들의 낙이다.
　또한 마르루비아족[173]에게서도 사제가 한 명 왔는데,　　　　750
그의 투구는 복을 가져다주는 올리브나무의 푸른 잎[174]으로
장식되어 있었다. 아르킵푸스[175] 왕이 사제로서 보낸 가장 용감한
움브로[176]는 뱀의 족속과 독기를 내뿜는 물뱀들을 주문을 외우고
손으로 만짐으로써 잠재울 수 있는 능력을 가졌으며,
그것들의 분노를 달래고 그것들에게 물린 상처를 치료해주었다.　　　755
그러나 그는 다르다니아의 창끝에 입은 상처는 치유할 수 없었으니,
그 상처들에 대해서는 잠들게 해주는 주문도 소용없었고,
마르시족의 산들에서 모은 약초도 소용없었다. 그대를 위해
앙기티아[177] 여신의 임원도 울고 푸키누스 호의 초록빛 물결도 울었으며,
맑은 호수들도 그대를 위해 울었도다! · · ·　　　　　　　760
　힙폴뤼투스[178]의 가장 아름다운 아들 비르비우스[179]도
전쟁터로 가고 있었다. 어머니 아리키아[180]가 보낸 이 빼어난 영웅은
에게리아[181]의 임원으로 둘러싸인 호반에서 자랐는데, 그곳에 있는
디아나의 제단에는 호의를 빌기 위해 풍성한 제물이 바쳐진다.
전하는 이야기에 따르면, 힙폴뤼투스는 계모의 음모에 의해　　　765
넘어지고 놀란 말들에게 갈기갈기 찢겨
아버지가 내린 벌을 피로써 갚은 뒤,
파이온[182]의 약초와 디아나의 사랑으로 소생하여
별이 총총한 창공과 하늘의 대기 아래로 되돌아왔다고 한다.
그러자 전능한 아버지[183]가, 죽음을 면할 수 없는 어떤 자가　　　770

하계의 그림자들에게서 생명의 빛으로 올라온 것에
격분하여,[184] 그러한 치료술의 발명자를, 포이부스의 아들을
손수 붙잡아 벼락과 함께 스튁스 강의 물결 속으로 던져버렸다.
그러나 힙폴뤼투스는 트리비아[185]가 자애롭게도 은밀한 곳에
숨긴 뒤 그를 요정 에게리아와 그녀의 임원에 맡겼으니,   775
그가 비르비우스라고 개명한 다음 이탈리아의 숲 속에서
알려지지 않은 채 혼자서 여생을 보내게 하려는 것이었다.
그래서 또 발굽이 달린 말들은 트리비아의 임원과 신전에
다가오지 못하게 하는 것인데, 그것은 말들이 바다 괴물에 놀라
전차와 젊은이를 바닷가에 뒤엎어버렸기 때문이다.   780
그럼에도 그의 아들은 불같은 말들을 평야 위로 몰며,
전차를 타고 전쟁터로 돌진했다.
　　빼어난 체구의 투르누스 자신은 완전 무장한 채 우두머리들 사이에서
오락가락했는데, 그는 다른 사람들보다 머리 하나쯤 더 컸다.
깃털 장식이 셋 달린 그의 높다란 투구 위에는   785
키마이라[186]가 서서 입에서 아이트나[187]의 화염을 내뿜고 있었다.
그것은 피가 더 많이 흐르고 전투가 더 격렬해질수록 더 미쳐 날뛰며
시커먼 불길을 더 많이 내뿜었다. 그의 번쩍이는 방패는,
어느새 암송아지로 변하여 모피를 입은 채 뿔을 쳐든 이오[188]의
황금 상이 덮고 있었으니,[189] 실로 대단한 주제(主題)였다.   790
그곳에는 또 소녀의 감시자인 아르구스와 정교하게 만든 항아리에서
강물을 쏟고 있는 그녀의 아버지 이나쿠스도 있었다.
먹구름 같은 보병이 그의 뒤를 따랐고, 온 들판에는 방패를 든
대열들이 밀집해 있었으니, 그들은 아르고스의 전사들과,
아우룽키족의 부대와, 루툴리족과, 오래된 시카니족[190]과,   795

사크라니족[191]의 대열들과 방패에 문장을 그려 다니는 라비키족[192]이었다.
그리고 그들은, 티베리누스[193]여, 그대의 숲이 우거진 골짜기들과
누미쿠스[194]의 신성한 해안 지대를 경작하는 자들과, 루툴리족의 언덕들과
키르케[195]의 산등성이를 쟁기질하는 자들과, 윱피테르 앙크수루스[196]와
초록빛 임원을 좋아하는 페로니아[197]가 지배하는 들판에서 온 자들이었다. 800
그들은 검은 사투라[198] 늪지대에서 온 자들과, 차가운 우펜스 강이
깊은 골짜기들 사이로 길을 찾다가 바다로 흘러드는 곳에서 온 자들이었다.

  이들 외에도 볼스키족[199]의 여전사 카밀라[200]가
기병대와 청동 꽃이 만발한 부대를 이끌고 합류했다.
그녀의 소녀다운 손들은 미네르바[201]의 물레 가락이나 805
양털실을 담아두는 바구니에는 익숙하지 않았다. 그녀는 소녀지만
가혹한 전투를 견디고 경주에서 바람을 추월하기를 좋아했다.
그녀는 베지 않은 곡식 줄기의 맨 윗부분 위를 나는 듯 달리면서도
달릴 때 부드러운 이삭을 상하게 하지 않았을 것이며,
또는 난바다 위를 달리면서도 부풀어 오른 파도 위에서 몸의 810
균형을 잡아 바닷물에 날랜 발바닥을 적시지 않았을 것이다. 모든
젊은이들이 집과 들판에서 쏟아져 오고, 어머니들이 모여들어 그녀가
지나가는 모습을 바라보고 있었다. 그리고 그들은 당당한 자줏빛 외투가
그녀의 부드러운 어깨에 감겨 있는 모습과, 황금 고리에 그녀의 머리털이
묶여 있는 모습과, 그녀가 뤼키아의 화살통을 메고 있는 모습과, 815
끝에 창날이 박힌, 목자들의 도금양나무 창 자루를 든
모습을 입을 벌린 채 넋을 놓고 바라보고 있었다.

제8권

아이네아스가 로마에 가다

투르누스가 라우렌툼의 성채에서 전쟁의 깃발을 높이 쳐들고 나팔들의
거친 소리가 울려 퍼지자, 그리고 그가 혈기왕성한 말들을 분기시키고
무기들을 서로 부딪치자, 그들은 갑자기 마음이 들떴다.
그 순간 전(全) 라티움이 흥분하고 열광하여 충성을 맹세했고,
광기에 사로잡힌 젊은이들은 사납게 날뛰었다.   5
장수들 가운데 우두머리들인 멧사푸스와 우펜스와,
신들을 경멸하는 메젠티우스는 사방에서 군사를 모집해왔고,
넓은 들판들에게서 그것들을 경작할 사람들을 빼앗았다. 그들은 또
강력한 디오메데스[1]의 도시[2]로 베눌루스를 보내 도움을 청하되,[3]
테우케르 백성들이 라티움에 정착했으며, 아이네아스가   10
패배한 페나테스 신들을 모시고 함대를 이끌고 와서는 자기가 운명에
의해 이곳의 왕이 되라는 부름을 받았다고 주장하는데, 많은 부족들이
이 다르다니아의 영웅에게 가담하고 있으며, 라티움에서는 그자의
이름이 널리 사람의 입에 오르내린다고 그에게 전하게 했다. 그리고
그자가 무슨 속셈에서 이런 일을 시작했는지, 운이 그를 따를 경우   15
전투가 어떻게 끝나기를 그자가 바라고 있는지는 투르누스 왕과
라티누스 왕보다도 그가 더 잘 알고 있을 것이라고 전하게 했다.
　라티움의 사정은 그러했다. 라오메돈 왕의 친족인 영웅[4]은
이런 사정을 모두 알고는 근심의 큰 바다 위에서 이리저리 흔들렸다.
그의 마음은 때로는 이쪽으로, 때로는 저쪽으로 움직이며   20

여러 갈래로 갈렸다. 그는 온갖 궁리를 다 해보았다.
그 모습은 마치 청동 대야에 담긴 물의 흔들리는 빛이
해나 찬란한 달에 의해 반사되어
사방으로 가물대다가 어느새 위로 솟아
지붕의 높은 우물천장에서 어른거릴 때와도 같았다. 25
때는 밤이고, 지친 동물들이, 온갖 종류의 새들과
온갖 종류의 가축 떼가 곯아떨어져 자고 있었다.
그제서야 아버지 아이네아스는 슬픈 전쟁 때문에
마음속으로 괴로워하며 차가운 하늘의 둥근 지붕 밑에서
강둑에 누워 뒤늦게 자신의 사지를 잠에게 맡겼다. 30
그곳에서 아이네아스는 바로 그곳의 신인, 사랑스런 강의 티베리누스가
미루나무 잎 사이로 몸소 자신의 연로한 머리를 드는 꿈을 꾸었다.
(그는 고운 무명으로 만든 푸르스름한 외투를 몸에 두르고 있었고,
머리에는 갈대 관이 그림자를 드리우고 있었다.) 그러더니
하신은 이렇게 말했고, 이런 말로 그의 근심을 덜어주었다. 35
　"오오, 신족의 자손이여, 적군의 손아귀에서 트로이야의 도시를
우리에게 되돌려주고[5] 페르가마 성채를 영원히 수호하고 있는 그대여,
라우렌툼의 땅과 라티움의 들판들이 고대하던 그대여, 이곳이 그대에게
정해진 집이며, 이곳이 (그대는 물러서지 마시오) 그대의 페나테스
신들이 쉴 곳이다. 그대는 전쟁의 위협에 주눅 들지 마라. 40
신들의 노여움과 진노는 모두 진정되었다 · · ·
그리고 이 모든 것이 잠의 근거 없는 허구라고 생각지 않도록, 내 그대에게
말하노니, 그대는 강가의 참나무 밑에서 커다란 암퇘지 한 마리가 한 번에
서른 마리의 새끼 돼지를 낳고 누워 있는 것을 발견하게 될 것이다.
땅바닥에 누운 암퇘지도 하얗고, 그 젖꼭지 주위의 새끼들도 하얄 것이다. 45

[이곳이 도시의 터가 될 것이고, 이곳에서 그대는 확실히 노고에서 풀려나게
될 것이다.] 그리고 이 전조에 따라[6] 십 년이 세 번 흘러간 뒤 아스카니우스는
영광스런 이름의 도시 알바[7]를 세우게 될 것이다. 나는 확실치 않은 것을
예언하는 것이 아니다. 그리고 지금 그대 앞에 닥친 어려움을 그대가
어떻게 이기고 극복할 수 있는지 내가 간단히 설명할 테니 잘 들어라. 50
이곳 해안에는 팔라스[8]의 후손들로 에우안데르[9]를 수행하고
그의 군기(軍旗)를 따르는 아르카디아인들이 터를 골라
언덕들 위에 도시를 세우고 자신들의 선조인 팔라스의
이름에서 따와 그 도시를 팔란테움이라고 부르고 있다.
그들은 라티움 부족과 끊임없이 전쟁을 하고 있다. 55
그들을 그대의 진영으로 전우로 끌어들여 그들과 동맹을 맺도록 하라.
내가 몸소 강둑들 사이로 강물의 흐름을 따라 그대를 곧장 위로 인도하여
그대가 노를 저어 강물을 거슬러 앞으로 나아갈 수 있게 해줄 것이다.
자, 일어서라, 여신의 아들이여. 별들이 지기 시작하면 유노에게
격식에 맞춰 기도를 올리고 탄원자의 서약으로 그녀의 노여움과 60
위협을 제압하도록 하라. 나에게 경의를 표하는 일은 그대가
승리한 뒤에 해도 늦지 않을 것이다. 나는 그대도 보다시피 가득 찬
강물로 이 강둑들을 스쳐 지나가며 기름진 경작지를 가르고 있는,
신들에게 가장 사랑 받는 푸른 튀브리스다. 이곳이 나의 큰 거처이고,
내 수원은 높다란 도시들 사이에서 발원한다." 65
    이렇게 말하고 나서 하신은 가장 깊은 곳을 찾으며
깊은 웅덩이 속에 잠겼다.
한꺼번에 밤과 잠이 아이네아스 곁을 떠났다.
그는 일어나 하늘에 번져오는 햇빛을 바라보며
양 손으로 강물을 뜨더니 공중을 향해 간절히 기도했다. 70

"요정들이여, 강들의 어머니[10]인 라우렌툼의 요정들이여,
아버지 튀브리스여, 그리고 그대의 신성한 강물이여,
아이네아스를 받아주시고 드디어 그를 위험에서 지켜주소서.
우리의 고통을 동정하시는 그대가 어느 웅덩이 속에 계시든
어느 땅에서 그대가 가장 아름답게 솟아오르시든　　　　　　　　　75
나는 언제나 봉사와 선물로써 그대에게 경의를 표할 것입니다.
뿔난[11] 하신이여, 헤스페리아의 강물들의 왕이여. 부디 우리와
함께해주시고, 몸소 그대의 신의(神意)를 확고히 해주소서."
이렇게 말하고 그는 함대 중에서 2단 노의 갤리선 두 척을 가려 뽑아
노 젓는 자들을 태우고 동시에 동행할 전우들에게 무구를 지급했다.　　80
　　그런데, 보라, 갑자기 그들의 눈앞에 놀라운 전조가 나타났으니,
하얀 암퇘지 한 마리가 같은 색깔의 새끼들과 함께 초록빛 강가에
누워 있는 것이 나무 사이로 보였던 것이다. 이 암퇘지를
그 새끼들과 함께 경건한 아이네아스가, 가장 위대하신 유노여,
그대의 제단으로 몰고 가 세우더니 그대에게 제물로 바쳤나이다.　　　85
그날 밤 내내 튀브리스는 부풀어 오른 물결을 가라앉히고
그 흐름을 억제하며 소리 없이 가만히 서 있었다.
평화로운 호수나 조용한 늪처럼 수면이 잔잔하니,
노 젓는 일은 고되지 않았다. 그래서 그들은
떠들썩하게 격려하며 일단 들어선 길로 서둘러 나아갔다.　　　　　　90
역청을 칠한 소나무 배가 물 위로 미끄러지듯 나아가니
물결도 놀랐고, 멀리서부터 번쩍이는 전사들의 방패[12]들과
물 위로 떠오는, 색칠한 용골들의 익숙하지 못한 광경에 숲도 놀랐다.
밤새도록 그리고 다음날에도 쉬지 않고 노를 저어 그들은
긴 구비들을 지났고, 여러 가지 나무들로 가려지기도 하며　　　　　　95

잔잔한 수면 위에 비친 초록빛 숲들을 가르며 나아갔다.
둥근 하늘의 한가운데에 불타는 태양이 오른 뒤에야 멀리서
성벽과 성채와 흩어져 있는 지붕들이 그들의 눈에 들어
왔다.
지금은 그곳이 로마의 힘으로 하늘 높이 들어올려졌지만,
그때는 에우안드루스[13]가 다스리던 가난한 나라였다.   100
그들은 재빨리 뱃머리를 돌려 도시로 접근했다.
    마침 이날 아르카디아 출신의 왕은 도시 앞의 임원에서
암피트뤼온의 강력한 아들[14]과 신들에게 해마다 바치던 제물을
바치고 있었다. 그와 더불어 그의 아들 팔라스가, 그와 더불어 모든
고귀한 젊은이들과 검소한 원로원 의원들이 분향하고 있었고,   105
제단 위에서는 제물들의 더운 피에서 김이 피어오르고 있었다.
그들은 높다란 배들이 울창한 숲 사이로 미끄러져 들어오고
노 젓는 자들이 몸을 구부려 소리 없이 노 젓는 것을 보고는
이 뜻밖의 광경에 놀라 모두들 식탁을 뒤로하고 자리에서 일어섰다.
대담한 팔라스는 그들에게 엄숙한 잔치를 중단하지 말라고 이르며   110
창을 집어 들고 몸소 낯선 자들을 향해 달려가더니 멀찍이 서서
거리를 둔 채 둔덕에서 소리쳤다. "젊은이들이여, 무슨 연유로
이 낯선 길로 들어선 것이오? 그대들은 어디로 가는 길이며,
어떤 부족이며, 고향은 어디요? 이곳으로 가져오는 것은 평화요,
전쟁이오?" 아버지 아이네아스는 평화의 상징인 올리브나무 가지를   115
손에 들고 앞으로 내밀며 높다란 뱃고물에서 말했다.
"우리는 트로이야 출신이며, 그대가 보는 이 무구들은 라티니족에게
적대적이라오. 그들이 교만한 전쟁으로 우리를 이 나라에서 내쫓았기
때문이오. 우리는 에우안드루스를 찾고 있소. 그대들은 다르다니아의
선발된 지도자들이 와서 그와 동맹 맺기를 청한다고 전하고 말하시오."   120

"그대가 뉘시든 배에서 내린 다음," 팔라스는 그토록 큰 이름[15]에
충격을 받아 어리둥절해하며 말했다. "나의 아버지를 만나 대담하시오.
그리고 그대는 손님으로 우리 집에 들어오도록 하시오."
이렇게 말하고 그는 손을 내밀어 환영하며 아이네아스의 오른손을
두 손으로 꼭 잡았다. 그리고 그들은 강을 뒤로하고 숲 속으로 나아갔다. 125
　　　아이네아스는 왕에게 우호적인 말을 건넸다.
"그라이키아 출신들 중에 가장 고귀한 이여, 내가 탄원자로
그대 앞에 나타나 양털실을 감은 올리브나무 가지를 내미는 것은
행운의 여신의 뜻이오. 그대가 다나이족 장수이고 아르카디아 출신에
아트레우스의 두 아들[16]과 같은 핏줄이기는 하나[17] 130
나는 조금도 두렵지 않소. 오히려 나의 용기와 신들의 신성한 신탁들과
서로 친척이었던 우리의 조상들과 지상에 자자한 그대의 명성이
나를 그대와 결합시켰고, 나는 운명의 지시에 기꺼이 따랐소.
일리움 시의 시조이자 창건자이신 다르다누스는 테우케르[18]의 나라로
배를 타고 가셨소. 그라이키아인들이 전하는 바에 따르면, 135
그분은 엘렉트라[19]의 아드님이시고 엘렉트라는 또 양어깨에 둥근 하늘을
떠메고 있는 강력한 아틀라스의 따님이시오. 한편 그대들 측에서는
메르쿠리우스가 그대의 부친이시며, 그분은 눈부신 마이야[20]가
잉태하여 퀼레네[21] 산의 차디찬 정상에서 낳았소. 그런데 마이야는,
전하는 이야기를 우리가 믿어도 좋다면, 아틀라스가, 140
하늘의 별들을 떠메고 있는 바로 그 아틀라스가 낳았소.
그러니까 우리 두 집안은 한 핏줄에서 갈라져 나온 셈이오.
이에 대한 믿음으로 나는 사절단을 보내거나 먼저 그대와의 교섭을
시도해보지도 않고, 탄원자로 몸소 그대의 문턱을 찾아와
내 목숨을 그대 앞에 내놓았소이다. 같은 부족이 145

그대들과 우리를 잔혹한 전쟁에서 괴롭히고 있소. 다우누스[22] 왕의
백성들 말이오. 그들은 우리를 내쫓게 되면, 자기들이 전 헤스페리아를
종속시키고 그 위쪽 해안을 씻는 바다[23]와 아래쪽 해안을 씻는 바다를
제압하는 것을 방해할 자는 아무도 없으리라 믿고 있소. 우리 서로
동맹을 맺읍시다. 나의 전사들은 전쟁에서 용감무쌍하고   150
사기도 드높으며, 그들의 남자다움은 이미 실전에서 검증되었소."
 아이네아스가 말하는 동안 에우안데르는 내내 그의 얼굴과 두 눈과
몸매 전체를 유심히 살펴보았다. 그러고 나서 짤막하게 대답했다.
"테우케르 백성들 중에서 가장 용감한 이여,
그대를 영접하고 알아보게 되어 얼마나 기쁜지 모르오.   155
그대의 위대한 아버지 앙키세스의 말과 목소리와 얼굴 모습이 생생히
기억나는구려. 라오메돈의 아들 프리아무스가 살라미스에 있는 누이
헤시오네[24]의 왕국을 방문하려고 여행하던 도중 그곳에 이어 그가
아르카디아의 추운 경계 지방을 방문했던 일을 나는 기억하고 있다오.
그때 나는 얼굴에 솜털 수염이 갓 나기 시작한 젊은이였는데   160
테우케르 백성들의 지도자들을 보고 감탄을 금치 못했소. 나는 또
라오메돈의 아들을 보고 감탄을 금치 못했소만, 앙키세스가 그들 모두보다
더 훤칠한 모습으로 걸어가고 있었소. 나는 그분에게 말을 걸어보고
그분과 악수해보고 싶은 젊음의 열기에 활활 타올랐소. 그래서 나는
다가가 페네우스[25]의 성벽으로 그분을 정성껏 안내했소.   165
그분은 떠날 때 내게 뤼키아의 화살들이 가득 든 훌륭한 화살통과
금실로 짠 전사의 외투와 황금 재갈 한 쌍을 주었는데,
그 재갈들은 지금은 내 아들 팔라스가 갖고 있소. 그러니
그대들이 바라던 대로 나는 여기 이 오른손으로 그대들과 동맹을
맺을 것이고, 내일 햇빛이 다시 대지로 돌아오는 대로 나는 그대들이   170

기뻐하도록 호위대를 딸려 보낼 것이며, 내 재물로 그대들을 도울 것이오.
하나 그동안 그대들은 친구로 이곳에 왔으니, 해마다 되풀이되는 이 신성한
제사에 부디 참석하도록 하시오. 그것을 미룬다는 것은 있을 수 없는 일이오.
그리하여 지금부터 곧장 동맹군의 식탁에 익숙해지도록 하시오."
　　이렇게 말하고 나서 그는 이미 치워졌던 음식과 잔을 도로　　　175
내오라고 명령하고는 손님들을 잔디밭 위의 자리들에 몸소
앉히더니, 아이네아스에게는 털북숭이 사자의 가죽을 깔아놓은
단풍나무 안락의자에 귀빈으로 앉기를 청했다.
그러자 선발되어 온 젊은이들과 제단의 사제가 다투어
쇠고기구이를 내오고 솜씨 있게 만든 케레스[26]의 선물들로　　　180
바구니들을 가득 채우더니 박쿠스의 포도주를 따라주었다.
아이네아스와 트로이야의 젊은이들은 소의 긴 등심
전체와 제물의 내장을 함께 먹었다.
　　허기가 가시고 식욕이 채워지자 에우안데르 왕이 말했다.
"해마다 되풀이되는 우리의 이 제사와 이 회식의 관습과　　　185
그토록 강력한 신에게 바쳐진 이 제단을 세우게 된 것은
공허한 미신과 옛 신들에 대한 무지 때문이 아니오.
트로이야의 손님이여, 우리는 잔혹한 위험에서 구원 받았기에
이 제사를 모시는 것이며, 또 이렇게 하는 것이 마땅한 도리겠지요.
그대는 먼저 이 바위를 보시오. 이 가파른 바위 덩어리가　　　190
얼마나 쩍 갈라져 있으며, 산속의 거처가 얼마나 황폐해졌으며,
바위들이 떨어져 얼마나 거대한 파편이 되었는지 보시란 말이오.
이곳에, 바위 안으로 깊숙이 들어간 곳에 동굴이 하나 있었는데,
햇빛도 들지 않는 그곳에는 반인(半人)의 괴물 카쿠스가
살고 있었소. 동굴의 바닥은 갓 쏟은 피로 언제나 미지근했고,　　　195

그 오만한 문들에는 사람의 머리들이 못 박힌 채 매달려
그 창백한 얼굴들이 역겹게 썩어가고 있었소. 그 괴물의 아버지는
불카누스였소. 그 거대한 덩치가 움직일 때면 입에서
자기 아버지의 시커먼 불을 내뿜었소. 우리의 기도에
부응하여 우리에게도 마침내 신이 다가와 도와주었소.   200
알카이우스의 손자[27]가 세 몸의 게뤼온[28]을 죽이고 그의 재물을
약탈한 것을 자랑스럽게 여기며 가장 강력한 복수자로
이곳에 나타났기 때문이오. 그분이 승리자로 거대한 소들을
이리로 몰고 오자, 그분의 소 떼가 골짜기와 강변을 가득 메웠소.
그러나 카쿠스는 날강도인지라, 범죄나 흉계라면   205
그 어떤 것도 감행되지 않거나 시도되지 않는 일이 없도록,
빼어난 몸매의 황소 네 마리와 그만큼 많은 수의 빼어나게
아름다운 암송아지 네 마리를 목초지에서 빼돌렸소. 그것들이
동굴 쪽을 가리키는 발자국들을 남기지 않도록, 그자는 그것들의
꼬리를 잡고 동굴 안으로 끌고 들어가 길의 방향을 바꿔놓았소.   210
그리고 나서 도둑은 그것들을 어두운 바위 안에 감추었소.
그것들을 찾아 나섰지만 동굴 쪽을 가리키는 흔적은 누구도
발견할 수 없었소. 그사이 암피트뤼온의 아들이 배불리
풀을 뜯어먹은 가축 떼를 목초지에서 몰고 가며 떠날 채비를 하자,
소 떼가 떠나며 울기 시작했소. 소 떼는 온 숲을 슬픈 울음소리로   215
가득 메웠고, 시끄럽게 울부짖으며 언덕들을 떠나고 있었소.
그러자 동굴 깊숙한 곳에서 암소 한 마리가 울음소리로 응답하여,
비록 갇혀 있긴 했어도 카쿠스의 희망을 좌절시키고 말았소.
그러자 당장 알카이우스의 손자는 쓰라린 고통에 그야말로
불같이 화를 내며 자신의 무기인 마디가 많은 묵직한 몽둥이를   220

손에 들고 바람 부는 산꼭대기로 급히 달려갔소.
그때 우리 백성들은 처음으로 카쿠스가 겁에 질려 당황한 눈빛을
띠는 것을 볼 수 있었소. 그자는 지체 없이 동풍보다 더 빨리
동굴 쪽으로 도망쳤고, 공포가 그자의 두 발에 날개를 달아주었소.
그자가 그 안에 자신을 가두고 나서 쇠사슬들을 끊고   225
그자의 아버지의 기술에 의해 쇠사슬들에 매달려 있던 거대한 바윗돌을
등 뒤로 떨어뜨리자 그것이 문설주들 사이를 메우며 입구를 봉쇄했소.
그러자, 보시오, 티륀스의 영웅[29]은 미친 듯이 화가 나 이를 갈며 어떻게든
입구를 찾아내려고 눈길을 이리 돌리기도 하고 저리 돌리기고 했소.
세 번이나 그분은 분기탱천하여 온 아벤티누스 언덕[30]을 두루 살펴보았고,   230
세 번이나 문을 막고 있던 바위 덩어리를 치워보려 했으나 소용없었으며,
세 번이나 탈진하여 골짜기에 드러누웠소. 동굴의 천장을 이루고 있는
등성이에는 날카롭고 단단한 부싯돌 바위가 하나 서 있었소.
사방이 깎아지른 듯한 절벽인 이 바위는 아찔하게 높이 솟아 있어
썩은 고기를 먹는 불길한 새들이 둥지를 틀기에 안성맞춤이었소.   235
이 바위는 등성이에서 왼쪽에 있는 강을 향해 기울어져 있었던
까닭에 그분은 그것의 오른쪽에서 온 체중을 싣고 흔들어
가장 깊은 뿌리에서 그것을 억지로 뽑아냈소. 그런 다음
그분이 그것을 홱 밀치자, 그 충격에 거대한 하늘이 천둥을 치고
강둑들이 갈라섰으며, 강물이 깜짝 놀라 거꾸로 흘렀소.   240
그리고 카쿠스의 동굴과 거대한 궁전이 지붕이 걷히며
모습을 드러냈고, 그늘진 굴들이 가장 깊숙한 곳까지 드러났소.
그 모습은 마치 대지가 어떤 힘에 의해 깊숙한 곳까지 쩍 갈라지며
지하의 거처들을, 신들도 싫어하는 음습한 거처들을 드러내며,
위에서 광대한 심연이 눈에 보이고 밀려드는 햇빛에   245

망령들이 안절부절못할 때와도 같았소.
그리하여 카쿠스가 별안간 뜻밖의 햇빛에 사로잡히고
바위 동굴에 갇혀 전에 없이 울부짖자, 알카이우스의 손자는
위에서 닥치는 대로 온갖 무구들을 던져 댔고,
나뭇가지들과 맷돌만 한 돌덩이들로 그자를 공격했소.   250
이제 위험에서 벗어날 길이 없게 되자 그자는 목구멍에서
엄청난 연기를 토해냈소. 참으로 놀라운 광경이었다오.
그리하여 그자는 온 거처를 칠흑 같은 어둠으로 덮고
눈에서 시력을 빼앗으며 동굴 바닥에 안개 낀 밤과
불이 번쩍이는 암흑을 펼치는 것이었소.   255
그러자 알카이우스의 손자가 참다못해 연기가 가장 진하게
물결치고 동굴이 검은 구름 속에서 끓어오르고 있는 곳을
향해 곧장 불길 속으로 뛰어들더니,
거기 어둠 속에서 헛되이 불길을 내뿜고 있던 카쿠스를
마치 매듭을 엮듯 꽉 붙잡고는 바짝 조이고 눌러,   260
그자의 눈알들이 튀어나오고 목구멍에 피가 마르게 했소.
그러고 나서 그분은 지체 없이 문들을 열어젖히고 카쿠스의
시커먼 거처를 드러내며 그자가 훔치지 않았다고 맹세했던 소들을
햇빛 속으로 몰고 나왔고, 그자의 흉측한 시신도 발목을 잡고
끌고 나왔소. 사람들은 그자의 무시무시한 두 눈과 얼굴과   265
그 반인반수의 털북숭이 가슴과 이제는 불이 꺼져버린 목구멍을
아무리 보아도 마음에 싫증이 나지 않았소. 그때 이후로 우리는 이 제사를
모셔왔고, 그 이후에 태어난 사람들은 즐거운 마음으로 날짜를 지켰소.
여기 이 제단은 헤르쿨레스 숭배의 창설자인 포티티우스와 헤르쿨레스
숭배의 수호자인 피나리아 가(家)[31]가 앞장서서 숲 속에 세운 것으로,   270

우리는 그것을 언제까지나 '가장 위대한 제단'이라고 부를 것이며,
그것은 또 언제까지나 '가장 위대한 제단'이 될 것이오.
그러니 자, 전사들이여, 그대들은 그토록 위대한 공적을
기리기 위하여 잎으로 만든 관을 머리에 두르고 오른손에 든 잔을
내밀어 공동의 신을 부르며 기꺼이 헌주하도록 합시다."   275
그가 말을 마치자 헤르쿨레스가 좋아하는, 두 색깔의 미루나무[32]가
그의 머리에 그림자를 드리우며 잎들을 아래로 늘어뜨렸고,[33]
신성한 술잔이 그의 오른손을 가득 채웠다. 그러자 모두들
즐거운 마음으로 지체 없이 식탁 위에다 헌주하며 신들에게 기도했다.

그사이 하늘이 아래로 기울어지며 태백성이 더 가까이 다가왔다.   280
그러자 어느새 사제들이 관습에 따라 짐승의 모피를 허리에 두르고
손에 횃불을 든 채 포티티우스를 앞세우고 걸어나왔다. 그들은 다시
음식을 날라오고 두 번째 잔치를 위해 반가운 선물을 내와서
제단에다 가득 든 접시들을 수북이 쌓아올렸다. 그러자 살리이들[34]이
미루나무 가지를 이마에 두르고 노래하기 위해 등장해   285
제단의 불가에 빙 둘러섰는데, 이쪽에는 젊은이들의, 저쪽에는 노인들의
합창대가 자리 잡았다.[35] 그들은 헤르쿨레스의 영광과 행적을, 그러니까
어떻게 그분이 처음에 계모[36]가 보낸 괴물들인 한 쌍의 뱀을 꽉 붙잡아
목 졸라 죽였으며, 어떻게 그분이 전쟁으로 유명한 두 도시 트로이야[37]와
오이칼리아[38]를 함락했으며, 어떻게 그분이 적대적인 유노의 운명에 의해   290
에우뤼스테우스 왕 밑에서 천 가지[39] 고역을 견뎌냈는지
노래로 찬양했다. "패한 적이 없으신 분이시여, 그대는 구름에서
태어난 반인반마의 켄타우루스들인 휠라이우스와
폴루스[40]를 손으로 죽이셨고, 그대는 또 크레타의 괴물 황소[41]와
네메아[42]의 바위 밑에 있던 거대한 사자를 죽이셨나이다.   295

그대 앞에서 스튁스의 호수도 떨었고, 그대 앞에서 피투성이의 굴 안에서
반쯤 먹다 남은 뼈 무더기 위에 누워 있는 오르쿠스의 문지기[43]도
떨었나이다. 어떤 형상도, 아니 무기를 높이 휘두르는 튀포에우스[44]
자신도 그대를 놀라게 하지 못했나이다. 레르나[45]의 뱀[46]이 수많은
머리들로 둘러쌌을 때에도 그대는 정신을 잃지 않으셨나이다. 만세, 300
읍피테르의 진정한 아드님이시여, 신들에게 덧붙여진 영광이시여,[47]
이제 우리를 찾아주시고 자애롭게도 그대의 제사에 왕림해주소서."
그렇게 그들은 축가를 불렀다. 그리고 금상첨화로 그들은
카쿠스의 동굴과 불을 내뿜는 카쿠스 자신을 노래했다.
온 임원이 그들의 노랫소리에 공명했고, 언덕들이 메아리쳤다. 305
    그러고 나서 제사가 끝나자 모두들 도시로 돌아갔다.
노령에 짓눌린 왕은 걸어갈 때 옆에 아이네아스와
자기 아들[48]을 길동무로 데리고 가며
여러 가지 이야기로 무료함을 달랬다.
아이네아스는 경탄하며 사방을 둘러보았고, 310
주위의 경치에 매료되어 즐거운 마음으로
옛 사람들의 유물에 관해 일일이 물어보며 경청했다.
그러자 로마의 성채의 건설자[49]인 에우안드루스 왕이 말했다.
"여기 이 숲들은 토착의 파우누스[50]들과 요정들과, 나무 밑동과
단단한 참나무에서 태어난 사람들[51]의 종족이 살던 곳이오. 315
하지만 그들은 관습도 문명도 없었고, 황소들에 멍에를 얹을 줄도,
재물을 비축할 줄도, 저장한 것을 아낄 줄도 몰랐소.
그들은 나무 열매와 사냥해서 힘들게 얻은 먹을거리로 살아갔소.
처음에 사투르누스[52]가 왕국을 빼앗긴 망명객의 몸으로
읍피테르의 무기를 피해 하늘의 올륌푸스에서 이리로 왔소. 320

그는 높은 산들 위에 흩어져 사는 이 다루기 어려운 종족을
한데 모으고는 그들에게 법을 정해주고 나라 이름을 라티움으로
바꾸기로 결심했으니, 그것은 그가 이 나라의 경계 내에서 안전한
은신처를 발견했기 때문이오.[53] 그의 치세는 이른바 황금시대였소.
그만큼 평온하고 평화롭게 백성들을 다스렸던 것이오. 325
그러다가 점점 변색(變色)된[54] 열등한 시대가 이어지면서 전쟁의
광기와 소유욕이 뒤따라 들어왔소. 그때 아우소니아인들의 무리와
시카니아의 백성들이 들어왔고, 사투르누스의 나라는
몇 번씩이나 이름이 바뀌었소.[55] 그때 거칠고 몸집이 거대한
튀브리스를 비롯하여 여러 왕들이 다스리기 시작했소. 330
우리 이탈리아인들은 그의 이름에서 따와 강을 튀브리스라고 불렀고,
오래된 알불라[56] 강은 본래의 이름을 잃어버렸던 것이오.
나로 말하자면 나라에서 추방되어[57] 바다의 가장 먼 기슭을
찾다가 전능한 행운과 피할 수 없는 운명에 의해 이곳에 정착하게
되었는데, 나의 어머니이신 요정 카르멘티스[58]의 준엄한 경고와 335
아폴로 신의 권위가 나를 이리로 인도했던 것이오."

　　그는 조금 더 걸어가더니 카르멘티스의 제단과 로마인들이
여전히 카르멘탈리스 문이라고 부르는 문을 가리켰다. 요정 카르멘티스를
공경하고자 이미 오래전에 이 문을 세운 것은, 운명을 말해주는 예언녀인
그녀가 앞으로 아이네아스의 백성들이 얼마나 위대해질 것이며 340
팔란테움 시가 얼마나 이름을 날릴 것인지 처음으로 예언했기 때문이다.
그리고 나서 그는 활동적인 로물루스가 피난처[59]를 개설한
거대한 숲을 가리켰고, 서늘한 바위 밑에서 판 뤼카이우스[60]의 이름을 딴
파르라시아 식[61] 이름을 갖고 있는 루페르칼[62] 동굴도 가리켰다.
그는 또 아르길레툼[63]의 신성한 숲을 가리켰고, 그곳을 증인으로 345

부르며 자신의 손님이었던 아르구스의 죽음에 관해 이야기해주었다.
그곳에서 그는 타르페이야의 거처[64]와 지금은 온통 황금[65]이지만
그 당시에는 덤불들이 무성하게 우거져 있던 카피톨리움[66]으로 인도했다.
그 당시 벌써 이곳의 두려운 신성(神性)에 소심한 시골 사람들은
두려움을 느꼈고, 그 당시 벌써 그들은 숲과 바위 앞에서 떨었다.   350
"여기 이 임원에는," 하고 그는 말했다. "봉우리에 잎이 무성한 여기
이 언덕에는 (어떤 신인지 확실치 않지만) 신이 살고 있소. 아르카디아인들은
가끔 윱피테르께서 먹구름을 불러오기 위해 오른손으로 시커먼 아이기스[67]를
손수 흔드실 때면 그분의 모습을 자신들이 직접 보았다고 믿고 있소.
그 밖에도 그대는 이곳에서 두 도시의 무너진 성벽들을 보게 될 텐데,   355
이것들은 옛 사람들의 유물이자 기념물들이오. 이 성채는
아버지 야누스[68]가, 저 성채는 사투르누스가 세운 것으로,
이것은 이름이 야니쿨룸[69]이고, 저것은 사투르니아[70]요."
이렇게 이야기를 주고받으며 그들이 검소한 에우안드루스의 집으로
가고 있을 때, 오늘날 포룸 로마눔[71]과 화려한 카리나이[72] 구역이   360
자리 잡고 있는 곳에서는 도처에서 소 떼가 울고 있는 것이 보였다.
집에 도착하자 에우안드루스가 말했다. "승리자인 알카이우스의 손자도
이 문으로 들어가기 위해 허리를 구부렸소. 이 궁전은 그런 분도 받아들였소.
손님이여, 그대는 과감하게 부를 뿌리치고 그대 자신도 신에게 어울리는
사람이 되도록 하시오. 안으로 드시되 가난을 너무 나무라지 마시오."   365
이렇게 말하고 그는 자신의 협소한 집의 지붕 밑으로
거대한 아이네아스를 인도하더니 리뷔아의 암곰가죽을
씌운 나뭇잎 잠자리 위에 누워 쉬게 했다.
그러자 밤이 달려들어 검은 날개들로 대지를 껴안았다.
    그러나 그의 어머니 베누스는 라우렌툼인들의 위협과 적대적인   370

소동에 마음속으로 놀라고 당황했으니 그것은 당연한 일이었다.
그녀는 자신들의 황금 침실에서 자기가 하는 말에 신적인 매력을
불어넣으며 남편인 불카누스에게 이렇게 말했다.
"아르고스의 왕들이 파괴되도록 되어 있는 페르가마와 적군의 불에
넘어지게 되어 있는 성채들을 전쟁으로 폐허로 만드는 동안,   375
나는 그 가련한 자들을 위해 어떤 도움도, 당신의 기술과 힘만이
만들 수 있는 어떤 무기도 요구하지 않았어요. 천만에 나는,
가장 사랑하는 낭군이시여, 비록 프리아무스의 아들들에게
많은 신세를 지고[73] 아이네아스의 힘든 시련에 가끔 눈물을
흘리곤 했지만, 그대와 그대의 노고를 결코 허비하고 싶지 않았어요.   380
그 애는 지금 윱피테르의 명령에 따라 루툴리족의 해안에 서 있어요.
그래서 나는 지금 탄원자로 다가가 내가 그토록 존경하는 신에게
어머니로서 아들을 위해 무구들을 간청하는 거예요. 네레우스의 딸[74]도,
티토누스[75]의 아내도 눈물로 당신을 굽힐 수 있었어요. 보세요,
어떤 백성들이 모여들고 있고, 어떤 도시들이 문을 닫아 걸고는   385
내가 아끼는 자들을 죽이려고 나를 향해 칼을 갈고 있는지 말예요."
이렇게 말하고 여신은 아직 망설이고 있는 남편을 눈처럼 흰
두 팔로 부드럽고 포근하게 껴안았다. 그러자 그는 늘 그러하듯
순식간에 화염에 싸였으니, 친숙한 열기가 골수로 들어가
그 속을 흘러 다니며 그를 흐물흐물해지게 했던 것이다.   390
그 모습은 마치 가끔 천둥이 굴러가는 가운데 그 사이로 화염이
터져 나와 번쩍번쩍 빛을 발하며 먹구름들을 지나갈 때와도 같았다.
아내는 그것을 느끼고 기뻐했으니, 자신의 계략과 아름다움을
의식하고 있었던 것이다. 그러자 아버지가 끝없는 사랑에 결박되어
이렇게 말했다. "왜 그리 먼 곳에서 이유를 찾으시오? 여신이여,   395

나에 대한 그대의 신뢰는 대체 어디로 갔단 말이오? 그대의 걱정이
그런 것이었다면, 그때도 나는 당연히 우리를 위해 테우케르 백성들을
무장시킬 수 있었을 것이오. 전능하신 아버지께서도, 운명도 트로이야가
십 년 더 서 있고 프리아무스가 십 년 더 사는 것을 금하지는 않았소.
하거늘 지금 그대가 전쟁 준비를 하고 있고 그것을 마음에   400
두고 있다면, 내 기술에서 내가 약속할 수 있는 노력이라면,
무쇠와 녹은 은금(銀金)[76]으로 만들 수 있는 것이라면,
불과 바람[77]이 할 수 있는 것이라면 무엇이든 다 그대의 것이니,
나에 대한 그대의 권세를 의심하며 제발 그렇게 애원하지 마시오."
이렇게 말하고 그는 바라고 바라던 포옹에 자신을 내맡기고는   405
아내의 품에 묻혀 사지를 풀어주는 안식과 잠을 찾았다.

　　어느새 한밤중이 지나 첫 번째 휴식이 잠을 쫓아버렸다.
이때는 물레 가락과 미네르바의 소박한 노동[78]으로 생계를 유지하는
책임을 진 가정의 주부가 재 속에 자고 있는
타다 남은 불을 깨워, 남편의 침대를 정결하게 지키고[79]   410
자식들을 기르기 위하여 밤에도 일하고, 또 횃불 밑에서
하녀들에게 오랜 동안 일을 시키는 시간이기도 하다.
그와 다르지 않게, 그 시간의 가정 주부 못지않게
부지런히 불의 주인은 부드러운 잠자리에서
일어나 대장간으로 일하러 갔다.   415
시카니아의 해안과 아이올루스의 리파레[80] 사이 바위들에서 연기를
내뿜는 섬 하나[81]가 바다에서 가파르게 솟아 있다. 그 속 깊숙한 곳에
동굴이 하나 있는데, 아이트나[82]의 그것같이 퀴클롭스[83]들의 불에 움푹 팬
그 동굴 안에서는 천둥소리가 난다. 모루에서는 힘차게 내려치는 요란한
소리가 들리고, 안쪽에서는 칼뤼베스족[84]의 무쇠가 쉿쉿 소리를 내며   420

녹아내리고, 용광로들마다 불이 숨을 쉬고 있다.
이곳이 불카누스의 집이고, 이 섬의 이름은 불카니아[85]이다.
그때 불의 주인은 높은 하늘에서 그곳으로 내려왔다.
넓은 동굴 안에서는 퀴클롭스들이, 브론테스[86]와 스테로페스와
발가벗고 일하는 퓌라그몬이 무쇠를 벼리고 있었다. 425
그들은 아버지[87]가 온 하늘에서 수없이 대지로 내던지는
벼락을 손수 만들고 있었는데, 그중 일부는 이미 닦여져 광이 났으나
아직 마무리되지 않은 것도 있었다. 그들은 벌써 거기에
세 줄기의 뒤틀린 소나기와 세 줄기의 비구름과
세 줄기의 발갛게 단 불과 날개 달린 남풍을 덧붙였고, 430
이제 거기에 무시무시한 번개와 천둥소리와 공포와 잇단 화염의
노여움을 섞었다. 동굴 안의 다른 곳에서는 마르스를 위하여
날개 달린 바퀴의 전차가 열심히 제작되고 있었는데,
마르스는 그것을 타고 전사들과 도시들을 부추긴다.
그들은 또 팔라스가 화가 날 때 입고 다니는 무구인 무시무시한 435
아이기스에 황금으로 된 뱀 비늘들을 다투어 붙이며 그 양쪽을
뱀 떼로 장식하고 있었고, 여신의 가슴께에는 목이 베인 채
눈을 굴리는 고르고[88]를 붙이고 있었다. "다 치우도록 하라."
그는 말했다. "아이트나의 퀴클롭스들이여, 너희들은 시작한 일들을
치우고 지금부터 내 말을 명심해야 한다. 한 용감한 전사를 위해 440
무구를 만들어야 한다. 이제야말로 힘이 필요하고,
이제야말로 날랜 손이, 이제야말로 대가의 솜씨가 필요하다.
꾸물댈 시간이 없다." 그는 길게 이야기하지 않았다.
그들은 모두 신속하게 작업에 착수했고, 작업을 똑같이 분담했다.
청동과 황금이 녹아서 냇물처럼 흘러내렸고, 445

부상을 입히는 무쇠는 넓은 용광로에서 녹고 있었다.
그들은 라티니족이 날려 보내는 모든 무기들을 혼자 감당할 수 있는
거대한 방패를 만들며, 일곱 개의 둥근 판을 한겹 한겹 이어 붙였다.[89]
더러는 헐떡이는 풀무들로 바람을 빨아들이기도 하고
내보내기도 했으며, 더러는 쉿쉿 소리를 내는 청동을 물통에   450
담갔다. 동굴은 그 안에 있는 모루들 밑에서 신음했다.
그들은 서로 박자를 맞춰가며 거대한 팔을 들어올렸고,
꼭 잡는 집게로 금속 덩어리를 이리저리 뒤집곤 했다.
 렘노스[90]의 아버지가 아이올루스의 해안들에서 이런 일들을
서두르고 있는 동안, 자애로운 빛과 처마 밑의 새들의 아침 노래가   455
나지막한 지붕 밑에서 자고 있던 에우안드루스를 깨웠다.
노인은 잠자리에서 일어나 투니카[91]를 걸치고
발바닥 밑에 튀르레니아의 샌들을 매어 신었다.
그리고 나서 그는 옆구리와 어깨에 테게아[92] 산(産) 칼을 메었고,
표범가죽을 어깨 너머로 던져 왼쪽 옆구리 아래로 드리우게 했다.   460
그러자 그의 호위자들인 두 마리의 개가 높다란 문턱에서
달려나오더니 주인의 발걸음을 따라다녔다. 영웅은 손님인
아이네아스가 머물고 있는 별채로 다가가고 있었으니, 그는 둘이서
나눈 대화와 도움을 주기로 한 약속을 잊지 않았던 것이다.
아이네아스도 그에 못지않게 아침 일찍 일어나 분발하고 있었다.   465
에우안드루스와는 아들 팔라스가, 아이네아스와는 아카테스가
동행하고 있었다. 그들은 만나자마자 악수를 나누더니 응접실로
가서 그곳에 앉아 마침내 자유롭게 이야기를 주고받았다.
왕이 먼저 이렇게 시작했다···
"테우케르 백성들의 가장 강력한 지도자여, 그대가 무사한 이상   470

나는 결코 트로이아의 힘과 왕국이 꺾였다고 인정할 수 없소.
우리는 이름만 널리 알려졌을 뿐 이 전쟁에서 그대를 도울 여력은
그다지 많지 않소. 우리는 투스쿠스 강[93]으로 둘러싸여 있는 한편
루툴리족이 우리를 압박하고 있어 성벽 주위는 그들의 무구 소리가
울려 퍼지고 있소. 하나 나는 수많은 왕국을 가진 강력한 백성들[94]을   475
그대 편으로 만들어줄 것이오. 뜻밖의 행운이 우리에게 그런 구원을
가져다주었소. 그대는 운명의 부름을 받고 이리로 온 것이오. 여기서
그리 멀지 않은 곳에 있는 오래된 바위 위에 세워진 아퀼라[95] 시에는
많은 사람들이 살고 있는데, 전쟁으로 유명한 뤼디아인들이 전에
그곳에 있는 에트루리아의 산등성이에 정착하게 된 것이지요.[96]   480
그들은 오랫동안 번영을 누렸으나, 그 뒤 메젠티우스[97] 왕이 오만한
권력과 포악한 무구들을 앞세워 그들을 억압했소. 폭군의 무도한 살인과
야만적 행위에 관해서는 말도 하고 싶지 않소. 그런 짓이라면 신들께서
그자의 머리와 자손들을 위해서나 간직하시기를! 그자는 심지어
산 사람들을 시신들과 함께 묶어 그들이 서로 손과 손이,   485
입과 입이 포개진 채—세상에 이런 고문이 다 있습니까!—
비참한 포옹 속에서 고름과 시즙(屍汁)으로 녹아내리며
긴 시간 동안 천천히 죽게 만들었지요.
그러다 마침내 참다 못한 시민들이 무장을 한 채
이 괴물 같은 미치광이와 그자의 집을 에워싸고는   490
그자의 패거리들을 베고 그자의 지붕에 불을 던졌소.
살육이 자행되자 그자는 도망쳐 루툴리족의 나라로 망명했고,
친구인 투르누스가 무구들로 그자를 보호해주고 있소.
그리하여 전 에트루리아가 의분을 느끼고 일어서서 당장이라도 전쟁을
일으키겠다며 그자를 응징할 수 있도록 넘겨달라고 요구하고 있소.   495

아이네아스여, 나는 그대를 수천 명이나 되는 그들의 지도자로 삼을 것이오.
왜냐하면 벌써 그들의 함선들이 해안을 가득 메우고 요란하게 공격 신호를
요구하고 있으나 연로한 복점관이 이런 운명을 예언하며 그들을 제지하고
있다오. "오오, 마이오니아[98]의 걸출한 젊은이들이여, 오래된 전사 부족의
꽃이자 힘이여! 의로운 분노가 그대들을 전쟁터로 내몰고 있고, 500
메젠티우스는 그대들의 타오르는 노여움을 사 마땅하오.
이토록 위대한 부족이 이탈리아인의 휘하에 든다는 것은 부당하오.
그대들은 이방 출신 지도자들을 고르시오."
에트루리아의 군대는 신들의 경고에 놀라 이 들판에 주저앉아 있소.
타르콘[99]은 내게 사절단과 함께 왕국의 왕관과 왕홀을 보내고 505
권력의 표장(標章)을 맡기며, 나더러 자신들의 진영으로 와서 튀르레니아의
왕권을 인수하라고 했지만 나는 그것을 받아들일 수 없었소. 나는
세월이 지나면서 노쇠하여 피가 식고 손발이 느려져 모험을 감당하기에는
너무 늦었기 때문이오. 내 아들이 사벨리족[100]인 제 어머니에게서
이탈리아의 피를 일부 물려받지 않았다면 나는 그 애더러 가보라고 510
격려했을 것이오. 그대는 나이와 부족에서 운명의 호감을 사고 있고
신의(神意)가 요구하고 있는 사람이니 그대의 과업을 맡도록 하시오.
테우케르 백성들과 이탈리아인들의 가장 용감한 지도자여!
나는 우리의 희망이자 위안인 여기 이 팔라스를
그대에게 딸려 보낼 것이오. 그 애가 그대의 지도 아래 515
전역(戰役)과 마르스의 힘든 일을 감당하는 법을 배우고, 일찍감치
그대의 행동을 보고는 그대를 경탄하는 일에 익숙해지도록 말이오.
그 애에게 나는 우리 전사들의 정수인 아르카디아의 기병 이백 명을 줄
것이고, 팔라스도 자신의 이름으로 그대에게 그만큼의 군사를 줄 것이오."
　　그가 이렇게 말하자마자 앙키세스의 아들 아이네아스와 520

충실한 아카테스는 시선을 고정한 채 마음속으로 깊은 생각에 잠겼다.
그들은 한동안 깊은 생각에 잠겨 있었을 것이다.
맑은 하늘에서 퀴테레아[101]가 신호를 보내지 않았더라면 말이다.
느닷없이 하늘에서 천둥소리와 함께 번개가 번쩍이더니 급작스레
온 천지가 무너져 내릴 듯이 에트루리아의 나팔 소리[102]가   525
요란하게 하늘에 울려 퍼지는 듯했다. 그들이 위를 처다보니
무시무시한 굉음이 잇달아 울려 퍼지며 구름 사이의
맑은 하늘에서 무구들이 발갛게 타오르며 서로 부딪쳐
천둥소리를 내는 것이 보였다. 다른 사람들은 아연실색했으나
트로이야의 영웅은 그 소리를 듣고는 여신인 자기 어머니가   530
약속을 이행하고 있음을 알아차렸다. 그래서 그는 말했다.
"내 친구여, 제발 부탁이오. 여기 이 전조가 무엇을 뜻하는지
묻지 마시오. 이것은 올륌푸스[103]가 나를 부르는 것이오. 여신이신
나의 어머니께서 말씀하시기를, 전쟁이 발발하면 어머니께서 이러한
신호를 보내실 것이며, 내게 도움이 되도록 볼카누스의 무구들을   535
대기를 지나 가져다주시겠다고 하셨소······
아아, 가련한 라우렌툼인들에게 어떤 살육이 임박해 있는가! 투르누스여,
그대는 내 손에 어떤 벌을 받게 될 것인가! 얼마나 많은 방패들과 투구들과
용감한 전사들의 시신들을 그대는 물결 밑에서 굴리게 될 것인가, 아버지
튀브리스여! 어디 그자들이 전쟁을 요구하고 맹약을 어겨보라지요."   540
　이렇게 말하고 나서 그는 자신이 앉았던 높은 의자에서 벌떡
일어서더니 먼저 헤르쿨레스의 제단 위에서 졸고 있는 불씨를 다시 깨워
어제 제물을 바쳤던 라르[104]와 검소한 페나테스 신들에게 성큼성큼 다가갔다.
그러자 에우안드루스가 관습에 따라 엄선된 양들을 제물로 바쳤고,
마찬가지로 트로이야의 젊은이들도 그렇게 했다.   545

그러고 나서 아이네아스는 함선들과 전우들이 있는 곳으로 가
전쟁터로 자신을 수행하게 될 용맹무쌍한 자들을 가려 뽑았다.
그러나 나머지 대원들은 아스카니우스에게 아버지의 소식과
안부를 전하기 위하여 잔잔한 강물 위에서 흐르는 물에
떠밀리며 힘들이지 않고 하류로 항해했다. 550
튀르레니아의 들판으로 나아가는 테우케르 백성들에게는
말들이 주어졌다. 아이네아스에게는 특별히 정선한, 온몸에
황갈색 사자가죽을 두르고 황금 발굽을 번쩍이는 말이 주어졌다.
  기병들이 튀르레니아 왕의 집을 향해 급히 달려가고 있다는
소문이 날개 달린 듯 순식간에 작은 도시에 구석구석 퍼졌다. 555
어머니들은 겁이 나서 기도에 기도를 거듭했으니, 위험과 더불어 공포도
더욱 가까워지고 마르스의 모습은 어느새 더 크게 나타났던 것이다.
그러자 아버지 에우안드루스가 떠나는 아들의 오른손을 잡고
매달리더니 하염없이 눈물을 흘리며 이렇게 말했다.
"오오, 내게 윱피테르께서 지난 세월을 되돌려주신다면 좋으련만! 560
그리하여 내가 프라이네스테[105]의 성벽 바로 밑에서 적군의 선두 대열을
때려눕히고 승리자로서 방패 더미들을 불사르고 에룰루스[106] 왕을 여기
이 오른손으로 타르타라 아래로 보냈을 때와도 같은 사람이 된다면 좋으련만!
그가 태어났을 때 어머니 페로니아[107]는 (말하기도 끔찍한 일이지만)
세 개의 목숨[108]을 주었고, 그가 입고 다니라고 세 벌의 무구를 주었지. 565
그래서 나는 그를 세 번이나 때려눕혀야 했지. 하지만 나는 그때
내 이 오른손으로 그의 목숨을 모두 빼앗고 그의 무구를 모두 벗겼지.
내가 그때와 같다면, 내 아들아, 어느 누구도 나를 달콤한 네 품안에서
떼어놓지 못할 것이며, 메젠티우스도 내 도시에서 그토록 많은 시민들을
잡아다 칼로써 그토록 자주 무자비한 살육을 자행함으로써 자기 이웃인 570

나를 그토록 모욕하지는 못했을 것이다. 하늘의 신들이시여,
그리고 신들의 가장 위대하신 지배자 윱피테르시여,
부디 아르카디아인들의 왕을 불쌍히 여기시고 한 아버지의 기도를
들어주소서. 그대들의 뜻이, 만약 운명이 여기 이 팔라스를
나를 위하여 무사히 지켜주시겠다면, 만약 내가 살아서 이 애를 575
다시 보고 이 애와 함께하게 될 것이라면, 나는 목숨을 빌겠으며,
아무리 힘든 일이라도 참고 견디겠나이다. 하지만 행운의 여신이시여,
만약 그대가 어떤 끔찍한 사고로 위협을 가하시려거든, 오오, 지금
당장 이 모진 목숨을 끊도록 허락해주소서. 아직은 근심걱정이
막연하고, 아직은 미래의 전망이 불확실하고, 사랑스런 소년이여, 580
내 만년의 유일한 낙이여, 아직도 내가 너를 이렇게 껴안고
있는 동안. 제발 슬픈 소식이 내 귀를 아프게 하지 말았으면!"
아들과 마지막 작별 인사를 나누며 아버지는 이런 말들을 토해냈다.
그리고 나서 그가 쓰러지자 시종들이 집 안으로 날랐다.
 그리고 어느새 성문이 열리며 기병대가 밖으로 나갔다. 585
아이네아스와 충실한 아카테스가 선두에서 달리고 다른 장수들이
그 뒤를 따랐다. 팔라스는 기병대의 한가운데에서 말을 달렸는데,
그의 외투와 문장을 그려 넣은 무구들은 유난히 돋보였다.
그 모습은 마치 베누스가 하늘의 어떤 다른 별들보다 더 사랑하는
샛별이 오케아누스의 물결 속에서 목욕을 하고 나서 590
하늘로 신성한 얼굴을 들며 어둠을 녹일 때와도 같았다.
성벽 위에는 어머니들이 떨면서 서서 구름 같은 흙먼지와 청동을
번쩍이는 부대를 눈으로 전송하고 있었다. 그들이 무장한 채
목적지에 가장 가까운 지름길로 해서 덤불 사이로 나아가니,
소음이 일고 모두가 한 덩어리를 이루는 가운데 595

말발굽이 요란하게 질주하며 무른 들판을 짓이겼다.
카이레의 차가운 강물 가까이에 원근의 백성들로부터 대대로
신성시되던 넓은 임원이 있는데, 그것은 사방이 검은 전나무를
입고 있는 언덕들로 오목하게 둘러싸여 있었다. 소문에 따르면,
오래전에 맨 먼저 라티움 땅에서 살았던 옛날의 펠라스기족[109]이   600
들판과 가축의 신인 실바누스[110]에게 임원과
축제일을 바쳤다고 한다. 그곳에서 멀지 않은 곳에
타르코와 튀르레니아인들이 안전한 장소에 진을 치고 있었는데,
언덕들의 높은 곳에서는 넓은 들판에
진을 치고 있는 그의 군대가 다 내려다보였다.   605
아버지 아이네아스와 전쟁을 위하여 뽑힌 젊은이들은 그리로
다가가서는 지친 나머지 말들을 돌보며 휴식을 취하고 있었다.
　한편 여신 베누스는 하늘의 검은 구름 사이에서 찬란하게 빛나며
선물들을 가지고 내려오고 있었다. 그녀는 아들이 차가운 강물을 건너
다른 사람들과 멀리 떨어져 외딴 골짜기에 혼자 있는 것을 보고는   610
그의 앞에 불쑥 모습을 드러내며 이렇게 말했다.
"자, 이것이 내가 약속한 선물들이다. 내 남편의 기술에 의하여
만들어진 것이다. 내 아들아, 앞으로는 거만한 라우렌툼인들이든,
성마른 투르누스든 싸우자고 도전하기를 망설이지 마라."
이렇게 말하고 나서 퀴테레아는 번쩍이는 무구들을   615
그의 앞쪽에 있는 참나무 아래 내려놓고는 달려가 아들을 포옹했다.
아이네아스는 여신의 선물들과 그토록 큰 영예에 마음이 흐뭇하여
그것들을 일일이 살펴보았으나 아무리 보아도 물리지 않았다.
그는 그것들을 두 손에 들고 두 팔 사이에서 이리저리 돌리며,
깃털 장식이 달리고 불을 내뿜는 무시무시한 투구와,   620

죽음을 안겨주는 칼과, 핏빛 청동으로 만든 단단하고 거대한
흉갑과—그 모양은 검푸른 구름이 햇빛을 받아 불타며 멀리까지
발갛게 빛날 때와 같았다—이어서 은금과 순금으로 만든
광을 낸 정강이받이와, 창과, 말로 표현할 수 없는
걸작품인 방패를 보고 경탄을 금치 못했다.　　　　　　　　　　625
예언에도 무지하지 않거니와 다가올 시대도 모르지 않는 터라
불의 주인은 방패에다 이탈리아의 역사적 사건들과 로마인의 개선
행렬들을 새겨 넣었으며, 그 위에다 그는 또 아스카니우스에게서 비롯될
가문의 모든 씨족들과 그들이 싸우게 될 전쟁들도 촘촘히 새겨 넣었다.
볼카누스는 또 마보르스[111]의 초록빛 동굴 안에서 어미 늑대가　　630
허리를 쭉 펴고 누워 있다가, 쌍둥이 형제[112]가
그 젖꼭지에 매달려 놀며 겁도 없이 유모의 젖을 빨자,
유연한 목을 뒤로 돌려 두 아이를 번갈아 핥아주며
몸을 다듬어주는 모습도 새겨 넣었다. 그 옆에다 그는
로마와, 원형 경기장에서 경기가 개최되던 도중에　　　　　　　635
자리에 앉아 있던 군중들 사이에서 무도하게도 사비니족 딸들이
납치되는[113] 장면을 덧붙였다. 그러자 당장 로물루스의
추종자들과 노왕 타티우스[114]가 이끄는 쿠레스[115]의 엄격한 시민들
사이에 전쟁이 돌발했다. 나중에 이들 왕들은 싸움을 그만두고는
무장한 채 손에 잔을 들고 윱피테르의 제단 앞에 서서 암퇘지를　　640
제물로 바치고 나서 맹약을 맺었다. 그 옆에서는 사두마차들이
서로 다른 방향으로 움직이며 멧투스[116]를 찢어놓았다.
(알바인이여, 그대는 약속을 지켰어야 할 것이다!)
그리고 툴루스가 그 거짓말쟁이의 시신을 끌고 숲 속을 지나가자
가시덤불들에서 핏방울이 뚝뚝 떨어지고 있었다.　　　　　　　645

그리고 또 포르센나[117]가 추방당한 타르퀴니우스[118]를 받아들이라고 명령하며
로마 시를 엄중하게 포위하고 있었다. 그러나 아이네아스의 백성들은
자유를 위하여 적군의 칼을 향해 돌진하고 있었다. 그대는 그자[119]의
성난 것 같기도 하고 위협하는 것 같기도 한 모습을 볼 수 있었을 것인 즉,
그것은 코클레스[120]가 감히 다리를 허물고 클로일리아[121]가   650
사슬에서 벗어나 강을 헤엄쳐 건너고 있었기 때문이다. 방패의 꼭대기에는
타르페이야 성채[122]의 수호자인 만리우스[123]가 신전 앞에 서서 높다란
카피톨리움을 지키고 있었고, 갓 지은 로물루스의 궁전[124]의 초가 지붕이
거친 모습을 드러내고 있었다. 그곳에는 또 은으로 된 거위가 황금 주랑들
사이를 날개를 푸드덕거리고 돌아다니며 갈리아인들이 문 앞에   655
와 있다고 울어 대고 있었다. 갈리아인들은 칠흑같이 어두운 그날 밤
야음을 틈타 가시덤불 사이로 다가오고 있었고 더러는 벌써
성채 위에 올라와 있었다. 그들의 머리털도, 옷도 금빛이었다.
그들의 가로줄 무늬의 외투들은 광채를 발하고 있었고,
그들의 우윳빛 목에는 금목걸이가 걸려 있었다.   660
그들은 각자 알페스의 투창 두 자루씩을 들고 휘두르고 있었고,
긴 방패로 몸을 가리고 있었다. 그곳에 불카누스는 또 춤추는 살리이들[125]과
벌거벗은 루페르키들[126]과 양털실을 감은 그들의 원추형 두건과 하늘에서
떨어진 방패[127]를 만들어 넣었다. 그곳에는 또 정숙한 어머니들이
부드러운 이륜 포장마차를 타고 엄숙한 행렬을 지어 지나가고 있었다.[128]   665
거기서 조금 떨어진 곳에 불카누스는 또 타르타루스의 거처들과,
디스[129]의 높다란 출입구와, 범죄자들의 처벌과, 카틸리나[130]여,
낭떠러지에 매달린 채 복수의 여신들의 얼굴을 보며
두려움에 떨고 있는 그대와, 외딴 곳에 있는
경건한 자들과 그들의 입법자 카토[131]를 덧붙였다.   670

이 장면들¹³² 사이로 물결치는 널찍한 바다가 놓여 있었는데,
황금으로 만들어졌음에도 흰 거품을 뒤집어쓴 푸른 바다같이 보였다.
그 주위에는 파도를 가르는 은으로 된 돌고래들이
꼬리로 바다의 수면을 쓸며 빙글빙글 헤엄치고 있었다.
바다의 한복판에는 청동으로 무장한 함대와, 악티움 해전¹³³을   675
볼 수 있었다. 그대는 레우카테스¹³⁴가 온통 전투 대열로 들끓고 물결이
황금으로 번쩍이는 것을 볼 수 있었으리라. 한쪽에는 아우구스투스
카이사르가 뱃고물에 우뚝 서서 원로원 의원들과 백성들과 페나테스 신들과
위대한 신들과 더불어 이탈리아인들을 싸움터로 인도하고 있었다.
그의 환호하는 이마에서는 두 줄기의 화염이 뻗어 나오고,   680
그의 머리 위에는 아버지의 별¹³⁵이 뜨고 있었다.
다른 곳에서는 바람과 신들의 도움을 받아 아그립파¹³⁶가
의기양양하게 대열을 이끌고 있었다. 그의 이마에서는 최고의
무공 훈장인 함선의 충각(衝角) 모양을 새겨 넣은 금관이 빛났다.
다른 쪽에는 안토니우스가 야만족의 부와 잡동사니 무구를 가지고   685
동방의 민족들과 인도양의 해안에서부터 승리자로서 오는 길이었는데,
아이귑투스와 동방의 군세와 가장 먼 박트라¹³⁷를 이끌었으며,
(창피하게도) 그의 아이귑투스인 아내¹³⁸가 그 뒤를 따르고 있었다.
그들이 일제히 돌진하자 바다는 그들이 저어 대는 노들과 삼지창 같은,
부리 모양의 이물들에 의하여 뒤집히며 거품을 일으켰다.   690
그들이 높은 바다로 나아가니, 그대는 퀴클라데스 군도¹³⁹가 다시 떨어져
나와 바다 위를 떠다니거나, 높은 산들이 산들과 충돌하는 줄 알았으리라.
전사들이 서 있는 탑 모양의 뱃고물들은 그만큼 엄청나게 컸다. 불타는
삼 부스러기¹⁴⁰와 날아다니는 무쇠가 그들의 손에서 비 오듯 쏟아지니
넵투누스의 들판들은 전대미문의 살육으로 붉게 물들기 시작했다.   695

그 한복판에서 여왕은 아이귑투스의 딸랑이로 자신의 부대들을
부르고 있으니, 아직 등 뒤에 있는 뱀 두 마리[141]를 보지 못했던 것이다.
온갖 종류의 괴물 같은 신들과 멍멍 짖는 아누비스[142]가
넵투누스와 베누스와 미네르바를 향해 무기를 휘두르고 있었다.
전쟁터 한복판에서 날뛰고 있는 마보르스의 모습은   700
무쇠로 만들어졌다. 공중에서는 가차없는 디라들이 내려다보고 있었다.
불화의 여신은 찢어진 긴 겉옷을 걸치고 환호하며 걸어오고,
벨로나[143]가 피투성이 채찍을 들고 그녀의 뒤를 따르고 있었다.
악티움의 아폴로[144]가 이 광경을 보고 높은 곳에서 활을 당기고 있었다.
그러자 아이귑투스인들과 인디아인들과 아랍인들이   705
겁에 질려 모두 도망쳤고, 사바이족[145]이 모두 등을 돌렸다.
여왕 자신은 바람을 부르더니 바람에 돛을 맡기고 어느새 느슨해진
밧줄들을 풀고 있는 모습이 보였다. 그 살육의 한가운데에다
불의 주인은 그녀가 임박한 죽음에 파랗게 질린 채
물결과 이아퓍스 바람[146]에 실려가는 모습을 그려놓았다.   710
그녀의 맞은편에다 그는 거대한 몸집의 닐루스[147]가 비통해하며
옷자락을 펼치더니 패전한 자들을 자신의 푸른 품속과 은밀한
지류들로 들어오라고 옷 전체로 부르고 있는 모습을 만들어놓았다.
하나 카이사르는 삼중의 개선식[148]을 올리며 로마의 성벽 안으로
돌아와 이탈리아의 신들에게 불멸의 선물을 바치고 있었으니,   715
그는 시내 곳곳에 삼백[149] 동의 가장 큰 신전들을 봉헌했던 것이다.
거리들은 환성과 경기와 박수 소리로 떠들썩했다. 신전마다 어머니들의
합창가무단이 있었고, 신전마다 제단이 있었으며, 제단 앞에는
제물로 바쳐진 황소들이 누워 있었다. 카이사르 자신은
하얗게 빛나는 포이부스의 눈처럼 흰 문턱 위에 앉아   720

여러 백성들의 선물을 살펴보며 높다란 출입문 위에다 걸고 있었다.
한편 패배한 부족들의 긴 행렬이 지나는데, 그들의 말이 서로 다르듯
그들의 복장과 무구들도 각양각색이었다. 물키베르[150]가 이곳에는
노마데스족과 허리띠를 매지 않는 아프리카인들을, 이곳에는 렐레게스족[151]과
카리아[152]인들과 화살을 갖고 다니는 겔로니족[153]을 새겨 넣었다.   725
벌써 에우프라테스[154] 강이 더 잔잔하게 물결치며 흘러가고 있었다. 저곳에는
대지의 끝에 사는 모리니족[155]과 하구가 둘인 레누스[156] 강과 길들지 않은
다하이족[157]과 다리를 놓았다고 화가 난 아락세스[158] 강이 있었다.

그런 장면들이 볼카누스가 만들고 어머니가 아들에게 선물로 준 방패에
새겨져 있었다. 아이네아스는 그것들을 보고 감탄했고, 그것들이   730
무엇인지도 모르고 기뻐하며 자손들의 명성과 운명을 들어올려 어깨에 멨다.

제9권

니수스와 에우뤼알루스

저 멀리 다른 곳에서 이런 일[1]이 일어나고 있는 동안
사투르누스의 딸 유노는 대담무쌍한 투르누스에게 이리스[2]를
내려보냈다. 투르누스는 마침 자신의 선조인 필룸누스[3]의 임원에,
신성한 골짜기에 앉아 있었다.
그를 향해 장밋빛 입술로 타우마스의 딸이 말했다.   5
"투르누스여, 그대가 기구한다 해도 신들 중
어느 누구도 약속할 수 없었을 것을, 자, 시간의 경과가 그대에게
거저 가져다주었다. 아이네아스가 진영과 전우들과 함대를 떠나
팔라티움 언덕에 있는 에우안드루스의 홀과 왕좌를 찾아갔단 말이다.
그것으로도 성에 차지 않아 그는 코뤼투스의 가장 먼 도시들[4]로   10
들어가 뤼디아 출신[5] 농부들을 모아놓고 무장시키고 있다.
왜 망설이고 있는가? 지금이야말로 말들과 전차들을 요구할 때다.
이러고 있을 시간이 없다. 그대는 적진을 기습하여 점령하도록 하라!"
이렇게 말하고 그녀는 날개의 균형을 잡으며 하늘로 올라가더니
구름 아래에서 거대한 무지개를 가로지르며 사라졌다.   15
그제야 젊은이는 여신을 알아보고는 하늘을 향해
두 손을 들고 이런 말로 사라지는 그녀를 뒤쫓았다.
"이리스여, 하늘의 장식이여, 누가 나를 위해 구름 사이에서 대지로
그대를 내려보냈으며, 이토록 청명한 날씨는 갑자기 어디서 온 것이오?
하늘 한가운데가 갈라지며 별들이 하늘을 떠도는 것이 보이는군요.   20

나를 싸움터로 부르는 그대가 누구든
나는 그토록 큰 전조를 따를 것이오." 이렇게 말하고
그는 강가로 걸어가 수면에서 두 손으로 물을 뜨더니
신들에게 간절히 기도하며 하늘에 많은 것을 서약했다.

  그리고 어느새 군마도 많고 수놓은 의복도 많고 황금 장식도 많은 25
군대 전체가 탁 트인 들판 위를 달리고 있었다.
멧사푸스[6]가 선두 대열들을 이끌고, 후위(後衞)는 튀르루스[7]의
아들들이 제어했으며, 중군(中軍)은 투르누스가 지휘하고 있었다.
[무구를 뽐내며. 그는 다른 사람들보다 머리 하나쯤 더 컸다.][8]
그 모습은 마치 강게스[9]가 유유히 흐르는 일곱 개의 강들로 30
수위가 높아져 소리 없이 흘러갈 때나, 또는 닐루스의 비옥한 흐름이
들판에서 물러가 원래의 하상(河床)에 숨을 때와도 같았다.[10]
이때 테우케르 백성들이 내다보니 급작스레 시커먼 먼지가 뭉쳐
구름이 되며 들판에 어둠이 솟아오르는 것이었다.
카이쿠스[11]가 그 맞은편 보루에서 맨 먼저 이를 보고 소리쳤다. 35
"동포들이여, 시커멓게 굴러오는 저 덩어리가 무엇일까요?
어서 칼을 내오고, 창을 나눠주고, 방벽에 오르시오.
적군이 가까이 오고 있소. 서두시오!" 그러자 테우케르 백성들이
큰 소음을 내며 모든 문들을 지나 안으로 몰려와 방벽을 메웠다.
최선의 전사 아이네아스가 떠날 때 그렇게 지시했기 때문이다. 40
만일 그사이 무슨 일이 일어나면 그들은 대열을 이루지도 말고
들판으로 나오지도 말고 진영과, 둔덕을 쌓아 안전한
방벽들을 지키고만 있으라고 그는 지시해놓았던 것이다.
그래서 비록 치욕과 분노가 그들에게 어우러져 싸우라고
재촉해도 완전무장한 채 문에 빗장을 지르고 지시대로 45

탑 안쪽에서 적군을 기다리고 있었다.

　　투르누스는 굼뜨게 움직이는 대열 앞에서 나는 듯이 내달았고, 스무 명의 엄선된 기병들이 그와 동행하고 있었다. 그래서 그는 예상외로 빨리 진지에 도착했는데, 흰 반점이 있는 트라키아 산 말이 그를 날랐고, 붉은 깃털 장식이 달린 황금 투구가 그의 머리를 가려주고 있었다. 50
"전사들이여, 그대들 가운데 누가 맨 먼저 나와 함께 적군에게로 향하겠소? 자, 보시오!" 이렇게 말하고 그는 전투 개시의 신호로 자신의 투창을 공중으로 빙글빙글 내던지더니 안장 위에 우뚝 앉아 들판 위로 내달았다. 전우들은 이[12]에 환성을 올리다가 이어서 무시무시하게 함성을 질렀다. 그들은 테우케르 백성들의 소심함에 놀랐다. 무기를 들고 55
평야로 나와 대항할 생각은 않고 진영만 지키고 있기 때문이다. 투르누스는 열이 나서 입구가 없는 곳에서 입구를 찾아 말을 타고 방벽 주위를 이쪽 저쪽으로 돌아다녔다. 그 모습은 마치 늑대가 한밤중에 비바람을 맞으며 양 떼로 우글거리는 양 우리 옆에 숨어 기다리며 울타리 주위에서 울부짖을 때와도 같았다. 60
새끼 양들은 어미들 곁에서 보호 받으며 쉴새없이 매매 울어댄다. 화가 난 늑대는 거칠고 사납게 미쳐 날뛰어보지만 양 떼에게 다가갈 수 없다. 녀석은 오랫동안 굶어 허기에 시달리고 있었고, 여러 날 피를 마시지 못해 목안이 말라 있었던 것이다. 루툴리족인 그도 방벽과 진영을 살피며 그와 다르지 않게 65
불같이 화가 났고, 단단한 뼛속에서부터 타는 듯한 고통을 느꼈다. 어떤 계책을 써야 저 안으로 들어갈 수 있으며, 어떤 수단을 써야 방벽 안에 숨은 테우케르 백성들이 평야로 쏟아져 나온단 말인가? 진영 바로 옆에는 둑들과 강물에 빙 둘러싸인 채 함대가 숨겨져 있는데, 그는 그쪽으로 가 환호하는 전우들에게 불을 달라 하더니, 열이 나서 불타는 소나무 횃불을 70

스스로 집어 들었다. 그러자 그들은 열심히 일하기 시작했다.
(투르누스와 함께 있다는 것이 격려가 되었던 것이다.)
전 대원이 그을음이 나는 횃불들로 무장했으니,
그들은 화로들을 약탈했던 것이다.
연기를 내뿜는 횃불들이 어느새 역청이 섞인 빛을 발하고 있었고,   75
볼카누스[13]는 하늘을 향해 불타는 재를 내뿜고 있었다.

어느 신이, 무사 여신들이시여, 테우케르 백성들에게서 그토록 사나운
화염을 물리쳤으며, 누가 함선들에서 불을 몰아냈나이까? 말씀해주소서!
이런 일이 일어났다는 믿음은 오래되었으나 그 명성은 영원하나이다.
아이네아스가 프뤼기아의 이다 산에서 함대를 건조하기 시작하고   80
망망대해로 출항을 준비할 때, 신들의 어머니인 베레퀸투스 산의
어머니[14]가 위대한 윱피테르에게 친히 이렇게 말했다고 한다.
"내 아들아, 이제 너는 올륌푸스를 다스리고 있으니,[15]
이 어미의 청과 부탁을 들어다오. 그곳에 나는 소나무 숲을
하나 가지고 있었는데, 그것이 여러 해 동안 나를 즐겁게 해주었다.   85
산꼭대기에 있는 임원에서 사람들이 제물을 바치곤 했으니까.
그곳에는 검은 소나무들과 단풍나무 밑동들이 우거져 있었는데,
다르다니아의 젊은이에게 함대가 필요하다고 하여 나는 이들 나무를
기꺼이 내주었다. 한데 지금 나는 걱정이 태산 같구나. 네가 내 두려움을
해소해다오. 이 어미가 기도로써 이 일을 이룰 수 있게 해다오.   90
그러니까 함선들이 항해 도중 돌풍을 만나도 난파당하는 일이 없게 해주고,
우리 산에서 자랐다는 것이 그것들에게 도움이 되게 해다오." 그러자
하늘의 별들을 운행하는 아들이 대답했다. "오오! 어머니, 어머니는
운명을 어디로 부르시며, 그것들을 위해 무엇을 요구하시는 것입니까?
인간의 손에 만들어진 함선들에게 불사의 권리를 주시다니요?   95

아이네아스가 불확실한 위험들을 확실하게 통과해야 하다니요?
그토록 큰 권세가 어느 신에게 주어졌답디까? 그렇게는 안 되지요.
하지만 함선들이 임무를 마치고 언젠가 아우소니아의 포구에
닿게 되면, 함선들 가운데 파도에서 벗어나 다르다니아의
지도자를 라우렌툼의 들판으로 실어다준 것들에게서　　　　　　　　100
나는 죽음을 면할 수 없는 형상을 빼앗을 것이며,
함선들더러 거품 이는 바다를 가슴으로 가르는, 네레우스의 딸들인
도토와 갈라테아 같은 대해의 여신들이 되라고 명령할 것입니다."
이렇게 말하고 그는 끓어오르는 역청이 시커멓게 소용돌이치며
흐르는 강둑들과 형[16]의 강인 스튁스에 걸고 머리를 끄덕여 다짐했고,　　105
그가 머리를 끄덕이자 올륌푸스 전체가 흔들렸다.

　　그리하여 운명의 여신들이 기한을 다 채우니 약속된 날이 다가왔다.
그리고 이때 투르누스의 만행이 어머니 여신에게 신성한 함선들에서
화염을 물리치라고 경고했던 것이다. 그러자 먼저
이상한 빛이 그들의 눈 위에서 번쩍이는 가운데 동쪽에서　　　　　　　110
거대한 먹구름이 이다 산의 합창가무단[17]과 더불어 하늘을 가로질러
오는 것이 보였다. 그러자 무시무시한 목소리가 하늘에서 들리더니
트로이야인들과 루툴리족의 대열들 사이로 울려 퍼졌다.
"테우케르 백성들이여, 내 함선들을 방어하려고 우왕좌왕하지 말고,
손에 무기도 들지 마라. 투르누스는 신성한 소나무 선재들보다 먼저　　115
바다를 불태울 수 있으리라. 너희들[18]은 자유의 몸으로 이곳을 떠나거라.
너희들은 바다의 여신들로서 이곳을 떠나거라. 어머니의 명령이다."
그러자 함선들이 제각기 해안에 매어놓은 밧줄을 풀더니
돌고래 모양 충각을 물속에 박고는 바닷속 깊은 곳으로 잠수했다.
그러더니 함선들은 그곳에서 (참으로 놀라운 일이었다)　　　　　　　120

[앞서 바닷가에 서 있던 청동을 입힌 뱃머리들만큼 많은 수의][19]
그만큼 많은 수의 처녀의 모습으로 되돌아와 바다 속을 헤엄치고 있었다.

    루툴리족은 정신이 얼떨떨했다. 멧사푸스는 겁에 질렸고
그의 말들도 놀라 뒷발로 섰다. 티베리누스[20] 강도 거칠게
으르렁거리며 멈춰 서더니 바다에서 뒷걸음질쳤다.   125
하나 대담무쌍한 투르누스는 자신감을 잃지 않았다. 그는 말로 그들을
격려하고 나무라기까지 했다. "이 전조는 트로이야인들을 향한 것이오.
윱피테르께서 손수 그들에게서 그들이 늘 받곤 하던 도움을
거두어버리신 것이오. 그래서 함선들은 루툴리족의 창과 불을 기다리지
않았던 것이오. 그러니 테우케르 백성들에게 바닷길은 막혔고,   130
도망칠 희망도 사라졌소. 그들에게 세상의 반[21]이 없어진 것이오.
그리고 육지는 우리 손안에 있고, 수천 명의 이탈리아 부족들이
무장하고 있소. 저 프뤼기아인들이 이런저런 신탁을 받았다고
아무리 자랑한다 해도 나는 조금도 두렵지 않소. 운명의 여신들과
베누스는 트로이야인들이 비옥한 아우소니아의 들판에 닿는 순간   135
그것으로 만족했던 것이오. 그에 맞서 나에게도 나의 운명이 있으니,
그것은 나에게서 신부(新婦)[22]를 빼앗은 무도한 족속을 칼로 단죄하는
것이오. 이런 고통은 아트레우스의 아들들[23]만이 느꼈던 것은 아니며,[24]
뮈케나이[25]만이 무장하도록 허용된 것은 아니오. '하나 한 번의
멸망으로 충분하지 않은가!' 그들이 한 번 죄를 짓고 나서 그 이후로   140
거의 모든 여성들에게 혐오감을 느꼈더라면 그야 충분했겠지.
그런데 지금 양군 사이의 방벽과 공격을 지연시키는 해자들이,
죽음을 막아주는 이 허약한 장벽이 저들에게 용기를 불어넣어주고 있소.
하지만 저들은 넵투누스의 손으로 만들어진[26] 성벽도 불속에 내려앉는
것을 보지 않았던가? 정예의 전사들이여, 그대들 가운데 누가   145

칼로 방벽을 허물 용의가 있으며, 누가 나와 함께 우왕좌왕하는
진영 안으로 들어가겠소? 내가 저들과 싸우는 데는 볼카누스의
무구들[27]도 필요없고, 일천 척의 함선[28]도 필요없소. 지금 당장
모든 에트루리아인들이 저들에게 전우가 되어준다 해도 말이오.
저들은 성채 위의 파수병들이 살해되어 비겁하게도   150
어둠 속에서 팔라디움[29]이 도둑맞을까 두려워할 필요가 없으며,
우리는 목마의 컴컴한 뱃속에 숨지도 않을 것이오.
우리의 계획은 밝은 대낮에 방벽을 에워싸는 것이오.
나는 저들로 하여금 자신들의 상대가, 헥토르가 십 년 동안이나 막아낸
다나이족이나 펠라스기족의 군대가 아님을 알게 해줄 것이오.   155
하지만 지금은 하루의 더 나은 부분[30]이 지나갔으니, 전사들이여,
남은 시간에는 이러한 성공을 미리 기뻐하며 몸을 돌보도록 하시오.
그리고 내가 전쟁 준비를 할 수 있기를 기대하시오!"
그사이 초소들을 세워 방벽의 문들을 봉쇄하고,
화톳불로 방벽을 포위하는 임무는 멧사푸스에게 주어졌다.   160
대원들과 함께 방벽을 감시하도록 이칠 십사 열네 명의
루툴리족이 선발되었다. 그들은 각자 자줏빛 깃털 장식을 꽂고
황금 무구를 번쩍이는 일백 명의 젊은이들을 거느렸다.
그들은 오락가락하며 서로 교대하는가 하면, 풀밭에 기대 앉아
포도주를 즐기며 청동 잔을 기울이기도 했다.   165
화톳불이 환히 비치는 가운데 파수병들은 놀이로
밤을 뜬눈으로 새웠다 · · · ·

    무장한 트로이야인들은 방벽 위에서 이런 장면을 내려다보며
그 높은 곳을 지키고 있었다. 그들은 겁이 나서 법석을 떨며
문들을 점검하고, 방벽 바깥의 탑들로 연결 다리를 놓고,   170

무구를 운반했다. 므네스테우스와 용맹스런 세레스투스가 이 일을
재촉했으니, 아버지 아이네아스는 혹시 위급한 일이 발생할 경우
이들이 군대를 지휘하고 민간인을 통제하도록 지시했던 것이다.
전군이 방벽 위에서 보초를 섰고, 제비를 던져
위험한 곳을 정한 뒤 각자 주어진 임무를 수행했다. 175

  니수스는 문을 지키고 있었다. 그는 가장 용감한 전사로 휘르타쿠스의
아들이었는데, 창 던지고 활 쏘는 데 민첩한 그를 여자 사냥꾼 이다[31]가
아이네아스에게 시종으로 딸려 보냈던 것이다. 그의 옆에는 친구
에우뤼알루스가 있었는데, 트로이야의 무구를 입고 있는 아이네아스의
백성들 중에서 그보다 더 잘생긴 사람은 아무도 없었다. 그는 180
면도한 적 없는 얼굴에 청춘의 꽃이 갓 피기 시작한 소년이었다.
두 사람은 서로 사랑했고, 나란히 싸움터로 나아가곤 했다.
그때도 그들은 같은 문에서 보초를 서고 있었다. 니수스가 말했다.
"에우뤼알루스, 신들이 왜 이런 열정을 우리 마음속에 넣어주실까,
아니면 자신의 뜨거운 욕구가 각자에게 신이 되는 것일까? 185
내 마음은 편안하고 조용히 쉬는 것으로 만족하지 못하고, 싸움터에
뛰어들거나 뭔가 큰일을 해야 한다고 아까부터 나를 부추기는구려.
보다시피, 저기 저 루툴리족은 지금 자신들의 행운을 확신하고 있네.
저들은 드문드문 화톳불을 피워놓고 잠과 술에 곯아 엎드려 있네.
그리고 사방은 정적에 싸여 있네. 내가 무슨 궁리를 하고 있으며, 190
내 마음속에 지금 무슨 계획이 떠오르는지 자네는 계속 들어보게나.
백성들도 원로들도 하나같이 아이네아스를 불러오고, 전사들을 보내 그에게
확실한 소식을 전해야 한다고 말하고 있네. 만약 자네를 위하여 내가 요구하는
것을 그들이 주겠다고 약속만 한다면, (나로서는 이번 행동의 명성으로
족하다네) 저기 저 둔덕 아래에서 팔란테움의 성벽과 도시로 통하는 길을 195

발견할 수 있을 것 같으니." 에우뤼알루스는 어안이 벙벙했다.
그러나 곧 영광에 대한 강렬한 욕구에 사로잡혀 그는 달아오른
친구에게 이렇게 말했다. "그러니까, 니수스, 그런 중차대한
모험에 그대는 나를 끼어주지 않겠다는 것인가요?
나더러 그런 큰 위험에 그대를 혼자 보내란 말인가요?   200
노련한 전사였던 나의 아버지 오펠테스는 아르고스의 공포와
트로이야의 수난 속에서 나를 기르실 때 그렇게 가르치시지 않았소.
그리고 어디든 고매한 아이네아스의 운명이 이끄는 곳으로
따라 나섰을 때도 나는 그대 앞에서 그렇게 행동하지 않았소.
여기 이 내 마음은 목숨에 집착하지 않을 뿐더러, 그대가 추구하고 있는 205
명예를 위해서라면 목숨도 비싼 값이 아니라고 생각하오."
니수스가 대답했다. "자네를 두고 그런 우려를 한 적은 한 번도 없네.
그랬다면 부당한 짓이겠지. 그만큼 확실히 위대한 윱피테르께서
또는 이 계획을 호의로써 굽어보시는 어떤 분께서 내가 자네를
개선(凱旋)할 수 있게 해주셨으면 좋으련만! 하나 이런 모험에서   210
자네도 흔히 보듯이, 어떤 사고나 어떤 신이 나를 재앙 속으로 낚아챈다면
나는 자네가 살아남았으면 좋겠네. 젊은 자네가 더 살 가치가 있으니까.
누군가 싸움터에서 내 시신을 구해내거나 몸값을 주고 사서 땅속에
묻어주거나 아니면 흔히 그러하듯 어떤 우연이 그것을 막는다면,
먼 곳에 누워 있는 나를 위해 빈 무덤을 장식하고 제물을 바칠 사람이   215
남아 있어야 하지 않겠나. 게다가 나는, 소년이여, 수많은 어머니들 가운데
유일하게 위대한 아케스테스의 도시에 미련을 버리고³² 과감하게
자네를 따라나선 자네의 가련한 어머니에게 그토록 큰 고통의 원인이
되고 싶지 않네." 에우뤼알루스가 대답했다. "그대는 괜한 핑계를
대고 있구려. 일단 마음을 정한 이상 내 결심은 바뀌지 않을 것이오.   220

자, 서두릅시다!" 그가 파수병들을 깨우자 그들이 따라가서
두 사람과 임무를 교대했다. 그러자 그는 초소를 뒤로하고
니수스와 나란히 걸어갔으니 두 사람은 왕자[33]를 찾는 중이었다.

　온 지상의 다른 동물들은 모두 잠속에서 근심 걱정을
놓고 있었고 그들의 마음은 노고를 잊고 있었다. 225
오직 테우케르 백성들의 최고 지도자들인 빼어난 전사들만이
어떻게 할 것인지, 누가 아이네아스에게 사자로 갈 것인지,
왕국의 최고 중대사에 관해 논의하고 있었다. 그들은 긴 창에
기댄 채 손에 방패를 들고 연병장의 한가운데 서 있었다.
그때 니수스와 에우뤼알루스가 급히 달려와 뵙기를 청하며, 230
중대사로 왔으니 잠시 짬을 내어 들어볼 만한 가치가 있다고 했다.
이울루스가 들떠 있는 두 사람을 먼저 반기더니
니수스에게 말해보라고 명령했다.
휘르타쿠스의 아들이 말했다. "아이네아스의 백성들이여,
여러분들은 호의적인 마음으로 들으시되 우리의 제안을 235
우리의 나이로 판단하지 마십시오. 루툴리족은 잠과 술에
곯아떨어져 침묵에 싸여 있습니다. 바다에 가장 가까운 문 옆
두 갈래 길이 만나는 지점에 기습하기 좋은 장소를 우리가 직접
보아두었습니다. 그곳에서는 화톳불의 고리가 끊어지며 검은 연기가
하늘로 오르고 있습니다. 우리가 이 기회를 이용하여 아이네아스와 240
팔란테움의 성벽을 찾아가는 것을 허락해주신다면, 여러분들은 우리가
엄청난 살육을 저지르고 나서 전리품을 짊어지고 여러분들 앞에 다시
나타나는 것을 곧 보시게 될 것입니다. 우리가 그리로 가는 길을 놓치는
일은 없을 것입니다. 우리는 가끔 사냥 나갔다가 어두운 골짜기에서
그 도시의 외곽을 둘러보았고, 강의 흐름도 모두 익혀두었으니까요." 245

그러자 나이도 지긋하고 판단력도 원숙한 알레테스가 말했다. "언제나
트로이야를 보호해주시는, 선조들의 신들이시여, 그대들이 우리에게
저런 용기와 저런 결의를 가진 젊은이들을 가져다주시는 것을 보니,
그동안의 온갖일에도 불구하고, 테우케르 백성들의 절멸이 그대들의 뜻은
아닌 듯하옵니다." 이렇게 말하고 그는 볼 위로 눈물이 비 오듯   250
흘러내리는 가운데 두 사람의 어깨를 안으며 오른손을 잡았다.
"전사들이여, 그런 칭찬 받아 마땅한 일에 어떤 합당한 보답을
내가 그대들을 위하여 생각해낼 수 있겠소? 가장 아름답고
으뜸가는 보답은 신들과 그대들의 품성이 줄 것이오.
그리고 나머지는 경건한 아이네아스가 지체 없이 보답할 것이며,   255
한창때의 아스카이우스도 그런 공적은 결코 잊지 않을 것이오."
"그러고말고요. 나의 안전은 오직 아버지의 귀환에 달려 있는 터라," 하고
아스카니우스가 말을 이었다. "니수스여, 위대한 페나테스 신들과
앗사라쿠스의 라르³⁴와 백발의 베스타 여신의 신전에 걸고 맹세하노니,
내 모든 행운과 미래에 대한 희망을 그대들 손에 맡기겠소. 그대들은   260
내게 아버지를 모셔오고, 내가 아버지와 상면할 수 있게 해주시오!
아버지께서 돌아오시기만 한다면 나는 여한이 없겠소. 나는 그대들에게
돋을새김을 한 순은으로 만든 잔 두 개를 줄 것인데, 그것들은 나의
아버지께서 아리스바³⁵를 함락하셨을 때 얻으신 것이오. 나는 또 한 쌍의
세발솥과, 대짜배기로 황금 두 탈렌툼과, 고풍스런 포도주 희석용 동이   265
하나를 줄 것인데, 그것은 시돈의 디도가 선물한 것이오.
만약 우리가 전쟁에서 이겨 이탈리아를 정복하고 왕권을 차지한 후
전리품을 배분하게 된다면, 그대들은 투르누스가 타고 다니는 말과
그가 입고 다니는 황금 무구들을 보았을 것이오. 그 말과 그 방패와
자줏빛 깃털 장식이 달린 그 투구를 나는 제비뽑기에서 제외할 것이오.   270

그것들은 지금 당장 그대에게 보답으로 주어질 것이오, 니수스여.
그 밖에도 내 아버지께서는 그대에게 가장 빼어난 몸매의 여인 열두 명과
모두 제 무구들을 갖추고 있는 같은 수의 전쟁 포로들뿐만 아니라,
그에 덧붙여 라티누스 왕이 갖고 있는 농토를 주실 것이오.
나보다 나이가 조금 위인 그대, 존경스런 소년이여,　　　　　　　　　275
나는 지금 당장 그대를 진심으로 받아들이며, 온갖 계획에
그대를 내 동반자로 반길 것이오. 그대가 함께하지 않는다면
나는 어떤 일에서도 영광을 추구하지 않을 것이오.
평화 시든 전시든 나는 말과 행동에서 그대를 가장 신뢰할 것이오."
에우뤼알루스가 이렇게 대답했다.　　　　　　　　　　　　　　280
"내가 이런 용감한 모험에 어울리지 않는 사람으로 드러나는 날은 결코
오지 않을 것입니다. 다만 내가 바라는 것은 행운이 내게 호의적이고
적대적이지 않았으면 하는 것입니다. 그대가 내게 주신 선물들은 모두
제쳐두고 나는 그대에게 한 가지 청이 있습니다. 내게는 프리아무스의 유서
깊은 가문 출신인 어머니가 계십니다. 어머니께서 나와 함께 떠나실 때,　285
일리움 땅도 아케스테스 왕의 성벽도 가련하신 그분을 붙잡지 못했습니다.
지금 내가 얼마나 큰 위험 속으로 들어가는지 아무것도 모르고 계신
어머니 곁을 나는 인사도 못 하고 떠납니다. (밤과 그대의 오른손이
증인이 되어주십시오.) 나는 어머니의 눈물을 견디지 못했을 테니까요.
청컨대, 그대는 의지가지없이 외로우신 그분을 위로하고 도와주십시오.　290
내가 그대에게 그런 희망을 갖도록 해주십시오. 그러면 나는
어떤 일을 당한다 해도 더 대담하게 견딜 수 있을 것입니다."
다르다누스 백성들은 감동하여 눈물을 흘렸다. 누구보다도 특히 준수한
이울루스가 그랬으니, 그는 자신의 아버지에 대한 효성을 생각하고는
마음이 감동되었던 것이다. 그래서 그는 이렇게 말했다 · · ·　　　　295

"그대는 그대의 엄청난 모험에 어울리는 모든 것을 기대해도 좋소.
그분은 크레우사라는 이름만 없을 뿐 내게 어머니가 되실 것이오.
그분은 그런 아들을 낳으셨으니 작은 보답으로는 안 될 것이오.
그대의 모험이 어떤 결과를 가져오든 나는 전에 나의 아버지께서
맹세하시곤 하던 내 이 머리에 걸고 맹세하겠소. 300
그대가 성공하고 돌아올 경우 그대에게 주겠다고 약속하는 것들은
그대의 어머니와 그대의 친족에게도 그대로 유효할 것이오."
이울루스는 눈물을 흘리며 말했다. 그러면서 그는 어깨에서
도금한 칼을 벗었는데, 그것은 크노수스 출신의 뤼카온이
정교하게 만들어 다루기 쉽게 상아로 된 칼집에 집어넣은 것이었다. 305
므네스테우스는 니수스에게 털북숭이 사자에게서 얻은
모피를 주었고, 충실한 알레테스는 그와 투구를 교환했다.
두 사람은 무장하자마자 나아갔고, 노소 불문하고
지도자들의 무리가 모두 기도하며 그들을 문까지 바래다주었다.
나이보다 훨씬 남자다운 기백과 원숙한 책임감을 갖고 있는 310
준수한 이울루스도 아버지에게 전하라며 여러 가지 지시를 내렸다.
하지만 그 모든 것이 허사가 되고 말았으니,
바람이 그것들을 채어 가 구름 사이에 흩어버렸던 것이다.

　　두 사람은 밖으로 나가자 해자들을 건너 야음을 타고
자신들에게 치명적인 적진으로 나아갔다. 하나 그전에 그들은 315
수많은 사람들에게 파멸을 안겨주게 될 것이었다. 그들이 보니, 풀밭에는
도처에 몸뚱이들이 잠과 술에 곯아떨어져 웅크리고 있었고, 강가에는
전차들이 채를 위로 하고 서 있었으며, 고삐와 바퀴 사이에는 사람들이
무구들과 술독들과 뒤죽박죽이 되어 누워 있었다. 휘르타쿠스의 아들이
먼저 말했다. "에우뤼알루스, 이제야말로 모험의 시간이 왔네. 320

기회가 우리를 부르고 있네. 여기 길이 있네. 자네는 우리의 등 뒤에서
아무도 손을 들어올리지 못하도록 망을 보되 되도록 멀리까지 잘 살피게나.
나는 여기 있는 모든 것을 도륙하고 넓은 길로 해서 자네를 인도할 것이네."
이렇게 말하고 그는 입을 다물었다. 그러더니 그는 칼을 빼들고
마침 옆에서 높다랗게 쌓아올린 담요들 위에 누워 가슴이 터지라고   325
코를 골며 자고 있던 거만한 람네스에게 다가갔다.
그는 자신도 왕이지만 투르누스 왕이 아끼는 예언자였다.
하나 그는 예언술로도 재앙을 막을 수 없었다.
이어서 니수스는 마침 그의 옆에서 무구들 사이에 누워 있던
그의 하인 세 명과, 레무스의 무구를 들고 다니는 시종과,   330
말발굽 사이에서 발견한 마부를 붙잡아 그들의 축 늘어진 목을
베었다. 이어서 니수스는 그들의 주인[36]의 머리를 베어내고
피를 내뿜는 몸뚱이를 뒤에 남겨두니, 대지와 침상이 시커먼 피에
흥건히 젖었다. 니수스는 또 라뮈루스와 라무스와 빼어난 미남인
젊은 세르라누스를 죽였다. 세르라누스는 그날 밤 늦도록   335
노름을 하다가, 강력한 신[37]에 사지를 제압당하여 누워 있었다.
그 노름을 아침이 될 때까지 밤새도록 계속했더라면 좋았을 것을!
니수스는 가득 찬 양 우리들 사이에서 미쳐 날뛰는
굶주린 사자와도 같았다. (비정한 허기가 부추기기 때문이다.)
사자는 겁에 질려 울지도 못하는 연약한 양 떼를 먹어치우기도 하고   340
끌고 다니기도 하며 피투성이가 된 입으로 으르렁거린다.
에우뤼알루스가 행한 살육도 그에 못지않았다. 그도 달아올라 미쳐 날뛰며,
그가 나아가는 길에 멋모르고 누워 있던, 파두스와 헤르베수스와
로이투스와 아바리스 같은 이름 없는 수많은 백성들에게 덤벼들었다.
그러나 로이투스는 깨어 있다가 그 모든 것을 보고는 겁에 질려   345

큰 포도주 희석용 동이 뒤에 숨어 있었다. 그가 일어서자
에우뤼알루스가 가까이서 그의 가슴에 칼을 푹 찔러 넣었다가
치명상을 입히고는 도로 뽑았다. 그러자 로이투스가 붉은 피와
더불어 혼백을 토하고 죽으며 피범벅이 된 포도주를 게웠다.
에우뤼알루스는 뜨겁게 달아올라 은밀한 습격을 계속했. 350
다.
어느새 그는 메삿푸스와 그의 전우들에게로 다가가고 있었다.
그곳의 마지막 화톳불이 꺼져가고, 제대로 말뚝에 매어져 있는 말들이
풀을 뜯고 있는 것을 보았던 것이다. 그때 니수스가 이렇게 짤막하게 말했다.
(친구가 살육에 지나치게 욕심을 부리는 것을 눈치챘던 것이다.)
"이쯤 해두세. 우리의 행동에 비우호적인 햇빛이 다가오고 있네. 355
우리는 충분히 응징했고, 적군 사이로 길도 냈네그려."
그들은 순은으로 만든 수많은 물건들과 전사들의 무구들과
포도주 희석용 동이들과 아름다운 융단들을 뒤에 두고 떠났다.
하나 에우뤼알루스는 람네스가 가슴에 차고 다니던 장식용 돌기들과
황금 못을 친 칼띠를 낚아챘다. 이것들은 멀리 떨어져 있지만 360
우호적인 관계를 맺기 위해 부유한 카이디쿠스가 전에 티부르의
레물루스에게 선물로 보냈는데, 레물루스가 죽으면서 손자에게 물려주었다.
그[38]가 죽은 뒤 이것들은 전쟁과 전투에 의해 루툴리족의 손에 들어갔다.
이것들을 에우뤼알루스가 낚아채 강력한 어깨에 걸쳤으나 다 부질없는
짓이었다. 이어서 그는 멧사푸스의 멋진 깃털 장식이 달린 투구를 365
머리에 썼다. 두 사람은 적진을 떠나 안전한 곳을 찾았다.

　그사이 라티움의 도시에서 먼저 내보낸 기병대는,
나머지 군사들이 전열을 갖추고 들판에 머물러 있는 동안
투르누스 왕에게 답신을 가져가고 있었다. 그들은 삼백 명으로
모두 방패를 들고 있었고 볼켄스의 지휘를 받고 있었다. 370

그들은 벌써 진영의 보루들 밑으로 접근하다가 멀리서 두 사람이
지름길로 해서 왼쪽으로 꺾는 것을 보았다. 에우뤼알루스가 그런 줄도
모르고 머리에 쓰고 있던 투구가 달빛에 반사되면서 밤의 희미한
그림자 속에서 그를 노출시켰던 것이다. 그리고 보나마나가 아니었다.
기병대의 선두에서 볼켄스가 소리쳤다. "게 섯거라, 375
전사들이여! 여행의 용건이 무엇인가? 무장하고 있는 그대들은
누구며, 어디로 가는 길인가?" 아무 대꾸도 없이 두 사람은
서둘러 숲 속으로 도망쳐 밤의 어둠에 몸을 맡겼다.
그러자 그곳 지리에 밝은 기병대가 사방의 샛길을 막으며
파수병들과 함께 출구를 모두 에워쌌다. 380
숲은 덤불들과 검은 떡갈나무들로 빼곡했고,
짙은 가시덤불이 어디든 뒤덮고 있었다.
감추어진 오솔길들을 따라 길이 환히 드러나 있는 경우는
드물었다. 에우뤼알루스는 어두운 나무 그늘과 무거운
전리품이 방해하자 겁이 나 길의 방향을 잃어버렸다. 385
니수스는 벗어났다. 그는 친구도 잊고 적군에게서 도망쳐 후일
알바누스[39]의 이름을 따 알바[40]라고 불리게 된 곳에 이르렀다.
(당시에는 그곳에 라티누스 왕이 높다란 축사들을 갖고 있었다.)
니수스는 비로소 멈춰 서서 뒤돌아보았으나 친구는 보이지 않았다.
"가련한 에우뤼알루스여, 나는 어디에 자네를 남겨두고 왔는가? 390
음험한 숲을 지나 얽히고설킨 길들을 모두 되밟으며 어디서 나는
자네를 찾아야 하는가?" 그는 즉시 자신의 발자국들을
유심히 살피며 되밟았고, 침묵에 싸인 덤불들 속을 헤맸다.
그는 말들의 소음과 추적자들의 요란한 군호를 들을 수 있었다.
잠시 뒤에 고함치는 소리가 그의 귀에 들려오더니 395

에우뤼알루스가 보였다. 그를 어느새 전 부대가 끌고 가고 있었다.
그는 지형과 밤의 속임수로 인하여 갑작스런 기습에 제압되어
온갖 방법으로 대항해보려 했으나 역부족이었다.
니수스는 어떻게 할 것인가? 어떤 힘과 어떤 무기로 그는 감히
젊은 친구를 구할 것인가? 아니면 죽기를 각오하고 적군의   400
칼 속으로 뛰어들어 부상에 또 부상을 입으며 영광스런 죽음을
재촉할 것인가? 갑자기 그는 팔을 뒤로 끌어당기고는 창을 던질
자세를 취하더니 하늘에 있는 달의 여신을 향해 기도했다. "여신이시여,
여기에 오셔서 곤경에 처한 우리를 도와주소서. 별들의 으뜸이시자
숲들의 보호자이신, 라토나의 따님이시여! 나의 아버지 휘르타쿠스께서   405
일찍이 나를 위하여 그대의 제단에 선물들을 바치신 적이 있다면,
나 자신도 사냥으로 선물들을 늘리며 그것들을 그대의 원형 지붕에
걸어 드리거나 신성한 박공 지붕에 묶어 드린 적이 있다면, 내 무기들을
똑바로 인도하시어 내가 저 무리들을 혼란에 빠뜨리게 해주소서!"
이렇게 말하고 나서 그는 체중을 모두 실어 창을 던졌다.   410
창은 밤의 어둠을 가르고 날아가
뒤돌아선 술모의 등을 맞혔다.
거기서 창은 부러졌으나 창 자루의 파편이 심장을 꿰뚫었다.
술모는 가슴에서 뜨거운 피를 토하며 나뒹굴었고, 몸이 식어가는
가운데 길게 숨을 헐떡이며 양옆구리를 흔들어 댔다.   415
적군은 사방을 둘러보았다. 보라, 그러자 니수스는 더욱더
기가 드세져서 귀 위로 다른 창을 던질 자세를 취했다.
적군이 당황하고 있는 사이에 창은 윙윙거리며 날아가 타구스의 양쪽
관자놀이를 지나더니 꿰뚫린 골 안에 머문 채 데워지고 있었다.
볼켄스는 화가 치밀어 미쳐 날뛰었지만, 창을 던진 자가 어디에도   420

보이지 않아 어디로 가서 분풀이를 해야 할지 알지 못했다.
"하지만 그사이[41] 네가 네 뜨거운 피로 두 사람의 벌을 받게 되리라."
이렇게 말하고 그는 곧장 칼을 빼어 들고 에우뤼알루스에게
다가갔다. 그러자 니수스가 두려움에 정신을 잃고 고함을 질렀다.
니수스는 더 이상 어둠 속에 숨어 있을 수 없었고, 425
그토록 큰 고통을 도저히 참을 수 없었던 것이다. "나를, 나를 치시오.
여기 있는 내가 한 짓이오. 나에게 무기를 돌리시오, 루툴리족이여!
범행은 모두 내가 한 짓이오. 저기 저자는 아무것도 감행하지 않았고
그럴 능력도 없소이다. 하늘과 만사를 알고 있는 별들에 걸고 맹세하오.
그의 잘못은 불행을 안겨다준 친구를 너무 좋아한 것뿐이오." 430
이렇게 니수스는 말했다. 그러나 힘껏 밀어 넣은 칼이
갈빗대들을 꿰뚫으며 하얀 가슴을 찢어놓았다.
그러자 에우뤼알루스가 죽어 나뒹굴며 아름다운 사지 위로
피가 흘러내렸고, 목덜미는 어깨 위로 축 늘어졌다.
그 모습은 자줏빛 꽃이 쟁기날에 잘려 나가며 시들어지거나, 435
아니면 양귀비꽃들이 소나기의 무게를 이기지 못해
목덜미를 늘어뜨리며 고개를 숙일 때와도 같았다.
그러나 니수스는 적군 한가운데로 뛰어들어 모든 사람을 헤치고
볼켄스만을 찾았으니, 그의 생각은 오직 볼켄스뿐이었다.
그[42]의 주위로 적군이 떼 지어 몰려들어 덤벼들며 440
그를 몰아내려 했다. 그래도 니수스는 그들을 몰아붙이며 번개처럼
칼을 사방으로 휘둘렀고, 마침내 비명을 지르는 루툴리족[43]의
입안에다 칼을 푹 밀어 넣고는 자신도 죽으며 적의 목숨을 빼앗았다.
그러고 나서 그는 죽은 친구 위에 만신창이가 된 몸을 던져
거기 죽음의 평화 속에서 마침내 안식을 찾았다. 445

두 사람은 행복하도다! 만약 내 시(詩)에 어떤 힘이 있다면,
그대들이 후세 사람들의 기억에서 지워지는 날은 결코 오지 않을 것이오.
아이네아스의 집안⁴⁴이 카피톨리움의 부동(不動)의 바위 옆에
살고 있고, 로마의 아버지가 권력을 유지하고 있는 동안에는 말이오.
　　승리한 루툴리족은 전리품을 모으고 무구들을 벗긴 뒤　　　　　　　450
울면서 볼켄스의 시신을 자신들의 진영으로 날랐다.
그리고 람네스가 죽고 세르라누스와 누마와 그 밖의 다른 장수들이
한꺼번에 살해된 것이 발견되었을 때 진영 안에서도 그들은
그에 못지않게 슬퍼했다. 수많은 군중들이 시신들과, 반쯤 죽은 자들과,
살육이 있은 지 오래지 않아 아직도 더운 김이 나는 장소 주위로　　　455
몰려들었고, 피는 거품을 일으키며 강물처럼 흐르고 있었다.
그들은 자신들 사이에서 멧사푸스의 번쩍이는 투구와,
찾느라 그토록 많은 땀을 흘리게 한 람네스의 가슴 장식을 알아보았다.
　　어느새 새벽의 여신이 티토누스의 사프란색 침상을 떠나
대지에 새날의 빛을 뿌리기 시작했다.　　　　　　　　　　　　　460
햇빛이 쏟아지고 빛 속에 세상이 다시 모습을 드러내자마자,
투르누스는 완전무장한 채 전사들을 무장하도록 격려했다.
그러자 대장들은 각자 청동으로 무장한 대열들을 싸움터로 이끌며
간밤에 있었던 살육에 대해 이야기하며 그들의 분노를 부채질했다.
아니, 그들은 (끔찍한 광경이었다) 에우뤼알루스와 니수스의 머리를　　465
창끝에 꽂아 들고 고함을 지르며 그 뒤를 따라가고 있었다 · · ·
아이네아스의 단련된 백성들은 전열을 갖추고 방벽들의
왼쪽 날개 위에 자리 잡고 있었는데 (오른쪽 날개는 강물로
둘러싸여 있었기 때문이다) 거대한 해자들을 차지하고 있거나
높은 탑들 위에 의기소침하여 서 있었다.　　　　　　　　　　　　470

그들은 곧 창끝에 꽂힌 전우들의 머리를 보고 충격을 받았으니,
그 얼굴들은 검은 피가 흘러내려도 이들 불행한 자들에게는
너무나 잘 알려져 있었던 것이다.

   그 사이 소문이 날개 달린 여사자로서 겁에 질린 진영을 지나
미끄러지듯 에우뤼알루스의 어머니의 귀로 다가갔다. 순식간에 체온이   475
가련한 여인의 뼈를 떠나며, 베틀의 북과 아직 거기에 감기지 않은 실이
그녀의 손에서 떨어졌다. 불행한 여인은 밖으로 뛰쳐나가더니,
여인들이 그러하듯 호곡하고 머리를 쥐어뜯으며 정신없이 방벽들과
선두 대열을 향해 달려갔다. 그러고 나서 그녀는 남자들도, 위험도,
날아오는 무기들도 아랑곳하지 않고 하늘을 탄식으로 가득 메웠다.   480
"에우뤼알루스야, 내가 너를 이렇게 맞아야 하다니. 너는 내 노년에
늦게 찾아온 낙이었는데! 이 무정한 것아, 어찌 나를 혼자 두고
갈 수 있었더냐? 그리고 그토록 위험한 곳에 가면서도 이 가련한
어미에게 마지막 작별 인사를 할 기회조차도 주지 않다니!
아, 슬프도다. 너는 라티움의 개와 새의 먹이가 되도록 낯선 땅에   485
누워 있고, 네 어미인 나는 네 장례식에 참가하지도 못하고,
네 눈을 감겨주지도 못하고, 네 상처를 씻어주지도 못하고,
내가 노년의 근심 걱정을 쫓아버리려고 밤낮없이
너를 생각하며 열심히 짠 옷을 덮어주지도 못하는구나!
나는 너를 찾아 어디로 가야 하느냐, 어느 땅이 지금   490
난도질당한 네 사지와 찢긴 몸뚱이를 붙들고 있느냐? 내 아들아,
그 머리가 네가 되가져온 전부더냐? 그것을 좇아 내가 육지와 바다를
여행했더냐? 오오! 루툴리족이여, 너희들에게 어떤 인간적 감정이
있다면, 나를 찌르고 온갖 무기를 나를 향해 던지고, 나부터 죽여라!
아니면, 신들의 위대한 아버지시여, 나를 불쌍히 여기시어 가증스런   495

내 이 머리를 그대의 벼락으로 타르타라 속으로 던져버리소서.
나로서는 이 모진 목숨을 달리는 끊을 수가 없나이다."
그녀의 울음소리에 군대는 사기가 떨어지고
모두들 비탄에 빠졌다. 전의를 잃고 말았던 것이다.
그러자 비탄에 불을 지르던 그녀를 일리오네우스와   500
하염없이 눈물을 흘리는 이울루스의 명령에 따라 이다이우스와
악토르가 팔 위로 들어올려 거처로 데려다주었다.
　　이때 멀리서 나팔이, 잘 울리는 청동이 무시무시한 소리를 냈다.
이어서 소음이 뒤따르며 온 하늘이 으르렁거렸다.
볼스키족이 방패를 밀착시켜 지붕을 만들며 빠른 걸음으로   505
다가와 해자들을 메우고 방벽을 허물기 시작했다. 그들 중 일부는
진입을 시도하며, 방어선이 느슨하여 드문드문 배치된 수비병들 사이로
햇빛이 보이는 곳에서 사다리들을 타고 방벽을 기어오르려 했다.
그러자 그들을 향해 테우케르 백성들이 온갖 무기들을
던져대고 단단한 장대로 적군을 밀어냈으니, 그들은   510
오랜 전쟁을 통해 성벽을 방어하는 데 이력이 나 있던 것이다.
그들은 또 혹시 대열의 방패 지붕을 깨뜨릴 수 있을까 해서
엄청난 무게의 돌덩이를 던져 댔다. 그러나 밀착시킨 방패 지붕이
무엇을 던져대도 견뎌내도록 적군을 도와주었다.
하나 결국 그들도 버틸 수 없었으니, 공격자들이 가장 많이   515
몰려오는 곳에다 테우케르 백성들이 엄청나게 큰 돌덩이를 던지자
그것이 방패 지붕을 깨뜨리고 루툴리족을 내동댕이쳤던 것이다.
그러자 대담무쌍한 루툴리족도 이제는
방패 지붕 밑에서의 눈먼 전투를 포기하고
멀리서 화살로 적군을 방벽에서 몰아내려 했다 · · ·   520

방벽의 다른 곳에서는 보기에 무시무시한 메젠티우스가
에트루리아의 소나무 횃불을 휘두르며 불과 연기로 공격했다.
한편 넵투누스의 아들로 말을 길들이는 멧사푸스는
방책을 허물고는 방벽 위로 올라갈 사다리를 요구하고 있었다.

    칼리오페여, 청컨대, 그대들[45]은 내 노래에 영감을   525
불어넣어주소서. 내 이제 그때 그곳에서 투르누스가 칼로 어떤 파괴와,
어떤 살육을 자행했고, 전사들이 저마다 누구를 오르쿠스로 보냈는지
노래하려 하오니, 나와 더불어 전쟁의 거대한 두루마리를 펼쳐주소서!
[그대들은, 여신들이시여, 기억하시고 이야기하실 수 있기 때문입니다.]

    그곳에는 밑에서 쳐다보기에 어마어마한 탑 하나가 높다란   530
다리들이 달린 채 유리한 곳에 자리 잡고 있었다. 이탈리아인들은
모두들 있는 힘을 다해 그것을 공격하고, 가진 수단을 다해
그것을 전복하려 했다. 반면 트로이야인들은 돌덩이들로 그것을
지켰고, 열려 있는 작은 창들을 통해 무기를 비 오듯 쏟아 부었다.
맨 먼저 투르누스가 불타는 횃불을 던져 탑의 옆구리에   535
불을 붙였다. 그리고 바람이 부채질하자 널빤지들에 불이
옮겨 붙더니 기둥들을 허겁지겁 먹어치우며 거기 머물러 있었다.
그 안에 있던 자들은 괴롭고 무서워서 재앙에서 도망치려 했으나
소용없었다. 그들이 파멸에서 자유로운 쪽으로 떼 지어
물러가고 있는 동안 탑이 갑자기 자체의 무게에 의해   540
앞으로 무너져 내리며 그 소음에 온 하늘이 으르렁거렸다.
그들은 초주검이 되어 땅에 떨어졌으니, 엄청난 구조물이 뒤이어
덮치는 바람에 자신들의 무기에 몸이 찔리고 단단한 나무 파편에
가슴이 뚫렸던 것이다. 오직 헬레노르와 뤼쿠스만이
간신히 도망칠 수 있었다. 둘 중 나이 젊은 헬레노르는,   545

여자 노예 리큄니아가 마이오니아[46] 왕을 위해 몰래 낳아
기르다가 금령을 어기고 트로이야로 출전시킨 서자로 칼집에서
뽑아든 칼과 아무 전공의 기록도 없는 흰 원형 방패로 가볍게
무장하고 있었다. 그는 투르누스의 수천 대군의 한가운데에 서서,
여기저기서 라티움의 대열들이 자신을 조여오는 것을 보았다.   550
마치 사냥꾼들에게 겹겹이 둘러싸인 맹수가
창들을 향해 죽을 줄 알면서도 미친 듯이 돌진하고
훌쩍 뛰어 죽음을 향해 사냥용 창들 위로 몸을 던지듯이,
그와 다르지 않게 젊은이는 무기가 가장
많이 모여 있는 곳을 향해 적군 한가운데로 뛰어들었다.   555
한편 달리기에 훨씬 능한 뤼쿠스는 적군과 무기 사이로 요리조리
용케 피하며 방벽에 이르렀다. 거기서 그는 손으로 흉벽과 전우들의
손을 잡으려 하고 있었다. 그러한 그를 투르누스가 추격해와서
창을 던지고는 의기양양해하며 이렇게 꾸짖었다.
"이 얼빠진 자여, 네가 우리의 손에서 벗어날 줄 알았더냐?"   560
이렇게 말하자마자 투르누스는 매달려 있는 그를 붙잡아 낚아챘다.
그러자 방벽의 상당 부분이 그와 함께 떨어져 나왔다. 그 모습은 마치
윱피테르의 무기를 날라주는 새[47]가 토끼나 눈처럼 흰 백조를
구부정한 발톱으로 낚아채어 가지고 하늘 높이 날아오를 때나,[48]
또는 마르스의[49] 늑대가 우리에서 새끼 양 한 마리를 낚아채어 가자   565
어미가 애처로이 울어 대며 그것을 찾을 때와도 같았다.
사방에서 함성이 일며 적군이 몰려와 해자들을 흙으로 메웠고,
다른 자들은 불타는 횃불들을 방벽의 꼭대기로 던져 댔다.
일리오네우스는 문에 불을 놓으려고 다가오던 루케티우스를
산에서 뜯어낸 거대한 덩어리 같은 바윗돌로 쳤다.   570

에마티온은 리게르가 치고, 코뤼나이우스는 아실라스가 땅에 뉘었는데,
리게르가 창에 능하다면 아실라스는 멀리서 몰래 맞히는 활에 능했다.
오르튀기우스는 카이네우스가, 승리자 카이네우스는 투르누스가 죽였다.
투르누스는 또 이튀스와 클로니우스와 디옥십푸스와 프로몰루스와
사가리스와 성탑들의 꼭대기에 서 있던 이다스를 죽였다. 575
프리베르누스는 카퓌스가 죽였다. 프리베르누스는 처음에
테밀라스의 창에 찰과상을 입었을 뿐인데, 어리석게도 방패를
내던지고는 손을 상처 쪽으로 가져갔다. 그러자 날개 달린 화살이
날아와 그의 손을 왼쪽 옆구리에 고정시키며 그곳에 푹 박혀
그 안에 감추어져 있는 생명의 숨길을 치명적인 부상으로 찢어놓았다. 580
그곳에는 또 아르켄스의 아들이 번쩍이는 무구들과
히베리아[50]의 적갈색도 선명한 수놓은 외투를 입고 서 있었는데,
외모가 준수한 헌헌장부였다. 그의 아버지 아르켄스가,
많은 제물이 바쳐지는 팔리쿠스[51]의 제단이 있는 쉬마이투스[52] 강변의
마르스[53] 임원에서 그를 기른 뒤 싸움터로 내보냈던 것이다. 585
메젠티우스가 창을 내려놓고는 윙윙거리는 투석기(投石器)[54]를
팽팽한 가죽끈을 잡고 제 머리 위로 세 번 돌리더니 적대자[55]의
두 관자놀이 사이의 이마 한복판을 녹아내리는[56]
납덩어리로 맞혀 그를 모래 위에 큰 대(大) 자로 뉘었다.

　전하는 이야기에 따르면, 아스카니우스는 전에는 늘 야수들을 590
놀라 도망치게 하는 데 쓰던 날랜 화살을 그때 처음으로
싸움터에서 겨누어 레물루스라는 별명을 가진 용감한 누마누스를
손으로 뉘었다고 한다. 투르누스의 누이동생과 결혼한 지
얼마 안 되는 그자는 선두 대열 앞으로 걸어나오더니,
왕가의 인척이 된 것에 잔뜩 마음이 부풀어 큰 소리로 595

더러는 전하기에 적합하나 더러는 적합지 않은 험담을 늘어놓았고,
큰 덩치를 과시하며 고함으로 한몫 보려 했다. "두 번이나 사로잡힌
프뤼기아인들이여, 또다시 포위되고 방책 안에 갇히게 되어
방벽으로 죽음을 물리치다니 너희들은 부끄럽지도 않느냐?
보시오, 저들이 전쟁으로 우리 신부들을 요구하고 있는 자들이오![57]   600
어떤 신이, 아니, 어떤 광기가 너희들을 이탈리아로 인도하더냐?
이곳에는 아트레우스의 아들들도, 이야기를 지어내는
울릭세스도 없다. 우리는 태어날 때부터 단련된 종족이다.
아들들이 태어나면 먼저 강물로 데려가 차디찬 얼음물에서 단련시킨다.
소년들은 밤이 되어도 자지 않고 사냥으로 숲들을 지치게 만들며,   605
말을 길들이고 활을 당겨 화살을 쏘는 것은 그들에게는 놀이야.
우리 젊은이들은 힘든 일을 참고 검소한 생활을 하며 곡괭이로 땅을
길들이거나 아니면 전쟁에서 적군의 도시들을 뒤흔들어놓지.
우리는 무쇠와 더불어 평생을 살아가며, 황소를 몰 때에도 창 자루를 돌려
막대기로 사용한다. 사람을 나태하게 만드는 노년[58]조차도   610
우리의 정신력을 약화시키거나 우리의 체력을 손상시키지 못해.
우리는 백발에도 투구를 눌러쓰며, 새 전리품을 집으로 가져와
약탈한 것으로 살아가는 것이 언제나 우리의 낙이니까 말이다.
하나 너희들은 사프란색과 요란한 자줏빛으로 수놓은 옷을 좋아하고,
무위도식에 마음을 두고, 가무에 열중하는 것이 낙이며,   615
너희들의 투니카에는 긴 소매가,[59] 모자에는 리본이 달려 있지. 너희들
프뤼기아의 여인들이여, 너희들은 프뤼기아의 남자도 아니다. 너희들은
입문자들을 위하여 쌍(雙)피리가 노래를 불러 대는 높은 딘뒤마[60] 산으로
건너가거라. 팀파니와 이다 산의 어머니[61]의 베레퀸투스[62] 피리가 너희들을
부르고 있다. 무기는 남자들에게 맡기고, 칼은 포기하도록 하라!"   620

    그자의 그러한 호언장담과 험담을 듣다못해
아스카니우스는 말의 내장으로 만든 시위에 화살을 얹어
함께 뒤로 당긴 후 두 팔을 한껏 벌린 채 버티고 서서
윱피테르에게 서약하며 기도했다.
"전능하신 윱피테르시여, 내 이 대담한 행동을 승낙해주소서. 625
나는 해마다 그대의 신전에 손수 선물들을 바칠 것이며,
제 어미만큼 머리를 높이 들고 벌써 뿔로 떠받고
발굽으로 모래를 차올리는 눈처럼 흰 수송아지 한 마리를
황금으로 두 뿔을 싸 그대의 제단 앞에 세우겠나이다."
아버지가 듣고 맑은 하늘에서 왼쪽으로 천둥을 쳤다. 630
그러자 죽음을 가져다주는 활이 울리는 가운데 당겨진 화살이
무시무시한 소리를 내며 날아가 레물루스의 머리를 꿰뚫고,
속이 빈 관자놀이들을 그 무쇠 촉이 관통했다.
"가서 건방진 말로 용기를 헐뜯도록 하라! 이것이 두 번이나
사로잡힌 프뤼기아인들이 루툴리족에게 보내는 대답이다." 635
아스카니우스는 이렇게 말했다. 그러자 테우케르 백성들이
그의 공적을 찬양하며 환성을 올렸고, 그들의 사기는 하늘을 찔렀다.
    그때 마침 장발의 아폴로가 하늘나라에서 아우소니아의
대열들과 도시를 내려다보고 있다가, 구름 위에 앉은 채
의기양양해하는 이울루스에게 이렇게 말했다. 640
"그대의 첫 무훈을 축하하노라, 소년이여. 그렇게 해서 하늘의 별들로
오르는 법이니라, 신들의 자손이자 태어날 신들의 선조여!
당연한 일이지만, 운명에 의해 다가올 모든 전쟁은 앗사라쿠스 가에 의해
평정될 것이니라. 트로이야는 그대를 담지 못할 것이니라!"
이렇게 말하고 그는 높은 하늘에서 뛰어내려 미풍을 가르며 645

아스카니우스에게 다가갔다. 그는 늙은 부테스로 변신했다.
부테스는 전에는 다르다누스의 자손인 앙키세스의 시종 겸
충실한 문지기였으나, 나중에 아이네아스가 그를 아스카니우스에게
수행원으로 딸려 보냈다. 아폴로는 목소리며, 안색이며,
백발이며, 사납게 찔거덕거리는 무구며, 모든 점에서   650
노인의 모습을 하고 전의를 불태우는 이울루스에게
다가갔다. "아이네아스의 아드님이시여, 그대의 무기로
누마누스를 뉘이고도 대가를 치르지 않으신 것으로 만족하십시오.
위대한 아폴로께서 그대가 궁술에서 자기와
대등해지는 것을 시기하시지 않고 이 첫 번째 명성을   655
주신 것입니다. 도련님, 앞으로는 전쟁을 멀리하십시오."
말이 채 끝나기도 전에 아폴로는 인간들의 시계에서 사라지며
그들이 보는 앞에서 희박한 공기 속으로 저 멀리 사라졌다.
그제야 장수들은 신과 신의 무기를 알아보았고, 다르다누스 백성들은
그가 날아갈 때 화살통이 덜커덕거리는 소리를 들었다.   660
싸우고 싶어하는 아스카니우스를 포이부스의 말과
신의(神意)를 내세워 말리고, 그들은 도로 싸움터로 나아가
노출된 위험에 목숨을 맡겼다. 보루를 둘러싸고
사방의 방벽들을 따라 함성이 일었고, 활은 팽팽하게
당겨졌으며, 투석기의 가죽끈은 힘껏 휘둘려졌다.   665
땅바닥에는 날아다니는 무기들이 널려 있었고, 이어서 방패들과
속이 빈 투구들이 서로 부딪혀 굉음을 내며 무시무시한 전투가 벌어졌다.
그 모습은 마치 새끼 염소들[63]이 뜨는 우기(雨期)에 서쪽에서
폭우가 다가와 대지를 후려칠 때나, 윱피테르가 남풍으로
무시무시하게 물의 폭풍을 휘젓고 하늘에서 속이 빈 구름을 터뜨리면   670

우박이 먹구름에서 바다 위로 쏟아져 내릴 때와도 같았다.
　판다루스와 비티아스는 이다 출신인 알카노르의 아들들로
윱피테르의 임원에서 숲의 요정 이아이라가 길렀는데,
고향의 전나무들이나 산들처럼 훤칠한 젊은이들이었다.
그들은 자신들의 무기를 믿고는 장수가 그들에게 지키라고 맡긴　　675
문을 활짝 열어젖히고 자진하여 적군을 방벽 안으로 들어오도록 청했다.
그들은 무쇠로 무장한 채 우뚝한 머리 위에 깃털 장식을
번쩍이며 그 안쪽의 성탑들 앞에 좌우로 버티고 섰다.
그 모습은 마치 흘러가는 강가에서, 이를테면 파두스⁶⁴ 강변이나
사랑스런 아테시스⁶⁵ 강변에서 한 쌍의 참나무가 대기 속으로　　680
우뚝 서서는 머리털을 깎지 않은 머리를 하늘로 쳐들고
높은 우듬지들을 미풍에 끄덕일 때와도 같았다.
루툴리족은 문이 열려 있는 것을 보자마자 짓쳐 들어갔다.
그러나 다음 순간 퀘르켄스와 아름답게 무장한 아퀴쿨루스와
성질이 급한 트마루스와 마르스의 자손인 하이몬이　　685
자신들의 전 부대와 함께 등을 돌려 도망치거나,
아니면 다름 아닌 문턱에다 자신들의 목숨을 놓아두었다.
그러자 서로 싸우는 자들의 마음속에서 적개심이 더 커졌다.
트로이야인들은 어느새 그곳으로 떼 지어 몰려가서
어우러져 싸우며 감히 방벽 밖으로 나가려 했다.　　690
　한편 대장인 투르누스는 다른 곳에서 미쳐 날뛰며
전사들을 이리저리 쫓고 있다가, 적군이 지금 살육에
고무되어 문을 활짝 열어두고 있다는 전갈을 받았다.
그는 크게 분개하며 하던 일을 중단하고
다르다니아의 문과 거만한 형제에게로 달려갔다.　　695

투르누스는 우선 (맨 먼저 맞선) 안티파테스를 창으로 뉘었다.
그는 위대한 사르페돈의 서자로 테바이[66] 출신 어머니에게서 태어났다.
이탈리아의 층층나무로 만든 창이 희박한 대기를 가르며
날아가 높다란 가슴 바로 밑 위(胃)에 가 꽂혔다.
그러자 벌어진 상처의 시커먼 구멍에서 피가 거품을 일으키며   700
뿜어져 나왔고, 무쇠는 허파에 박힌 채 데워지고 있었다.
투르누스는 메롭스와 에뤼마스에 이어 이피드누스를 손으로 뉘었고,
다음은 눈에 불을 켜고 기세등등하던 비티아스를 그렇게 했는데,
창으로가 아니라 (그는 창에는 목숨을 내놓지 않았을 테니까)
팔라리카[67]가 굉음과 함께 벼락처럼 빙빙 돌며 다가갔던 것이다.   705
그 앞에서는 두 겹의 황소가죽을 댄 방패도 버티지 못하고
두 겹의 황금 비늘로 만든 믿음직한 가슴받이도 버티지 못하니,
비티아스의 거구가 무너져 내렸다. 그러자 대지가 신음하며,
거대한 방패가 그의 위에서 천둥소리를 냈다.
그 모습은 마치 바이아이의 에우보이아 해안에서[68]   710
거대한 석재로 만들어진 채 바다 속으로 이어진 석조물[69]이
이따금 무너질 때와 같았다. 석조물은 그렇게 무너져 내려
깨진 돌조각들을 끌어당기며 수면을 치고는 바닥에 가라앉는다.
그러면 바다가 소용돌이치며 모래가 까맣게 끓어오른다.
그 굉음에 높은 프로퀴타[70] 섬도 떨고, 읍피테르의 명령에 따라   715
튀포에우스[71] 위에 놓인 딱딱한 침상인 이나리메도 떤다.
　이때 전쟁의 신 마르스가 라티니족 전사들에게 용기와
힘을 불어넣어주며 그들의 가슴 밑을 가축몰이용 막대기로 쳤고,
테우케르 백성들에게는 패주와 검은 두려움을 불어넣었다.
사방에서 라티니족이 몰려왔다. 이제 전투의 기회가 충분히   720

주어지고, 전쟁의 신이 그들의 마음을 사로잡았기 때문이다.
하나 판다루스는 아우의 시신이 땅바닥에 누워 있는 것을 보고는
자신의 운세와 전세가 역전했음을 알아차리고 넓은 어깨로
버티며 돌쩌귀 위에서 엄청난 힘으로 문을 돌렸다.
그리하여 그는 많은 전우들을 방벽 바깥의 가혹한 전투 속에   725
그대로 남겨두었다. 하지만 그는 다른 사람들[72]은
자신과 함께 안에 가두었고, 그들이 몰려올 때 반가이 맞았다.
하나 그는 어리석게도 무리들 속에서 루툴리족의 왕을 보지 못하고
돌진해 오던 그를 진영 안에 자진하여 가두었으니,
의지할 데 없는 양 떼 사이에 무시무시한 호랑이를 가둔 격이었다.   730
당장 투르누스의 두 눈에서는 못 보던 빛이 번쩍였고,
그의 무구들은 무시무시하게 절꺼덕거렸다. 그의 정수리에서는
핏빛 깃털 장식이 흔들렸고, 그의 방패에서는 번갯불이 비쳐 나왔다.
아이네아스의 백성들은 그의 가증스런 얼굴과 거대한 사지를
알아보고는 일순 당황하기 시작했다. 그때 거대한 판다루스가 앞으로   735
뛰어나오더니 아우의 죽음으로 복수심에 불타며 말했다. "이곳은
아마타[73]가 딸에게 지참금으로 주는 궁전도 아니고, 투르누스는
아르데아[74] 시의 한복판에서 고향의 성벽에 둘러싸여 있는 것도 아니다.
네가 보고 있는 것은 적진이며, 네가 여기서 벗어날 길은 없다."
그에게 투르누스가 태연자약하게 미소 지으며 대답했다.   740
"어서 시작해봐, 네 마음에도 용기가 있다면 말이다! 덤벼보란 말이야!
너는 이곳에도 아킬레스가 있더라고 프리아무스에게 말하게 될 것이다."[75]
이렇게 투르누스는 말했다. 판다루스는 껍질을 벗기지 않은 옹이투성이의
창을 체중을 실어 있는 힘을 다해 던졌다. 하나 바람이 그것을
받았으니,[76] 상처를 주려고 날아오는 창을 사투르누스의 딸 유노가   745

한쪽으로 틀어버리자 그것이 문을 뚫고 들어간 것이다.
"너는 내 오른손이 힘껏 휘두르는 이 무기를 피하지 못하리라.
이것을 휘둘러 상처를 주려는 사람은 그리 호락호락하지 않으니까."
이렇게 말하고 투르누스는 발꿈치를 세우고 칼을 높이 쳐들더니
칼날로 두 관자놀이 사이의 이마 한복판을 내리쳐 750
아직 수염도 나지 않은 두 볼을 끔찍한 상처로 갈라놓았다.
젊은 거인이 쓰러지자 대지는 그 엄청난 무게에 충격을 받으며
굉음을 냈다. 그는 죽어가며 맥 풀린 사지와 골의 피로
피투성이가 된 무구들을 땅 위에 뉘었고, 한편 그의 머리는
두 쪽으로 갈라진 채 이쪽 어깨와 저쪽 어깨에 매달려 있었다. 755
    트로이야인들은 대경실색하여 등을 돌려 뿔뿔이 달아났다.
그리하여 만약 그 순간 승리자가 문의 빗장을 힘으로
열어젖히고 전우들을 문 안으로 들일 생각을 했더라면,
그날로 전쟁이고 백성이고 다 끝장나고 말았을 것이다.
하나 달아올라 있는 그를 광기와, 살육에 대한 구제할 길 없는 760
욕구가 적군 속으로 내몰았다···
먼저 그는 팔레리스를 잡고 나서 귀게스를 잡아 오금을 잘라버렸다.
그리고 그들의 창을 빼앗아 그것들을 도망치는 적군의 등에다 던졌고,
유노가 그에게 힘과 용기를 불어넣었다. 이어서 그는 할뤼스를 그들에게
동행으로 붙여주고 나서, 둥근 방패를 꿰뚫어 페게우스를 죽였다. 765
그런 후 그는 자기가 들어온 줄도 모르고 방벽 위에서 싸우고 있던
알칸드루스와 할리우스와 노에몬과 프뤼타니스를 그렇게 했다.
다음에는 륑케우스가 그에게 덤벼들며 전우들을 부르자,
그는 오른쪽에 있던 둔덕에 버티고 서서 번쩍이는 칼로 내리쳤다.
그러자 륑케우스의 머리가 가까이서 내리친 일격에 투구를 쓴 채 770

날아가 멀리 땅바닥에 나뒹굴었다. 이어서 투르누스는 야수들의
씨를 말리던 아뮈쿠스를 죽였는데, 화살에 칠을 하거나 무쇠를
독으로 무장시키는 기술에서 그를 능가할 자는 아무도 없었다.
그는 또 아이올루스의 아들 클뤼티우스와 무사 여신들의 총아
크레테우스를 죽였는데, 크레테우스는 무사 여신들의 동반자로   775
언제나 노래와 키타라와 박자에 맞춰 현을 뜯는 것이 마음에 들어
언제나 군마와 무구와 영웅과 전투를 노래하곤 했다.
　마침내 테우케르 백성들의 지도자들인 므네스테우스와 용맹스런
세레스투스가 자신들의 군사들이 도륙당한다는 말을 듣고 한데 모였다.
그들이 와서 보니, 전우들은 흩어져 있고 적장은 문안에 들어와 있었다.   780
그러자 므네스테우스가 말했다. "대체 어디로 도망치고 있으며,
어디로 향하고 있는가? 그대들은 이 밖에 또 어떤 방벽들과,
어떤 보루를 갖고 있는가? 단 한 사람이 그것도, 동포들이여, 사방으로
그대들의 둔덕들에 갇힌 채 진영 안에서 벌 받지 않고 그토록 엄청난
살육을 자행하고, 그토록 많은 젊은 장수들을 오르쿠스로 보냈단 말인가?   785
이 겁쟁이들이여, 그대들은 불행한 조국과 오래된 신들과
위대한 아이네아스가 부끄럽지도 않으며 불쌍하지도 않은가?"
그의 그러한 말에 고무되어 그들은 밀집대열을 이루고 버티고 섰다.
그러자 투르누스가 조금씩 싸움터에서 물러나며 강 쪽으로 향하니,
그곳은 진영이 강물로 둘러싸인 곳이었다.   790
테우케르 백성들은 함성을 지르며 더 거세게 몰아붙이며 똘똘 뭉쳤다.
그 모습은 마치 한 무리의 사람들이 창을 꼬나들고 사나운 사자를
몰아붙일 때와도 같았다. 사자는 겁이 나서 물러서면서도
사납게 노려본다. 사자의 분노와 용기는 등을 돌리는 것을
용납하지 않지만, 아무리 그렇게 하고 싶어도   795

사자는 무기들과 남자들을 뚫고 공격을 할 수는 없는 것이다.
그와 다르지 않게 투르누스도 망설이며 서둘지 않고
천천히 뒷걸음질쳤고, 그러는 그의 마음은 분노로 끓어올랐다.
아니, 그는 그러한 상황에서도 두 번이나 적군 한가운데로 쳐들어가서,
두 번이나 무리들이 방벽들 주위로 허겁지겁 도망치게 쫓아버렸다.   800
그러나 진영에서 그를 향해 전군(全軍)이 몰려나오자,
사투르누스의 딸 유노도 감히 이들에 대항할 힘을
그에게 주지는 않았다. 윱피테르가 하늘에서 이리스를 내려 보내
만일 투르누스가 테우케르 백성들의 높은 방벽에서 물러나지 않으면,
좋지 못할 것이라는 전갈을 누이[77]에게 전하게 했기 때문이다.   805
그래서 전사는 방패로도, 오른손으로도 아까처럼 버틸 수가 없었다.
그는 사방에서 날아오는 무기들에 압도되었다. 투구는 그의 빈 관자놀이
주위에서 쉴새없이 요란하게 울렸고, 그 견고한 청동은 비 오듯 날아오는
돌멩이들에 금이 갔다. 투구의 깃털 장식은 머리에서 찢겨나갔고,
방패의 혹은 수많은 가격을 견디지 못했다.   810
트로이야인들은 창을 갑절로 던졌고, 특히 므네스테우스는
번개처럼 강했다. 그러자 투르누스는 전신에서
땀이 시커멓게 비 오듯 흘러내렸고 (그는 숨돌릴 틈이 없었다)
그가 심하게 숨을 헐떡이자 지친 사지가 덜거덕거렸다.
그제야 그는 완전무장한 채 강물 속에 거꾸로 뛰어들었다.   815
그러자 강이 다가오는 자를 누런 소용돌이로 받아 부드러운 물결에
싣더니 살육을 깨끗이 씻어낸 후 의기양양한 그를 전우들에게 돌려주었다.

제10권

동맹군과 돌아온 아이네아스

그사이 전능한 올륌푸스의 집이 활짝 열리며,
신들의 아버지이자 인간들의 통치자가 별이 총총한 거처로
회의를 소집했으니,¹ 그는 거기 높은 곳에서 모든 나라들과
다르다누스 백성들의 진영과 라티움의 백성들을 내려다보고 있었다.
신들이 양쪽에 문이 달린 홀에 앉자 읍피테르가 말하기 시작했다.   5
"하늘의 위대한 거주자들이여, 어찌하여 그대들은 결정을 번복하며
적개심을 품고 서로들 그리 싸우는 것이오? 나는 이탈리아가
테우케르 백성들과 겨루는 것을 금한 바 있소. 그런데 그대들은
무슨 일이 있었기에 내 명령을 어기고 서로 다투는 것이며,
무엇이 두려워 이들 또는 저들이 무기를 들고 전쟁을 일으키게   10
선동하는 것이오? 싸움을 할 정당한 때가 올 것이오, 언젠가 사나운
카르타고가 알페스 산을 열고 로마의 성채들에 큰 파멸을 들여보낼
때가 올 것이란 말이오.² 그대들은 이를 앞당기지 마시오. 그때는
증오심을 품고 싸워도 좋으며, 그때는 약탈을 해도 좋소. 하나 지금은
싸움을 그만두고, 내 뜻에 따라 기꺼이 휴전 조약을 맺도록 하시오."   15
　　이렇게 읍피테르는 짤막하게 말했다. 하나 황금의 베누스는
짤막하게 대답하지 않았다 · · ·
"아버지시여, 인간들과 사물들의 영원한 통치자시여! (달리 우리가
호소할 수 있는 곳이 또 어디 있겠습니까?) 그대도 보시다시피,
루툴리족이 오만을 떨고 있고, 그대도 보시다시피, 투르누스는 전차를   20

타고 보란 듯이 대열 사이를 누비고 있으며, 유리한 전세에 잔뜩
부풀어 있어요. 이제는 방벽의 빗장들도 트로이야인들을 지켜주지
못하고 있어요. 아니, 적군은 어느새 문안에서, 그리고 방벽의 둔덕들
위에서 어우러져 싸우고 있으며, 해자들에는 피가 범람하고 있어요.
아이네아스는 멀리 나가 있고, 아무것도 모르고 있어요. 그런데도 그대는   25
포위가 가벼워지는 것을 허용치 않으세요? 또다시 적[3]이 갓 태어난
트로이야를 위협하고 있으며, 다른 군대도 이를 위협하고 있어요. 또다시
아이톨리아의 아르피에서 튀데우스의 아들이 테우케르 백성들을 향해
일어서고 있어요.[4] 정말이지 나는 아마도 또다시 부상당하게 될 것이며,[5]
그대의 딸이지만, 또다시 인간의 무기를 기다려야 할 것 같아요!   30
만약 트로이야인들이 그대의 승낙 없이 그대의 뜻을 어기고 이탈리아로
향한 것이라면, 그들이 죗값을 치르게 하시고 그대는 그들에게
도움을 거절하세요. 하오나 그들이 하늘의 신들과 지하의 망령들의
모든 신탁에 따른 것이라면, 어찌하여 지금 누군가가
그대의 명령을 어기고 새로운 신탁을 세울 수 있는 건가요?   35
에뤽스 해안에서 함선들이 불타던 일[6]에 관해 다시 언급해 뭣하며,
폭풍들의 왕과 아이올리아[7]에서 일기 시작한 광풍들[8]과 구름에서
내려 보내진 이리스[9]에 관해 다시 언급해 뭣하겠어요? 지금 그녀[10]는
심지어 망령들까지 (여태껏 이 분야는 시험되지 않았는데도 말이에요)
움직이고 있고, 느닷없이 알렉토[11]를 상계에다 풀어놓아   40
그녀가 광란하며 이탈리아 중심부의 도시들을 지나가게 했어요.
나는 제국에는 관심도 없어요. 그것은 우리의 희망 사항이었지요,
행운이 우리와 함께할 때는 말이에요. 누구든지 그대가 더 이기기를
바라시는 그자가 이기기를! 그대의 가혹한 부인이 테우케르 백성들에게
줄 수 있는 곳이 이 지상에 없다면, 아버지시여, 넘어진 트로이야의   45

연기 나는 폐허에 걸고 간청하오니, 부디 내가 무구들로부터 아스카니우스를
무사히 구출하는 것을 허락해주시고, 내 손자가 살아남는 것을 허락해주소서!
아이네아스는 낯선 바다 위를 떠돌아다니고, 그것이 어떤 것이든
행운의 여신이 정해준 길을 가게 하세요. 하나 이 애[12]만은
내가 보호하여 끔찍한 전투에서 데리고 나갈 수 있게 해주세요.   50
내게는 아마투스[13]가 있고, 높다란 파푸스와 퀴테라[14]와 이달리아의
집이 있어요. 이 애는 무훈을 단념하고 그곳에서 이름 없이
명대로 살게 해주세요. 카르타고가 엄청난 힘으로 아우소니아를
내리누르라고 명령하세요. 아스카니우스 쪽에서 튀로스의 도시들[15]에
훼방 놓는 일은 결코 없을 거예요. 전쟁의 재앙을 피하고,   55
아르고스인들이 불지른 화재 사이로 도망치고, 테우케르 백성들이
라티움과 제2의 페르가마를 찾는 동안 바다와 광대한 육지에서
그토록 많은 위험을 감수한 것이 그에게 무슨 소용이 있었지요?
그들로서는 고국의 마지막 잿더미 위에, 트로이야가 서 있던 땅에
그대로 눌러앉았더라면 더 낫지 않을까요? 청컨대, 가련한 자들에게   60
크산투스와 시모이스[16] 강을 돌려주시고, 테우케르 백성들에게
일리움의 파멸을 도로 굴려주세요.[17] 아버지시여!" 그러자 여왕 유노가
역정을 내며 말했다. "어찌하여 그대는 내가 깊은 침묵을 깨고,
숨겨둔 아픔을 말로 드러내도록 강요하는 것이오? 인간들과
신들 중에 누군가 아이네아스에게 전쟁의 길을 택하여   65
라티누스 왕을 적으로 공격하도록 강요한 적이 있었던가요? 그가 운명의
지시에 따라 이탈리아에 온 것이라고요! 그렇다고 칩시다. 하지만 그는
캇산드라의 광기에 부추김을 받았던 것이오. 그가 진영을 떠나도록,
바람에 목숨을 맡기도록 우리가 그를 부추긴 것은 아니잖아요?
소년에게 전쟁의 통수권과 방벽들을 맡기도록, 튀르레니아의 충성[18]과   70

백성들의 평온을 깨도록 우리가 그를 부추긴 것은 아니잖아요?
어떤 신이 사기를 치도록 그를 부추겼지요? 아니면 나의 가혹한 힘이
그랬나요? 여기에 대체 유노와 구름에서 내려보낸 이리스가 무슨 상관이란
말이오? 이탈리아인들이 태어나고 있는 트로이야를 화염으로 포위하는 것이,
필룸누스[19]가 선조이고 요정 베닐리아가 어머니인 투르누스가   75
자신의 고국 땅에 버티고 서 있는 것이 부당한 짓이라면, 트로이야인들이
시키면 횃불로 라티니족을 핍박하고, 남의 농토를 멍에로 누르고,
전리품을 실어가는 것은 무엇이며, 장인을 고르고 약혼한 신부를
부모의 품에서 낚아채어 가고, 손으로는 평화를 간청하면서도
함선들에 무구를 붙이고 다니는 것[20]은 또 무엇이란 말이오?   80
그대는 아이네아스를 그라이키아인들의 손에서 빼낼 수 있고,
전사 대신 안개와 공허한 바람을 그들에게 내밀 수 있는[21] 능력이 있소.
그대는 또 함선들을 그만큼 많은 요정들로 둔갑시킬 수 있는 능력도 있소.[22]
한데 우리가 루툴리족을 조금 도와준 것이 부당한 짓이라는 건가요?
'아이네아스는 멀리 나가 있고 아무것도 모르고 있어요.'   85
그는 아무것도 모른 채 멀리 나가 있으라 하시오! 그대에게는 파포스와
이달리움이, 높다란 퀴테라가 있소. 하거늘 왜 전사들로 가득 찬 도시와
그들의 사나운 기질과 겨루려 하시오? 내가 흔들리는 프뤼기아의 나라를
뒤엎으려 한다는데, 그게 과연 내가 한 짓이오, 아니면 가련한 트로이아인들을
아키비족에게로 내몬 그자[23]의 소행이오? 에우로파와 아시아가   90
무장하고 일어서고 우호 조약을 음흉하게 짓밟은 까닭이 대체 무엇이오?
어디, 다르다니아의 샛서방[24]이 내 인도 아래 스파르타를 약탈했나요?
아니면 내가 그에게 무기를 주고 애욕으로 전쟁에 불을 질렀나요?
그때 그대는 그대의 백성들을 염려했어야지요. 지금은 부당한 불평을
늘어놓기에는 너무 늦었고, 화를 내고 욕설을 해봤자 아무 소용 없어요."   95

이렇게 유노는 말했다. 그러자 하늘에 사는 모든 신들이 중얼거리며
더러는 이쪽에, 더러는 저쪽에 찬동했다. 그 모습은 마치 바람의
첫 입김이 윙윙거리며 숲 속에 머물다가 둔탁한 중얼거림이 되어
굴러가며 선원들에게 폭풍이 다가옴을 알릴 때와도 같았다.
그때 만물의 최고 지배자인 전능한 아버지가 말하기 시작했다. 100
(그가 말하자 신들의 높다란 집은 조용해졌고,
대지는 밑바닥까지 흔들렸다. 저 위의 대기도 침묵했으며,
서풍도 가라앉고 바다의 표면도 잔잔해졌다.)
"그러니 그대들은 내 이 말을 듣고 명심하도록 하시오.
아우소니아인들을 테우케르 백성들과 맹약으로 결합시키는 것이 105
허용되지 않고 그대들의 불화는 끝이 없으니,
오늘 각자에게 어떤 행운이 주어졌든, 각자가 어떤 희망을
좇았든, 그가 트로이야인이든 루툴리족이든, 진영이 포위된 것이
이탈리아인들의 운명 탓이든 아니면 트로이야의 치명적인 실수나
나쁜 조언 탓이든, 나는 일체 불문에 부칠 것이오. 나는 루툴리족도 110
예외로 인정하지 않을 것이오. 각자가 시작한 대로 노고나 행운을
거두게 될 것이오. 읍피테르는 이들 모두에게 똑같은 왕이오.
운명이 길을 찾아내게 될 것이오." 그는 형의 스튁스 강에 걸고,
역청이 시커멓게 소용돌이치며 끓어오르는 강변에 걸고
머리를 끄덕였고, 그가 머리를 끄덕이자 온 올륌푸스가 흔들렸다. 115
이렇게 회의는 끝났다. 이어서 읍피테르가 황금 왕좌에서 일어서자,
하늘에 사는 신들이 주위로 몰려와서 그를 문턱까지 모셔다주었다.

그사이 루툴리족은 전사들을 도륙하려고 사방의 문에서
압박을 가하며 화염으로 방벽을 포위하고 있었다. 한편
아이네아스의 백성들은 탈출의 희망도 없이 보루들 뒤에 갇혀 있었다. 120

그들은 사기가 떨어져 무력하게 높은 탑들 위에 서 있었고,
방벽들 위에는 빙 돌아가며 군사들이 드문드문 배치되어 있었다.
임브라수스의 아들 아시우스와 히케타온의 아들 튀모이테스와
두 명의 앗사라쿠스와 튐브리스 노인이 카스토르와 더불어
선두 대열을 이루고 있었다. 사르페돈의 두 아우들과, 뤼키아의   125
산악 지방 출신인 클라루스와 타이몬이 그들과 함께하고 있었다.
뤼르네수스 출신인 아크몬은 그의 아버지 클뤼티우스와
형 므네스테우스 못지않은 거인으로 거대한 바위 덩어리를,
산의 적잖은 부분을 있는 힘을 다해 나르고 있었다.
그들은 더러는 창을 던져, 더러는 바위를 던져,   130
또 더러는 화전(火箭)을 쏘고 시위에 화살을 얹어 적군을
물리치려 했다. 그들 한가운데에, 보라! 베누스가 특히 아끼고
정당하게도 보살펴주는 다르다니아의 소년이 고귀한 머리를 가리지도
않은 채 서 있었다. 그는 마치 목이나 머리의 장식이 되도록 누런 황금
안에다 박아 넣은 보석처럼 번쩍였다. 또는 회양목이나 오리쿰의   135
테레빈나무에 교묘하게 박은 상아처럼 그는 빛나고 있었다.
그의 머리털은 부드러운 황금 고리에 묶인 채
우윳빛 목덜미 위로 흘러내리고 있었다.
이스마루스여, 고매한 전사들은 또한 그대가 화살들을
독물에 담갔다가 적군에게 부상을 입히는 것을 볼 수 있었소,   140
사람들이 비옥한 땅을 경작하고 팍톨루스 강이 황금[25]으로
적셔주는 마이오니아의 고귀한 가문에서 태어난 자여!
그곳에는 므네스테우스도 있었는데, 그는 방금 방벽들의 둔덕에서
투르누스를 몰아내고 영광의 절정에 올라 있었다. 그곳에는 카퓌스도
있었는데, 캄파니아 도시[26]의 이름은 그에게서 유래한 것이다.   145

이렇게 양군은 어우러져 격렬한 전투를 벌이고 있었다.
한편 아이네아스는 한밤중에 파도를 가르고 있었다.
그는 에우안드루스의 곁을 떠나 에트루리아의 진영으로 가서
왕을 만나보고는 왕에게 자신의 이름과 나라를 말하고 나서,
자신이 원하는 것과 제공하는 것과, 메젠티우스가 어떤 군대를   150
제 편으로 삼았는지 말해주었다. 그는 또 투르누스의 격렬한 반응과
인간사란 믿을 것이 못 된다[27]는 점을 상기시키며 간간이 도움을 호소했다.
그러자 지체 없이 타르콘은 군대를 합치고 동맹을 맺었다. 이어서
뤼디아에서 건너온 에트루리아의 백성들은 운명에 진 빚을 갚으며[28]
신들의 명령에 따라 함선들에 올랐고, 이방 출신 지도자에게   155
자신들을 맡겼다. 아이네아스의 함선이 선두에서 항해했는데, 이물에는
충각 위에 프뤼기아의 사자들[29]이 멍에를 메고 있었고, 그 위에는 망명하는
테우케르 백성들에게 반갑기 그지없는 이다 산이 우뚝 솟아 있었다.[30]
위대한 아이네아스는 그곳에 자리 잡고 앉아 변화무쌍한 전쟁의 운세를
마음속으로 저울질하고 있었다. 그의 왼쪽 옆에는 팔라스가 붙어 앉아   160
때로는 어두운 밤의 길라잡이인 별자리들에 관하여 묻는가 하면,
때로는 그가 육지와 바다에서 겪은 일에 관해 묻기도 했다.
   여신들이시여, 헬리콘 산을 여시어, 그날 밤 어떤 군대가 함선들을
타고 바다를 항해하며 에트루리아의 해안에서부터 아이네아스와
동행했는지 노래할 수 있도록 내게 영감을 불어넣어주소서!   165
   맛시쿠스가 청동 판을 댄 티그리스 호(號)를 타고 맨 앞에서
바닷물을 가르고 있었다. 그의 대원들은 일천 명으로 클루시움의
성채와 코사이 시를 떠나온 자들이었다. 그들의 무기는 화살들과
가볍게 어깨에 메고 다니는 화살통과 죽음을 가져다주는 활이었다.
바로 그 뒤를 무시무시한 아바스가 따르고 있었다.   170

그의 전 부대는 빼어난 무기를 갖추었고,
고물에는 아폴로의 황금상이 번쩍이고 있었다.
그에게 포풀로니아는 젊고 전쟁에 능한 아들 육백 명을 주었고,
철광이 무진장 많이 나는 부유한 섬인 일바는 삼백 명을 주었다.
세 번째는 인간들과 신들의 중개자인 아실라스였다. 175
그는 제물로 바친 짐승들의 내장과 하늘의 별들과 새들의 울음소리와
전조를 말해주는 번갯불로 점을 쳤는데, 창을 곤두세우고 밀집대열을
이룬 일천 명을 그는 급히 싸움터로 이끌고 있었다. 알페우스 강에서
건너온 자들이 에트루리아 땅에다 세운 도시인 피사이가 이들을
그의 지휘하에 맡겼던 것이다. 그 뒤를 제일 미남인 아스투르가 180
따르고 있었는데, 아스투르가 믿는 것은 말과 다채로운 무기들이었다.
삼백 명이 그와 함께했는데, 그들은 하나같이 따를 각오가 되어 있었다.
그들은 카이레가 고향인 자들이거나, 미니오 강 유역에 사는 자들이거나,
오래된 퓌르기와 건강에 좋지 않은 그라비스카이에 사는 자들이었다.

나는, 쿠나루스여, 리구레스족의 지도자로 가장 용감한 전사인 185
그대와, 소수의 군사들이 따르고 있는 쿠파보여, 그대도 빠뜨리지
않을 것이오. 그의 투구에는 백조의 깃털이 꽂꽂하게 솟아 있었는데,
그것은 (아모르여, 그대들[31]에 대한 비난으로) 그의 아버지의 변신의
상징이다. 왜냐하면 그의 아버지 퀴크누스[32]는 사랑하던 파에톤[33]을
슬퍼하여, 미루나무로 변신한 그의 누이들의 그늘진 190
나뭇잎 아래에서 노래하며 음악으로 괴로운 마음을 달래다가,
늙어서 눈처럼 흰 부드러운 깃털을 입더니 지상을 떠나
여전히 노래하며 별들을 찾아갔다고 하기 때문이다.
하나 그의 아들은 한 무리의 동년배들을 배에 싣고는
노를 저어 거대한 켄타우루스 호를 움직이고 있었다. 195

선수상인 켄타우루스는 물 위에 우뚝 서서 큼직한 바위 덩어리를
던질 듯이 물결을 위협했고, 긴 용골은 깊은 바다를 쟁기질했다.

    오크누스도 조국의 해안에서 부대를 인솔해 오고 있었다.
그는 예언녀 만토[34]와 투스쿠스 강[35]의 하신의 아들로, 만투아여[36],
너에게 성벽과 자신의 어머니의 이름을 주었노라, 조상이 많은 만투아여.   200
하나 그들 모두가 한 부족에서 유래한 것은 아니다. 그들은 세 부족으로
이루어지고, 각 부족은 네 개의 공동체로 이루어져 있다. 그중에서
만투아가 우두머리이고, 그 힘은 에트루리아의 혈통에서 오는 것이다.
이곳에서도 메젠티우스는 자신에 대항하여 오백 명을 무장시켰다.
이들을 베나쿠스 호(湖)의 아들인 하신 밍키우스[37]가 푸르스름한   205
갈대 관을 쓰고는 전함들에 태워 바다로 인도하고 있었다.
아울레스테스는 묵직하게[38] 나아가고 있었다. 그는 고개를 쳐들고
일백 개의 노로 파도를 쳤고, 수면이 뒤집히자 바닷물이 거품을 일으켰다.
그를 태우고 있는 배는 트리톤 호였는데, 그의 소라고둥은
검푸른 바다를 놀라게 했다. 물에 잠겨 있는 그의 선수상은   210
허리까지는 털북숭이 남자지만 배 아래는 거대한 물고기였다.
이 반인반수의 가슴 아래서 파도가 거품을 일으키며 콸콸댔다.

    그만큼 많은 정예의 장수들이 서른 척의 함선에 나누어 타고는
짠 바닷물의 들판을 청동 이물로 가르며 트로이야를 도우러 가고 있었다.

    어느새 하늘에서 낮은 물러가고 상냥한 포이베[39]의,   215
밤에 돌아다니는 말들이 힘차게 중천(中天)을 달리고 있었다.
하나 아이네아스는 (근심이 그의 사지에 휴식을 허용하지 않아)
고물에 앉아 손수 키를 잡으며 돛들을 보살피고 있었다.
보라, 그때 항해 중인 그에게 한 떼의 여자 동반자들이 나타났다.
자애로운 퀴벨레는 그의 함선들을 요정들로 변신시키며   220

바다에 대해 신적인 힘을 갖도록 명령한 적이 있는데,
바로 그 요정들이 물결을 가르며 나란히 헤엄쳐왔던 것이다.
그들은 전에 해안에 정박해 있던 청동 이물의 수만큼 많았다.
그들은 멀리서 왕을 알아보고는 춤추며 그의 주위를 맴돌았다.
그들 가운데 가장 달변(達辯)인 퀴모도케아가 그를 뒤따라와 225
오른손으로 고물을 잡고는 상체를 일으켜 세우며 왼손으로는 물 밑에서
소리 없이 노를 저었다. 그러더니 그녀는 아무 영문도 모르는 그에게
이렇게 말했다. "그대는 깨어 있나요, 아이네아스여, 신들의 자손이여?
깨어나세요! 줄을 늦추어 돛들이 바람을 가득 안게 하세요.
우리는 이다 산의 신성한 정상에서 베어온 소나무들로 지금은 230
바다의 요정들이지만 전에는 그대의 함선들이었지요. 위선적인
루툴리족[40]이 무쇠와 불로 우리를 허둥지둥 도망치게 만들었을 때,
우리는 마지못해 그대의 밧줄을 끊었어요. 우리는 온 바다 위로 그대를
찾고 있는 중이에요. 어머니[41]가 우리를 동정하여 이런 모습으로
바꾸며 우리가 여신으로 파도 밑에서 살아가게 해주었어요. 235
그런데 그대의 아들 아스카니우스는 방벽과 해자들에 갇혀 있고, 무기들과
전의에 넘치는 라티니족에게 포위되어 있어요. 아르카디아의 기병대는 벌써
용감한 에트루리아인들의 증원대와 함께 지시 받은 장소를 차지하고 있어요.
하나 그들이 진영의 군대와 합류하지 못하도록 양군 사이에
자신의 부대를 끼워 넣는다는 것이 투르누스의 확고한 결심이에요. 240
자, 그대는 일어나 날이 밝는 대로 전우들을 무장하라고 명령하고,
불의 주인[42]이 손수 그대에게 준, 황금으로 가장자리를 댄
불패의 방패를 들도록 하세요. 그대가 내 말을
허튼소리로 여기지 않는다면, 내일의 햇빛은
루툴리족의 시신이 산더미처럼 쌓여 있는 것을 보게 될 거예요." 245

이렇게 말하고 떠나가며 그녀는 오른손으로 높다란 고물을 밀었는데,
그 방법을 그녀는 알고 있었던 것이다. 그러자 배가 투창이나
바람처럼 날랜 화살보다도 더 빨리 파도를 가르며 나아갔고,
다른 배들도 속도를 냈다. 트로이야인, 앙키세스의 아들 자신은
영문을 몰라 어리둥절했으나, 그래도 전조에 고무되어 있었다.   250
그래서 그는 둥근 하늘을 쳐다보며 짤막하게 기도했다. "이다 산의
자애로운 여신이시여, 신들의 어머니시여, 딘뒤마[43] 산과 성탑을 가진
도시들과 그대의 수레를 끄는 한 쌍의 사자를 사랑하시는 분이시여,
그대는 이제 전투에서 나의 길라잡이가 되어주시고, 예언이 적절히
이루어지도록 해주시고, 호의적인 발걸음으로 프뤼기아인들을   255
도와주소서, 여신이시여!" 이렇게만 그는 말했다. 그사이 되돌아온
낮이 어느새 환한 빛과 함께 힘차게 다가오며 밤을 쫓아버렸다.
그는 먼저 전우들에게 전투를 위하여 마음의 준비를 하고
무기들을 갖추고 있다가 자신의 신호에 따르라고 명령했다.

　그리고 고물 위에 우뚝 서 있던 그에게 어느새 테우케르 백성들과   260
자신의 진영이 시야에 들어오자, 그는 왼손으로 방패를 들어올려
그것을 번쩍였다. 그러자 방벽 위에 있던 다르다누스 백성들의 함성이
하늘에 닿았다. 그들은 새로운 희망에 사기가 올라 힘껏 창을 던져 댔다.
그 모습은 마치 먹구름 아래에서 스트뤼몬 강변으로 돌아온
학 떼가 신호를 보내며 요란하게 하늘을 가로질러 날고,   265
환성을 올리며 남풍을 피해 도망쳐올 때와 같았다. 루툴리족의 왕과
아우소니아의 지도자들은 처음에 이를 이상히 여겼으나, 마침내
고개를 돌려 함선들이 고물을 해안 쪽으로 돌리고 온 바다가 다가오는
함선들로 가득 차 있는 것을 보게 되었다. 아이네아스의 머리 위에서는
투구의 꼭대기가 불타고 있었고, 그의 깃털 장식에서는   270

화염이 쏟아졌으며, 방패의 황금 혹은 엄청난 불을 내뿜고 있었다.
그 모습은 마치 밝은 밤에 혜성들이 불길하게도 핏빛처럼
붉게 타오를 때나, 또는 시리우스가 뜨겁게 떠올라
고통 받는 인간들에게 가뭄과 질병을 가져다주고
불길한 빛으로 하늘을 흐려놓을 때와도 같았다. 275

그럼에도 대담한 투르누스는 자신이 먼저 해안을 점령하여
다가오는 자들을 육지에서 몰아낼 수 있다고 굳게 믿고 있었다.
[그는 말로 부하들의 사기를 북돋우며 그들을 꾸짖기까지 했다.]
"그대들이 기구하고 바라던 것이 나타났으니 맞부딪쳐 쳐부수시오.
전사들에게 전쟁은 자신들의 손에 달려 있는 법이오. 이제 각자는 280
제 아내와 제 집을 생각하고, 이제 각자는 선조들의 위대한 영광을
되새기도록 하시오. 적군이 허겁지겁 상륙한 직후 아직 발걸음이
불안정할 동안 우리가 먼저 달려가 그들을 맞도록 합시다.
행운의 여신은 대담한 자를 돕는 법이오 · · · "
이렇게 말하고 그는 누가 적군을 향해 인솔하고, 누구에게 방벽을 285
공격하는 일을 맡길 수 있겠는지 마음속으로 곰곰이 생각해보았다.

그사이 아이네아스는 건널 판들로 전우들이 높다란 고물에서
육지로 내려오도록 했다. 많은 사람들이 파도가 힘을 잃고 빠져나가기를
기다렸다가 얕은 곳으로 과감히 뛰어내렸고, 그렇지 않은 사람들은
노를 타고 미끄러져 내렸다. 하나 타르콘은 해안을 지켜보다가 290
여울이 굽이치지 않고 부서진 파도가 으르렁거리지 않으며
바닷물이 부풀어 올라 아무 방해도 없이 밀려드는 곳으로
급히 뱃머리를 돌리며 전우들에게 간청했다.
"정예의 대원들이여, 그대들은 이제 몸을 앞으로 구부려
힘껏 노를 저어 함선들을 위로 들어올리시오. 저 적군의 땅을 295

충각들로 가르고, 용골이 스스로 도랑을 파게 하시오.
일단 저 땅을 점령할 수만 있다면, 내 함선은 그렇게 정박해 있다가
부서져도 괜찮소!" 그렇게 타르콘이 말하자마자 그의 전우들은
몸을 세우고 힘껏 노를 저어 이물에 거품을 일으키는 함선들을
라티움의 들판으로 밀어붙였다. 충각들이 뭍으로 올라오고 300
용골들이 모두 무사히 그곳에 자리 잡을 때까지.
하지만 그대의 배는 그렇지 못했도다, 타르콘이여!
그대의 배는 얕은 곳으로 들어가다가 암초에 걸려
한참 동안 위아래로 움직이며 파도를 피로하게 하다가
부서지며 대원들을 바다 한가운데에다 내려놓았기 때문이오. 305
그러자 노의 파편들과 떠다니는 노 젓는 의자들이 그들을 방해했고,
물러가는 물결이 해안으로 가려는 그들의 발목을 잡았다.

  하나 투르누스도 늑장부리지 않고 전의에 넘치며 전 대열을
테우케르 백성들에게로 이끌고 가서 해안에 마주 버티고 섰다.
나팔 소리들이 울려 퍼지자, 아이네아스가 전투의 전조가 되도록 310
먼저 농부들의 집단 속으로 쳐들어가 라티니족을 뉘었다. 그는
테론을 죽였는데, 그자는 거인으로 제 발로 아이네아스에게 덤벼들었다.
그는 칼로 그자의 청동 가슴받이를 이어붙인 곳과 황금으로 수놓은
투니카를 뚫고 그자의 옆구리를 열었다. 그는 이어서 리카스를
죽였는데, 그자는 이미 죽은 어머니의 자궁에서 꺼내어진 다음 315
어린 나이에 그러한 칼의 위험을 견뎌냈다고 해서, 포이부스여,
그대에게 제물로 바쳐졌나이다.⁴⁴ 거기서 멀지 않은 곳에서
아이네아스는 몽둥이로 대열들을 때려눕히고 있던 억센 킷세우스와
거인 귀아스를 죽음에게 던져주었다. 그들에게는 헤르쿨레스의 무기도,
힘센 주먹도, 그들의 아버지 멜람푸스도 아무 도움이 되지 못했다. 320

알카이우스의 손자에게 대지가 노고들을 지우는 동안 멜람푸스는
그와 함께했었다. 보라, 파루스가 허풍을 치고 있는 사이에 창이
빙글빙글 돌며 날아가 고함을 지르던 그자의 입에 꽂혔다.
그리고 퀴돈이여, 그대도 최근에 사귄 애인인 이제 볼에
금빛 솜털이 갓 나기 시작한 클뤼티우스를 불행히도 뒤따라가다가   325
다르다누스 자손의 손에 비참하게 쓰러져 언제나 그대가
젊은이들에게 품고 있던 애정도 잊어버린 채 누워 있었을 것이나,
포르쿠스의 아들들인 그의 형제들이 떼 지어 아이네아스를
가로막고 서서 일곱 명이 일곱 자루의 창을 던져 댔다.
그 가운데 일부는 투구와 방패에서 도로 튀어나왔으나,   330
일부는 자애로운 베누스가 그의 몸에 스치는 것을 옆으로
틀어버렸다. 그러자 아이네아스가 충실한 아카테스에게 말했다.
"나에게 무기들을 가져다주시오. 전에 일리움의 들판에서
그라이키아인들의 몸에 꽂혔던 무기는 하나도 내 오른손에서
루툴리족을 향해 빙글빙글 돌며 헛되이 날아가지 않을 것이오."   335
그러고 나서 그는 큰 창을 집어 들고 던졌다. 창은 날아가 마이온의
청동 방패를 뚫고 가슴받이와 함께 그의 가슴을 찢어버렸다.
그에게 그의 아우 알카노르가 달려가 쓰러지는 형을 오른손으로
부축했다. 그러나 또 다른 창이 그의 팔을 뚫고 곧장
앞으로 나아가며 피투성이가 된 채 방향을 그대로 유지했다.   340
죽어가는 그의 오른손은 힘줄에 의하여 어깨에 매달려 있었다.
그러자 누미토르가 형의 몸에서 창을 뽑아 들고
아이네아스에게 덤벼들었다. 하나 그를 맞히는 것은
허용되지 않아 키 큰 아카테스의 넓적다리를 스쳤을 뿐이다.
 그때 쿠레스 출신의 클라우수스가 젊음의 힘을 믿고 다가오더니   345

단단한 창을 멀리서 던져 드뤼옵스의 턱밑을 힘껏 맞혔다
그러자 창이 그의 목구멍을 꿰뚫으며 아직도 무슨 말을 하고 있던
그에게서 말과 목숨을 동시에 빼앗았다. 그리하여 그는
이마로 땅을 치며 입에서 핏덩어리를 쏟아냈다.
클라우수스는 또 북풍의 신의 유서 깊은 가문에서 태어난 세 명의   350
트라키아인과, 아버지 이다스가 고향인 이스마루스에서 보낸
세 명도 다른 방법으로 쓰러뜨렸다. 할라이수스는 아우룽키족의
부대를 이끌고 달려왔고, 넵투누스의 아들 멧사푸스도 준마들을
몰고 도우러 왔다. 그리하여 다름 아닌 아우소니아의 문턱에서
격전이 벌어져, 때로는 이들이, 때로는 저들이 적군을 물리치려고   355
애썼다. 그 모습은 마치 광대한 하늘에서 대립하는 바람들이
서로 싸우되 그 사기와 힘이 대등할 때와 같았다.
그리하여 바람들도, 구름들도, 물결들도 서로 양보하지 않는다.
싸움은 한동안 백중지세를 이루고, 모든 것이 서로 맞서 버티고 서 있다.
그와 다르지 않게 트로이야의 대열들과 라티움의 대열들이 서로   360
마주 달려와서 발은 발과 버티고 서고 전사는 전사와 버티고 섰다.

　한편 급류가 바윗돌들을 굴리고 강둑에서 나무 뿌리들을
뽑아 사방에 흩어놓은 싸움터의 다른 곳에서 팔라스는
보병으로 싸우는 데 익숙지 못한 아르카디아인들이
추격하는 라티니족에게 등을 돌리는 것을 보았다.   365
거친 지형이 일단 말에서 내리도록 그들을 강요했던 것이다.
그런 위급한 상황에서 그는 달리 방법이 없어 때로는 간청하고,
때로는 신랄한 말로 꾸짖으며 그들의 용기를 북돋우었다.
"어디로 달아나는 게요, 전우들이여? 그대들과 그대들의 용감한
행동들과 지도자 에우안드루스의 이름과 우리가 이긴 전쟁들과   370

이제는 아버지의 명성과 경쟁하겠다는 나의 야망에 걸고 간청하노니,
그대들의 발을 믿지 마시오! 그대들은 칼로 적군 사이를 헤치며
길을 내야 하오. 적군이 가장 많이 몰려 있는 저기 저곳을 지나 자기에게
돌아오라고 고귀한 조국은 그대들과 지휘관인 나에게 요구하고 있소.
신들이 우리를 핍박하는 것이 아니라, 인간인 우리는 역시 인간인 적에게   375
핍박당하고 있는 것이오. 우리도 저들처럼 하나의 목숨과 두 손을
갖고 있소. 보시오, 바다가 바닷물의 큰 빗장으로 우리를 가두고 있어
이제 더 이상 도망칠 땅도 없소. 바다로 갈까요, 트로이야로 갈까요?"
이렇게 말하고 그는 적군이 밀집해 있는 한가운데로 뛰어들었다.

    불운에 이끌려 그와 맨 먼저 마주친 것은 라구스였다.   380
그자가 엄청나게 무거운 바윗돌을 들어올렸을 때 팔라스가
창을 던져 척추가 갈비뼈들을 갈라놓는 등 한복판을
맞히고 나서 뼈 사이에 박혀 있는 창을 도로 뽑았다.
팔라스를 히스보가 내리 덮칠 수 있기를 바랐으나,
실패했다. 전우의 비참한 죽음에 이성을 잃고 미친 듯이   385
덤벼들던 그자를 팔라스가 먼저 잡아 화가 나 부어 있던
그의 허파를 칼로 찔렀기 때문이다. 그러고 나서 팔라스는
스테니우스와, 로이테우스의 유서 깊은 가문에서 태어나
감히 계모의 침상을 더럽힌 앙케몰루스에게로 향했다.
다우쿠스의 아들들로 쌍둥이 형제인 라리데스와 튐베르여,   390
그대들도 루툴리족의 들판에 쓰러졌도다. 그들은 너무 닮아
부모들도 구별할 수 없었고, 즐거운 오해를 낳기도 했다.
하나 지금 팔라스는 그대들을 서로 확연히 구분해놓았으니,
튐베르여, 그대는 에우안드루스의 칼이 머리를 베었고,
라리데스여, 그대의 절단된 손은 임자인 그대를 찾고 있고   395

반쯤 살아 있는 손가락들은 꼼지락대며 다시 칼을 잡으려 했음이오.
아르카디아인들은 꾸지람을 들은 데다 그의 영광스런 행동을 보자
이에 고무되어 미안하고 부끄러운 마음에서 적군을 향해 나아갔다.

　그때 팔라스는 마침 말 두 필이 끄는 전차를 타고 내빼던 로이테우스를
맞혔다. 그리하여 그만큼 겨를과 유예가 일루스에게 주어졌다. 400
팔라스는 일루스를 향해 멀리서 강한 창을 던졌는데, 로이테우스가,
가장 탁월한 테우트라스여, 그대와 그대의 아우 튀레스 앞에서 도망치다가
두 사람[45] 사이로 끼어들며 그 창을 받았기 때문이오. 그리하여 그자는
전차에서 굴러떨어져 숨을 거두며 발꿈치로 루툴리족의 들판을 쳤다.
마치 여름철에 고대하던 바람이 일기 시작하여 405
목자가 덤불에다 여기저기 불을 놓으면 금세 그 사이사이에도
불이 붙으며 무기를 곤두세운 불카누스의 대열[46]이
한 덩어리가 되어 넓은 들판들 위에 번지고 목자는 앉아서
승승장구하는 화염을 승리자인 양 바라보고 있을 때와도 같이,
그와 다르지 않게 전우들의 모든 용기가 한 곳으로 집중되며 410
그대를 기쁘게 해주었도다, 팔라스여! 하지만 전쟁에 능한
할라이수스가 방패로 몸을 빈틈없이 가리고 적군을 향해
다가갔다. 그는 라돈과 페레스와 데모도쿠스를 죽였고,
번개 같은 칼로 자신의 멱살을 잡으려던 스트뤼모니우스의
오른손을 베었으며, 돌로 토아스의 얼굴을 쳐서 415
뼈를 박살내고 골이 피투성이가 되게 했다.
아버지는 운명을 알고는 할라이수스를 숲 속에 숨겨두었다.
하나 노인이 죽어 눈이 하얗게 풀리자, 운명의 여신들이
그에게 손을 얹어 에우안드루스의 무기에게 제물로 주었다.
그를 공격하기 전에 팔라스는 이렇게 기도했다. 420

"아버지 튀브리스시여, 내가 던지려고 겨누고 있는 이 창에
행운을 주시어 그것이 잔혹한 할라이수스의 가슴을 지나게 해주소서.
그러면 그에게서 무구들을 벗겨 그대의 참나무에 걸어두겠나이다!"
신이 그의 기도를 들어주었으니, 할라이수스는 이마온을
가려주다가 불행히도 아르카디아의 창에 가슴을 드러냈던 것이다. 425

　그러나 전쟁의 큰 보루인 라우수스는 할라이수스의 죽음에도
대열들이 겁에 질리지 않게 해주었으니, 그는 맨 먼저 앞을 막아선,
전투의 매듭이자 걸림돌인 아바스를 제거했던 것이다. 아르카디아의
젊은이들과 에트루리아인들이 쓰러졌고, 그라이키아인들에게도
제압되지 않은 테우케르 백성들이여, 그대들도 쓰러졌도다. 430
지도력과 힘이 대등한 대열들이 서로 맞부딪쳤다. 후미가 대열들을
보강했다. 그래서 너무 혼잡하여 무기도 손도 움직일 수 없었다.
이곳에서는 팔라스가 버티고 서서 격려했고, 저곳에서는 라우수스가
그와 맞섰다. 두 사람은 나이도 비슷하고 외모도 준수했다.
하지만 행운의 여신은 그들이 고향으로 돌아가는 것을 435
허용하지 않았다. 하나 그들이 맞서 싸우는 것은 위대한
올륌푸스의 통치자가 용납하지 않았으니, 그들은 머지않아
더 강한 적의 손에 운명을 맞을 것이었다.

　그사이 투르누스는 자기를 지켜주는 누이 유투르나에게서 가서
라우수스를 도우라는 경고를 받고는 날랜 전차를 타고 대열을 440
가로질렀다. 그리고 전우들을 보자 그는 소리쳤다. "그대들은 지금
전투를 그만두시오. 나 혼자서 팔라스와 싸우겠소. 팔라스는 오직
내 것이니까. 그의 아버지가 이 자리에 와서 구경한다면 좋으련만!"
이렇게 그가 말하자 그의 전우들이 명령대로 싸움터에서 물러섰다.
그리하여 루툴리족이 물러서자 젊은이는 그 거만한 명령에 놀라 445

한동안 멍하니 투르누스를 바라다보다가 아래위로 눈을 굴려가며
멀리서 그의 거구를 구석구석 유심히 살펴보며 거만한 왕의 말에
이런 말로 대꾸했다. "나는 곧 적장에게서 무구를 벗기거나
아니면 영광스럽게 죽음으로써 명성을 얻게 될 것이다.
나의 아버지께서는 어느 쪽도 받아들이실 수 있다. 450
위협은 집어치워라!" 이렇게 말하고 그는 싸움터의 한가운데로
걸어 들어갔고, 아르카디아인들은 가슴속에서 피가 얼어붙었다.
투르누스는 전차에서 뛰어내려 땅 위에서 맞붙어 싸울 준비를 했다.
그 모습은 마치 높은 곳에서 망보던 사자가 멀리 들판에서
황소 한 마리가 싸움 연습을 하는 것을 보고는 덤벼들 때와도 455
같았다. 투르누스가 달려드는 모습은 그와 다르지 않았다.
그가 사정 거리 안에 들었다고 생각되자, 비록 힘은 대등하지 않지만
혹시 행운이 모험하는 자의 편을 들어주지는 않을까 하여 팔라스가
먼저 공격하며 광대한 하늘을 향해 기도를 올렸다. "알카이우스의 손자여,
그대가 나그네로 다가왔을 때 그대를 반가이 맞아준 나의 아버지의 460
식탁에 걸고 간청하노니, 이 엄청난 계획에서 나를 도와주소서.
투르누스가 죽어가며 자기 몸에서 피투성이가 된 무구를 벗기는 내 모습을
보게 해주시고, 꺼져가는 그의 두 눈이 나를 승리자로 알아보게 해주소서!"
알카이우스의 손자는 젊은이의 말을 듣고는 가슴속 깊숙한 곳에서
올라오는 신음 소리를 억제하며 헛되이 눈물만 흘렸다. 465
그러자 아버지[47]가 아들[48]에게 상냥한 말을 건넸다. "누구에게나
날짜는 정해져 있고, 모두에게 수명은 짧고 취소할 수 없는 법이니라.
하지만 행적을 통해 이름을 날리는 것이야말로 사내대장부가
할 일이로다. 트로이야의 높은 성벽 아래에서 그토록 많은
신들의 아들들이 쓰러졌고, 그들과 함께 내 아들 사르페돈도 470

쓰러졌느니라. 머지않아 투르누스도 자신의 운명의 부름을
받게 되어 정해진 수명의 종점에 이르게 될 것이니라."
이렇게 말하고 그는 루툴리족의 들판에서 눈을 돌렸다.

  하나 팔라스는 있는 힘을 다해 창을 던지고
빈 칼집에서 번개처럼 번쩍이는 칼을 뺐다. 475
창은 날아가 가슴받이가 어깨 위에 우뚝 솟아 있는 곳에
떨어지며 방패의 가장자리를 뚫고 들어가더니
결국 투르누스의 거대한 몸뚱이에도 찰과상을 입혔다.
이번에는 투르누스가 무쇠 창끝이 달린 참나무 창을
한참 동안 팔라스를 향해 겨누다가 이렇게 말하며 던졌다. 480
"그대는 내 창이 더 잘 뚫지 않는지 잘 보아라!"
여러 겹의 무쇠 판과, 여러 겹의 청동 판과, 그것을 덮고 있는
여러 겹의 소가죽에도 불구하고 창끝은 방패의 한복판을
맞히고 부르르 떨며 안으로 밀고 들어가더니
제지하는 가슴받이를 지나 그의 거대한 가슴을 뚫었다. 485
팔라스가 뜨거운 창날을 상처에서 뽑으려 했으나 소용없었으니,
같은 길로 해서 피와 혼백이 뒤따라 나왔던 것이다. 그는 상처 위로
몸을 구부리더니 무구들이 위에서 요란한 소리를 내는 가운데
죽어가며 피투성이가 된 입으로 적지(敵地)를 쳤다.
그러자 투르누스가 그의 옆에 바싹 버티고 섰다··· 490
"아르카디아인들이여, 내 이 말을 명심했다가 에우안드루스에게 전하라.
나는 그에게 그가 받아 마땅한 그러한 모습으로 팔라스를 돌려보낸다.
봉분이 어떤 명예를 주고 매장이 어떤 위로를 주든 나는 그것을 허용할
것이다. 아이네아스와의 우의에 대해 그는 적잖은 대가를 치르게 되리라."
이렇게 말하고 그는 혼백이 떠난 자의 몸에 왼발을 올려놓더니 495

그에게서 엄청나게 무거운 칼띠를 빼앗았다. 거기에는 범행이
새겨져 있었으니, 첫날밤에 부당하게 살해된 한 무리의
젊은이들과 피투성이가 된 신방들이 그것이다.⁴⁹ 그것은 에우뤼투스의
아들 클로누스가 황금을 많이 들여 공들여 조각한 것이었다.
투르누스는 지금 전리품으로 그것을 빼앗으며 기고만장해 있었다.   500
인간의 마음은 운명과 다가올 미래사를 알지 못하기에 행운이
떠받쳐주면 절제할 줄 모르는 법이다. 투르누스에게는 팔라스가
다치지 않고 살아 있을 수만 있다면 얼마든지 대가를 치르고 싶은
시간이 다가올 것이고, 그때는 이날과 이날이 가져다준 전리품이
싫어지게 되리라. 한편 팔라스는 그의 전우들이 떼 지어 몰려와서   505
방패에 싣고는 비탄의 눈물을 흘리며 데리고 나갔다.
오오, 그대가 돌아가 아버지에게 안겨주게 될 고통과 큰 자부심이여!
이날이 처음으로 그대를 전쟁에 맡기더니 이날이 그대를 데려가는구나.
하지만 그대는 루툴리족의 시신을 산더미같이 뒤에 남겼구려.
    이 재앙의 소문뿐만 아니라 더 믿음직한 사자가 아이네아스에게   510
나는 듯이 달려가, 그의 군사들은 파멸 일보 직전에 있으며
지금이야말로 패주하는 테우케르 백성들을 도울 때라고 일러주었다.
아이네아스는 걸려드는 것은 무엇이든 칼로 베어 눕히며 분기충천하여
적군의 대열 사이로 널따랗게 길을 내고 있었으니, 투르누스여,
그는 새로운 살육에 우쭐해진 그대를 찾고 있는 것이었소.   515
팔라스와 에우안데르와 이방인인 그를 처음으로 환대해준 식탁과
우정의 악수가 그의 눈에 선했던 것이다. 아이네아스는 이때
술모의 젊은 네 아들과 우펜스가 양육한 그만큼 많은 수의 아들들을
사로잡았으니, 팔라스의 혼백에게 그들을 제물로 바치고
화장용 장작 더미의 불에 포로들의 피를 뿌리기 위해서였다.   520

이어서 그는 화가 풀리지 않아 마구스를 향해 멀리서 창을 던졌다.
그러나 그자가 날쌔게 몸을 구부리자 창은 떨면서 그자의 머리 위로
날아갔다. 그자는 그의 무릎을 잡으며 애원했다. "그대의 아버지의 망령과
성장하고 있는 이울루스에 대한 그대의 희망에 걸고 그대에게
애원하오니, 내 아들과 아버지를 위해 내 이 목숨을 살려주시오. 525
우리 궁전은 높다랗고, 그 안에는 돋을새김을 한 은이 여러 탈렌툼이나
깊숙이 묻혀 있으며, 금도 가공한 것과 가공하지 않은 것으로
나뉘어 무더기로 있소. 테우케르 백성들의 승리가 내게 달린 것도
아니니, 내 한 목숨 죽고 사는 것이 뭐가 그리 대수겠소!"
이렇게 그는 말했다. 아이네아스는 그에게 이렇게 대답해했다. 530
"그대가 말하는 수많은 탈렌툼의 은과 금은 그대의 아들들을 위해
아껴두어야지. 전쟁터에서의 이러한 거래는 투르누스가 아까
팔라스를 죽이면서 먼저 망쳐놓았으니까. 이것이 내 아버지
앙키세스의 망령의 결정이자, 이울루스의 결정이다."
아이네아스는 이렇게 말하고 왼손으로 투구를 잡고는 애원하는 자의 535
목덜미를 뒤로 젖히더니 칼자루 있는 데까지 칼날을 밀어 넣었다.
멀지 않은 곳에 하이몬의 아들이 서 있었는데, 그자는 포이부스와
트리비아[50]의 사제로 이마에 신성한 머리띠를 두르고 있었으며, 그자의
흰 옷과 흰 기장(記章)이 온통 광채를 발하고 있었다. 그자를 만나자
그는 들판 위로 추격했고, 그자가 넘어지자 그 위에 서서 그자를 540
죽이며 거대한 암흑으로 덮었다. 그자의 무구들은 세레스투스가 거두어,
그라디부스[51] 왕이시여, 그대를 위한 전승 기념물로 어깨에 메고 갔나이다.
　볼카누스의 자손들 중 한 명인 카이칼루스와 마르시족의 산악 지방에서
온 움브로가 다시 적군의 대열을 보강했다. 하나 다르다누스의 자손은
미친 듯이 그들에게 돌진했다. 그는 칼로 앙크수르의 왼팔을 잘라버렸고, 545

그 충격 때문에 왼팔과 함께 그자의 둥근 방패가 통째로
땅바닥 위에 떨어졌다. (그자는 뭔가 큰소리를 쳤는데, 말에도 힘이
들어 있다고 믿었던 것이다. 그리하여 아마도 사기충천했던 것 같고,
자기가 백발이 되도록 장수할 것이라고 믿어 의심치 않았다.)
다음에는 요정 드뤼오페가 숲의 신 파우누스에게 낳아준   550
타르퀴투스가 무구를 번쩍이며 신나게 마주 달려 나와
맹위를 떨치는 그의 앞을 막아섰다. 그는 창을 뒤로 젖혔다가
그것으로 그자의 가슴받이와 묵직한 방패를 함께 꿰었다.
그러고 나서 그는 헛되이 애원하며 아직도 많은 말을 하려던
그자의 머리를 땅바닥에 내동댕이치고 아직도 따뜻한 몸뚱이를   555
밀치더니 증오로 가득 찬 가슴에서 이렇게 말했다. "지금 게
누웠거라, 그대 두려운 자여! 그대의 선량한 어머니는 그대를
매장하지도 못하고, 그대의 시신을 선산에 묻어주지도 못할 테니까.
그대는 맹금류들을 위하여 남아 있거나, 아니면 바다에 내던져서 물결에
떠밀려 다니다가 배고픈 물고기들에게 상처를 모두 뜯기게 되리라."   560
이어서 아이네아스는 투르누스의 선봉장들인 안타이우스와
루카스와, 용감한 누마와 적갈색 머리의 카메르스를 추격했다.
카메르스의 아버지, 마음이 너그러운 볼켄스는 아우소니아인들 중에서
가장 땅이 많았고 조용한[52] 아뮈클라이를 다스리고 있었다.
전하는 말에 따르면, 아이가이온[53]은 백 개의 팔과   565
백 개의 손이 나 있고, 윱피테르의 벼락에 맞서
쉰 개의 방패를 부딪치고 쉰 자루의 칼을 빼었을 때,
역시 쉰 개의 입과 가슴에서 불을 내뿜었다고 한다.
꼭 그처럼 아이네아스도 일단 칼날이 데워지자 승승장구하며
온 들판을 휩쓸었다. 보라, 그는 니파이우스의 전차를 끄는   570

네 필의 말들을 향해 정면으로 다가가고 있었다!
그러나 말들은 그가 무시무시하게 함성을 지르며 성큼성큼
걸어오는 것을 보자 겁이 나서 뒤로 돌아서더니
마부도 내팽개친 채 전차를 끌고 바닷가로 질주했다.
　　그사이 루카구스와 그의 아우 리게르가 백마 두 필이 끄는　　575
전차를 타고 싸움터 한가운데로 뛰어들었다. 아우는 고삐로 말들을
몰았고, 루카구스는 칼을 빼들고 그것을 사납게 휘두르고 있었다.
아이네아스는 그들이 그렇게 달아올라 미쳐 날뛰는 것을
참다못해 달려가 창을 던질 자세를 취하고 그들 앞에
떡 버티고 섰다. 그에게 리게르가 소리쳤다···　　580
"그대가 지금 보고 있는 것은 디오메데스의 말들도,
아킬레스의 전차도, 프뤼기아의 들판도 아니오.⁵⁴ 그대는 지금
이곳에서 전쟁도 목숨도 끝내게 되리라!" 정신 나간 리게르의
입에서 그런 말이 튀어나왔다. 하나 트로이아의 영웅은
말로 대꾸하지 않고 적을 향해 창을 던졌다.　　585
마침 루카구스는 몸을 앞으로 구부려 칼날의 바닥으로
말들을 후려치다가 왼발을 앞으로 내밀며 싸울 준비를 했는데
그 순간 갑자기 창이 번쩍이는 방패의 아래쪽 가장자리를
지나더니 그자의 왼쪽 아랫배를 뚫었다.
그자가 전차에서 나가떨어져 죽어가며 땅바닥에 뒹굴자,　　590
경건한 아이네아스가 이런 말로 빈정댔다. "루카구스여,
말들이 비겁하게 도망침으로써 그대의 전차를 포기한 것도
아니고 적군의 허깨비가 말들을 돌아서게 한 것도 아니다.
오히려 그대가 바퀴에서 뛰어내림으로써 전차를 포기한 것이다."
그러고는 그는 말들의 고삐를 잡았다. 불쌍한 아우는　　595

같은 전차에서 미끄러져 내려오더니 무기력한 두 손을 내밀었다.
"트로이야의 영웅이여, 그대와, 그대를 그렇게 낳아주신 부모님의
이름으로 비오니, 탄원자를 불쌍히 여기시어 이 목숨을 살려주십시오!"
그자의 애원이 이어지자 아이네아스가 말했다. "그대는 잠시 전에는
그렇게 말하지 않았지. 죽으라. 아우가 형을 버려서는 안 되지."   600
그러고 나서 그는 목숨이 숨어 있는 그자의 가슴을 칼로 열었다.
다르다누스 백성들의 지도자가 들판에서 그렇게 살육을 자행하니,
그 사나운 기세는 범람하는 강이나 시커먼 회오리바람과도 같았다.
그러자 마침내 어린 아스카니우스와 그의 대원들이
진영을 떠나 출격하니, 포위는 실패로 끝났던 것이다.   605

　그사이 윱피테르가 자청하여 먼저 유노에게 말을 걸었다.
"나의 누이이자 내가 가장 아끼는 나의 아내이기도 한 그대여,
(그대의 생각이 옳았소.) 그대가 생각하고 있었듯이, 트로이야의 힘을
뒷받침해주고 있는 것은 베누스이지, 그들 자신의 전투에 민첩한
강건한 손과 위험을 참고 견디는 대담한 마음이 아니란 말이오."   610
그에게 유노가 얌전하게 말했다. "가장 훌륭하신 남편이시여, 그러잖아도
속상하고 그대의 으름장에 주눅 든 나를 왜 놀리시는 거예요?
만약 내 사랑이 이전에 갖고 있었고 또 마땅히 갖고 있어야 할 그런 힘을
아직도 그대에게 갖고 있다면, 이것만은 나에게 거절하지 않으시겠지요,
전능하신 분이시여. 나는 싸움터에서 투르누스를 빼돌려   615
그의 아버지 다우누스를 위하여 무사히 구해낼 힘을 갖고 싶어요.
이제 그가 죽어 경건한 피로 테우케르 백성들에게 죗값을 치르게
하실 테면 하세요. 하지만 그는 우리들 신들의 혈통을 이어받았어요.
필룸누스[55]가 그의 고조부이니까요. 그리고 그는 가끔 푸짐한 손으로
그대의 제단들에 선물들을 높다랗게 쌓아올리곤 했지요."   620

그녀에게 높은 곳에 있는 올륌푸스의 왕이 짤막하게 대답했다.
"그대가 요청하는 것이 임박한 죽음의 일시적 유예이고 죽게 되어 있는
젊은이를 위한 짧은 겨를이라면, 그리고 그것[56]이 내 뜻임을 그대가 안다면,
그대는 투르누스를 임박한 운명에서 빼돌려 도망치게 하시오.
거기까지는 아량을 베풀 여지가 있소. 하지만 그대의 그러한 호소에   625
나의 자비를 바라는 의도가 숨어 있거나, 전쟁 전체가 달라지거나
바뀔 수 있다고 생각한다면, 그대는 공허한 희망을 품는 것이오."
유노가 눈물을 흘리며 대답했다. "그대의 말이 거절하는 것을 그대의
마음이 베푸시어 투르누스에게 장수(長壽)가 보장된다면 어떨까요?
그는 아무 죄도 없는데 지금 가혹한 종말이 그를 기다리고 있어요.   630
아니면 내가 진실에서 멀리 벗어나 있는 것일까요?
내가 괜한 두려움에 농락당하고 있는 것이고, 그대가 그대의 계획을
변경할 수 있다면 좋으련만! 그대는 그렇게 하실 수 있어요."

　　그녀는 이렇게 말하고서 곧장 구름에 몸을 가린 채 폭풍을 타고
높은 하늘에서 내려와 일리움의 대열들과 라우렌툼의 진영을 찾아갔다.   635
그리고 나서 여신은 공허한 안개로 아무 힘도 실체도 없는 아이네아스의
허수아비를 만들어내니, 보기에 놀랍고 무서웠다. 그녀는 허수아비를
다르다누스 백성들의 무구로 무장하고, 방패와 영웅이 쓰고 다니던
투구의 깃털 장식을 복제하고, 허수아비에게 공허한 말과 자신도
모르는 소리를 주며 아이네아스의 걸음걸이를 흉내 내게 했다.   640
전하는 말에 따르면, 죽은 사람들의 망령들이나, 우리가 자는 동안
우리의 감각을 농락하는 꿈들은 그러한 모습으로
날아다닌다고 한다. 그 환영은 의기양양하게 선두 대열들 앞으로
달려나가더니 적장을 무구로 도발하고 말로써 자극했다.
투르누스가 달려가 멀리서 윙윙거리는 창을 던지자   645

환영은 등을 돌리고 도망치는 것이었다. 그러자 투르누스는
정말로 아이네아스가 돌아서서 도망치는 줄 알고
이에 현혹되어 마음속에 공허한 희망을 품었다. "아이네아스여,
어디로 도망치는가? 결혼하기로 계약을 맺었으면 지켜야지.
그대가 파도를 헤치며 찾던 땅[57]을 내 이 오른손이 주게 되리라." 650
이렇게 큰소리치더니 그는 칼을 빼어 들고 추격했고,
자신의 기쁨이 바람에 날려 가고 있는 것도 알지 못했다.
    마침 그곳에는 오시니우스 왕이 클루시움 해안에서
타고 온 배가 건널 판들과 줄사다리들을 걸쳐놓은 채
높은 바위가 돌출한 부분에 묶여 정박해 있었다. 655
도망치는 아이네아스의 환영은 이곳으로 허둥지둥 달려와
은신처에 숨었다. 투르누스도 그의 뒤를 바짝 뒤쫓으며
모든 장애를 극복하고 높다란 건널 판들을 뛰어 건넜다.
그리고 투르누스가 뱃머리에 이르자마자, 사투르누스의 따님[58]은
밧줄을 자르고 풀려난 배를 물러가는 파도 사이로 밀쳤다. 660
한편 아이네아스는 종적을 감춘 투르누스를 싸우자고 불렀고,
자기에게 맞선 수많은 전사들의 시신을 죽음에 넘겨주었다.
그제야 그의 가벼운 환영은 더 이상 은신처를
찾지 않고 높이 날아올라 먹구름과 섞였다.
그동안 폭풍이 투르누스를 바다 한가운데로 내몰았다. 665
그는 어찌 된 영문인지 몰라 자신을 구해준 것에 감사하지도 않고
뒤돌아보며 하늘을 향해 두 손을 내밀고는 기도했다. "전능하신 아버지시여,
그대는 내가 이런 수모를 당해 마땅하다고 생각하셨으며,
내가 이런 벌을 받기를 원하셨나이까? 나는 어디를 떠나
어디로 떠밀려 가고 있으며, 여기서 어떻게 벗어나 무슨 낯으로 670

돌아갈 수 있겠나이까? 내가 라우렌툼의 성벽과 진영을 다시 보게는
되나이까? 나를 따라 싸움터에 온 저 전사들의 무리는 어떻게 되나이까?
나는 창피하게도 그들 모두를 수치스럽게 죽도록 버려두었나이다.
나에게는 벌써 그들의 뿔뿔이 흩어진 모습이 보이고, 쓰러져 신음하는
소리가 들리나이다. 나는 어떻게 해야 하나이까? 나는 쥐구멍이라도   675
찾고 싶나이다. 바람들이여, 너희들이라도 나를 불쌍히 여겨다오.
이 투르누스가 진심으로 간청하노니, 너희들은 이 배를 암초나 바위 위로
몰거나 아니면 무자비한 유사(流砂) 위에 데려가 어떤 루툴리족도,
나의 치욕에 관한 어떤 소문도 나를 따라오지 못하게 해다오!"
이렇게 말하고 그는 마음이 때로는 이쪽으로, 때로는 저쪽으로   680
흔들렸다. 이런 치욕에 절망한 나머지 칼 위에 쓰러져
무정한 칼날을 갈빗대 사이로 밀어 넣을까,
아니면 바다 한가운데로 뛰어들어 구부러진 해안으로
헤엄쳐가서는 또다시 테우케르 백성들의 무구에 맞설까 하고.
세 번이나 그는 각각의 방법을 시도해보았으나, 세 번이나   685
가장 위대한 유노가 말리며 측은지심에서 젊은이를 제지했다.
그는 바닷물을 가르며 유리한 조수와 물결을 타고
아버지 다우누스의 오래된 도시로 떠밀려갔다.

　하나 그사이 메젠티우스가 윱피테르의 경고를 받고 불같이 달아오르며
싸움터에서 투르누스를 대신하여 승승장구하는 테우케르 백성들을   690
공격했다. 그러자 튀르레니아의 대열들이 모여들어
온갖 증오심을 품고 무기들을 빗발치듯 날리며 단 한 명의
전사에게 덤벼들었다. 하나 그는 광대한 바닷물 위로 솟아 있어
광란하는 바람들과 파도에 노출된 채 하늘과 바다의 온갖 힘과
위협을 참고 견디며 꼼짝 않고 버티고 서 있는 암초와도 같이   695

거기 서서 돌리카온의 아들 헤브루스를, 그리고 그와 더불어
라타구스와 민첩하게 도망치던 팔무스도 땅에 뉘었다. 라타구스는
그가 산의 거대한 파편인 바윗돌로 입과 마주 향한 얼굴을 쳤고, 팔무스는
그가 오금의 힘줄을 잘라 땅 위에서 굼뜨게 뒹굴도록 내버려두었다.
그러고 나서 메젠티우스는 라우수스에게 어깨에 걸치고 다니라고   700
그의 무구들을, 투구에 꽂고 다니라고 깃털 장식을 선물로 주었다.
그는 또 프뤼기아인 에우안테스와, 파리스의 동년배이자 전우인
미마스를 죽였는데, 미마스는 킷세우스의 딸로 횃불을 잉태한
헤쿠바 왕비[59]가 파리스를 낳던 바로 그날 밤 테아노가 그의 아버지
아뮈쿠스에게 낳아주었다. 파리스는 선조들의 도시에   705
죽어 누워 있지만, 미마스는 이방인으로 라우렌툼의 해안에
묻혀 있다. 마치 여러 해 동안 베술루스[60] 산의 소나무 숲에
숨어 있었거나 라우렌툼 늪지대의 갈대밭에서 먹이를 찾으며
여러 해 동안 그 안에 숨어 지내던 멧돼지가 물어뜯는 개 떼에게
쫓겨 높은 산에서 내려오다가 그물에 걸려들어 멈춰 서서는   710
사납게 씩씩거리며 등 위의 센털을 곤두세우면
사냥꾼들은 아무도 감히 분통을 터뜨리며 가까이 다가갈 용기가
나지 않아 안전하게 멀찍이 떨어져서 투창과 함성으로 공격하고,
멧돼지는 겁 없이 버티고 서서 어느 방향으로 공격할까 망설이며   717
이를 갈고 등에서 창들을 털어낼 때와도 같이,   718
그와 다르지 않게 그들은 메젠티우스에게 의분을 느꼈지만   714
어느 누구도 칼을 빼들고 덤벼들 용기가 나지 않았다.   715
그들은 멀찍이 떨어져 무구들을 던져대며 요란하게 고함만 질러댔다. 716

　　오래된 코뤼투스 땅에서 아크론이라는 그라이키아인이 와 있었는데,
그는 망명자로 결혼식도 올리지 못하고 약혼녀 곁을 떠나야 했다.   720

메젠티우스는 그가 약혼녀의 선물인 자줏빛 깃털 장식을 꽂고
자줏빛 옷을 입고 적군의 대열 깊숙한 곳을 압박하는 것을
멀리서 보았다. 마치 굶주린 사자가 미칠 듯한 허기에 몰려
흔히 그러하듯, 다른 야수들의 깊숙한 은신처들을 찾아다니다가
도망 다니는 노루나 뿔이 우뚝 선 수사슴을 우연히 보게 되면   725
좋아서 입을 쩍 벌리고 갈기를 곤두세우며 제물의 고기에
이빨을 박고 매달리고 탐욕스런 주둥아리는 보기 싫게
피투성이가 될 때와도 같이 · · ·
꼭 그처럼 투지에 넘치며 메젠티우스는 적군이 모여 있는 곳으로
달려갔다. 그러자 가련한 아크론은 넘어져 숨을 거두며 발뒤꿈치로   730
검은 대지를 쳤고, 그를 꿰뚫은 창은 피투성이가 되었다.
하나 메젠티우스는 도망치는 오로데스를 창을 던져 쓰러뜨리거나
뒤에서 몰래 부상을 입히는 것은 자기답지 않은 행동이라고 여겼다.
그래서 그는 급히 그자를 향해 달려가 일대일로 맞섰으니,
승리를 훔치지 않고 용감하게 무기로 쟁취하고 싶었던 것이다.   735
그는 쓰러진 적에게 발을 얹고 창을 뽑으며 말했다. "전우들이여,
무시할 수 없는 전쟁의 걸림돌인 키 큰 오로데스가 여기 누워 있소이다."
그러자 전우들이 그의 환성에 일제히 함성으로 맞장구를 쳤다.
하나 오로데스가 숨을 거두며 말했다. "승리자여, 그대가 누구든 나를 위해
복수해줄 자가 있을 것이다. 그대의 기쁨은 오래가지 못하리라.   740
같은 운명이 그대를 기다리고 있어, 머지않아 그대도 같은 들판에
눕게 되리라." 메젠티우스는 미소를 지으면서도 화가 나서 말했다.
"그대는 지금 죽어라! 내 일은 신들의 아버지이시자 인간들의 왕이신
분께서 알아서 하실 것이다." 이렇게 말하고 그는 시신에서 창을 뽑았다.
잔혹한 휴식과 무쇠 같은 잠이 오로데스의 두 눈을 덮치자   745

그의 눈 속의 빛이 꺼지기 시작하며 영원한 어둠 속에 갇혔다.

　　카이디쿠스는 알카토우스를, 사크라토르는 휘다스페스를 죽였다.
라포는 파르테니우스와 힘이 절륜한 오르세스를,
멧사푸스는 클로니우스와 뤼카온의 아들 에리카이테스를 죽였는데,
전자는 고삐를 놓치고 말에서 굴러 떨어졌을 때, 후자는 땅 위에서　　　750
싸우다가 죽었다. 뤼키아인 아기스도 역시 보병으로 전진했으나
조상을 닮아 용맹스런 발레루스가 그를 내동댕이쳤다.
트로니우스는 살리우스의 손에 죽고, 살리우스는 음흉하게도
숨어 있다가 멀리서 창과 화살을 날려 보내는 네알케스의 손에 죽었다.

　　잔혹한 마보르스는 어느새 고통과 죽음을 양측에 공평하게　　　755
나누어주고 있었다. 승리자도 패배자도 똑같이 죽이고 똑같이
쓰러졌으며, 이 편도 저 편도 도망칠 생각은 추호도 없었다.
윱피테르의 집에서는 신들이 양군의 무의미한 분노를 탄식하며
인간들에게 그토록 많은 수고가 주어지는 것을 불쌍히 여기고 있었다.
창백한 티시포네가 군사들 사이에서 미쳐 날뛰고 있는 곳을 이쪽에서는　　760
베누스가, 저쪽에서는 사투르누스의 딸 유노가 내려다보고 있었다.

　　하나 메젠티우스는 거대한 창을 휘두르며 들판 위를
회오리바람처럼 걸어 다녔다. 마치 거한 오리온이
네레우스의 영역 한가운데에서 가장 깊은 물속을 걸어서
길을 내며 지나가면 어깨가 물결 위로 드러나듯이,　　　765
또는 그가 산꼭대기에서 물푸레나무 고목을 메고 내려오며
땅 위를 걸으면 그의 머리가 구름 사이에 가려지듯이,
꼭 그처럼 메젠티우스는 거대한 무기를 들고 나아갔다.
아이네아스는 긴 대열 속에서 그를 발견하자마자 그를 향해 마주
걸어갔다. 하나 메젠티우스는 겁먹지 않고 그 자리에 머문 채　　　770

고매한 적을 기다리며 묵직하게 버티고 서 있었다. 그리고 그는 눈으로
창의 사정 거리를 재며 외쳤다. "내게는 신이나 다름없는 이 오른손과,
내가 던지려고 겨누는 이 창이 지금 나를 저버리지 않기를!
라우수스여, 나는 맹세코, 날강도의 시신에서 벗긴 무구들을
너에게 입힐 것이다. 그러면 너는 내가 아이네아스에게 거둔 승리의   775
살아 있는 전승 기념물이 될 것이다." 이렇게 말하고 그는
멀리서 윙윙거리는 창을 던졌다. 하나 창은 날아가 방패에서
튀어나오더니 바로 옆에 서 있던 빼어난 안토레스의 옆구리를 맞히고
아랫배로 들어갔다. 안토레스는 헤르쿨레스의 전우로 아르고스에서
심부름 왔다가 에우안드루스에게 붙어 이탈리아의 도시에 정착했다.   780
그는 불행히도 다른 사람을 겨냥한 무기에 맞고 쓰러져 하늘을
쳐다보며 그리운 아르고스를 회상하는 가운데 숨을 거두었다.
이번에는 경건한 아이네아스가 창을 던졌다. 창은 볼록하고 둥근
방패의 세 겹의 청동과 세 겹의 아마포와 세 겹의 소가죽을
뚫고 들어가 아랫배에 깊숙이 박혔으나 더 이상 뚫고 나갈   785
힘은 없었다. 아이네아스는 튀르레니아인이
피 흘리는 것을 보자 우쭐해져 넓적다리에서 얼른
칼을 빼들고 안절부절못하는 적에게 사납게 다가갔다.
그것을 보고 라우수스는 사랑하는 아버지가 불쌍해서
깊은 한숨을 쉬었고, 그의 두 볼에서는 눈물이 흘러내렸다.   790
기억에 남을 젊은이여, 그토록 위대한 행적을 후세 사람들이
믿어주기만 한다면, 내 어찌 그대의 비참한 죽음과
그대의 빛나는 행위를 말하지 않고 넘어갈 수 있겠는가!
메젠티우스는 불구가 되어 포박당한 양 한 걸음씩 뒤로
물러서며 방패에 꽂힌 적장의 창을 질질 끌고 갔다.   795

그러자 젊은이가 앞으로 내달아 두 사람의 무기 사이에 끼어들었다.
그리고 아이네아스가 메젠티우스를 내리치려고 오른팔을 드는 순간
라우수스는 아이네아스의 칼날 밑으로 들어가 가격을 막으며
그를 제지했다. 라우수스의 전우들은 큰 소리로 그를 성원했고,
아버지가 아들의 방패에 가려진 채 탈출하는 동안　　　　　　　　800
멀리서 날아다니는 무기들을 날려보내 적장을 괴롭혔다.
아이네아스는 화가 났지만 방패로 몸을 가리고 있었다.
마치 먹구름 속에서 우박이 후두두 쏟아지면 밭갈이 하는 자들과
농부들이 모두 들판에서 뿔뿔이 흩어지고,
대지에 비가 내리는 동안 나그네가 강가의 안전한 피신처나　　　 805
툭 튀어나온 절벽 아래 웅크리고 앉아서는 다시 해가 나서
하던 일을 계속할 수 있기를 기다릴 때와도 같이,
꼭 그처럼 아이네아스는 사방에서 무기들이 빗발치듯
날아오는 가운데 전쟁의 먹구름을 참고 견디며 그것이
지나가기를 기다리는 한편 라우수스를 꾸짖고 위협했다.　　　　810
"그대는 왜 죽지 못해 안달이며, 왜 힘에 부치는 일을 감행하는가?
신중치 못한 행동을 하도록 그대의 효성이 그대를 속이고 있는 것이다."
하나 라우수스가 이성을 잃고 기고만장하자 다르다누스 백성들의
지도자는 분기충천했고 운명의 여신들도 라우수스를 위하여
마지막 실을 자았으니, 아이네아스가 강력한 칼로 젊은이의 몸통　815
한가운데를 찌르더니 칼자루 있는 데까지 그것을 밀어 넣었던 것이다.
칼은 그러한 위협을 감당하기에는 너무나 허약한 무구인 둥근
경방패와 그의 어머니가 부드러운 황금 실로 짜준 투니카를 단번에
뚫고 들어가 그의 가슴을 피로 가득 채웠다. 그러자 목숨이
육신을 뒤로하고 슬퍼하며 대기를 지나 망령들의 나라로 갔다.　　820

하나 앙키세스의 아들은 죽어가는 소년의 표정과 얼굴을,
이상하게 창백해지는 얼굴을 보고 측은지심에서 깊은 한숨을 쉬며
오른손을 내밀었으니, 그를 보자 자기 아버지에 대한 효심이
마음속에 떠올랐던 것이다. "가련한 소년이여,
지금 경건한 아이네아스가 그대에게 무엇을 주어야   825
그런 칭찬 받을 만한 행위에, 그런 착한 본성에 합당할 수 있을까?
그대가 자랑스럽게 여기던 이 무구들을 그대로 갖도록 하라. 그대가 그런
일에 관심이 있다면, 나는 그대의 선조들의 망령과 유골이 있는 곳으로
그대를 돌려보낼 것이다. 불운하게도 그대가 비참하게 죽긴 했어도
위대한 아이네아스의 오른손에 쓰러졌다는 것은 위안이 될 것이다."   830
게다가 그는 머뭇거리고 있는 라우수스의 전우들을 나무라며 땅바닥에서
그의 시신을 들어올렸는데, 잘 손질된 그의 모발은 피투성이었다.
 그사이 아버지는 티베리누스 강가에서 나무 밑동에 등을 기댄 채
물로 상처를 진정시키고 있었다. 근처의 나뭇가지에는
청동 투구가 걸려 있었고, 묵직한 무구들은 풀밭에서   835
쉬고 있었다. 정예의 젊은이들이 그를 둘러싸고 서 있었다.
하나 그 자신은 힘겹게 숨을 헐떡이며 목을
편안하게 해주었고, 가슴 위로는 수염이 흘러내렸다.
그는 가끔 라우수스의 안부를 물었고, 가끔 사람을 보내
그를 싸움터에서 소환하고 걱정하는 아버지의 명령을 전하게 했다.   840
하나 라우수스는 자신의 방패 위에 누운 채 눈물을 흘리는
전우들에 의하여 시신으로 운반되어 왔으니, 그는 영웅으로 영웅의
가격에 제압되었던 것이다. 마음에 불길한 예감이 들었던 메젠티우스는
멀리서 신음 소리를 알아들었다. 이어서 그는 백발을 먼지로
더럽히며 하늘을 향해 두 손을 들더니 아들의 시신에 매달렸다.   845

"내 아들아, 나 대신 내 아들을 적장의 칼 아래로 들어가게
할 만큼 내가 살고 싶은 욕망에 사로잡혔더란 말인가?
아비인 내가 너의 이러한 상처에 의해 구원되고 네 죽음으로
살아남아야 한단 말인가? 아아, 이제야말로 마침내 불쌍한
나에게 비참한 종말이 다가오고, 이제야말로 상처가 깊어지는구나!   850
내 아들아, 나는 또 내 잘못으로 네 이름에 먹칠을 해놓았다.
나는 미움을 사 선조들의 왕좌와 왕홀에서 쫓겨났으니까.
나는 내 조국과 나를 증오하는 내 백성들에게 벌 받아 마땅했고,
어떤 종류의 죽음에도 자진하여 죄 많은 목숨을 넘겨주었어야 했다.
하거늘 나는 아직도 살아 있고, 여전히 사람들과 빛을 떠나지 못했구나.   855
하지만 나는 떠나리라." 이렇게 말하면서 그는 부상당한 넓적다리를
짚고 일어섰다. 그리고 깊은 상처로 힘이 약해져 몸이 둔해졌지만
그는 쓰러지지 않고 자신의 말을 가져오게 했다. 그 말은 그에게는
자랑거리이자 위안이었으니, 그는 그 말을 타고 모든 싸움터에서
이겨서 돌아왔던 것이다. 그는 슬퍼하는 말에게 이렇게 말했다.   860
"라이부스야, 우리는 오래 살았다. 인간들에게도 오래 지속되는 것이
있다면 말이다. 오늘 너는 의기양양하게 아이네아스의 피 묻은 전리품과
머리를 가져와서 나와 힘을 모아 라우수스가 당한 고통을 복수하게 되거나,
아니면 어떤 힘으로도 길을 열지 못하게 되어 나와 함께 죽게 되리라.
가장 용감한 말이여, 너는 결코 다른 사람의 명령을 받아들이거나   865
테우케르 백성을 주인으로 섬기지는 않을 것 같으니 말이다."
그는 말 등에 올라 늘 하던 대로 그 위에 자리 잡고 앉더니
날카로운 창들을 양손 가득 집어 들었다. 그의 머리는 청동으로
번쩍였고, 그 위에는 말총으로 만든 투구 장식이 나부끼고 있었다.
그렇게 무장하고 그는 싸움터의 한복판으로 질주했다. 하나의   870

마음속에 심한 수치감과 미칠 것 같은 분노와 슬픔이 활활 타올랐다.
[복수욕에 미친 사랑과 자신의 용맹에 대한 자의식이.]
이때 그는 아이네아스를 큰 소리로 세 번 불렀다.
아이네아스는 그의 목소리를 알아듣고 흐뭇한 마음으로 기도했다.
"그렇게 되도록 신들의 아버지께서, 고귀한 아폴로께서 허락해주시기를!   875
자, 그대가 먼저 덤벼들어보라!" · · ·
이렇게 말하며 아이네아스는 창을 꼬나들고 그를 향해 달려갔다.
메젠티우스가 말했다. "가장 잔인한 자여, 그대는 내 아들을 앗아간
주제에 왜 또 나를 겁주려 하는가? 그것[61]이 나를 파멸시킬 수 있는
유일한 방법이었다. 나는 죽음도 무섭지 않고, 어떤 신도 거들떠보지   880
않을 것이다. 닥쳐! 나는 여기 죽으러 왔으니까. 하나 그전에 그대에게
선물을 좀 가져왔다." 이렇게 말하고 그는 적에게 창을 던졌다.
그리고 아이네아스 주위로 크게 원을 그리고 돌며 그는 다른 창을,
그리고 또 다른 창을 던졌다. 그러나 황금 혹이 달린 방패가 그것들을
막아주었다. 그는 거기 버티고 서 있는 적의 주위를 말을 타고 왼쪽으로[62]   885
세 번이나 돌며 창들을 던졌고, 트로이야의 영웅은 창들이 가득
꽂힌 청동 방패를 돌리며 세 번이나 그 자리에서 빙 돌았다.
그러나 곧 아이네아스는 싸움을 그토록 오래 끌며
자신의 방패에서 창을 뽑는 일에 싫증이 나고 이 불공평한[63]
싸움에서 자신이 핍박당한다고 생각되자 숙고 끝에 마침내 앞으로   890
뛰쳐나가 군마의 두 관자놀이 사이의 움푹 팬 곳을 향해
창을 던졌다. 그러자 말은 몸을 곧추 세우고 앞발로
허공을 차며 기수를 내동댕이치더니, 어깨뼈가 탈구되어
거꾸로 곤두박질하며 저도 그 위에 따라 넘어졌다.
트로이야인들과 라티니족의 함성이 하늘로 활활 타올랐다.   895

아이네아스가 달려가 칼을 빼들고 위에서 그에게 말했다. "이제 성마른
메젠티우스는 어디로 갔으며, 그의 야만적인 잔혹성은 어디로 갔는가?"
튀르레니아인은 의식이 돌아오자 하늘을 쳐다보고 바람을
들이마시며 말했다. "가혹한 적이며, 왜 그대는 나를 꾸짖으며
죽음으로 나를 위협하는가? 죽이는 것은 죄가 아니며,   900
나는 그런 조건으로 싸움터에 온 것이 아니다.[64] 내 아들 라우수스도
나를 위해 그대와 그런 협정을 맺지는 않았다.[65] 한 가지만 부탁하겠다.
패배한 적도 호의를 요구할 권리가 있다면 말이다. 그대는 내 시신이
땅에 묻히는 것을 허락하라. 내 백성들의 격심한 증오심이 나를
에워싸고 있다는 것을 나는 알고 있다. 청컨대 그런 광기에서   905
나를 지켜주고, 내가 내 아들과 같은 무덤에서 쉴 수 있게 해다오!"
이렇게 말하고 그는 의식이 또렷한 가운데 목구멍에 칼을 받았고,
그의 목숨은 피 물결을 타고 그의 무구 위로 쏟아졌다.

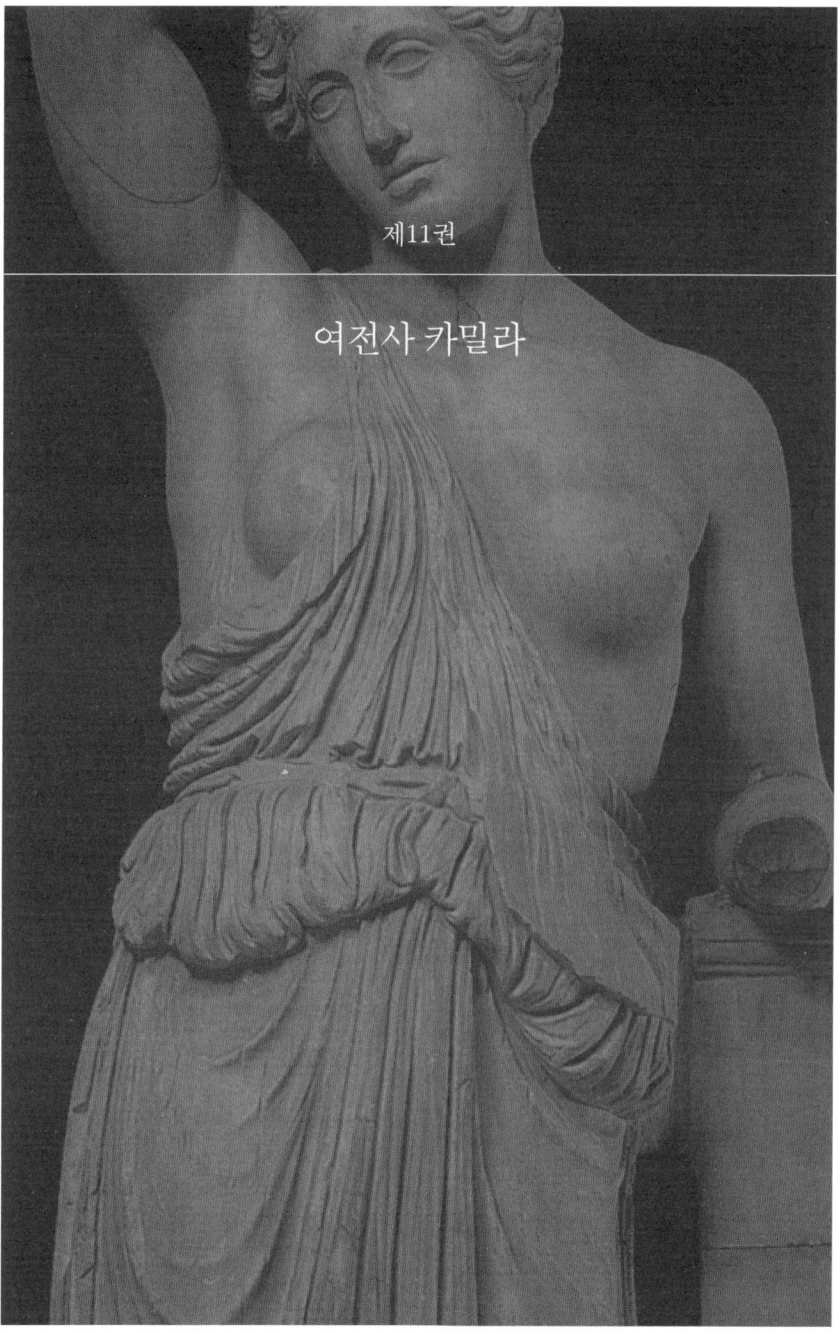

제11권

여전사 카밀라

그사이 새벽의 여신이 오케아누스를 떠나 떠오르고 있었다.
아이네아스는 짬을 내서라도 전우들을 묻어주어야 한다는
절박한 의무감을 느끼고 그들의 죽음으로 마음이 몹시 괴로웠지만,
샛별이 뜨자마자 먼저 승리자로서 신들에 대한 서약을 이행했다.
그는 사방의 가지들을 친 다음 거대한 참나무 한 그루를 둔덕에   5
세우고 거기에 적장 메젠티우스에게서 벗긴 번쩍이는 무구들을
입혔나이다. 위대한 전쟁의 신이시여, 그대를 위한 전승 기념물로서.
그는 거기에 핏방울이 맺힌 투구 장식 깃털과 영웅의 부러진 창들과
이륙 십이 열두 곳이나 얻어맞아 꿰뚫린 가슴받이를 동여맸다.
왼쪽에다 그는 청동 방패를 고정시키고, 칼집이   10
상아로 된 칼을 목에 매달았다. 그러고 나서 그는 전우들에게
(모든 장수들의 무리가 떼 지어 그의 주위에 몰려 있었다)
이렇게 말문을 열며 의기양양해하는 그들을 격려했다.
"전사들이여, 우리는 가장 힘든 일을 해냈소. 남은 일은 조금도 걱정할
필요가 없소. 여기 거만한 왕에게서 벗긴 전리품들이, 이 전쟁의   15
맏물이 있고, 여기 메젠티우스가 내 손이 만들어놓은 그대로 있소.
이제 우리가 갈 길은 왕과 라티움의 성벽을 향해 나 있소.
그대들은 마음속으로 무구들을 준비하고 미리 전쟁을 각오하고 있으시오.
신들께서 우리에게 군기를 날리며 젊은이들을 진영 밖으로 인솔하도록
허락하시자마자 그대들이 무슨 영문인지 몰라 망설이는 일이 없도록,   20

그리고 나태한 생각과 두려움이 그대들을 굼뜨게 하는 일이 없도록.
그사이 우리는 묻히지 못한 전우의 시신을 대지에 맡기도록 합시다.
그것이 아케론의 깊숙한 곳[1]에서는 유일한 명예이니까요.
자, 그대들은 가서 우리를 위하여 자신들의 피로 이곳을 우리의 조국으로
만들어준 고귀한 혼백들에게 마지막 의식을 베풀도록 하시오.   25
그대들은 먼저 팔라스를 슬픔에 잠겨 있는 에우안드루스의 도시로
보내도록 하시오. 그는 용기가 부족하지는 않았지만,
검은 불운의 날이 그를 채어 가 쓰라린 죽음에 빠뜨렸던 것이오."
　　　그는 울먹이며 말하고 나서 죽은 팔라스의 시신이 안치되어 있는
자신의 막사의 문턱으로 돌아갔다. 시신을 지키고 있는   30
늙은 아코이테스는 전에 파르라시아 시절의 에우안드루스에게
시종으로 봉사한 적이 있었다. 하나 그 뒤 사랑하는 피후견인을
보좌관으로서 수행했을 때는 그다지 전조가 좋지 않았다.
주위에는 모든 하인들과 트로이야인들의 무리와 애도하기 위하여
관습에 따라 머리를 푼 일리움의 여인들이 둘러서 있었다.   35
아이네아스가 높다란 문간에 들어서자마자 그들은
가슴을 쳤다. 그들의 요란한 곡소리는 하늘에 닿았고,
왕의 거처는 비탄으로 메아리쳤다. 아이네아스는
베개를 베고 있는 팔라스의 머리와 눈처럼 흰 얼굴과,
부드러운 가슴에 아우소니아의 창에 맞은 상처가 쩍 벌어져   40
있는 것을 보자 눈물이 샘솟는 가운데 이렇게 말했다.
"가련한 소년이여, 행운의 여신은 내게 미소 짓더니
나에게서 그대를 앗아가, 그대가 내 왕국을 보지 못하게 하고
그대의 아버지의 거처로 개선하지 못하게 하는구려!
내가 그대에 관하여 그대의 아버지 에우안드루스에게 약속한 것은   45

이것이 아니었소. 그가 자기 곁을 떠나는 나를 껴안았다가
큰 제국을 이루라고 나를 보내며 적군은 용맹스럽고 싸움의 상대는
강인한 부족이라고 걱정스럽게 경고했을 때 말이오.
그는 아마 지금도 공허한 희망에 완전히 속아넘어가 서약을 하며
제단에 선물을 쌓고 있을 것이오. 하늘의 신들에게 아무런 빚도   50
지지 않은 죽은 젊은이를 우리가 그에게는 쓸모없는 경의를 표하며
눈물 속에 호송하는 동안에도 말이오. 아들의 끔찍한 주검을
보게 되다니, 그대야말로 불행하도다! 이것이 우리가 고대하던
개선이고 귀향이란 말인가? 이것이 나의 엄숙한 약속이었던가?
하지만 에우안드루스여, 그대는 그에게서 창피스런 부상[2]을   55
보게 되지는 않을 것이며, 아들이 살았기 때문에 아버지로서
저주스런 죽음을 기원하게 되지도 않을 것이오. 아아, 아우소니아는
어떤 보루를 잃었으며, 너는 또 어떤 보루를 잃었는가, 이울루스여!"

　　이렇게 통곡하고 나서 그는 가련한 시신을 들어올리라고
명령하더니 전군(全軍)에서 일천 명의 전사들을 선발하여   60
파견하며 그들이 고인을 무덤으로 운구하고 아버지와 함께
눈물을 흘리게 했으니, 그것은 큰 슬픔에 작은 위로에 불과하지만
슬퍼하는 아버지에게 그가 갚아야 할 빚이었다.
한편 다른 사람들은 지체 없이 철쭉나무 가지와
참나무의 잔가지들을 엮어 나긋나긋한 관대(棺臺)를 만들더니   65
높다란 관대 위에 나뭇잎으로 된 천개(天蓋)로 그늘을 드리웠다.
그러고 나서 그들은 거기 시골 침상 위에 젊은이를 뉘었다.
그 모습은 소녀가 손톱으로 따온 한 송이 꽃,
이를테면 부드러운 제비꽃이나 고개 숙인 히아신스 같았다.
그것은 어머니 대지가 더 이상 부양하지 않고 힘을 주지 않는데도   70

아직도 본래의 광채와 아름다운 모습을 그대로 간직하고 있다.
이어서 아이네아스가 황금 실로 수놓은 자줏빛 옷을
두 벌 내왔는데, 그것들은 전에 시돈의 여인 디도가
그를 위하여 손수 짜서 그 위에다 황금 실로
수놓은 것으로, 그때 그 일이 그녀에게는 큰 낙이었다. 75
그중 한 벌로 그는 마지막 명예가 되도록 애도하며 젊은이를 쌌고,
다른 한 벌로는 곧 불타게 될 그의 머리털을 덮어주었다.
그 밖에 그는 라우렌툼 전투에서 노획한 수많은 전리품을
산더미만큼 쌓더니 그것을 긴 행렬을 지어 운반하게 했다.
거기에다 그는 적군에게서 노획한 말들과 무구들도 덧붙였다. 80
그는 또 저승의 그림자들에게 제물로 바쳐질 자들의 손을 등 뒤로
묶었는데, 제물들의 피는 화장용 장작 더미의 불 위에 뿌려질 것이었다.
그는 적군의 무구들로 장식된 나무 밑동들을 장수들이
몸소 운반하되 그것들에 전사한 적군의 이름을 써 붙이게 했다.
슬픔을 주체하지 못하는 노쇠한 아코이테스도 부축 받으며 85
동행했는데, 그는 주먹을 쥐고 가슴을 치는가 하면 손톱으로
얼굴을 할퀴었고, 때로는 쓰러져 온몸을 땅에 누이기도 했다.
루툴리족의 피에 흠뻑 젖은 전차들도 끌려가고 있었고,
그 뒤로 팔라스의 군마 아이톤이 화려한 말 장식을 벗고는 울면서
그리고 굵은 눈물방울로 얼굴을 적시며 따라가고 있었다. 90
다른 사람들은 그의 창과 투구를 운반하고 있었는데, 다른 무구들은
승리자 투르누스가 갖고 있었다. 그 뒤를 애도하는 자들의 방진(方陣)이,
테우케르 백성들과 튀르레니아인들과 모든 아르카디아인들이 무기를
거꾸로 한 채 따르고 있었다. 수행원들의 전 행렬이 길게 늘어섰을 때,
아이네아스가 멈춰 서서 깊은 한숨을 쉬며 말했다. 95

"똑같은 끔찍한 전쟁의 운명이 이곳에서 또 다른 눈물로 우리를
부르고 있소이다. 부디 영원히 편안하시오, 가장 위대한 팔라스여!
영원히 편안하시오!" 긴 말을 하지 않고 그는
높다란 방벽 쪽으로 돌아서더니 진영으로 발걸음을 옮겼다.
  어느새 라티움의 도시에서 사절단이 올리브나무 가지로   100
몸을 가리고³ 와서는 간청하기를, 무쇠에 쓰러져 들판에 누워 있는
시신들을 그가 인도(引渡)하여, 그들을 땅에 묻을 수 있게
해 달라는 것이었다. 패배한 자들과 빛을 빼앗긴 자들과는
싸울 수 없는 법이라는 것이었다. 그는 전에 그의 주인들이자
처족(妻族)이라고 불리던 자들⁴에게 자비를 베풀어야 한다는 것이었다. 105
거절할 수 없는 것을 간청하는지라 선량한 아이네아스는
청을 들어주며 이런 말을 덧붙였다. "라티니족이여,
그토록 큰 전쟁에 휘말리게 하여 그대들을 친구인 우리와
멀어지게 한 것은 얼마나 사악한 운명이었던가? 그대들은 죽은 자들과,
마르스의 제비뽑기에 의해 전사한 자들과 화친하기를   110
나에게 요구하는 것이오? 나는 정말이지 산 사람들과도 화친하고 싶소.
운명이 내게 이곳에 나라와 거처를 주지 않았던들 나는 이곳에 오지
않았을 것이오. 내가 교전하고 있는 것은 그대들의 백성들이 아니라,
우리와의 우의를 저버리고 투르누스의 무구들을 더 신뢰한 그대들의 왕이오.
투르누스 자신이 이러한 죽음과 맞서는 것이 더 옳았을 것이오.   115
그가 완력으로 이 전쟁을 끝내고 테우케르 백성들을 내쫓고 싶다면
이 무구들로 마땅히 나와⁵ 일대일로 싸웠어야 할 것이오. 그랬더라면
둘 중에 신께서 또는 자신의 오른손이 목숨을 준 자가 살았겠지요. 이제
그대들은 가서 그대들의 가련한 시민들을 불에 올려놓도록 하시오!"
이렇게 아이네아스는 말했다. 하나 그들은 어리둥절하여 한동안 120

할 말을 잊고 눈과 얼굴을 돌려 서로를 빤히 쳐다볼 뿐이었다.

　그러더니 전부터 늘 젊은 투르누스를 미워하고 적대시하던
드랑케스가 입을 열어 이렇게 대답했다.
"트로이야의 영웅이여, 명성도 위대하지만 무훈은 더 위대한 이여,
어떻게 칭송해야 내 그대를 하늘로 올릴 수 있겠습니까!　　　　　　125
그대의 정의감과 무훈 가운데 어느 쪽을 먼저 탄복해야 합니까?
우리는 그대가 한 말을 흔쾌히 우리 선조들의 도시에 전할 것이며,
행운의 여신이 우리에게 길을 가리켜준다면 그대를 라티누스 왕과
화친하게 할 것이오. 투르누스가 화친을 맺는 것은 그가 알아서 할 일이오.
아니, 운명이 정해준 거대한 성벽을 일으켜 세우고 제2의 트로이야를　　130
위해 어깨에 바윗돌을 메어 나르는 것은 우리에게 즐거움이 될 것이오."
그가 말하자, 모두들 그의 말에 이구동성으로 찬동했다. 그들은 이륙 십이
열이틀 동안 휴전하기로 했다. 평화의 중재로, 테우케르 백성들과
라티니족은 서로 사이좋게 어울려 숲이 우거진 언덕들 위를 헤맸다.
무쇠 양날도끼에 맞아 키 큰 물푸레나무가 요란한 소리를 냈다.　　　　135
그들은 하늘 높이 자란 소나무들을 베어 눕혔고,
쉴새없이 참나무들과 향기로운 삼나무들을 쐐기를 박아 팼으며
산에서 자란 물푸레나무들을 삐걱거리는 달구지들로 실어 날랐다.

　어느새 소문은 그토록 큰 슬픔을 남 먼저 알리기 위하여 날아와서는
에우안드루스와 에우안드루스의 집과 성벽을 가득 채웠다.　　　　　　140
소문은 얼마 전만 해도 팔라스가 라티움에서 승리했다고
전하지 않았던가! 아르카디아인들은 옛 관습에 따라 급히
장례 햇불을 집어 들고 성문으로 달려갔다. 길은 화염의 긴 행렬로
빛나며 들판을 저 멀리까지 두 쪽으로 갈라놓았다.[6]
맞은편에서 프뤼기아인들의 무리가 다가오더니 애도하는 자들의　　　　145

행렬과 어우러졌다. 일행이 성벽 안으로 들어오는 것을
본 어머니들의 곡소리가 슬픔에 젖은 도시에 들불처럼 번졌다.
세상의 어떤 힘도 에우안드루스를 억제할 수는 없었다.
그는 군중들 속으로 뛰쳐나가 관대가 안치되자마자
팔라스 위에 쓰러져 눈물을 흘리고 신음하며 거기에 매달렸다. 150
한동안 슬픔으로 목이 멨으나 마침내 그는 간신히 말문을 열었다.
"오오! 팔라스야, 네가 아비에게 한 약속은 이것이 아니었다.
너는 좀더 신중히 마르스에게 자신을 맡기겠다고 하지 않았더냐!
나도 젊은이들에게 무훈의 유혹이 얼마나 강한지, 첫 번째 전투에서
명성을 얻는다는 것이 얼마나 달콤한 것인지 모르는 바 아니다. 155
오오! 젊음의 비참한 첫 결실이여, 이웃에서 벌어진 전쟁에서의
가혹한 시험이여! 신들 중에 어느 분도 들어주시지 않은 내 서약과
기도들이여! 그리고 가장 축복 받은 내 아내여, 이런 고통을 당하기 전에
죽었으니 당신이야말로 복 받은 사람이오! 하나 나는 정해진 수명보다
더 오래 살았구려, 아비가 되어 자식보다 더 오래 살려고. 차라리 내가 160
트로이야인들의 동맹군들을 따라가 루툴리족의 창에 묻혔더라면!
차라리 내가 죽고 이 행렬이 팔라스가 아니라 나를 운구했더라면!
테우케르 백성들이여, 나는 그대들을 원망하지 않소, 우리의 조약과
우리의 우정의 악수도. 이러한 운명이 나의 노년을 위하여 예비되어
있었던 게지요. 비록 때 이른 죽음이 내 아들을 기다리고 있었지만, 165
테우케르 백성들을 라티움으로 인도하던 그 애가 쓰러지기 전에
수천 명의 볼스키족을 죽였다고 생각하니 나는 뿌듯하오. 하지만 팔라스야,
나는 경건한 아이네아스와 위대한 프뤼기아인들과 튀르레니아의
지도자들과 튀르레니아인들의 전군이 베풀어준 것보다 더 훌륭한
장례를 너에게 베풀어줄 수는 없었을 것이다. 그들은 네 오른손이 170

죽음에 넘겨준 자들에게서 빼앗은 위대한 전승 기념물들을 가져오고 있다.
그리고 투르누스여, 그대도 지금쯤 머리 없는 거대한 전승 기념물로
무구들을 두르고 여기 서 있었으리라, 만일 그 애가 그대와 나이가 같고
세월이 두 사람에게 같은 힘을 주었다면. 한데 내가 왜 내 불행으로
테우케르 백성들을 전쟁터에 나가지 못하게 붙들어두고 있는가? 그대들은   175
가서 그대들의 왕에게 내 부탁을 명심하고 전하시오. 팔라스가 죽은 지금
내가 가증스런 목숨을 연장하는 것은 그대도 아시다시피 그대의 오른손이
우리 부자에게 진 빚, 즉 투르누스에 대한 복수 때문이오. 그것만이 그대가
성공할 수 있는 유일한 기회이자 내게 베풀 수 있는 유일한 선행이오. 내가
그것을 요구하는 것은 내 인생의 즐거움을 위해서가 아니라—그래서는   180
안 되겠지요—저승에 있는 내 아들에게 반가운 소식을 전하기 위해서요."
    그사이 새벽의 여신이 가련한 인간들을 위하여 생명을 주는
빛을 끌어올리며 또다시 일과 노고를 가져다주었다.
어느새 아버지 아이네아스와 타르콘은 구부러진 해안에다
화장용 장작 더미를 쌓게 했다. 그러자 그곳으로 각자 조상대대로   185
내려오는 관습에 따라 친지들의 시신을 날랐다.
장작 더미에 시커먼 불이 붙자 높은 하늘이 칠흑 같은 어둠에 싸였다.
그들은 번쩍이는 무구들을 입고 불타는 장작 더미 주위를
걸어서 세 번이나 돌았고, 세 번이나 통곡하며
장례식의 슬픈 화염 주위를 말을 타고 돌았다.   190
대지에도 눈물이 뿌려지고 무구들에도 눈물이 뿌려졌으며
사람들의 소음과 나팔들의 요란한 소리가 하늘에 울려 퍼졌다.
더러는 죽은 라티니족에게서 빼앗은 전리품들을,
투구와 훌륭하게 장식한 칼과 말고삐와 달아오르는 수레바퀴를
불속에 던졌고, 더러는 남들에게 잘 알려진 선물들을,   195

고인들이 쓰던 방패와 축복 받지 못한 창을 던졌다.
그들은 둘러서서 죽음의 신에게 수많은 황소들을 제물로 바쳤고,
털이 센 돼지들과 사방의 들판에서 빼앗아온 양들을 잡아
불타는 장작 더미 위에 얹었다. 해안을 따라 그들은 전우들이
불타는 것을 지켜보며 반쯤 탄 장작 더미 옆에서 망을 보았고,   200
마침내 눅눅한 밤이 불타는 별들이 총총 박힌 하늘을
돌려놓을 때까지는 그곳을 떠날 수가 없었다.

  마찬가지로 다른 쪽에서는 가련한 라티니족이 수많은 장작 더미를
쌓았다. 그들은 수많은 전사들의 시신을 더러는 땅에 묻고,
더러는 들어올려 인근에 있는 그들의 농촌으로 나르거나   205
그들의 도시로 돌려보냈다. 그러나 뒤범벅이 된
시신들의 거대한 무더기는 세어보지도 않고
아무런 경의도 표하지 않은 채 화장했다.
넓은 들판들이 사방에서 수많은 불로 다투어 빛을 발했다.
세 번째 날이 하늘에서 싸늘한 그늘을 몰아냈을 때,   210
그들은 애도하며 잿더미를 뒤져 불을 놓았던 자리에서 여기저기
흩어진 뼈들을 모은 다음 그 위에 아직도 따뜻한 흙을 덮어주었다.
어느새 성벽 안에서는, 매우 부유한 라티누스 왕의 도시에서는
애도의 소음이 가장 요란했고, 길게 끄는 곡소리가 가장 크게 일었다.
그곳에서는 어머니들과 비참한 며느리들이, 그곳에서는 오라비의   215
죽음을 애도하는 사랑하는 누이들과 아버지를 잃은 아이들이
참혹한 전쟁과 투르누스의 약혼을 저주하고 있었다.
그는 자신을 위해 이탈리아의 왕국과 최고의 명예를 요구하는 만큼
무구와 칼로 이 일을 몸소 결판내야 한다는 것이었다.
드랑케스가 앙심을 품고 거기에 힘을 실어주었으니, 싸우자고   220

도전 받는 것은 오직 투르누스 한 사람뿐이라고 그는 증언했던 것이다.
동시에 반대 의견도 투르누스를 위하여 여러 가지 말로 제기되었으니,
왕비의 큰 이름이 그를 보호해주었고 그의 명성과 그가 전쟁에서
노획한 전승 기념물들이 그를 지지해주었던 것이다.

　　여기 소음이 일고 야단법석이 벌어진 한가운데로, 225
보라, 설상가상으로 사절단이 디오메데스의 강력한 도시에서
슬픈 소식을 갖고 왔다. 그곳에서 그들은 온갖 노력에도 아무것도
이루지 못했으니, 선물도 황금도 간절한 기도도 소용없더라는 것이었다.
그의 말인즉, 라티니족은 다른 데서 동맹군을 구하거나
트로이야 왕에게 화친을 청해야 한다는 것이었다. 230
그러자 라티누스 왕은 엄청난 무게의 슬픔에 쓰러지고 말았으니,
분명히 어떤 신의(神意)가 아이네아스의 운명을 이끌고 있다는 것을
신들의 노여움과 눈앞의 새 무덤들이 경고해주었기 때문이다.
그래서 그는 대(大)회의를 소집하며 백성들의 우두머리들을
자신의 높은 궁전으로 불러들이라고 명령했다. 235
그들은 한데 모여 거리를 가득 메우며 왕의 궁전으로 몰려갔다.
한가운데에는 최고령자이자 최고 권력자인
라티누스가 언짢은 얼굴로 앉아 있었다.
그리고 그는 아이톨리아인들[7]의 도시에서 돌아온 사절단에게
명령하기를, 보고를 하되 그들이 들은 답변을 빠짐없이 순서대로 240
말해보라고 했다. 그러자 모두들 입을 다물고 침묵하는 가운데
베눌루스가 명령에 복종하여 보고를 시작했다.

　　"시민들이여, 우리는 온갖 어려움을 극복하며 여행을 마치고
디오메데스와 아르고스의 진영[8]을 보았습니다. 그리고 우리는
일리움 땅을 쑥대밭으로 만든 그 손을 잡았습니다. 그는 전쟁에 승리하여[9] 245

이아퓌기아 땅에 있는 가르가누스 산 근처 들판에다 그의 고향에서
이름을 따와 아르귀리파라고 불리는 도시를 세우고 있었습니다.
우리는 안으로 들어가 그의 면전에서 말해도 좋다는 허락을 받고,
선물들을 내놓으며 우리의 이름과 나라를 말한 후 누가 우리 나라를
침범했으며, 무슨 이유로 우리가 아르피를 찾아왔는지 말해주었습니다.   250
그는 다 듣고 나서 차분한 표정으로 대답했습니다.
'오오! 축복 받은 부족들이여, 사투르누스의 왕국[10]들이여,
오래된 아우소니아인들이여, 대체 무슨 악운이 그대들의 평온을
깨뜨리며 전쟁을 모르는 그대들에게 전쟁을 부추기는 것이오?
칼로 일리움의 들판을 침범한 우리는 너나없이 모두   255
(나는 높은 성벽 밑에서 우리가 겪은 전쟁의 고통들과
저 시모이스 강에 묻힌 전사들은 말하지 않겠소) 세상 어디로 가든
말할 수 없이 벌을 받고 죗값을 치렀소. 우리는 프리아무스[11]도
불쌍히 여겼을 그런 무리들이었소. 미네르바의 불길한 별[12]과
에우보이아의 암초들과 복수자 카페레우스[13]가 알고 있소.   260
그 원정 이후로 여기저기 수많은 해안으로 표류하며 아트레우스의 아들
메넬라우스는 프로테우스[14]의 기둥들이 있는 곳까지 추방되었고,
울릭세스는 아이트나에서 퀴클롭스들을 만났소. 네옵톨레무스[15]의
왕국과 이도메네우스의 넘어진 페나테스 신들[16]과 리뷔아의 해안에
살고 있는 로크리스인들[17]에 관해서도 굳이 말해야겠소?   265
위대한 아카비족의 뮈케나이 출신 지도자 자신도 문턱을 넘자마자
사악한 아내의 손에 쓰러졌으니, 간부(姦夫)[18]는 아시아가
함락되기만을 기다리고 있었던 것이오. 내가 고향의 제단으로
돌아가 고대하던 아내와 아름다운 칼뤼돈을 보는 것을
신들께서 허락하시지 않았다는 것을 굳이 말해야겠소?   270

나는 지금도 보기에 끔찍한 무서운 전조들에 쫓기고 있소.
내 잃어버린 전우들은 날개를 달고 대기로 날아오르더니
새가 되어 물결 위를 떠돌며 (아아, 내 전우들의 무서운 형벌이여!)
바위틈들을 울음소리로 가득 메우고 있소.¹⁹
내가 현혹되어 칼로 하늘의 신들의 육신을 공격하고   275
베누스의 손을 상처로 모독하던 바로 그 순간부터
나는 다름 아닌 그런 운명을 각오하고 있었어야 했소.
그대들은 제발 나를 그런 전쟁에 끌어들이지 마시오!
나는 페르가마가 파괴된 후로는 테우케르 백성들과는 어떤 전쟁도
하지 않으며, 옛 재앙을 생각하는 것은 즐거운 일이 아니오.   280
그대들이 고향의 해안에서 내게 가져온 이 선물들은 아이네아스에게
가져다주시오. 우리는 사나운 창으로도 맞서보았고, 주먹으로도
맞붙어보았소. 그대들은 내 말을 믿으시오. 나는 그가 자신의
방패 위로 얼마나 우뚝 솟아 있는지, 그가 던지는 창이 얼마나 세차게
도는지 경험했소. 만약 이다 땅에 그런 영웅이 두 명만 더 있었더라면, 285
다르다누스 백성들이 이나쿠스의 도시들로 쳐들어왔을 것이오.
그리하여 운명이 뒤바뀌어 그라이키아가 지금 슬픔에 잠겨 있을 것이오.
우리가 완강한 트로이야의 성문 앞에 머물러 있는 동안,
그라이키아인들의 승리를 막으며 이를 십 년이 되도록
지연시킨 것은 헥토르와 아이네아스의 손이었소.   290
두 사람은 용맹도 뛰어나고 무술도 뛰어났으나, 아이네아스가
더 경건했소. 그러니 그대들은 그와 평화 조약을 맺으시오,
그런 기회가 있을 때. 아무튼 무기를 서로 부딪치는 것은 피하시오!'
가장 훌륭하신 왕이시여, 이것으로 그대는 그곳의 왕의 대답과
이 큰 전쟁에 관하여 그가 어떻게 생각하고 있는지 들으셨습니다." 295

사절단이 이렇게 말하자 아우소니아인들 사이에서
서로 견해를 달리하는 웅성거림이 입에서 입으로 이어졌다.
마치 바윗돌들이 급류를 막으면 막힌 소용돌이에서 웅성거리는 소리가
일고 요란한 물소리에 양쪽 둑이 메아리칠 때와도 같았다.
그들의 마음이 가라앉고 불안한 웅성거림이 잠잠해지자　　　　　　　　300
왕이 먼저 신들을 부르고 나서 높은 왕좌에서 말하기 시작했다.
　　"라티니족이여, 우리는 적군이 이미 성벽을 포위하고 있는
이런 상황에 회의를 소집할 것이 아니라, 이런 중대사에 관해
미리 결정해두기를 바랐고, 그러는 것이 더 나았을 것이오.
시민들이여, 신들의 자손들인 불패의 영웅들과 우리는 해서는　　　　　305
안 될 전쟁을 하고 있소. 아무리 싸워도 그들은 물리지 않으며,
패배하더라도 손에서 칼을 놓지 못하는 자들이오. 아이톨리아인들이
동맹군이 되어줄 것이라고 그대들이 희망했다면 그 희망은 버리시오!
우리에게는 우리 자신이 희망이며, 그것이 얼마나 실낱 같은지는 그대들이
보고 있소. 우리의 남은 행운은 모두 박살나고 폐허가 되어버렸소.　　　310
그것을 그대들은 눈으로 볼 수 있고 손으로 만질 수 있소.
그러나 나는 아무도 원망하지 않소. 용기가 할 수 있는
일은 다 행한 것이오. 우리의 왕국은 있는 힘을 다해 싸웠소.
이제 내가 마음속으로 망설이던 끝에 내린 결정을
간단하게 설명하고자 하니 그대들은 명심하시오!　　　　　　　　　　315
나는 투스쿠스 강 가까이 오래 전부터 영지(領地)를 소유하고 있는데,
그것은 시카니족[20]의 경계를 넘어 서쪽으로 길게 뻗어 있소.
그곳에서는 아우룽키족과 루툴리족이 씨를 뿌리고 척박한 언덕들을
쟁기질하며, 그중 거친 곳은 목초지로 사용하고 있소.
이 지역 전체와 높은 산 위의 소나무 숲들을 테우케르 백성들과의　　　320

우의를 위하여 내주도록 하시오. 그리고 우리는 동맹의 공평한 법규를
알리고 동맹군으로서 그들을 왕국으로 불러들이도록 합시다.
그들이 그러고 싶다면 그곳에 정착하여 도시를 세우게 하는 거요.
하나 다른 곳으로 가서 다른 부족의 땅을 차지하는 것이
그들의 뜻이고, 우리 나라를 떠나는 것이 그들에게 가능하다면,   325
우리는 이탈리아의 참나무로 스무 척의 함선을, 아니 그보다 더 많은
함선을 건조해주도록 합시다. 그들이 승선시킬 수만 있다면. 물가에는
온갖 선재들이 널려 있소. 어떤 함선들을 얼마나 원하는지 그들 스스로
밝히게 한 후 우리는 청동과 일손과 조선소를 제공하는 것이오.
그 밖에 나는 우리의 제안을 전하고 동맹을 맺도록   330
명문가 출신의 라티니족 일백 명을 사절단으로 보낼 것인즉,
그들은 손에 평화의 가지들을 들고 가되
선물들과 여러 탈렌툼의 황금과 상아와, 우리 왕국의 기장인
왕좌와 자줏빛 단을 댄 겉옷을 가져다주도록 하시오.
그대들은 함께 의논하여 이 난국을 타개하도록 하시오!"   335
  그러자 투르누스에게 늘 적대적이었던 드랑케스가 일어섰다.
그는 투르누스의 명성을 시기하고 배아파했던 것이다. 그는 씀씀이가
헤프고 언변이 훌륭했으나 전쟁에서 그의 손은 굼뜬 편이었다.
하나 회의석상에서는 속 빈 떠버리 취급을 받지 않았으니, 그는
파쟁에 능했던 것이다. (그는 어머니가 명문가 출신이라 혈통에   340
긍지를 느꼈으나, 아버지 집안에 관해서는 알려진 것이 없었다.)
그는 일어서서 이런 말로 그들의 분노를 더욱더 부채질했다. "오오!
선하신 왕이시여, 그대가 제안하신 것은 누구에게나 분명하여 우리가
부언할 필요가 없습니다. 모두들 백성들의 처지가 앞으로 어떻게
될 것인지 알고 있다고 시인하면서도 이를 발설하기를 꺼립니다.   345

그는 이제 그만 으스대고 말할 자유를 주어야 할 것입니다.
그의 불운과 비뚤어진 품성으로 인하여 (설사 그가 무기를 들고
죽이겠다고 위협한다 해도 나는 말하겠습니다) 백성들의 빛이었던
그토록 많은 지도자들이 죽고 온 도시가 슬픔에 잠겨 있는 것을 우리는
보고 있습니다. 그가 도주할 수 있으리라 믿고 트로이야의 진영을   350
공격하고 무구들로 하늘을 놀라게 하는 동안 말입니다.
한 가지만 더, 그대가 다르다누스 백성들에게 전하라고 하시는 많은
제안과 선물들에 한 가지만 더 보태시되, 가장 훌륭하신 왕이시여,
어느 누구의 폭력도 그대를 막지 못하게 하십시오.
그대가 아버지로서 딸을 그럴 만한 가치가 있는 빼어난 사위에게   355
시집보내 영원한 동맹으로 이 화친을 맺으시는 것을 말입니다.
하오나 우리의 생각과 마음이 그토록 그에 대한 두려움에 사로잡혀
있다면, 그 자신에게 간청하고 그 자신에게 자비를 빌도록 합시다.
그가 양보하여 자신의 권리를 왕과 조국에 돌려주라고 말입니다.
어째서 그대는 가련한 시민들을 그토록 자주 뻔한 위험 속으로   360
내던지는 것이오, 라티움에게 이 재앙의 원천이자 원인인 그대는?
전쟁에 안전이란 없소. 투르누스여, 우리 모두가 그대에게
요구하는 것은 평화이며, 평화의 유일한 불가침의 담보[21]외다.
그대는 나를 적으로 여기고 있으나 나는 아랑곳하지 않겠소.
내가 맨 먼저 탄원자로 그대에게 다가가고 있지 않소! 그대의 백성들을   365
불쌍히 여겨 자존심을 버리시오! 그리고 패배를 인정하고 떠나시오!
우리는 패주 끝에 장례식도 충분히 보았고, 넓은 들판을
폐허로도 만들었소. 하나 그대가 명성을 갈망하고 가슴에 그토록
힘이 넘치고 왕국을 지참금으로 받기를 그토록 바란다면,
용기를 내어 자신감을 갖고 그대의 적과 일대일로 맞서도록 하시오!   370

맙소사, 투르누스가 공주와 결혼하여 왕국을 차지할 수 있도록,
우리 같은 가치 없는 목숨들은 묻히지도 못한 채
울어주는 이도 없이 무더기로 들판에 널려 있어야만 하는 것인가요?
그대도 다소나마 힘이 있고 선조들의 상무정신이 있다면,
그대에게 도전하는 자[22]의 얼굴을 마주보도록 하시오···"   375
   사나운 투르누스는 이 말을 듣자 불같이 화가 치밀었다.
그는 신음하며 가슴 깊숙한 곳에서 이런 말을 내뱉었다.
"드랑케스여, 전쟁이 행동을 촉구할 때 그대는 언제나 말만
헤프게 늘어놓는구려. 원로들의 회의가 소집되면 맨 먼저
나타나 그대는 성벽의 둔덕이 적군을 막아주어 해자들에   380
피가 넘치지 않는 동안 안전한 곳에서 입으로만 큰소리치며
말로 원로원을 메우고 있는데 지금은 그럴 때가 아니오. 드랑케스여,
그대는 늘 하던 대로 계속해서 큰소리치며 나를 겁쟁이라고
나무라시오. 그대는 오른손으로 그토록 많은 테우케르 백성들의
시신을 무더기로 쌓아올리고 온 들판을 전승 기념물들로   385
장식했으니까 말이오! 지금이야말로 진정한 용기가 무엇을 할 수 있는지
시험해볼 수 있소. 멀리서 적군을 찾을 필요가 없을 것이오.
그들이 사방에서 우리 성벽들을 포위하고 있으니 말이오. 우리 함께
적군을 향해 나아갈까요? 왜 망설이시오? 아니면 그대의 상무정신은
바람 같은 혀와 도망 잘 치는 그 두 발에 늘 머물게 할 것인가요? ···   390
내가 패배했다고 했소? 이 가장 가증스런 자여,
튀브리스 강이 일리움의 피로 불어나고,
에우안드루스의 온 집안이 뿌리째 땅에 누워 있고,
아르카디아인들이 무구를 빼앗긴 것을 보고도 누가 나를
패배했다고 나무란다면, 그것을 어찌 정당하다 할 수 있겠소?   395

비티아스와 거인 판다루스는 그렇게 생각하지 않았으며,
내가 적군의 방벽에 갇히고 둔덕에 둘러싸여 승리를 거두던 날
타르타라로 보낸 수천 명도 그렇게 보지 않았소.
전쟁에 안전은 없다고? 이 정신 나간 자여, 그런 예언이라면
다르다누스 백성의 우두머리[23]와 그대 자신을 위해서나 읊조리시지!　　400
그대는 쉴새없이 큰 공포를 불러일으켜 모든 것을 혼란에 빠뜨리고
두 번 패한 부족[24]의 힘을 찬양하며 라티누스의 힘을 깎아내리는구려!
그렇다면 지금쯤 프뤼기아의 무구 앞에 뮈르미도네스족의 장수들도 떨고,
지금쯤 그 앞에 튀데우스의 아들과 라릿사 출신의 아킬레스도 떨고 있겠구려.
그리고 아우피두스 강물도 하드리아 해의 물결 앞에 뒷걸음질치겠구려.[25]　405
내가 말하면 저 사람이 겁먹은 척하는 것은 교활한 술책이며, 그의 두려움은
나를 더 맹렬하게 비난하려는 핑계에 불과하오. 안심하시오. 그대는
그대의 그러한 목숨을 결코 내 이 오른손에 잃게 되지는 않을 것이오.
그것은 그대와 함께하고, 그대의 그 가슴속에 머물게 하시오! 아버지[26]시여,
이번에는 내 그대와 그대의 원대한 계획으로 돌아가겠습니다.　　410
만약 그대가 앞으로 우리의 무구들을 더 이상 신뢰하지 않으신다면,
우리가 완전히 버림받았다면, 그리고 단 한 번의 패퇴로 우리가
완전히 넘어져 행운의 여신이 돌아올 수 없게 되었다면,
우리는 쓸모없는 무구들을 내려놓고 화친을 청하도록 합시다.
하지만 우리 몸에 밴 용기의 잔재나마 아직 남아 있다면 좋으련만!　　415
이 꼴을 안 보려고 쓰러져 죽으며
입으로 대지를 깨문 자는 노고란 점에서 누구보다도
행복하며 정신 또한 고상하다고 생각합니다.
하지만 우리에게 아직도 힘과 젊은이들이 고스란히 남아 있고,
우리를 도울 이탈리아의 도시들과 백성들이 남아 있다면,　　420

그리고 트로이야인들도 엄청난 피의 대가를 치르고 영광을
얻은 것이라면 (폭풍이 모두를 휩쓸어 그들도 장례를 치렀습니다)
왜 우리는 망신스럽게 첫 문턱에서 좌절하는 것이며,
왜 나팔 소리도 나기 전에 사지를 떨기 시작하는 것입니까?
시간과 변천하는 세월의 변화의 노력이 많은 것을 다시   425
호전시켰으며, 행운의 여신은 변덕스럽게도 우리를 우롱하다가도
다시 단단한 땅 위에 우리의 발을 올려놓곤 합니다. 아이톨리아인[27]과
아르피는 우리를 돕지 않을 것입니다. 하나 멧사피우스와
축복 받은 톨룸니우스와, 그토록 많은 백성들이 보내준
지도자들이 우리를 도울 것이며, 라티움과 라우렌툼의 들판에서   430
정선된 자들에게는 적지 않은 영광이 따를 것입니다.
또 볼스키족의 명문가 출신인 카밀라도 있는데,
그녀는 기병대와 청동이 만발한 부대를 이끌고 옵니다.
하나 테우케르 백성들이 유독 나하고만 싸우겠다고 도전한다면,
그대들이 그렇게 결정한다면, 내가 그토록 공공의 이익에 방해된다면,   435
내가 그토록 큰 희망을 위하여 모험하기를 거절해야 할 만큼
승리의 여신이 나를 미워하여 내 이 손들을 멀리한 적은 없었소이다.
나는 가서 그와 용감하게 맞설 것이오. 그가 위대한 아킬레스를
능가하고 불카누스가 만든 똑같은 무구를 입고 있다 하더라도.
용기에서 어떤 전대(前代)의 사람 못지않은 나 투르누스는 그대들과   440
장인 어르신이신 라티누스에게 이 목숨을 바쳤소이다. 아이네아스는
나만을 부른다고 했소? 부르라고 하시오! 그것은 내가 바라던 바요.
그것이 신들의 노여움이라면, 나는 드랑케스가 죽음으로 그것을 해결하기를
원치 않으며, 용기와 영광이라면 그가 그것을 차지하기를 원치 않소.”
    이렇게 그들은 쟁점에 관해 서로 다투며 격렬한 토론을 벌였다.   445

한편 아이네아스는 진영을 나와 싸움터로 나아가고 있었다.
그러자, 보라, 그 소문이 엄청난 소란을 일으키며 왕궁을
쏘다녔고, 도시를 걷잡을 수 없는 공포로 가득 채웠다.
테우케르 백성들과 튀르레니아인들의 부대가 전열을 갖추고
티베리스 강 쪽에서 내려와 온 들판을 가득 메우고 있다는 것이었다. 450
그러자 당장 군중들은 혼란과 공포에 빠졌고, 임박한 위험이라는
날카로운 박차에 분기등등했다. 그들은 손을 내밀며 당장
무구를 요구했고, 젊은이들은 무구를 달라고 아우성쳤다.
한편 아버지들은 슬피 울며 중얼거렸다. 그리하여 서로 화음을
이루지 못하는 큰 소음이 사방에서 대기 속으로 솟아오르니, 455
그 모습은 마치 새 떼가 숲의 우듬지에 내려앉을 때나,
또는 물고기가 많은 파두사 강의 늪지대에 백조 떼의 거친 목소리가
울려 퍼질 때와 다르지 않았다. 기회를 놓칠세라 투르누스가 외쳤다.
"시민들이여, 그렇게 계속해서 회의나 하며 앉아서 평화를
찬양하시구려, 저들이 무장하고 그대들의 왕국을 460
침범하고 있는데도 말이오!" 더 길게 말하지 않고
그는 벌떡 일어나 높다란 왕궁에서 급히 뛰어나갔다.
"볼루수스여, 그대는 볼스키족의 대원들에게 무장하라고 이르고
루툴리족도 인솔하시오."라고 그는 소리쳤다. "멧사푸스와 코라스는
그의 아우와 함께 무장한 기병대를 넓은 들판에 전개하시오. 465
일부는 성문으로의 통로들을 봉쇄하고 성탑을 장악하고, 나머지 부대는
내가 지시하게 될 곳에서 나와 함께 공격에 가담하도록 하시오."
 순식간에 그들은 온 도시로부터 사방의 성벽으로 달려갔다.
아버지 라티누스 자신은 회의를 파하고 이 암울한 시대에
기분이 상하여 자신의 원대한 계획[28]을 뒤로 미루었다. 470

그리고 그는 도시를 위하여 다르다누스의 자손인 아이네아스를
자진하여 사위로 집에 받아들이지 않은 것을 몹시 자책했다.
한편 그들은 성문들 앞에 해자를 파고 바위 덩어리들과 말뚝들을
날라왔다. 요란한 나팔이 전쟁을 위하여 피비린내 나는 신호를
보냈다. 그러자 부인들과 소년들이 잡다한 원을 이루며 성벽 위에 475
빙 둘러섰으니, 비상 시국이 모든 사람들을 불렀던 것이다.
왕비도 수많은 부인들의 무리에 둘러싸인 채
수레를 타고 도시의 성채 위에 있는 팔라스의 신전으로
선물을 가져가고 있었고, 모든 재앙의 원인인 라비니아도
고운 눈을 내리깔고 함께 가고 있었다. 480
부인들은 따라 올라가서 신전을 향연으로 메우더니
높은 문턱에서 슬픈 기도를 쏟아냈다.
"무기에 능한, 전쟁의 여주인이시여, 처녀신 트리토니아여,
프뤼기아 도둑의 창을 손으로 꺾으시고, 그 자신은 땅바닥에다
앞으로 뉘시고 높다란 성문 아래에 내동댕이치소서!" 485
투르누스는 미쳐 날뛰며 전쟁을 위하여 열심히 무장하고 있었다.
그는 어느새 청동 비늘들이 곤두선 불그스름한 가슴받이를
입고 있었고, 황금 정강이받이로 장딴지를 싸고 있었다.
머리에는 아직 투구를 쓰지 않았으나 허리에는 칼을 차고 있었다.
그는 황금빛으로 번쩍이며 성벽 꼭대기에서 달려 내려갔고, 490
마음속으로는 벌써 적과 맞붙어 싸우면서 크게 기뻐하고 있었다.
그 모습은 마치 말이 사슬을 끊고 마구간에서 달아나
마침내 자유의 몸으로 넓은 들판에 이르러서는
암말 떼가 풀을 뜯는 풀밭으로 달려가거나,
또는 잘 아는 냇물에서 멱감는 버릇이 있는지라 495

머리를 높이 쳐들고 신나게 울부짖으며 목과 어깨 위로
갈기를 휘날리며 질주할 때와도 같았다.
　　그를 만나러 카밀라가 볼스키족의 대열을 이끌고 다가왔다.
성문 바로 앞에서 공주[29]가 타고 있던 말에서 뛰어내리자
전 대원이 그녀가 하는 대로 말에서 땅 위로 물 흐르듯 뛰어내렸다.　　500
그러자 그녀가 이렇게 말했다.
"투르누스여, 용감한 자가 자신감을 갖는 것이 당연한 일이라면,
나는 감히 아이네아스의 백성들을 향해 나아가
혼자서 튀르레니아의 기병대와 맞설 것을 약속하겠어요.
그대는 내가 손으로 전쟁의 첫 위험들을 감당하게 해주시고,　　505
그대 자신은 보병으로 성벽 옆에 머물며 도시를 구하도록 하세요!"
그러자 투르누스가 두려운 소녀에게 시선을 고정한 채 대답했다.
"이탈리아의 자랑스러운 소녀여, 어떻게 해야 내가 그대에게
감사의 뜻을 말하고 전할 수 있겠소? 하나 지금 그대의 그러한 정신은
모든 감사의 뜻을 능가하니, 그대는 나와 함께 노고를 분담하도록 하시오!　　510
소문과 내 첩자들이 확실하다고 전하는 바에 따르면,
불한당 아이네아스는 먼저 경무장한 기병대를 보내
들판을 유린하게 하고, 자신은 가파르고 외딴 산등성이를 넘어
도시로 다가오고 있소. 나는 숲 사이로 길이 푹 꺼져 있는
곳에다 복병을 묻을 준비를 하고 있으며,　　515
협곡의 양 끝에 무장한 군사들을 배치할 것이오.
그대는 튀르레니아의 기병대를 맞아 교전하도록 하시오.
용맹스런 멧사푸스와 라티움의 기병대들과 티부르투스의 부대가
그대와 함께할 것이오. 그들을 지휘하는 일도 그대가 맡으시오!"
이렇게 말하고 그는 같은 말로 멧사푸스와 동맹군들의 지도자들을　　520

싸움터로 나가도록 격려한 뒤 적을 향해 나아갔다.
　꼬불꼬불한 골짜기가 하나가 있는데, 적을 속이고 매복하기에
안성맞춤이다. 그곳은 양쪽이 비탈에 막힌 채 나뭇잎이
새까맣게 우거져 있다. 그 안으로 좁은 오솔길이 나 있어,
그것이 좁은 협곡 사이로 음험한 통로가 되고 있다.　　　525
골짜기 위에는 산꼭대기에 있는 망대들 사이에
밑에서는 보이지 않는 평지가 있는데, 그것은 그대가
왼쪽에서 출격하든 오른쪽에서 출격하든 또는
등성이에 버티고 서서 거대한 바윗돌을 굴리든 간에
안전한 은신처를 제공한다. 젊은이[30]는 방향을 잘 아는 길로 해서　　530
그리로 가서 자리 잡고는 이 적대적인 숲 속에 매복했다.
　그사이 하늘나라의 거처에서는 라토나의 딸[31]이 자신을
수행하는 신성한 집단의 소녀[32]들 가운데 한 명인 날랜
오피스에게 말을 걸며 이런 슬픈 사연을 들려주었다. "소녀여,
지금 카밀라가 잔혹한 전쟁터로 가고 있구나. 우리의 무구[33]를　　535
두르고서 말이야. 하나 그것도 별로 소용없을 거야. 나에게는
그녀가 누구보다도 사랑스럽지만 말이야. 하지만 그런 사랑은
디아나에게 새삼스런 것도 아니며, 뜻밖의 감미로움으로 내 마음이
움직인 것도 아니야. 메타부스는 권력 남용으로 백성들의 미움을
사게 되어 왕좌에서 쫓겨나 유서 깊은 도시인 프리베르눔을 떠났을 때,　　540
전쟁의 소용돌이 한가운데를 헤치고 도망치며 어린 딸아이를
망명 생활의 동반자로 데리고 갔는데, 어머니의 이름
카스밀라를 조금 바꾸어 딸아이를 카밀라라고 불렀지.
그는 아이를 품에 안고 긴 산등성이와 인적 드문 숲들을 찾았지.
무자비한 창들은 사방에서 그를 압박하고,　　　　　　　　　545

볼스키족 군사들은 그를 추격하며 주위를 맴돌았지.
보라, 그가 도망치고 있는 도중에 아마세누스 강이 강둑 위로
범람하며 거품을 일으키고 있었으니, 구름에서 그만큼 큰비가
쏟아졌던 것이지. 그는 헤엄쳐 건너려 했으나 아이에 대한 사랑이
그를 망설이게 했으니, 사랑스런 짐이 염려되었던 것이지.   550
그는 온갖 궁리 끝에 마침내 이렇게 하기로 갑자기 결심했지.
그는 전사로서 마침 강한 손에 엄청나게 큰 창은 들고 있었는데,
그것은 단단하고 옹이투성이고 잘 건조된 나무로 만들어져 있었지.
그는 딸아이를 먼저 야생 코르크나무의 껍질로 싼 다음
창 자루의 한가운데에다 던지는 데 방해가 안 되도록 묶고 나서,   555
그것을 강력한 오른손에 꼬나들고 대기를 향해 말했지. '숲 속에 사시는
자애로운 처녀신이시여, 라토나의 따님이시여, 아버지로서 나는 몸소
이 애를 그대에게 시녀로 바치나이다. 이 애는 그대의 탄원자이며, 이 애가
적을 피해 하늘을 날 때 들고 있는 첫 번째 무기는 그대의 것이옵니다.
여신이시여, 믿을 수 없는 바람에 맡기는 이 애를 부디 거두어주소서!'   560
이렇게 말하고 그는 팔을 뒤로 젖혔다가 힘껏 창을 던졌지.
아래로는 물결이 으르렁거리는 가운데 불쌍한 카밀라는 윙윙거리는
창에 붙어 세차게 흘러가는 강물 위로 날았지. 한편 메타부스는
어느새 적군의 대부대가 가까이 압박해 들어오자 강물에 뛰어들었지.
그러고 나서 그는 의기양양하게 맞은편 잔디밭에서   565
트리비아³⁴에게 선물로 바친 딸아이와 함께 창을 뽑았지.
그를 집 안으로, 성벽 안으로 받아주는 도시는 하나도 없었어.
그는 본성이 거칠어 자기를 환영한다 해도 응하지 않았을 거야.
그래서 그는 외딴 산에서 목자 생활을 했지.
거기 덤불들과 야수들의 울퉁불퉁한 잠자리에서 그는   570

부드러운 입안에다 젖꼭지에서 젖을 짜 넣어
말들에게서 짜낸 젖으로 딸아이를 길렀지.
하나 아이가 두 발로 똑바로 서기 시작하자,
그는 아이의 손을 날카로운 창으로 무장시키고,
작은 어깨에다 활과 화살을 걸어주었지.   575
머리채를 묶어주는 황금 고리 대신, 출렁이는 긴 겉옷 대신
호피(虎皮)가 정수리에서 등 뒤로 매달려 있었지.
그때 벌써 그녀는 부드러운 손으로 어린이용 무기를 던질 수
있었고, 투석기를 그 꼰 끈으로 머리 위로 빙글빙글 돌려
스트뤼몬 강에서 날아온 학과 흰 백조를 쏘아 떨어뜨릴 수 있었지.   580
튀르레니아의 도시들에서는 수많은 어머니들이 그녀를
며느리 삼기를 원했으나 소용없는 짓이었지. 그녀는 오직
디아나만을 섬기며 아무 흠 없이 무구와 처녀성에 대한
영원한 사랑을 간직하고 있었으니까. 그녀가 이런 전쟁에 말려들어
테우케르 백성들에게 도전하려 하지 않았더라면 좋았을 것을!   585
나는 지금 그녀를 내 시녀들 중 한 명으로 사랑해주었을 텐데.
자, 요정이여, 그녀가 지금 쓰라린 운명에 핍박 받고 있으니,
너는 하늘에서 달려 내려가 불길한 전조 아래 무시무시한
전쟁이 벌어진 라티움의 나라를 찾아가라! 너는
여기 이것들³⁵을 받고, 화살통에서 복수의 화살을 뽑도록 하라.   590
내게 바쳐진 신성한 육신을 상처로 더럽히는 자는 트로이야인이든
이탈리아인이든 그로 인해 내게 피로 똑같은 대가를 치르게 되리라.
그러면 내가 가련한 그녀의 육신과 약탈되지 않은 무구들을 구름에 싸서
날라주어 그녀의 고향에 있는 무덤에 안치하게 해줄 것이야."
디아나가 이렇게 말하자 오피스가 검은 회오리바람으로 몸을 가린 채   595

윙윙 소리를 내며 하늘의 가벼운 대기를 지나 미끄러지듯 내려왔다.

  한편 그사이 트로이야인들의 부대와 에트루리아인들의 지도자들과
전 기병대가 수에 따라 대오를 지어 성벽으로 다가가고 있었다.
군마들은 울면서 온 들판을 힘차게 발굽으로 밟았고,
바짝 죄는 고삐들과 싸우며 이쪽으로 벗어나는가 하면   600
저쪽으로 벗어나기도 했다. 농토는 온통 무쇠 창들을
곤두세웠고, 들판들은 들어올린 무구들로
불타고 있었다. 저쪽에서도 멧사푸스와 날랜 라티니족과
코라스 형제와 카밀라 소녀의 기병대가 맞서 싸우러
들판에 모습을 드러냈다. 그들은 오른손을 뒤로 멀리   605
젖혔다가 창을 앞으로 내밀거나 휘둘러댔다.
전사들은 점점 더 접근했고, 말들은 점점 더 울어 댔다.
서로 창 한 바탕 거리 안으로 진격했을 때 양군은 멈춰 섰다.
그들은 갑자기 함성을 지르며 돌진했고,
미쳐 날뛰는 말들을 격려했다. 그들이 사방에서 동시에   610
눈보라처럼 마구 무기를 던져대니 하늘이 어두워졌다.
이어서 한 튀르레니아인과 용맹스런 아콘테우스가
말을 타고 창을 꼬나든 채 힘차게 마주 달려왔다.
그들이 맨 먼저 굉음을 내며 적을 공격하니,
그들의 말들은 서로 가슴이 부딪혀 박살이 났다.   615
아콘테우스는 번개처럼 또는 공성 대포에서 발사된
돌덩이처럼 멀리 나가떨어져 바람 속으로 목숨을 흩어버렸다.

  그러자 즉시 대열들이 혼란에 빠지며 라티니족이 도시 쪽으로
말머리를 돌려 달아나며 방패로 등을 가렸다. 트로이야인들이
추격하자 아실라스가 앞에서 그들의 기병대를 이끌었다.   620

그들이 어느새 성문들에 접근했을 때 라티니족이 다시
함성을 지르며 말들의 부드러운 목을 돌렸다.
그러자 트로이야인들이 고삐를 늦춰주며 전속으로 달아났다.
그 모습은 마치 바닷물이 조수의 변화에 따라
뭍으로 거품을 일으키며 몰려와 바위들을 타넘어 625
부챗살처럼 가장 먼 쪽의 모래톱 위에 부서지다가는, 이내
그 역류의 힘으로 조약돌들을 빨아들였다가 여울이 물러가고
해안이 마르는 가운데 그것들을 굴리며 서둘러 물러갈 때와도 같았다.
에트루리아인들은 등을 돌린 루툴리족을 두 번이나 성문으로
추격했고, 두 번이나 패퇴하며 방패로 등을 가리고 뒤돌아보았다. 630
그러나 그들이 세 번째로 맞붙어 싸우며 모든 대열들을
한데 엮었을 때, 전사는 저마다 상대 전사를 골랐다.
그러자 죽어가는 자의 신음 소리가 일었고, 무구들과 시신들은
피 속에 깊숙이 잠겼고, 반쯤 죽은 말들은 전사들의 시신과
뒤섞여 굴러다녔으며, 전투는 점점 더 뜨거워졌다. 635
오르실로쿠스는 레물루스 자신에게는 다가가기가 겁나
창으로 그의 말을 맞히자 무쇠 창끝이 말의 귀 밑에 꽂혔다.
말이 부상을 참지 못하고 충격에 미쳐 가슴을 높이 들고
앞발로 허공을 차며 뒷발로 우뚝 서자, 레물루스가
나가떨어져 땅바닥에 뒹굴었다. 카틸루스는 이올라스와 640
용기도 절륜하지만 몸집도 크고 팔도 굵은 헤르미니우스를 쓰러뜨렸다.
투구를 쓰지 않은 그자의 정수리에서는 금발이 흘러내리고 있었고
양어깨도 드러나 있었으니, 부상이 두렵지 않았던 것이다.
그자의 큰 덩치가 무구들에 노출되어 있어 창이 그자의 넓은 어깨를
뚫고 떨면서 거기 꽂히자 그자는 괴로워 몸을 반으로 접었다. 645

도처에서 검은 피가 쏟아졌다. 그들은 전투에서 무쇠로
죽음을 안겨주며 부상을 헤치고 영광스런 죽음을 찾아다녔다.
    한편 이러한 살육의 한가운데에서 화살통을 멘 카밀라가
아마존족[36]처럼 전투를 위하여 한쪽 젖가슴을 드러낸 채
기뻐 날뛰며 때로는 나긋나긋한 창을 잇달아 던지는가 하면   650
때로는 지칠 줄 모르는 손으로 묵직한 양날도끼를 휘둘렀다.
그녀의 어깨에는 디아나의 황금 활과 화살들이 덜거덕거렸다.
그녀는 심지어 패퇴하여 도망치면서도
활을 뒤로 돌려 적군에게 화살을 겨누곤 했다.
그녀의 주위에는 가려 뽑은 시녀들인 처녀 라리나와 툴라와   655
청동 도끼를 휘두르는 타르페이야가 따라다녔다.
이들은 여신과도 같은 카밀라가 자신에게 자랑거리가 되도록 손수 고른
이탈리아 여인들로 평화 시에나 전시에나 훌륭한 시중꾼들이었다.
그들은 얼어붙은 테르모돈 강물에 말발굽을 울리며 힙폴뤼테[37]를
둘러싸고 문장을 새겨 넣은 무구들을 들고 싸울 때의,   660
또는 마르스의 딸 펜테실레아가 전차를 타고 돌아오고
여인들의 대열들이 초승달 같은 방패를 들고 요란하게
환호성을 지를 때의 트라키아 땅의 아마존족과 같았다.
    사나운 소녀여, 그대는 누구를 맨 먼저, 누구를 맨 나중에
쓰러뜨렸으며, 죽어가는 자들을 얼마나 많이 땅에 뉘였소이까?   665
클뤼티우스의 아들 에우네우스가 맨 먼저였다.
그가 덤벼들었을 때 그녀가 긴 전나무 창으로 그의 드러난 가슴을
찔렀던 것이다. 그는 피를 냇물처럼 토하며 고꾸라져 피투성이가 된
땅바닥을 깨물었고, 죽으면서 자신의 상처 위에서 몸부림쳤다.
이어서 그녀는 리리스를, 그리고 그 위에다 파가수스를 죽였는데,   670

전자는 칼에 찔린 그의 말이 뒷발로 서는 바람에 말에서 굴러 떨어져 고삐를
잡으려 했을 때, 후자는 넘어진 전우를 부축하려고 무장하지 않은 오른손을
내밀었을 때 그렇게 했다. 그들은 나란히 곤두박질쳤다. 이들에게 그녀는
힙포타스의 아들 아마스트루스를 딸려 보냈고, 몸을 앞으로 구부려 멀리서
창으로 테레우스와 하르팔뤼쿠스와 데모포온과 크로미스를 따라잡았다.   675
소녀가 창을 힘껏 던질 때마다 프뤼기아의 전사가 한 명씩 쓰러졌다.
조금 떨어진 곳에서 사냥꾼 오르뉘투스가 처음 보는 무구들로
무장한 채 이아퓌기아의 말을 타고 지나가고 있었다.
그는 싸우기 좋아하는 수송아지에서 벗긴 모피로
넓은 어깨들을 가리고 있었고, 머리에는 늑대의 쩍 벌린   680
아가리를 턱뼈와 흰 이빨들이 달린 그대로 쓰고 있었다.
그는 손에 농촌의 사냥용 창을 들고 기병대의 한복판에서 움직이고
있었는데, 다른 사람들보다 머리 하나쯤 더 컸다. 카밀라는 그를 따라잡아
(대열이 돌아서서 도망치던 터라 그것은 힘든 일은 아니었다)
찌르고는 쓰러진 적 위에서 적개심에서 이렇게 말했다.   685
"튀르레니아인이여, 그대는 숲 속에서 들짐승을 몰아 대는 줄 알았더냐?
드디어 그대들의 호언장담을 여인들의 무구로 반박하는 그날이 온 것이다.
하지만 그대는 선조들의 망령들에 결코 경멸스럽지 않은 이름을
전하게 되리라. 그대가 카밀라의 창에 쓰러졌다고 고한다면 말이다."
    그 뒤 곧 그녀는 테우케르 백성들 중 가장 덩치가 큰   690
오르실로쿠스와 부테스를 죽였다. 그녀는 등을 돌려 달아나는
부테스의 가슴받이와 투구 사이를 창으로 찔렀는데, 그곳은 기수의
목이 환하게 빛나고 방패가 왼쪽 어깨에서 아래로 처지는 곳이다.
오르실로쿠스를 그녀는 큰 원을 그리며 피해 달아나다가
원을 안으로 잘라 들어오며 추격자를 도로 추격했던 것이다.   695

그가 살려 달라고 아무리 애걸복걸해도 그녀는 우뚝 서더니
묵직한 도끼로 전사의 무구와 뼈를 박살내며 거듭해서 내리쳤다.
그러자 상처에서 나온 뜨뜻한 뇌가 그의 얼굴에 튀었다.
압펜니누스의 주민인 아우누스의 전사 아들이 그녀와 마주치자
갑작스런 그녀의 모습에 겁에 질려 꼼짝못하고 그 자리에 서 있었다.   700
운명이 아직도 그에게 기만을 허용하는 동안에는 그는 리구레스족 가운데
가장 못난 자는 아니었다.[38] 도망쳐서 싸움에서 벗어나기는 이미 늦었고
공주의 공격을 따돌리는 것은 불가능하다는 것을 알아챘을 때,
그는 계략을 쓰기로 결심하고 이렇게 말했다. "여인으로 그대가
힘센 말에 의지한다면 그게 뭐 그리 대견한 일이라 할 수 있겠소?   705
그러니 그대는 도망칠 생각일랑 그만두고 보병으로서 싸울
채비를 하고 평평한 땅 위에서 나와 일대일로 겨루도록 하시오.
그대는 누가 공허한 명예욕에 속아 망하게 되는지 알게 될 것이오."
그러자 그녀는 그의 모욕적인 말에 분기충천하여 동행한 시녀에게
말을 넘겨주고는 똑같이 무장한 채, 칼을 빼들고   710
아무 문장도 없는[39] 방패를 든 채 두려움 없이 보병으로 그와 맞섰다.
하나 젊은이는 자기가 꾀로 이겼다고 믿고는 나는 듯이 달아났고,
(지체 없이) 말고삐를 돌려 무쇠 박차로 날랜 네발짐승을 재촉하며
황급히 도망치기 시작했다. "이 멍청한 리구레스족이여,
공허한 자만심에 부질없이 부풀어 있는 자여,   715
그대는 선조들의 미끌미끌한 재주를 시험해보았으나
아무 소용 없을 것인즉, 그대의 속임수는 음흉한 아우누스에게
그대를 무사히 데려다주지 못하리라!" 이렇게 말하고 소녀는
빠른 발로 번개처럼 달려 말을 추월하더니 앞을 막아섰다.
그리고 그녀는 고삐를 잡고 덤벼들어 적을 피로 응징했다.   720

그 동작이 어찌나 수월해 보였던지, 마치 신성한 매[40]가
높은 바위에서 날아올라 구름 사이로 높이 날고 있던 비둘기를
추격하여 쫓기던 비둘기를 붙잡고는 구부정한 발톱으로 내장을
꺼내면 하늘에서 핏덩이와 찢긴 깃털이 떨어질 때와도 같았다.
    하나 인간들과 신들의 아버지는 올륌푸스의 꼭대기에   725
높이 앉아 이 모든 것을 결코 안 보고 있는 것이 아니었다.
아버지는 튀르레니아인 타르콘을 사나운 싸움터로 내몰며,
결코 부드럽지 않은 막대기로 그의 분노를 부추겼다.
그리하여 타르콘이 말을 타고 살육과 퇴각하는 무리들 한가운데로
달려가 온갖 말로 기병대들을 부추겼고, 각자의 이름을 부르며   730
패퇴하는 자들을 다시 싸우도록 재결속시켰다.
"부끄러운 줄도 모르고 언제나 게을러빠진 튀르레니아인들이여,
무슨 두려움이, 무슨 비겁함이 그대들의 마음을 사로잡았단 말이오?
한 여인이 우리를 사방으로 흩으며 이 대열들을 돌려세우고 있소.
칼은 어디에 쓰는 것이며, 무기는 왜 들고 다니오, 쓰지도 않으면서?   735
그대들은 연애나 야간 전투[41]에는 결코 동작이 느리지 않소,
그리고 구부정한 피리가 박쿠스의 윤무로 그대들을 청할 때에도.
그대들은 풍성한 식탁의 회식과 술잔이나 기다리고 있구려,
(그것이 그대들의 사랑이자 관심사니까) 예언자가 좋은 전조를
알리고 기름진 제물이 그대들을 높다란 임원으로 부를 때까지!"   740
이렇게 말하고 그는 자신도 죽을 각오를 하고 적군 한가운데로
말을 달려 회오리바람처럼 베눌루스에게 덤벼들었다.
그리고 그는 적장을 말에서 낚아채어 오른손으로 감더니
있는 힘을 다해 자기 앞으로 끌어당기고는 질주했다.
그러자 함성이 하늘에 닿았고, 라티니족은 모두 눈을 돌렸다.   745

타르콘은 들불처럼 평야를 내달으며 무구와 전사를 함께 날랐다.
그러더니 그는 적장의 무쇠 창끝을 꺾어
치명상을 입힐 수 있는 노출된 부위를 찾았다.
하나 적장은 자기 목에서 그의 손을 뿌리치려고
반격을 가하며 완력으로 완력에서 벗어나려 했다.   750
그 모습은 마치 황갈색 독수리가 뱀을 채어 발톱을 박고는
발가락으로 움켜쥐고 날아갈 때와도 같았다.
부상당한 뱀은 몸을 비틀어 똬리를 틀고 비늘을
곤두세우며 고개를 들어 쉿 소리를 내어보지만
독수리는 덤벼드는 뱀을 구부정한 부리로 쪼며   755
동시에 날개로 대기를 친다. 그와 다르지 않게 타르콘은
티부르인들의 대열로부터 의기양양하게 전리품을 나르고 있었다.
그러자 자신들의 지도자의 성공적인 본보기에 따라 마이오니아인들[42]이
돌진했다. 그때 운명에 의해 곧 죽게 되어 있는 아룬스가
날랜 카밀라 주위를 맴돌며 그녀를 가장 쉽게 칠 수 있는 곳을   760
찾고 있었다. 그는 창술에 있어서는 그녀를 훨씬 능가했다.
소녀가 대열 한가운데에서 미친 듯이 돌진하는 곳마다
아룬스는 그곳으로 따라가 소리 없이 미행했고,
그녀가 적에게 이기고 돌아가며 발걸음을 돌리는 곳마다
젊은이는 눈에 띄지 않게 재빨리 말머리를 그쪽으로 돌렸다.   765
도처에서 그녀의 주위를 맴돌며
이쪽에서 때로는 저쪽에서 접근하며 그는
불한당답게 백발백중하는 창을 흔들어 댔다.
　그때 마침 전에는 퀴벨루스 산에서 여신[43]을 섬기는 사제였던
클로레우스가 나타났다. 그는 멀리서도 알아볼 수 있도록 프뤼기아의   770

무구를 번쩍이며 거품 문 말을 몰고 있었는데, 말은 청동 비늘들을
황금못으로 깃털 모양 박은 모피를 입고 있었다. 그 자신은 이국풍의 진한
자줏빛으로 환히 빛나며 뤼키아 활에서 고르튀나[44] 화살을 쏘고 있었다.
예언자가 어깨에 메고 다니는 활은 황금 활이었고, 그가 쓰고 다니는
투구도 황금 투구였다. 그때 그는 린넨 천으로 만든 사프란색 외투의   775
바스락거리는 옷자락들을 적황색 황금 브로치로 한데 잡아매고 있었다.
그가 입고 있는 투니카와 동방의 바지는 다채롭게 수놓아져 있었다.
신전들에 트로이야의 무구들을 걸어두기 위함이었든지,
그의 황금을 빼앗아 자신이 입고 다니기 위함이었든지, 소녀는
사냥꾼 모양 전쟁터에서 싸우는 모든 사람들 중에서 오직 그만을   780
골라 다른 사람은 거들떠보지도 않고 맹목적으로 추격하며
온 대열 사이로 조심성 없이 질주했다, 전리품을 얻겠다는
여인의 욕심에 불타며. 마침내 아룬스에게 기회가 오자
그는 엿보고 있던 곳에서 창을 들어 겨누며 하늘의 신들에게 기도했다.
"신들 중에 가장 높으신 분이시여, 신성한 소락테 산의 수호자이신   785
아폴로 신이시여, 우리가 맨 먼저 그대를 숭배해왔습니다. 우리는
소나무 장작을 쌓아올려 그대의 화염이 꺼지지 않게 하며, 그대의 의식 때는
우리의 신심을 믿고는 잉걸불을 발로 밟으며 불 한가운데를 걸었습니다.
아버지시여, 우리의 무구로 이 치욕을 제거해주소서, 전능하신 분이시여!
내가 바라는 것은 빼앗은 무구들도 아니고, 패배한 소녀에 대한   790
전승 기념물도 아니며, 어떤 전리품도 아닙니다. 명예라면 내게
다른 행적이 가져다줄 것입니다. 저 흉측한 괴물이 내 손에 부상당하고
쓰러지기만 한다면, 나는 아무 명예도 없이 고향 도시로 돌아갈 것입니다."
   포이부스가 듣고는 기도의 일부는 이루어주기로 결심하고
다른 일부는 날아가는 바람에 흩어버렸으니,   795

혼란에 빠진 카밀라를 갑작스레 죽여 뉘는 것은 승낙했으나
돌아가 고향 언덕을 보는 것은 허락하지 않았던 것이다.
그의 이 말은 남풍이 부는 곳으로 돌풍이 휩쓸어가버렸다.
그리하여 그의 손을 떠난 창이 윙윙거리며 바람을 갈랐을 때,
볼스키족은 모두 긴장하여 마음과 눈을 그들의 여왕 쪽으로 향했다. 800
하지만 정작 그녀 자신은 바람 소리도 하늘에서 날아오는
무기도 전혀 알아차리지 못했다. 마침내 창이 그녀의
드러난 젖가슴 아래로 뚫고 들어가 매달린 채
깊숙이 자리 잡고는 처녀의 피를 빨아마셨다.
그러자 동행한 시녀들이 달려와 넘어지는 여주인을 부축했다. 805
가장 놀란 것은 아룬스였다. 기쁨이 두려움과
섞이는 가운데 그는 도망치기 시작했다.
더 이상 자신의 창을 믿거나 소녀의 무구와 맞설 용기가
없었던 것이다. 그 모습은 마치 늑대가 목자나
큰 수송아지를 죽이고 나서 적대적인 무구들이 추격해 오기 전에 810
지체 없이 길을 피해 높은 산속에 몸을 숨기며
자기가 간 큰 짓을 했음을 알고는 떨리는 꼬리를 내려
배 밑에다 붙인 채 숲 속으로 향할 때와 같았다.
그와 다르지 않게 아룬스는 당황하여 시야에서 벗어나
도망치는 것으로 만족하며 군사들의 한가운데로 섞여들었다. 815
카밀라는 죽어가며 창을 잡아당겼다.
그러나 무쇠 창끝은 갈비뼈 사이의 깊은 상처에 단단히 박혀 있었다.
그녀는 출혈로 의식을 잃어가고 있었고, 두 눈도 싸늘한 죽음으로
빛을 잃어가고 있었으며, 불그스름하던 혈색도 사라지고 있었다.
마지막 숨을 거두며 카밀라는 또래들 중에서 유일하게 악카에게 820

말을 걸었는데, 카밀라는 누구보다도 그녀를 신뢰했고
그녀에게만 마음속 걱정을 털어놓곤 했다. 카밀라는 그녀에게 말했다.
"나와는 자매간이나 다름없는 악카여, 나는 더 이상 어떻게 할 수가
없구나. 잔혹한 상처가 힘을 빼앗아가고, 주위의 모든 것이
어두워지기 시작했어. 너는 달려가 투르누스에게 내 마지막   825
부탁을 전해줘. 그가 나 대신 전투에 가담하여 도시에서
트로이야인들을 물리치라고 말이야. 자, 잘 있거라!" 그녀는 고삐를
놓으며 본의 아니게 땅 위로 미끄러졌다. 이어서 그녀는 싸늘하게
식어 차츰차츰 육신에서 해방되며 목을 축 늘어뜨렸고 죽음에
사로잡힌 머리를 떨구었다. 그리고 그녀가 무구를 놓아버리자   830
그녀의 목숨이 신음하고 원망하며 그림자들에게로 내려갔다.
그러자 이루 말할 수 없는 소음이 일더니 금빛 별들에 닿았다.
카밀라가 쓰러지고부터 전투는 더 거칠어지기 시작했고,
테우케르 백성들의 전 부대와 튀르레니아인들의 지도자들과
에우안드루스의 아르카디아인 기병대들이 똘똘 뭉쳐 진격했다.   835

    한편 트리비아의 파수꾼인 오피스는 산꼭대기에
높다랗게 앉아 겁 없이 이 전투를 지켜보고 있었다.
그리고 그녀가 멀리 전사들이 미쳐 날뛰는 한가운데에
카밀라가 비참한 죽음에 얻어맞은 것을 보았을 때
한숨과 함께 가슴속 가장 깊숙한 곳에서 이런 말이 흘러 나왔다.   840
"아아! 소녀여, 너는 테우케르 백성들에게 싸우자고
도전하다가 너무나 가혹한, 너무나 가혹한 대가를 치렀구나!
너는 수풀 속에서 혼자 외롭게 살며 디아나를 숭배하고
어깨에 우리의 화살들을 메고 다녔건만, 그것도 너에게는
도움이 되지 못했구나. 하나 여왕께서는 네가 죽는 마지막 순간   845

아무 명예도 없이 너를 버린 것은 아니니라. 네 죽음은 민족들
사이에서 유명해질 것이며, 아무도 너를 위해 복수해주지 않았다는
말을 듣지는 않으리라. 상처로 네 육신을 훼손한 자가 누구든
그는 의당 죽음으로 대가를 치르게 될 테니까." 어떤 높은 산의
기슭에 너도밤나무가 그늘을 드리우는 큰 봉분이 하나 있었다. 850
그것은 라우렌툼의 옛날 왕 데르켄누스의 무덤이었다.
더없이 아름다운 여신[45]은 훌쩍 뛰어와 먼저 이곳에
자리 잡고 서서 봉분 위에서 계속해서 아룬스를 살펴보고 있었다.
그녀는 그가 무구를 번쩍이며 공허하게 허풍떠는 것을 보자
말했다. "왜 옆으로 벗어나지? 발걸음을 이리로 향하거라. 855
이리로 와서 죽어 카밀라를 죽인 대가를 치르란 말이야.
너 같은 것도 디아나의 화살에 죽어야 하는 거니?"
이렇게 말하고 트라키아의 요정은 황금 화살통에서
날개 달린 화살을 꺼내더니 죽이겠다는 의도로 활을 당겼다.
그녀가 활시위를 뒤로 한껏 잡아당기자, 860
활의 양끝이 구부러져 서로 닿았고, 양손이 균형을 이루는 가운데
왼손은 무쇠 화살촉에, 시위를 쥔 오른손은 젖가슴에 닿았다.
그리고 그 순간 화살이 윙윙거리며 바람을 가르는 소리를
아룬스는 들었는데 무쇠 화살촉은 어느새 그의 몸에 꽂혀 있었다.
신음하며 마지막 숨을 거두는 그를 그의 전우들은 잊어버리고 865
이름 모를 들판의 먼지 속에 누워 있게 내버려두었고,
오피스는 날개를 타고 하늘에 있는 올림푸스로 올라갔다.
 여주인을 잃게 되자 카밀라의 경기병대가 맨 먼저 달아나기 시작했다.
루툴리족도 무질서하게 달아났고, 용맹스런 아티나스도 달아났다.
뿔뿔이 흩어진 지도자들과 버림받은 부대들도 870

안전한 곳을 찾아 말머리를 돌려 성벽 쪽으로 향했다.
어느 누구도 죽음을 안겨주는 테우케르 백성들의 공격을
무기로 제지하거나 맞설 수 없었기에,
그들은 축 처진 어깨에 축 늘어진 활을 메고 돌아가고 있었고,
네발짐승들은 질주하며 부스러지는 들판을 발굽으로 짓이겼다. 875
구름 같은 시커먼 먼지가 소용돌이치며 성벽 쪽으로 굴러가자
망루들 위에 서 있던 어머니들이 가슴을 쳤고,
여인들의 곡소리는 하늘의 별들에 닿았다.
맨 먼저 달려와 열려 있는 성문들 안으로 뛰어든 자들은
적군의 무리가 그들과 섞여 그들을 바짝 뒤쫓고 있던 터라 880
비참한 죽음을 피하지 못했다. 그들은 바로 문턱 위에서,
조국의 성벽 안에서, 집 안의 안전한 피난처에서 창칼에 찔려
숨을 거두었던 것이다. 그들 중 일부는 문을 닫았고 감히 전우들에게
길을 열어주거나 간청하는 자들을 성벽 안으로 받아들이지 못했다.
그리하여 들어오는 것을 무기로 막으려는 자들과 무기를 향해 885
뛰어드는 우군 사이에 가장 비참한 살육전이 벌어졌다.
부모들이 눈물을 흘리며 보는 앞에서 성문 밖에 남게 된 자들 가운데
일부는 패주병들이 뒤에서 밀어붙이는 바람에 해자 속으로
거꾸로 굴러 떨어졌고, 일부는 고삐를 늦추고는 맹목적으로
돌진해와서 문짝들과 빗장을 지른 단단한 문설주를 들이받았다. 890
어머니들조차도 다투어 성벽 위에서 (카밀라의 본보기를
보았을 때 진정한 애국심이 그들에게 길을 가리켜주었던 것이다)
재빨리 무기를 던져대며 단단한 참나무 곤봉들과
불에 달구어져 단단해진 말뚝들이 무쇠의 역할을 하게 했다.
어머니들은 달아올라 성벽을 위해 죽을 각오가 되어 있었던 것이다. 895

그사이 숲 속에 있던 투르누스의 귀에 가장 비참한 소식이
들려왔으니, 악카가 전사에게 대참사의 이야기를 들려주었던 것이다.
볼스키족의 대열들은 궤멸되고 카밀라는 전사했으며,
적군은 사납게 공격하며 마르스의 호의로 모든 것을 휩쓸었고,
어느새 공포가 성벽에 다가가고 있다는 것이었다. 900
그러자 투르누스는 미쳐서 (그것은 윱피테르의 준엄한 뜻이기도 했다)
매복하고 있던 언덕을 버리고 야생의 숲을 떠났다.
그가 시야에서 벗어나 들판에 이르자마자
아버지 아이네아스가 열려 있는 협곡 안으로 들어가
등성이를 넘고 어두운 숲 속에서 벗어났다. 905
그리하여 두 사람은 전군을 이끌고 신속히 성벽을 향해 나아갔고,
이제 그들은 서로 멀리 떨어져 있지 않았다.
아이네아스는 앞쪽의 들판에서 먼지가 연기처럼 이는 가운데
라우렌툼의 부대가 그것을 건너는 것을 보았다.
같은 순간 투르누스는 사나운 아이네아스가 무장하고 있는 것을 910
알아보았고, 발 구르는 소리와 말들의 숨소리도 들었다.
그들은 당장 어우러져 싸우며 무운(武運)을 시험해보았을 것이나,
장밋빛 포이부스가 어느새 지친 말들을
히베리아의 바다에 담그며 지는 낮에 이어 밤을 도로 데려왔다.
그래서 그들은 도시 앞에 진을 치고 방어벽을 구축했다. 915

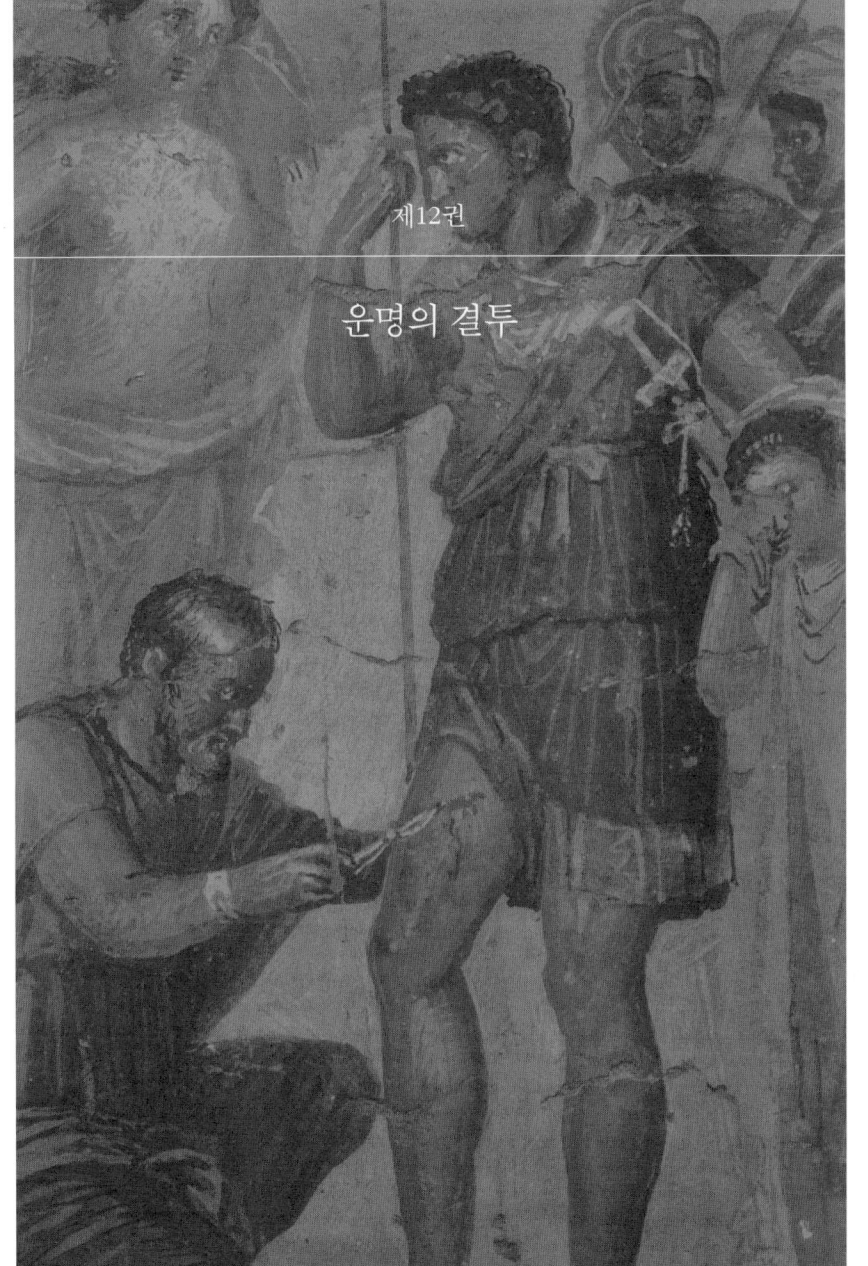

제12권

운명의 결투

투르누스는 전세가 역전되어 라티니족이 사기가 떨어지고
의기소침해 있는 것을 보자, 그리고 약속한 것[1]을 이제 실천하라는 듯
모든 시선이 자기를 향하고 있는 것을 보자, 스스로 화해할 수 없는
분노를 불태우며 용기를 냈다. 마치 포이누스인들의 들판에서
사자가 사냥꾼들에게 가슴에 큰 부상을 입고서야   5
비로소 싸우려고 나아가면서 전의에 넘쳐 목에서
너울거리는 갈기를 흔들어 대고 불한당이 던진 창을 겁 없이
몸에서 부러뜨리며 피투성이가 된 입으로 울부짖을 때와도 같았다.
그와 다르지 않게 달아오른 투르누스에게도 분노가 끓어올랐다.
그는 분을 이기지 못하고 마침내 왕에게 이렇게 말했다.   10
"투르누스 때문에 지연되어서는 안 될 것입니다. 아이네아스의 비겁한
백성들로서는 약속을 취소하거나 협정을 어길 핑계가 없을 것입니다.
나는 싸울 것입니다. 그러니, 아버지시여, 제물을 내오시고
계약을 맺으십시오. 나는 아시아에서 도망쳐 온, 다르다누스의 후손을
이 오른손으로 타르타라로 보내 (라티니족은 앉아서 구경이나 하시오)   15
공동의 치욕을 혼자서 칼로 물리치거나 아니면 그가 패배자들을
다스리고 라비니아는 그의 신부가 되게 하십시오!"
 그에게 라티누스가 차분한 마음으로 대답했다. "오오! 용맹이
절륜한 젊은이여, 자네가 사나운 용기에서 뛰어날수록 나는
무엇이 최선인지 그만큼 더 깊이 생각해야 하고 두려운 마음으로   20

온갖 우연을 저울질해봐야 하네. 자네의 아버지 다우누스는 자네에게
왕국을 물려주었고, 자네는 또 손수 함락한 도시를 많이 갖고 있네.
게다가 라티누스는 황금이 많고 인색하지 않네.
라티움과 라우렌툼의 들판에는 아직도 결혼하지 않은, 결코 한미하지
않은 집안의 소녀들이 많이 있네. 자네로서는 결코 말하기 쉽지   25
않은 것을 내가 솔직히 말하게 해주되, 그것을 마음속에 명심하시게나.
내 딸을 이전의 구혼자들 중 어느 누구와도 결혼시키지 않는 것이
내 의무이며, 신들도 인간들[2]도 모두 그렇게 예언했네.
하지만 나는 자네에 대한 사랑에, 내 아내의 혈연[3]과 슬픔의 눈물에
져서 모든 의리를 저버리고 사위[4]에게서 약속된 신부를   30
빼앗음으로써 불경한 무기를 손에 들었던 것이라네.
그로 인하여, 투르누스여, 어떤 전쟁의 재앙이 나를
덮치고 있는지, 누구보다도 먼저 자네가 어떤 고생을 하고 있는지
자네도 보고 있지 않소! 우리는 큰 싸움에서 두 번이나 패하여
우리의 성벽으로도 이탈리아의 희망을 지키지 못할 지경이 되었네.   35
튀브리스 강물은 아직도 우리의 피로 따뜻하며, 넓은 들판에는
우리의 백골이 널려 있네. 나는 왜 그토록 자주 되돌아갔으며,[5]
어떤 광기가 내 뜻을 바꿔놓았던가? 투르누스가 죽은 뒤 내가
그들[6]을 전우들로 맞을 작정이라면, 왜 차라리 그가 성할 때에 전쟁을
끝내지 못하는가? 내가 여기서 내 딸에게 구혼하고 있는 자네를   40
죽음에 넘겨준다면 (그런 일은 운명이 막아주기를!) 자네의 혈족들인
루툴리족이, 그리고 나머지 이탈리아가 뭐라고 하겠는가?
자네는 전쟁의 운세가 변화무쌍함을 명심하여 지금 자네와 멀리 떨어져
고향인 아르데아에서 자네를 위해 슬퍼하고 있을 늙은 아버지를
불쌍히 여기시게나." 이런 말도 투르누스의 분노를 누그러뜨리기는커녕   45

더 키웠으니, 치료가 오히려 증세를 더 악화시켰던 것이다.
그는 말할 수 있게 되자 이렇게 대꾸했다. "가장 훌륭하신 분이시여,
나를 위한 염려라면 부디 나를 위해 내려놓으시고,
내가 죽음과 명성을 맞교환하게 해주십시오. 아버지시여,
나도 무기들과 결코 허약하지 않은 무쇠를 오른손으로 던지며,   50
내가 입힌 상처에서도 피가 흘러내립니다. 여신인 그의 어머니도
도망치는 그를 여자답게 구름으로 가려주려고
공허한 그림자 속에 숨어서 그에게 다가가지 못할 것입니다.'"

    하나 왕비는 전세의 새로운 변화에 크게 놀라 눈물을 흘리며
자신의 죽음이 임박했음을 알고는 달아오른 사윗감을 만류하려 했다.   55
"투르누스여, 나의 이 눈물에 걸고, 자네가 마음속으로 느꼈을 법한
아마타에 대한 존경심에 걸고 내 자네에게 이 한 가지만 부탁하겠네.
자네는 지금 유일한 희망이고, 내 비참한 노년의 위안이며, 라티누스의
영광과 왕국은 자네 손에 달렸으며, 기울어지는 이 집은 전적으로
자네에게 달려 있네. 자네는 테우케르 백성들과의 전쟁을 그만두시게나.   60
이번 전투에서 어떤 운명이 자네를 기다리고 있다면 그것은 또한
나를 기다리고 있는 것이네, 투르누스여. 자네가 죽으면 나도
이 가증스런 빛을 떠날 것이며, 포로가 되어 아이네아스가 사위가 되는
꼴은 보지 않을라네." 라비니아는 어머니의 이런 말을 듣고
눈물을 흘렸다. 그녀의 타오르는 두 볼은 눈물에 젖었고,   65
타는 듯이 발갛게 달아오르는 빛이 얼굴에 퍼졌다. 그 모습은
마치 누군가 인디아의 상아에 핏빛의 자주색을 칠할 때나
또는 흰 백합들이 수많은 장미 속에서 붉은빛을 띨 때와도 같았다.
꼭 그런 빛을 소녀는 얼굴에 띠고 있었다. 투르누스는 사랑으로
혼란에 빠져 소녀에게서 눈을 떼지 못했다.   70

하지만 그는 더욱더 전의가 불타올라 아마타에게 단호하게 말했다.
"어머니, 제발 부탁입니다. 가혹한 마르스의 싸움터로 가는 나를 위해
눈물을 흘리며 그런 불길한 전조[8]와 함께 전송하지 말아주십시오.
투르누스에게는 죽음을 늦출 재량이 없기 때문입니다.
이드몬이여, 자네는 프뤼기아의 참주에게 이 말을 전하도록 하라.   75
그것이 그를 즐겁게 하지는 않으리라. 내일 새벽의 여신이 하늘에
자줏빛 마차를 타고 발갛게 떠오르는 대로, 그는 루툴리족을 향해
테우케르 백성들을 인솔할 것이 아니라 테우케르 백성들과 루툴리족의
무구들은 쉬게 하라. 우리 두 사람의 피로 전쟁을 끝낼 것이다.
거기 들판에서 라비니아가 누구의 아내가 될 것인지 가려질 것이다."   80
    그는 급히 집으로 달려가 말들을 내오라고 했고,
말들이 면전에서 우는 소리를 듣자 마음이 흐뭇했다. 이 말들은
오리튀이아가 필룸누스에게 자랑거리가 되도록 선사한 것들로
눈보다 더 희고 바람보다 더 날랬다. 부지런한 마부들이
말들 주위에 서서 손바닥으로 소리가 나도록   85
말들의 가슴을 두드려주며 흘러내리는 갈기를 빗어주었다.
이어서 투르누스는 황금과 번쩍이는 놋쇠 비늘들이 달린 가슴받이를
어깨에 두르고, 동시에 칼과 방패와, 뿔 구멍에 붉은 깃털 장식이
꽂혀 있는 투구를 잘 맞는지 시험해보았다. 그 칼은 불의 신이
그의 아버지 다우누스를 위해 손수 만든 것으로   90
그것이 발갛게 달았을 때 스튁스 강의 물속에 담갔던 것이다.
그는 홀 한가운데의 큰 기둥에 기대 서 있던 단단한 창을 호기 있게
집어 들었다. 그가 아우룽키족인 악토르에게 빼앗은 것이었다.
그는 그것이 떨릴 때까지 휘두르며 외쳤다.
"이제야말로, 내가 결코 헛되이 부른 적이 없는 내 창이여,   95

이제야말로 때가 되었구나. 전에는 가장 위대한 악토르가 너를 갖고 다녔으나
지금은 투르누스의 오른손이 너를 갖고 다닌단다. 너는 내가 프뤼기아의
계집 같은 사내⁹의 몸을 땅에 뉘고는 억센 손으로 가슴받이를
갈기갈기 찢어버리고, 뜨거운 무쇠로 곱슬곱슬 지지고 몰약에
담갔던 그의 머리털을 먼지 속에서 더럽히게 해다오!"   100
그는 미쳐 날뛰었다. 그는 달아올라 온 얼굴에서 불꽃이 튀었고,
매서운 눈에서는 불이 번쩍거렸다. 그 모습은 마치
황소가 싸움을 시작하기 전에 무시무시하게 울부짖고
뿔들 속으로 노기(怒氣)를 모으며 나무 밑동을
떠받고 바람을 뿔로 난도질하고 싸움을 위해   105
연습 삼아 모래를 쳐올려 뿌릴 때와 같았다.

    그사이 아이네아스도 어머니가 가져다준 무구들을 입고
그에 못지않게 사납게 전의와 노기를 돋우고 있었다.
그는 저쪽에서 제시한 조건¹⁰으로 전쟁을 끝낼 수 있어 기뻤다.
그리고 그는 운명의 뜻을 가르쳐주며 전우들과   110
두려워하고 불안해하는 이울루스를 위로하고 나서,
라티누스 왕에게 확답을 전하고 화친의 조건을
일러주도록 사절단에게 명령했다.

    새날이 밝아 산꼭대기에 빛을 뿌리기 시작하고 태양신의 말들이
깊은 바다에서 막 일어서 콧구멍을 쳐들고 빛을 내쉬자마자,   115
루툴리족과 테우케르 백성들은 큰 도시의 성벽 바로 밑
들판에다 결투를 위한 장소를 재고 나서 그 한가운데에
공동의 신들¹¹을 위하여 화로들과 잔디 제단들을 준비했다.
다른 사람들은 앞치마를 두르고 푸른 나뭇가지로
만든 화관을 이마에 쓴 채 샘물과 불을 가져왔다.   120

저쪽에서는 아우소니아인들의 군대가 다가왔다.
그들은 밀집대열을 이루고 성문을 가득 메우며 쏟아져 나왔다.
이쪽에서는 트로이야와 튀르레니아의 전군(全軍)이 서로 다르게
무장한 채 달려왔다. 그들은 마치 마르스의 거친 싸움이
부르는 듯 무쇠로 중무장하고 있었다. 수천 명이 모인 한가운데로   125
지도자들이 황금과 자줏빛을 뽐내며 부지런히 오갔는데,
앗사라쿠스 집안의 므네스테우스와 용감한 아실라스와
넵투누스의 후손으로 말을 길들이는 멧사푸스가 그들이다.
신호가 주어지자 그들은 각자 자기 자리로 물러가
땅에다 창을 꽂고는 거기에 방패를 기대놓았다.   130
그러자 어머니들과 무장하지 않은 군중과 힘없는 노인들이
열심히 쏟아져 나와 성탑들과 집들의 지붕들을 차지했고,
다른 사람들은 우뚝한 성문들 위에 자리 잡고 서 있었다.

    한편 유노는 언덕 꼭대기에서 (지금은 알바누스라고 불리지만
그때만 해도 그 산은 이름도 없고 명예와 영광도 없었다)   135
내다보다가 들판과 라우렌툼인들과
트로이야인들의 양군과 라티누스의 도시를 보았다.
그녀는 즉시 연못들과 으르렁거리는 강들을 다스리는 여신인,
(이런 명예는 하늘의 높은 왕인 윱피테르가
그녀의 처녀성을 빼앗은 후 그녀에게 내린 것이었다)   140
투르누스의 누이[12]에게 여신으로서 이렇게 말했다.
"요정이여, 강물의 영광이여, 내가 진심으로 아끼는 자여,
너도 알다시피, 고매한 윱피테르의 배은망덕한[13] 침상에 오른
모든 라티움의 여인들 중에서 나는 오직 너만을 좋아하여
기꺼이 너를 위해 하늘에 자리를 마련해주었다. 유투르나여,   145

내 너에게 닥친 고통을 알려주는 것이니, 나중에 나를 원망 마라!
행운의 여신이 허락하는 것처럼 보이고 운명의 여신들이 라티움에
성공을 허용하는 동안 나는 투르누스와 네 성벽들을 지켜주었다.
하나 지금 나는 젊은이가 힘에 부치는 운명에 맞서 싸우러 가고 있는 것을
보고 있다. 운명의 여신들의 날과 적의 힘이 그에게 다가가고 있다.   150
나는 차마 이 전투를, 이 조약을 내 눈으로 볼 수가 없구나. 하지만 너는
오라비를 더 효과적으로 돕기 위해 무언가를 감행하겠다면,
가보아라. 너는 그래도 될 것이다. 불행한 자들에게도
행운이 따를지 누가 알겠느냐!" 그녀가 이렇게 말하자 유투르나는
눈물을 쏟으며 세 번 네 번 자신의 사랑스런 가슴을 손으로 쳤다.   155
"지금은 눈물을 흘릴 때가 아니다." 사투르누스의 딸 유노가 말했다.
"너는 급히 달려가 무슨 방법을 써서라도 오라비를 죽음에서 낚아채든지,
아니면 전쟁을 부추겨 이미 맺은 조약을 파기하게 하라! 네가
무슨 짓을 감행하든 그 뒤에는 내가 있으니까!" 이렇게 격려하고
유노는 망설임과 마음의 혼란과 괴로움 속에 그녀를 남겨두고 떠나갔다.   160
　그사이 왕들이 도착했다. 라티누스는 당당하게 사두마차를
타고 왔다. 그는 빛나는 이마에 열두 줄기의 황금 빛살 관을
쓰고 있었는데, 그것은 그의 선조인 태양신[14]의 상징이었다.
투르누스는 백마 두 필이 끄는 전차를 타고 오고 있었는데,
넓은 무쇠 창끝이 달린 창 두 자루를 휘두르고 있었다.   165
이쪽에서는 로마 민족의 시조인 아버지 아이네아스가
별처럼 빛나는 방패와 하늘이 내려준 무구들을 번쩍이며
위대한 로마의 또 다른 희망인 아스카니우스를 데리고
진영에서 다가왔다. 그리고 흰옷을 입은 사제가
털이 센 돼지의 어린 새끼 한 마리와 아직 털을 깎지 않은   170

두 살배기 암양 한 마리를 불타는 제단으로 몰고왔다.
한편 왕들은 떠오르는 태양을 향해 눈을 돌리고는 소금을 친
곡식가루를 손으로 뿌리고 제물로 바칠 짐승들의 이마 꼭대기를
칼로 표시하고 나서15 잔으로 제단에 술을 부어 드렸다.
    이어서 경건한 아이네아스가 칼을 빼들고 이렇게 기도했다.   175
"지금 내 그대들을 부르오니, 태양신과, 그것을 위해 내가 그토록
많은 고통을 참고 견딜 수 있었던 여기 이 대지와, 전능하신 아버지와,
그분의 아내이신, 그대, 사투르누스의 따님과 (이제는,
이제는 제발 더 상냥하게 대해주소서!) 모든 전쟁을 관장하고
주재하시는 영광스런 마르스여, 내 증인이 되어주소서!   180
나는 또 샘들과 강들과, 높은 하늘의 신격들과 검푸른 바다의
신성들을 부르나이다. 혹시 승리가 아우소니아 사람 투르누스에게
돌아가게 되면, 패한 자들은 계약에 따라 에우안드루스의 도시로
물러가고 이울루스도 이 들판을 떠날 것이오. 후일에도
아이네아스의 백성들은 무기를 들고 반란을 일으키지 않을 것이며   185
이 왕국을 칼로 공격하지 않을 것이오. 하나 만약 승리의 여신이
우리가 이 전쟁에서 이기게 해주신다면 (나는 그러시리라고
믿지만 신들께서는 신의(神意)로써 그렇게 정해주시길!)
나는 테우케르 백성들에게 복종하라고 이탈리아인들에게 명령하지도
않을 것이며, 나를 위해 왕국을 요구하지도 않을 것이오. 양쪽 백성은   190
어느 쪽도 패하지 않고 동등한 조건으로 항구적인 동맹을 맺게
될 것이오. 나는 의식과 신들16을 제공할 것이오. 라티누스는 나의 장인으로
무구들과 통치권을 유지하게 될 것이오. 나를 위해 테우케르 백성들이
성벽을 쌓을 것이며, 라비니아는 도시를 위해 자기 이름을 주게 될 것이오."
    이렇게 아이네아스가 먼저 말했다. 그러자 그 뒤를 이어   195

라티누스가 하늘을 쳐다보며 별들을 향해 오른손을 내밀었다.
"아이네아스여, 나도 똑같은 힘들에 걸고, 대지와 바다와 별들과
라토나의 쌍둥이 자녀[17]와 두 얼굴의 야누스와 지하의 신들의
힘과 무자비한 디스의 신성한 거처에 걸고 맹세하오.
번갯불로 이 맹약을 재가해주시는 아버지께서도 들어주소서.   200
나는 제단에 손을 얹고 우리 사이에 있는 불과 신들을 증인으로 부르오.
사태가 어떻게 귀착되든 이탈리아인들에게 이 평화 조약을 깨는 날은
결코 오지 않을 것이며, 어떤 힘도 내 의지를 돌려놓지 못할 것이오.
설사 그 힘이 대지를 홍수와 뒤섞어 물결 속으로 쏟아 붓고
하늘을 녹여 타르타라로 만든다 하더라도 그런 일은 없을 것이오.   205
마치 이 홀이 결코," (그는 마침 오른손에 홀을 들고 있었다.)
"가지에서 부드러운 잎을 틔우거나 그늘을 드리우지 못하는 것처럼.
이 홀은 일단 맨 아래쪽 밑동에서 베어져 숲 속의 어머니 나무를
떠나고 무쇠에게 잎과 가지를 빼앗긴 이상, 전에는 나무였지만
지금은 장인(匠人)의 손이 그것을 보기 좋은 청동으로 싸서   210
라티움의 원로들에게 갖고 다니라고 주었기 때문이오."[18]
이런 말로 그들은 지도자들이 보고 있는 가운데에서
자신들 사이의 맹약을 다짐했다. 그러고 나서 그들은 격식에 따라
축성한 가축들을 불 위에서 잡아 아직도 살아 있는 동안
내장을 꺼내더니 접시에 가득 담아 제단 위에 쌓아올렸다.   215

　그러나 루툴리족은 줄곧 이 싸움이 불리해 보여
마음이 흔들리고 불편했는데, 두 사람의 힘이 같지 않다는 것을
가까이서 보게 되자 더욱더 그랬다. 말없이 마치 탄원자인 양
공손하게 눈을 내리깔고 제단으로 걸어가는
투르누스를 보자 그런 느낌은 확연해졌다. 그의 볼에서는   220

소년 티가 났고 그의 젊은 몸은 파리해 보이기까지 했다.
그의 누이 유투르나는 그런 말이 자꾸 퍼지며 군중들의 마음이
흔들리고 변하는 것을 보자 카메르스의 모습을 하고는 대열들
한가운데로 들어갔다. 그의 집안은 조상대대로 명문 거족이었고,
아버지는 용기로 이름을 날렸으며, 그 자신은 용맹스런 전사였다.   225
그녀는 자기가 해야 할 일이 무엇인지 모르지 않던 터라
대열들 한가운데로 들어가 온갖 소문을 퍼뜨리기 시작했다.
"오오! 루툴리족이여, 우리 모두를 위해 단 한 사람의 목숨을 걸다니,
그대들은 부끄럽지도 않소? 우리는 수와 힘에서 저들의 적수가
되지 못한단 말이오? 보시오, 저기 전(全) 트로이야인들과   230
아르카디아인들과 운명의 인도를 받은 에트루리아인들의 부대가
투르누스에게 적의를 품고 서 있소. 우리는 반만 출전해도 싸울 적을
구하지 못할 것이오.[19] 투르누스는 하늘의 신들의 제단을 위해
자신의 목숨을 바치고 있으니, 명성을 타고 신들에게로
올라가고 사람들의 입에 살아남게 될 것이오. 하나 지금   235
나태하게 들판에 모여 앉아 있는 우리는 조국을 잃고
거만한 주인들에게 복종하도록 강요 받게 될 것이오."
    이런 말로 그녀가 젊은이들의 마음에 더욱더
불을 질러 웅성거림이 대열들 사이로 퍼지자,
라우렌툼인들도 라티니족도 마음이 바뀌었다.   240
그리하여 잠시 전만 해도 전투를 쉬고 평화롭게 자기 일을
하기를 바라던 그들이 지금은 무기를 원하고 동맹이 파기되기를
기원했으며, 투르누스의 불공평한 운명을 동정했다.
그때 설상가상으로 유투르나가 높은 하늘에 징표를 보여주었다.
이탈리아인들의 마음을 이토록 혼란에 빠뜨리고 속인   245

전조는 일찍이 없었다. 윱피테르의 황갈색 독수리
한 마리가 붉게 물든 하늘을 날며 해안을 따라
요란하게 도망치는 날개 달린 새 떼를 쫓다가
급작스레 물결치는 바다 쪽으로 내리 덮치더니 탐욕스럽게도
빼어난 백조 한 마리를 발톱으로 낚아채는 것이었다. 250
이탈리아인들은 이 광경을 보고 긴장했다.
한데 도망치던 새들이 모두 비명을 지르며 (참으로 놀라운 광경이었다)
돌아서더니 날개로 하늘을 어둡게 하며 구름처럼 새까맣게
떼를 지어 적을 대기 사이로 바짝 뒤쫓자 마침내 독수리가 새들의
기세와 백조의 무게를 감당하지 못하고 먹이를 발톱으로부터 255
강물 속에 내던지고는 멀리 구름 속으로 도망치는 것이었다.
　그러자 루툴리족이 함성을 지르며 이 전조를 반기더니
무기를 집어 들었다. 누구보다도 먼저 복점관 톨룸니우스가 말했다.
"이것이, 바로 이것이 내가 그토록 자주 서약하며 기구하던 것이오.
나는 그것을 받아들이며, 신들의 뜻을 알고 있소. 내가 인솔할 테니 260
그대들은 손에 무기를 드시오, 가련한 자들이여! 저 불한당 같은
이방인은 그대들을 허약한 새 떼인 양 전쟁으로 겁주며 그대들의
해안을 힘으로 약탈했소. 하지만 그자는 곧 도망치게 될 것이며,
멀리 깊은 바다를 향해 돛을 올리게 될 것이오. 그대들은 한마음 한뜻으로
똘똘 뭉쳐 그대들의 빼앗긴 왕을 싸워서 지켜주도록 하시오!" 265
그리고 나서 그는 앞으로 달려나가더니 맞은편에 있는 적군을
향해 힘껏 창을 던졌다. 층층나무 창은 윙윙 소리를 내며
목표물을 향해 대기를 갈랐다. 그와 동시에 큰 소음이 일었고,
쐐기 모양의[20] 대열들이 흐트러지며 혼란으로 마음이 뜨겁게 달아올랐다.
창은 곧장 날아갔다. 마침 맞은편에는 체격이 더없이 아름다운 270

아홉 형제가 서 있었다. 그들은 모두 성실한 튀르레니아인 아내가
아르카디아인 귈립푸스에게 낳아준 아들들이었다.
창은 그들 중 한 명의 허리를 맞혔는데, 그곳은 황금으로 수놓은
혁대가 배를 문지르고 죔쇠가 그 양끝을 물고 있는 곳이었다.
창은 무구를 번쩍이고 있던 용모 준수한 이 젊은이의   275
갈비뼈들을 뚫고 들어가 그를 황갈색 모래 위로 쓰러뜨렸다.
그의 형제들은 괴로움에 달아올라 대담하게 밀집대열을 이룬 채
더러는 칼을 빼들고 더러는 무쇠 창끝이 달린 투창을 집어 들고
맹목적으로 돌진했다. 그러자 그들을 향해 라우렌툼인들의 부대가
달려 나왔고, 이쪽에서는 또 트로이야인들과 아걸라인들과   280
아르카디아인들이 문장을 새긴 무구를 들고 한데 뭉쳐 쏟아져 나왔다.
모두들 칼로 결정 짓자는 한 가지 욕망에 사로잡혀 있었다.
그들은 제단을 약탈했고, 온 하늘에는 무기들이 폭풍처럼
어지럽게 날아다녔으며, 무쇠가 빗발치듯 쏟아졌다.
술 섞는 동이들과 화로들이 제단에서 치워졌다. 그리하여 맹약이   285
깨지자 라티누스는 모독당한 신상들을 들고 도망쳤다.
다른 자들은 전차를 끌 말들에 굴레를 씌우거나
말 등에 훌쩍 올라타고는 칼을 빼든 채 싸움터로 돌진했다.
멧사푸스는 맹약을 깰 욕심에서, 왕으로서 왕의 휘장을
달고 다니던, 튀르레니아인 아울레스테스를 향해 말을 달려   290
그가 겁이 나서 도망치게 만들었다. 아울레스테스는 물러서다가
가련하게도 뒤에 있던 제단에 걸려 머리와 두 어깨를 박고
굴러 넘어졌다. 그러자 멧사푸스가 창을 들고 맹렬하게
말을 달려 말 위에 우뚝 선 채, 살려달라고 간절히 애원하던
그를 들보같이 긴 창으로 힘껏 내리치며 말했다.   295

"한방 먹었구먼! 이것이 위대한 신들에게 바쳐진 더 나은 제물이야."
그러자 이탈리아인들이 달려 나오더니 아직도 따뜻한 사지에서
전리품을 약탈해갔다. 코뤼나이우스는 그들의 길을 막으며
제단에서 반쯤 타다 남은 장작개비를 낚아채어, 에뷔수스가 치려고
다가왔을 때 먼저 화염을 그의 얼굴에 던졌다. 이에 그의 긴 수염이   300
타오르며 타는 냄새가 났다. 이어서 코뤼나이우스가 덤벼들어
왼손으로 어리둥절해하는 적의 머리털을 털어 쥐고는
무릎을 대고 힘껏 땅바닥에 밀어붙인 다음 무자비한 칼로
그의 옆구리를 찔렀다. 한편 포달리리우스는 선두 대열에서
날아오는 무기들 사이로 돌진하던 목자 알수스를 쫓아가   305
칼을 빼들고 겨누고 있었다. 하나 알수스가
들고 있던 도끼를 뒤로 휘둘러 적의 머리를
이마에서 턱까지 갈라놓자 그의 무구들은 피철갑이 되었다.
딱딱한 휴식과 무쇠 같은 잠이 그의 눈을
내리누르자, 그 빛은 영원한 밤 속에 묻혔다.   310
　　한편 경건한 아이네아스는 머리에 투구도 쓰지 않은 채
무장하지 않은 오른손을 내밀며 큰 소리로 부하들을 부르고 있었다.
"그대들은 어디로 달려가는 것이오? 갑자기 이 무슨 불화란 말이오?
분노를 억제하시오! 조약은 벌써 비준되었고, 조건들도
모두 정해졌소. 나만이 싸울 권리가 있소이다. 그대들은 두려움을   315
버리고 모든 것을 내게 맡기시오. 나는 내 이 손으로 조약을
확인할 것이며, 이미 의식을 치렀으니 투르누스는 내가 처리할 것이오."
보라, 그의 이런 말이 채 끝나기도 전에 화살 하나가 그를 향해
윙윙거리며 날아왔다. 누가 활시위를 당겼고, 누가 화살을 빙글빙글 날려
보냈으며, 누가 루툴리족에게 그토록 큰 명성을 가져다주었는지,   320

그것이 우연인지 신인지 아는 사람은 아무도 없었다.
이 빛나는 무훈의 영광은 어둠에 묻혔고, 자기가 아이네아스에게
부상을 입혔다고 자랑하는 사람은 아무도 없었다.
투르누스는 아이네아스가 군대에서 물러나고 지도자들이
혼란에 빠져 있는 것을 보자 갑작스런 희망에 뜨겁게 달아올랐다.   325
그는 말들과 무구들을 동시에 요구하더니 자랑스럽게
섬광처럼 전차에 뛰어올라 양손에 고삐를 쥐고 흔들어 댔다.
그는 나는 듯이 움직이며 용감한 전사들을 수없이 죽음에 넘겨주었는데,
반쯤 죽은 전사들을 수없이 굴리거나, 전차로 부대를 짓이기거나,
도망치는 자들에게서 창을 빼앗아 잇달아 그들 속으로 던져 댔다.   330
그 모습은 마치 얼음처럼 차가운 헤브루스 강변에서
피투성이의 마르스가 질주하며 방패를 두드려 굉음을 내고
미쳐 날뛰는 말들의 고삐를 늦춰주며 전쟁을 부추길 때와도 같았다.
말들이 탁 트인 평야 위를 남풍과 서풍보다 더 빨리 달리니
그 말발굽 소리에 온 트라키아가 가장 먼 곳까지 신음한다.   335
그리고 그 주위에서는 그 신의 시종들인 험상궂은 얼굴의 무서움과
분노와 계략이 질주한다. 꼭 그처럼 기세등등하게 투르누스는 땀을
연기처럼 내뿜는 말들을 싸움터 한가운데로 몰아 죽은 적들을
비참하게 짓밟으며 모욕했고, 미친 듯한 말발굽들은 피이슬을
튀기며 핏덩이를 짓밟아 모래와 뒤섞었다. 그는 어느새   340
스테넬루스와 타뷔루스와 폴루스를 죽였는데, 나중 두 명은
근접전에서, 전자는 멀리서 죽였다. 그는 또 임브라수스의
두 아들 글라우쿠스와 라데스도 멀리서 죽였는데, 이들은
아버지 임브라수스가 뤼키아에서 손수 기른 다음 근접전을 위해
또는 말을 타고 바람을 추월하도록 똑같은 무구들로 무장시켰다.   345

다른 곳에서는 에우메데스가 싸움터의 한가운데로 돌진하고 있었다.
그는 그 옛날의 돌론[21]의 아들로 이름난 전사였는데,
이름은 할아버지의 것이었으나 기백과 용맹은 아버지의 것이었다.
그의 아버지는 전에 다나이족의 진영을 정탐하러 가는
대가로 감히 펠레우스의 아들[22]의 전차를 요구했지만,   350
튀데우스의 아들[23]이 그의 대담한 행위에 다른 대가를 주자
그는 더 이상 아킬레스의 말들을 열망하지 않았다.
탁 트인 들판 저 멀리 에우메데스가 눈에 띄자 투르누스는
먼저 가벼운 창을 던져 둘 사이의 넓은 공간을 지나 그를 맞힌 다음
전차를 끌고 달리던 두 마리의 말을 세우고 전차에서 뛰어내렸다.   355
그리고 쓰러져 죽어가고 있는 그의 위에 양다리를 벌리고 서 그의 목을
한 발로 누르고는 그의 오른손에서 칼을 빼앗아 번쩍이는 칼날로
그의 목을 깊숙이 찌르며 이런 말을 덧붙였다. "보라, 트로이야인이여,
이곳이 네가 전쟁으로 얻고자 했던 헤스페리아의 들판이다.
거기 누워 재어보시라고! 이것이 감히 칼로 나를 시험하는   360
자들에게 주는 내 보답이다. 그들은 이렇게 도시를 세우게 되리라."
그러고 나서 투르누스는 창을 던져 아스뷔테스와 클로레우스와
쉬바리스와 다레스와 테르실로쿠스와, 나아가려고 하지 않는
말의 목에서 굴러 떨어진 튀모이테스를 그에게 딸려 보냈다.
그리고 마치 에도니족의 나라[24]에서 불어오는 북풍의 입김이   365
깊은 아이가이움[25] 바다 위를 요란스레 덮쳐 해안까지
파도를 추격하면 바람이 덮치는 곳마다 하늘의 구름이 도망치듯이,
꼭 그처럼 투르누스가 길을 여는 곳마다 군대는 물러섰고,
대열들은 돌아서며 흩어졌다. 그의 돌진하는 기세가 그를 날라주었고,
전차를 향해 마주 불어오는 바람은 그의 투구의 깃털 장식을 쳐올려   370

나부끼게 했다. 페게우스는 그의 공격과 광란을 참다못해
그의 전차를 앞에서 가로막으며 거품 묻은 고삐를 움켜쥐고
달려오던 말들의 입을 오른쪽으로 틀었다. 그가 끌려가며 멍에에
매달린 사이에 투르누스의 널따란 창끝이 방패에 가려지지 않은
그의 옆구리를 찾아내어 그곳에 꽂히며 두 겹으로 된 375
그의 가슴받이를 찢고 그의 몸에 가벼운 찰과상을 입혔다.
그럼에도 불구하고 페게우스는 이번에는 방패로 몸을 가리고
돌아서서 적을 향해 나아가며 칼을 빼들고 방어 자세를 취했으나,
그때 바퀴와 돌진하던 굴대가 그를 쳐서 땅바닥에다 거꾸로
내동댕이쳤다. 그러자 투르누스가 뒤쫓아와 칼로 380
투구의 맨 아래쪽과 가슴받이의 맨 위쪽 사이를 쳐서
머리는 베어가고 몸뚱이는 모래 위에 남겨두었다.

    이렇듯 투르누스는 승리자로 들판에서 살육을 자행하고 있었다.
그사이 아이네아스는 므네스테우스와 성실한 아카테스가 진영으로
데리고 갔다. 아스카니우스도 그들과 함께했다. 아이네아스는 385
피를 흘리며 두 걸음에 한 번 꼴로 긴 창에 몸을 기댔다.
그는 분통을 터뜨리며 부러진 화살대를 잡고 화살촉을
뽑으려 했고 가장 빠른 방법으로 도와주기를 요구했으니,
칼로 널찍이 상처를 가르고 화살촉이 숨어 있는 곳을 깊숙이
열어젖혀서 자기를 싸움터로 돌려보내 달라고 명령했던 것이다. 390
어느새 이아수스의 아들로 포이부스가 누구보다 더 사랑하는
이아픽스가 와 있었다. 전에 아폴로는 뜨거운 사랑에 사로잡혀
스스로 그에게 자신의 기술들을, 자신의 선물들을,
예언술과 키타라와 날랜 화살들을 흔쾌히 준 적이 있었다.
하지만 이아픽스는 죽어가는 아버지의 수명을 연장하기 위해 395

오히려 약초들의 효력과 치료술의 사용법을 알고
아무 명예도 없이 침묵의 기술[26]에 종사하고 싶어했다.
아이네아스는 수많은 젊은이들과 슬퍼하는 이울루스에 둘러싸인 채
화가 나서 고함을 지르며 거대한 창에 기대 서 있었고,
그들의 눈물에는 아랑곳하지 않았다. 노인[27]은 파이온[28]의   400
격식에 따라 옷자락을 걷어올려 등 뒤로 묶은 다음[29]
치료하는 손과 포이부스의 효력 있는 약초들로 할 수 있는 일은
열심히 다 해보았으나 아무 소용 없었다. 그는 오른손으로
화살을 뽑아내고 집게로 무쇠를 잡아당겨 보려 했지만 소용 없었다.
행운의 여신은 그에게 길을 가리켜주지 않았다. 그의 스승인   405
아폴로는 아무 도움도 주지 않았다. 그사이 들판에서는 무서운 공포가
점점 더 확산되고 있었고, 파멸은 점점 더 조여들고 있었다. 그들은
곧 하늘에 먼지 기둥이 서는 것을 볼 수 있었으니, 기병대가 진격해 오고
있었던 것이다. 진영 한가운데에는 화살이 비 오듯 쏟아졌으며, 싸우다가
잔혹한 마르스 밑에 쓰러지는 자들의 끔찍한 함성이 하늘에 닿았다.   410

    이에 베누스가 아들의 부당한 고통에 충격 받아
크레타의 이다 산에서 모정(母情)에서 딕탐눔[30] 풀을 뜯었다.
줄기에는 솜털이 가득 나 있고 머리에는 자줏빛 꽃이 피어 있는
이 풀은 야생 염소들도 알고 있었는데, 날개 달린 화살이
등에 박혔을 때 염소들은 이 풀을 먹었던 것이다.   415
베누스는 검은 구름으로 얼굴을 가리고 이 풀을 가지고 내려와
번쩍이는 대야에 담아둔 강물에 담가 은밀히 약기운이
배게 한 다음 거기에다 건강에 좋은 암브로시아[31]의 액즙과
파나케아[32] 약초를 뿌렸다. 그런 줄도 모르고
이아픽스 노인이 이 물로 상처를 씻어냈다.   420

그러자 실제로 아이네아스의 몸에서 갑자기 통증이 모두 가시었고,
상처의 가장 깊은 곳에서 출혈이 모두 멎었다.
그리고 어느새 강요하지 않았는데도 화살이 손을 따라 밖으로
빠져나오며, 이전과 같은 기운이 되돌아왔다. "그대들은 어서
전사에게 무구를 가져다 드리시오! 왜 그러고 서 있는 것이오?" 425
이아픽스가 먼저 적군에 대해 적개심을 불러일으켰다.
"이번 치료는 인간의 힘이나 의술의 도움으로 이루어진 것이 아니오.
아이네아스여, 내 오른손이 그대를 구해준 것이 아니란 말이오.
더 강력하신 어떤 신이 개입하시어 그대를 더 큰 일로 돌려보내시는 것이오."
아이네아스는 싸우고 싶어서 황금 정강이받이로 이쪽 장딴지와 430
저쪽 장딴지를 싼 다음 지체하기가 싫어서 창을 휘둘렀다.
방패가 옆구리에, 그리고 가슴받이가 등에 자리를 잡자
그는 무장한 두 팔로 아스카니우스를 안고는
투구 사이로 아들의 입술 끝에 입맞추며 이렇게 말했다.
"내 아들아, 너는 용기와 진정한 노고는 나에게서 배우고, 435
행운은 다른 사람들에게 배우도록 하라! 오늘 내 오른손은
너를 전쟁에서 지켜주며 큰 전리품들이 있는 곳으로 인도할 것이다.
너는 장성하여 곧 성년이 될 것인즉 이를 깊이 명심해두어라.
네가 본보기로 친족들을 마음속에 떠올리면, 아버지 아이네아스와
네 외숙부[33] 헥토르가 너를 고무하게 되리라!" 440
    이렇게 말하고 그는 손으로 거대한 창을 휘두르며
거인처럼 성문 밖으로 달려나갔다. 그러자 안테우스와
므네스테우스도 밀집대열을 이끌고 달려나갔고, 전군이 진영을
버리고 밀물처럼 쏟아져 나갔다. 그러자 들판은 먼지와 섞여
앞이 보이지 않았고, 대지는 그들의 발걸음 소리에 놀라 떨었다. 445

그들이 맞은편 둔덕에서 다가오는 것을 투르누스도 보았고,
아우소니아인들도 보았다. 그러자 싸늘한 공포가 그들의 뼛속 깊이
파고들었다. 모든 라티니족에 앞서 맨 먼저 유투르나가 그 소리를
듣고는 그 의미를 알아차리고 떨면서 도망쳤다. 아이네아스는
나는 듯이 달리며 파멸을 안겨다줄 군대를 탁 트인 들판으로 이끌었다. 450
그 모습은 마치 폭풍이 터지면서 바다 한가운데에서 먹구름이
몰려올 때와도 같았다. (가련한 농부들은 멀리서 먹구름을
알아차리고 두려움에 떤다. 그것은 나무를 넘어뜨리고,
씨앗을 유린하고 사방의 모든 것을 결딴낼 것이기 때문이다.)
그에 앞서 먼저 바람이 불어와 요란하게 소리지르며 해안에 닿는다. 455
꼭 그처럼 로이테움34 출신의 지도자35는 적군을 향해 군대를
인솔했고, 그들은 서로 어깨를 맞대고 밀집대열을 이루고 있었다.
튐브라이우스는 묵직한 오시리스를 칼로 쳤고,
므네스테우스는 아르케티우스를, 아카테스는 에풀로를,
귀아스는 우펜스를 죽였다. 맨 먼저 적군을 향해 힘껏 창을 던진 460
복점관 톨룸니우스도 쓰러졌다. 함성이 하늘에 닿는 가운데
이번에는 루툴리족이 등을 돌리고 돌아서서 구름 같은 먼지를
일으키며 온 들판 위로 도망쳤다. 아이네아스 자신은
도망치는 적군을 죽여서 땅에 널 생각이 없었고,
보병으로서 맞서는 자들이나 멀리서 창을 던지는 자들을 465
추격하지도 않았다. 짙은 어둠 속에서 주위를 살피며
그는 투르누스만을 찾았고, 투르누스와의 대결만을 요구했다.

　그러자 여전사 유투르나는 두려움에 사로잡혀 투르누스의 마부
메티스쿠스를 고삐들 사이에서 밀어내고는 수레 채에서
멀리 나가떨어진 그를 그곳에 누워 있게 내버려두었다. 470

그러고 나서 그녀가 그를 대신하여 출렁이는 고삐를 잡으니,
목소리며 몸매며 무구며 모든 것이 메티스쿠스와 똑같았다.
마치 어느 부자의 대저택 사이를 날아다니는 검은 제비가
높다란 건물들 위로 날갯짓하며 둥지에서 짹짹거리고 있는
새끼들을 위해 작은 먹이와 먹을거리를 모으다가 때로는　　　　　　475
빈 주랑에서, 때로는 축축한 연못가에서 지저귈 때와도 같이,
꼭 그처럼 유투르나는 적군 사이로 말을 달리며
날랜 전차로 온 들판을 가로질렀다. 그녀는 때로는 이곳에서,
때로는 저곳에서 의기양양해하는 오라비를 보여주었으나,
그가 맞붙어 싸우게 하지는 않고 멀리 피해버렸다.　　　　　　480
아이네아스도 그와 대적하려고 이리저리 우회하며
열심히 그의 뒤를 밟았고, 흩어진 대열들을 헤집으며
그를 소리쳐 불렀다. 아이네아스가 적에게 시선을 고정하고
나는 듯 달리는 말들을 따라잡으려 할 때마다,
그때마다 유투르나는 말머리를 돌려 도망쳤다.　　　　　　485
아아, 어떡하지? 그는 이리저리 궁리해보았으나 소용없었고,
상반된 근심들이 그의 마음을 이리로 저리로 끌어당겼다.
그때 마침 멧사푸스가 왼손에 무쇠 창끝이 달린 단단한 창을
두 자루 들고 있다가 사뿐사뿐 다가와 그중 한 자루를
똑바로 겨누더니 아이네아스를 향해 힘껏 던졌다.　　　　　　490
아이네아스는 멈춰 서서 한쪽 무릎을 꿇고 방패 뒤에
웅크렸다. 하지만 날아가던 창은 투구의 정수리를 쳐서
투구와 함께 그 위에 있던 깃털 장식을 내동댕이쳤다.
그는 분통이 터졌지만 적군의 계략 앞에 선택의 여지가 없었다.
그래서 그는 투르누스의 말들이 전차를 돌려 도망치는 것을 보자　　495

거듭해서 읍피테르와 깨어진 맹약의 제단을 증인으로 부르더니
마침내 적군의 한가운데로 들어갔다. 무시무시하게도 그는
마르스의 도움을 받으며 끔찍한 살육을 무차별적으로
부추겼고 자신의 분노의 고삐들을 모두 늦춰주었다.

  어느 신이 지금 내게 그토록 많은 참사를 이야기해줄 수 있으며,   500
어느 누가 갖가지 살육과 온 평야 위에서 때로는 투르누스에게,
때로는 트로이야의 영웅에게 쫓기던 지도자들의 죽음을 노래로
말해줄 수 있겠는가? 읍피테르시여, 뒷날 영원한 평화 속에서
살게 되어 있는 민족들이 그토록 격렬하게 맞부딪치는 것이
그대의 뜻이었나이까? 아이네아스는 루툴리족인 수크로를 만나   505
(이것이 테우케르 백성들의 공격을 멈추게 한 첫 번째 전투였다)
오래 버티지 못하는 그의 옆구리를 쳐서 가슴의 울타리인 늑골들
사이로 잔인한 칼을 밀어 넣었는데, 그곳은 죽음이 가장 빨리
도착하는 곳이다. 투르누스는 말에서 떨어진 아뮈쿠스와 그의 아우
디오레스를 보병으로서 공격하여 후자는 다가올 때 긴 창으로 쳤고,   510
전자는 칼로 쳤다. 그러고 나서 그는 두 사람의 목을 베어
피가 뚝뚝 듣는 그들의 머리를 전차에 매달고 다녔다.
아이네아스는 탈로스와 타나이스와 용감한 케테구스를 죽였는데,
한 번의 싸움에서 세 명을 죽였던 것이다. 그는 또 울상을 짓고 있던
오니테스를 죽였는데, 그자는 에키온[36]의 후손으로 어머니는   515
페리디아였다. 투르누스는 아폴로의 들판인 뤼키아에서 파견된
형제[37]와 아르카디아 출신 젊은이 메노이테스를 죽였다.
메노이테스는 전쟁을 싫어했지만 소용없었다. 그는 전에 물고기가 많은
레르나 강변에서 생업에 종사했는데, 집은 가난했고 권세 있는 자들의
세도 같은 것은 알지 못했으며 그의 아버지는 소작농이었다.   520

마치 양쪽에서 불이 나 메마른 숲과 바지직거리는
월계수 덤불 속으로 타들어갈 때와도 같이,
또는 시냇물들이 높은 산들에서 거품을 쓰고는 요란하게
쏟아져 내려 바다로 달리며 지나가는 곳마다 파괴의 흔적을
남길 때와도 같이, 그보다 게으르지 않게 아이네아스와 투르누스는   525
둘 다 싸움터를 쏘다녔다. 이제야말로, 이제야말로 그들은 속에서
분노가 끓어올라 패배를 모르는 그들의 가슴은 터질 것만 같았고,
이제야말로 그들은 있는 힘을 모두 쏟아내며 사생결단의 싸움터로 달려갔다.
　　아이네아스는 무르라누스가 자기 할아버지와 선조들의
오래된 이름들과 라티움의 왕들에서 비롯되는 자신의 온 가문을   530
큰 소리로 자랑하고 있을 때 큼직한 바위를 빙글빙글 던져
그를 땅에다 거꾸로 내리꽂았다. 그러자 고삐와 멍에 밑에서
바퀴들이 그를 앞으로 굴렸고, 말들은 주인도 잊고
발굽으로 그를 마구 짓밟으며 그의 위를 돌진했다.
투르누스는 무시무시하게 미쳐 날뛰며 돌진해 오던   535
휠루스의 황금이 번쩍이는 관자놀이들을 향해 힘껏 창을 던졌다.
창은 그의 투구를 뚫고 들어가 뇌에 꽂혔다. 그라이키아인들 중에서
가장 용감한 크레테우스여, 그대의 오른손도 그대를 투르누스에게서
구해주지 못했도다. 그리고 아이네아스가 다가올 때 쿠펭쿠스도
그의 신들이 가려주지 못했다. 그는 무쇠에 가슴을 내주었고,   540
청동 방패가 지연시켰지만 가련하게도 그에게는 그것도 소용없었다.
아이올루스여, 라우렌툼의 들판은 그대도 죽어
땅을 짊어지고 큰 대 자로 누워 있는 것을 보았도다.
아르고스의 대열들도, 프리아무스의 왕국을 전복시킨
아킬레스도 뉠 수 없었던 그대였건만 지금은 쓰러져 있구려!   545

이곳은 그대에게 인생의 종착점이었도다. 그대의 집은 이다 산 밑에,
뤼르네수스에 우뚝 솟아 있으나, 그대의 무덤은 라우렌툼 땅에 있구려!
전 대열이 서로 맞서 싸웠다. 전 라티니족과 전 다르다누스
백성들과 므네스테우스와 용맹스런 세레스투스와
말을 길들이는 멧사푸스와 용감한 아실라스와 550
에트루리아인들의 밀집대열과 에우안드루스의 아르카디아인들의
기병대가 저마다 있는 힘을 다해 용전분투하니,
지체도 휴식도 없이 그들은 엄청난 전투를 벌이고 있었다.
　이때 아이네아스에게 그의 더없이 아름다운 어머니가 한 가지
생각을 불어넣어주었다. 성벽으로 나아가되 부대를 이끌고 도시로 555
가서 갑작스런 공격으로 라티니족을 혼란에 빠뜨리라는 것이었다.
그는 투르누스를 찾아 사방의 부대들 사이로 눈을 이리 굴리고
저리 굴리다가 도시가 그토록 큰 전쟁에서 벗어나
아무 해도 입지 않고 평화로운 것을 보았다.
그러자 즉시 더 큰 전투에 대한 생각이 그를 달구었다. 560
그는 지도자들인 므네스테우스와 세르게스투스와 용감한 세레스투스를
부른 후 둔덕에 자리 잡고 섰다. 그러자 테우케르 백성들의 다른 부대들이
방패와 창을 땅에 내려놓지 않은 채 밀집대열을 이루고 그곳으로
몰려들었다. 그는 높은 둔덕 한가운데에 서서 말했다. "그대들은 내가
말한 것을 지연시키지 마시오. 윱피테르께서는 우리 편이시오. 565
내 계획이 갑작스럽다 해서 어느 누구도 늑장부려서는 안 될 것이오.
도시가, 다름 아닌 투르누스의 왕국이 전쟁의 원인인 만큼, 만일 저들이
우리의 멍에를 받아들이고 패배자로서 복종을 맹세하지 않겠다면,
나는 오늘 중으로 그것을 파괴하여 연기 나는 지붕들이 땅바닥과
같게 만들 것이오. 투르누스가 나와의 싸움을 받아들이고 싶어하고, 570

한번 진[38] 뒤에 다시 맞붙기를 원할 때까지 나는 과연 마냥 기다려야
하는 것이오? 동포들이여, 저것이 이 부당한 전쟁의 머리이자 심장이오.
그대들은 어서 횃불을 가져와 화염으로 맹약의 이행을 요구하시오!"
명령이 떨어지자마자 모두들 다투어 열성을 보이며
쐐기 모양의 대열을 이루고는 똘똘 뭉쳐 성벽으로 몰려갔다. 575
순식간에 사다리들이 나타났고, 불도 갑자기 나타났다.
더러는 성벽들로 달려가서 맨 먼저 만난 수비병들을 베었고,
더러는 무쇠를 던져 창들로 하늘을 어둡게 했다.
아이네아스 자신은 선두 대열에 섞여 성벽 밑에서 오른손을 들고,
자기는 또다시 싸우도록 강요 받고 있으며, 이탈리아인들은 벌써 580
두 번이나 맹약을 파기하고[39] 두 번이나 자기를 공격했다고
큰 소리로 라티누스를 나무라며 신들을 증인으로 불렀다.
그러자 불안해진 시민들 사이에서 불화가 일기 시작했으니,
더러는 도시의 빗장을 벗기고 다르다누스 백성들에게
성문들을 열라고 명령하며 왕을 성벽으로 끌고 왔고, 585
더러는 무구를 챙겨 성벽을 지키려고 달려갔다.
그 모습은 마치 목자가 구멍이 많은 바위 안에 있는 집까지
벌 떼를 뒤쫓아 가서 그것을 매운 연기로 가득 메울 때와도 같았다.
벌 떼는 안에서 생존에 불안을 느껴 밀랍으로 된 진영을 이리저리
돌아다니고 무섭게 웅성거리며 자신들의 노기를 돋운다. 590
시커먼 악취가 집 안을 굴러다니니 바위 안에는 눈먼 웅성거림이
울려 퍼지고, 연기는 속 빈 대기 속으로 피어오른다.

  지친 라티니족에게 또 다른 불운이 닥쳐 온 도시를
그 바닥까지 슬픔으로 뒤흔들어놓았다. 왕비는 지붕 위에
서서 내다보고 있다가, 적군이 다가와 성벽을 595

공격하고 불이 지붕들 위로 날아오는데 이에 맞설
루툴리족의 대열과 투르누스의 군대는 아무 데도 보이지 않자,
불행히도 그녀는 투르누스가 치열한 전투에서 죽은 줄 알았다.
그리하여 그녀는 갑작스런 고통에 정신이 혼미해져
자신이 이 모든 재앙의 원인이자 범인이며 원천이라고 울부짖으며   600
미칠 것 같은 슬픔에 정신을 잃고 많은 말을 하다가
죽기로 결심하고는 자줏빛 겉옷을 찢어
높다란 대들보에 끔찍한 죽음의 올가미를 매달았던 것이다.
가련한 라티움의 여인들이 이 소식을 들었을 때
맨 먼저 그녀의 딸 라비니아가 손으로 고운 머리를 뜯고   605
장밋빛 볼을 할퀴었다. 그러자 주위의 다른 무리들도
미쳐 날뛰니, 온 궁전에 곡소리가 울려 퍼졌다.
그곳의 슬픈 소식이 온 도시에 퍼지자 모두들 의기소침해졌다.
라티누스는 아내의 죽음과 도시의 함락에 제정신을 잃고
입고 있던 옷을 찢으며 돌아다녔으며,   610
불결한 먼지를 쏟아 부어 백발을 더럽혔다.
[그는 다르다누스의 자손인 아이네아스를 전에 자진하여
사위로 집에 받아들이지 않은 것을 몹시 자책했다.]40
    그사이 전사 투르누스는 멀리 떨어져 있는 들판에서
소수의 낙오병들을 추격하고 있었다. 그는 이제는 맥이 빠졌고,   615
말들의 질주도 이제는 더 이상 즐겁지가 않았다.
그때 알 수 없는 두려움이 섞인 소음이 바람을 타고 들려왔다.
그는 귀를 쫑긋 세웠다. 그것은 뒤죽박죽된 도시에서
들려오는 소리로 조금도 즐겁지 않은 웅성거림이었다.
"아아! 슬프도다. 어찌하여 성벽들이 저토록 큰 슬픔에 흔들리며,   620

어찌하여 이토록 요란한 소음이 멀리 떨어져 있는 도시에서
들려오는 것인가?" 이렇게 말하고 그는 정신이 아찔하여
고삐를 당기며 전차를 세웠다. 그러자 마부 메티스쿠스의 모습을 하고
전차를 몰며 말들과 고삐를 제어하던 그의 누이가 대꾸했다.
"투르누스여, 우리는 승리가 처음에 길을 열어준 625
이곳에서 트로이야 출신들을 추격하도록 합시다!
도시를 손으로 지키는 일이라면 다른 사람들도 있지 않습니까!
아이네아스는 이탈리아인들을 공격하며 격전을 벌이고 있는데,
사나운 이 손으로 우리도 테우케르 백성들에게 죽음을 안겨줍시다!
그대는 죽인 자의 수에서도, 전쟁의 명성에서도 뒤지지 않습니다." 630
이에 투르누스가 대답했다 · · ·
"누나, 나는 처음에 누나가 계략으로 동맹을 혼란에 빠뜨리고
이 전쟁에 개입했을 때 이미 누나를 알아보았거늘,
지금 여신이 아닌 척해도 소용없어요. 올륌푸스에서 누나를 보내
그토록 큰 노고들을 짊어지게 한 것은 대체 어느 분의 뜻이었죠? 635
누나에게 이 불쌍한 오라비의 잔인한 죽음을 보게 하려고 그랬나요?
내가 뭘 할 수 있으며, 어떤 행운의 여신이 내게 구원을 약속할 수 있겠어요?
나는 내 눈앞에서 무르라누스가 나를 부르며 쓰러지는 것을 보았어요.
내게 그보다 더 사랑스런 사람은 이제 아무도 남아 있지 않아요.
그는 강력한 전사로서 강력한 전사에게 부상당하여 패했어요. 640
불행한 우펜스도 쓰러졌어요. 나의 치욕을 보지 않기 위해서.
테우케르 백성들이 그의 육신과 무구들을 차지했어요. 나는 집들이
파괴되는 것을 보고만 있어야 하고 (내 불운에 모자라는 것은
오직 그것뿐이오) 드랑케스의 비난을 행동으로 반박해서는 안 되나요?
등을 돌려, 도망치는 투르누스의 모습을 이 나라에 보이라고요? 645

죽는 것이 그토록 비참한가요? 오오! 지하의 망령들이여, 내게 호의를
베풀어주소서. 하늘의 신들의 호의는 내게서 이미 멀어졌기 때문이오.
내 혼백은 오점 없이 그런 과오를 알지 못한 채 그대들에게
내려갈 것이며, 위대한 선조들을 결코 욕되게 하지는 않을 것이오."

　　그가 이렇게 말하자마자, 보라, 사케스가 얼굴에 화살을 맞고　　650
부상당했음에도 적군의 한가운데를 지나 땀을 비 오듯 흘리는 말을
타고 나는 듯이 달려오더니 투르누스의 이름을 부르며 도움을 청했다.
"투르누스여, 그대는 우리의 마지막 희망이오. 그대의 백성을
불쌍히 여기시오. 아이네아스가 무구를 번쩍이며 이탈리아인들의
가장 높은 성채들을 전복하고 파괴하겠다고 위협하고 있소.　　655
벌써 횃불이 지붕들로 날아오고 있소. 라티니족의 얼굴은
그대를 향하고 있고, 라티니족의 눈도 그대를 향하고 있소.
라티누스 왕 자신은 누구를 사위로 삼고, 어떤 동맹에 기대야 할지
여전히 망설이고 있소. 게다가 그대를 가장 신뢰하던 왕비는
자기 손에 죽어, 두려움을 이기지 못하고 햇빛을 떠나고 말았소.　　660
오직 멧사푸스와 용맹스런 아티나스만이 성문 앞에서 대열을
유지하고 있소. 그들 주위에는 양쪽으로 적군이 밀집대열을
이루고 있는데, 그들이 빼어든 칼은 무쇠 곡식인 양 곤두서 있소.
한데 그대는 외딴 풀밭에서 전차를 몰고 다니는구려!"
투르누스는 자신의 운세가 변하는 모습에 놀라 어안이 벙벙했고,　　665
말없이 멍하게 서 있었으니, 하나의 마음속에
굴욕감과 미칠 것 같은 슬픔과 사랑의 괴로운 질투심과
자신의 용기에 대한 자의식이 솟구쳐 올랐던 것이다.
그러나 이러한 어둠이 흩어지고 그의 마음에 빛이 다시 돌아오자,
그는 괴로워하며 불타는 듯한 두 눈을 성벽 쪽으로　　670

향하고 전차에서 크나큰 도시를 뒤돌아보았다.
    그런데, 보라, 물결치는 화염이 이 층에서 저 층으로
하늘을 향해 소용돌이치며 탑을 움켜잡고 있었다.
그 탑은 투르누스가 손수 들보들을 이어 붙여 만든 것으로
밑에는 바퀴들을, 위에는 높은 도개교를 달았다.   675
"누나, 이제는 벌써 운명이 우세하니, 나를 말리지 마세요. 신과 가혹한
행운의 여신이 부르는 곳으로 나는 따라갈 거예요. 나는 아이네아스와
싸우기로, 그리고 죽음이 아무리 쓰라려도 그것을 견뎌내기로 결심했어요.
누나, 누나는 불명예스런 나의 모습을 더 이상 보지 않게 될 거예요.
제발 그전에 내가 이렇게 미쳐 날뛰게 내버려두세요."   680
이렇게 말하고 그는 전차에서 재빨리 뛰어내리더니
슬퍼하는 누이를 버려둔 채 적들과 창들 사이를 뛰어가며
빠른 걸음으로 적군의 한가운데를 헤치고 나아갔다.
마치 산꼭대기에서 바윗돌이 바람에 뜯기거나
폭우에 씻기거나 또는 몰래 왔다가는 세월에 느슨해져   685
거꾸로 굴러 떨어지게 되면 그 뻔뻔스런 돌덩이가 맹렬한 기세로
가파른 낭떠러지에서 떨어져 땅바닥에서 튀어오르며
숲과 가축 떼와 사람들을 함께 휩쓸어 갈 때와도 같이,
꼭 그처럼 투르누스는 대열들을 헤치고 도시의 성벽으로
달려갔다. 그곳에서는 도처에서 쏟아진 피가 땅 위로   690
흘러내리고 있었고, 대기는 날아오는 창들에 비명을 지르고 있었다.
그는 손짓을 하며 큰 소리로 말하기 시작했다. "루툴리족이여,
이젠 그만두시오. 창을 멈추시오, 라티니족이여! 행운의 여신이
무엇을 가져다주든 그것은 내 몫이오. 그대들을 위해
나 혼자서 맹약을 보상하고 칼로 결판내는 것이 더 나을 것이오."   695

그러자 모두들 물러서며 한가운데에 빈 공간을 남겨두었다.

    아버지 아이네아스는 투르누스의 이름을 듣자
성벽도 버리고 높은 성채도 버려둔 채
방해되는 것을 모조리 치우고 하던 일을 모두 중단했다.
그리고 그는 기뻐 날뛰며 무기들을 요란하게 맞부딪쳤다.   700
그는 아토스 산만큼 또는 에뤽스 산만큼 또는 아버지 압펜니누스 산이
반짝이는 참나무들을 입고 울부짖으며 눈 덮인 머리를
하늘을 향해 자랑스럽게 높이 들고 있을 때만큼 거대했다.
벌써 루툴리족과 트로이야인들과 모든 이탈리아인들이,
높은 성벽을 지키고 있던 자들과 밑에서 충차(衝車)로   705
성벽을 공격하던 자들이 그쪽으로 눈길을 돌리며
어깨에서 무구를 벗었다. 라티누스 자신은
대지의 서로 다른 부분에서 태어난[41] 거대한 전사들이
칼로 결판내기 위해 서로 만나는 것을 보고
놀라움을 금치 못했다. 들판에 탁 트인 공간이 열리자마자   710
두 사람은 앞으로 내달아 멀리서 서로 창을 던지고 나서
마주 덤벼들며 청동 방패를 요란하게 맞부딪쳤다.
그러자 대지가 신음했다. 이어서 두 사람이 칼로
서로를 내리치니, 요행과 용기가 하나로 섞여 구별되지 않았다.
그 모습은 마치 거대한 실라 산이나 타부르누스 언덕 위에서   715
황소 두 마리가 서로 뿔로 떠받으며 사생결단의 싸움을 할 때와 같았다.
목자들은 겁이 나서 뒤로 물러서고, 가축 떼는 모두 두려워서
우두커니 서 있고, 암송아지들은 어느 쪽이 숲을 호령하게 될지,
전 가축 떼가 어느 쪽을 따르게 될지 보려고 잠자코
기다리고 있다. 황소들은 있는 힘을 다해 서로 부상을 입히며   720

뿔로 떠받고 목과 어깨에서는 피가 줄줄 흘러내린다.
황소들이 울부짖는 소리가 온 숲에 메아리친다.
그와 다르지 않게 트로이야인 아이네아스와 다우누스의 아들
영웅 투르누스가 서로 방패를 맞부딪치니, 그 소리가 하늘을 메웠다.
윱피테르가 손수 저울을 집어 들었고, 양쪽 접시가 균형을 이루자 725
전투가 둘 중 누구를 죽일지, 어느 쪽 무게에 의해 죽음이 기우는지[42]
보려고 접시 안에다 두 사람의 서로 다른 운명을 올려놓았다.
    이때 투르누스가 안전하리라 믿고 앞으로 뛰어나가
발끝으로 우뚝 서서 칼을 쳐들더니 체중을 실어 힘껏 내리쳤다.
트로이야인들과 흥분한 라티니족이 함성을 질렀고, 730
양군은 모두 긴장했다. 하나 음흉한 칼이 부러지며
내리치던 중에 달아오른 임자를 저버리니,
그는 뒤로 도망치는 수밖에 없었다. 그리하여 그는 낯선 칼자루와
자신의 무장하지 않은 오른손을 보자 동풍보다 더 빨리 도망쳤다.
소문에 따르면, 그는 싸우기 위하여 멍에를 멘 말들이 끄는 735
전차에 처음 오르는 순간 허둥대다가 아버지의 칼을 잊어버리고
조급한 마음에 마부 메티스쿠스의 칼을 집어 들었다고 한다.
테우케르 백성들의 대열들이 등을 보이는 동안에는 그것으로
충분했다. 하나 볼카누스가 만든 신적인 무기와 마주치자,
인간의 손으로 만든 칼은 치는 순간 깨지기 쉬운 얼음처럼 740
박살나, 그 파편이 황갈색 모래 위에 번쩍였다.
그리하여 투르누스는 정신없이 들판 위를 이리저리 도망쳤고,
때로는 이쪽으로, 때로는 저쪽으로 원을 그리며 헤맸다.
사방에서 테우케르 백성들이 그를 두껍게 빙 둘러싸고 있었고,
이쪽에는 넓은 늪이, 저쪽에는 높은 성벽이 그를 포위했던 것이다. 745

아이네아스도, 비록 화살에 부상당한 두 무릎이
느려져 가끔은 그를 방해하며 뛰기를 거절했지만,
당황해하는 적을 바짝 추격했다.
그 모습은 마치 강물에 둘러싸이거나 또는
자줏빛 깃털⁴³에 놀라 뒷걸음질하는 수사슴을   750
가끔 사냥개가 따라잡아 짖어대며 덤벼들 때와도 같았다.
사슴은 주위에 쳐놓은 올가미와 가파른 강둑에 놀라 수천 번이나
오락가락하며 도망치려 하지만, 활기찬 움브리아 산(産)
개는 입을 쩍 벌리고 매달린다. 개는 이제는 거의 다 잡았고
또 잡았다 싶어 턱으로 덥석 물지만 실패하고 허공을 물 뿐이다.   755
그러자 함성이 일며 주위의 강둑들과 호수들이 메아리쳤고,
소음에 온 하늘이 으르렁거렸다. 투르누스는 도망치며
모든 루툴리족을 일일이 이름을 부르며 나무랐고, 그들에게
자기가 알고 있는 칼을 달라고 요구했다. 하나 아이네아스는
누가 다가오기만 하면 당장 죽여 버리겠다고 위협했고,   760
도시를 완전히 파괴하겠다고 위협하여 떨고 있는 자들을 겁주었다.
그는 부상에도 불구하고 밀고 들어갔다. 다섯 번이나 그들은
원을 그리며 저쪽으로 뛰어갔다가, 다섯 번이나 이쪽으로 되돌아왔다.
그들은 가벼운 또는 경기에서 주는 상(賞)을 얻으려는 것이 아니라,
투르누스의 목숨과 피를 두고 싸우고 있었기 때문이다.⁴⁴   765
　마침 그곳에는 잎에서 쓴맛이 나는 야생 올리브나무가 한 그루
서 있었는데, 파우누스에게 바쳐진 이 나무는 옛날부터 선원들이 공경했다.
그들은 파도에서 무사히 돌아오면 라우렌툼의 신⁴⁵을 위해 그곳에
선물들을 못박아두거나 서약한 옷들을 걸어두곤 했다.
하나 테우케르 백성들은 양군이 탁 트인 들판에서 싸울 수 있도록   770

그것의 신성을 존중하지 않고 나무 밑동을 제거해버렸다.
그곳에 아이네아스의 창이 서 있었으니, 던지는 기세에 창이
그곳으로 날아가 단단한 뿌리에 박혀 있었던 것이다.
다르다누스의 자손은 몸을 구부리고 손으로 무쇠를 뽑아
발로 잡을 수 없던 그를 창으로 따라잡으려 했다.   775
그러자 투르누스가 겁에 질려 얼떨결에 말했다. "파우누스여,
제발 나를 불쌍히 여기소서. 그리고 가장 자애로운 대지의 여신이여,
무쇠를 붙들고 계십시오. 아이네아스의 백성들이
그대들의 의식을 모독한 반면 나는 그것을 존중했다면 말입니다."
신의 도움을 청한 그의 기도는 헛되지 않았다.   780
아이네아스는 오랜 동안 단단한 밑동과 씨름을
해보지만 아무리 용을 써도 꽉 다문 참나무의 입은
벌어지지 않았다. 그가 안간힘을 쓰며
분전하고 있는 동안 다우누스의 딸인 여신이
마부 메티스쿠스의 모습을 하고 되돌아와서 오라비에게 칼을   785
되돌려주었다. 그러자 요정에게 그런 대담한 짓이 허용되는 것에
분개한 베누스가 다가와 뿌리 깊숙한 곳에서 창을 뽑아냈다.
그러자 두 사람은 무구와 함께 용기를 되찾고 우뚝하게 다시 섰다.
한 사람은 자신의 칼을 믿고 다른 사람은 창을 높이 든 채
그들은 숨을 헐떡이며 마르스의 시합에서 서로 맞섰다.   790
　그사이 전능한 올륌푸스의 왕이 금빛 구름에서 전투를
내려다보고 있는 유노에게 말을 걸었다. "부인, 이러다가 어떻게
결말이 날까요? 아직도 그대가 할 일이 남았나요? 그대도 알고 있고,
또 알고 있다고 시인하듯이, 아이네아스는 조국의 영웅으로
하늘의 부름을 받았고, 운명에 의해 별들로 올려질 것이오.   795

하거늘 무엇을 계획하며, 무엇을 바라고 그대는 여기 이 싸늘한 구름 속에
머뭇거리는 것이오? 신이 인간의 손에 폭행과 부상을 당하는 것이
과연 옳은 일일까요? 빼앗겼던 칼을 투르누스에게 되돌려주어
(그대 없이 유투르나가 무슨 힘이 있겠소?) 패자에게 다시 힘을 주는 것이
과연 옳을까요? 이제는 제발 그만하고 우리의 간청에 따르시오! 800
나는 그토록 큰 원한이 소리 없이 그대를 소진케 하거나,
그토록 자주 그대의 달콤한 입에서 쓰라린 원망의 말을
듣고 싶지 않아요. 이제 갈 데까지 갔단 말이오. 육지와 바다에서
그대는 트로이야인들을 괴롭히고 엄청난 전쟁에 불을 지르고
가정을 망쳐놓고[46] 축혼가에 곡소리를 섞을 수 있었소. 805
더 이상의 시도는 내가 금하겠소." 이렇게 읍피테르가 말했다.
그러자 사투르누스의 딸인 여신이 고개를 숙이고 이렇게 대답했다.
"위대한 읍피테르여, 그것이 그대의 뜻임을 잘 알고 있었기에,
나는 마지못해 투르누스를 포기하고 대지를 떠났지요.
그렇지 않았던들 그대는 지금 내가 대기의 처소 위에 홀로 앉아 810
온갖 수모를 참고 있는 것을 보지 못하셨을 테지요. 나는 화염을
허리에 두르고 대열 옆에 붙어 서서 테우케르 백성들을
적대적인 싸움터로 끌고 가고 있겠지요. 아닌 게 아니라 유투르나에게
나는 오라비를 돕도록 권하고 그의 목숨을 위해 더 대담한 짓을
하도록 승낙했지만, 화살을 쏘거나 활을 당기지는 못하게 했어요. 815
나는 하늘의 신들에게 유일한 두려움의 대상인 달랠 수 없는
스튁스 강의 머리에 걸고[47] 맹세하겠어요. 그리고 이제 나는
양보하고 혐오스런 싸움터를 떠나겠어요. 하지만 나는 라티움과
그대의 친족[48]의 명예를 위해 그대에게 부탁이 하나 있어요.
그것은 운명의 법이 금하고 있는 것이 아니에요. 820

그들이 드디어 행복한 (그렇게 되기를!) 결혼식을 올리고 화친을
도모하게 되면, 그들이 법과 조약으로 하나로 결합하게 되면, 그대는
이 나라의 토박이들인 라티니족이 옛 이름을 바꾸지 못하게 하시고,
그들이 트로이야인들이 되거나 테우케르 백성들이라고 불리지 못하게
하시고, 그들이 나라의 말과 복장을 바꾸지 못하게 해주세요.　　　825
라티움이 존속하게 하시고, 알바인들이 수 세기 동안[49] 왕이 되게 하시고,
로마의 지파가 이탈리아인들의 용기에 의해 강력해지게 해주세요!
트로이야는 쓰러졌으니, 그 이름도 함께 쓰러져 있게 내버려두세요!"
인간들과 사물들을 지은 분이 그녀에게 미소 지으며 대답했다.
"그대는 과연 윱피테르의 친누이이고 사투르누스의 둘째 아이로군요.　830
가슴속에서 그토록 엄청난 노여움의 물결을 굴리는 걸 보니.
하지만 자, 그런 격렬한 감정은 필요없으니 자제하도록 하시오!
나는 그대가 원하는 것을 줄 것이오. 내 기꺼이 그대의 뜻에 따르겠소.
아우소니아인들은 선조들의 말과 관습을 유지할 것이며,
그들의 이름도 그대로 남을 것이오. 테우케르 백성들은 육체적으로만　835
그들과 섞이고 흡수될 것이오. 나는 그들에게 새로운 성격의 의식을
줄 것이며,[50] 그들을 모두 한 가지 말을 쓰는 라티니족으로 만들 것이오.
거기서 아우소니아 피가 섞인 새로운 민족이 일어설 것이거늘, 그대는
그들이 경건성에서 인간들을, 아니 신들을 능가하는 것을 보게 될
것이며, 어떤 민족도 그들만큼 그대의 명예를 높여주지는[51] 못할 것이오."　840
유노는 이에 동의하고 기꺼이 생각을 바꾸었다.
그러더니 그녀는 하늘을 뒤로하고 구름을 떠났다.
　　그렇게 하고 나서 아버지는 마음속에서 다른 일을 궁리하며
유투르나를 오라비 곁에서 떼어놓을 채비를 했다. 사람들이
말하기를, 디라[52]들이라는 별명의 괴물 쌍둥이 자매가 있는데,　　　845

그들은 칠흑 같은 밤의 여신이 타르타루스의
메가이라와 한배로 낳아53 똑같은 뱀 똬리를 감아주고
바람 같은 날개를 달아주었다고 한다.
그들은 신들의 왕이 무서운 죽음과 질병을 움직이게 하거나,
죄지은 도시들을 전쟁으로 놀라게 할 때마다,   850
윱피테르의 왕좌와 준엄한 왕의 문턱에 나타나
고통 받는 인간들의 두려움을 날카롭게 한다.
이들 가운데 한 명을 윱피테르가 높은 하늘에서 신속히 내려보내며
하나의 전조로서 유투르나를 만나라고 명령했다.
그러자 그녀는 빠른 회오리바람을 타고 지상으로 날아 내려갔다.   855
마치 어떤 파르티족이, 어떤 파르티족이나 또는 퀴도네아인이
무서운 독에 담갔던 화살을 쏘면 그 치료할 길 없는
화살이 시위를 떠나 구름 사이로 날아 윙윙거리며
눈에 띄지 않게 날랜 어둠 속을 지나가듯이,
꼭 그처럼 밤의 여신의 딸은 대지를 향해 날아 내려갔다.   860
그녀는 일리움의 대열들과 투르누스의 군대를 보자
갑자기 변신하여, 가끔 밤에 무덤이나
빈 집의 지붕 위에 앉아서 밤늦게 그림자들 사이에서
불길한 노래를 부르는 작은 새로 오그라들었다.
괴물은 그런 모습으로 변신하여 요란하게 투르누스의 면전을   865
오락가락하며 날개로 계속해서 그의 방패를 쳤다.
이상하게도 그는 사지가 마비되며 공포에 휩싸이는가 하면
놀라 머리털이 곤두섰고, 목소리는 목구멍에 얼어붙었다.
　　　불행한 누이인 유투르나는 멀리서 디라의 날개 소리를
알아듣고는 머리를 풀고 쥐어뜯고 손톱으로 얼굴을   870

할퀴며 주먹으로 가슴을 쳤다. "투르누스야,
이제 네 친누이가 너에게 무엇을 도와주어야 하며,
그토록 많이 참고 견딘 나에게는 또 무엇이 남았단 말인가?
무슨 재주로 내가 네 명을 늘이고, 저런 괴물과 싸울 수 있겠느냐?
이제 결국 나는 싸움터를 떠나겠다. 떨고 있는 나를　　　　　　　875
더는 놀라게 하지 마라, 재앙의 새들[54]이여! 나는 너희들의
날개 치는 소리와 죽음을 알리는 목소리를 알고 있다. 이것은 틀림없이
고매한 읍피테르의 오만한 명령이다. 이것이 그분이 내 처녀성을 빼앗은
대가란 말인가? 무엇을 위해 그분은 내게 영생을 주었으며, 왜 나는 죽음의
법칙[55]을 빼앗겼는가? 그렇지 않았던들 지금 이토록 큰 고통을 끝내고　　880
불쌍한 오라비와 동행하여 그림자들[56] 사이를 지나갈 수라도 있으련만!
불사의 몸이라고? 오라비여, 네가 없는데 내가 가진 것들 중에
무엇이 내게 낙이 될 수 있겠느냐? 오오, 어느 곳에서 대지가 깊숙이
열려 여신인 나를 저 아래에 있는 망령들에게로 내려보낼 수 있을까!"
이렇게 말하고 여신은 푸르스름한 겉옷으로 머리를 가리더니　　　　　885
비통하게 신음하며 강물의 깊숙한 곳에 숨었다.
　　　아이네아스는 나무만 한 거대한 창을 휘두르며 계속해서
적을 공격했고 성난 마음에서 소리쳤다. "투르누스여,
한데 그대는 지금 왜 꾸물대며, 왜 벌써 뒷걸음질치는가?
이것은 경주가 아니라, 무시무시한 무기로 일대일로 싸우는 것이다.　　890
그대는 온갖 모습으로 둔갑하며 그대의 용기와 재주를 다 동원하도록 하라!
원한다면 그대는 날개를 타고 저 높은 별들로 솟아오르거나
땅속 구멍에 몸을 숨기도록 하라!" 투르누스가 머리를
저으며 대답했다. "가혹한 자여, 나를 놀라게 하는 것은
그대의 격렬한 말이 아니라 신들과, 읍피테르의 적의다."　　　　　　895

그는 더 이상 말하지 않고 주위를 둘러보다가 마침 토지에 관한
분쟁을 해결하도록 거기 들판 위에 경계석으로 놓여 있던
거대한 바위 덩이를, 거대하고 오래된 바위 덩이를 보게 되었다.
그것은 요즘 세상에 태어나는 사람들 같으면 이륙 십이 열두 명의
엄선된 인부가 달려들어도 어깨에 메지 못했을 것이다.[57]   900
하지만 영웅 투르누스는 그것을 손으로 급히 들어올려
허리를 쭉 펴고 도움닫기를 하더니 적에게 내던졌다.
하나 그는 달릴 때도, 걸을 때도, 손으로 거대한 바위를
들거나 휘두를 때도 이전과 같은 힘을 느낄 수가 없었다.
그의 무릎은 흔들리고 피는 싸늘하게 얼어붙었다.   905
그리하여 그가 던진 돌도 허공을 날긴 했으나
가야 할 거리를 다 가지도 못했고, 목표물을 맞히지도 못했다.
마치 밤에 무거운 잠이 눈을 내리누르면 우리가 잠이 들어
앞으로 달려가고자 절망적으로 노력해도 성공하지 못하는 꿈을
꾸다가 결국 노력 끝에 지쳐 쓰러지고 말 때처럼,   910
혀도 쓸모없고 평소의 체력도 사라지고 목소리와 말도
우리의 뜻대로 되지 않을 때처럼, 꼭 그처럼 투르누스가 아무리
용감하게 길을 찾아도 무시무시한 여신은 성공을 가져다주지 않았다.
그러자 그의 가슴속에 여러 가지 감정이 소용돌이쳤다.
그는 루툴리족과 도시를 바라다보며   915
두려움에 주춤거리다가 임박한 죽음 앞에 떨기 시작했다.
도망갈 길도, 적을 공격할 길도 볼 수 없었고,
전차와 그것을 몰 누이도 보이지 않았다.
　　　그가 머뭇거리고 있을 때 아이네아스가 치명적인 창을
휘두르며 두 눈으로 기회를 엿보다가 체중을 모두   920

실으며 멀리서 힘껏 던졌다. 공성포(攻城砲)에서 발사된
바위 덩이들도 그런 소리를 내며 으르렁거리지는 않으며,
폭발하는 벼락도 그런 굉음을 내지는 않는다. 창은 끔찍한 파멸을
가져다주며 검은 회오리바람처럼 날아갔다. 창은 일곱 겹으로 된
방패의 가장자리를 뚫고 지나가 가슴받이의 아랫부분을 찢어놓더니,   925
쉿 소리를 내며 넓적다리의 한가운데를 꿰뚫었다.
그 충격에 거구의 투르누스가 무릎을 꺾으며 땅에 쓰러졌다.
루툴리족들이 신음소리와 함께 벌떡 일어서자, 주위의 모든 산들이
둔중하게 메아리쳤고 원근의 높은 숲들이 그 소리를 되돌려 보냈다.
투르누스가 눈을 내리깔고 오른손을 내밀며 탄원자로서 간청했다.   930
"이것은 나의 자업자득이니, 그대에게 관용을 빌지는 않겠소.
그대의 행운을 이용하도록 하시오! 하지만 그대에게 내 불행하신
아버지를 배려해줄 마음이 조금이라도 있다면, 청컨대 (그대에게도
그러한 아버지 앙키세스가 있었소) 다우누스의 노령을 불쌍히 여겨
나를, 또는 그대가 원한다면 목숨을 빼앗긴 내 육신을 내 가족들에게   935
돌려보내주시오. 그대가 이겼소. 그리고 내가 패하여 손 내미는 것을
아우소니아인들이 보았소. 라비니아는 그대의 아내요.
그대는 더 이상 증오하지 마시오!" 무장한 아이네아스는 거기
무시무시하게 서서 눈을 굴리며 오른손을 제지하고 있었다.
그리하여 망설이고 있던 그가 투르누스의 말에 점점 동요하기   940
시작했을 때, 투르누스의 어깨 위에서 불운한 멜빵이
눈에 띄었고, 익히 아는 장식용 단추들을 박은 칼띠가 번쩍였다.
그것은 젊은 팔라스의 것으로, 투르누스가 그를 이겨 부상을 입히고
죽인 후 지금껏 적을 이긴 기념물로 어깨에 메고 다녔던 것이다.
아이네아스는 이 기념물을 두 눈으로 똑똑히 보게 되자   945

미칠 것만 같은 잔인한 고통이 상기되어 분통을 터트리며 말했다.
"지금 그대는 내 전우에게서 벗긴 이 전리품을 두르고서
여기서 벗어나기를 바라는가? 지금 이 가격은 팔라스가 그대를
죽이는 것이며, 팔라스가 살해자인 그대에게 피의 복수를 하는 것이다."
그는 분기등등하여 적의 가슴 깊숙이 칼을 찔렀다. 950
그러자 투르누스의 사지가 싸늘하게 풀리며 그의 목숨이
신음 소리와 함께 불만에 가득 차 지하의 그림자들에게로 내려갔다.

부록

주석
옮긴이 해제
참고 문헌
찾아보기
지도

| 주석 |

제1권

1   1권 첫머리에 다음의 4행이 나오는 필사본들도 있다.

나로 말하면, 전에는 가느다란 목적(牧笛)에 노래를 조율하다가
숲에서 나와, 인근의 농토들을 강제하여 탐욕스런 경작자에게
복종하게 했던—이는 농부들에게는 즐거운 일이었다—그 사람이다.
하나 이제는 군신 마르스의 무시무시한···

'나는 전에는 전원시를 쓰다가 이어서 농경시를 썼으나 이제는 전쟁 서사시를 쓰고자 한다'는 의지를 나타낸 이 시행들은 9세기 필사본에 방주(傍注) 형태로 처음 실렸다. 그러나 호메로스의 양대 서사시를 비롯한 일반적인 서사시의 첫머리와는 너무 다르고, 서사시의 첫머리에서 주인공 영웅과 시인의 내력을 동시에 소개하는 것은 바람직하지 않으며, 그 문장과 문체도 차이가 난다는 등의 이유로 오늘날 대부분의 텍스트에는 포함되어 있지 않다. 이 시행들은 아마도 어떤 필사본의 권두화(卷頭畵)로 쓰인 베르길리우스의 화상(畵像) 밑에 적어놓기 위해 쓰어진 것으로 추정된다.

2   '무기들'이란 여기서는 전쟁을 의미한다.

3   이 서사시의 주인공 아이네아스(Aeneas 그/Aineias)를 말한다.

4   '운명에 의해'(fato)라는 말은 '망명하여'(profugus)라는 말뿐만 아니라(라틴어 텍스트에서는 이 두 낱말이 나란히 붙어 있다) '이탈리아에···닿았다'(Italiam···venit)라는 표현과도 결부된다. 아이네아스는 트로야가 함락될 때 이탈리아로 망명하여 그곳에서 로마를 건국할 운명이었기 때문이다. 호메로스의 『일리아스』(Ilias) 20권 302~8행 참조.

5   '처음으로'(primus) 이탈리아로 건너와 도시를 세운 것은 트로야의 원로 안테노르였다. 하지만 그가 세웠다는 파타비움(Patavium 지금의 파도바)는 처음에는 엄밀히 말해 이탈

리아가 아니라 '알프스 이쪽의 갈리아'(Gallia Cisalpina) 땅이어서 제외한 것으로 생각된다. 안테노르는 트로이야 전쟁 때 헬레나와 헬레나가 가져온 보물을 그리스군에게 돌려주고 그리스와 화친하기를 권했으나(『일리아스』 7권 347행 이하 참조), 받아들여지지 않았다. 나중에 트로이야가 함락되었을 때 그리스군이 그를 살려주자 그는 소아시아 북안(北岸)의 파플라고니아(Paphlagonia) 지방에서 원군으로 와 있다가 전쟁터에서 왕을 잃은 에네티족(Eneti 그/Enetoi)을 이끌고 육로로 이탈리아로 가서 파타비움을 세웠다. 에네티족은 그 주위에 살던 베네티족(Veneti)의 선조가 되었는데 그들이 살던 곳이 바로 베네티아(Venetia)다.

6 로마 남서쪽의 해안 도시로 아이네아스가 이탈리아에 도착하여 맨 처음 세운 도시다.

7 그리스 영웅 아킬레스의 부모인 펠레우스와 테티스의 결혼식 하객으로 초대 받지 못한 불화의 여신 에리스는 이에 앙심을 품고 '가장 아름다운 이에게'라고 새긴 사과를 연회장에 던진다. 유노와 미네르바(Minerva 그/Athene)와 베누스(Venus 그/Aphrodite)가 서로 자기 것이라고 주장하다가 읍피테르의 주선으로 트로이야 근처 이다 산에서 목동 생활을 하던 트로이야의 왕자 파리스에게 가서 심판을 받는다. 이때 유노는 아시아에 대한 통치권을, 미네르바는 전쟁에서의 승리를, 베누스는 절세미인을 각각 파리스에게 약속하는데, 파리스는 베누스에게 유리한 판정을 내린다. 파리스는 그 대가로 헬레나를 얻게 되지만 함께 미녀 콘테스트에 참가했던 유노와 미네르바는 트로이야와 베누스를 집요하게 미워하게 되고 결국 트로이야는 멸망한다. 특히 유노는 트로이야가 멸망한 뒤에도 아이네아스가 이끄는 트로이야의 유민들과 로마를 괴롭힌다.

8 『아이네이스』의 전반부는 아이네아스가 트로이야를 떠나 바다 위를 떠돌아다닌다는 점에서 호메로스의 『오뒷세이아』(Odysseia)와, 후반부는 아이네아스가 이탈리아에 상륙한 뒤 그곳의 영웅들과 싸워 새로운 터전을 마련한다는 점에서 『일리아스』와 닮았다.

9 라비니움.

10 라티움은 로마에서 남동쪽으로 20킬로미터 정도 떨어진 알바 산(mons Albanus) 주위의 좁은 지역이었으나 차츰 북쪽으로는 티베리스 강까지, 남쪽으로는 시누엣사(Sinuessa) 시(市)까지 경계가 확대되었다. 라티움이란 이름은 역사 시대에 그곳에 거주하던 라티니족에게서 유래했는데 그들은 인도유럽어를 사용하던 침입자들과 선주민(先住民)들의 혼혈족이었다. 그들이 사용하던 언어가 라틴어다.

11 가정과 나라의 수호신들인 페나테스 신들을 말한다.

12 '그에게서'로 옮긴 라틴어 unde는 엄밀히 말해 '거기에서' '그곳으로부터'란 의미지만

대체로 '아이네아스에게서'란 뜻으로 해석된다.

13 주 10 참조.

14 알바 산(주 10 참조) 북쪽 사면에 자리 잡은 옛 도시 알바 롱가를 말한다. 알바 산 등성이에 길게 뻗어 있어 '롱가'라는 이름을 갖게 되었다고 한다. 아이네아스의 아들 아스카니우스는 처음에 라비니움을 통치하다가 알바 롱가를 세우고 그곳으로 옮겼으며, 그로부터 300년 뒤에 로물루스가 태어나 티베리스 강기슭에 도시를 세우고 자신의 이름을 따 로마라고 불렀다.

15 라틴어 텍스트에서는 1~7행이 한 문장이며 '로마의'(Romae)가 맨 마지막 단어다. 여기서 시인은 우리의 눈과 귀를 한달음에 트로이야(1행의 넷째 단어)에서 이탈리아 라티움 지방의 라비니움과 알바 롱가를 거쳐 로마까지 인도한다.

16 무사 여신(영/뮤즈)들은 윱피테르와 므네모쉬네(Mnemosyne '기억'이란 뜻) 여신의 딸들로 시가(詩歌)의 여신들이다. 그 수는 세 명, 일곱 명 또는 아홉 명이라고 하는데, 고전기에 아홉 명으로 정립되었다. 그들은 또 로마 시대 후기에는 각각 한 가지 기능을 맡는데, 대체로 칼리오페(Calliope 그/Kalliope)는 서사시를, 클리오(Clio 그/Kleio)는 역사를, 에우테르페(Euterpe)는 피리 및 피리가 반주하는 서정시를, 멜포메네(Melpomene)는 비극을, 테릅시코레(Terpsichore)는 뤼라(lyra) 및 뤼라가 반주하는 서정시를, 폴뤼힘니아(Polyhymnia 그/Polymnia)는 찬신가를 맡았다가 나중에는 무언극을, 우라니아(Urania 그/Ourania)는 천문학을, 탈리아(Thalia 그/Thaleia)는 희극 및 목가(牧歌)를 관장하는 것으로 여겨졌다.

17 '경건'(pietas)은 신들 특히 조국의 신들과 부모 형제, 친척 및 조국에 애정을 갖고 책무를 다하는 것으로 이상적인 영웅이나 지도자가 되려면 반드시 갖추어야 하는 덕목이다. 아이네아스는 가족과 나라의 수호신인 페나테스 신들을 지극정성으로 모시고 화염에 싸인 트로이야에서 아버지 앙키세스를 업고 망명했기 때문에 베르길리우스가 도처에서 그를 '경건하다'고 말하는 것이다.

18 티베리스 강은 이탈리아의 압펜니누스(Appenninus 오늘날의 Appennino) 산맥에서 발원하여 서쪽의 에트루리아와 동쪽의 움브리아 및 사비니족의 나라와 남쪽의 라티움 사이로 400킬로미터를 흘러 오스티아 항에서 바다와 만난다. 로마는 티베리스 강의 좌안(左岸)에 자리 잡고 있는데 오스티아 항의 티베리스 강 하구로부터 상류로 25킬로미터쯤 떨어져 있다.

19 시돈과 더불어 페니키아(Phoenicia 라/Phoenice 그/Phoinike) 지방의 유력한 해안 도

시. 특히 자줏빛 염료의 생산지로 유명했으며 카르타고의 모시(母市)이기도 하다.
20 카르타고(Carthago 또는 Karthago 그/Karchedon '신도시'란 뜻)는 페니키아 지방의 유력한 도시 튀로스(Tyrus 그/Tyros)가 북아프리카의 튀니지 지방에 기원전 814년에 세운 식민시로 서(西)지중해의 패권을 놓고 처음에는 그리스와, 나중에는 로마와 다투다가 3회에 걸친 이른바 포이니 전쟁(기원전 264~241, 218~202, 149~146년)에서 로마에 패하여 폐허가 된다. 그러나 카르타고는 율리우스 카이사르와 아우구스투스가 로마의 식민지로 삼아 기원후 2세기에는 서양에서 로마 다음으로 큰 도시가 되었고 제정시대에는 발달한 농업 기술에 힘입어 연간 50만 톤의 곡물을 수출한다. 카르타고는 특히 법률과 수사학을 위한 교육의 중심지가 되고 그 뒤에는 서양 기독교 신앙의 중심지 역할도 했지만 439년 반달(Vandal)족에게 함락되고 말았다. 그 뒤 동로마 제국에 편입되었다가 7세기 말에 아랍인들에게 정복됐다.
21 소아시아 이오니아(Ionia) 지방 앞바다에 있는 섬으로 이곳에 있던 유노의 신전(Heraeum 그/Heraion)은 고대 세계에서 가장 아름다운 건축물 가운데 하나였다.
22 여기서는 카르타고의 성채를 말한다.
23 '트로이야의 혈통에서.'
24 리뷔아(Libya 그/Libye)는 북아프리카 특히 그 해안 지방을 가리키는 이름이다. 카르타고의 패망에 관해서는 주 20 참조.
25 운명의 여신들(Parcae 그/Moirai)은 클로토(Clotho 그/Klotho '실 잣는 이'란 뜻)와 라케시스(Lachesis '나눠주는 이'란 뜻)와 아트로포스(Atropos '돌이킬 수 없는 이'란 뜻)의 세 자매로 인간의 운명을 실처럼 자아 나눠주었다가 때가 되면 가차없이 자르는 것으로 생각되었다.
26 사투르누스(Saturnus 그/Kronos)는 윱피테르의 아버지로, 그리스 시인 헤시오도스(Hesiodos)에 따르면 어머니 가이아(Gaia 라/Gaea 또는 Terra)가 준 아다마스(adamas)라는 견고한 금속으로 만든 낫으로 아버지 우라누스의 남근을 잘라 바다에 던져버리고 우주의 지배자가 된다. 『신통기』(Theogonia) 176~82행 참조. 사투르누스는 아버지 우라누스를 권좌에서 축출했듯이 자신도 아들 윱피테르에 의해 축출된다. 그리스 신화에서는 보통 저승의 가장 깊숙한 곳인 타르타루스에 갇혀 있는 것으로 되어 있으나 로마 신화에서는 배를 타고 티베리스 강을 거슬러 로마에 와서 황금시대를 연 것으로 되어 있다. 그래서 이탈리아는 흔히 사투르누스의 나라라고도 한다. 로마인들은 크로노스를 자신들의 농업의 신 사투르누스(Saturnus, 그들은 사투르누스란 이름이 '씨뿌리

기'란 뜻의 라틴어 satus에서 온 것으로 보았다)와 동일시했다.
27 유노.
28 아르고스는 그리스 펠로폰네수스(Peloponnesus 그/Peloponnesos) 반도 북동부에 있는 도시로 여기서처럼 넓은 의미로 쓰일 때에는 그리스 전체를 말한다.
29 트로이야 전쟁.
30 '파리스의 심판'에 관해서는 주 7 참조.
31 트로이야 왕가의 선조 다르다누스(Dardanus 그/Dardanos)는 윱피테르의 아들로 아틀라스의 딸 엘렉트라가 낳았다. 유노는 일부일처제의 강력한 옹호자로서 남편 윱피테르가 좋아한 여신 또는 여인들뿐만 아니라 헤르쿨레스와 박쿠스 같은 그 자식들도 미워했는데, 다르다누스도 예외는 아니었다.
32 가뉘메데스는 트로이야 왕 트로스(Tros)의 아들로서 빼어난 미소년인지라 하늘로 납치되어 윱피테르의 술 따르는 시종이 되었다고 한다. 『일리아스』 20권 231~5행 참조.
33 '다나이족'은 넓게는 여기서처럼 그리스인들 특히 트로이야 전쟁에 참전한 그리스인들을, 좁게는 아르고스에 사는 그리스인들을 말한다.
34 트로이야 전쟁 때 가장 용감했던 그리스의 영웅으로 『일리아스』의 주인공이다.
35 여기서 베르길리우스는 독자가 아이네아스의 이야기를 대강 안다고 보고, '바로 사건의 핵심으로'(in medias res) 들어간다. 호라티우스『시학』(Ars Poetica) 148행 참조.
36 이탈리아 남서쪽에 있는 큰 섬.
37 트로이야인을 말한다. 테우케르는 트로이야 주변 지역의 왕으로 다르다누스의 장인(丈人)이다.
38 아이네아스.
39 아테네 즉 미네르바의 별명으로 '처녀' 또는 '(무기를) 휘두르는 자'란 뜻.
40 트로이야 전쟁 때 그리스군에는 아이약스(Aiax 그/Aias)란 이름을 가진 장수가 두 명 있었는데, 한 명은 살라미스(Salamis) 왕 텔라몬(Telamon)의 아들이고 한 명은 로크리스(Locris 그/Lokris) 왕 오일레우스의 아들이었다. 오일레우스의 아들 아이약스는 트로이야가 함락되었을 때 트로이야의 공주 캇산드라를 겁탈하려고 미네르바의 신상을 잡고 있던 그녀의 머리채를 잡아당기는 바람에 신상이 넘어지는 불상사가 일어났는데도 그리스인들이 관례대로 돌을 던져 그를 죽이지 않자 여신은 귀향하는 그리스군에게 폭풍을 보내 큰 피해를 주고 아이약스는 그때 익사한다.
41 벼락.

42 아이약스.
43 아이올리아(Aeolia 그/Aiolia)는 호메로스에서는 아이올루스(Aeolus 그/Aiolos)가 살고 있는 섬이지만(『오뒷세이아』 10권 첫머리 참조) 베르길리우스는 시킬리아의 북동쪽에 있는 화산섬들 가운데 하나인 리파레(Lipare 또는 Lipara 지금의 Lipari) 섬으로 보고 있다. 8권 416행 참조.
44 윱피테르.
45 '튀르레니아 바다'는 이탈리아의 서남해를 말한다. 튀르레니아는 에트루리아의 그리스어 이름.
46 일리움(Ilium, Ilios 또는 Ilion 그/Ilion 또는 Ilios)은 트로이야 왕 일루스(Ilus 그/Ilos)에게서 유래한 이름으로 트로이야 시(市)를 가리키고, 트로이야는 트로이야 왕 트로스에게서 유래한 이름으로 트로이야 시 또는 그 주변 지역인 트로아스(Troas 그/Troias) 지방을 가리킨다.
47 페나테스. 주 11 참조.
48 그리스 신화에서 텟살리아 지방의 페네우스(Peneus 그/Peneios) 강물 속에 살고 있는 요정 퀴레네(Cyrene 그/Kyrene)를 따르는 요정들 중 한 명이다.
49 『일리아스』 14권 267~8행에서도 헤라는 잠의 신 휘프노스에게 자기 청을 들어주면 카리스 여신들 중 한 명을 아내로 주겠다고 약속한다.
50 이런 종류의 표현에 관해서는 『오뒷세이아』 5권 306행 참조.
51 아버지의 면전에서 전사하는 것은 가장 슬픈 일이지만 지금 아이네아스에게는 그러한 죽음도 행복으로 여겨지는 것이다.
52 튀데우스의 아들이란 그리스군의 맹장 디오메데스를 말한다. 아이네아스는 그와 일대일로 싸웠는데 베누스가 구해주지 않았더라면 그의 손에 죽었을 것이다. 『일리아스』 5권 297~317행 참조. 튀데우스는 칼뤼돈 왕 오이네우스(Oeneus 그/Oineus)의 아들로, 테바이 성을 공격한 일곱 장수 중 한 명이다.
53 트로이야의 마지막 왕 프리아무스와 왕비 헤쿠바의 장남으로 트로이야군의 가장 용감한 장수.
54 아이아쿠스의 손자란 아킬레스를 말한다. 아이아쿠스(Aeacus 그/Aiakos)는 윱피테르의 아들로 펠레우스의 아버지이고, 펠레우스는 아킬레스의 아버지다.
55 윱피테르의 아들로 뤼키아인들을 이끌고 트로이야를 도우러 갔다가 아킬레스의 전우 파트로클루스(Patroclus 그/Patroklos)의 손에 죽는다.

56 트로아스 지방을 흐르는 스카만데르(Scamander 그/Skamandros) 강의 지류다.
57 쉬르티스는 북아프리카 해안에 있는 만(灣)으로 유사(流砂)가 심해 고대에는 항해하기 위험한 지역으로 간주되었다. 리비아의 수도 트리폴리(Tripoli) 항의 동쪽에 있는 것이 대(大)쉬르티스이고, 서쪽에 있는 것이 소(小)쉬르티스다. Syrtis의 s를 소문자로 읽어 '유사'로 번역하는 이들도 있다. s를 소문자로 읽는다 하더라도 베르길리우스는 지중해 세계에 널리 알려진 북아프리카 해안의 이 유사를 염두에 두었을 것으로 생각된다.
58 뤼키아(Lycia 그/Lykia)는 소아시아 서남부 지방이다.
59 여기서 '무너져 내리는 하늘'(caeli ruina)이란 폭풍을 말한다.
60 해신(海神) 넵투누스(Neptunus 그/Poseidon)와 윱피테르와 유노는 농업과 곡물의 여신 케레스(Ceres 그/Demeter), 저승의 신 플루토(Pluto 그/Plouton 또는 Hades), 화로의 여신 베스타(Vesta 그/Hestia)와 더불어 크로누스(Cronus 그/Kronos) 일명 사투르누스와 레아의 자식들이다.
61 바람의 신들은 새벽의 여신 아우로라(Aurora 그/Eos)의 자식들이다. 헤시오도스 『신통기』 378행 참조. 바람의 신들은 격이 낮은 신이므로 넵투누스는 경멸하는 어조로 말하고 있다.
62 하던 말을 갑자기 중단하는 이른바 돈절법(頓切法 aposiopesis)의 전형적인 본보기로 '혼낼 것이로되'라는 뜻의 말이 생략된 것으로 보인다.
63 삼지창은 해신 넵투누스의 권위의 상징으로 이것으로 파도를 일으키기도 하고 재우기도 한다.
64 사투르누스의 세 아들 윱피테르와 넵투누스와 플루토는 10년 전쟁에서 힘겹게 이겨 아버지 사투르누스와 그를 돕던 티탄 신족을 지하로 추방하고 우주를 삼분할 때 제비를 뽑아 윱피테르는 하늘을, 넵투누스는 바다를, 플루토는 저승을 차지했다. 『일리아스』 15권 187~8행 참조.
65 바다의 신 네레우스의 딸들 중 한 명이거나 바다 요정들 중 한 명으로 생각된다.
66 넵투누스의 아들로 상반신은 사람이고 하반신은 물고기 꼬리다. 흔히 소라고둥을 부는 모습으로 묘사되었는데, 그 모습은 인공 분수에서도 흔히 볼 수 있다.
67 넵투누스.
68 케레스는 농업과 곡식의 여신이다. '케레스의 선물'이란 곡식을 말한다. '케레스의 도구'란 반죽통, 맷돌 등 빵을 만드는 데 필요한 도구를 말한다.
69 프뤼기아는 소아시아의 서북 지방으로 때론 여기서처럼 트로이아를 가리키기도 한다.

70 아케스테스는 아이네아스 일행을 환대한 시킬리아의 왕으로 나중에 또다시 그를 환대하게 된다. 5권 36행 참조.

71 트리나크리아(Trinacria 또는 Trinacris)는 시킬리아의 다른 이름으로 '세 모서리의 섬' 이란 뜻이다. 이 섬은 삼각형 모양이다.

72 스퀼라는 머리 여섯, 발이 열둘인 괴물로 이탈리아와 시킬리아 사이의 멧사나(Messana 지금의 Messina) 해협에 있는 바위 동굴에 살며, 지나가는 선원들을 잡아먹었는데, 강아지처럼 짖었다고 한다. 3권 420행 이하 참조.

73 퀴클롭스('눈이 둥근 자'란 뜻)들은 호메로스에서는 흩어져 유목 생활을 하는 거한(巨漢)들이다. 그러나 헤시오도스에 따르면 퀴클롭스들은 우라누스와 가이아의 세 아들인 브론테스(Brontes '천둥장이'란 뜻), 스테로페스(Steropes '번개장이'란 뜻), 아르게스(Arges '번쩍이는 자'란 뜻)다. 윱피테르 등이 티탄 신족과 싸울 때 그들이 윱피테르에게는 번개와 벼락을, 플루토에게는 머리에 쓰면 남의 눈에 보이지 않는 투구를, 넵투누스에게는 삼지창을 만들어주어 티탄 신족을 이길 수 있게 해준다. 후일 아폴로의 아들인 의신(醫神) 아이스쿨라피우스(Aesculapius 그/Asklepios)가 죽은 힙폴뤼투스(Hippolytus 그/Hippolytos)를 의술로 살려냈을 때 저승의 신 플루토 등이 강력히 항의하자, 우주의 질서가 무너질까 두려워 윱피테르가 아이스쿨라피우스를 번개로 쳐 죽이는데, 아폴로는 자기 아들이 비명횡사한 데 대한 분풀이로 번개를 만들어준 퀴클롭스들을 죽이고 이를 속죄하기 위하여 인간인 아드메투스(Admetus 그/Admetos) 왕 밑에서 1년 동안 머슴살이를 한다. 또 다른 퀴클롭스들은 소아시아의 뤼키아 지방에서 건너온 장인(匠人)들로서 티륀스와 뮈케나이뿐 아니라 시킬리아와 그 밖에 다른 곳의 선사 시대의 거석 건조물들은 이들의 작품이라고 한다. 이들은 베르길리우스 시대 이전부터 시킬리아의 아이트나 산에 살았던 것으로 여겨졌다. 에우리피데스『퀴클롭스』(*Kyklops*) 20~21행 참조. 퀴클롭스라는 이름은 보통 그중 한 명인 폴뤼페무스(Polyphemus 그/Polyphemos)를 가리키는데, 그것은 그가 그들 가운데 가장 힘이 세고 그가 울릭세스(Ulixes 그/Odysseus) 때문에 눈이 멀게 된 이야기(3권 641행 이하 참조)가 가장 널리 알려져 있기 때문이다.

74 아이네아스 일행.

75 주 37 참조.

76 주 5 참조.

77 아키비족은 특히 트로이야에서 싸운 그리스인들을 가리킨다.

78 아드리아 해(海)의 동쪽 지방으로 지금의 달마티아(Dalmatia)와 알바니아(Albania) 지

방이다. '일뤼리쿰'이란 아드리아 해 북쪽에 있는 만(彎) 전체를 말한다.
79 지금의 크로아티아와 달마티아 지방에 살던 부족이다.
80 아드리아 해의 맨 위쪽 트리에스테(Trieste) 시와 아퀼레이아(Aquileia) 시 사이에 있는 작은 강이다.
81 티마부스 강은 하류에서는 지하로 스며들어 땅속을 흐르다가 여러 개의 샘들 즉 '입들'을 통해 다시 지상으로 나오며 늪지대 즉 '들판들'을 지나 아드리아 해로 흘러든다고 한다. 이곳에는 가끔 바닷물이 역류하여 늪지대가 범람하는 경우가 있다고 한다. 베르길리우스가 말하는 것은 이 하류 부분인 듯싶다. '바다'(mare)를 강의 다른 표현으로, '입'을 강이 처음 솟아나는 원천으로 보는 이들도 있다.
82 문맥으로 보아 '트로이야인들'이란 이름을 지어준 것으로 생각된다.
83 평화의 상징으로 무구들을 신전들에 걸어두었다는 뜻이다.
84 아이네아스는 헤르쿨레스나 로물루스처럼 후일 신이 되어 하늘에 오른 것으로 믿어졌다.
85 베누스는 윱피테르의 딸이고, 아이네아스는 베누스의 아들이다.
86 유노.
87 베누스는 바다에서 태어난 뒤 맨 먼저 펠로폰네수스 반도 동남부 앞바다에 있는 퀴테라(Cythera 그/Kythera) 섬으로 다가갔기 때문에(『신통기』192~3행 참조) 또는 그곳에 유명한 그녀의 신전이 있었기 때문에 퀴테레아(Cytherea 그/Kythereia)라는 별명을 갖게 되었다.
88 라티움 지방의 막강한 부족으로 그들의 왕 투르누스는 아이네아스의 가장 강력한 적대자였다.
89 일루스는 트로이야 왕의 이름으로 그에게서 트로이야 시의 다른 이름인 일리움이 유래했다. 그러나 아이네아스의 아들 아스카니우스(Ascanius 그/Askanios)에게 거기서 유래한 이울루스(Iulus)란 이름이 주어짐으로써 그는 트로이야뿐 아니라 후일 율리우스 카이사르와 아우구스투스 등을 배출한 로마의 귀족 가문인 율리아 가(家)와도 관련을 맺게 된다.
90 주 14 참조.
91 트로이야인들을 말한다. 트로이야 전쟁 때 헥토르가 트로이야의 위대성과 자존심의 상징이었기 때문에 그렇게 부른 것이다.
92 일리아(Ilia)는 '일리움 즉 트로이야의 여인'이란 뜻으로 로물루스와 레무스의 어머니가 된 레아 실비아(Rhea Silvia)의 다른 이름이다.

93 일리아는 알바 롱가의 마지막 정통 왕 누미토르의 딸로, 누미토르가 아우 아물리우스(Amulius)에게 축출되면서 베스타(Vesta) 여신을 모시는 여사제가 되어 결혼할 수 없게 되지만 군신(軍神) 마르스(Mars 그/Ares)를 만나 쌍둥이 아들 로물루스와 레무스를 낳는 바람에 자신은 갇히고 아이들은 티베리스 강에 버려진다. 아이들은 나중에 로마가 세워질 곳으로 떠내려가 암늑대의 젖을 먹고 연명하다가 목자(牧者) 파우스툴루스(Faustulus)에게 발견되어 그의 집에서 자란다. 그들은 장성하여 아물리우스를 축출하고 누미토르에게 왕권을 되돌려준다. 그 뒤 자신들이 강물에 떠내려가다 닿았던 곳에 도시를 세우게 되는데, 이 과정에서 의견 충돌로 레무스는 로물루스 또는 그의 동료들의 손에 죽는다. 로물루스는 새 도시를 자기 이름을 따 로마라고 부르고 로마의 초대 왕이 된다.

94 마보르스(Mavors)는 마르스의 고형(古形)으로서 축약되기 전의 형태다.

95 토가(toga)는 평화 시에 로마인들이 입고 다니던 흰 모직의 겉옷으로 몸에 두 번 감아 왼팔은 감추고 오른팔은 노출해 입었다.

96 앗사라쿠스(Assaracus 그/Assarakos)는 트로이야 왕 트로스의 아들로 그의 가계는 앗사라쿠스→카퓌스(Capys 그/Kapys)→앙키세스→아이네아스로 이어진다.

97 남(南)텟살리아 지방의 도시 또는 고을로 아킬레스의 고향이다.

98 뮈케나이와 아르고스는 펠로폰네수스 반도의 북동부 아르골리스(Argolis) 지방에 있는 도시들로 전자는 아가멤논이, 후자는 디오메데스가 통치하던 곳이다.

99 뭄미우스(Lucius Mummius Achaicus)가 기원전 146년 코린투스 시를 함락함으로써 그리스는 완전히 로마에 예속된다.

100 여기서는 아우구스투스를 가리킨다고 생각되지만, 율리우스 카이사르를 가리킨다고 보는 이들도 있다. 카이사르 가는 로마의 유서 깊은 귀족 가문인 율리아 가의 한 지파로서 그 역사는 아이네아스의 아들 아스카니우스 일명 이울루스에게까지 거슬러 올라간다. 독재관(獨裁官) 율리우스 카이사르(기원전 100~44년, 기원전 49~44년 재위)의 양자 옥타비우스(Gaius Octavius 후일 로마 최초의 황제가 된 아우구스투스, 기원전 63년~기원후 14년)가 자기 이름에 카이사르란 이름을 추가하자(Gaius Iulius Caesar Octavianus) 그의 양자인 티베리우스(Tiberius Claudius Nero Caesar 기원후 14~37년 재위) 황제와 그 후계자들도 그 선례를 따른다. 옥타비우스는 부유한 기사계급 출신인 옥타비우스와 아티아(Atia) 사이에서 태어났다. 아티아는 율리우스 카이사르의 누이 율리아(Iulia)와 그녀의 남편 아티우스 발부스(Marcus Atius Balbus)의 딸이다. 옥타비우스는 카이사르의 양자가 되자 옥타비아누스(Octavianus)로 개명한다. 기원전 44년 카이

사르가 암살되자 그의 후계자로 지명된 옥타비아누스는 19세에 유학 중이던 그리스를 떠나 로마로 돌아온다. 그는 카이사르의 고참병들과 카이사르에 반대하던 온건 공화주의자들의 지지를 업고 카이사르파의 우두머리인 안토니우스(Marcus Antonius), 우유부단한 레피두스(Marcus Lepidus)와 함께 기원전 43년 제2차 삼두정치를 열고 아프리카와 시킬리아와 사르디니아(Sardinia)를 자신의 속주(屬州)로 받는다. 기원전 42년 카이사르가 신격화되자 옥타비아누스는 '신의 아들'(divi filius)이 되어 그 후광을 업게 된다. 안토니우스는 옥타비아누스의 누이 옥타비아(Octavia)와 결혼하고 옥타비아누스는 리비아(Livia)와 결혼하는데, 옥타비아누스는 그녀가 자식을 낳지 않았음에도 평생 동안 헌신적이었다. 그사이 영향력이 커진 옥타비아누스가 레피두스를 은퇴시키고 로마 제국의 서부를 혼자 지배하게 되자 안토니우스는 이집트 여왕 클레오파트라와 손잡는다. 그러나 그 때문에 로마에서는 안토니우스의 인기가 떨어진다. 기원전 31년 서부 그리스의 아카르나니아(Acarnania 그/Akarnania) 지방에 있는 악티움 곶 앞바다에서 벌어진 해전에서 안토니우스와 클레오파트라의 연합 함대가 패하자 안토니우스는 자살한다. 같은 해 옥타비아누스는 집정관으로 선출되지만 기대와는 달리 로마에 공화정을 부활할 의사를 보이지 않다가 기원전 27년 자신의 절대 권력을 내놓고 국가의 통치를 원로원에 넘겨줌으로써 형식적으로 공화정을 부활시킨다. 그러나 그는 집정관직을 유지했고, 에스파냐(라/Hispania)·갈리아(Gallia 프랑스와 북이탈리아)·시리아(Syria)·이집트를 자신의 속주로 갖고 있었으며, 대부분의 군대에 대한 통수권과 그 밖의 다른 권력도 내놓지 않는다. 게다가 그는 무나티우스(Lucius Munatius Plancus)의 제의로 아우구스투스라는 칭호를 받아 제국 위에 군림한다. 그 뒤 그는 이 칭호로 불렸으며 이 칭호는 임페라토르(Imperator '원수元帥'란 뜻으로 여기서 emperor란 영어가 유래했다)와 함께 로마 황제들의 공식 칭호가 된다. 그는 또 처음에는 비공식적이었지만 프링켑스(princeps '으뜸가는 자' '제1인자'란 뜻)라고도 불렸는데, 공화정 시대에 쓰던 이 명칭은 전(前)집정관 등 유력한 정치가들을 가리키는 것으로 주로 복수형으로 쓰였다. 아우구스투스는 자신의 독재 권력을 호도하기 위해 이 명칭을 선호했다고 한다. 기원전 2년 원로원은 멧살라(Marcus Valerius Messalla Corvinus)의 발의로 '조국의 아버지'(pater patriae)라는 공화정 시대의 존칭을 그에게 부여한다. 그는 검소함과 힘든 노동과 성실한 결혼 생활과 다산(多産)이라는 고대 로마의 전통과 미덕을 부활시키기 위해 도덕 개혁을 추진하여 베르길리우스와 호라티우스 같은 당시 시인들의 지지를 받는다. 그는 집안의 유망한 젊은이들이 요절하자, 아내 리비아의 전남편 클라우디우스(Tiberius Claudius Nero)의 아들 티베리우스를 양자로 삼는다. 기원후 14년에 죽자 그는 곧 신격화된다. 그의 생활은 그가 설교한 미덕과 일치했다고 한다. 그가 권력을 잡기 전에 이미 공화정은 무너졌지만 그는 여러 가지 분파적 이해 관계를 침해하지 않고 로마의 전통에 따라 국내 평화를 확립하려고 노력했고 그 점에서 큰 업적을 남긴 것으로 평가 받는다. 그러나 그는 현실의 목적을 위해서라면 이상(理想)조차도 무자비하게 이에 종속시키는 인물이라는 인상을 주기도 한다.

101 여기서 아우구스투스를 율리우스라고 한 것은 무엇보다도 그와 아이네아스의 아들 아스카니우스의 관계를 강조하기 위해서인 듯하다.

102 아우구스투스는 기원전 31년 악티움 해전에서 이긴 뒤 이집트와 소아시아와 유대와 시리아를 접수하고 기원전 29년 로마에서 개선식을 올린다.

103 '아이네아스에게 그러하듯 아우구스투스에게도'란 뜻이다.

104 성실 또는 정직은 인류의 가장 오래되고 가장 원초적인 미덕이다.

105 가정의 화로의 여신인데 여기서는 로마라는 가정의 화로를 지켜 달라는 뜻에서 부른 듯하다.

106 퀴리누스는 공화정 말기에는 신격화된 로물루스와 동일시되었으나 원래는 사비니족의 전쟁의 신으로서 왕정 초기에는 읍피테르 및 마르스와 더불어 3대 신에 속했다. 기원전 293년 로마의 퀴리날리스 언덕(Collis Quirinalis) 위에서 그에게 신전이 봉헌되었다.

107 내전 때에는 형제끼리 서로 싸웠지만 이제는 우애를 회복하게 해 달라는 뜻에서 로마를 건국한 이들 형제를 부른 것 같다.

108 메르쿠리우스(Mercurius 그/Hermes)는 읍피테르와, 아틀라스의 딸 마이아(Maia 8권 주 19 참조)의 아들로 아르카디아의 퀼레네(Cyllene 그/Kyllene 최고봉 2,376미터) 산에서 태어났다. 그는 태어나던 날 정오에 요람을 떠나 거북을 죽여서 그 껍질로 뤼라(lyra)라는 악기를 만들고 같은 날 아폴로의 소 떼를 훔친다. 여신 이리스처럼 메르쿠리우스도 신들의 사자(使者)이며 사자(死者)들의 혼백을 저승으로 인도하는 혼백 인도자(psychopompos)다. 그는 또 복(福)을 가져다주는 신으로 상인과 도둑의 보호자이기도 하다. 그의 권능의 상징은 날개 달린 황금 샌들과, 사람을 마음대로 재우기도 하고 깨우기도 하는 지팡이다.

109 튀로스 왕 벨루스(Belus 그/Belos)의 딸로 카르타고 시를 건설했다고 한다.

110 '포이누스인'(Poenus 복수형 Poeni)이란 개인 및 집단으로서의 카르타고인을, 경우에 따라서는 한니발(Hannibal)을 말한다. 포이누스란 말은 페니키아의 라틴어 포이니케

(Phoinice 그/Phoinike)에서 유래하였다. 그곳의 튀로스인들이 북아프리카에 식민시 카르타고를 세웠다.

111 베누스.
112 그리스 펠로폰네수스 반도의 동남부에 있는 라코니케(Laconice 그/Lakonike) 지방의 수도로 그곳 사람들은 남녀 모두 엄격한 훈련을 받았다.
113 트라키아 지방의 동부를 지나 에게 해로 흘러드는, 이 지방의 가장 큰 강이다.
114 그리스의 북동 지방으로 그리스인들은 그곳 주민들을 야만인으로 여겼다.
115 트라키아 왕 하르팔뤼쿠스의 딸로 이름난 사냥꾼이었다고 한다.
116 포이부스(Phoebus 그/Phoibos)는 태양신 아폴로의 별명으로 '빛나는 자' '정결한 자'란 뜻이다.
117 포이부스의 누이란 디아나(Diana 그/Artemis) 여신을 말한다. 디아나는 처녀신으로 활과 사냥의 여신이자 어린 짐승들의 보호자다.
118 자연의 생명력을 대표하며 산의 요정들(orestiades), 물의 요정들(neiades), 샘의 요정들(krenaiai) 및 나무의 요정들(dryades)이 있는데 요정들은 젊은 여성적 존재로 여겨졌다.
119 자기는 사냥의 여신 디아나가 아니라는 뜻이다.
120 아게노르는 해신 넵투누스의 아들로 이집트에서 페니키아로 가서 튀로스 시의 왕이 된다. 여기서 아게노르의 도시란 카르타고를 말한다.
121 황금(auri) 대신 농토(agri)로 읽는 텍스트들도 있다.
122 퓌그말리온이 쉬카이우스를 죽이고 빼앗으려 했던 보물을 말한다.
123 '황소가죽'의 라틴어 및 그리스어는 byrsa다. 전설에 따르면, 페니키아인들은 토착민들에게서 황소가죽 한 장으로 덮을 수 있는 만큼 땅을 사기로 계약한 후 그 황소가죽을 가느다랗게 잘라 가죽끈으로 만들어 도시를 세울 수 있을 만큼 넓은 땅을 샀다고 한다. 그리스인들이 성채 특히 카르타고의 성채를 의미하는 페니키아어 bosra를 byrsa로 잘못 이해해서 이런 이야기가 생겨났다.
124 윱피테르의 아들로 트로이야인들의 선조가 된 다르다누스는 원래 이탈리아 출신이라고 한다. 3권 167행 참조. 아이네아스가 이탈리아에서 조국과 친족을 찾기를 바라는 것은 그 때문이다.
125 유럽 대륙을 말한다.
126 백조는 베누스에게 바쳐진 새다.
127 아이네아스는 함선 스무 척을 이끌고 트로이야를 출항했는데, 한 척은 도중에 침몰하고

지금은 일곱 척이 남았으니 열두 척이 돌아온다면 모두 스무 척이 된다.
128 독수리.
129 암브로시아(ambrosia)는 신들이 먹는 음식 또는 신들이 바르는 연고다. 여기서는 '향내'라는 뜻으로 생각된다.
130 동지중해의 퀴프루스(Cyprus 그/Kypros) 섬에 있는 도시로 베누스 숭배의 중심지다.
131 사바(Saba)는 아라비아 서남부 지방으로 사바이이족(Sabaei 그/Sabaioi)이 살던 곳이다.
132 넥타르(nectar 그/nektar)는 신주(神酒)인데 여기서는 '꿀'을 말한다.
133 아이네아스는 떠돌이 신세라 이미 정착하여 도시를 건설하고 있는 자들이 부러웠던 것이다.
134 아이네아스는 그사이 언덕에서 도시로 내려왔다.
135 고대에는 말이 전쟁과 부(富)의 상징이었다. 카르타고의 주화에는 대부분 말이 각인되어 있다고 한다.
136 베르길리우스는 페니키아 지방의 큰 도시들인 튀로스(주 20 참조)와 시돈을 구별하지 않고 쓰곤 한다.
137 트로이야 전쟁 때 그리스군을 지휘한 아가멤논과 메넬라우스(Menelaus 그/Menelaos) 형제를 말한다. 프리아무스는 트로이야 전쟁 때의 트로이야 왕이다. 그리스군의 가장 용감한 장수 아킬레스는 아가멤논이 자신의 여자 포로인 브리세이스(Briseis)를 빼앗아가자 이에 원한을 품고 출전(出戰)을 거부한 적이 있다.
138 트로이야의 성채.
139 그리스(Greece)의 라틴어 이름. 기원전 8세기에 그리스인들이 이탈리아의 나폴리 만 북쪽에 퀴메(Kyme 라/Cumae)라는 식민시를 세우면서 이 도시를 세운 서부 그리스의 한 부족의 이름이었던 Graioi(라/Grai)에서 Graeci, Grai('그리스인들'이란 뜻)와 Graecia('그리스'란 뜻)라는 라틴어가 파생했고, 여기서 다시 영어의 Greek, Greece와 독일어의 Grieche, Griechenland와 프랑스어의 Grec 또는 Grecque, Grèce 등이 파생했다. 그러나 그리스인들은 기원전 7세기부터 지금까지 자신들을 헬라스인들(Hellenes)로, 자신들의 나라를 헬라스(Hellas)로 부르고 있다.
140 트로이야인들.
141 레수스(Rhesus 그/Rhesos)는 트라키아의 왕으로 트로이야에 원군을 이끌고 왔다가 도착하던 날 밤에 야습을 감행한 디오메데스와 오뒷세우스의 손에 목숨을 잃고 그의 눈처럼 흰 말들은 디오메데스가 몰고 간다. 『일리아스』 10권 469행 참조. 일설에 따르면 그의

말들이 트로이야의 풀이나 강물을 맛보게 되면 트로이야는 함락되지 않을 것이라는 신탁 때문에 그리스 장수들이 그의 막사를 야습했다고 한다.

142 주 52 참조.

143 크산투스(Xanthus 그/Xanthos)는 스카만데르 강(주 56 참조)의 다른 이름이다.

144 트로일루스(Troilus 그/Troilos)는 트로이야 왕 프리아무스와 왕비 헤쿠바의 어린 아들이다.

145 팔라스에 관해서는 주 39 참조.

146 『일리아스』 6권 294행 이하 참조.

147 『일리아스』 24권 16행에서 아킬레스는 헥토르의 시신을 전차에 매달고 트로이야의 성벽이 아니라 전우 파트로클루스의 무덤을 돈다. 베르길리우스는 호메로스 이후의 전설을 따른 듯하다.

148 아킬레스의 전차.

149 이집트 남쪽 또는 이집트 남쪽에서 인도에 이르는 지역에 산다는 아이티오페스족(Aethiopes '햇볕에 얼굴이 그을린 자들'이란 뜻)을 말한다.

150 멤논은 새벽의 여신 아우로라와 티토누스(Tithonus 그/Tithonos)의 아들로, 아이티오페스족을 이끌고 트로이야를 도우러 왔다가 아킬레스의 손에 죽는다.

151 아마존족은 소아시아 남안으로 흘러드는 테르모돈 강변에 살았다는 전설적인 호전적 여인족. 일설에 따르면 그들의 이름은 amazos('젖가슴이 없다'는 뜻)라는 그리스어에서 유래했는데 그것은 그들이 활을 쏠 때 방해되지 않도록 오른쪽 젖가슴을 제거했기 때문이라고 한다.

152 아마존족의 여왕으로 헥토르가 전사한 뒤 트로이야에 원군을 이끌고 왔다가 아킬레스의 손에 죽는다.

153 스파르타 옆을 흐르는 강. 디아나는 그곳에 이름난 신전을 갖고 있었다.

154 쌍둥이 남매 신 아폴로와 디아나가 태어난 델로스 섬의 언덕으로 라토나(Latona 그/Leto)가 이들 남매 신을 낳을 때 이 언덕에 기댔다고 한다. 그래서 아폴로는 퀸티우스(Cynthius), 디아나는 퀸티아(Cynthia)라는 별명을 갖게 되었다.

155 요정들.

156 이 비유에 관해서는 『오뒷세이아』 6권 102행 이하 참조. 거기서는 하녀들 사이에 있는 나우시카아(Nausikaa) 공주가 아르테미스에 비유되고 있다.

157 신상 안치소는 신전의 안쪽에 있다.

158 헤스페리아(Hesperia)는 '서쪽 나라'란 뜻의 그리스어지만 고전 그리스어에는 나오지 않는다. 로마의 시인들은 이 말을 이탈리아와 같은 뜻으로 사용하곤 했는데 이 말은 그리스인들이 사용할 때 더 적절할 것이다. 그러나 트로이야인인 아이네아스의 입장에서 볼 때 이탈리아는 서쪽에 있기 때문에 베르길리우스가 이 말을 쓰는 것은 적절하다.

159 남서부 이탈리아의 옛 이름.

160 이탈루스.

161 560행이나 636행과 마찬가지로 미완성 시행이다. 『아이네이스』에는 이런 미완성 시행이 50여 행 정도 나온다.

162 남쪽 하늘의 별자리인 오리온이 폭풍을 수반하는 것은 실제로는 그것이 뜨는 한여름이 아니라 그것이 지는 11월이라고 한다.

163 그리스 로마인들은 사람이 죽고 나면 저승에서 실체 없는 그림자로 살아간다고 믿었다.

164 아이네아스. 여기서 아버지란 경의와 애정을 나타내는 말이다.

165 이울루스는 아이네아스의 아들 아스카니우스의 다른 이름이다.

166 시킬리아의 다른 이름으로 그곳의 원주민인 시카니족에게서 유래했다.

167 라틴어 원문을 직역하면 '태양신은 우리 튀로스인들의 도시에서 그렇게 먼 곳에서 자신의 말들에 멍에를 메우는 것은 아니오'란 뜻이다.

168 주 26 참조.

169 시킬리아의 서북부에 있는 산으로 그곳에 있는 유명한 베누스의 신전은 베누스의 아들 에뤽스가 세웠다고도 하고, 아이네아스가 세웠다고도 한다.

170 오론테스. 113~4행 참조. 아이네아스는 나중에 저승에서 그를 만난다. 6권 334행 참조.

171 에게 해에 있는 퀴클라데스 군도의 하나로 흰 대리석 산지로 유명했다.

172 그리스인들.

173 주 96 참조.

174 여기 나오는 테우케르(Teucer 또는 Teucrus 그/Teukros)는 235행에 나오는 그 테우케르가 아니라 텔라몬의 아들 아이약스(주 40 참조)의 이복 동생으로 트로이야 왕 라오메돈의 딸 헤시오네가 그의 어머니다. 죽은 아킬레스의 무구를 놓고 형 아이약스가 울릭세스와 다투다가 그리스 장군들의 표결에 져서 자살하자 그의 아버지는 고향 살라미스로 돌아온 그를 형의 원수를 갚지 않았다는 이유로 추방한다. 하지만 테우케르는 퀴프로스 섬에 제2의 살라미스 시를 건설한다.

175 여기서 벨루스(Belus)는 넵투누스의 아들로 아이귑투스와 다나우스의 아버지인 이집트

의 왕이 아니라 디도의 아버지인 페니키아의 왕이다.
176 펠라스기족(Pelasgi 그/Pelasgoi)은 원래 그리스 선주민들을 가리키는 이름이었으나 나중에는 여기서처럼 그리스인 전체를 가리키는 이름이 되었다.
177 주 174 참조.
178 dii('날' '낮'이란 뜻의 dies의 속격) 대신 dei('신'이란 뜻의 deus의 속격)로 읽는 텍스트들도 있는데 이 경우 이 구절(munera laetitiamque dei)을 직역하면 '신의 선물들과 즐거움을'이 된다. 여기서 신은 주신(酒神) 박쿠스를 가리키는 것으로 보고 '마음을 즐겁게 해주는 포도주의 선물을'로 의역할 수 있을 것이다. 그리스 로마인들의 잔치에는 고기와 포도주가 빠지지 않았기 때문에 이렇게 읽는 이들도 많다.
179 호메로스도 '아르고스의 헬레네'라고 하는데(『일리아스』 2권 161행 참조), 여기서 아르고스는 한 도시가 아니라 그리스 전체를 뜻한다. 주 28 참조.
180 레다(Leda)는 그리스 아이톨리아 왕 테스티우스의 딸로 스파르타 왕 튄다레우스와 결혼하여 클뤼타이메스트라, 헬레나, 카스토르 및 폴룩스 일명 디오스쿠리(Dioscuri 그/Dioskouroi '제우스의 아들들'이란 뜻)의 어머니가 된다. 그녀는 백조의 모습으로 접근한 윱피테르에 의해 잉태하게 된다. 그래서 넷 중 윱피테르의 자식이 누구인가에 대한 의견이 구구한데 대체로 헬레나와 폴룩스만이 윱피테르의 자식으로 간주되고 있다.
181 주 138 참조.
182 헬레나는 스파르타에서 왔는데도 뮈케나이에서 왔다고 하는 것은 뮈케나이가 트로이야 전쟁 때 그리스에서 가장 강력한 왕으로 그리스군을 통솔했던 아가멤논의 왕국이었기 때문인 듯하다.
183 주 87 참조.
184 쿠피도 또는 아모르는 그리스 신화의 에로스(Eros)에 해당하는 사랑의 신으로 흔히 베누스의 아들로 간주된다.
185 감정은 뼈, 특히 골수에 자리 잡고 있는 것으로 여겨졌다.
186 주 184 참조.
187 튀포에우스는 타르타루스와 가이아의 아들로 반인반사(半人半蛇)의 거대한 괴물이다. 산보다 키가 크고 머리는 종종 하늘에 닿았으며 양팔을 뻗으면 동쪽 끝과 서쪽 끝에 닿았다고 한다. 또 손가락 대신 일백 개의 용의 머리를 갖고 있었고 몸에는 날개가 돋쳐 있었으며 눈에서는 화염을 내뿜었다. 그가 올륌푸스를 공격하자 신들은 이집트로 도망쳐 동물들로 둔갑했고 오직 윱피테르와 미네르바만이 그에게 대항했다. 윱피테르는 처음에는

고전했으나 다시 기운을 회복하여 벼락을 던지며 튀포에우스를 공격했고, 그가 바다를 건너 시킬리아로 도망칠 때 아이트나(Aetna 그/Aitne) 산을 던져 그를 무찔렀다. 아이트나 화산의 화염은 이때 튀포에우스가 쏟은 화염이라고도 하고 윱피테르가 그에게 내리친 벼락들의 잔재라고도 한다.

188 쿠피도는 고대 미술품에서 흔히 벼락을 꺾는 모습으로 그려진다.
189 포이니케에 관해서는 주 20 참조.
190 유노가 카르타고를 각별히 돌봐주는 만큼(15행 참조) 베누스는 카르타고의 환대를 유노의 환대로 보고 거기에 저의가 있을 것으로 의심하는 것이다.
191 아스카니우스. 그는 베누스의 손자다.
192 주 87 참조.
193 이달리움(Idalium 또는 Idalia 그/Idalion)은 동(東)지중해의 퀴프루스 섬에 있는 도시다. 퀴프루스는 베누스와 인연이 깊은 곳으로 그녀가 바다 거품에서 태어났을 때 맨 처음 상륙한 곳이라 하여 이곳의 파푸스(Paphus 그/Paphos) 등에서는 그녀에게 큰 신전들을 봉헌했다.
194 뤼아이우스(Lyaeus)는 '(근심에서) 해방시켜주는 자'란 뜻으로 주신 박쿠스의 별명 중 하나다. '뤼아이우스의 액즙'이란 포도주를 말한다.
195 라틴어로 아마라쿠스(amaracus)라는 식물이다.
196 고대 그리스인들은 연회 때 긴 의자 위에 반쯤 기대 앉아 먹고 마셨는데 당시에는 다른 곳에서도 그랬던 것으로 생각된다.
197 '기다랗게'로 옮긴 라틴어 longam을 공간이 아니라 시간적으로 보고 '장시간 질서정연하게 음식을 대접하고'란 뜻으로 해석하는 이들도 있다.
198 디도는 나중에 아이네아스에게 버림받자 자살한다.
199 디도.
200 그리스 중동부 보이오티아(Boeotia 그/Boiotia) 지방에 있는 샘으로 그곳에서 카리스 여신들과 베누스가 목욕했다고 한다.
201 포도주 희석용 동이들을 말한다. 그리스인들은 동이에다 포도주를 넣고 물로 희석하여 마셨다.
202 그들은 식후에 술을 마시며 서로 담소하기 시작했던 것이다.
203 트로이야인들 중에도 비티아스란 이름을 가진 사람이 있다. 9권 672행 참조.
204 아틀라스는 그리스 신화에서 이아페투스(Iapetus 그/Iapetos)의 아들로 윱피테르를 우

두머리로 하는 올륌푸스의 신들과 티탄 신족 사이에 전쟁이 벌어졌을 때 티탄 신족을 편든 까닭에 양어깨에 하늘을 떠메고 있는 벌을 받는다. 여기서처럼 아틀라스를 현자나 철학자로 보거나 북아프리카에 있는 산맥과 동일시하는 전설은 후기에 생겨난 것들이다.

205 이오파스 같은 가인(歌人)들의 수호신 아폴로도 장발이다. 9권 638행 참조. 연회석상의 가인에 관해서는 『오뒷세이아』 1권 325행 및 8권 43행 참조.

206 그리스 로마 시대의 현악기인 키타라(cithara 그/kithara)도 뤼라와 마찬가지로 활을 쓰지 않고 오늘날의 기타처럼 손가락으로 뜯는 발현 악기이며 길이가 같은 일곱 현으로 만들었다. 키타라는 뤼라를 소리가 더 잘 울리도록 개량한 것이다.

207 '방랑하는 달'이란 달의 공전(公轉)을 말한다.

208 '태양의 노고'란 일식(日蝕)을 말한다.

209 아르크투루스(Arcturus 그/Arktouros)는 목동자리(Bootes '소몰이꾼' '소치는 목자'란 뜻)에서 가장 밝은 별이다.

210 휘아데스들(Hyades '비를 내리는 별들'이란 뜻)은 아틀라스의 일곱 또는 다섯 딸들로 플레이야데스들(Pleiades)과는 자매간이다. 그들은 오라비 휘아스(Hyas)가 사냥하다가 죽자 슬피 울다가 죽어 하늘의 성단이 되었는데, 이 성단이 초저녁에 뜨거나 지는 것은 우기와 관계가 있는 것으로 믿어왔다.

211 '두 곰'(gemini Triones)이란 큰곰자리와 작은곰자리를 말한다. 그리스 아르카디아 지방의 요정 또는 공주였던 칼리스토는 어느 날 윱피테르에게 겁탈당하여 아르카스(Arcas 그/Arkas, 그는 아르카디아인들의 선조로 그에게서 아르카디아라는 이름이 유래했다)라는 아들을 낳은 뒤 그녀가 모시던 처녀신 디아나에 의해 또는 윱피테르의 질투심 많은 아내 유노에 의해 암곰으로 변한다. 아르카스가 어느 날 전에 칼리스토였던 암곰을 만나 그것이 어머니인 줄 모르고 죽이려 하자, 윱피테르가 이들 모자를 불쌍히 여겨 하늘로 끌어올린 뒤 아들은 아르크토퓔락스(Arctophylax 그/Arktophylax '곰의 감시자'란 뜻)라고도 불리는 작은곰자리가 되게 하고, 어머니는 큰곰자리가 되게 했다. 오비디우스 『변신 이야기』 2권 409~507행 참조. 그리스인들은 큰곰자리를 그 생긴 모양에 따라 수레(Hamaxa)라고도 부르는데, 이 경우 아르크토퓔락스는 보오테스('소몰이꾼'이란 뜻)라고 부른다. 그래서 로마인들은 큰곰자리를 거기에 포함된 북두칠성의 모양이 탈곡하는 황소들과 같다 하여 셉텐트리오네스(Septentriones '탈곡하는 일곱 마리의 황소들'이란 뜻)라고도 부르는 것이다. 작은곰자리에 관한 전설은 두 가지가 더 있다. 하나는 포이니케(Phoenice 그/Phoinike)라는 요정이 칼리스토처럼 윱피테르에게 겁탈당했음을 알고

디아나가 그녀를 야수로 변하게 했으나 그녀가 나중에 구출되자(어떻게 구출되었는지 알 수 없다) 디아나가 그녀의 제2의 상(像)을(그것이 무엇인지 확실치 않다) 만들어 하늘의 별들 사이로 올려놓았다는 것이다. 또 다른 전설에 따르면 윱피테르가 크레타의 이다 산에서 자기를 길러준 유모들 가운데 한 명인 퀴노수라(Cynosura 그/Kynosoura)를 그 보답으로 하늘로 올려 작은곰자리로, 또 다른 유모 헬리케(Helice 그/Helike)는 큰곰자리로 만들었다고 한다.

212 우라누스와 가이아의 아들로 티탄 신족 가운데 한 명이다. 그는 수많은 강(江)들과 요정들의 아버지다. 그는 대지를 감싸고 흐르는 거대한 강으로 여겨졌다.
213 고대 그리스인들은 태양과 별들이 지는 것을 오케아누스의 물에 잠기는 것으로 생각했다.
214 겨울에는 왜 낮이 짧고 밤이 길어지는지 노래했다는 뜻이다.
215 멤논. 주 150 참조.
216 디오메데스에 관해서는 주 52 참조.

제2권

1 트로이야 전쟁 때 아킬레스가 이끌던 텟살리아 지방의 부족.
2 트로이야 전쟁 때 아킬레스의 아들 네옵톨레무스(Neoptolemus 그/Neoptolemos)가 이끌던 부족.
3 그리스 영웅 오뒷세우스(Odysseus)의 라틴어 이름.
4 트로아스 지방 앞바다에 있는 섬.
5 트로아스 지방을 말한다. 1권 주 37 참조.
6 도레스족(Dores 그/Dorieis)은 달마티아와 알바니아 지방에서 남하하여 중부 그리스와 펠로폰네수스 반도에 흩어져 살던 그리스의 부족들로 아키비족, 아르고스인들(Argivi 또는 Argolici), 다나이족, 펠라스기족처럼 그리스인 전체를 가리킨다.
7 튀모이테스(Thymoetes 그/Thymoites)는 호메로스에 따르면(『일리아스』 3권 146행 이하 참조) 트로이야의 성벽 위에서 양군의 전투를 관전하던 트로이야의 원로(元老) 가운데 한 명이다.
8 여기 나오는 카퓌스는 아이네아스의 할아버지인 그 카퓌스가 아닌 것은 확실하나 1권 183행, 9권 576행, 10권 145행에 나오는 아이네아스의 전우인지는 확실치 않다.
9 트로이야인으로 해신 넵투누스의 사제다.
10 목마.

11 아르골리스(Argolis)는 아르고스 시의 주변 지역이지만 흔히 아르고스와 마찬가지로 그리스 전체를 가리키기도 한다.
12 시논은 고의로 트로이야인들의 포로가 되어 목마를 성안으로 끌어들이도록 설득한 그리스군 첩자로 그리스어로 '해코지하는 자'란 뜻이다.
13 다나우스의 아버지. 다나우스의 딸 아뮈모네가 나우플리우스(Nauplius 그/Nauplios)에게 팔라메데스를 낳아주었으니, 벨루스는 우리 식으로 따지면 팔라메데스의 외증조부인 셈이다.
14 그리스 신화에서 팔라메데스는 뛰어난 재주꾼으로 여러 가지 주사위놀이와 알파벳 문자 중 몇 개를 발명했다고 한다. 울릭세스가 처자의 곁을 떠나 트로이야 전쟁에 참가하는 게 싫어 소와 말을 한 멍에에 매고 씨앗 대신 소금을 밭고랑에 뿌리며 미친 척하자 팔라메데스는 갓 태어난 울릭세스의 아들을 그 앞에다 내려놓음으로써 그의 광증이 거짓임을 밝힌다. 그 때문에 팔라메데스는 울릭세스의 원한을 사게 되어 결국 트로이야에서 적군과 내통한다는 그의 무고로 돌에 맞아 죽는다. 그 뒤 팔라메데스의 아버지 나우플리우스는 이에 앙심을 품고 그리스 장군들이 트로이야의 여인들과 놀아나고 있다는 소문을 퍼뜨려 그들의 아내들이 간통하도록 만드는가 하면, 그리스인들이 트로이야를 함락하고 귀향할 때 심한 풍랑을 만나자 밤에 횃불로 에우보이아(Euboea 그/Euboia) 섬의 카페레우스(Caphereus 그/Kaphereus) 곶으로 그들의 함대를 유인하여 그곳의 암벽들에 부딪혀 큰 피해를 입게 만든다.
15 그리스인들. 2권 주 6 참조.
16 트로이아 전쟁에 참가한 그리스 장군들은 대부분 한 도시 또는 지역을 통치하는 왕이었다.
17 트로이야 전쟁 때 그리스군의 예언자.
18 이타카는 그리스의 서해안 앞바다에 있는 섬으로 울릭세스의 전설적인 고향이다. 여기서 '이타카인'이란 울릭세스를 말한다.
19 아가멤논과 메넬라우스. 1권 주 137 참조.
20 2권 16행에는 '소나무 널빤지'라는 말이 나온다.
21 텟살리아 출신의 그리스 장군.
22 이피게니아(Iphigenia 그/Iphigeneia). 파리스가 헬레나를 납치하자 트로이야를 치기 위해 아울리스 항(港)에 그리스 함대가 집결했을 때 그리스군 총사령관 아가멤논이 아폴로의 쌍둥이 누이인 디아나의 임원(林苑)에 들어가 여신에게 바친 사슴을 쏘아 죽이고는 여신도 이렇게 활을 잘 쏠 수는 없을 것이라고 호언장담한다. 그러자 활과 사냥의 여신이

며 어린 짐승들의 보호자인 디아나가 화가 나 그리스 함대가 출항할 수 없도록 역풍을 보낸다. 아가멤논이 자기 딸 이피게니아를 제물로 바치기 전에는 여신의 노여움이 풀리지 않을 것이라고 예언자 칼카스가 말하자 아가멤논은 눈물을 흘리며 딸을 데려와 제물로 바치게 한다. 그러나 일설에 따르면, 이피게니아가 제물로 바쳐지는 순간 여신이 그녀 대신 사슴을 바치고 그녀를 흑해 북안의 크림 반도에 있던 타우리족(Tauri 그/Tauroi)의 나라로 데려가 자신의 신전의 여사제로 삼았다고 한다. 에우리피데스『타우리케의 이피게니아』(Iphigenia in Tauris 그/Iphigeneia he en Taurois) 참조.

23 당시 제물의 머리에는 제물로 바치기 직전에 거칠게 빻아 소금을 친 곡식 가루를 뿌렸다.
24 1권 주 139 참조.
25 해와 달을 위시한 천체.
26 팔라디움(Palladium 그/Palladion)은 윱피테르가 트로이야의 창건인인 다르다누스 또는 그의 증손자 일루스에게 하늘에서 내려보낸 팔라스 아테네의 신상이다. 트로이야는 그것을 가지고 있는 한 함락되지 않게 되어 있었으나, 그리스 영웅들인 울릭세스와 디오메데스가 그것을 가져가버렸기 때문에 트로이야가 함락되었다고 한다. 이 여신상은 나중에 아테나이, 아르고스 또는 스파르타로 옮겨졌다고 하며, 로마인들은 기원전 390년 갈리아인들의 공격에서 로마를 지켜준 것으로 믿은, 베스타 신전에 모셔둔 여신상이 다름 아닌 팔라디움으로서, 트로야가 함락될 때 그곳에서 도망쳐 이탈리아로 건너온 트로이야 장수 아이네아스가 갖고 온 것이라고 주장했다.
27 트리토니아(Tritonia 또는 Tritonis 그/Tritogeneia)는 미네르바의 별명 중 하나로 그녀가 그리스 보이오티아 지방에 있는 트리톤 강 또는 리뷔아에 있는 트리토니스 호수 근처에서 태어난 까닭에 그런 별명을 갖게 되었다고 한다.
28 로마의 장군들은 원정 도중 불길한 일이 일어나면 도로 로마로 돌아가 새로운 전조를 구한 뒤 다시 원정길에 올랐다고 한다. 리비우스(Livius)『로마 건국 이후의 역사』(Ab urbe condita) 8권 30절 2행 참조.
29 1권 주 138 참조.
30 그리스. 2권 주 11 참조.
31 옛날에 팔라디움이 그랬듯이 목마도 트로이야인들이 경건하게 모실 경우 그들을 보호해줄 수 있다는 뜻이다.
32 여기서 '아시아'(Asia)는 트로이야를 말한다.
33 탄탈루스(Tantalus 그/Tantalos)의 아들로 아트레우스와 튀에스테스의 아버지이자 아

가멤논과 메넬라우스의 할아버지다. 그는 소아시아 뤼디아 지방에서 그리스로 건너가 펠로폰네수스('펠롭스의 섬'이란 뜻) 반도 서북부 엘리스 지방에 웅거했으며 그의 자손들은 헤르쿨레스의 자손들이 돌아올 때까지 이 반도의 가장 강력한 세력이었다. 여기서 '펠롭스의 성벽'이란 그리스 전체를 말한다.

34 그리스 텟살리아 지방의 페네우스(Peneus 그/Peneios) 강 남안에 있는 도시다.

35 라오코온은 대개 아폴로의 사제로 알려져 있다. 라오코온 3부자(父子)가 두 마리의 뱀에 감겨 죽는 형상의 '라오코온 군상'이라는 대리석 조각은 1506년 로마의 에스퀼리우스 언덕(mons Esquilius) 티투스(Titus) 욕장 근처에서 발견되었고 현재 바티칸 미술관에 소장되어 있다.

36 그리스 함대는 바로 이 테네도스 섬 뒤에 숨어 있었다.

37 원전(gemini ... dracones)대로 옮겼음.

38 2권 주 27 참조.

39 트로이야 성의 가장 높은 곳 즉 성채에 있는 미네르바의 신전으로 갔다는 뜻이다.

40 캇산드라 일명 알렉산드라(Alexandra)는 그리스 신화에 나오는 미모의 예언녀로 프리아무스와 헤쿠바의 딸이다. 아폴로가 그녀에게 반해 예언의 능력을 주었으나, 그녀는 그의 구애를 거절한 탓에 그녀의 예언을 아무도 믿지 않게 되는 벌을 받는다. 그녀는 트로이야가 함락되었을 때 오일레우스의 아들 아이약스에게 겁탈당한다. 이때 그녀가 잡고 있던 미네르바의 여신상이 넘어져 여신은 그 벌로 수많은 그리스인들을 귀향 도중 죽게 만든다. 캇산드라는 전쟁이 끝난 뒤 아가멤논의 노예로 그를 따라 뮈케나이로 가지만 그와 함께 그곳에서 그의 아내 클뤼타이메스트라와 그녀의 정부(情夫) 아이기스투스에게 살해된다.

41 아폴로.

42 여기서 하늘이 하나는 밝고 하나는 어두운 두 개의 반구(半球)로 되어 있어 그때그때 낮과 밤을 가져다주는 것으로 그려지고 있다.

43 2권 주 1 참조. 여기서는 '그리스인들'이라는 뜻이다.

44 아가멤논.

45 그가 누구인지 알 수 없다. 오이디푸스의 아들 폴뤼니케스(Polynices 그/Polyneikes)의 아들이라면 그는 트로이야 원정에 참가하여 트로이야로 향하던 중 소아시아의 뮈시아에서 텔레푸스(Telephus 그/Telephos)에게 살해되었다.

46 스테넬루스(Sthenelus 그/Sthenelos)와 토아스는 『일리아스』에도 나오는 그리스 영웅이다.

47 아테나이의 영웅 테세우스의 아들이다.

48 '젊은 전사'란 뜻으로 아킬레스의 아들이다.

49 원어 primus를 '맨 먼저 내려온'으로 해석하기도 한다. 그럴 경우 마카온(Machaon)의 이름이 왜 나중에 거명되는지 알 수 없다. 그가 전사로는 걸출하지 못했으나 탁월한 의사였던 점을 고려하면 '제일인자'는 가능한 해석이라고 할 수 있다. 마카온은 『일리아스』 2권 732행에서도 언급된다.

50 에페오스(Epeos 그/Epeios)는 목마를 만든 목수로 『오뒷세이아』에서도 언급된다.

51 아킬레스는 헥토르를 죽인 다음 가죽끈으로 자신의 전차에 매달아 트로이야의 성벽을 세 바퀴나 돌고 나서 그리스군 진영으로 끌고 갔다.

52 헥토르는 아킬레스의 무구들로 무장하고 아킬레스 대신 출전한 파트로클루스를 죽이고 나서 그것들을 입고 트로이야로 돌아갔다.

53 트로이야인들은 육지로 끌어올린 뒤 방벽으로 막아놓은 그리스군의 함선들을 기회만 있으면 불사르려고 했다.

54 트로이야 왕가의 선조 다르다누스가 헬레스폰투스(Hellespontus 그/Hellespontos) 해협 (지금의 다르다넬스 해협)에 세운 도시이지만 종종 여기서처럼 트로이야의 다른 이름으로도 쓰인다.

55 1권 주 11 참조.

56 데이포부스(Deiphobus 그/Deiphobos)는 프리아무스와 헤쿠바의 아들로 파리스가 죽은 뒤 헬레나와 결혼했으나 트로이야가 함락되던 날 살해된다.

57 불의 신이다.

58 우칼레곤(Ucalegon 그/Oukalegon)은 트로이야인들의 원로다.

59 트로아스 지방에 있는 곳.

60 『일리아스』 3권 146행에서도 언급된다.

61 '눈먼 전투'란 아무 작전도 없는 맹목적인 전투란 뜻이다.

62 여기서 '전쟁의 광란' 또는 '살육과 파괴'란 뜻으로 쓰였다.

63 '사위가 되려고'란 뜻이다. 호메로스에 따르면 캇산드라는 오트뤼오네우스에게 주기로 약속되어 있었다. 『일리아스』 13권 364행 이하 참조.

64 캇산드라.

65 안드로게오스에 관해서는 달리 알려진 것이 없다.

66 여기서 '식별 표지들'이란 그리스인들을 트로이야인들과 구별해주는 휘장들이 아니라

그 휘장이 새겨진 무구들 즉 투구, 방패, 칼 따위를 말한다.
67 '우리 편이 아닌 신'(haud numine nostro)이란 그리스 신 또는 적대적인 신이란 뜻이다.
68 저승 또는 저승의 신.
69 로마인들은 기도할 때 하늘을 향하여 손바닥을 폈다.
70 캇산드라.
71 네레우스는 바다의 신들 가운데 한 명으로 아킬레스의 어머니 테티스를 비롯하여 모두 쉰 명의 아리따운 딸들이 있었는데 이들은 네레우스의 딸들(Nereides 단수형 Nereis)이라고 불린다.
72 미네르바.
73 2권 411행 이하 참조.
74 도시의 화재를 말한다.
75 여기서 '그대들'이란 트로이야의 도시와 동포들을 말하는 것으로 생각된다.
76 이피투스(Iphitus)와 펠리아스(Pelias)에 관해서는 달리 알려진 것이 없다.
77 '마르스가 날뛴다'라는 말은 격렬한 전투가 벌어졌다는 뜻이다.
78 헥토르의 아내로 트로이야가 함락될 때 네옵톨레무스의 전리품이 된다.
79 헥토르와 안드로마케의 어린 아들로 트로이야가 함락된 뒤 네옵톨레무스 또는 울릭세스가 성벽에서 떨어뜨려 죽였다고 한다.
80 퓌르루스(Pyrrhus 그/Pyrrhos '빨간 머리 남자'란 뜻)는 아킬레스의 아들 네옵톨레무스의 별명이다.
81 페리파스와 아우토메돈은 『일리아스』에도 나온다.
82 에우보이아 섬 동쪽에 있는 에게 해의 섬으로 당시 그곳의 왕은 네옵톨레무스의 외조부인 뤼코메데스(Lycomedes 그/Lykomedes)였으며 그는 그곳에서 트로이야로 건너갔다.
83 '황금빛'(aurea)이란 표현은 고뇌를 초월한 천상 세계와 아비규환의 지상 세계의 차이를 나타내는 만큼 불필요하고 엉뚱한 표현은 아니라고 생각된다.
84 원전에는 '일백 명의 며느리들'로 되어 있으나 프리아무스와 헤쿠바 사이에서는 아들과 딸이 각각 쉰 명씩 태어났다.
85 '야만인의'(barbarico)는 여기서 '트로이야의'란 뜻이다.
86 『일리아스』 2권 791행에서는 달리기의 명수로 나온다.
87 네옵톨레무스는 프리아무스를 제단 옆에서 죽였다고도 하고, 포로로 잡아 시게움 곶에 있는 아킬레스의 무덤으로 끌고 가 목을 베었다고도 한다. 그의 시신이 목이 베어진 채

바닷가에 방치되었다는 이야기는 아마도 율리우스 카이사르에게 패해 이집트로 도주했다가 비슷한 죽음을 당했던 폼페이우스(Gnaeus Pompeius Magnus 기원전 106~48년)의 이야기에서 베르길리우스가 암시를 받은 것으로 생각된다.

88 아이네아스의 아내.
89 아이네아스의 아들 아스카니우스(Ascanius 그/Askanios)의 다른 이름이다.
90 헬레나.
91 아이네아스는 2권 632행에서 내려오기 때문에 아직 지붕 위에 있는 것으로 보아야 한다.
92 제단 옆에서 탄원자를 살해하는 것은 범행으로 간주되었다.
93 호메로스에 따르면 헬레나의 남편 메넬라우스는 스파르타의 왕이고, 그의 형 아가멤논은 뮈케나이의 왕이다. 아이스퀼로스에 따르면 이들 형제는 뮈케나이에 가깝고 가끔은 혼동되기도 하는 아르고스의 공동의 왕이다. 베르길리우스는 여기서 이 두 가지 이야기를 혼용하고 있는 듯하다.
94 R. A. B. Mynors에 따라 famam이라 읽지 않고 대부분의 텍스트에서처럼 flammae로 읽었다.
95 [ ] 안에 든 567~88행은 베르길리우스의 사후 바리우스(Varius)와 툭카(Tucca)가 아우구스투스 황제의 명을 받고 『아이네이스』를 발간할 때 생략한 뒤로 대부분의 양질의 필사본들에는 빠져 있다. 그 주된 이유는 6권 511~27행에서 헬레나는 여기와는 달리 그리스인들을 안내하는 것으로 그려져 있기 때문이다. 그러나 594행에서 베누스의 말은 575행과, 또 601행은 헬레나에 관한 묘사와 명백히 관련이 있는 등 이 부분을 생략하면 설명이 곤란한 경우가 있어 베르길리우스가 썼다고 보아야 한다고 주장하는 이들이 많다.
96 그리스 펠로폰네수스 반도의 남동부 지방으로 그 수도가 스파르타다.
97 스카이아(Scaea 그/Skaiai) 문은 트로이야 성의 주문(主門)으로 서쪽 즉 그리스군 진영이 있던 바다 쪽을 향하고 있다.
98 2권 주 27 참조.
99 고르고 자매들은 모두 세 명인데 스텐노(Sthenno '힘센 여자'란 뜻)와 에우뤼알레(Euryale '멀리 떠돌아다니는 여자'란 뜻)와 메두사(Medusa 그/Medousa '여왕'이란 뜻)가 그들이다. 그중 다른 두 명은 불사(不死)의 몸이고 메두사만이 죽을 운명을 타고 났는데, 고르고라 하면 보통 이 메두사를 말한다. 그들은 서쪽 끝에 살았는데 머리털은 뱀으로 되어 있고 몸은 용의 비늘로 덮여 있었으며 또 눈길이 매서워 그것이 응시하면 누구나 돌로 변했다. 영웅 페르세우스가 미네르바 여신이 준 청동 거울을 이용하여 메두사

를 직접 보지 않고도 그녀의 목을 베었을 때 넵투누스에 의하여 임신 중이던 그녀의 몸에서 천마(天馬) 페가소스(Pegasos)와 거한 크뤼사오르(Chrysaor '황금 칼'이란 뜻)가 튀어나온다. 그래서 페르세우스는 천마를 타고 다른 두 고르고 자매의 추격을 피해 달아나다가 안드로메다가 바다 괴물에게 제물로 바쳐지기 위하여 바위에 묶여 있는 것을 보고는 메두사의 머리로 괴물을 돌로 변하게 하고 그녀와 결혼한다. 그 뒤 메두사의 머리는 미네르바가 자신의 방패 또는 아이기스(aegis 그/aigis)의 한가운데에 고정하여 적을 돌로 변하게 하는 데 사용했다. 메두사는 옛 신들에 속하는 괴물이었으나 헬레니즘 시대(기원전 323~기원후 31년)에는 변신(變身)의 희생자가 되었다. 원래는 아름다운 소녀였으나 감히 미네르바와 아름다움을 다투려 하자 그녀가 특히 자랑하던 모발을 여신이 뱀 떼로 바꿔버렸다고 한다. 일설에 따르면 넵투누스가 미네르바의 신전에서 그녀를 겁탈한 것을 응징하기 위해 여신이 그녀를 괴물로 만들었다고 한다.

100 여기서 '먹구름'(nimbus)이란 인간들이 보지 못하도록 신들을 감싸주는 구름을 말한다.
101 윱피테르.
102 넵투누스와 아폴로가 트로이야 왕 라오메돈에게 성을 쌓아주었으나 라오메돈이 약조한 보수를 주지 않자 특히 넵투누스가 트로이야를 미워하게 되었다고 한다.
103 아이네아스는 2권 458행부터 여태까지 지붕 위에 있었던 것이다.
104 헤르쿨레스는 아마존족의 나라에서 돌아오는 길에 트로이야에 상륙한다. 그때 트로이야는 라오메돈 왕이 넵투누스와 아폴로에게 성벽을 쌓아준 대가를 주지 않아 이들 신들이 보낸 역병과 바다 괴물에 시달리고 있었다. 그래서 라오메돈이 딸 헤시오네를 바다 괴물에게 제물로 바치지 않으면 재앙에서 벗어날 수 없을 것이라는 신탁에 따라 헤시오네가 바닷가 바위에 묶여 괴물의 밥이 되려는 순간 헤르쿨레스가 나타나 그녀를 구해준다. 그러나 라오메돈이 딸을 구해주면 가뉘메데스를 하늘로 데려간 대가로 윱피테르가 그의 아버지 트로스 왕에게 주었던 불사의 말[馬]들을 주겠다고 약속해놓고 이행하지 않자 헤르쿨레스는 몇 년 뒤 12고역에서 벗어났을 때 군대를 이끌고 가서 트로이야를 함락한 뒤 라오메돈과 그의 아들들을 모두 죽이고 헤시오네는 큰 공을 세운 텔라몬에게 아내로 준다. 그러나 이때 라오메돈의 아들들 가운데 포다르케스만은 헤시오네의 간청으로 목숨을 구하여 후일 프리아무스란 이름으로 트로이야를 통치하게 된다.
105 나를 죽은 것으로 여겨달라는 뜻이다.
106 자살하겠다는 뜻이 아니라 노인인 자기가 무기를 들면 적군이 무자비하게 자기를 죽일 것이라는 뜻이다.

107 적군이 실제로 그를 불쌍히 여기는 것이 아니라 그를 죽임으로써 결과적으로 그에게 호의를 베풀게 된다는 뜻으로 반어적 표현이다.

108 당시에는 적군을 죽여 그의 방패와 투구와 칼과 흉갑 따위를 전리품으로 노획하곤 했다.

109 당시 영웅들은 무덤을 매우 중시한 까닭에 앙키세스의 이러한 말은 자신의 절망적 상황을 강조하기 위한 것으로 생각된다.

110 윱피테르.

111 앙키세스는 젊은 목자로서 베누스와 동침하게 되는데 베누스의 경고를 무시하고 이를 자랑하다가 윱피테르의 벼락에 맞아 죽었다고도 하고 장님이 되었다고도 하지만, 베르길리우스에서는 그가 죽었다거나 불구자가 되었다는 이야기는 나오지 않는다.

112 잔혹한 적군에게 내맡겨질 것이란 뜻이다.

113 두 번째 전조를 보내 첫 번째 전조가 우발적인 것이 아니었음을 확인해 달라는 뜻이다.

114 로마인들은 왼쪽을, 그리스인들은 오른쪽을 길한 방향으로 여겼다.

115 현재의 트로이야는 없어졌지만 미래에 새로 태어날 것이란 뜻이다.

116 '외딴'(desertae)이라고 한 것은 곡식과 농업의 여신 케레스의 신전은 교외의 한적한 곳에 지어졌거나 전쟁이 나서 사제들이 떠나고 신자들이 찾지 않기 때문일 것이다.

117 화염의 불빛이 비치지 않는 곳이란 뜻이다.

118 아들 아스카니우스와 아버지 앙키세스.

119 호메로스에서 그는 아킬레스의 전우로 성난 아킬레스를 달래기 위해 아이약스와 울릭세스와 함께 아킬레스의 막사를 찾아간다. 『일리아스』 9권 168행 이하 참조.

120 고대 그리스 로마인은 사람이 죽으면 저승에 가서 실체가 없는 그림자로 존속한다고 믿었다.

121 윱피테르.

122 배를 타고 항해해야 한다는 뜻이다.

123 1권 주 158 참조.

124 로마를 관류하는 티베리스 강의 그리스어 이름이지만 베르길리우스는 『아이네이스』 7권 715행에서만 티베리스라는 이름을 쓰고 다른 곳에서는 튀브리스와 티베리누스라는 이름을 쓰고 있다. 튀브리스를 '뤼디아의 튀브리스'라고 하는 것은 이 강이 스쳐 지나가는 에트루리아의 주민들이 소아시아 서남부의 뤼디아 지방에서 건너온 것으로 전해져오기 때문이다.

125 소아시아 프뤼기아 지방에서 경배 받던 지모신(地母神) 퀴벨레(Cybele 그/Kybele)를

말한다. 그녀는 트로이야인들에게 우호적이다.
126 792~4행은『오뒷세이아』11권 206~8행을 모방한 것이다.

제3권

1 소아시아를 말한다. '아시아의 왕국'이란 트로이야를 말한다.
2 파리스와 라오메돈 같은 몇 사람이 신들의 노여움을 샀을 뿐인데, 죄 없는 트로이야 백성들 전체가 그 죗값을 치르게 되었다는 뜻이다.
3 2권 624~5행 및 주 102 및 104 참조.
4 크레타 섬에도 이다 산이 있다.
5 안탄드로스는 소아시아 서북부 뮈시아(Mysia) 지방의 해안 도시로 이다 산의 남쪽 기슭에 자리 잡고 있다.
6 트로이야는 늦겨울 또는 초봄에 함락된 것으로 알려져 있다. 에게 해에서는 5월~11월 사이가 항해의 적기(適期)다.
7 1권 주 11 참조.
8 '위대한 신들'이란 여기서 윱피테르나 유노 같은 신들을 말한다.
9 1권 주 94 참조.
10 1권 주 114 참조.
11 뤼쿠르구스(Lycurgus 그/Lykourgos)는 트라키아 지방에 살던 에도니족(Edoni 그/Edonoi 또는 Edones)의 왕으로 박쿠스를 죽이려다가 미쳐서 제 아들을 포도나무인 줄 알고 도끼로 쳐서 죽인다.
12 호메로스에서 트라키아인들은 트로이야의 동맹군이었다. 『일리아스』 2권 844행 참조.
13 트라키아인들도 디도(1권 704행)나 아케스테스(5권 63행)나 에우안데르(8권 543행)처럼 독자적인 페나테스 신들을 모시고 있었던 것이다.
14 '아이네아스의 자손들'이란 뜻으로 지명이 될 수 없다. 동(東)트라키아 지방을 관류하는 헤브루스(Hebrus 그/Hebros) 강의 어귀에 아이누스(Aenus 그/Ainos)라는 도시가 있었고 또 그보다 훨씬 서쪽의 칼키디케(Chalkidike) 반도에 아이네아(Aenea 그/Aineia)라는 소도시가 있었는데 베르길리우스는 이중 한 곳을 아이네아스의 방랑과 관련 지으려는 것 같다.
15 베누스는 바다 거품에서 탄생했다고도 하고 오케아누스와 테튀스의 딸 디오네와 윱피테르의 딸이라고도 한다. 『일리아스』 5권 370~1행 참조.

16 읍피테르.
17 층층나무와 도금양(myrtus)은 창 자루로 사용되었으며, 도금양은 베누스에게 바쳐진 나무이기도 하다.
18 다누비우스(Danuvius 독/Donau) 강 하류의 북쪽에 살던 부족이다.
19 그라디부스는 마르스의 별명 중 하나로 일반적으로 '행진하는 이'란 뜻으로 해석되고 있다.
20 폴뤼도루스의 몸에 꽂힌 창(槍)마다 그곳에 뿌리를 내리면서 거기서 그런 가지들이 많이 생겨난 까닭에 그는 세 번째 나무와 함께 거기에 딸린 '가지들'을 뽑으려 했던 것이다.
21 여기서 '대답한다' 함은 그의 노력에 대해 말한다는 뜻이다.
22 폴뤼도루스(Polydorus 그/Polydoros)의 불가사의한 죽음과 도금양 가지에서 피가 흘러내렸다는 이야기는 베르길리우스 이전 문학에서는 발견되지 않는다. 호메로스에 따르면 프리아무스의 아들 폴뤼도루스는 아킬레스의 손에 죽는다.『일리아스』 20권 407~8행 참조. 비극 작가 에우리피데스 시대에는 폴뤼도루스가 트라키아 왕 폴뤼메스토르(Polymestor)에게 보내졌다는 것이 정설이었던 것 같다. 그리고 폴뤼도루스가 죽기 직전에 당했던 일들에 관한 베르길리우스의 이야기(49~50행 참조)는 에우리피데스의 비극『헤카베』(Hekabe 라/Hecuba)에 나오는 이야기(3~10, 767~82, 1132~3행 참조)와 대략 일치한다. 다만 에우리피데스에 따르면 폴뤼메스토르는 폴뤼도루스를 찔러 죽인 다음 그 시신을 바닷물에 던져버렸는데 바닷가에서 그것이 발견되자 어머니 헤쿠바가 장사지내주었다고 한다.
23 2권 774행 참조.
24 폴뤼메스토르. 그는 프리아무스의 딸들 중 한 명인 일리오네(1권 653행 참조)와 결혼했으니 폴뤼도루스의 매형이다.
25 삼나무는 죽음의 나무이기 때문에 여기서 '검은'이라고 표현한 것이다.
26 도리스(Doris). 바다의 신 네레우스와 도리스 사이에는 쉰 명의 아리따운 딸들이 태어났는데 이들은 네레우스의 딸들이라고 불린다.
27 아이가이움(Aegaeum 그/Aigaion)은 에게 해의 라틴어 이름이다. 이 바다가 그런 이름을 갖게 된 것은 테세우스가 미노타우루스를 죽이고 귀국할 때 성공하고 돌아올 경우 흰 돛을 달겠다고 약속하고도 그것을 잊어버린 까닭에 그의 아버지 아이게우스가 절망하여 바닷물에 빠져 죽은 까닭에 그의 이름에서 따왔다고도 하고, 에우보이아 섬의 소도시 아이가이(Aegae 그/Aigai 이런 이름을 가진 도시들은 몇 개 더 있다)에서 유래했다고도 하

고, 마치 염소 떼(aiges)처럼 섬들이 모여 있어 그런 이름을 갖게 되었다고도 한다.
28 '궁술의 신'이란 아폴로를 말한다. 유노는 라토나(Latona 그/Leto)가 자기보다 더 훌륭한 자식들을 낳게 될 것임을 알고 햇빛이 비치는 육지에서 그녀가 출산하지 못하도록 하지만, 넵투누스가 당시에는 떠 있는 섬이었던 델로스 섬으로 그녀를 데려가 그 위에 바닷물로 엷은 물막을 쳐 햇빛이 들지 않게 하고 그 아래에서 출산하게 해준다. 그래서 아폴로는 감사하는 마음에서 델로스를 고정시켜주었다고 한다. 일설에는 라토나가 거기서 아폴로를 낳을 수 있도록 윱피테르가 떠돌아다니는 섬을 튼튼한 밧줄로 해저에 고정해두었다고 한다. 델로스는 오르튀기아(Ortygia)라고 불렸으나 해저에 고정되어 뚜렷이 보이게 된 뒤부터(그리스어 delos는 '뚜렷이 보이는' '명백한'이란 뜻이다) 델로스로 불리게 되었다고 한다.
29 뮈코노스와 귀아로스는 둘 다 델로스 근처에 있는 섬들이다.
30 월계수는 아폴로에게 바쳐진 나무다.
31 튐브라(Thymbra 그/Thymbre)는 소아시아 트로아스 지방의 소도시로 그곳에 아폴로의 신전이 있었기 때문에 그는 '튐브라의 아폴로'(Apollo Thymbraeus)라는 별명을 갖게 되었다.
32 아이네아스가 자신과 자신의 일행을 '트로이야의 제2의 성채'라고 명명한 것은 실제의 성채가 불타버린 지금은 그들이 트로이야의 성채이고 그 성채에서 제2의 트로이야가 세워질 것이라는 믿음이 있었기 때문이다.
33 1권 30행 참조.
34 퀸투스(Cynthus 그/Kynthos) 산. 1권 주 154 참조.
35 윱피테르는 크레타 섬에서 태어나 자란 것으로 알려져 있다. 사투르누스는 자신이 자기 자식들 중 한 명에 의하여 축출된 운명임을 알고 자식이 태어나는 족족 삼켜버리지만 윱피테르가 크레타 섬에서 태어났을 때 또는 아르카디아에서 태어나 크레타로 옮겨졌을 때 어머니 레아(Rhea)는 사투르누스에게 아기 대신 돌멩이를 포대기에 싸서 건네주고, 아기는 크레타의 딕테(Dikte 최고봉 539미터) 산 또는 이다(최고봉 2,456미터) 산에 있는 동굴에 숨겨놓고는 자신의 시종들인 쿠레테스들(Curetes 그/Kouretes)로 하여금 아기를 돌보게 한다. 쿠레테스들은 아기의 울음소리가 새어나가지 않도록 아기 주위에서 춤추며 창으로 방패를 요란하게 쳤다고 한다.
36 앙키세스가 크레타를 그들 민족의 요람으로 여기는 주된 이유는 트로아스 지방처럼 그곳에도 이다 산이 있기 때문인 듯하다.

37 트로아스 지방의 곳으로 스카만데르 강 하구의 동쪽에 있다.
38 크레타.
39 퀴벨루스(Cybelus 그/Kybelon)는 소아시아 프뤼기아 지방에 있는 산이다.
40 지모신(地母神) 퀴벨레(Cybele 그/Kybele)는 위대한 어머니, 신들의 어머니, 이다 산의 어머니라고 불리기도 하는데 그녀는 흔히 윱피테르의 어머니인 레아와 동일시되곤 한다. 그녀에 대한 숭배는 기원전 204년 그녀의 신상과 더불어 프뤼기아 지방의 펫시누스(Pessinus) 시에서 도입되었다. 그녀는 사자들이 끄는 수레를 타고 다녔다고 하는데, 이는 야생의 자연에 대한 그녀의 지배권을 상징하는 것으로 생각된다.
41 퀴벨레 여신의 시종들 또는 사제들이다. 그들은 요란한 음악과 검무(劍舞)로 여신에게 경의를 표했다고 한다.
42 크노수스(Cnosus 또는 Gnos(s)us 그/Knos(s)os)는 크레타의 도시로 미노스 왕의 왕궁이 있던 곳이다. 흔히 크레타 대신 사용된다.
43 트로이야 전쟁에 참전했던 크레타 왕으로 무사히 귀국하여 다시 크레타를 통치했다고 한다. 또 일설에 따르면 귀향 도중 폭풍을 만나 위태롭게 되자 그는 해신 넵투누스에게 만일 무사히 귀국하게 해주면 크레타에 상륙해서 맨 먼저 눈에 보이는 동물을 제물로 바치겠다고 서약했는데 그것이 다름 아닌 그의 아들이었다고 한다. 그가 아들을 제물로 바치자 크레타인들이 격분하여 그를 추방했고, 그는 이탈리아의 발뒤꿈치 부분인 칼라브리아(Calabria) 지방으로 건너가 그곳에 나라를 세웠다고 한다. 2권 400행 참조.
44 오르튀기아는 델로스의 다른 이름이다. 3권 주 28 참조.
45 포도밭으로 유명한 낙소스, 낙소스 동쪽에 있는 도누사, 올레아로스, 흰 대리석으로 유명한 파로스는 모두 퀴클라데스 군도에 속하는 섬들이다.
46 퀴클라데스(Cyclades 그/Kyklades)는 에게 해 남쪽에 있는 군도로, 델로스 섬을 중심으로 하나의 원(圓 그리스어로 kyklos)을 이루고 있어 그런 이름을 갖게 되었다.
47 시리우스(Sirius 그/Seirios)는 천랑성(天狼星)을 말한다.
48 위대한 신들로 보는 이들도 있고, 위대한 자손들로 보는 이들도 있다.
49 163~6행은 1권 530~3행을 반복한 것이다.
50 이아시우스(Iasius 그/Iasios)와 다르다누스는 제우스의 아들들로 새로운 거처를 마련하기 위해 이탈리아를 떠나 이아시우스는 사모트라키아(Samothracia) 섬으로 갔고, 다르다누스는 사모트라키아를 거쳐 트로이야로 또는 곧장 트로이야로 갔다고 한다. 여기서 눈에 띄는 것은 이아시우스에게 '아버지'란 칭호를 붙인 것인데 물론 다르다누스의 아버

지란 뜻은 아니다. 그리고 트로이야인들은 보통 '다르다누스의 자손들'이라고 불리는데 여기서는 이아시우스에게서 태어난 것으로 되어 있다는 점이다.

51 코뤼투스(Corythus)는 이탈리아의 에트루리아 지방에 있는 도시(후일의 Cortona) 이름이자 이 도시의 창건자의 이름이기도 하다.

52 아우소니아는 이탈리아 특히 남(南)이탈리아를 가리키는 이름이다.

53 딕테에 관해서는 3권 주 35 참조.

54 다르다누스와 테우케르.

55 크레타와 이탈리아.

56 팔리누루스(Palinurus)는 키잡이다.

57 스트로파데스(Strophades '돌아서는 섬들'이란 뜻) 섬들은 펠로폰네소스 반도 서쪽에 있는 작은 섬들로 그곳에서 반인반조(半人半鳥)의 괴물들인 하르퓌이아(Harpyia 복수형 Harpyiae '낚아채는 여자'란 뜻)들을 추격하던, 보레아스의 아들들인 칼라이스와 제테스가 추격을 멈추고 돌아섰기 때문에 그런 이름을 갖게 되었다고 한다.

58 그리스와 남이탈리아 사이의 바다로 그 이름은 윱피테르의 사랑을 받다가 암소로 변한 이오(Io)에게서 유래했다.

59 트라키아의 전설적인 예언자이자 왕이다. 그가 재혼한 아내의 말만 믿고 본처에게서 태어난 아들들의 눈을 빼고 가두었기 때문에, 또는 신들의 비밀을 인간들에게 누설했기 때문에 신들의 노여움을 사게 되자 신들이 그에게 하르퓌이아들을 보내 그가 음식을 먹기 전에 그것을 낚아채거나 오염시키게 했다고 한다.

60 3권 주 57 및 59 참조.

61 켈라이노(Celaeno 그/Kelaino)는 '검은 여자'란 뜻으로 하르퓌이아들 가운데 한 명이다.

62 저승을 흐르는 강으로 신들은 맹세할 때 이 강에 걸고 맹세했다.

63 1권 311행 참조. 이 행은 대부분의 양질의 텍스트들에서는 빠져 있다.

64 미세누스의 죽음에 관해서는 6권 162~3행 참조.

65 나팔.

66 하르퓌이아들은 일설에 따르면 바다의 신 폰투스(Pontus 그/Pontos)와 대지의 여신 테르라(Terra)의 딸이라고 한다. 또 헤시오도스에 따르면, 그들은 타우마스와 엘렉트라의 딸들이라고 하는데(『신통기』 265행 참조) 그럴 경우 그들은 폰투스와 테르라의 손녀들이다.

67 약속을 지키지 않는 신의 없는 라오메돈에 관해서는 2권 주 104 참조.

68 3권 주 66 참조.
69 여기서 '복수의 여신들'이란 실제의 복수의 여신들인 알렉토(Allecto 그/Allekto), 티시포네(Tisiphone), 메가이라(Megaera 그/Megaira)의 세 자매를 말하는 것이 아니라 인간의 사악함을 벌주는 존재들이란 일반적인 의미로 사용되고 있다.
70 자퀸토스(Zacynthos 그/Zakynthos), 둘리키움(Dulichium 그/Doulichion), 사메(Same 그/Same 또는 Samos)는 오뒷세우스의 고향인 이타카(Ithaca 그/Ithake) 섬 주위에 있는, 이오니아 해의 섬들이다. 『오뒷세이아』 9권 24행 참조.
71 네리토스(Neritos)는 이타카 섬에 있는 네리톤(Neriton) 산(『오뒷세이아』 9권 22행 및 『일리아스』 2권 632행 참조)에서 유래한 이름임이 확실하나 문맥상으로 베르길리우스는 이것을 섬으로 보고 있는 것 같다.
72 울릭세스의 아버지.
73 레우카테스(Leucates) 산은 이타카 북쪽 악티움 곶 근처에 있는 레우카스(Leucas 그/Leukas) 섬의 남단에 있는 곶이다.
74 서부 그리스 아카르나니아(Acarnania 그/Akarnania) 지방에 있는 악티움(Actium 그/Aktion) 곶 근처에 있는 이 소도시를 후일 아우구스투스가 기원전 31년 이 근처에서의 해전에서 안토니우스와 클레오파트라의 연합 함대를 격파한 것을 기념하여 크게 확장하며 니코폴리스(Nicopolis '승리의 도시'란 뜻)라는 이름을 하사한 바 있다.
75 아이네아스 일행은 잠시 전에 그리스의 섬들 중에서도 가장 위험한 이타카 섬들 옆을 항해했기 때문이다.
76 아르고스란 지명은 흔히 '그리스'란 뜻으로 사용된다.
77 아이네아스 일행이 그곳에서 1년을 머물렀다는 뜻이 아니라 초여름에 트로이야를 출발하여 겨울이 깊어서야 그곳에 도착했다는 뜻으로 생각된다.
78 트로이야 전쟁에 참전한 그리스인들 중에 아바스(Abas)란 이름의 장수는 없다. 그러나 다나우스의 외손자로 아르고스의 왕이 되었던 아바스는 유명한 방패를 갖고 있었다고 한다. 베르길리우스는 이 방패를 어떤 아르고스 장수가 트로이야로 갖고 갔다가 아이네아스에게 빼앗긴 것으로 생각하고 있는 것 같다.
79 알키노우스(Alcinous 그/Alkinoos) 왕이 다스리던 섬나라의 주민들로서 울릭세스는 이타카로 귀향하기 직전에 마지막으로 그들이 살던 스케리아 섬에 들른다. 스케리아 섬은 이오니아 해에 있는 코르퀴라(Corcyra 그/Korkyra 또는 Kerkyra 지금의 코르푸) 섬으로 추정되고 있다.

80 '산봉우리들'의 라틴어 arces를 '성채들'로 번역하는 이들도 있다.
81 그리스의 서북 지방이다.
82 에피로스 지방에 있는 한 지역이다.
83 부트로툼은 코르푸 섬 맞은편에 있는 본토의 도시다.
84 프리아무스의 아들 헬레누스와 헥토르의 아내 안드로마케는 트로이야가 함락될 때 아킬레스의 아들인 네옵톨레무스 일명 퓌르루스의 전리품이 된다. 헬레누스는 예언의 능력을 갖고 있었기에 해로(海路)로 귀향하는 그리스인들에게 재앙이 일어날 것임을 알고는 네옵톨레무스에게 육로로 귀향하기를 권한다. 네옵톨레무스는 이에 대한 감사의 표시로 헬레누스에게 안드로마케를 아내로 주었을 뿐 아니라 메넬라우스의 딸 헤르미오네와 결혼하기 위하여 스파르타로 떠나며 자신의 왕국의 일부도 주었다고 한다.
85 아이아쿠스에 관해서는 1권 주 54 참조.
86 퓌르루스에 관해서는 2권 주 80 참조.
87 시모이스 강에 관해서는 1권 주 56 참조.
88 Troia circum arma는 '트로이야의 무장을 갖추고'로 번역하기도 한다.
89 폴뤽세나(Polyxena 그/Polyxene). 폴뤽세나는 프리아무스의 딸로 트로이야가 함락된 뒤 네옵톨레무스에 의해 아킬레스의 무덤가에서 살해되었는데 그 까닭은 그녀에게 반한 아킬레스가 트로이야인들의 미인계에 걸려들어 살해된 것에 원한을 품고는 트로이야가 함락되자 아들의 꿈에 나타나 그녀를 자기 무덤에 제물로 바칠 것을 요구했기 때문이다.
90 그리스인들은 트로이야가 함락된 뒤 제비를 뽑아 전리품과 포로들을 나누어 가졌다. 에우리피데스『트로이야의 여인들』(Troiades) 235~6행 참조. 그러나 에우리피데스에 따르면 안드로마케는 제비뽑기에 의해서가 아니라 명예의 상으로서 네옵톨레무스에게 배정되었다고 한다.『트로이야의 여인들』 273행 참조.
91 안드로마케는 네옵톨레무스에게 몰롯수스(Molossus 그/Molossos)라는 아들을 낳아주는데 그의 자손들이 나중에 에피로스 지방에 살던 몰롯시족(Molossi)의 왕이 된다.
92 레다에 관해서는 1권 주 180 참조.
93 메넬라우스와, 레다의 딸인 헬레나의 외동딸이다. 헤르미오네는 트로이야 전쟁이 일어나기 전에 아가멤논의 아들 오레스테스와 약혼한 사이였는데 메넬라우스가 그녀를 네옵톨레무스에게 아내로 주자 그 보복으로 오레스테스가 네옵톨레무스를 살해하게 된다.
94 라케다이몬(Lacedaemon 그/Lakedaimon)은 그리스어에서는 라코니케 지방 또는 그 수도인 스파르타를 가리키지만, 라틴어에서는 주로 스파르타의 다른 이름으로 쓰인다.

'라케다이몬 여인과의 결혼'이란 일종의 속담으로 헬레나가 그랬듯이 남편에게 불행을 안겨주는 결혼을 뜻한다.
95 헤르미오네. 3권 주 93 참조.
96 오레스테스는 아버지 아가멤논을 살해한 어머니 클뤼타이메스트라를 죽여 아버지의 원수를 갚지만 그 후 늘 복수의 여신들에게 쫓겨 발광하게 된다. 아이스퀼로스(Aischylos) 『자비로운 여신들』(Eumenides) 참조.
97 네옵톨레무스는 델피(Delphi 그/Delphoi)에 있는 아폴로의 신전에서 살해된 것으로 알려져 있는데, 여기서는 문맥상 그가 이 신전 안에 아버지 아킬레스의 제단을 설치했던 것으로 생각된다. 그러나 그가 그의 집 안에 있던 아버지의 제단 옆에서 살해되었다고 보는 견해도 있다. 어쨌거나 그는 트로이야가 함락되던 날 프리아무스와 폴리테스 부자(父子)를 죽인 죄로(2권 526~7행, 550~1행, 663행 참조) 그 자신도 아버지의 제단 옆에서 살해되었던 것이다.
98 카오네스족(Chaones)은 트로이야 전쟁 이전부터 그곳에 살던 부족으로 카오니아(Chaoina)란 지명은 그들에게서 유래한 것이며 달리 알려진 것이 없는, 트로이야의 카온(Chaon)에서 유래했다는 것은 베르길리우스가 지어낸 이야기로 생각된다.
99 이 반쪽짜리 시행은 『아이네이스』에서 유일하게 의미의 재구성이 불가능하다.
100 아이네아스의 아내 크레우사는 프리아무스의 딸로 헥토르의 누이다.
101 크산투스에 관해서는 1권 주 143 참조.
102 스카이아 문에 관해서는 2권 주 97 참조.
103 포도주.
104 헬레누스.
105 소아시아 이오니아 지방의 소도시로 아폴로의 신전과 신탁으로 유명한 곳이다.
106 읍피테르.
107 운명의 여신들에 관해서는 1권 주 25 참조.
108 바닷길.
109 트리나크리아에 관해서는 1권 주 71 참조.
110 아우소니아 해란 여기서 흔히 튀르레니아 해라고 부르는 이탈리아의 남서해를 말한다.
111 '저승의 호수들'이란 이탈리아의 서남부 캄파니아(Campania) 지방의 루크리누스(Lucrinus) 호와 아베르누스(Avernus) 또는 아베르나(Averna) 호를 말한다. 베르길리우스는 이 두 호수를 염두에 두고 있으나 저승으로 내려가는 입구가 있다고 믿어졌던 곳

은 사실은 아베르누스 호뿐이었다.

112 태양신 헬리오스와 페르세이스의 딸로 콜키스 왕 아이에테스의 누이다. 울릭세스가 그녀의 섬에 상륙했을 때 그녀는 그의 전우들을 돼지로 변신시킨다. 울릭세스와 그녀 사이에 태어난 아들 텔레고누스(Telegonus 그/Telegonos)는 후일 아버지를 찾아 이타카 섬에 갔다가 본의 아니게 아버지를 죽인다.

113 아이아이아(Aeaea 그/Aiaia)는 키르케가 살던 섬으로 호메로스에 따르면 동쪽에 있는 것으로 되어 있으나(『오뒷세이아』 12권 3~4행 참조), 나중에는 이탈리아 라티움 지방의 키르케이(Circei) 곶과 동일시되었다. 아이아이아는 또한 키르케의 별명이기도 하다.

114 아이네아스 일행은 라티움 해안에 라비니움 시(1권 주 6 참조)를 건설하지만 30년 후 그의 아들 아스카니우스는 거기서 좀더 내륙으로 들어가 알바 롱가 시(1권 주 14 참조)를 세운다. 여기서 핵심어는 30이란 숫자와 '흰'(alba, albi)이란 형용사다.

115 이오니아 해.

116 이탈리아의 동해안.

117 당시 남부 이탈리아는 그리스의 식민시들이 많았으며 그래서 마그나 그라이키아(Magna Graecia '큰 그리스'란 뜻)라고 불렸다.

118 나뤽스(Naryx)는 중부 그리스에 있는 로크리스(Locris 그/Lokris) 지방의 도시다. 그곳의 왕이던 오일레우스의 아들 아이약스가 신을 모독한 죄로 귀향 도중 난파당하여 익사하자, 그의 전우들 중 일부는 이탈리아 반도의 앞발바닥 부분에 있는 브룻티움(Bruttium) 지방의 해안으로 가서 로크리 에피제퓌리이라는 도시를 세운다.

119 살렌티니족은 이탈리아 반도의 발꿈치 부분에 있는 칼라브리아 지방의 타렌툼(Tarentum) 시 근처에 살던 부족이다.

120 뤽토스(Lyctos 그/Lyktos)는 크레타 섬의 동부 지방에 있는 산으로 여기서는 크레타라는 뜻으로 쓰이고 있다. 이도메네우스에 관해서는 3권 주 43 참조.

121 그리스 텟살리아 지방의 마그네시아(Magnesia) 반도에 있는 도시다.

122 포이아스(Poeas 그/Poias)의 아들로 트로이야 원정에 참전하지만 도중에 뱀에 물려 렘누스(Lemnus 그/Lemnos) 섬에 방치된다. 그러나 그는 10년째 되던 해 트로이야로 가서 헤르쿨레스의 활로 파리스를 쏘아 죽여 트로이야의 함락을 앞당긴다.

123 그리스인들과는 달리 로마인들은 제물을 바칠 때 불길한 것을 보지 않으려고 머리를 가리고 또 불길한 말이 튀어나오지 않도록 참석자들에게 침묵을 요구했다고 한다. 여기서 베르길리우스는 로마인들의 그러한 관습의 유래를 설명하고 있는 것이다.

124 시킬리아의 동북단에 있는 곳이다.
125 호메로스에 따르면 발이 열둘이고 머리가 여섯인 괴물로 동굴 안에서 긴 목을 내밀어 돌고래 같은 큰 물고기나 지나가는 선원들을 잡아먹었다고 하며, 카륍디스(Charybdis)는 거대한 바다 소용돌이다. 『오뒷세이아』 12권 73~74행, 222~3행 참조. 이들은 베르길리우스 시대에는 이탈리아와 시킬리아 사이의 멧사나(Messana 지금의 Messina) 해협에 자리 잡고 있는 것으로 생각되었다.
126 여기서 '개'란 앞서 말한 '늑대'를 의미하는 것으로 생각된다.
127 파퀴눔(Pachynum 또는 Pachynus)은 시킬리아 섬의 남단에 있는 곳이다.
128 쿠마이(Cumae 그/Kyme)는 이탈리아 캄파니아 지방에 있는 도시로 그곳의 예언녀 시뷜라로 인해 명소가 되었다.
129 아베르나 호에 관해서는 3권 주 111 참조.
130 다음에 나오는 시뷜라를 말한다.
131 시뷜라는 나폴리 근처에 그리스의 에우보이아(Euboea 그/Euboia)인들이 세운 식민시 쿠마이에 살던 예언녀로 고대의 수많은 시뷜라들 가운데 가장 유명하다. 베르길리우스는 아이네아스도 그녀를 찾은 것으로 그리고 있는데(『아이네이스』 6권 참조) 그녀의 예언들은 종려나무 잎에 기록되었다고 한다. 전설에 따르면, 그녀는 모두 9권으로 된 신탁집(神託集)을 로마의 마지막 왕 타르퀴니우스 수페르부스(Tarquinius Superbus)에게 고가로 팔겠다고 제의했으나 그가 사지 않자 그중 3권을 불태우고 나머지를 전과 같은 값에 사라고 제의했으며, 그가 재차 사지 않겠다고 하자 다시 3권을 불태우고 나서 마지막 3권을 처음 가격에 팔았다고 한다. 왕은 이 신탁집을 두 명의 귀족에게 맡겨 관리하게 했는데 나중에 그 수는 열 명으로, 더 나중에는 열다섯 명으로 늘어난다. 이 신탁집은 일찍부터 로마에 있었고, 미래에 관한 조언을 구하거나 나라에 지진이나 역병 같은 재앙이 생길 때 신의 노여움을 달래기 위한 방법을 찾고자 할 때 참고했다고 한다. 이 신탁집은 상자에 든 채 카피톨리움(Capitolium) 언덕에 있던 윱피테르 옵티무스 막시무스(Iuppiter Optimus Maximus '최선 최대의 윱피테르'란 뜻)의 신전 지하 창고에 보관되었는데 기원전 83년 대화재 때 소실되었다고 한다. 쿠마이의 시뷜라에 관한 유명한 일화에 따르면, 아폴로가 그녀를 좋아하게 되어 자기 애인이 되어주면 그녀의 소원을 무엇이든 들어주겠다고 하자 그녀가 쓸어 모아놓은 먼지 더미 속의 모래알만큼 많은 수명을 요구하여 천 년의 수명을 얻었으나 영원한 청춘을 요구하는 것을 잊은 까닭에 나중에는 천장에 매달린 병 안에 들어가 누가 그녀에게 소원이 뭐냐고 물으면 죽는 것이라고 대답

했다고 한다.
132 그리스 에피로스 지방에 있는 곳으로 그곳에는 윱피테르의 오래된 신탁소가 있었는데 사제들은 바람에 살랑거리는 참나무 잎을 보고 예언했다고 한다.
133 대야(lebes)는 참나무에 걸려 있었는데 예언하기 전에 그것을 쳐서 소리를 냈던 것으로 생각된다.
134 2권 642~3행 참조.
135 아스튀아낙스에 관해서는 2권 주 79 참조.
136 튀브리스에 관해서는 2권 주 124 참조.
137 케라우니아는 에피로스 지방에 있는 산들이다.
138 아이네아스 일행은 해안을 따라 일단 북쪽으로 항해했던 것이다.
139 윱피테르와 테미스의 딸들로 계절의 여신들이다.
140 아르크투루스에 관해서는 1권 주 209 참조.
141 휘아데스에 관해서는 1권 주 210 참조.
142 '두 곰'에 관해서는 1권 주 211 참조.
143 오리온에 관해서는 1권 주 162 참조. 오리온이 황금으로 무장했다고 하는 것은 그의 혁대와 칼을 이루고 있는 별들이 유난히 밝기 때문이다.
144 이탈리아 반도의 굽 안쪽에 있는 항구 도시다.
145 라키니움(Lacinium 지금의 Capo delle Colonne)은 타렌툼 만의 서쪽 끝에 있는 곳으로 그곳에 유명한 유노 라키니아(Iuno Lacinia '라키니움의 유노'란 뜻)의 신전이 있었다.
146 이탈리아 반도의 앞발바닥 부분에 있는 브룻티움 지방의 도시다.
147 스퀼라케움은 브룻티움 지방의 동부에 있는 곳이다.
148 아이트나(Aetna 그/Aitne)는 시킬리아 섬의 동해안에 있는 활화산이다.
149 퀴클롭스에 관해서는 1권 주 73 참조.
150 엥켈라두스(Enceladus 그/Enkelados)는 스물네 명의 기가스(Gigas 복수형 Gigantes)들 중 한 명으로 윱피테르를 우두머리로 하는 올륌푸스의 신들과 싸우다가 미네르바에게 져서 시킬리아 섬 밑에 묻혔다고 한다. 그러나 대부분의 시인들에 따르면 엥켈라두스는 이나리메에 묻혔고, 아이트나 산 아래 묻힌 것은 튀포에우스(1권 주 187 참조)라고 한다.
151 호메로스에서도 탄원자는 탄원을 들어줄 상대방의 무릎을 움켜잡는다.
152 아다마스투스의 아들 아카이메니데스에 관해서는 베르길리우스 이전에는 알려진 것이 없다.

153 그가 자신의 진가를 발휘했다는 뜻이다.
154 아르고스인들은 둥근 방패를 들고 다녔다.
155 태양.
156 폴뤼페무스에 관해서는 1권 주 73 참조.
157 여기서 '달'이란 초승달을 말한다.
158 바람과 물결을 타고 재빨리 나아가는 함선들을 따라잡을 수 없다는 뜻이다.
159 퀴클롭스들은 아이트나 산에 살며 성질도 화산처럼 포악하기 때문에 그렇게 부르는 것 같다.
160 시킬리아 섬의 동해안으로 흘러드는 작은 강이다.
161 메가라는 여기서 시킬리아 섬의 동해안에 있는 도시다.
162 탑수스는 여기서 시킬리아 섬의 동해안에 있는 도시다.
163 시카니아에 관해서는 1권 주 166 참조.
164 여기서 시카니아 만이란 쉬라쿠사이(Syracusae 그/Syrakousai) 만을 말한다.
165 쉬라쿠사이 만의 남쪽에 있는 곶이다.
166 쉬라쿠사이 만의 북쪽에 있는 섬이다.
167 그리스 펠로폰네수스 반도의 서북 지방이다.
168 펠로폰네수스 반도의 아르카디아 지방에서 발원하여 엘리스 지방을 지나 이오니아 해로 흘러드는 강 및 그 하신(河神)이다.
169 오르튀기아 섬의 바닷가에 있는 샘 및 그 요정이다.
170 전설에 따르면, 하신 알페우스는 요정 아레투사가 목욕하는 것을 보고 반해 뒤쫓았으나 디아나가 그녀를 오르튀기아 섬에서 샘으로 변하게 하자 바다 밑으로 뒤쫓아 가서 자신의 강물을 그녀의 샘물과 섞었다고 한다.
171 헬로루스는 동(東)시킬리아에 있는 강이다.
172 파퀴눔에 관해서는 3권 주 127 참조.
173 시킬리아 섬의 남서 해안에 있는 도시. 전하는 이야기에 따르면, 카메리나 주민들이 근처의 늪으로 인해 역병에 걸리자 늪을 말려도 되겠냐고 신탁에 물었는데 신탁이 그렇게 하지 말라고 했음에도 늪을 말린 결과 그곳을 지나 진격해온 적군에 의해 도시가 함락되었다고 한다.
174 겔라는 시킬리아 섬의 남해안에 있는 도시다.
175 겔라스(Gelas) 강을 말한다.

176 시킬리아 섬의 남해안에 있는 도시다.
177 시킬리아 섬의 서남 해안에 있는 도시다.
178 시킬리아 섬의 서남단에 있는 도시다.
179 시킬리아 섬의 서북단에 가까운 도시다.

제4권

1 디도.
2 아이네아스.
3 안나에 관해서는 앞서 언급된 바 없다.
4 원전의 armis를 arma('무구들'이란 뜻)가 아니라 armus('어깨'란 뜻)의 복수 탈격으로 보고 '어깨들'이라고 번역하는 이들도 있다.
5 쉬카이우스에 관해서는 1권 343행 이하 참조.
6 1권 348행 이하 참조.
7 암흑의 신. 여기서는 흔히 그러하듯 저승이란 뜻으로 쓰이고 있다.
8 리뷔아 지방의 왕으로 디도에게 구혼했다가 거절당한다.
9 아프리카에는 누미디아(Numidia)인들 같은 용감한 부족이 많았다.
10 아프리카(Africa)란 당시에는 이집트 서쪽의 북아프리카 지방을 가리키는 이름이었다.
11 지금의 알제리의 사하라 지방에 살던 부족.
12 지금의 동(東)알제리와 튀니지에 있던 나라.
13 1권 주 57 참조.
14 카르타고에서 동쪽으로 멀리 떨어진 퀴레나이카(Cyrenaica 그/Kyrenaika) 지방의 유목민족이다. 베르길리우스는 그들이 카르타고 근처에 사는 것처럼 말하고 있다.
15 케레스에 관해서는 1권 주 60 참조. 케레스를 입법자라고 하는 것은 그녀가 처음으로 인간들에게 농사를 가르쳐줌으로써 문명 생활을 가능하게 했기 때문이다.
16 뤼아이우스에 관해서는 1권 주 194 참조.
17 유노는 결혼과 출산을 관장한다.
18 그리스 로마인들은 제물로 바친 짐승의 내장 생김새와 색깔 등을 보고 앞일을 점치곤 했다.
19 화살촉.
20 화살대.

21 3권 주 35 참조.
22 1권 주 136 참조. 베르길리우스는 시돈과 튀로스와 페니키아란 이름을 구별 없이 카르타고 대신 쓰고 있다.
23 연회가 시작될 때 해가 지기 시작했듯이 연회가 끝날 무렵에는 달도 어두워지기 시작했다는 뜻이다.
24 여기서는 태양신(Sol 그/Helios)을 말한다. 그리스 신화에서 우라노스(Ouranos 라/Uranus 하늘)와 가이아(Gaia 라/Terra 또는 Tellus 대지) 사이에 모두 열두 명의 자녀가 태어나는데 이 가운데 오케아노스(Okeanos 라/Oceanus)는 테튀스(Tethys)와, 휘페리온(Hyperion)은 테이아(Theia)와, 크로노스(Kronos 라/Cronus)는 레아와, 코이오스(Koios 라/Coeus)는 포이베(Phoibe)와 오누이끼리 결혼하고 크레이오스(Kreios)와 이아페토스(Iapetos)는 각각 티탄 신족에 속하지 않는 에우뤼비에(Eurybie)와 클뤼메네(Klymene)와 결혼하며 나머지 두 자매 테미스(Themis)와 므네모쉬네(Mnemosyne)는 제우스의 아내가 된다. 그런데 티탄 신족(神族)에는 이들 여섯 형제만 포함되었으나 나중에는 여섯 자매 외에도 이들의 자녀들, 이를테면 휘페리온과 테이아 사이에서 태어난 헬리오스 및 에오스(Eos 라/Aurora 새벽의 여신), 코이오스와 포이베의 딸들인 레토 및 아스테리아(Asteria), 이아페토스와 클뤼메네의 아들들인 아틀라스(Atlas '지탱하는 자' '참고 견디는 자'란 뜻)와 프로메테우스(Prometheus '사전에 생각하는 자'란 뜻. 프로메테우스는 이아페토스와 테미스의 아들이라는 설도 있다)도 포함되었다. 이들 12남매 가운데 막내인 크로노스가 어머니 가이아의 권고에 따라, 지하 가장 깊숙한 곳인 타르타로스에 갇혀 있던 가이아와 우라노스의 또 다른 자식들인 헤카톤케이레스들(Hekatoncheires '백 개의 손을 가진 자들'이란 뜻)과 퀴클롭스('눈이 둥근 자'란 뜻)들을 풀어주고 이들과 합세하여 아버지 우라노스를 거세한 다음 우주의 지배자가 된다. 그 뒤 크로노스와 레아 사이에서 제우스(Zeus 라/Iuppiter), 포세이돈(Poseidon 라/Neptunus) 및 하데스(Hades 라/Pluto)의 3형제와 여신 헤라(Hera 라/Iuno), 데메테르(Demeter 라/Ceres) 및 헤스티아(Hestia 라/Vesta)의 세 자매가 태어나는데 크로노스는 자신이 자기 자식들 중 한 명에 의하여 축출될 운명임을 알고 자식이 태어나는 족족 삼켜버린다. 그러나 제우스가 태어났을 때 레아는 아기 대신 돌멩이를 포대기에 싸서 건네주고, 아기는 크레테 섬의 동굴에 감추어버린다. 장성한 제우스는 오케아노스의 딸로 자신의 첫째 아내가 된 메티스(Metis '지혜' '사려'란 뜻)를 설득하여 크로노스에게 구토제(嘔吐劑)를 타 먹이게 하여 그가 삼킨 돌멩이와 자식들을 토하게 하고는 이들과 합세

하여 티탄 신족과의 전쟁을 일으킨다. 이때 티탄 신족은 가이아의 또 다른 아들들로 괴물들인 기가스(Gigas 복수형 Gigantes)들과 거대한 괴물 튀폰(Typhon 또는 Typhoeus)의 도움을 받고, 제우스를 우두머리로 하는 젊은 신들은 퀴클롭스들과—이들은 호메로스에서는 외눈박이 거한들이지만 헤시오도스에 따르면 3형제로 제우스에게는 번개를, 포세이돈에게는 삼지창을, 하데스에게는 남의 눈에 보이지 않게 해주는 모자를 만들어준다—헤카톤케이레스들의 도움을 받는다. 티탄 신족의 자식들 중에서 아틀라스는 티탄 신족 편을, 프로메테우스는 젊은 신들 편을 든다. 그러나 10년 동안의 치열한 전쟁 끝에 결국 제우스 형제들은 제우스의 번개에 힘입어 티탄 신족을 제압하여 타르타로스에 가두고 아틀라스에게는 어깨에 하늘을 떠메고 있게 하는 벌을 내리고는 셋이서 제비를 던져 우주를 삼분한다. 이때 제우스는 하늘을, 포세이돈은 바다를, 하데스는 저승을 차지하고 대지는 공유하게 됨으로써 새로운 올륌포스 신족의 시대가 시작된다.

25 퀴테레아에 관해서는 1권 주 87 참조.
26 맛쉴리족은 동(東)누미디아 지방의 부족이다.
27 포이누스인들에 관해서는 1권 주 110 참조.
28 원어 fibula는 '버클'로 번역하기도 한다.
29 1권 주 58 참조. 뤼키아 지방의 파타라(Patara) 시에 있던 신탁소는 아폴로가 자주 찾던 곳으로 알려져 있다.
30 크산투스 강은 여기서는 트로아스 지방에 있는 강(1권 주 143 참조)이 아니라 뤼키아 지방에 있는 강이다.
31 드뤼오페스족은 그리스 텟살리아 지방에 살던 부족이다.
32 아가튀르시족은 흑해 북안의 스퀴티아(Scythia) 지방에 살던 부족이다.
33 퀸투스 산에 관해서는 1권 주 154 참조.
34 월계관을 말한다.
35 로마의 텔루스(Tellus)는 대지의 여신으로 그리스 신화의 가이아(Gaia)에 해당한다.
36 유노는 결혼의 여신이다.
37 마치 결혼식이 거행되고 있는 것처럼.
38 소문(Fama)은 일종의 여신이다.
39 대지의 여신은 티탄 신족이 윱피테르를 우두머리로 하는 새로운 신들에게 패하여 지하에 갇히게 되자 이를 못마땅하게 여겼던 것이다.
40 코이우스(Coeus 그/Koios)에 관해서는 4권 주 24 참조.

41 엥켈라두스에 관해서는 3권 주 150 참조.
42 함몬(Hammon 또는 Ammon)은 숫양의 머리 또는 뿔들을 가진 리뷔아의 신으로 여기서처럼 흔히 유피테르와 동일시되고 있다.
43 가라만테스족은 아프리카 내륙의 오아시스 근처에 살던 유목 부족이다.
44 지금의 모로코와 서(西)알제리에 살던 종족으로 무어인들의 전신이다.
45 레나이우스(Lenaeus 그/Lenaios 또는 Lenos '포도 압착기'란 뜻)는 박쿠스 신의 별명 중 하나다.
46 '레나이우스의 제물'이란 포도주를 말한다.
47 마이오니아(Maeonia 그/Maionia)는 소아시아 중서부에 있는 뤼디아 지방의 옛 이름으로 이곳 주민들은 유약하기로 이름나 있었다.
48 메르쿠리우스에 관해서는 1권 주 108 참조.
49 베누스는 아이네아스를 한 번은 전투 중에 구해주었고(『일리아스』 5권 311행 이하 참조), 한 번은 트로이야가 함락될 때 구해주었다(2권 620 및 665행 참조).
50 2권 주 68 참조.
51 베르길리우스는 중성 복수형인 Tartara(5권 734행 참조)와 남성 단수형인 Tartarus(6권 577행 참조)를 함께 사용하고 있는데, 이 말은 둘 다 티탄 신족처럼 신들에게 반항한 자들이 갇혀 있는, 저승에서 가장 깊숙한 곳을 가리킨다. 그러나 나중에는 저승과 같은 뜻으로 사용되곤 했다.
52 메르쿠리우스. 퀼레네에 관해서는 1권 주 108 참조.
53 아틀라스. 8권 주 19 참조. 여기서 아틀라스는 북아프리카에 있는 산맥으로 그려지기도 하고 신으로 그려지기도 한다.
54 그리스 테바이 근처의 키타이론(Cithaeron 그/Kithairon) 산에서는 한 해 걸러 한 번씩 박쿠스 축제가 열렸다.
55 박쿠스의 여신도 박카(Baccha 그/Bakche 복수형 Bacchae 그/Bakchai)는 튀이아스(Thyias 복수형 Thyiades '광란하는 여인'이란 뜻), 또는 마이나스(Maenas 그/Mainas 복수형 Maenades 그/Mainades '광란하는 여인'이란 뜻)라고도 불린다.
56 그가 고향으로 간다 하더라도 이런 험악한 날씨에는 출항하려 하지 않았을 것이라는 뜻이다.
57 여기서 '하늘'이란 불멸의 명성이란 뜻이다.
58 가이툴리족에 관해서는 4권 주 11 참조.

59 엘릿사(Elissa)는 디도의 카르타고어 이름이다.
60 소아시아 뮈시아 지방의 도시로 아폴로의 신전이 있었다.
61 신탁은 때로는 작은 서판(書板)이나 제비에 씌어지기도 했다고 한다.
62 흑해와 카스피 해 사이에 있는 코카서스 산의 라틴어 이름.
63 휘르카니아(Hyrcania)는 카스피 해의 남동 해안에 있는 지방이다.
64 '물론'(scilicet)이란 표현은 여기서는 반어적으로 쓰이고 있다.
65 '시커먼 횃불'들은 복수의 여신들이 들고 다닌다. 7권 457행 참조. 디도의 말은 자기는 복수의 여신이 되어 아이네아스를 쫓아다니겠다는 뜻이다.
66 그리스의 에우리푸스(Euripus 그/Euripos) 해협에 있는 해안 도시로 트로이야 전쟁 때 그리스 연합 함대는 이곳에 집결하여 트로이야로 건너갔다. 2권 주 22 참조.
67 '죽을 때'의 원어 morte를 수단의 탈격(奪格)으로 보고 '죽음으로써'로 해석하는 이들도 있다. 즉 자기가 죽음으로써 그의 부담을 덜어주겠다는 뜻이라는 것이다.
68 알페스(Alpes)는 알프스의 라틴어 이름이다.
69 누구의 '눈물'인지 알 수 없다. 문맥상으로 아이네아스의 눈물로 생각되지만 디도의 눈물로 보는 이들도 있다.
70 '자비로운 여신들'(Eumenides)은 복수의 여신들을 달래는 이름으로 마치 거친 흑해를 Euxinus(그/Euxeinos '손님에게 상냥한'이란 뜻)라고 부르는 것과 같다.
71 테바이의 왕으로 그곳에 온 박쿠스의 신성을 부인하고 배척하다가 박쿠스의 여신도가 되어 제정신이 아닌 어머니 아가우에(Agaue)와 다른 여신도들의 손에 살해된다. 펜테우스의 눈에 사물이 둘로 보이는 현상에 관해서는 에우리피데스 『박코스의 여신도들』 918~9행 참조.
72 디라(Dira 복수형 Dirae)들은 '무서운 여신들'이란 뜻으로 복수의 여신들의 별명 중 하나다.
73 3권 주 96 참조.
74 아이티오페스족에 관해서는 1권 주 149 참조.
75 맛쉴리족에 관해서는 4권 132행 참조.
76 '서쪽의 요정들'이란 뜻. 헤시오도스에 따르면 밤의 딸들이지만, 후기 신화에 따르면, 융피테르와 테미스, 또는 포르퀴스(Phorkys)와 케토(Keto), 또는 아틀라스와 헤스페리스(Hesperis)의 딸들이다. 헤스페리데스들은 아이글레(Aigle '광휘' '광채'란 뜻)와 에뤼테이아(Erytheia '붉은색'이란 뜻)와 헤스페라레투사(Hesperarethousa '저녁놀의 붉게

타는 빛'이란 뜻)의 세 명으로 알려져 있으나 헤스페레투사는 헤스페리아(Hesperia) 와 아레투사(Arethousa)로 나뉠 때도 있다. 그들은 서쪽 끝에 있는 오케아누스 옆 아틀라스 산기슭에 살며, 유노가 윱피테르와 결혼할 때 가이아가 그녀에게 선물로 준 황금 사과나무를 라돈(Ladon)이라는 용의 도움으로 지키고 있었다. 후일 헤르쿨레스가 찾아와 용을 죽이고 황금 사과들을 가져가자 그들은 절망한 나머지 느릅나무와 미루나무와 버드나무로 변신했다고 한다.

77 여기서 '신전'이란 정원을 말한다.
78 에레부스에 관해서는 4권 주 7 참조.
79 여기서 카오스(Chaos)는 나중에 생겨날 우주가 들어갈 공간을 말한다. 카오스가 혼돈의 의미를 갖게 된 것은 로마 시인 오비디우스 이후부터다.
80 헤카테(Hecate 그/Hekate)는 호메로스에서는 언급되지 않으나 헤시오도스에서는 물질적 번영과 집회에서의 달변과 전쟁과 경기에서의 승리뿐 아니라, 어부들에게 풍어를 가져다주고 가축 떼를 살찌게도, 마르게도 하는 권능을 가진 여신으로 그려진다. 그러나 헤카테는 차츰 마술, 밤, 달, 사자(死者)들, 횃불, 개, 피 등과 관계 있는 어두운 여신이 되었다. 기원전 5세기 아테나이의 많은 가정의 문 앞에는 메르쿠리우스 상 옆에 그녀를 위하여 제단이 설치되어 있었는데, 이 경우 그녀는 문(門), 가정, 부인들과 관계가 있었던 것으로 보인다. 네거리나 갈림길 등에도 그녀를 위하여 머리 또는 몸통이 셋인 여신의 입상이 세워지곤 했다. 하늘과 지하와 지상에서 권능을 가진 여신으로 달의 여신 루나와 저승의 여신 프로세르피나나 처녀신 디아나와 동일시되곤 했다.
81 아베르누스 호수에 관해서는 3권 주 111 참조.
82 여기서 '사랑의 미약'(amor)은 갓 태어난 망아지의 이마에 난 고깃덩어리(hippomanes)를 말하는데 사람이 먼저 떼어내지 않으면 어미 말이 그것을 먹는 것으로 생각되었다.
83 528행은 양질의 필사본들에는 빠져 있는데 9권 225행에서 삽입한 것으로 추정되고 있다.
84 디도.
85 라오메돈의 배신에 관해서는 2권 주 104 참조.
86 순풍을 보내 달라는 뜻이다.
87 티토누스(Tithonus 그/Tithonos)는 트로이야 왕 라오메돈의 아들로 트로이야의 마지막 왕 프리아무스(Priamus 그/Priamos)와 형제간이다. 새벽의 여신 아우로라는 미남 청년인 티토누스를 보고 반해 납치해가서는 두 아들을 낳는다. 아우로라는 그가 죽지 않게 해달라고 윱피테르에게 간청하여 승낙을 받았으나 영원한 청춘을 간청하기를 잊은 까닭에

티토누스가 점점 오그라들어 나중에는 거의 목소리만 남게 되자 아우로라는 그를 매미로 변신시켜 해마다 허물을 벗게 했다고 한다.

88   마치 아트레우스가 동생 튀에스테스(Thyestes)의 아이들을 죽여 그 고기로 만든 요리를 아이들의 아버지의 식탁에 올려놓았듯이, 그리고 프로크네(Procne)가 자신의 여동생 필로멜라(Philomela)를 겁탈한 남편 테레우스(Tereus) 앞에 그와 자신 사이에서 태어난 아들 이튀스(Ithys)를 죽여 그 고기로 요리를 만들어 내놓았듯이.

89   유노는 결혼의 여신이다.

90   '바라던 햇빛'이란 여기서 장수(長壽)를 뜻한다.

91   디도의 이 저주대로 이 작품에서 아이네아스는 나중에 전쟁에서 루툴리족에게 시달리게 되고, 아들 이울루스의 곁을 떠나 에우안데르에게 도움을 청하게 되며, 나중에 화친을 위해 트로이야라는 이름을 포기하게 된다. 전설에 따르면 아이네아스는 3년 동안 통치한 뒤(1권 265행 참조) 누미쿠스 강변에서 전사하게 되는데, 이때 그의 시신이 사라져 매장도 하지 못했다고 한다.

92   스튁스는 저승의 강으로(3권 주 62 참조), '스튁스의 읍피테르'(Iuppiter Stygius)란 저승의 신 플루토를 말한다.

93   로마인들은 친지가 죽으면 애정의 표시로 또는 혼백이 소멸되는 것을 막기 위해 그의 마지막 숨결을 자기 입으로 잡았다고 한다.

94   타우마스의 딸로 유노의 여사자(女使者) 겸 무지개의 여신이다.

95   프로세르피나(Proserpina 그/Persephone)는 농업과 곡식의 여신 케레스의 딸로 저승의 신 플루토의 아내다.

96   제물을 바칠 때에는 먼저 제물로 바칠 짐승의 이마에서 머리털을 몇 개 잘라 바쳤는데 죽어가는 인간도 저승의 신들에게 바치는 제물로 간주되었던 것이다.

97   디스는 저승의 신 플루토의 다른 이름이다.

제5권

1   8~11행에 관해서는 3권 192~5행 참조.
2   키잡이는 폭풍이 불더라도 좀처럼 놀라지 않는 법이다.
3   에륙스에 관해서는 1권 주 169 참조.
4   그들이 시킬리아를 출발하여 카르타고로 표류했던 때를 말한다.
5   크리니수스는 서(西)시킬리아에 있는 강 겸 하신이다.

6 여기서 '붙들려 있다'(deprensus) 함은 포로로 붙들려 있는 것이 아니라 폭풍에 붙들려 있다는 뜻으로 생각된다. '내가 아프리카에 있건 그리스에 있건, 육지에 있건 바다에 있건'이란 뜻이다.
7 앙키세스.
8 로마에서는 장례식이 아흐레 동안 계속되었다고 한다.
9 도금양(桃金孃)(myrtus 그/myrtos)은 남유럽에서 나는 방향성 상록 관목으로 장미와 함께 베누스가 특히 좋아하는 식물이다. 베누스가 좋아하던 미소년 아도니스는 뮈르라(myrrha) 나무 또는 뮈르투스 나무에서 태어났다고 하며 사냥 나갔다가 멧돼지에게 찢겨 죽은 아도니스의 피에서는 아네모네 또는 장미가 피어났다고 한다. 그리고 그녀가 죽어 누워 있는 그의 곁으로 달려가다가 장미 가시를 밟아 피가 나는 바람에 처음에 흰색이었던 장미꽃이 붉은색이 되었다고 한다.
10 아케론은 저승에 있는 강이다.
11 파에톤은 여기서는 태양신 솔(Sol)의 아들이 아니라 태양신 자신이다.
12 탈렌툼(talentum 그/talanton)은 무게의 단위로서는 2,060그램이었지만 여기서는 그렇게 큰 중량이 아니라 우리 나라의 돈쭝에 가까울 것으로 생각된다. 예컨대 호메로스에서는 전차 경주에서 4등 한 선수도 금 2탈란톤을 상으로 받는다. 『일리아스』 23권 269행 참조.
13 『아이네이스』에서의 함선 경주는 『일리아스』 23권에 나오는 전차 경주에 해당한다.
14 프리스티스(pristis)는 보통명사로서는 고래 같은 바다 괴물을 의미한다.
15 상당수 로마의 명문들은 자신들이 트로이야인들의 후손이라고 주장했으나 여기 나오는 자들의 후손은 그다지 유명하지 않다. 멤미우스 씨족 중에 가장 널리 알려진 사람은 시인 루크레티우스의 후원자였던 가이유스 멤미우스(Gaius Memmius)였다. 세르기아 가(gens Sergia)에서 가장 유명한 사람은 혁명을 일으키려다가 키케로에게 원로원에서 탄핵당한 카틸리나(Catilina)다.
16 키마이라(Chimaera 그/Chimaira)는 사자의 머리에 염소의 몸통과 뱀의 꼬리를 가진 괴물로서 입에서 불을 내뿜고 큰 피해를 주었으나 벨레로폰테스(Bellerophontes 또는 Bellerophon)가 천마(天馬) 페가수스(Pegasus 그/Pegasos)를 타고 하늘에서 공격하여 퇴치한다.
17 켄타우루스(Centaurus 그/Kentauros)는 반인반마의 야만적 괴물로서 머리와 가슴과 팔은 사람이고 몸뚱이와 다리는 말이다. 그들은 익시온과 네펠레(Nephele '구름'이란 뜻)

의 후손들로 텟살리아의 펠리온 산에 살았는데, 이웃에 살던 라피타이족(Lapithae 그 /Lapithai)의 왕 피리토우스(Pirithous 또는 Perithous 그/Peirithoos)의 결혼식에 초대 받아 갔다가 술에 취해 신부 힙포다미아(Hippodamia 또는 Hippodame 그 /Hippodameia)와 다른 여인들을 납치(이 사건은 파르테논 Parthenon 신전의 메토프 metope에 묘사되어 있다)하려다 텟살리아에서 펠로폰네수스 반도로 쫓겨난다.

18 3권 주 125 참조.
19 미루나무는 운동선수들의 보호자인 헤르쿨레스에게 바쳐진 나무다.
20 말레아는 그리스 라코니케 지방에 있는 곳이다.
21 '해안 쪽 바다'(prona maria)란 여기서 반환점 쪽의 바다란 뜻이다. prona에는 '앞으로 기울어진' '항해하기 쉬운'이란 뜻도 있어 그렇게 해석하는 이들도 있다.
22 클로안투스와 그의 대원들.
23 네레우스의 딸들에 관해서는 2권 주 71 및 3권 주 26 참조.
24 폰투스(Pontus 그/Pontos)와 가이아의 아들로 이른바 '바다 노인들' 중 한 명이다. 그는 머리카락이 뱀으로 되어 있어 보기만 해도 돌로 변하게 한다는 고르고 자매들의 아버지다. 그에 관해서는『오뒷세이아』13권 96행 및『신통기』237행 참조.
25 파노페아는 네레우스의 딸들 중 한 명이다.
26 포르투누스는 로마 신화에서 항구의 신이다.
27 멜리보이아에 관해서는 3권 주 121 참조.
28 가뉘메데스가 납치된 이야기에 관해서는 1권 주 32 참조.
29 윱피테르에게 벼락을 날라다준다는 독수리를 말한다.
30 가뉘메데스의 이야기에 관해서는 1권 28행 및 주석 32 외에도『일리아스』20권 232~3행, 오비디우스『변신 이야기』10권 155~6행 참조.
31 데몰레오스는 트로이야 전쟁에 참전했던 그리스인이다.
32 미네르바의 일이란 베 짜고 물레질하는 것을 말한다.
33 시카니족에 관해서는 1권 주 166 참조.
34 살리우스와 파트론은 둘 다 그리스인으로 아이네아스가 헬레누스를 만났을 때 트로이야 인들에 합류한 것으로 생각된다.
35 아카르나니아(Acarnania 그/Akarnania)는 그리스의 중서부 지방으로 에피로스(Epirus 그/Epeiros)와 아이톨리아(Aetolia 그/Aitolia) 지방 사이에 있다.
36 아르카디아(Arcadia 그/Arkadia)는 그리스 펠로폰네수스 반도의 중앙에 있는 내륙 지

방이다.

37 테게아(Tegea)는 아르카디아 지방의 남동부에 있는 오래된 도시다.
38 크노수스에 관해서는 3권 주 42 참조. 여기서 크노수스는 크레타 대신으로 쓰이고 있다.
39 아마도 손잡이에.
40 아마존족에 관해서는 1권 주 151 참조.
41 결승선을 밟기 직전의 불상사에 관해서는 『일리아스』 23권 774~5행 참조. 거기서는 오일레우스의 아들 아이약스가 제물로 바친 짐승들의 배설물에 미끄러져 넘어진다.
42 아이네아스.
43 디뒤마온에 관해서는 달리 알려진 것이 없다.
44 그리스에 있는 넵투누스 신전의 문설주인지, 트로이야에 있는 그의 신전의 문설주를 말하는지 확실치 않다. 전자의 경우라면 그리스 영웅이 전투 중에 그것을 잃은 것이 될 것이고, 후자의 경우라면 일단 그리스인들의 수중에 들어갔던 그 방패를 아이네아스가 수중에 넣은 것이 될 텐데 그 과정에 관해서는 언급되고 있지 않다.
45 파리스가 뛰어난 권투 선수였다는 이야기의 출전은 확실치 않다. 호메로스에서 그는 유약한 장수에 불과하다.
46 베브뤼케스족(Bebryces 그/Bebrykes)은 소아시아의 북부 프로폰티스(Propontis) 해와 흑해에 면해 있는 비튀니아(Bithynia) 지방에 살던 부족이다.
47 헥토르의 장례식 경기에 관해서는 알려진 것이 거의 없다
48 엔텔루스는 시킬리아 출신의 권투 선수다.
49 에뤽스에 관해서는 1권 주 169 참조.
50 엔텔루스.
51 헤르쿨레스와 에뤽스. 헤르쿨레스는 서쪽 끝에서 게뤼오네스의 소 떼를 몰고 돌아오다가 시킬리아에서 에뤽스의 도전을 받아 권투 시합을 하게 되고 이 싸움에서 에뤽스는 살해된다.
52 이 피와 골은 헤르쿨레스 이전의 다른 적대자의 것으로 생각된다.
53 알카이우스의 손자(Alcides '알카이우스의 아들' 또는 '알카이우스의 자손'이란 뜻)란 헤르쿨레스를 말한다. 알카이우스(Alcaeus 그/Alkaios)는 보는 이를 돌로 변하게 한다는 무서운 괴물 메두사(Medusa 그/Medousa)의 목을 베어온 영웅 페르세우스(Perseus)의 아들로 헤르쿨레스의 할아버지다.
54 고목이 되어.

55 에뤼만투스(Erymanthus 그/Erymanthos)는 그리스 아르카디아 지방의 북서부에 있는 산으로 최고봉 2,224미터다.

56 은퇴하겠다는 뜻이다.

57 판다루스(Pandarus 그/Pandaros)는 트로이야 전쟁 때 트로이야군 장수로 아테네 여신의 사주를 받고 메넬라우스에게 활을 쏘아 보냄으로써 그리스군과 트로이야군이 맺은 휴전 조약을 깨트린다. 『일리아스』 4권 72~73행 참조.

58 '엄청난 사건'에 관해서는 의견이 분분하다. 아케스테스가 세게스타(Segesta) 시를 세운 일과 그 도시가 제1차 포이니 전쟁 때 행한 역할을 의미한다는 설도 있고, 기원전 44년 옥타비아누스가 율리우스 카이사르를 위해 개최한 경기 때 나타난 혜성(sidus Iulium)을 의미한다는 설도 있다. 사람들은 이 혜성을 승천하는 카이사르의 혼백이라고 믿었다고 한다.

59 킷세우스(Cisseus 그/Kisseus)는 트라키아 왕으로 베르길리우스에 따르면 트로이야의 왕비 헤쿠바(Hecuba 그/Hekabe)의 아버지다.

60 에퓌투스(Epytus)의 아들(Epytides)이란 『일리아스』 17권 324행에 나오는 전령 페리파스(Periphas)를 말하는 것으로 생각된다. 『아이네이스』 2권 340행에도 에퓌투스가 나오지만 그는 페리파스의 아들인 것으로 생각된다.

61 그리스인들은 아들이 태어나면 할아버지의 이름을 붙여주곤 했다.

62 폴리테스에 관해서는 2권 주 86 참조.

63 이름난 자손들을 많이 낳음으로써.

64 라티움 지방의 아티우스(Atius)들 또는 아티아 가(gens Atia)의 시조 아티스를 베르길리우스가 이울루스의 죽마고우로 소개하는 것은 옥타비아누스의 어머니 아티아(Atia)가 아티우스(Marcus Atius Balbus)와 율리우스 카이사르의 누이 율리아(Iulia) 사이에서 태어났기 때문인 듯하다.

65 각각 열두 명으로 이루어진 3개 기병대가 2열종대로 경기장의 중앙으로 나아가다가, 첫 번째 명령이 떨어지자 오른쪽의 삼육 십팔, 18명은 오른쪽으로, 왼쪽의 18명은 왼쪽으로 선회하여 경기장의 가장자리까지 갔다가, 두 번째 명령이 떨어지자 각각 18명으로 된 두 열이 돌아서서 서로 창을 겨누며 다가간다는 것이다. 대장에 관해서는 아무런 말이 없으나 그들은 경기장의 중앙에 남아 나중에 대열들이 원위치로 돌아갈 때 구심점이 되었을 것으로 생각된다.

66 카르파투스(Carpathus 그/Karpathos)는 크레타와 로도스 사이에 있는 섬이다.

67 '시킬리아에 와서는 처음으로'란 뜻이다.
68 이리스에 관해서는 4권 주 94 참조.
69 트마로스는 그리스 도도나(Dodona) 근처에 있는 산이다.
70 캇산드라에 관해서는 2권 주 40 참조.
71 퓌르고에 관해서는 다른 데에서는 언급되지 않고 있다.
72 로이테움에 관해서는 3권 주 37 참조.
73 '가로지르며'의 원어 secare는 보통 물살을 가르며 나아가는 배를 묘사할 때 쓰인다.
74 볼카누스에 관해서는 2권 주 57 참조.
75 여기서 '유노'란 유노가 그들의 가슴속에 불어넣은 광기를 뜻한다.
76 트리토니아에 관해서는 2권 주 27 참조.
77 아케스테스에게서 이름을 따온 아케스타(Acesta)는 후일 세게스타(Segesta 그/Egesta)라고 불렸다.
78 이 행은 3권 182행의 반복이다.
79 디스에 관해서는 4권 주 97 참조.
80 베르길리우스는 중성 복수형인 Averna와 남성 단수형인 Avernus를 다 사용하고 있다. 이 말은 둘 다 저승으로 내려가는 입구가 있다는 캄파니아 지방의 호수를 가리키기도 하고(3권 442행 참조), 저승 자체(7권 91행 참조)를 가리키기도 한다. 여기서는 후자의 뜻으로 사용되고 있다.
81 엘뤼시움(Elysium 그/Elysion pedion)은 축복 받은 사람이 사후에 가서 산다는 낙원이다.
82 하계의 신들에게는 검은 가축을 제물로 바쳤다.
83 시뷜라에 관해서는 3권 주 131 참조.
84 먼동은 망령들을 쫓아버리기 때문이다.
85 '소금 친 곡식 가루'(mola salsa)는 제물을 바칠 때 쓰인다.
86 라르(Lar 복수형 Lares)는 로마의 가정의 수호신으로 로마의 벽화나 조각에서는 흔히 짧은 셔츠를 입고 춤추는 젊은이의 모습으로 그려지곤 했다. 가정 또는 화로란 뜻으로 쓰일 때에는 단수로 쓰이지만 그 밖의 경우에는 주로 복수형으로 쓰인다. 라르들은 로마의 공적인 수호신들로서 Praestites('앞에 서서 막아주는 이들'란 뜻)와 Compitales('교차로를 지키는 이들'이란 뜻)란 별명을 갖고 있다.
87 이달리아에 관해서는 1권 주 193 참조.
88 시킬리아 서북부 에뤽스 산에 세워진 베누스의 신전은 그리스 로마 시대에 유명한 신전

이었다.
89 3권 290행 참조.
90 3권 130행 참조.
91 제정신을 가진 사람은 아무도 이해할 수 없다는 뜻이다.
92 1권 84~85행 참조.
93 quod superest를 '나머지 트로이야인들'이 아니라 '그 밖에'로 해석하는 이들도 있다.
94 라우렌툼은 라티움 지방의 오래된 도시로 라비니움의 전신이다.
95 운명의 여신들에 관해서는 1권 주 25 참조.
96 넵투누스.
97 퀴테레아에 관해서는 1권 주 87 참조.
98 『일리아스』 20권 318~9행 참조.
99 약속을 지키지 않은 트로이야 왕 라오메돈에 관해서는 2권 주 104 참조.
100 '아베르누스의 포구'란 아베르누스 호수 근처에 있는 쿠마이(Cumae) 항을 말한다.
101 글라우쿠스(Glaucus 그/Glaukos)는 그리스 보이오티아 지방의 어부로 죽은 물고기들이 어떤 약초에 닿자 되살아나는 것을 보고는 그 약초를 먹고 바닷물에 뛰어들어 해신이 되었다고 한다.
102 글라우쿠스는 네레우스처럼 해신 중에서도 이른바 '바다 노인'이 되었던 것이다.
103 카드무스(Cadmus 그/Kadmos)와 하르모니아(Harmonia)의 딸 세멜레(Semele)는 윱피테르에 의하여 주신 박쿠스를 잉태한다. 그녀는 유노의 꾐에 빠져 윱피테르에게 본연의 모습을 보여 달라고 조르다가 윱피테르의 번갯불에 타 죽는다. 이노(Ino)는 언니 세멜레가 윱피테르의 번갯불에 타 죽은 뒤 윱피테르의 넓적다리에서 태어난 그녀의 아들 박쿠스를 양육하다가 유노의 노여움을 산다. 그녀의 남편 아타마스(Athamas)는 미쳐서 아들 레아르쿠스(Learchus 그/Learchos)를 죽이고, 그녀도 미쳐서 아들 멜리케르테스(Melicertes 그/Melikertes)를 끓는 물속에 던져 죽이고는 그 시신을 안고 바닷물에 뛰어든다. 이노는 레우코테아(Leucothea 그/Leukothea '하얀 여신'이란 뜻)란 이름의 바다 여신이, 멜리케르테스는 팔라이몬(Palaemon 그/Palaimon)이란 이름의 해신이 된다.
104 1권 주 66 참조. 여기서 트리톤은 복수화되어 있다.
105 앞서 말한 남자 해신들은 오른쪽에 있었다는 뜻이다.
106 테티스는 영웅 아킬레스의 어머니로 네레우스의 딸들 가운데 가장 유명하다.
107 멜리테(Melite)와 파노페아(5권 240행 참조)는 네레우스의 딸들이다. 네레우스의 딸들

의 이름들에 관해서는 『신통기』 240행 이하 참조.
108 니사이에(Nisaee 그/Nesaie), 스피오(Spio 그/Speio), 탈리아(Thalia 그/Thaleia) 및 퀴모도케(Cymodoce 그/Kymodoke)는 바다의 요정들로 『일리아스』 18권 39~40행에서 그 이름을 따온 것으로 생각된다.
109 포르바스(Phorbas)는 트로이야인들 중 한 명이다. 『일리아스』 2권 6~7행에서도 제우스가 꿈의 신을 보내 노장 네스토르(Nestor)의 모습을 하고 아가멤논에게 전투 준비를 하도록 재촉하게 한다.
110 팔리누루스.
111 항해할 때 별들을 보며 키를 잡기 때문이다.
112 저승에 있는 강으로 사자들의 혼백은 그 물을 마시면 지난 일을 모두 망각하게 된다고 한다.
113 스튁스는 저승 즉 죽음의 강으로서 여기서는 잠이 죽음과 형제간(6권 278행 참조)이기 때문에, 그리고 팔리누루스의 잠이 죽음의 잠이기 때문에 언급된 것으로 생각된다.
114 그가 키를 쥐고 놓지 않았기 때문이다.
115 시렌(Siren 복수형 Sirenes, 그/Seirenes)들은 하신 아켈로우스의 딸들로 소녀의 머리에 새의 몸을 갖고 있었는데 지나가는 선원들을 고운 노래로 자신들이 사는 섬의 절벽으로 유인하여 난파당하게 했다고 한다. 이들 자매들에 관해서는 『오뒷세이아』 12권 39행 이하 참조.
116 그는 파도 소리에 잠을 깼던 것이다.

제6권

1 쿠마이에 관해서는 3권 주 128 참조.
2 당시에는 상륙할 때 나중에 출항할 때를 대비해 뱃머리를 바다 쪽으로 돌린 다음 이물에서 닻을 던져 바닥에 물리게 하며 후진하여 밧줄로 고물을 해안에 묶었다.
3 드디어 약속의 땅에 닿았기 때문이다.
4 라틴어 rapit를 사냥감을 찾아 싸다니는 것으로 해석하는 이들도 있다.
5 쿠마이의 높은 바위 언덕 위에 세워진 아폴로 신전을 말한다.
6 디아나. 트리비아(Trivia)는 '삼거리의 여신'이란 뜻으로 원래는 저승과 밀접한 관계가 있는 헤카테(Hecate 그/Hekate)의 별명이었으나 아폴로의 누이인 디아나가 그녀와 동일시되면서 그녀의 속성들도 물려받게 된 것이다. 4권 주 80 참조.

7　그들은 커다란 문 앞에 서 있고, 문짝 위에는 다음(14~41행)에 나오는 이야기들이 새겨져 있다.

8　다이달루스(Daedalus 그/Daidalos)는 아테나이 출신의 전설적인 장인(匠人)이다. 크레타 왕 미노스는 자신의 왕권의 정당성을 입증하기 위해 넵투누스에게 제물을 바치며 만약 바다에서 황소 한 마리를 보내주면 그것을 다시 제물로 바치겠다고 약속한다. 그래서 그의 기도를 들어주었으나 미노스가 약속을 이행하지 않자 넵투누스는 그 황소를 미치게 하고 나중에는 미노스의 아내 파시파에가 그 황소에게 저항할 수 없는 애욕을 느끼게 한다. 일설에 따르면 파시파에가 그런 애욕을 느끼게 된 것은 그녀가 베누스 숭배를 멸시했기 때문에, 또는 베누스와 마르스의 밀애를 그녀의 아버지 헬리오스가 볼카누스에게 일러바쳤기 때문에 베누스가 복수한 것이라고 한다. 파시파에가 참다못해 당시 크레타에 망명 중인 장인 다이달루스에게 도움을 청하자, 그는 나무로 꼭 살아 있는 것 같은 암소 한 마리를 만들어주며 그 안에 들어가 있으라고 일러준다. 그리하여 황소가 속아 넘어가 둘 사이의 교합에서 우두인신(牛頭人身)의 괴물 미노타우루스(Minotaurus 그/Minotauros '미노스의 황소'란 뜻)가 태어난다. 그러자 다이달루스는 이번에는 미노스의 지시에 따라 미노타우루스를 가두어둘 미궁(迷宮)을 지어준다. 후일 미노스는 자기 아들 안드로게오스(Androgeos)가 아테나이에 갔다가 살해되자 아테나이를 공격하여 해마다 또는 매 9년마다 소년 소녀 일곱 명씩을 크레타로 보내게 하여 미노타우루스에게 먹이로 던져준다. 그러자 아테나이의 영웅 테세우스가 그중 한 명으로 자원하여 크레타에 가서 자기를 보고 첫눈에 반한 미노스의 딸 아리아드네(Ariadne)의 도움을 받아 미노타우루스를 퇴치하게 되는데, 아리아드네는 다이달루스의 조언에 따라 그에게 실꾸리를 주어 그가 미노타우루스를 죽인 뒤 무사히 미궁에서 빠져나올 수 있게 해주었다. 이 사실이 발각되자 미노스는 다이달루스와 그의 아들 이카루스(Icarus 그/Ikaros)를 옥에 가두게 하지만, 이들은 날개를 만들어 달고 크레타를 탈출하여 북쪽으로 날아가다가 이카루스는 너무 높이 날아 밀랍이 녹으며 날개가 떨어져 나가 사모스 섬 부근의 바다에―그래서 이 바다는 이카리우스 해(Icarium mare 그/Ikarios pontos)라고 불린다―빠져 익사하고 다이달루스는 서쪽으로 날아가 이탈리아에 무사히 도착했다고 한다.

9　아르크토스(Arctos 그/Arktos)는 북쪽 하늘에 있는 '큰곰자리'를 말하나 '아르크토스 별자리들'이란 큰곰자리와 작은곰자리를 말한다.

10　쿠마이. 칼키스에 관해서는 3권 주 128 참조.

11　'케크롭스의 자손들'(Cecropidae)이란 아테나이인들을 말한다. 케크롭스(Cecrops 그

/Kekrops)는 아테나이의 전설적인 왕이다.
12 여기서는 아테나이인들이 미노스에게 해마다 일곱 아들들을 공물로 바친 것으로 되어 있다.
13 크레타로 보낼 소년들을 제비로 뽑았다는 뜻이다.
14 크노수스에 관해서는 3권 주 42 참조.
15 아리아드네.
16 테세우스의.
17 데이포베는 쿠마이의 시뷜라다. 그녀의 아버지 글라우쿠스에 관해서는 5권 주 101 참조.
18 여기서 에우보이아란 쿠마이란 뜻이다.
19 아킬레스. 아킬레스는 파리스가 쏜 화살을 맞고 죽었다.
20 맛쉴리족에 관해서는 4권 132행 참조.
21 예컨대 넵투누스, 유노, 미네르바.
22 기원전 28년 아우구스투스가 팔라티움 언덕에 세운 아폴로 신전과 기원전 212년에 제정된 아폴로 경기(ludi Apollinares)를 말한다.
23 3권 주 131 참조.
24 시뷜라의 예언은 헥사메터(hexameter) 시행으로 되어 있었다.
25 3권 441행 이하 참조.
26 트로아스 지방의 시모이스와 크산투스가 그랬듯이 나중에 피비린내 나는 싸움터가 될 라티움 지방의 누미쿠스와 티베리스 강을 말한다.
27 도레스족에 관해서는 2권 주 6 참조.
28 도레스족의 진영이란 트로이야인들에게 적대적이었던 그리스인들의 진영으로, 여기서는 트로이야인들을 적대시하는 라티니족의 진영을 말한다.
29 제2의 아킬레스란 적군을 이끌게 될 투르누스를 말한다.
30 헬레나로 인해 트로이야 전쟁이 일어났듯이, 라티누스 왕의 딸 라비니아로 인해 라티움 지방에 전쟁이 일어날 것이란 뜻이다.
31 그리스 아르카디아 출신인 에우안데르(Euander 또는 Euandrus)가 세운 도시 팔란테움을 말한다. 아이네아스는 나중에 그의 도움을 받게 된다.
32 저승을 흐르는 강. 아베르누스 호수는 원래 화산의 분화구로 밑바닥에서 물이 솟는다고 한다.

33 오르페우스는 트라키아 출신의 전설적 가인(歌人)으로 독사에 물려 죽은 아내 에우뤼디케(Eurydice 그/Eurydike)의 혼백을 데려오려고 저승으로 내려가 노래로 저승의 신 플루토를 감동시켜 아내를 데려가도 좋다는 허락을 받았으나 도중에 약속을 어기고 아내가 과연 따라오고 있는지 확인하려고 뒤돌아본 까닭에 아내는 도로 저승으로 내려갔다고 한다.

34 키타라에 관해서는 1권 주 206 참조.

35 백조로 변신한 윱피테르와 스파르타 왕비 레다 사이에서 태어난 카스토르(Castor 그/Kastor)와 폴룩스(Pollux 그/Polydeukes)는 디오스쿠리(Dioscuri 그/Dioskouroi '제우스의 아들들'이란 뜻) 또는 게미니(Gemini 그/Didymoi '쌍둥이'란 뜻)라고 불린다. 일설에 따르면 둘 중 폴룩스는 윱피테르의 아들이고 카스토르는 튄다레우스(Tyndareus 그/Tyndareos) 왕의 아들이라고 한다. 후일 카스토르가 죽자 폴룩스는 혼자 영생하느니 하루는 둘이 같이 죽어 저승에 가 있고 다음날은 같이 하늘에 오르게 해 달라고 간청하여 윱피테르의 허락을 받았다고 한다.

36 테세우스도 친구 피리토우스(Pirithous 그/Peirithoos)와 함께 저승의 여신 프로세르피나를 납치하러 저승에 갔다가 플루토에게 잡혀 망각의 의자에 묶였으나, 나중에 저승의 출입문을 지키는 개 케르베루스(Cerberus 그/Kerberos)를 끌고 가려고 그곳에 간 헤르쿨레스의 도움으로 다시 이 세상으로 나온다.

37 헤르쿨레스의 12고역 중 마지막이 저승에서 케르베루스를 끌고 오는 것이었는데 그는 이때 저승에 가서 개를 끌고 나오다가 의자에 묶여 있던 테세우스를 구해준다.

38 그의 어머니 베누스는 윱피테르의 딸이다.

39 디스에 관해서는 4권 주 97 참조.

40 코퀴투스(Cocytus 그/Kokytos)는 저승의 강으로 '통곡의 강'이란 뜻이다. 저승의 강은 보통 네 개인데 코퀴투스 외에 스튁스(Styx '증오의 강'이란 뜻), 플레게톤(Phlegethon '불타는 강'이란 뜻), 아케론(Acheron '고통의 강'이란 뜻)이 그것이다.

41 프로세르피나.

42 미세누스는 아이올루스의 아들로 트로이야인이다. 나팔을 잘 불기 때문에 그를 바람의 신 아이올루스의 아들이라고 한 것 같다. 그 밖에 아이올루스란 이름의 트로이야인도 있다. 12권 542행 참조.

43 여기서 '무덤의 제단'(ara sepulcri)이란 제단 모양의 화장용 장작 더미를 말한다.

44 비둘기는 베누스에게 바쳐진 새이다.

45 나폴리 만 서쪽 끝에 있는 약 100미터 높이의 푼타 디 미세노(Punta di Miseno)를 말한다.
46 6권 153행 참조.
47 아오르노스(Aornos)는 그리스어로 '새가 없는 곳'이란 뜻이다.
48 '제물'의 라틴어 libamen은 엄밀히 따지자면 우리의 '고수레'에 가까운 말이다.
49 에레부스에 관해서는 4권 주 7 참조.
50 자비로운 여신들에 관해서는 4권 주 70 참조.
51 대지의 여신(Terra 그/Gaia)은 밤의 여신과 함께 카오스의 딸들이다.
52 플루토.
53 헤카테 여신을 따라다니는 저승의 개들을 말한다.
54 망령들.
55 플레게톤에 관해서는 6권 주 40 참조.
56 디스에 관해서는 4권 주 97 참조.
57 켄타우루스에 관해서는 5권 주 17 참조.
58 스퀼라에 관해서는 3권 주 125 참조. 여기서 베르길리우스는 복수형으로 쓰고 있다.
59 브리아레우스(Briareus 그/Briareos)는 그리스 신화에 나오는 쉰 개의 머리와 일백 개의 팔을 가진 세 명의 백수(百手) 거한들(Hekatoncheires) 중 한 명이다.
60 레르나의 괴수(belua Lernae)는 그리스 아르골리스 지방에 있는 레르나 늪에 살던 휘드라(hydra)를 말한다. 휘드라는 '물에 사는 짐승' 또는 '물뱀'이란 뜻으로 이 괴물을 퇴치하는 것이 헤라쿨레스의 12고역 중 하나였다. 이 괴물은 머리를 베면 더 많은 머리가 자라나기 때문에 헤르쿨레스는 화전(火箭)을 쏘아, 또는 그가 머리를 베면 그의 조카 이올라우스(Iolaus 그/Iolaos)가 머리가 잘린 목 부분을 불타는 나무로 지져서 제압할 수 있었다.
61 키마이라에 관해서는 5권 주 16 참조.
62 고르고에 관해서는 2권 주 100 참조.
63 하르퓌이아에 관해서는 3권 212행 이하 및 주 57 및 59 참조.
64 게뤼온(Geryon, Geryoneus 또는 Geryones)은 크뤼사오르(Chrysaor)와 칼리르로에(Kallirrhoe)의 아들로 삼두삼신(三頭三身)의 거한이다. 그는 에뤼테아(Erythea 그/Erytheia '붉은 땅'이란 뜻으로 남(南)안달루시아 지방의 항구 도시 카디스(Cadiz)로 보는 견해도 있다)에 살며 많은 소 떼를 가지고 있었는데, 그의 소 떼는 목자 에우뤼티온과 오르토스(Orthos 또는 Orthros)라는 개가 지키고 있었다. 그러나 헤르쿨레스가 에우

뤼스테우스의 명령에 따라 이들을 죽이고 그의 소 떼를 티륀스로 몰고 간다.
65 카론은 사자들의 혼백을 나룻배에 태워 저승으로 건네주는 사공으로 이때 삯을 요구하는 까닭에 고대 그리스인들은 사자들을 매장할 때 입에 오볼로스(obolos) 동전을 물렸다고 한다. 여기서 그가 건네주는 강은 아케론으로 되어 있으나 일반적으로 스튁스로 알려져 있다.
66 쥠쇠 대신으로.
67 3권 주62 참조.
68 여기서 '솥'이란 신탁이란 뜻이다. 델피(Delphi 그/Delphoi)에 있던 아폴로 신전의 지성소(至聖所)에는 좁고 깊이 팬 틈 위에 삼각대(三脚臺)가 있고 그 위에는 반원형의 솥(cortina 그/lebes)이 올려져 있어 예언녀 퓌티아는 그 솥뚜껑 위에 앉아 예언했다고 한다.
69 여기서 '전리품'이란 돈을 갖고 있는 난파당한 선원이란 뜻으로 생각된다.
70 벨리아(Velia 그/Elea)는 나폴리 남쪽 루카니아(Lucania) 지방에 있는 항구로 파이스툼(Paestum) 시와 팔리누루스 곶 사이에 있다.
71 당시에는 시신 위에 흙을 세 번 뿌리면 일단 매장 의식이 완료된 것으로 간주되었다.
72 산 사람이라 지상으로 되돌아갈 수 있다는 뜻이다.
73 코퀴투스 강. 베르길리우스『농경시』3권 37행 참조.
74 팔리누루스 곶에 관해서는 6권 주 70 참조. 지금은 팔리누로 곶(Capo Palinuro)이란 이름을 갖고 있다.
75 '알카이우스의 손자'란 헤르쿨레스를 말한다. 헤르쿨레스와 테세우스와 피리토우스가 저승에 갔던 일에 관해서는 6권 주 36 및 37 참조. 헤르쿨레스와 피리토우스의 실부(實父)는 윱피테르이고, 테세우스의 실부는 포세이돈이다.
76 케르베루스.
77 플루토.
78 프로세르피나.
79 암프뤼수스는 그리스 텟살리아 지방의 강으로 아폴로는 윱피테르에게 벼락을 만들어주던 퀴클롭스들을 살해한 죄로 그곳의 왕 아드메투스(Admetus 그/Admetos) 밑에서 1년 동안 머슴살이를 한 적이 있다. 그래서 '암프뤼수스의'(Amphrysius)란 말은 경우에 따라 '아폴로의'란 뜻으로 사용된다. 여기서 '암프뤼수스의 예언녀'란 시뷜라를 말한다.
80 케르베루스.
81 케레스의 딸 프로세르피나는 윱피테르의 딸이고 윱피테르는 플루토와 형제간이니 플루

토는 프로세르피나의 숙부다.
82 카론이 그것을 언제 보았었는지 알 수 없다.
83 케르베루스의 머리는 세 개 또는 쉰 개이며 갈기 또는 꼬리는 뱀들로 이루어져 있다고 한다.
84 인생의 초입에서 세상을 떠났기 때문에 저승의 초입에 배치된 듯하다.
85 '흉일'의 원어 dies ater는 '검은 날'이란 뜻이다. 고대 로마인들은 불길한 날들은 달력에 검정색으로 표시했으며 그런 날들에는 법률 활동을 금했다.
86 로마의 법정에서는 재판관이 소송 당사자들을 불러모아놓고 제비를 뽑아 재판 받을 순서를 정해주었다고 한다.
87 크레타 왕 미노스는 사후에 저승에서 재판관이 되었다고 한다.
88 파이드라(Phaedra 그/Phaidra)는 미노스의 딸로 테세우스에게 시집갔으나 그의 아들 힙폴뤼투스(Hippolytus 그/Hippolytos)를 유혹하려다 거절당하자 그가 자기를 유혹하려 했다는 거짓 편지를 남기고 자살하여 그의 아버지는 그를 추방한다.
89 프로크리스는 에렉테우스(Erechtheus) 왕의 질투심 많은 딸로 남편 케팔루스(Cephalus 그/Kephalos)가 사냥 갈 때 미행하여 덤불 속에 숨어 있다가 그녀를 사냥감으로 오인한 남편의 화살을 맞고 죽는다.
90 에리퓔레는 암피아라우스(Amphiaraus 그/Amphiaraos)의 아내다. 그는 뛰어난 예언자로 후일 아르고스 왕 아드라스투스(Adrastus 그/Adrastos)의 주도하에 일곱 장수들이 테바이(Thebae 그/Thebai)를 공격하려 하자 이 원정에 참가한 장수들이 아드라스투스를 제외하고는 모두 전사할 것임을 알고 참전하기를 거절한다. 그러나 그의 아내 에리퓔레가 오이디푸스(Oedipus 그/Oidipous)의 아들 폴뤼니케스(Polynices 그/Polyneikes)에게서 하르모니아(Harmonia)의 목걸이를 뇌물로 받고는 그도 종군하기를 요구하자, 그는 출전하기에 앞서 아들 알크마이오(Alcmaeo 그/Alkmaion)에게 자기가 죽은 뒤 어머니를 죽이고 재차 테바이를 공격하라고 유언한다. 암피아라우스는 테바이에서 패주하다가 윱피테르의 벼락으로 갈라진 땅 속으로 삼켜지고, 알크마이오는 어머니를 죽이고 아버지와 함께 전사한 다른 장수들의 아들들, 이른바 '후계자들'(Epigoni 그/Epigonoi)과 힘을 모아 아드라투스의 주도하에 테바이를 함락한다.
91 역시 테바이를 공격한 일곱 장수 중 한 명인 카파네우스(Capaneus 그/Kapaneus)의 아내로 남편의 장례식 때 그의 화장용 장작 더미 위에 몸을 던져 죽는다.
92 파시파에에 관해서는 6권 주 8 참조.

93 라오다미아(Laodamia 그/Laodameia)는 트로이야 전쟁 때 맨 먼저 상륙하다가 전사한 프로테실라우스(Protesilaus 그/Protesilaos)의 아내로 죽은 남편이 세 시간만이라도 살아 돌아오게 해 달라고 신들에게 간청하여 뜻을 이루었으나 그가 돌아오자 그의 품에서 숨을 거둔다.
94 카이네우스(Caeneus 그/Kaineus)는 원래 카이니스(Caenis 그/Kainis)란 이름의 여인이었으나 그녀를 겁탈한 넵투누스가 그녀의 뜻에 따라 젊은이로 변신시켰다고 한다.
95 에게 해의 파로스 섬에 있는 산으로 흰 대리석 산지로 유명하다.
96 '이 들판에서 가장 먼 곳'이란 낙원인 엘뤼시움도 아니고 지옥인 타르타루스도 아닌 중립 지대에서 가장 먼 곳이란 뜻이다.
97 트로이야 전쟁에서 용맹을 떨친 디오메데스의 아버지로 테바이를 공격한 일곱 장수 중 한 명이다.
98 그 역시 테바이를 공격한 일곱 장수 중 한 명이다.
99 아드라스투스에 관해서는 6권 주 90 참조.
100 안테노르에 관해서는 1권 주 5 참조.
101 글라우쿠스(Glaucus 그/Glaukos)와 메돈과 테르실로쿠스(Thersilochos 그/Thersilochos)의 이름은 『일리아스』 17권 216행에서 가져온 것이다.
102 폴뤼보이테스(Polyboetes)는 『일리아스』 13권 791행에 나오는 폴뤼페테스(Polyphetes)란 이름을 변형시킨 것으로 생각된다.
103 이다이우스(Idaeus 그/Idaios)는 트로이야 왕 프리아무스의 마부였다.
104 데이포부스에 관해서는 2권 주 56 참조.
105 펠라스기족에 관해서는 2권 주 6 참조.
106 로이테움에 관해서는 3권 주 38 참조.
107 여기서 무구란 데이포부스가 실제로 사용하던 것이 아니라 그의 비석(碑石)에 새기진 무구들을 말한다.
108 '라코니케 여인'이란 헬레나를 말한다. 라코니케는 그리스 펠로폰네수스 반도의 남동부 지방으로 그 수도가 스파르타다. 헬레나는 스파르타 왕 메넬라우스(Menelaus 그/Menelaos)의 아내였으나 트로이야 왕자 파리스와 함께 트로이야로 도주하여 트로이야 전쟁의 불씨가 된다. 그녀는 트로이야 전쟁이 끝날 무렵 파리스가 전사하자 그의 아우 데이포부스와 결혼한다. 여기서 데이포부스가 그녀를 라코니케 여인이라고 한 것은 그녀의 이름을 입에 올리기 싫다는 뜻이다.

109 목마.
110 페르가마에 관해서는 1권 주 138 참조.
111 마치 메넬라우스가 배신당한 남편이 아니라 정부(情夫)인 양 말하고 있다.
112 울릭세스. 그에 관해서는 2권 주 3 참조. 일설에 따르면 울릭세스는 목적을 위해서는 수단 방법을 가리지 않는 비정한 인간이라 하여 그의 실부는 라에르테스(Laertes)가 아니라 교활한 악당 시쉬푸스(Sisyphus 그/Sisyphos)라고 하는데 시쉬푸스는 헬렌(Hellen)의 아들인 아이올루스(Aeolus 그/Aiolos)의 아들이다.
113 여기서 새벽의 여신은 태양신과 함께 마차를 타고 하늘을 지나가고 있는 것으로 그려지고 있다. 아이네아스의 저승 여행은 해뜨기 전에 시작하여(6권 255행 참조) 자정이 되기 전에 끝나게 되어 있다(6권 898행 참조).
114 아이네아스는 오른쪽의 엘뤼시움으로 향했다가 갑자기 왼쪽으로 몸을 돌려 떠나가는데 이포부스를 돌아다보았던 것이다.
115 해자(垓字)처럼.
116 아다마스(adamas)란 '제압되지 않는 것'이란 뜻으로 매우 견고한 전설적 금속으로서 헤르쿨레스의 투구와 방패의 일부는 이 금속으로 만들어졌으며, 일반인들은 구할 수 없었던 것으로 생각된다. 아다마스는 강철이 아직도 소문으로만 알려져 있어 신들의 금속으로 여기던 시대에 강철을 의미하던 낱말로 추정된다.
117 티시포네는 복수의 여신들(3권 주 69 참조) 중 한 명으로 '살인을 응징하는 여자'란 뜻이다.
118 크노수스에 관해서는 3권 주 43 참조.
119 라다만투스(Rhadamathus 그/Rhadamanthys)는 유피테르와 에우로파(Europa 또는 Europe 그/Europe)의 아들로 미노스와는 형제간이다. 정의감이 강했던 그는 사후에 저승에서 미노스 및 아이아쿠스(Aeacus 그/Aiakos)와 더불어 사자들을 심판하는 재판관이 되었다고 한다.
120 유죄 선고를 받는 즉시란 뜻이다.
121 다른 복수의 여신들.
122 휘드라에 관해서는 6권 주 60 참조.
123 티탄 신족에 관해서는 4권 주 24 참조.
124 알로에우스(Aloeus)의 쌍둥이 아들들이란 거한들인 오투스(Otus 그/Otos)와 에피알테스(Ephialtes) 형제를 말하는데 그들의 실부는 해신 넵투누스라고 한다. 그들은 어린 나

이에 이미 거한이 되자 신들과 싸우기 위해 하늘에 오르려고 그리스 텟살리아 지방에 있는 높은 산들인 올륌푸스(2,917미터)와 옷사(Ossa 1,978미터)와 펠리온(Pelion 1,551 미터)을 차곡차곡 쌓아올리다가 윱피테르의 벼락에 맞아 죽는다.

125 살모네우스(Salmoneus)는 아이올루스의 아들로 달리는 전차에 청동 그릇들을 매달아 윱피테르의 천둥소리를, 또 불타는 횃불들을 던져 그의 번개를 흉내내다가 그의 벼락에 맞아 죽는다.

126 엘리스는 펠로폰네수스 반도의 서북부에 있는 지방 및 도시 이름이다. 윱피테르 숭배의 중심지인 올륌피아는 바로 이 지방에 자리 잡고 있다.

127 티튀오스는 아폴로와 디아나의 어머니인 라토나(Latona 그/Leto)를 겁탈하려다 타르타루스에 묶여 프로메테우스(Prometheus)처럼 독수리에게 끊임없이 간(肝)을 쪼아 먹힌다.

128 유게룸(iugerum)은 로마의 면적 단위로 1유게룸은 약 2,500평방미터다.

129 라피타이족(Lapithae 그/Lapithai)은 텟살리아 지방의 산악 지대에 살던 부족으로 켄타우루스(5권 주 17 참조)들과 싸운 것으로 유명하다.

130 라피타이족의 왕으로 유노 여신을 겁탈하려다 그녀의 모습을 한 구름(Nephele)과 교합하여 반인반마의 괴물들인 켄타우루스들을 낳는다. 그는 그 벌로 저승에서 쉴새없이 도는 불타는 수레바퀴에 묶인다.

131 6권 주 36 및 5권 주 17 참조.

132 그러한 벌은 탄탈루스(Tantalus 그/Tantalos)가 받은 것으로 알려져 있다. 베르길리우스는 여기서 널리 알려진 것과 다른 이야기를 소개하려는 것 같다.

133 고대 로마의 반(半)자유민은 법정에서 세습 귀족들을 대리인으로 내세움으로써 법의 보호를 받을 수 있었는데 귀족들의 보호를 받는 이 반자유민을 그들은 클리엔스(cliens)라고 불렀다.

134 시쉬푸스처럼. 시쉬푸스는 아이올루스의 아들로 코린투스(Corinthus 그/Korinthos) 시의 건설자다. 그는 당시 가장 교활한 악당으로 온갖 기만과 비행을 일삼다가 저승에 가서 그 죗값으로 돌덩이를 산정(山頂)으로 굴려 올리는 벌을 받게 되는데, 산정에 닿으려는 순간 그 돌덩이가 도로 굴러 내려 이 절망적인 고역을 끊임없이 되풀이하게 된다.

135 익시온처럼. 6권 주 130 참조.

136 이 말은 6권 122행과 모순된다. 이에 관해서는 6권 주 36 참조.

137 플레귀아스는 익시온의 아버지로 델피에 있는 아폴로 신전에 방화한 자다.

138 퀴클롭스들에 관해서는 1권 주 73 참조. 이들은 불과 금속 공예의 신인 볼카누스의 일꾼들이므로 이 문들은 무쇠로 만들어진 것으로 보인다.
139 황금 가지.
140 프로세르피나.
141 오르페우스(6권 주 33 참조). 그는 가인(歌人)이자 예언자이며 오르페우스 비의의 창설자이기도 하다.
142 1권 주 206 참조.
143 1권 주 46 참조.
144 1권 주 96 참조.
145 1권 주 31 참조.
146 에리다누스 강은 이탈리아의 포(Po) 강과 동일시되고 있는데 이 강은 그 수원(水源) 근처에서 약 3킬로미터쯤 지하로 흘러가다가 지상으로 분출하는 까닭에 저승에 있는 원천에서 흘러 나오는 것으로 믿어졌다.
147 무사이우스(Musaeus 그/Mousaios)는 그리스 신화에 나오는 예언자로 오르페우스의 아들 또는 제자라고 한다.
148 튀르레니아 바다에 관해서는 1권 주 45 참조.
149 700~2행은 2권 792~4행을 반복한 것이다.
150 레테에 관해서는 5권 주 112 참조.
151 여기서 '티탄의 별들'이란 태양과 별들을 말하는 것으로 생각된다. 태양은 티탄 신족인 휘페리온(Hyperion)의 아들이고 또 태양은 흔히 티탄이라고 불리기 때문에 복수임에도 불구하고 태양을 의미하는 것으로 보는 이들도 있다.
152 라비니아 공주와의 결혼에 의해.
153 옛날에는 첫 승리를 거둔 전사는 창끝 없는 창 자루를 명예의 선물로 받았다고 한다.
154 1권 주 93 참조.
155 여기서 베르길리우스는 아이네아스가 이탈리아에 도착한 이후부터 로마 건국(기원전 753년)까지 약 300년 동안의 역사를 암시하고 있다. 이 시기의 역사에 관해서는 여러 가지 설이 있으나 큰 줄기는 다음과 같다. 아이네아스는 라티움의 왕 라티누스의 사위가 된 다음 라비니움이란 도시를 세우는데, 그 이름은 아내 라비니아에게서 따온 것이다. 그의 사후에 그의 아들 아스카니우스 일명 이울루스는 라비니움은 라비니아에게 맡기고 알바 산에 알바 롱가를 세운다. 알바의 왕위는 그 뒤 라비니아에게서 태어난 아이네아스의 막

내 아들 실비우스에 의해 계승된다. 대개 알바의 왕은 15명으로 받아들여지고 있는데 그에 따르면 아이네아스와 아스카니우스 실비우스 다음이 아이네아스 실비우스이고 카퓌스(Capys)는 8대 왕이고 프로카스(Procas)는 14대 왕이며 누미토르(Numitor)는 마지막 정통의 왕으로 아우 아물리우스(Amulius)에게 찬탈당한다. 그러나 그의 딸 레아 실비아(Rhea Sivia) 일명 일리아(Ilia)는 마르스 신에 의해 로물루스의 어머니가 된다.

156 참나무 잎 관(civilis quercus 그러나 보통은 corona civica)은 시민의 생명을 구해준 사람에게 주어지는 것으로 기원전 27년 아우구스투스 황제에게 주어진 적이 있다.

157 노멘툼은 로마 북동쪽 23킬로미터 지점에 있는 소도시이고, 가비이는 로마 동쪽 19킬로미터 지점에 있는 도시이며, 피데나는 로마 북쪽 8킬로미터 지점에 있는 도시다.

158 콜라티아는 가비이 근처에 있는 도시다.

159 포메티이(Pometii 대개 Suessa Pometii)는 코라와 마찬가지로 라티움 지방의 남동부에 살던 볼스키족의 소도시이고, 카스트룸 이누이(Castrum Inui)는 로마 남동쪽 티베리스 강과 안티움(Antium) 사이에 있던 해안 도시다.

160 마보르스에 관해서는 1권 주 94 참조.

161 마르스. pater superum에서 superum을 복수 속격으로 보고 신들의 아버지 즉 읍피테르로 해석하는 이들도 있다.

162 앞서 말한 이중의 깃털 장식.

163 로물루스와 레무스 형제가 처음에 로마 시를 건설할 때 로물루스가 기도하자 독수리 열두 마리가 나타나 새 도시의 이름을 그의 이름에서 따와 로마로 짓게 되었다고 한다.

164 퀴벨레(3권 주 40 참조). 퀴벨레는 다산과 풍요의 여신으로 처음에 소아시아 프뤼기아 지방에 있는 베레퀸투스 산에서 숭배 받았기 때문에 베레퀸투스 산의 어머니라고 불리는데 대개 '위대한 어머니'(Magna Mater)라고 불린다. 그녀는 또 사투르누스의 아내이자 읍피테르의 어머니인 레아와 동일시되어 '신들의 어머니'(Mater Deum)라고 불리기도 한다. 로마가 퀴벨레에 비유되는 것은 퀴벨레가 쓰고 다니는 탑 모양의 관이 로마의 일곱 언덕을 연상케 하고 그녀가 많은 신들을 낳았듯이 로마는 많은 영웅들을 배출했기 때문이다.

165 율리우스 카이사르는 기원전 44년 3월 15일 원로원 회의장에서 칼에 찔려 죽는데 암살된 지 2년 뒤인 기원전 42년 신격화된다. 1권 주 100 참조.

166 1권 주 26 참조.

167 아프리카 내륙에 살던 부족.

168 인디아(India)는 인도의 라틴어 이름이다.
169 '해와 태양의 궤도'란 황도대(黃道帶)를 말한다.
170 마이오티스(Maeotis) 호는 지금의 아조프(Azov) 호이고 마이오티스 호의 땅이란 크림 반도를 말한다. 카스피이족의 왕국들(Caspia regna)이란 카스피 해 주변의 여러 나라들을 말한다.
171 닐루스(Nilus 그/Neilos)는 나일 강의 라틴어 이름이다.
172 헤르쿨레스.
173 청동 발굽의 암사슴을 사로잡거나 죽이는 일과 아르카디아 지방의 에뤼만투스(Erymanthus 그/Erymanthos) 산의 멧돼지를 제거하는 일과 아르고스의 레르나 늪에 살던, 머리가 여럿인 물뱀 휘드라를 퇴치하는 일은 모두 헤르쿨레스가 치러야 했던 12고역에 속한다.
174 레르나에 관해서는 6권 주 60 참조.
175 이탈리아의 풍요의 신이었으나 나중에는 주신 박쿠스와 동일시되었다.
176 뉘사 산은 박쿠스가 성장한 곳으로 그 위치에 관해서는 인도, 소아시아 또는 아이티오피아라는 주장이 엇갈리고 있다.
177 쿠레스는 로마 북동쪽에 살던 사비니족의 수도다.
178 로마 제2대 왕 누마 폼필리우스(Numa Pomplius)로 법률적·종교적 제도를 정비한다.
179 툴루스 호스틸리우스(Tullus Hostilius)는 로마의 제3대 왕으로 알바를 파괴한다.
180 앙쿠스 마르키우스(Ancus Marcius)는 로마의 제4대 왕이다.
181 로마의 제5대 왕은 타르퀴니우스 프리스쿠스(Tarquinius Priscus)이고, 제6대 왕은 세르비우스 툴리우스(Servius Tullius)이며, 마지막 제7대 왕은 타르퀴니우스 수페르부스(Tarquinius Superbus '교만왕 타르퀴니우스'란 뜻)다. 그의 아들 섹스투스(Sextus) 타르퀴니우스가 친척인 티투스 콜라티누스의 아내 루크레티아를 겁탈하자 브루투스가 민중봉기를 일으켜(기원전 510년) 백성들에게 자신들의 통치자를 선출할 권리를 되돌려주고 그 자신 콜라티누스와 함께 초대 집정관으로 선출된다. 그는 타르퀴니우스 일가를 복권하려는 움직임에 가담했다는 이유로 자신의 두 아들을 사형에 처하게 했다. 그리고 그는 또 카이사르 암살에 가담했던 브루투스의 선조이기도 하다. 그래서 베르길리우스는 그를 교만하다고 표현한 것으로 생각된다. 속간(束桿 fasces)은 다발로 묶은 막대기에 도끼를 매어 붙인 것으로 집정관의 권위의 상징이었다. 이에 상당하는 이탈리아어 fascio에서 이탈리아의 파시스트당이 당명을 따오면서 속간을 자신들의 상징으로 삼았다.

182 데키우스(Publius Decius Mus)들은 두 평민 출신 집정관으로, 그중 아버지는 기원전 340년 라티움인들과의 전투에서, 아들은 기원전 295년 갈리아인들과의 전투에서 전사했다.

183 베르길리우스는 여기서 아우구스투스의 아내인 리비아 드루실라(Livia Drusilla)를 기쁘게 해주려고 드루수스 집안을 언급하고 있는 것으로 생각된다. 드루수스란 이름을 가진 사람들 가운데 가장 유명한 자는 기원전 207년 움브리아 지방의 메타우루스(Metaurus) 강가에서 한니발의 아우 하스드루발을 패배시킨 드루수스다.

184 토르콰투스는 만리우스(Titus Manlius Imperiosus Torquatus)의 별명으로 기원전 361년 일대일의 결투에서 거인인 갈리아 전사를 죽여 그가 차고 있던 목걸이(torques)를 빼앗은 까닭에 그런 별명을 얻게 되었다. 기원전 340년 집정관이 된 그는 아들이 군법을 어기고 일대일 결투에서 적장을 죽였다 하여 명령불복종 죄로 사형에 처했다.

185 기원전 390년 브렌누스(Brennus)가 이끄는 갈리아군이 로마 동쪽 19킬로미터 지점에 있는 알리아 강에서 로마군을 대파하고 카피톨리움 언덕을 제외한 로마를 완전히 함락했을 때 그는 독재관(獨裁官 dictator)으로 임명되어 갈리아군을 패퇴시켰다.

186 카이사르와 폼페이유스(Pompeius). 폼페이유스는 카이사르의 딸 율리아(Iulia)와 결혼했으나 그녀는 기원전 54년에 죽었다.

187 알프스 산은 이탈리아에서 보면 자연적 방벽이라 할 수 있다.

188 모노이쿠스 요새란 지금의 모나코(Monaco) 곶을 말한다. 카이사르가 프랑스의 프로방스 지방을 거쳐 이탈리아로 들어왔다는 역사적 증거는 없다.

189 폼페이유스의 군대는 그가 기원전 66~61년 동방에서 이끌던 군대다.

190 카이사르의 율리아 가(gens Iulia)는 앙키세스의 손자인 이울루스의 자손들이다.

191 뭄미우스는 기원전 146년 그리스를 정복하여 코린투스 시를 파괴하고 개선식을 올린 바 있다.

192 파울루스는 기원전 168년 마케도니아의 항구 도시 퓌드나(Pydna) 전투에서 마케도니아의 마지막 왕 페르세우스에게 결정적인 승리를 거두는데 페르세우스는 자신이 아킬레스의 후손이라고 주장했다. 아이아쿠스는 아킬레스의 할아버지다.

193 아르고스와 뮈케나이는 여기서 그리스란 뜻이며 마케도니아와 동일시되고 있다.

194 트로이야가 함락되던 날 밤 오일레우스의 아들 아이약스는 미네르바 신전 안의 제단으로 피신한 캇산드라를 머리채를 잡고 끌고 나왔던 것이다. 1권 주 40 참조.

195 카르타고를 파괴할 것을 강력히 역설한 감찰관 대(大)카토를 말한다.

196 기원전 428년 로마의 숙적이었던 베이이(Veii) 시와의 전쟁에서 그곳의 왕 톨룸니우스(Lars Tolumnius)를 죽이고 그의 무구들을 노획했다.

197 호민관이었던 그락쿠스 형제는 평민의 권익을 옹호하다가 형은 기원전 133년에, 아우는 기원전 121년에 살해된다.

198 키케로도 『발부스를 위한 변론』(pro Balbo) 34절에서 두 스키피오를 '우리 제국의 벼락'(fulmina nostri imperii)이라고 부르고 있다.

199 여기서 리뷔아란 카르타고를 말한다. 대(大)스키피오는 기원전 202년 카르타고 남서쪽에 있는 자마(Zama)에서 한니발을 패퇴시켰고, 파울루스(Aemilius Paullus)의 아들로 그의 양손자가 된 소(小)스키피오(이름은 양할아버지와 같다)는 기원전 146년 카르타고를 파괴했다.

200 그는 기원전 282년과 278년에 집정관을 지낸 바 있는데 에피로스 왕 퓌르루스(Pyrrhus)의 뇌물을 거절한 것과 검소한 생활로 유명했다.

201 기원전 257년 집정관을 지낸 바 있는데 사람들이 그를 데리러 갔을 때 그는 쟁기질하며 씨를 뿌리고 있었다(serentem)고 한다.

202 파비우스 집안은 걸출한 인물들을 많이 배출했다.

203 막시무스는 제2차 포이니 전쟁 때 집정관 플라미니우스(Flaminius)가 에트루리아 지방의 트라수메누스(Trasumenus 또는 Trasimenus) 호반에서 한니발에게 참패하자 독재관으로 임명되어 정면 승부를 피하고 한니발을 집요하게 따라다님으로써 지연 전술로 그를 지치게 만들어 '지연자'(cunctator)라는 별명을 얻게 된다.

204 기원전 3세기의 유명한 로마 장군으로 다섯 번이나 집정관을 지냈다.

205 포이누스인에 관해서는 1권 주 110 참조.

206 퀴리누스에 관해서는 1권 주 106 참조.

207 spolia opima는 퀴리누스가 아니라 윱피테르 페레트리우스(Feretrius '전리품의 신'이란 뜻)에게 바쳐졌다고 한다.

208 여기서 젊은이란 앞서 말한 마르켈루스의 자손들 중 한 명과 아우구스투스의 누이 옥타비아(Octavia) 사이에서 태어난 아들을 말한다. 아우구스투스는 그를 자기 아들로 입양하여 무남독녀인 자기 딸 율리아와 결혼시키지만 그는 기원전 23년 스무 살의 나이에 요절한다.

209 마르스의 들판(Campus Martius). 5년 전인 기원전 27년에 아우구스투스는 이곳에 가족묘를 조성한 바 있다.

210 라우렌툼에 관해서는 5권 주 94 참조.
211 『오뒷세이아』 19권 562~7행 참조.
212 사자의 혼백.
213 6권 890행 이하 참조.
214 카이예타는 라티움 지방의 항구 도시다.

제7권

1 미세누스(6권 234~5행 참조) 및 팔리누루스(6권 381행 이하 참조)처럼.
2 6권 주 214 참조.
3 키르케와 '키르케의 나라'에 관해서는 3권 주 112 및 113 참조.
4 키르케.
5 마침내 약속의 땅(2권 781~2행 및 3권 500행 참조)에 도착했기 때문이다.
6 에라토(Erato '사랑스런 여자'란 뜻)는 무사 여신들 중 한 명으로 연애시를 관장하고 있으나 여기서는 시가(詩歌)의 여신이란 뜻으로 쓰이고 있다. 7~12권에는 아이네아스가 라비니아에게 구혼하는 이야기가 포함되어 있으나 사랑의 주제는 찾아보기 힘들기 때문이다.
7 튀르레니아에 관해서는 1권 주 45 참조. 당시 에트루리아인들은 자신들의 야만적인 왕 메젠티우스(Mezentius)에게 항거하여 아이네아스 편에 가담한 바 있다. 8권 478행 이하 참조.
8 들판과 가축 떼와 농촌의 신으로 이탈리아 토속 신이다. 그는 예언의 능력도 갖고 있었는데 때로는 그리스의 판(Pan) 신과 동일시되곤 했다.
9 라우렌툼 시의 요정으로 라티누스의 어머니다.
10 사투르누스의 아들로 키르케에 의해 딱따구리로 변신했다고 한다.
11 라티움 지방의 아르데아 시 근처에 살던 루툴리족의 왕으로 다우누스와 요정 베닐리아의 아들이자 요정 유투르나의 오라비다.
12 라티누스 왕의 아내 아마타.
13 월계수나무(laurus)는 포이부스 아폴로에게 바쳐진 나무다.
14 벌 떼가 날아온 것과 같은 곳, 즉 바다로부터.
15 성채. 라티누스 왕의 궁전은 곧 라우렌툼의 성채다.
16 여기서 제단이란 제단 위의 제물을 말하는 것으로 생각된다.

17 알부네아는 로마 동쪽 티부르 시 근처에 있는 숲 및 유황천이다.
18 오이노트리아에 관해서는 1권 주 159 참조.
19 3권 255행 이하 참조. 그러나 여기서 그렇게 예언한 것은 앙키세스가 아니라 하르퓌이아인 켈라이노다.
20 여기서 이다는 크레타가 아니라 트로아스 지방에 있는 이다 산을 가리키는 것으로 생각된다. 『일리아스』 3권 276행 참조.
21 퀴벨레 여신.
22 포도주 희석용 동이들에 화환을 씌웠다는 말은 호메로스에서는 포도주 희석용 동이들에 넘치도록 포도주를 가득 부었다는 뜻(『일리아스』 1권 470행 참조)이지만, 베르길리우스는 그것들에 실제로 화환을 두른 것으로 생각하고 있는 것 같다. 1권 724행 및 주 201 참조.
23 라티움 지방의 작은 강으로 아이네아스는 그 강둑에 묻혔다고 한다.
24 올리브의 나뭇가지.
25 탄원자들로서.
26 아이네아스 자신처럼. 6권 413행 참조.
27 7권 61행에는 라티누스가 도시를 창건하고 라우렌툼인들이란 이름을 지어준 것으로 되어 있다.
28 이탈루스(Italus)는 이탈리아인들의 전설적 시조로서 그들의 이름은 그에게서 유래했다.
29 사비누스는 사비니족의 전설적 시조다. 사비니족은 강인하고 호전적인 부족이긴 하나 그들의 포도주는 그리 유명한 편은 아니었다고 한다.
30 사투르누스에 관해서는 1권 주 168 참조.
31 출입문과 시작의 신이다. 그래서 한 해는 그의 달인 정월(ianuarius)로 시작된다. 그는 두 얼굴을 가지고 있는데 하나는 앞으로 즉 미래로 향하고 있고, 다른 하나는 뒤로 즉 과거로 향하고 있다.
32 여기 나오는 라티누스의 가계는 7권 47행 이하에 나오는 것과 다르다. 이 역시 불완전한 시행들과 함께 베르길리우스가 『아이네이스』의 퇴고를 마무리하지 못했다는 증거다.
33 퀴리누스에 관해서는 1권 주 106 참조.
34 딱따구리. 키르케가 피쿠스('딱다구리'란 뜻)를 딱따구리로 변신시킨 이야기에 관해서는 오비디우스 『변신 이야기』 14권 377행 이하 참조.
35 사투르누스.

36 아우룽키족(Aurunci)은 라티움 지방에 살던 부족이다.
37 다르다누스가 이탈리아 출신이라는 데 관해서는 3권 167행 참조.
38 사모트라키아(Samothracia) 또는 트라키아의 사모스(Samos 또는 Samus)는 트라키아의 헤브루스 강 하구 맞은편에 있는 섬이다.
39 코뤼투스에 관해서는 3권 주 51 참조.
40 다르다누스는 윱피테르의 아들이다.
41 베르길리우스는 호메로스처럼 오케아누스를 대지를 감돌아 흐르며 도로 제 자신 속으로 흘러드는 강으로 생각하지 않고 대지의 북단에 있는 바다 즉 대서양으로 생각하고 있는 것 같다.
42 열대 지방.
43 그와 약속해본 사람은 그가 얼마나 신의 있는지 알 것이며, 그와 전쟁터에서 마주쳐본 사람은 그가 얼마나 강력한지 알 것이란 뜻이다.
44 라티누스.
45 태양신.
46 유노.
47 이나쿠스는 아르고스의 강 및 하신으로 아르고스의 전설적인 왕이다.
48 파퀴눔에 관해서는 3권 주 127 참조.
49 시게움에 관해서는 2권 주 59 참조.
50 라피타이족(6권 주 129 참조)의 왕 피리토우스(6권 주 36 참조)의 결혼식에 초대 받은 켄타우루스들이 술에 취해 신부 힙포다미아(Hippodamia 또는 Hippodame 그/Hippodameia)와 다른 여인들을 납치하려 하자 라피타이족과 켄타우루스들 사이에 싸움이 벌어진다. 일설에는 마르스가 신들 중 자신만 초대 받지 못한 것에 앙심을 품고 싸움을 붙인 것이라고 한다.
51 그리스 중서부 아이톨리아 지방에 있는 칼뤼돈(Calydon 그/Kalydon) 시의 왕 오이네우스(Oeneus 그/Oineus)가 다른 신들에게는 제물을 바치면서 디아나에게는 실수로 제물을 바치지 않자 이에 분개한 디아나가 큰 멧돼지 한 마리를 보내 칼뤼돈을 쑥대밭으로 만들게 한다.
52 아케론은 여기서는 '저승'이란 뜻이다.
53 전쟁의 여신으로 마르스의 누이다.
54 트라키아 왕 킷세우스(Cisseus 그/Kisseus)의 딸로 프리아무스와 결혼한 헤쿠바는 아들

파리스가 태어나기 전에 불타는 횃불을 잉태하는 꿈을 꾸는데, 예언자들은 그녀의 아이가 태어나면 트로이아를 파멸케 할 것이라고 해몽했던 것이다.

55 복수의 여신들. 복수의 여신들은 고전기(古典期 기원전 480~323년) 이후에야 알렉토(Allecto 또는 Alecto 그/Alekto '쉬지 않는 여자'란 뜻) 티시포네(Tisiphone '살인을 응징하는 여자'란 뜻) 및 메가이라(Megaera 그/Megaira '시기심 많은 여자'란 뜻)의 셋으로 확정되었다. 복수의 여신들은 그리스 신화에서는 특히 가족 내에서의 범죄자를 끊임없이 뒤쫓으며 괴롭힌다. 베르길리우스의 타르타루스에서도 그들은 비슷한 역할을 하고 있으나(6권 571행 이하, 605행 이하 및 8권 669행 참조), 여기서 그들의 관심사는 죄인을 벌주는 것이 아니라 불화와 분쟁을 조장하는 불화의 여신(Discordia 그/Eris)의 그것과 같다.

56 플루톤(Pluton 또는 Pluto 그/Plouton 또는 Hades)은 저승의 신으로 베르길리우스는 여기서만 이 이름을 쓰고 다른 데서는 디스(Dis)란 이름을 쓴다.

57 아이스퀼로스는 『자비로운 여신들』(*Eumenides*) 73행에서 복수의 여신들을 '인간들과 신들의 미움을 받는 것들'이라고 말하고 있는데, 베르길리우스는 알렉토가 자신의 자매들에게도 미움을 받는다고 말하고 있다.

58 그녀의 머리털은 뱀으로 이루어져 있다.

59 복수의 여신들은 결혼한 적이 없다.

60 고르고에 관해서는 2권 주 100 참조. 메두사의 독도 그녀의 머리에 우글거리는 뱀들의 독만큼 치명적이다.

61 라티누스 왕의 아내.

62 여기서 북풍이란 순풍이란 뜻이다.

63 어머니의 불길한 꿈 때문에 이다 산에 버려진 파리스는 목자에게 발견되어 목동으로 성장했다.

64 투르누스의 어머니 베닐리아는 아마타의 언니다. 10권 76행 참조.

65 이나쿠스는 아르고스의 첫 번째 왕이고 아크리시우스(Acrisius 그/Akrisios)는 네 번째 왕이다. 그는 자기 딸 다나에가 결혼하게 되면 그 아들의 손에 죽게 될 것이라는 신탁을 듣고 딸을 청동 탑에 가둔다. 그러나 윱피테르가 황금 비[雨]로 변신하여 그녀에게 접근한 후 그녀는 메두사의 머리를 베어온 영웅 페르세우스를 낳는다. 이 사실이 발각되자 아크리시우스는 이들 모자를 상자 안에 넣어 바닷물에 떠밀려 가게 한다. 그리스 신화에서 이들 모자는 에게 해의 세리푸스(Seriphus 그/Seriphos) 섬에 표류한 것으로 나오지만

이탈리아 신화에 따르면 다나에는 이탈리아 해안으로 표류하여 필룸누스와 결혼했는데, 그가 투르누스의 선조라는 것이다. 10권 619행 참조.

66 라틴어로 euhoe(또는 euoe) Bacche.

67 튀르수스(thyrsus 그/thyrsos)는 머리에 솔방울을 달고 포도덩굴 또는 담쟁이덩굴을 감은 지팡이인데 박쿠스 축제 때 박쿠스와 그의 신도들이 들고 다녔다.

68 대개 새끼 사슴의 모피를 걸쳤다.

69 튀르수스 지팡이에는 창 자루처럼 머리에 솔방울이 달렸는데 진짜 창끝이 달리기도 했다고 한다.

70 투르누스.

71 '아크리시우스의'는 여기서 '아르고스의'란 뜻이다.

72 7권 주 65 참조.

73 아르데아는 루툴리족이 살던 라티움 지방의 도시다.

74 올리브 잎 관은 사제의 표지다. 6권 808행 참조.

75 문맥으로 보아 투르누스는 에트루리아인들과의 전쟁에서 라티누스를 도운 것으로 생각되지만 그것은 라티누스가 오래전부터 평화롭게 나라를 다스리고 있었다는 7권 46행의 진술과는 양립하기 어렵다.

76 이는 조롱해서 하는 말이다.

77 복수의 여신들.

78 투르누스는 로마인들의 관습에 따라 신들에게 자기가 승리하게 해줄 경우 이러저러한 선물을 바치겠다고 서약했던 것이다.

79 알렉토.

80 알렉토.

81 알렉토.

82 트리비아의 호수(Triviae lacus)란 알바 롱가 바로 옆 아리키아 시에 있는 호수로 일명 lacus Nemorensis(지금의 lago di Nemi)라고도 하는데 호숫가에 디아나의 임원(nemo)이 있기 때문이다. 여기서 트리비아('삼거리의 여신'이란 뜻)란 헤카테가 아니라 디아나를 말한다.

83 나르는 티베리스 강의 지류로 움브리아 지방을 관류한다.

84 벨리누스는 사비니족이 살던 지방의 강이다.

85 복수의 여신의 날개의 뱀들은 다른 데에서는 확인할 수 없다.

86 암상크투스는 라티움 지방의 동쪽에 있는 삼니움(Samnium) 지방의 호수다.
87 나는 노인이라 인생의 투쟁과 고통에서 벗어났지만 너는 젊으니 고통은 네가 당하게 될 것이란 뜻이다.
88 게타이족은 도나우 강 하류의 북쪽에 살던 트라키아의 기마부족이다. 기원전 25년 크랏수스(Marcus Licius Crassus)가 이들을 공격한 적이 있다.
89 4권 주 63 참조. 로마군이 휘르카니아를 정벌했다는 기록은 남아 있지 않다.
90 기원전 24년 갈루스(Aelius Gallus) 휘하의 로마군이 이들에게 무력 시위를 한 적이 있다.
91 아우구스투스는 악티움 해전에서 승리한 뒤 동방 원정에 착수했으나 인도까지는 가지 못하고 이집트와 쉬리아와 소아시아에 진출했을 뿐이다.
92 파르티족은 카스피 해 남쪽에 살던 기마부족이다. 크랏수스(7권 주 88에 나오는 크랏수스의 할아버지)가 기원전 53년 카르라이(Carrhae) 전투에서 패하며 잃었던 로마의 군기(軍旗)들을 기원전 20년 아우구스투스가 무력이 아니라 협상을 통해 되찾아온 적이 있다.
93 로마에는 머리가 둘 달린, 문의 수호신 야누스에게 바쳐진 신전 또는 아치형 통로가 있었는데 그 양끝에 문이 나 있었다고 한다. 이 문은 전시에는 열리고 평화 시에는 닫혀 있었는데 전쟁의 신은 그 안에 갇혀 있는 것으로 믿어졌다.
94 퀴리누스에 관해서는 1권 주 106 참조.
95 라티움 지방의 도시.
96 가비이 식으로 매어 입는다 함은 토가의 일부를 허리띠처럼 몸에 두르며 머리를 가리는 것으로 제물을 바치거나 그 밖의 엄숙한 의식이 거행될 때 그렇게 했다고 한다.
97 유노.
98 라티움 지방의 도시.
99 티부르(Tibur 지금의 티볼리)는 로마 동쪽에 있는 여름 휴양지다.
100 아르데아에 관해서는 7권 주 73 참조.
101 로마 북쪽 사비니족의 영토 가까이 있는 도시 크루스투메리움(Crustumerium) 또는 크루스투메리아(Crustumeria)의 다른 이름인지, 그곳 주민들을 가리키는 말인지 확실치 않다.
102 티베리스 강과 그 지류인 아니오 강의 합수머리에 있는 도시다.
103 당시 방패를 만들 때에는 먼저 버드나무의 잔가지로 방패의 틀을 엮은 다음 그 위에 가죽을 씌우고 나서 금속으로 가장자리와 배꼽을 댔다.
104 여기서 '그리로'란 '전쟁에 대한 열광 속으로'다.

105 무사 여신들.
106 헬리콘은 그리스 보이오티아(Boeotia 그/Boiotia) 지방의 남서부에 있는 산으로 최고봉 1,478미터다. 이 산은 올륌푸스 산의 북쪽 사면에 있는 피에리아(Pieria) 지방과 더불어 무사 여신들의 2대 성지다. 무사 여신들의 숭배는 선사 시대에 이들 여신들의 탄생지인 피에리아에 살던 주민들이 헬리콘 산으로 이주하면서 전파되었다고 한다. 무사 여신들은 흔히 '피에리아의 여신들'(Pieriae)이라고 불리기도 한다.
107 메젠티우스는 튀르레니아 즉 에트루리아의 왕으로 성격이 포악하여 부하들에 의해 축출되어 투르누스의 궁전에 망명객으로 가 있었다.
108 아귈라는 에트루리아 지방의 도시 카이레의 그리스어 이름이다.
109 휘드라에 관해서는 6권 주 122 참조.
110 로마의 일곱 언덕 중 하나다.
111 티륀스(Tiryns)는 그리스 아르골리스 지방의 도시다. 헤르쿨레스는 그곳의 왕이었던 에우뤼스테우스 밑에서 12고역을 치루고 티륀스의 영웅이 되었다.
112 게뤼오네스에 관해서는 6권 주 64 참조.
113 티베리스 강.
114 히베리아는 히스파니아와 함께 에스파냐의 라틴어 이름이다.
115 사벨리족은 사비니족의 소수 부족 중 하나다.
116 사자 가죽.
117 티부르에 관해서는 7권 주 99 참조. 그곳 주민들은 티부르테스(Tiburtes)라고 불렸다.
118 일설에 따르면, 아르고스의 예언자이자 영웅인 암피아라우스(Amphiaraus 그/Amphiaraos 6권 주 90 참조)는 이탈리아로 건너가 티부르 시를 세웠다고 하는데 티부르투스와 카틸루스와 코라스는 그의 아들들이다.
119 5권 주 17 및 6권 주 130 참조.
120 호몰레와 오트뤼스는 그리스의 텟살리아 지방에 있는 산이다.
121 프라이네스테(Praeneste 지금의 Palestrina)는 로마 동쪽에 있는 도시.
122 프라이네스테는 20미터 높이의 가파른 언덕 위에 자리 잡고 있다.
123 헤르니키족(Hernici)은 라티움 지방에 살던 부족이다. herna는 바위라는 뜻의 사비니족 말이다.
124 아나그니아는 로마 남동쪽에 있는 헤르니키족의 도시다.
125 아마세누스는 라티움 지방의 남부를 흐르는 우펜스 강의 지류다.

126 그들이 오른발에만 신발을 신은 것은 전진할 때 왼발은 방패에 가려지지만 오른발은 노출되기 때문이거나, 여기서처럼 투석기를 사용할 경우에는 던질 때 기둥 역할을 하는 왼발이 맨발이라야 잘 미끄러지지 않기 때문일 것이다.
127 페스켄니아는 에트루리아 지방의 도시다.
128 아이퀴 팔리스퀴족(Aequi Falisci)이란 로마 북쪽에 있는 팔레리이(Falerii) 시의 주민들을 말하는데 이들이 라티움 지방의 산악 부족인 아이퀴족(Aequi)과 관련이 있다 해서 붙인 이름이다.
129 소락테는 로마 북쪽에 있는 산이다.
130 플라비나는 에트루리아 지방의 도시다.
131 키미누스는 팔레리이 서쪽에 있는 호수로 그 옆에 같은 이름의 산이 있다.
132 카페나(Capena)는 소락테 산 이남의 소도시로 그곳에는 페로니아 여신의 임원이 있었다.
133 이 비유에 관해서는 『일리아스』 2권 459행 참조.
134 클라우수스란 이름은 기원전 506년 사비니족의 나라를 떠나와 로마 시민이 됨으로써 로마의 유명한 귀족 가문인 클라우디아 가(gens Claudia)의 시조가 된 앗투스(Attus) 클라우수스의 이름에서 빌려온 것으로 생각된다. 그러나 베르길리우스는 이 가문이 로마에 뿌리내리게 된 것은 그보다 이전으로 로마인들이 사비니족 여인들을 납치한 후에 로물루스가 티투스 타티우스(Titus Tatius)가 이끄는 사비니족과 조약을 맺고 두 나라가 합방했을 때로 보는 것 같다.
135 아미테르눔은 사비니족의 도시다.
136 옛날의 퀴리테스들(Quirites)이란 로마의 북동쪽에 있는 사비니족의 수도 쿠레스(Cures)의 주민들을 말한다. 그곳은 티투스 타티우스와 누마 왕의 출생지로 로마인들은 그곳으로부터 퀴리테스라는 별명을 갖게 되었다.
137 에레툼과 무투스카는 둘 다 사비니족의 도시다.
138 노멘툼에 관해서는 6권 주 158 참조.
139 벨리누스는 사비니족의 호수다.
140 로세아는 사비니족의 대도시인 레아테(Reate) 인근에 있는 지역이다.
141 테트리카(Tetrica '어두컴컴한 산'이란 뜻)는 사비니족이 살던 지방의 산이다.
142 세베루스(Severus '엄혹한 산'이란 뜻)는 사비니족의 산맥이다.
143 카스페리아는 사비니족의 도시다.

144 포룰리(Foruli)는 사비니족의 지명이다.
145 히멜라는 사비니족이 살던 지방의 레아테 시 부근을 흐르는 시내다.
146 파바리스는 사비니족의 하천이다.
147 누르시아는 아미테르눔 북쪽의 높은 산중에 자리 잡고 있는 사비니족의 도시다.
148 오르타(Orta)는 사비니족의 도시다.
149 알리아(Allia 또는 Alia)는 티베리스 강의 지류로 그 강가에서 기원전 390년 7월 16일 남침하던 갈리아인들이 로마군을 궤멸시키고 이어서 카피톨리움 언덕을 제외한 로마 시내를 점령한다. 로마인들은 이 날을 '재앙의 날'(dies ater)이라고 부른다.
150 11월 초 오리온 별자리가 질 때에는 대개 폭풍이 분다고 한다.
151 헤르무스(Hermus 그/Hermos)는 소아시아 뤼디아 지방의 강으로 그 유역은 비옥하기로 유명하다.
152 뤼키아(Lycia 그/Lykia)는 소아시아 서남 지방으로 산악 지방이기는 하지만 군데군데 비옥한 곳이 많다고 한다.
153 맛시쿠스 산은 캄파니아 지방의 북서부에 있는 산으로 포도주 산지로 유명하다.
154 아우룽키족은 캄파니아 지방의 오래된 부족이다.
155 시디키니족은 캄파니아 지방의 오래된 부족으로 그들의 수도는 테아눔(Teanum)이다.
156 칼레스는 테아눔 남쪽에 있는 도시로 포도주의 고장이다.
157 볼투르누스는 칼레스 남쪽에 있는 강이다.
158 사티쿨라는 캄파니아 지방의 수도 카푸아(Capua) 동쪽에 있는 도시다.
159 오스키족은 캄파니아 지방의 오래된 부족이다.
160 원어 aclys가 정확히 어떤 무기를 가리키는지 알 수 없다.
161 던지고 나서 다시 회수하기 위하여.
162 오이발루스(Oebalus)는 여기서는 스파르타의 왕이 아니라 이탈리아의 캄파니아인이다.
163 그리스 아카르나니아(Acarnania 그/Akarnania) 지방의 앞바다에 있는 타피아이 섬들(Taphiae Insulae)에 살던 텔레보아이족(Teleboae)의 왕이다. 일설에는 그들이 나폴리 남쪽에 있는 카프레아이(Capreae 지금의 Capri '염소 섬'이란 뜻) 섬을 점유하고 있었다고 한다.
164 세베티스는 나폴리 만으로 흘러드는 작은 강 세베투스(Sebethus)의 요정이다.
165 달리 알려진 것이 없으나 카프레아이 섬 맞은편의 본토에 살았던 것으로 생각된다.
166 사르누스는 베수비우스(Vesuvius) 화산에 가까운 작은 강이다.

167 루프라이와 바툴룸과 켈렘나에 관해서는 달리 알려진 것이 없으나 카프레아이 섬 맞은편의 본토의 도시들로 생각된다.
168 아벨라는 캄파니아 지방의 놀라(Nola) 시 북동쪽 언덕에 세워진 도시다.
169 테우토네스족(Teutones)은 게르만족의 한 부족이다.
170 원어 cateia가 정확히 어떤 무기인지 알 수 없다.
171 우펜스는 라티움 지방의 강이다.
172 네르사이는 아이퀴족(Aequi 또는 Aequiculi)이 거주하던 산악 지방이다.
173 이탈리아 중부 지방의 푸키누스 호 주변에 살던 마르시족(Marsi)을 말하며, 그들의 수도가 마르루비움(Marruvium)이다. 마술, 특히 뱀을 다루는 데 능했다고 한다.
174 올리브나무의 잎으로 엮은 관은 사제의 표지다. 7권 418행 및 6권 808행 참조.
175 아르킵푸스(Archippus) 왕에 관해서는 달리 알려진 것이 없으나 마르시족의 도시 아르킵페(Archippe)의 이름은 그에게서 유래한 것으로 생각된다.
176 움브로는 강의 이름이기도 하다.
177 앙기티아는 마르시족의 치유의 여신이다.
178 아테나이의 영웅 테세우스의 아들 힙폴뤼투스(Hippolytus 그/Hippolytos)는 계모 파이드라(Phaedra 그/Phaidra)의 모함으로 아버지에게 쫓겨나 바닷가를 지나다가 바닷물에서 나온 황소에 놀란 말들이 광란하는 바람에 제 말들의 고삐에 감겨 갈기갈기 찢겨 죽는다. 그가 아이스쿨라피우스(Aesculapius 그/Asklepios)의 의술에 힘입어 소생하자(1권 주 73 참조) 생전에 그의 순결성을 높이 평가하던 디아나가 그를 아리키아(Aricia)의 임원으로 데려가 비르비우스란 이름으로 살게 했다고 한다. 또는 그 임원에는 비르비우스란 정령이 살았는데 말(馬)은 그곳에 들어가지 못하게 되어 있는 까닭에 말 때문에 죽은 힙폴뤼투스를 그와 동일시하게 된 것이라고도 한다.
179 비르비우스가 힙폴뤼투스의 아들이라는 것은 다른 문헌에서는 확인되지 않고 있다.
180 아리키아는 로마 남동쪽 25킬로미터 지점에 있는, 알바 언덕들의 한 계곡에 자리 잡고 있는 소도시로 그 근처의 임원에는 디아나 여신의 유명한 신전이 있었다. 그러나 여기서 아리키아는 요정이다.
181 에게리아(Egeria)는 로마의 2대 왕 누마의 아내가 되었다는 요정이다. 에게리아란 이름은 '(아이를) 낳다' '출산하다'는 뜻의 라틴어 egero에서 유래한 것으로 추정되고 있는데, 그것은 임신부가 찾아가 순산을 기원하는 아리키아의 디아나 임원과 그녀가 관계가 있음을 말해준다. 누마 왕이 죽은 뒤 에게리아가 슬픔을 이기지 못해 알바 언덕의 서쪽

기슭에 있는 디아나의 임원으로 도망치자 디아나가 아무래도 그녀를 위로할 수 없어 샘으로 변신시켰다고 한다. 오비디우스 『변신 이야기』 15권 482~551 참조. 여기서 에게리아의 임원이란 아리키아의 아래쪽 네모렌시스 호(Lacus Nemorensis) 옆에 있는 디아나의 임원을 말한다.

182 치유의 신이란 뜻으로 여기서는 아폴로가 아니라 그의 아들 아이스쿨라피우스를 말한다.

183 읍피테르.

184 사자(死者)가 모두 되살아난다면 우주의 질서가 파괴될 것이기 때문에.

185 디아나. 7권 주 82 참조.

186 키마이라에 관해서는 5권 주 16 참조.

187 아이트나에 관해서는 3권 주 148 참조.

188 이오는 그리스 아르고스 지방의 하신(河神) 이나쿠스(Inachus 그/Inachos)의 딸로 읍피테르의 사랑을 받게 되자 유노에 의해 또는 읍피테르에 의해 암소로 변한다. 유노는 전신에 눈이 일백 개나 달린 아르구스(Argus 그/Argos)를 보내 그녀를 감시하게 한다. 메르쿠리우스가 읍피테르의 지시에 따라 아르구스를 죽이지만 이오는 유노가 보낸 쇠파리에 쫓겨 유럽과 아시아 땅을 떠돌아다니다가 이집트로 들어가 본래의 모습으로 돌아가고 읍피테르에 의해 에파푸스(Epaphus 그/Epaphos)라는 아들을 낳는다. 오비디우스 『변신 이야기』 1권 583행 이하 참조. 이오는 나중에 역시 소의 특징을 갖고 있는 이집트의 이시스(Isis) 여신과 동일시되었다.

189 문장(紋章)으로 새겨져 있다는 뜻이다.

190 라티움 지방에 거주하는 이 시카니족이 시킬리아의 시카니족(1권 주 166 참조)과 어떤 관계에 있는지 알 수 없다.

191 사크라니족에 관해서는 달리 알려진 것이 없다.

192 라비키족은 알바 산의 기슭에 살던 부족이다.

193 티베리누스에 관해서는 2권 주 125 참조.

194 누미쿠스는 라티움 지방의 해안 지대를 흐르는 작은 강이다.

195 키르케이 곶을 말한다. 키르케 및 키르케이 곶에 관해서는 3권 주 112 및 113 참조.

196 앙크수루스(Anxurus)는 키르케이 곶 근처의 해안 도시 타르라키나(Tarracina)의 옛 이름 앙크수르(Anxur)에서 유래한 이름으로 '앙크수르의'란 뜻으로 추정되고 있다.

197 페로니아는 이탈리아의 여신이다. 그녀의 기능과 이름의 기원에 관해서는 알려진 것이 없다.

198 사투라는 라티움 지방의 늪이다.
199 볼스키족은 로마의 남동쪽에 살던 이탈리아의 오래된 부족이다.
200 카밀라는 『아이네이스』의 후반부의 여주인공으로서 호메로스 이후의 이야기들에 등장하는 아마존족(1권 주 151 참조)의 여왕 펜테실레아(Penthesilea 그/Penthesileia 1권 주 152 참조)를 연상케 한다.
201 미네르바는 공예, 특히 직조의 여신이다.

제8권

1 1권 주 52 참조. 그는 트로이야 전쟁에서 혁혁한 무공을 세운 뒤 무사히 귀국했으나 일설에 따르면 아내 아이기알레이아의 부정(不貞)을 알아차리고 이탈리아 남동 해안의 아풀리아 지방으로 건너가 아르피(Arpi) 일명 아르귀리파(Argyripa) 시를 건설했다고 한다.
2 아르귀리파. 11권 246~7행 참조.
3 그 결과에 관해서는 11권 225~95행 참조.
4 아이네아스.
5 트로이야 왕가의 시조 다르다누스는 원래 이탈리아 출신이다. 1권 주 124 참조.
6 또는 그로부터.
7 알바 롱가. 알바는 희다는 뜻이다.
8 팔라스(Pallas)는 그리스 아르카디아 지방에 팔란테이온(Pallanteion 또는 Pallantion 라/Pallanteium) 시를 건설한 영웅으로 에우안데르(Euander 또는 Euandrus 그/Euandros)의 할아버지다. 팔라스는 또 에우안데르의 아들의 이름이기도 하다.
9 에우안데르는 팔라스의 손자로 아르카디아에서 이탈리아로 이주하여 로마의 팔라티움 언덕(Palatium 또는 collis Palatinus)에 도시를 세우고 팔란테움(Pallanteum)이라고 불렀다.
10 강은 샘에서 발원하고 샘은 요정이기 때문이다.
11 그리스 로마인들은 하신을 황소의 모양을 하고 있는 것으로 또는 뿔이 난 것으로 생각했다.
12 바이킹족의 갤리선에서 볼 수 있듯이 함선의 좌우 현을 따라 죽 걸려 있는 방패들을 말한다.
13 에우안드루스에 관해서는 8권 주 8, 9 참조.
14 헤르쿨레스.

15 다르다니아란 이름을 말한다.
16 아가멤논과 메넬라우스.
17 에우안데르는 메르쿠리우스의 아들로, 아트레우스의 아들들은 탄탈루스의 자손으로 다 같이 윱피테르의 핏줄이라 하겠으나 여기서는 같은 그리스인이라는 뜻으로 쓰인 듯하다.
18 테우케르에 관해서는 1권 주 37 참조.
19 엘렉트라(Electra 그/Elektra)는 아틀라스의 딸로 친자매들인 마이야(Maia), 타위게테(Taygete), 켈라이노(Celaeno 그/Kelaino), 알퀴오네(Alcyone 그/Alkyone), 스테로페(Sterope), 메로페(Merope)와 더불어 플레이야데스(Pleiades) 성단(星團)이 되었다. 플레이야데스들은 아틀라스와 플레이요네(Pleione)의 일곱 딸들로 어머니와 함께 사냥꾼 오리온에게 계속해서 쫓기게 되자 윱피테르가 불쌍히 여겨 하늘의 성단으로 만들었다고 한다. 플레이야데스란 이름은 그들의 어머니 플레이요네에게서 유래했다고도 하고, 그리스어 plein('항해하다'의 뜻)에서 유래했다고도 한다. 지중해에서는 이 별들이 5월 중순에서 11월 초까지는 밤에 보이는데 이 시기가 고대에는 항해의 적기이기 때문이다. 그 중 하나가 육안으로는 거의 볼 수 없는 데 대해 더러는 트로이야 왕가의 선조인 다르다누스의 어머니 엘렉트라가 트로이야의 함락을 슬퍼하여 손에 얼굴을 묻고 있는 것이라고 하고, 더러는 메로페가 다른 자매들은 신들의 애인이 되었는데 저만 시쉬푸스(Sisyphus 그/Sisyphos)라는 인간과 결혼한 것이 창피하여 모습을 드러내지 않는 것이라고 한다.
20 마이야에 관해서는 8권 주 19 참조.
21 퀼레네에 관해서는 1권 주 108 참조.
22 투르누스의 아버지로 '다우누스 왕의 백성들'이란 루툴리족을 말한다.
23 '위쪽 해안을 씻는 바다'란 아드리아 해(mare superum, mare Hadriaticum 또는 Hadria)를 말하며, '아래쪽 해안을 씻는 바다'란 튀르레니아 해(mare infernum, mare Tuscum 또는 mare Tyrrhenum)를 말한다.
24 헤시오네에 관해서는 2권 주 104 참조.
25 페네우스(Pheneus 그/Pheneos)는 아르카디아 북동부에 있는 소도시다.
26 빵.
27 헤르쿨레스.
28 게뤼온과 그의 소 떼에 관해서는 6권 주 64 참조.
29 헤르쿨레스.
30 아벤티누스 언덕에 관해서는 7권 주 110 참조.

31 domus Pinaria. 피나리우스(Pinarius 복수형 Pinarii)들은 포티티우스(Potitius 복수형 Potitii)들과 함께 321년까지 로마의 포룸 보아리움(forum Boarium '우시장' '쇠전'이란 뜻)에 있던 '가장 위대한 제단'(Ara Maxima)에서 헤르쿨레스의 제사를 관장했다고 한다.
32 미루나무(populus 영/poplar)의 잎은 바깥은 초록색이지만 안쪽은 흰색이다. 미루나무는 헤르쿨레스에게 바쳐진 나무이다.
33 미루나무 잎으로 된 관을 머리에 썼다는 뜻이다.
34 살리이들(Salii '춤추는 자들' '뛰는 자들'이란 뜻)은 라티움 지방, 특히 로마의 사제단으로 마르스의 의식과 관련이 있었다. 그들이 헤르쿨레스의 의식과 관련이 있었다는 것은 확인되지 않고 있다.
35 살리이들은 각각 열두 명으로 이루어진 살리이 팔라티니(Salii Palatini)와 살리이 콜리니(Sallii Collini)의 독립된 두 단체로 나누어져 있었는데, 젊은이들(iuniores)과 노인들(seniores)로 나누어져 있었다는 주장은 다른 곳에서는 확인되지 않고 있다.
36 결혼의 여신 유노는 남편 읍피테르가 바람피우는 것을 시기하여 그가 가까이 한 여신 또는 여인들과 거기서 태어난 자식들을 못살게 굴었는데 여인들로는 암송아지로 변한 이오와 디오뉘수스 일명 박쿠스를 낳은 세멜레와 헤르쿨레스를 낳은 알크메네(Alcmene 그/Alkmene)가, 자식들로는 헤르쿨레스와 박쿠스가 가장 심하게 박해를 받았다. 유노는 요람에 누워 있던 헤르쿨레스에게 한 쌍의 뱀을 보내 그를 죽이려 했으나 어린 헤르쿨레스는 한 손에 한 마리씩 붙잡아 목 졸라 죽였다.
37 헤르쿨레스가 트로이야를 함락한 일에 관해서는 2권 주 104 참조.
38 오이칼리아(Oechalia 그/Oichalia)란 이름을 가진 도시가 여럿이지만 여기서는 그리스의 에우보이아 섬에 있는 도시를 말하는 것으로 추정된다. 헤르쿨레스가 오이칼리아를 함락한 것은 그곳의 왕 에우뤼투스(Eurytus 그/Eurytos)가 누구든지 궁술에서 자기를 이기는 자에게 딸 이올레(Iole)를 아내로 주겠다고 약속해놓고 헤라클레스에게 약속을 지키지 않았기 때문이다.
39 그의 고역이 12가지로 확정된 것은 나중 일이다.
40 헤르쿨레스는 에뤼만투스(Erymanthus 그/Erymanthos) 산의 멧돼지를 쫓아 텟살리아 지방에 갔다가 켄타우루스인 폴루스(Pholus 그/Pholos)의 집에서 술을 마시던 중 켄타우루스들의 습격을 받아 그중 몇 명을 죽이게 되는데 휠라이우스(Hylaeus 그/Hylaios)도 그중 한 명이었다.
41 미노스 왕의 아내 파시파에와 교합했던 황소(6권 주 8 참조)라고도 하고, 에우로파를 크

레타로 실어다준 황소라고도 한다. 헤르쿨레스가 이 황소를 생포하여 에우뤼스테우스에게 보여주고 놓아주자 그것은 온 그리스 땅을 돌아다니다가 마라톤 근처에 머물게 된다.
42 네메아는 아르골리스 지방에 있는 도시로 거대한 사자 한 마리가 그곳을 쑥대밭으로 만들자 헤르쿨레스가 처음에는 칼과 몽둥이로 제압하려 했으나 소용없자 목 졸라 죽인다.
43 케르베루스.
44 1권 주 187 참조. 헤르쿨레스가 튀포에우스와 싸웠다는 기록은 다른 문헌에서는 찾을 수 없다.
45 레르나에 관해서는 6권 주 60 참조.
46 휘드라에 관해서는 6권 주 60 참조.
47 헤르쿨레스는 사후에 신이 되어 하늘로 올라가 유노와 화해하고 그녀의 딸 유벤타스와 결혼한다.
48 팔라스.
49 '로마의 성채'란 에우안데르가 로마의 팔라티움 언덕 위에 세운 팔란테움 시의 성채를 말한다. 팔라티움에다 후일 로물루스가 도시를 세우고 아우구스투스가 궁전을 갖고 있었기 때문이다.
50 7권 주 8 참조.
51 고대인들은 사람이 돌이나 나무에서 태어났다고 믿었다. 『오뒷세이아』 19권 163행 참조.
52 1권 주 26 참조.
53 라티움은 '은신하다' '숨다'는 뜻의 latere에서 유래했다는 것이다.
54 그리스 시인 헤시오도스(『일과 날』(Erga kai hemerai 라/Opera et dies) 111행 이하 참조)는 인간들의 시대를 황금, 은, 청동, 영웅 및 철의 다섯 시대로 구분하고 있다.
55 헤스페리아, 아우소니아, 오이노트리아(7권 85행 참조), 이탈리아 등으로.
56 알불라는 티베리스 강의 옛 이름이다.
57 에우안데르가 아르카디아에서 추방된 이유는 확실치 않다.
58 카르멘티스(Carmentis 또는 Carmenta)는 그 이름이 암시하듯(carmen은 '노래' '예언'이란 뜻이다) 원래는 이탈리아의 예언의 여신으로 카피톨리움 언덕의 남쪽에 제단을 갖고 있었고, 카르멘탈리스 문도 그 근처에 있었다.
59 로물루스는 신생 도시인 로마의 인구를 늘리기 위해 피난처를 개설하여 이웃 도시들의 주민들이 도망쳐오면 받아주었는데, 그곳은 카피톨리움 언덕의 두 봉우리 사이의 평전에 있었던 것으로 믿어지고 있다.

60 그리스 아르카디아 지방의 '뤼카이우스 산의 판 신'이란 뜻으로 여기서는 뤼카이우스란 이름이 늑대란 뜻의 그리스어 lykos에서 유래한 것으로 보고 있다.

61 남(南)아르카디아에 있는 지역 및 도시로 여기서는 아르카디아란 뜻으로 쓰이고 있다.

62 루페르칼(Lupercal)은 팔라티움 언덕의 기슭에 있는 동굴로 늑대들을 막아주는(qui lupos arcet) 신인 루페르쿠스(Lupercus)에게 바쳐졌다. 루페르쿠스는 대개 로마의 파우누스와 동일시되고 있지만 여기서는 아르카디아 지방의 판 신과 동일시되고 있다. 매년 2월 15일에 개최되는 루페르쿠스의 축제인 루페르칼리아 제(祭)는 루페르키들(Luperci '늑대 사람들'이란 뜻)이라고 불리는 남자 사제들의 집단이 주관했다. 그들은 염소를 제물로 바치고 나서 발가벗은 몸에 그 모피를 두르고 나머지로는 채찍을 만들어 거리를 뛰어다니며 특히 여인들을 후려쳤는데 그러면 그 여인은 출산하게 된다고 믿었던 것이다. 그들은 루페르키 큉크티알레스(Quinctiales) 또는 퀸틸리이(Quintilii)와 루페르키 파비아니(Fabiani) 또는 파비이(Fabii)라는 두 집단으로 나뉘는데 각각 로물루스와 레무스에 의해 창설된 것으로 믿어졌다. 그들의 의식의 중심지는 루페르칼(Lupercal) 동굴로, 바로 이곳에서 암늑대가 강물에 떠내려 온 로물루스와 레무스에게 젖을 먹였다고 한다.

63 아르길레툼(Argiletum)은 퀴리날리스 언덕(collis Quirinalis)에서 포룸 로마눔(forum Romanum) 쪽으로 펼쳐져 있는 지역으로 베르길리우스는 이 대목에서 그 이름이 에우안데르의 손님으로 와 있다가 주인에게 음모를 꾸미다 발각되어 죽임(letum)을 당한 아르구스(Argus)에게서 유래한 것으로 보고 있으나, 대개 '흰 점토' '점토 채취장'이란 뜻의 라틴어 argilla에서 유래한 것으로 간주되고 있다.

64 '타르페이야의 거처'란 카피톨리움 언덕의 남서쪽 사면에 있는 가파른 타르페이야 바위를 말한다. 타르페이야는 사비니족이 로마로 쳐들어왔을 때 그들의 황금이 탐나 그들이 왼팔에 차고 다니는 것들 즉 팔찌들을 받기로 하고 그들에게 몰래 카피톨리움 성채를 열어주었으나 역시 왼팔로 들고 다니던 그들의 방패에 짓눌려 죽었다고 한다. 그 뒤로 로마인들은 국가의 반역자들을 이 바위에서 떨어뜨려 죽였다고 한다.

65 읍피테르 신전의 금박 지붕을 암시하는 말이다.

66 카피톨리움(Capitolium 또는 mons Capitolinus)은 고대 로마의 일곱 언덕들 중 하나로 포룸 로마눔의 서쪽에 있다. 그곳에는 봉우리가 둘 있는데 남서쪽 봉우리는 카피톨리움으로, 북쪽 봉우리는 arx('성채'란 뜻)로 알려져 있지만, 이 이름들은 언덕 전체를 가리키기도 한다. 카피톨리움에는 읍피테르(Iuppiter Optimus Maximus '최선 최대의 읍피테르'란 뜻)와 두 여신 유노 및 미네르바(Minerva 그/Athene 또는 Athena)에게 봉헌된 신

전이 있었다. 기원전 390년 갈리아인들이 쳐들어왔을 때 마지막 보루로서 이곳을 지키고 있던 로마군의 지휘관 만리우스 카피톨리누스(Marcus Manlius Capitolinus)는 잠이 들었다가 거위들의 울음소리를 듣고 깨어나 수비대를 모아 갈리아인들의 야습을 막아냈다고 한다. 로마의 일곱 언덕으로는 카피톨리움, 팔라티움(카피톨리움에서 남동쪽으로 조금 떨어진 곳에 있다), 아벤티눔(Aventinum 또는 mons Aventinus 맨 남쪽에 있다), 몬스 카일리우스(mons Caelius 남동쪽에 있다), 몬스 에스퀼리누스(mons Esquilinus 로마의 북동쪽에 있다), 콜리스 비미날리스(collis Viminalis 몬스 에스퀼리누스와 콜리스 퀴리날리스 사이에 있다), 콜리스 퀴리날리스(collis Quirinalis 카피톨리움의 북쪽에 있다)가 있는데 그중 처음 다섯은 산(mons)으로, 마지막 둘은 언덕(collis)으로 불렀다. 그러나 이러한 명칭은 높이와는 무관한 것이었다. 왕정 시대에 이미 카피톨리움에는 아테나이의 아크로폴리스에 버금가는 성채가 언덕 위에 축조되었고 아벤티눔은 종교 행사의 중심지가 되었다.

67 아이기스(aegis 그/aigis)는 윱피테르나 미네르바가 들고 다니는 방패 또는 염소 가죽으로 만든 흉갑으로 나중에는 적군을 놀라게 하려고 거기에 메두사의 머리를 붙인 것으로 믿어졌다.

68 야누스에 관해서는 7권 주 31 참조.

69 야니쿨룸은 티베리스 강의 우안에 있는 언덕이다.

70 후일의 카피톨리움 언덕을 말한다. 사투르누스는 그곳에서 다스렸다고 한다.

71 포룸 로마눔은 카피톨리움 언덕과 팔라티움 언덕 사이의 장방형 평지로서 고대 로마의 공공 생활의 중심지였다.

72 카리나이는 에스퀼리누스 언덕의 서쪽에 있는 로마 시의 한 구역으로 번화가였다고 한다.

73 베누스는 여기서 프리아무스의 아들 파리스가 황금 사과를 그녀의 것으로 심판해준 일을 말하는 것 같다.

74 바다 노인 네레우스의 딸 테티스는 아킬레스의 어머니로 볼카누스를 찾아가 자기 아들을 위해 무구를 만들어 달라고 눈물로 호소한다. 『일리아스』 18권 421행 이하 참조.

75 티토누스에 관해서는 4권 주 87 참조. '티토누스의 아내'인 새벽의 여신이 아들 멤논(1권 주 150 참조)을 위하여 볼카누스에게 무구를 만들어 달라고 간청했던 이야기는 지금은 단편만 남아 있는 서사시권 서사시 『아이티오피스』(Aethiopis 그/Aithiopis)에 나온다.

76 은금(electrum 그/elektron)이란 금 5분의 4, 은 5분의 1로 된 합금이다.

77 풀무의 바람을 말한다.

78 베 짜는 일을 말한다.
79 '노력함으로써 주부로서 몸을 파는 일이 없도록'의 뜻이다.
80 리파레(Lipare 또는 Lipara)는 시킬리아의 북동쪽에 있는 일곱 화산섬들 중 하나다. 이 섬에는 바람을 관장하는 아이올루스(1권 주 43 참조)가 살고 있는 것으로 믿어졌다.
81 그리스인들은 히에라(Hiera), 로마인들은 볼카니아(Volcania)라고 부르던 지금의 볼카노(Volcano) 섬을 말한다.
82 고대에는 화산들이 볼카누스의 작업장으로 여겨졌는데 베르길리우스는 이 화산을 고대에 가장 유명했던 화산인 시킬리아의 아이트나(Aetna 그/Aitne)에 비기고 있다.
83 퀴클롭스에 관해서는 1권 주 73 참조.
84 흑해 남안에 살던 부족으로 그들이 살던 곳은 철의 산지로 유명했다.
85 볼카니아에 관해서는 8권 주 81 참조.
86 브론테스(Brontes '천둥쟁이'란 뜻)와 스테로페스(Steropes '번개쟁이'란 뜻)란 이름은 헤시오도스의 『신통기』 140행에서 가져온 것이다. 헤시오도스의 아르게스(Arges '번쩍이는 자'란 뜻)란 이름 대신 베르길리우스는 퓌라그몬(Pyragmon)이란 이름을 소개하고 있는데 다른 데에서는 발견되지 않는다. 퓌라그몬 대신 퓌라크몬(Pyracmon '불의 모루'란 뜻)으로 읽는 텍스트도 있다.
87 윱피테르.
88 고르고에 관해서는 2권 주 100 참조.
89 아이약스의 방패는 일곱 겹의 소 가죽 위에 청동 판을 이어 붙였고(『일리아스』 7권 245행 이하 참조), 아킬레스의 방패는 세 가지 금속판을 다섯 겹으로 이어 붙인 것이고(같은 책 20권 269행 이하 참조), 아이네아스의 적인 투르누스도 일곱 겹의 방패를 들고 다녔다(12권 925행 참조).
90 렘노스는 에게 해 북동부에 있는 섬이다. 볼카누스가 윱피테르에 의해 이 섬에 내던져진(『일리아스』 1권 593행 참조) 이후로 이곳은 볼카누스가 자주 찾는 곳이 되었다.
91 투니카는 고대 로마의 소매 없는 가운 모양의 속옷으로 남자들은 무릎까지 내려오게 입었고, 여자들은 그보다 더 길게 입었다. 남자들은 그 위에 토가를, 여자들은 스톨라(stola)를 입었다.
92 테게아(Tegea)는 그리스 아르카디아 지방에 있는 도시다.
93 투스쿠스 강(amnis Tuscus '에트루리아 강'이란 뜻)은 티베리스 강의 다른 이름이다. 티베리스 강은 이탈리아의 압펜니누스(Appenninus) 산맥에서 발원하여 에트루리아

94 에트루리아인들의 왕국은 열둘이었다고 한다.
95 아퀼라에 관해서는 7권 주 108 참조.
96 헤로도토스(『역사』1권 94절 참조)에 따르면, 에트루리아인들은 소아시아의 뤼디아 지방에서 건너온 이민자들이라고 한다. 2권 주 125 참조.
97 메젠티우스에 관해서는 7권 주 107 참조.
98 마이오니아(Maeonia 그/Maionia)는 뤼디아의 옛 이름이다.
99 타르콘(Tarchon 또는 Tarcho)은 뤼디아에서 에트루리아인들을 이끌고 이탈리아로 건너온 튀르레누스(Tyrrhenus)의 아들 또는 아우라고 한다. 베르길리우스는 그의 지위와 에트루리아인들의 정치 제도에 관하여 막연하게 말하고 있다.
100 사벨리족에 관해서는 7권 주 115 참조.
101 퀴테레아에 관해서는 1권 주 87 참조.
102 나팔은 에트루리아인들의 발명품으로 알려져 있다.
103 여기서 올륌푸스는 흔히 그러하듯 '하늘'이란 뜻이다.
104 라르에 관해서는 5권 주 86 참조.
105 프라이네스테에 관해서는 7권 주 121 및 122 참조.
106 에룰루스는 프라이네스테 시의 왕이다.
107 페로니아에 관해서는 7권 주 197 참조.
108 여기서 세 개의 목숨이란 거한 게뤼오네스(6권 주 64 참조)처럼 독립해서 따로따로 살아 있는 세 개의 몸을 가지고 있다는 뜻으로 생각된다.
109 펠라스기족은 다른 데(1권 624행, 2권 83행, 6권 503행 참조)서는 그리스인들이란 뜻으로 사용되는데 여기서는 그들이 이탈리아의 원주민이었던 것처럼 말하고 있다.
110 실바누스는 이탈리아의 숲과 들의 신이다.
111 마보르스에 관해서는 1권 주 94 참조.
112 로물루스와 레무스 형제가 갓난아이 적에 암늑대의 젖을 먹고 자랐던 일에 관해서는 1권 주 93 참조.
113 로물루스는 로마를 건설한 뒤 도망쳐온 범죄자들에게 은신처를 제공하는 방법으로 새 도시의 인구를 늘린다. 그리하여 초기 로마 시민 대부분이 남자들로 구성되자 그들에게 아내를 구해주려고 8월 21일 로마에서 열리는 콘수알리아(Consualia) 제(祭)—구덩이

(Etruria) 지방을 지나 바다로 흘러들기 때문에 그렇게 불리는 것이다. 1권 주 18 참조. 투스쿠스는 에트루리아의 형용사이다.

에 저장된 곡식의 수호신 콘수스(Consus)를 위한 축제―를 구경하러 온 젊은 사비니족 여인들을 납치한다. 그리하여 로마가 사비니족과의 전쟁에 휩싸이게 된다.

114 타티우스는 사비니족의 왕이다.

115 쿠레스에 관해서는 6권 주 177 참조.

116 멧투스는 알바의 독재관으로 로마의 3대 왕 툴루스와 우호 조약을 맺고도 전쟁터에 그를 버리고 탈주한 까닭에 두 대의 사두마차에 찢겨 죽는다. 리비우스, 1권 27절 28행 참조.

117 포르센나는 에트루리아의 도시 클루시움의 왕으로 추방당한 로마의 마지막 왕 타르퀴니우스 수페르부스를 복위시키려다가 실패한다.

118 타르퀴니우스에 관해서는 6권 주 181 참조.

119 포르센나.

120 코클레스는 포르센나에 맞서 목교(木橋)인 폰스 수블리키우스(Pons Sublicius '말뚝 다리'란 뜻)를 지키다가 뒤에서 로마인들이 다리를 파괴하자 강물 속으로 뛰어들어 헤엄쳐 건넜다고 한다.

121 클로일리아(Cloelia)는 포르센나에게 볼모로 잡혀갔다가 사슬을 끊고 티베리스 강을 헤엄쳐 로마로 돌아왔다고 한다.

122 타르페이야 성채에 관해서는 8권 주 64 참조.

123 만리우스에 관해서는 8권 주 66 참조.

124 이른바 '로물루스의 오두막'(casa Romuli)은 역사 시대에도 늘 보수되곤 했는데 팔라티움 언덕에 있었다고 하며, 카피톨리움 언덕에 있던 것은 복제품이었다고 한다.

125 살리이들에 관해서는 8권 주 34 참조.

126 루페르키들에 관해서는 8권 주 62 참조.

127 누마 왕 치세 때 하늘에서 떨어졌다는 방패 앙킬레(ancile 복수형 ancilia)를 말한다. 그것이 있는 곳이 제국의 수도가 될 것이라는 신탁에 따라, 누마는 그것이 도난당하더라도 어느 것이 진품인지 가릴 수 없도록 11개의 모조품을 더 만들게 했다고 한다. 그것은 모서리 즉 양옆이 잘려나간 타원형, 또는 아라비아 숫자 8처럼 생긴 방패로 모난 데(angulus)가 없고 양옆이 잘려나간(recisus)데서 앙킬레란 이름을 갖게 된 것이라고 한다. 살리이들이 매년 3월에 그것을 들고 행렬을 지어 시내를 한 바퀴 돌았는데, 앙킬레가 3월 초하루에 하늘에서 떨어졌다고 믿었기 때문이다.

128 카밀루스(Marcus Furius Camillus)는 기원전 396년 에트루리아의 대도시 베이이(Veii)를 함락했는데 전쟁 중에 만약 전쟁에서 이기게 해주면 델피에 있는 아폴로의 성역에 황

금 수조(水槽)를 바치겠다고 아폴로에게 서약한 적이 있었다. 이 서약을 이행할 수 있도록 로마 여인들이 금을 모아주자 원로원은 그들에게 이륜 포장마차를 탈 권리를 주었다고 한다.

129 디스에 관해서는 4권 주 97 참조.

130 카틸리나(Lucius Sergius Catilina)는 로마의 몰락한 귀족으로 로마에 반란을 일으키려다가 기원전 63년 집정관이었던 키케로의 탄핵을 받고 다음해 전쟁터에서 피살된다.

131 카토(Marcus Porcius Cato Uticensis 기원전 95~46년)는 감찰관(censor)으로 이름을 날렸던 카토(Marcus Porcius Cato Censorius)의 증손자로 스토아 철학에 심취했던 철저한 공화주의자다. 내전이 발발하자 율리우스 카이사르의 적이었던 그는 북아프리카의 우티카(Utica)로 피신했다가 그곳에서 멀지 않은 탑수스(Thapsus)에서 카이사르가 폼페이유스의 추종자들에게 승리하자 자결한다. 그는 후일 반독재 투쟁의 본보기가 된다.

132 방패의 맨 위쪽에 새겨진 장면들(652행 참조)과 맨 아래쪽의 저승의 장면들(666행 참조) 사이란 뜻이다.

133 악티움 해전에 관해서는 3권 주 74 참조.

134 레우카테스에 관해서는 3권 주 73 참조.

135 아우구스투스가 기원전 43년 한 해 전에 암살된 양부(養父) 율리우츠 카이사르를 위해 장례식 경기를 개최했을 때 하늘에 혜성이 나타났는데, 사람들은 그것을 율리우스 카이사르가 죽은 뒤 하늘로 올라간 증거라 믿고 '율리우스의 별'(Iulium sidus)이라고 불렀다고 한다.

136 아그립파(기원전 64~기원후 12)는 아우구스투스 황제의 평생 친구이자 후원자로, 해군을 비롯하여 군사 요직을 두루 맡았던 정직하고 유능한 행정가이다. 기원전 31년의 악티움 해전에서는 함대의 좌익을 지휘하여 안토니우스가 전열을 제대로 갖추기 전에 정면대결을 함으로써 안토니우스의 좌익과 중군과 대부분의 우익이 도주하거나 항복하게 만들어 전쟁을 승리로 이끈다.

137 박트라(Bactra)는 북아프가니스탄 지방에 세워진 박트리아나(Bactriana) 왕국의 수도이다.

138 클레오파트라(Cleopatra).

139 퀴클라데스 군도에 관해서는 3권 주 46 참조.

140 화전(火箭).

141 클레오파트라가 자신을 물게 했던 독사를 가리키는 것으로 생각된다. 복수의 여신의 머

리에 있는 뱀도 두 마리였고(7권 450행 참조), 라오코온(2권 203~4행 참조)과 아기 헤르쿨레스(8권 289행 참조)를 공격한 뱀도 두 마리였던 점으로 미루어 뱀과 관련하여 두 마리란 표현은 일종의 관용 문구로 생각된다.

142 아누비스는 개의 머리를 가진 이집트의 신이다.
143 벨로나에 관해서는 7권 주 53 참조.
144 악티움에는 아폴로의 신전이 있었는데 아우구스투스는 이곳에서 승리한 뒤 그것을 보수하게 했다고 한다.
145 사바이족(Sabaei 그/Sabaioi)은 아라비아의 남서부, 지금의 예멘에 살던 부족이다.
146 이아퓍스 바람(Iapyx)이란 이탈리아의 발꿈치 부분 위쪽에 있는 이아퓌기아(Iapygia)에서 그리스 쪽으로 부는 서북서풍을 말한다.
147 닐루스는 나일 강의 라틴어 이름이다.
148 아우구스투스는 기원전 29년 8월 달마티아(Dalmatia)에 대한 승리(기원전 34~33년)와 악티움에서의 승리(기원전 31년)와 알렉산드리아에서의 승리(기원전 30년)로 사흘 동안 거푸 개선식을 올렸다고 한다.
149 아우구스투스는 12동의 신전을 신축하고 82동의 낡은 신전을 중수했다고 한다.
150 물키베르(Mulciber)는 볼카누스의 별명 중 하나로 그 어원에 관해서는 알려진 것이 없다.
151 소아시아에 살던 부족이다.
152 카리아(Caria 그/Karia)는 소아시아의 남서 지방이다.
153 겔로니족은 지금의 우크라이나 지방에 살던 스퀴타이족(Scythae)이다.
154 터키 동부 지방에서 발원하여 터키와 이라크를 지나 페르시아 만으로 흘러드는 강이다.
155 모리니족은 지금의 벨기에 서부 지방에 살던 부족이다.
156 레누스는 라인 강의 라틴어 이름이다.
157 다하이족은 카스피 해 동쪽에 살던 스퀴타이족이다.
158 아락세스는 아르메니아 지방의 큰 강으로 카스피 해로 흘러든다. 이 강은 특히 눈이 녹을 때면 급류를 이루며 세차게 흘러가기 때문에 웬만한 다리는 다 떠내려갔다고 한다.

제9권

1 아이네아스가 에우안데르를 방문했던 일을 말한다.
2 이리스에 관해서는 4권 주 94 참조.
3 필룸누스는 투르누스의 고조부이다.

4   코뤼투스의 도시들이란 에트루리아의 도시들이란 뜻이다. 코뤼투스에 관해서는 3권 주 51 참조.
5   에트루리아인들이 소아시아의 뤼디아에서 건너온 이민자들이라는 데 관해서는 2권 주 125 참조.
6   멧사푸스에 관해서는 7권 691행 참조.
7   튀르루스에 관해서는 7권 485행 참조.
8   29행은 후반부가 7권 784행의 반복으로 대부분의 양질의 필사본에서는 빠져 있다.
9   강게스는 갠지스 강의 라틴어 이름이다.
10 이 비유가 말하고자 하는 것은 이탈리아군이 여러 곳에서 모여 일사불란하게 움직이고 있다는 점과, 적군이 알아차리지 못하도록 소리 없이, 그러나 쉬지 않고 행군하고 있다는 점이다.
11 카이쿠스에 관해서는 1권 183행 참조.
12 창을 공중에 던지는 것.
13 여기서 불카누스는 '불'을 뜻한다.
14 베레퀸투스 산의 어머니에 관해서는 6권 주 164 참조.
15 그만한 힘이 있지 않느냐는 점과, 사투르누스가 태어나는 족족 자식들을 모조리 삼켰을 때 그녀가 그를 구해주었으니 이에 대해 그는 감사해야 할 것이라는 점을 암시하는 것으로 생각된다.
16 저승의 신인 플루토 일명 디스를 말한다. 윱피테르, 넵투누스, 플루토 일명 디스는 형제간이다.
17 코뤼반테스들을 말한다. 이들에 관해서는 3권 주 41 참조.
18 함선들.
19 양질의 필사본에는 빠져 있는 행이며 10권 223행에서 가필한 것이다.
20 티베리누스에 관해서는 2권 주 125 참조.
21 바다.
22 라비니아는 투르누스의 약혼녀는 아니었다.
23 아트레우스의 아들들에 관해서는 1권 주 137 참조.
24 투르누스는 여기서 자신의 처지를 아내 헬레나를 빼앗긴, 아트레우스의 아들 메넬라오스에 비기고 있다.
25 뮈케나이에 관해서는 1권 주 98 참조.

26 2권 주 102 및 104 참조.
27 불카누스가 아킬레스를 위해 만들어준 것과 같은 무구들이란 뜻이다.
28 트로이야 전쟁 때 그리스 연합군은 약 일천 척의 함선을 타고 트로이야로 간 것으로 알려져 있다.
29 팔라디움에 관해서는 2권 주 26 참조.
30 더 나은 부분(melior pars)이란 더 많은 부분이란 뜻으로 생각된다.
31 여기서는 니수스를 낳아주었던 이다 산의 요정을 말하는 듯하다.
32 5권 715 및 750행 참조.
33 아스카니우스.
34 라르에 관해서는 5권 주 86 참조.
35 아리스바(Arisba 그/Arisbe)는 소아시아 트로아스 지방의 도시로 아이네아스가 이 도시를 함락했다는 것은 다른 문헌에서는 확인되지 않고 있다.
36 레무스.
37 포도주의 신 박쿠스 또는 잠의 신 솜누스(Somnus)를 말하는 듯하다.
38 레물루스. 그의 손자로 보는 이들도 있다.
39 여기 나오는 알바누스(Albanus)에 관해서는 달리 알려진 것이 없다.
40 여기 나오는 알바(Alba)는 알바 롱가가 아니라, 문맥상으로 보아 그곳과 로마 사이 어딘가에 있는 것으로 추정된다.
41 '내가 그자를 찾아낼 때까지'란 뜻이다.
42 니수스.
43 볼켄스.
44 여기서 '아이네아스의 집안'(domus Aeneae)은 카이사르들을 배출한 율리아 가(家)뿐 아니라 넓은 의미로 '로마인들'을 말하는 것으로 생각된다. 마찬가지로 다음에 나오는 '로마의 아버지'(pater Romanus)도 아우구스투스를 넘어서서 자신이 로마의 아버지라고 주장할 수 있는 모든 사람들을 포함하는 것으로 생각된다. 이것을 '카피톨리움 언덕의 윱피테르'(Iuppiter Capitolinus)로 보는 것은 지나친 해석일 것이다.
45 시인은 칼리오페만 거명하지만 무사 여신 전부를 부르고 있는 것이다.
46 마이오니아에 관해서는 8권 주 98 참조.
47 독수리. 독수리가 윱피테르에게 벼락을 날라주었기 때문이다.
48 『일리아스』 15권 690행, 17권 674행, 22권 308행에서도 적군을 공격하는 영웅은 백조나

새끼 양이나 토끼를 채어가는 독수리에 비유되고 있다.

49 암늑대가 마르스의 아들들인 로물루스와 레무스 형제에게 젖을 먹여준 까닭에 늑대는 마르스에게 바쳐진 동물이 된 것으로 생각된다.

50 히베리아에 관해서는 7권 주 114 참조.

51 팔리쿠스는 시킬리아의 신이다. 여기서는 단수이지만 다른 곳에서는 복수형 Palici가 쓰이고 있다. 그들은 윱피테르의 아들들이라고 하며 아이트나 산과 그 기슭을 흐르는 쉬마이투스 강 인근에서 특히 경배 받았다고 한다.

52 쉬마이투스에 관해서는 9권 주 51 참조.

53 Martis('마르스의'란 뜻) 대신 Matris('지모신의'란 뜻) 또는 시킬리아는 마르스나 지모신 숭배와는 무관하기 때문에 matris('어머니의'란 뜻, 여기서 어머니란 아르켄스의 요정 어머니를 의미한다)로 읽는 텍스트들도 있다.

54 투석기는 『일리아스』 13권 599~600행 및 716행에서만 언급되는데, 『아이네이스』에서도 싸움터에서 이를 휘두르는 것은 이곳뿐이다. 투석기는 창은 물론이고 활에 비해서도 중요성이 떨어지는 다소 경멸스런 무기로 메젠티우스 같은 장수가 이를 사용한다는 것은 다소 의외다.

55 아르켄스의 아들.

56 고대인들은 납 덩어리가 빠른 속도로 공중을 날게 되면 공기 마찰에 의해 녹아내린다고 믿었다. 아리스토텔레스 『천체에 관하여』(Peri ouranou 라/De caelo) 2권 7절, 루크레티우스(Titus Lucretius Carus) 『사물들의 본성에 관하여』(De rerum natura) 6권 177행 이하 참조.

57 그는 아이네이스가 라비니아에게 구혼한 것을 마치 트로이야인들 전부가 그들의 아내들을 억지로 빼앗으려 하는 것처럼 과장하고 있다.

58 tarda senectus를 '늦게 찾아오는 노년'으로 번역할 수도 있을 것이다.

59 투니카에 관해서는 8권 주 91 참조.

60 딘뒤마(Dindyma 또는 Dindymus)는 퀴벨레 숭배 의식이 행해지던 프뤼기아 지방의 산이다.

61 지모신 퀴벨레.

62 베레퀸투스에 관해서는 6권 주 164 참조.

63 새끼 염소들(Haedi)은 마차부자리(Auriga) 안에 있는 작은 두 별로 추분 무렵 이 별이 뜨기 시작하면 가을 폭풍이 시작된다고 한다.

64　파두스는 지금의 이탈리아 포(Po) 강을 말한다.

65　아테시스는 지금의 이탈리아 아디게(Adige) 강을 말한다.

66　사르페돈은 트로이야의 동맹군으로서 소아시아의 뤼키아 왕이었다. 따라서 여기 나오는 테바이는 그리스 보이오티아 지방의 수도 테바이가 아니라 소아시아 뮈시아(Mysia) 지방에 있는 테바이를 말하는 것으로 생각된다.

67　팔라리카(phalarica)는 나무 자루에 45센티미터 가량의 쇠막대기가 박힌 묵직한 무기로 주로 공격해오는 자들을 향하여 성 위에서 내리 던졌다고 한다.

68　바이아이는 나폴리 만에 있는 이름난 해변 휴양지로 그리스 에우보이아 섬의 칼키스 시민들이 세운 도시 쿠마이 바로 옆에 있다.

69　방파제 또는 별장의 기초 공사로서.

70　프로퀴타(Prochyta 지금의 Procida)는 바이아이 건너편에 있는 작은 섬으로 이나리메(Inarime 또는 Aenaria 또는 Pithecusae 지금의 Ischia) 섬과 가깝다.

71　튀포에우스(1권 주 187 참조)는 올륌푸스의 신들에게 패한 뒤 땅 밑에 산 채로 묻혀 있는데 그 위치에 관해서는 아이트나 산 밑이라는 주장이 유력하지만 피테쿠사이 섬 밑이라는 주장도 있다.

72　전우들 중 다른 사람들이란 뜻이다.

73　아마타에 관해서는 7권 주 61 참조.

74　아르데아에 관해서는 7권 주 73 참조.

75　너를 곧 저승으로 보내주겠다는 뜻이다.

76　빗맞았다는 뜻이다.

77　유노는 윱피테르의 아내이자 누이이다.

제10권

1　『일리아스』에서는 다섯 번, 『오뒷세이아』에서는 두 번 신들의 회의가 열리는데 『아이네이스』에서는 단 한 번 열린다.

2　기원전 218년 알프스를 넘은 한니발의 이탈리아 침공을 말한다.

3　투르누스.

4　8권 주 2 및 3 참조.

5　베누스는 아이네아스를 구하려다 디오메데스의 창에 부상당한 적이 있다. 『일리아스』 5권 336행 참조.

6 5권 604~5행 참조.
7 1권 주 43 참조.
8 1권 50~51행 참조.
9 9권 18~19행 참조.
10 유노.
11 3권 주 69 및 7권 주 55 참조.
12 아스카니우스.
13 파푸스 및 이달리아(Idalia 또는 Idalium 1권 주 193 참조)와 마찬가지로 동지중해의 퀴프루스 섬에 있는 도시로 베누스 숭배로 유명했다.
14 1권 주 87 참조.
15 페니키아 지방에 있던 튀로스 시의 시민들은 카르타고 시 외에 북아프리카와 에스파냐에 여러 도시들을 세우게 되는데 이 도시들은 훗날 포이니 전쟁 때 공격 거점이 된다.
16 크산투스와 시모이스는 트로이야 옆을 흘러 지나가는 강들이다.
17 일리움의 파멸을 다시 겪는다는 것은 트로이야인들에게는 끔찍한 일이지만 지금의 처지보다는 낫다는 뜻이다.
18 에트루리아 왕 메젠티우스의 백성들은 그의 폭정을 참다못해 자진하여 그에게 등을 돌렸던 것인데(8권 480행 이하 참조), 유노를 이를 무시하고 있다.
19 9권 주 3 참조.
20 8권 92~3행 참조.
21 『일리아스』 5권 315행에서 베누스는 위험에 처한 아이네아스를 옷으로 가려주고, 그녀가 부상당하자 아폴로가 그를 구름으로 덮어주는데, 여기서 유노는 이 이야기를 멋대로 고치고 있다.
22 9권 77행 이하 참조. 그러나 아이네아스의 함선들을 바다 요정으로 변신시킨 것은 베누스가 아니라 퀴벨레이다.
23 파리스.
24 파리스.
25 소아시아 뤼디아 지방의 팍톨루스 강은 사금(砂金)으로 유명했다.
26 캄파니아 지방의 수도 카푸아(Capua)를 말한다.
27 그 자신도 언제 도움이 필요하게 될지 모른다는 뜻이다.
28 에트루리아인은 이방 출신 지도자에게 자신들을 맡겨야만 메젠티우스를 제압할 수 있다

는 신탁을 받았다. 8권 503행 참조.

29 여기서는 아이네아스가 트로이야에서 도망칠 때 이다 산에 있는 자신의 임원에 있는 나무를 베어 함선들을 건조하게 해준 퀴벨레(9권 80행 이하 참조)의 수레를 끄는 사자들을 의미한다.

30 이다 산이 선수상(船首像)으로서 그려져 있다는 뜻이다.

31 아모르와 베누스.

32 퀴크누스(Cycnus 그/Kyknos)는 그리스어로 '백조'란 뜻이다.

33 태양신 헬리오스의 아들 파에톤이 아버지의 마차를 몰다가 떨어져 죽자 그의 누이들은 그의 운명을 슬퍼하다가 미루나무로 변했다고 한다.

34 만토는 그리스의 유명한 예언자 테이레시아스의 딸이다.

35 8권 주 93 참조.

36 만투아(Mantua, 지금의 Mantova)는 북이탈리아 밍키우스 강변의 소도시로 베르길리우스의 고향이다.

37 여기서 하신 밍키우스는 선수상이자 배 이름이기도 하다.

38 묵직하다(gravis)는 표현은 '고개를 쳐든다'는 표현과 마찬가지로 아울레스테스보다는 그의 배에 어울리는 표현이다.

39 달의 여신으로서의 디아나의 별명이다.

40 투르누스.

41 퀴벨레.

42 볼카누스.

43 9권 주 61 참조.

44 제왕절개하여 낳은 아이는 치유의 신 아폴로와 관계가 있다고 믿어졌다.

45 팔라스와 일루스.

46 불길.

47 웁피테르.

48 헤르쿨레스.

49 다나우스의 쉰 명의 딸들은 첫날밤에 아버지의 명령에 따라 자신의 남편인 아이귑투스의 아들들을 모두 죽인다. 휘페르메스트라(Hypermestra 또는 Hypermnestra)만이 남편 륑케우스(Lynceus 그/Lynkeus)를 살려주어 아들 아바스(Abas)를 낳는다.

50 6권 주 6 참조.

51 3권 주 19 참조.

52 그리스 라코니케 지방에 있는 아뮈클라이(Amyclae 그/Amyklai)의 시민들이 라티움 지방에 세운 식민시 아뮈클라이를 '조용하다'고 한 것에 대해서는, 그곳이 베르길리우스 시대에는 폐허가 되었기 때문이라고도 하고, 그곳 주민들은 조용히 할 것을 명한 퓌타고라스의 추종자들이기 때문이라고도 하고, 적군이 쳐들어온다는 경보가 누차 잘못 발해지자 그곳 시민들이 아무도 적군의 침입을 알리지 못하도록 법을 제정했고, 그래서 실제로 적군이 침입했을 때는 이를 알리지 않아 도시가 함락되었기 때문이라고도 한다.

53 아이가이온(Aegaeon 그/Aigaion)은 세 명의 헤카톤케이레스들(Hekatoncheires) 중 한 명으로 신들은 그를 브리아레우스(6권 주 59 참조)라고 부른다. 그는 윱피테르 일파가 티탄 신족과 싸울 때 윱피테르를 도와준 것으로 알려져 있으나(『일리아스』 1권 401행 이하 및 『신통기』 617행 이하 참조), 베르길리우스는 여기서 그를 윱피테르의 적으로 만들어놓고 있다.

54 『일리아스』에서 아이네아스는 베누스에 의하여 디오메데스의 손에서(5권 311행 참조), 넵투누스에 의해 아킬레스의 손에서 구출된 적이 있는데(20권 290행 참조), 여기서 리게르가 말하고자 하는 것은 이번에는 절대 그렇게 도망칠 수 없다는 것이다.

55 필룸누스에 관해서는 9권 주 3 참조.

56 일시적 유예.

57 묻힐 땅이란 뜻이다.

58 유노.

59 7권 주 54 참조.

60 리구리아 지방에 있는 산으로 포 강의 발원지이다.

61 아들을 앗아가는 것.

62 시계 반대 방향으로란 뜻이다. 왼쪽으로 도는 것은 방패로 가려진 쪽을 적에게 보이고, 오른손으로 창을 던지기 편리하기 때문이다.

63 상대는 말을 타고 싸우는데 그는 서서 싸우고 있기 때문에.

64 죽이거나 죽기 위해 싸움터에 온 것이라는 뜻이다.

65 아들 라우수스가 그대의 손에 죽은 이상 우리 사이에 용서란 있을 수 없다는 뜻이다.

제11권

1 저승.

2 도망치다가 등에 입는 부상을 말한다.
3 7권 주 25 참조.
4 7권 264행 이하 참조.
5 팔라스가 아니라.
6 마치 강물이 들판을 갈라놓듯이.
7 디오메데스는 나중에 아르고스 왕이 되었으나 그의 아버지 튀데우스는 원래 그리스 중서부 지방인 아이톨리아의 칼뤼돈 시 출신이었다.
8 디오메데스는 원래 그리스 아르고스 왕이었고, 그가 이탈리아에 세운 도시 아르귀리파는 당시에는 아직 건설 중이었기 때문에 '아르고스의 진영'이라고 부른 것이다.
9 디오메데스는 트로이야에서 개선한 뒤 아내의 부정을 눈치채고 이탈리아의 남동부 지역인 아풀리아 지방으로 건너가 그곳의 다우누스(Daunus) 왕을 도와 남쪽의 멧사피이족(Messapii)을 이긴다. 그리하여 그는 그들의 영토의 일부를 받아 그곳에 도시를 세우고 고향인 아르고스 주위의 평야인 아르고스 힙피온(Argos hippion)에서 이름을 따와 아르귀리파라고 불렀다는 것이다. 이 도시는 나중에 아르피라고 불렸다.
10 1권 주 168 참조.
11 프리아무스는 트로이야의 마지막 왕으로 부귀영화를 누리다가 늙어서 더없이 비참한 최후를 맞게 된다. 그런 프리아무스도 그들을 보았더라면 동정했을 것이라는 뜻이다.
12 그리스 로마인들은 폭풍과 날씨가 특정한 별들이 뜨고 지는 것과 관계가 있다고 믿었다. 그래서 여기서 베르길리우스는 미네르바 여신이 귀향하는 그리스 함대에 보낸 폭풍을 '미네르바의 불길한 별'이라고 표현하고 있는 것이다. 미네르바는 트로이야 전쟁에서 그리스군의 편을 들어주었으나 그들이 승리에 도취되어 신들을 모독하는 짓을 서슴지 않자 노하여 폭풍을 보냈던 것이다.
13 그리스군은 귀향하던 도중 특히 에우보이아 섬의 동남단에 있는 카페레우스(Caphereus 그/Kaphereus) 곶에서 난파당하여 큰 피해를 입게 되는데, 이는 아들 팔라메데스가 트로이야에서 프리아무스와 내통한다는 누명을 쓰고 억울하게 죽은 것에 앙심을 품고 나우플리우스가 에우보이아의 카페레우스 곶에 횃불을 켜 그들을 암초로 유인했기 때문이다. 나우플리우스는 또 그리스 왕들이 트로이야에서 여자 포로들과 놀아나고 있다는 소문을 퍼뜨려 그들의 아내들이 간통하도록 부추기기도 했다.
14 프로테우스는 예언의 능력을 가진 자유자재로 변신할 수 있는 해신이다. 메넬라우스가 이집트까지 표류하게 된 이야기는 『오뒷세이아』 4권 354행 이하 참조.

15 네옵톨레무스(Neoptolemus) 일명 퓌르루스(Pyrrhus)는 아킬레스의 아들로 귀국 후 에피로스의 왕이 되었으나 아가멤논의 아들 오레스테스의 손에 살해되었다고 한다. 3권 주 97 참조.
16 이도메네우스의 불행에 관해서는 3권 주 43 참조.
17 로크리스인들은 오일레우스의 아들 아이약스가 트로이야로 인솔해갔는데, 그들이 북아프리카 해안에 정착했다는 이야기는 다른 문헌에는 나오지 않는다.
18 아이기스투스.
19 디오메데스의 전우들이 새로 변신한 이야기에 관해서는 오비디우스 『변신 이야기』 14권 483~511행 참조.
20 여기 나오는 시카니족에 관해서는 7권 주 190 참조.
21 라비니아를 아이네아스와 약혼시키는 것.
22 아이네아스.
23 아이네아스.
24 2권 642행, 3권 476행, 8권 291행 및 9권 599행 참조.
25 그대의 주장대로라면 우주 만물의 질서가 뒤바뀔 것이라는 뜻이다.
26 라티누스.
27 디오메데스.
28 아이네아스와 화친하는 것.
29 카밀라.
30 투르누스.
31 디아나.
32 요정.
33 디아나 자신이 갖고 다니는 활과 화살.
34 6권 주 6 참조.
35 그녀의 활과 화살들.
36 아마존족에 관해서는 1권 주 151 참조. 펜테실레아에 관해서는 1권 주 152 참조. 여기서 그들은 젖가슴(전승에 따르면 오른쪽 젖가슴)을 드러내고 싸우고 있다.
37 힙폴뤼테는 아마존족의 여왕으로 마르스가 준 혁대를 차고 다녔는데, 그것을 가져오는 것이 헤르쿨레스의 12고역 중 하나였다.
38 이탈리아 북서 해안 지대인 리구리아(Liguria)에 살던 리구레스족은 거짓말 잘하기로 유

명했는데 그는 생전에 그의 부족들 중에서도 가장 교활한 자였다는 뜻이다.

39 카밀라는 아직 출전한 적이 없기 때문에 방패에 문장을 그려 넣지 않았던 것 같다.
40 매는 아폴로에게 바쳐진 새다. 『오뒷세이아』 15권 526행 참조.
41 여자와의 동침.
42 8권 주 96 및 98 참조.
43 퀴벨레.
44 뤼키아 화살통에 관해서는 7권 816행, 뤼키아 무기에 관해서는 8권 166행 참조. 고르튀나(Gortyna 그/Gortys)는 크레타 섬의 도시다. 크레타인은 활 잘 쏘기로 유명했다.
45 오피스.

제12권

1 아이네아스와 일대일로 싸우겠다는 약속을 말한다. 11권 438~9행 참조.
2 예언자들.
3 투르누스의 어머니 베닐리아는 라티누스의 아내 아마타와는 자매간이다.
4 아이네아스. 7권 98행 참조.
5 계획을 취소한다는 뜻.
6 트로이야인들.
7 『일리아스』 5권 311행 이하에서 베누스는 앞에다 자신의 옷자락을 펼쳐 아이네아스를 구해준 적이 있고, 같은 책 5권 344행 및 20권 321행 이하에서는 아폴로와 넵투누스가 그를 구름으로 가려 구해준 적이 있다.
8 눈물.
9 아이네아스.
10 일대일의 결투를 말한다. 12권 13행 참조.
11 양군이 조약의 비준을 위해 함께 증인으로 부를 신들을 말한다.
12 유투르나는 치유의 능력이 있는 샘물의 요정으로, 카툴루스(Gaius Catulus Lutatius)는 제1차 포이니 전쟁 때 시킬리아 앞바다에서의 해전(기원전 241년)을 앞두고 서약한 대로 그녀를 위해 마르스 들판에 사당을 지어주었다. 베르길리우스는 여기서 그녀를 투르누스의 신격화된 누이로 등장시키고 있다.
13 제우스와의 교합은 수많은 여인들에게 불행과 고통을 가져다주었다.
14 라티누스가 태양신의 자손이라는 데 관해서는 『신통기』 1011행 참조. 베르길리우스는 7

권 47행 이하에서는 라티누스의 족보에 관해 다르게 이야기하고 있다.

15 가축을 제물로 바칠 때에는 먼저 머리에 소금을 친 곡식 가루를 뿌리고 제물의 이마에서 머리털을 조금 잘라 불속에 던지고 나서 제물의 목을 땄다.

16 트로이야에서 가져온 베스타 여신의 성화와 페나테스 신들의 신상들.

17 아폴로와 디아나.

18 이 구절은 『일리아스』 1권 234행 이하에 나오는 아킬레스의 맹세를 모방한 것이다.

19 아군이 적군보다 두 배 이상 수가 많다는 뜻이다.

20 마치 극장의 관중석에 앉아 있는 관중들처럼.

21 돌론은 헥토르가 아킬레스의 말들을 보수로 준다면 그리스군의 진영을 정탐해오겠다고 장담했으나 그리스군에게 발각되어 살해된다. 『일리아스』 10권 299행 이하 참조.

22 아킬레스.

23 디오메데스.

24 트라키아.

25 아이가이움에 관해서는 3권 주 27 참조.

26 의술은 예언술이나 음악처럼 말이 필요없기 때문이다. 그리고 의술로는 시인처럼 큰 명성을 얻기가 쉽지 않기 때문이다.

27 이아픽스.

28 7권 주 182 참조. 여기서 파이온은 좁게는 아폴로를, 넓게는 의사들을 말한다.

29 방해가 되지 않도록.

30 크레타 섬의 딕테 산에서 이름을 따온 약초.

31 암브로시아(ambrosia)는 호메로스에서는 신식(神食) 또는 치료 효과가 뛰어난 연고 또는 향수를 뜻하지만 여기서는 신기한 약초를 뜻한다.

32 파나케아(panacea 그/panakeia)는 문자 그대로 '만병 통치'의 약초이다.

33 아스카니우스의 어머니 크레우사는 프리아무스의 딸로 헥토르의 누이이다.

34 로이테움에 관해서는 3권 주 37 참조.

35 아이네아스.

36 에키온은 카드무스가 테바이를 건설할 때 도운 사람이다.

37 10권 126행에 나오는 클라루스와 테몬을 말하는 것으로 생각된다.

38 앞서 투르누스가 결투를 회피한 것을 말한다.

39 7권 323~570행 참조.

40 12권 612 및 613행은 11권 471 및 472행을 반복한 것으로 대부분의 양질의 필사본에서는 빠져 있다.
41 아이네아스는 동쪽에서, 투르누스는 서쪽에서 태어났다는 뜻이다.
42 저울접시가 아래로 기울어지는 것은 죽음을 의미한다.
43 자줏빛 깃털을 단 노끈을 숲의 가장자리를 따라 펼쳐놓는 것은 사냥감이 그것을 피하려다 미리 쳐놓은 그물에 걸려들게 하려는 것이다.
44 『일리아스』 22권 159행 이하에서 아킬레스가 헥토르를 추격하는 장면을 모방한 것이다.
45 베르길리우스에 따르면 파우누스는 사투르누스의 손자로 라티누스의 아버지다. 7권 48행 참조. 따라서 파우누스는 라우렌툼의 신일 뿐만 아니라 왕이었다.
46 아마타의 죽음을 말한다.
47 스튁스 강에 관해서는 3권 주 62 참조.
48 윱피테르의 아버지 사투르누스는 라티움 지방을 다스렸을 뿐 아니라 파우누스의 전설상의 할아버지이고, 파우누스는 라티누스의 아버지다. 7권 48행 이하 참조.
49 아스카니우스는 알바 롱가를 건설하여 30년간 다스리다가 그의 후손들이 그 뒤를 이어, 로물루스가 로마를 건국할 때까지 300년간 그곳을 다스린다. 1권 266행 이하 참조.
50 12권 192행 참조.
51 유노는 카피톨리움 언덕에 윱피테르와 미네르바와 더불어 신전을 갖고 있었다. 그녀는 또 여왕 유노(Iuno Regina)로서 아벤티눔 언덕에 신전을 갖고 있었고, 유노 모네타(Iuno Moneta)와 유노 루키나(Iuno Lucina) 등으로 다른 신전들을 갖고 있었다.
52 4권 주 72 참조.
53 복수의 여신들은 티시포네와 알렉토와 메가이라의 세 명이며(3권 주 69 참조) 그들의 거처는 타르타루스로 알려져 있다. 그런데 베르길리우스는 여기서 그들을 윱피테르의 문간에서 대기하고 있는, 디라들이라고 불리는 쌍둥이 자매와 타르타루스에 머무는 메가이라로 구별하고 있다.
54 유투르나는 새가 한 마리가 아닌 것으로 착각하고 있는 듯하다.
55 죽음은 삶의 보편적인 법칙이다.
56 사자들의 혼백들.
57 이 구절은 『일리아스』 12권 447행에서 헥토르가 돌을 집어 드는 장면을 모방한 것이다.

| 옮긴이 해제 |

베르길리우스, 로마의 사명을 노래하다

베르길리우스(Publius Vergilius Maro)는 기원전 70년 10월 15일 북이탈리아의 만투아(Mantua 지금의 만토바) 근처의 안데스(Andes 지금의 피에톨레) 마을에서 태어나 기원전 19년 9월 20일 이탈리아 반도의 발뒤꿈치 부분인 브룬디시움(Brundisium 지금의 브린디시)에서 운명하여 네아폴리스(Neapolis 지금의 나폴리) 근처에 묻혔다. 그가 임종 직전 불러준 자신의 묘비명은 다음과 같다.

만투아가 나를 낳아주고 칼라브리아가 나를 채어 갔다. 지금은 네아폴리스가 나를 붙들고 있다. 나는 목초지와 농토와 장수들을 노래했노라.
Mantua me genuit, Calabri rapuere, tenet nunc
Parthenope: cecini pascua, rura, duces.

비르길리우스(Virgilius)라는 이름은 기원후 400년경부터 사용되어 오늘날 영어권에서는 버질(Virgil)이, 불어권에서는 Virgile이라는 이름이 통용되고 있으며, 독일어권에서도 가끔 Virgil이란 이름이 사용되곤 한다. 그가 비르길리우스(Virgilius)라고 불린 것은 '지팡이'란 뜻의 라틴어 virga 또는 '처녀'란 뜻의 라틴어 virgo와 관계가 있는 것으로 추정되고 있다. 사자(死者)들의 혼백을 저승으로 인도할 때 메르쿠리우스 신이 사용하는 지팡이(virga)를 베르길리우스와 관련 지은 것은 『아이네이스』 6권에서 그가 아이네아스를 저승으로 보내 죽은 아버지로부터 로마의 미래와 영광을 보고 듣게 했기 때문일 것이다. 그리고 virgo는 베르길리우스가 지나치게 수줍음을 타서 '처녀 같은 남자'(Parthenias)라는 별명을 얻게 된 것과 관련이 있다고 생각된다.

베르길리우스의 생애와 관련된 기록은 수에토니우스(Gaius Suetonius Tranquillus 기원후 75년경~150년경)에 의해 씌어졌으나, 원래의 모습은 전해지지 않고 도나투스(Aelius Donatus 기원후 4세기)가 손질한 판본으로 남아 있다. 베르길리우스의 생애에 관한 모든 정보들은 도나투스의 이 판본에서 비롯된 것이다.

베르길리우스는 키가 크고 얼굴색이 검고 심한 사투리를 썼으며 체격이 단단하여 마치 건장한 농부처럼 보였다. 그러나 그는 병약한 편이었고 몹시 수줍음을 타는 성격이었다. 시골에서 나고 자란 그는 크레모나(Cremona)와 메디올라눔(Mediolanum 지금의 밀라노)에서 초등 교육을 받다가 정치가와 법률가를 지망하여 로마에 가서 수사학을 공부했다. 그러나 내성적인 성격 때문에 변론(辯論)으로 입신할 것을 단념하고, 문학과 철학에 전념할 것을 다짐하며 네아폴리스로 물러났다고 한다. 그 후 베르길리우스의 생애는 전적으로 시작(詩作)과 시작 관련 연구에 바쳐졌다.

도나투스에 따르면 베르길리우스는 청소년기에 여러 가지 작품들을 썼다고 하나, 『베르길리우스 부록』(Appendix Vergiliana)이란 이름으로 전해지는 이들 소품(小品)들은 대부분 베르길리우스가 죽은 직후에 그의 이름으로 발표된 위작(僞作)으로 간주되고 있다. 오늘날에는 『전원시』(Bucolica)와 『농경시』(Georgica)와 『아이네이스』만이 그가 쓴 것으로 인정되고 있다.

1. 『전원시』

『전원시』의 라틴어 이름 Bucolica는 '소치는 목자'란 뜻의 그리스어 boukolos에서 유래한 것이다. 이를 흔히 '시선'(詩選)이란 뜻의 에클로가(Ecloga)로 부르는데 이것은 원래의 뜻에서 벗어난 것으로 보인다. 전부 10편의 짧은 전원시

(100행이 넘는 것은 두 편뿐이다)로 된 이 작품은 기원전 3세기 시킬리아 출신 그리스 시인 테오크리토스(Theokritos)의 『에이뒬리아』(*Eidyllia* '짧은 소묘'란 뜻)를 모방한 것으로 서늘한 그늘에서 물소리를 들으며 번거로운 세상사를 잊고 사적인 관계를 가꿀 수 있는 지상 낙원을 소개하고 있는데 테오크리토스의 것보다 한층 더 비현실적이고 양식화된 세계를 보여줌으로써 전원시라는 장르에 새로운 방향을 제시했으며 후일 서양 전원시에 큰 영향을 주었다. 이 작품은 기원전 42~37년 사이에 씌어진 것으로 추정되고 있다.

그러나 『전원시』에서 가장 주목을 끄는 것은 제4편에 나오는, 한 소년의 탄생과 황금시대의 도래에 관한 예언이다. 이를 100년 동안 지속되던 내전을 끝내고 로마에 '아우구스투스의 평화'(Pax Augusta)를 가져다준 아우구스투스 황제로 보는 견해도 있고, 예수 그리스도의 탄생을 암시하는 것으로 해석하는 이들도 있다.

2. 『농경시』

기원전 37~29년 사이에 역시 헥사메터(hexameter) 시행으로 씌어진 『농경시』의 라틴어 이름 Georgica는 '농부'란 뜻의 그리스어 georgos에서 유래한 것이다. 전 4권으로 된 이 작품은 기원전 700년경에 활동한 그리스 서사시인 헤시오도스의 『일과 날』(*Erga kai hemerai*)을 참고한 교훈시로 농사, 포도 재배, 목축, 양봉 등 농부들의 일상을 주제로 하고 있다. 내전 당시에 씌어진 이 작품은 베르길리우스가 시골 사람으로서 뼈저리게 느껴왔던 전쟁으로 인한 이탈리아 농촌의 피폐상을 배경으로 전통적 농촌 생활의 회복을 호소하고 있다. 이미 지상에서 황금시대는 사라졌으나, '이탈리아 찬가'라고 할 수 있는 2권 136~176행에서 특히 이탈리아에서는 힘껏 노력하면 자연은 인간들에게 축복을 가져다줄 수 있다고 말하고 있다. 이러한 자족적인 농촌 경제에 대한 동경은 인류의 오랜 꿈이자 당시 값비싼 사치품이 넘쳐나는 로마의 사치를 경계하는 의도가 반영된 것으로 생각된다.

베르길리우스는 자신의 재능을 알아본 로마의 역사가 겸 문예 후원자인 폴리오(Gaius Asinius Pollio 기원전 76~기원후 4년)의 권유로『전원시』를 쓰기 시작했으나 이 작품이 발표되었을 무렵에는 고대 로마의 대표적인 문예 후원자인 마이케나스(Gaius Maecenas 기원전 70년경~기원전 8년)의 동아리에 가담하게 되었다. 궁정 모임이라 할 만한 이 동아리를 통해 그는 자연스럽게 마이케나스의 절친한 친구였던 아우구스투스(당시에는 옥타비아누스)와도 가까워지게 된다. 베르길리우스는 아우구스투스 시대의 가장 저명한 서정시인 호라티우스(Quintus Horatius Flaccus 기원전 65~기원전 8년)를 마이케나스에게 소개하기도 했다.

3.『아이네이스』

『전원시』6편 3행에서 베르길리우스는 자신의 젊은 시절의 야망 가운데 하나는 서사시를 쓰는 것이었다고 말하고 있다. 그는 서사시를 쓰기 위해 평생 동안 준비하고 서사시를 쓰면서 인생을 마감한 시인이었다.

그는『농경시』를 완성한 뒤 무의미한 내전을 종식시키고 악티움 해전에서 돌아온 아우구스투스에게 이 시를 낭독했는데, 이때 아마도 아우구스투스와 마이케나스로부터 이제는 자랑스런 로마를 찬미하는 민족 서사시를 써보라는 격려를 받았던 것으로 생각된다.

당대까지 인류가 경험한 가장 위대한 제국의 탄생을 노래하는 서사시를 쓰자면 베르길리우스는 호메로스의 전통 이외에도 그 이후의 정신적 유산들, 이를테면 그리스 비극과, 헬레니즘 문학과, 로마 시인 엔니우스(Quintus Ennius 기원전 239~169년)의 트로이야의 함락에서부터 로물루스의 죽음에 이르기까지 로마의 역사를 망라한『연대기』(*Annales*)와, 나이비우스(Gnaeus Naevius 기원전 3세기 말)의 로마의 역사에서 취재한 비극들뿐 아니라 그동안 자신이

섭렵한 그리스 철학을 어떤 방법으로든 자신의 작품 속에서 구현해내야 했다. 베르길리우스는 우선 자신의 서사시의 주인공으로 아우구스투스를 생각해보았을 것이다. 그럴 경우 아우구스투스가 신들과 대담(對談)하고 싸움터에서 적군을 베어 눕히는 장면을 그려야 할 텐데 그것은 자칫 우스꽝스러운 구도가 될 것이다. 그리고 아우구스투스는 언제나 정당하고 그의 적들은 언제나 악당이나 괴물이어야 하는데 그럴 경우 작품은 사건의 단순한 해석의 테두리를 벗어나기 어려울 뿐더러 자신의 시적 이상과도 부합되지 않는 작품이 될 것이다. 이런 고민 끝에 베르길리우스는 아이네아스의 신화와 전설에 주목한 것으로 생각된다.

아이네아스는 여신 베누스가 트로이야 왕족인 앙키세스와 정분을 맺어 낳은 아들이다. 호메로스의 『일리아스』에 따르면 아이네아스는 트로이야 전쟁에서 그리스군에 대항하여 헥토르에 버금가는 용맹을 떨쳤다. 게다가 전쟁에서 살아남은 아이네아스의 자손들이 트로이야인들을 다스리게 될 것이라는 넵투누스의 예언도 나온다. 그것만이 아니었다. 카이사르와 아우구스투스가 속한 율리아 가(家)는 자신들의 가계가 옛날 트로이야에서 탈출해온 아이네아스의 아들 이울루스(Iulus)에게서 비롯되었다고 했다.

일단 아이네아스가 자신의 서사시에 적합한 인물로 판단되자 베르길리우스는 전 12권으로 된 『아이네이스』의 전반부인 1~6권에서는 아이네아스가 트로이야를 떠나 이탈리아에 도착하기까지 지중해를 헤매게 함으로써 호메로스의 『오뒷세이아』의 전통을, 후반부인 7~12권에서는 아이네아스가 이탈리아에 도착한 다음 그곳의 토착 부족들과 싸워 이긴 뒤 그들과 힘을 모아 로마 건국의 기틀을 마련하게 함으로써 『일리아스』의 전통을 함축적으로 수용하게 된다. 그리고 그 과정에서 아이네아스는 저승으로 내려가 미래의 로마를 짊어질 위대한 인물들을 보게 되고(6권), 미래의 로마가 서게 될 터를 방문했다가 볼카누스 신이 자신을 위해 만들어준 방패에서 기원전 31년 악티움 해전에서 아우구스투스가 결정적 승리를 거둠으로써 100년 가까이 지속된 참혹한 내전을 종식시키고 피정복 민족들을 사열하는 장면을 보게 된다(8권). 아이네아스 자신은 아직 그 의미를 명확히 모르고 있지만 그에게 주어진 과업이었던 위대한 제국은 여기서 완성되는 것이며, 그런 맥락에서 아이네아스가 로마 제국의 창시자라면 아우구스투스는 완성자라고 할 수 있을 것이다. 아우구스투스의 업적은『아이네이스』에서 확고한 의미 부여를 받게 될 것이다.

만약 베르길리우스가 아우구스투스에게 그런 후광을 부여하지 않았더라면 아우구스투스는『아이네이스』의 맨 마지막 장면에서 목숨을 비는 적장 투르누스의 가슴에 칼을 꽂는 아이네아스처럼 목적을 위해서는 수단 방법을 가리지 않는 냉혹한 인물이라는 인상을 줄 수도 있었을 것이다.

베르길리우스는 또 한 가지 난제를 해결하지 않으면 안 되었다. 그리스 학자들에 따르면 트로이야는 기원전 13세기에 함락되었는데, 로마의 연대기에 따르면 로마는 기원전 753년에 로물루스에 의해 창건되었다. 이 시간적 공백을 메우기 위해 그가 생각해낸 것은, 아이네아스는 온갖 노력에도 불구하고 로마 제국을 세우지는 못하고 라티니족과 힘을 모아 라비니움(Lavinium)이란 도시를 세운 뒤 3년 동안 통치하다가 세상을 떠나고, 그의 아들 아스카니우스 일명 이울루스가 그곳을 떠나 알바 롱가 시를 세우고 아이네아스를 계승하게 된다는 것이다. 그리고 그의 자손들이 300년 동안 그곳을 다스리다가 마지막 정통 왕 누미토르(Numitor)의 딸 레아 실비아(Rhea Silvia)에게서 로물루스와 레무스의 쌍둥이 아들이 태어나 그중 로물루스가 자신의 이름을 딴 새로운 도시 로마를 창건하여 알바 롱가를 흡수 통합한다는 것이다. 이러한 구상은 세대에서 세대로 전해 내려온 오래된 이야기를 토대로 이루어진 만큼 훗날 역사가들은『아이네이스』에서 중요한 정보를 제공 받는다.

베르길리우스는 죽을 때까지 11년 동안(기원전 30∼19) 이 작품에만 열중했는데,『아이네이스』의 줄거리를 살펴보면 다음과 같다.

불타는 트로이야를 빠져나온 아이네아스 일행의 함대는 시킬리아를 출발하여 항해하던 도중 심한 풍랑을 만나 북아프리카 해안에 표류하게 되는데 그곳 카르타고에서 여왕 디도의 환대를 받게 된다. 디도는 그들을 위하여 연회를 베풀고 아이네아스에게 그가 겪은 일들을 청해 듣는다. 아이네아스는 트로이야의 함락(2권)과 지중해를 정처없이 표류하는 자신의 신세에 대해 소상하게 이야기를 들려준다(3권).

4권에서 디도는 아이네아스를 점점 사랑하게 되고 어느 날 사냥을 나갔다가 폭풍을 만나 일행과 떨어져 아이네아스와 단둘이 어떤 동굴에 들어가 교합하게 된다. 이탈리아로 가서 새로운 도시를 건설해야 하는 자신의 임무를 망각한 아이네아스에게 어느 날 메르쿠리우스가 찾아와 윱피테르의 엄명을 전한다. 아이네아스는 가슴이 메어질 듯한 디도의 애원에도 불구하고 그녀를 남겨둔 채 함대를 이끌고 떠나고 그녀는 실연의 슬픔을 이기지 못하고 죽음을 선택한다. 시킬리아에 도착하여 1년 전 그곳에서 세상을 떠난 아버지 앙키세스의 기일을 맞아 장례식 경기를 개최한 아이네아스(5권)는 6권에서 마침내 대망의 이탈리아에 도착하게 된다. 지금의 나폴리 근처에 있던 쿠마이 시에서 예언녀 시뷜라의 도움으로 저승으로 내려간 그는 그곳에서 죽은 아버지를 만나보고 미래에 펼쳐질 로마의 위대한 역사와 인물들을 보게 된다.

7권에서는 라티움 지방을 통치하고 있던 라티누스 왕과 그의 딸 라비니아와 그녀의 약혼자로 자처하는, 아이네아스의 경쟁자 투르누스가 소개된다. 아이네아스의 출현으로 전쟁이 발발하자 여전사 카밀라를 포함한 토착 부족들의 장수들과 군세가 소개되는데, 하신 티베리스의 조언에 따라, 아이네아스는 그리스 아르카디아에서 건너와 미래의 로마가 서게 될 곳에 작은 도시를 세우고 웅거하고 있던 에우안데르를 찾아가 도움을 청한다. 에우안데르는 그에게 아들 팔라스를 맡기며, 투르누스와 한통속이 된 폭군 메젠티우스를 몰아낸 에트루리아인들과 손을 잡도록 일러준다. 이때 베누스의 부탁을 받은 볼카누스가 아이네아스를 위하여 신비한 방패를 만들어주는데 거기에는 악티움 해전에서의 아우구스투스의 활약상을 비롯한 로마의 미래가 새겨져 있다(8권).

9권에서 적장 투르누스는 아이네아스가 동맹군을 찾아 자리를 비운 사이 트로이야인들의 진영을 포위 공격한다. 아이네아스에게 사태의 심각성을 알리기 위해 니수스와 에우뤼알루스가 야습을 감행하여 적진을 돌파하려다가 장렬하게 전사한다. 10권에서는 하늘에서 신들의 회의가 열리고 이어서 지상에서도 격렬한 전투가 벌어진다. 팔라스는 투르누스의 손에 전사하고, 메젠티우스는 격분한 아이네아스의 손에 전사한다. 11권에서는 팔라스의 장례식이 엄숙히 거행되고, 이탈리아인들 쪽에서는 여전사 카밀라가 전사한다. 마지막 권인 12권에서는 투르누스가 결국 아이네아스와 일대일의 대결을 벌이게 되는데 아이네아스는 투르누스가 팔라스의 칼띠를 전리품으로 메고 있는 것을 보자 격분하여 살려 달라고 간청하는 투르누스의 가슴에 칼을 꽂는다.

『아이네이스』에는 미완성 시행이 쉰여 군데나 있다. 그래서 베르길리우스는 마지막 손질에 전념하기 위하여 생의 마지막 해인 기원전 19년 그리스와 소아시아 답사길에 올랐으나, 그리스 메가라 근처에서 열병에 걸려 이탈리아의 브룬디시움까지 건너왔으나 병세가 악화되어 그곳에서 숨을 거두었다.

베르길리우스는 생전에 이미 시인으로서 큰 명성을 얻어 기원전 23년에는 아우구스투스 앞에서 『아이네이스』 2, 4, 6권을 낭독했다고 한다. 그러나 그는 자신의 시적 재능에 자신이 없었는지, 아니면 완벽주의자였는지 친구인 바리우스(Lucius Varius Rufus)에게 만약 귀국하기 전에 자신이 죽게 되면 『아이네이스』를 불태워 없애버리겠다는 약속을 받아두었다고 한다. 하지만 그의 사후 아우구스투스의 명령으로 바리우스와 툭카(Plotius Tucca)가 초고를 정리하여 책으로 간행하면서 이 대작은 불타지 않고 거의 원형 그대로 남아 있게 되었다.

베르길리우스는 처음에 산문으로 초안을 잡은 후 그것을 운문으로 옮겼다고 한다. 도나투스에 따르면, 그는 마치 암곰처럼 시행들을 거칠게 낳아 그것을 혀로 핥아서 예쁘게 모양을 내는 습관을 가지고 있었다고 한다. 그는 힘들이지 않고 헥사메터 시행들을 즉석에서 읊을 수 있었지만 이른바 '유식한 시인' (poeta doctus)이라는 알렉산드리아 시인들의 예술 이상에 맞춰 오랫동안 그 시행들을 조탁하는 버릇이 있었던 것 같다.

4. 후세에 준 영향

시인으로서 큰 명성을 얻고 로마인들의 찬탄을 한몸에 받았던 베르길리우스는 사후에는 거의 미신적인 명성을 누리게 된다. 그의 작품들은 곧 학교 교재로 가장 널리 애용되었고, 주석과 문학적 논의의 대상이 되었으며, 이후의 서사시인들은 모두 그를 전범(典範)으로 삼았다. 베르길리우스의 명성은 그의 시행들의 예술적 완성도, 이를테면 두운(頭韻 alliteration)과 모음 압운(assonance) 같은 문채들을 적절히 이용할 줄 아는 탁월한 음악적 재능과 갑자기 서술체를 중단하고 돈호법(頓呼法)을 사용하여 독자의 마음에 절실하게 호소하는 기법 등으로 더욱 유명하다.

로마인들의 이상과 성취를 대변하며 위대한 로마를 노래했던 베르길리우스는 신비스런 능력을 가진 예언자 시인(vates) 또는 마법사(magus)로 여겨지기도 했다. 그리하여 그의 책을 아무 데나 열어 한 시행을 택해 자신의 미래를 점치는 이른바 베르길리우스 점(sortes Vergilianae 정확히는 '베르길리우스 제비뽑기'란 뜻)이 하드리아누스(Hadrianus) 황제 때부터 널리 유포되었다. 영국의 찰스 1세(1625~1649년 재위)는 내전 중에 옥스퍼드 대학의 보들리 도서관(Bodleian Library)에서 이런 방법으로 자신의 미래를 알고자 했는데, 『아이네이스』 4권 615행에 나오는 아이네아스에 대한 디도의 저주, "그는 전쟁에서 대담한 부족의 무구들에 시달리게 하고…(At bello audacis populi vexatus et armis…)"와 마주치게 되었다고 한다.

베르길리우스는 서유럽에서 라틴어가 유일하게 문화어가 되면서 호메로스와 그리스 문학이 거의 잊혀지다시피 한 중세에는 말할 것도 없고, 동로마제국이 멸망한 뒤 대거 이탈리아로 건너온 그리스 학자들에 의해 그리스 문학이 소개되기 시작한 르네상스 시대에도 그의 애국심과 종교적인 경건함, 풍부한 교양과 시인으로서의 완벽한 기교와 감수성에 힘입어 문자 그대로 '시성'(詩聖)으로서의 대우를 받았다. 단테는 『신곡』(神曲)에서 베르길리우스를 지옥에서 연옥을 지나 천국의 문 앞에 이르기까지 자신을 이끌어주는 인도자로 삼을 만큼 시인으로서뿐 아니라 기독교의 예언자로서 그를 높이 평가했다. 20세기를 지나면서 서양 문학에 준 그의 영향을 개관적으로 평가하는 작업이 꾸준히 진행됨으로써 고전 작가로서의 베르길리우스의 위상은 확고해졌으며, 서양의 '무한제국'(imperium sine fine)과 '로마적 평화'(pax Romana)라는 로마적 사고방식이 존재하는 한 그의 작품은 지속적으로 읽히고 연구될 것이다.

| 참고문헌 |

1. 텍스트와 주석

Austin, R. G. : *Aeneid* I, Oxford 1971.

_____ : *Aeneid* II, Oxford 1964.

_____ : *Aeneid* IV, Oxford 1955.

_____ : *Aeneid* VI, Oxford 1977.

Fordyce, C. J. : *Aeneid* VII and VIII, Oxford 1977.

Gransden, K. W. : *Aeneid* VIII, Cambridge 1976.

_____ : *Aeneid* XI, Cambridge 1991.

Hardie, P. : *Aeneid* IX, Cambridge 1994.

Harrison, S. J. : *Aeneid* X, Oxford 1991.

Mynors, R. A. B. : P. *Vergili Maronis Opera*, Oxford ^{2}1972.

Norden, E. : *Aeneis Buch VI*, Leipzig ^{3}1927, repr. 1957.

Page, T. E. : *The Aeneid*, 2vols., London 1894, 1900.

Servius : *Commentary*, eds. G. Thilo and H. Hagen, 3vols., Leipzig 1879~1902.

Williams, R. D. : *The Aeneid of Virgil*, 2vols., London 1973.

_____ : *Aeneid* III, Oxford 1962.

_____ : *Aeneid* V, Oxford 1960.

2. 번역서

영역으로는 H. R. Fairclough(Loeb Classical Library 1999), C. D. Lewis(Oxford World's Classics 1986), W.F. Jackson Knight(Penguin Books 1958), D. West(Penguin Books 1991) 및 R. Fitzgerald(Everyman's Library 1992)의 것들이, 독역으로는 J. Götte(Artemis und Winkler ^{10}2002), V. Ebersbach(Reclam ^{4}2001) 및 W. Hertzberg(Aufbau-Verlag 1965)의 것들이 원전에 충실한 번역들이다.

3. 연구서

Bailey, C.: *Religion in Virgil*, Oxford 1935.

Buchheit, V.: *Virgil über die Sendung Roms*, Heidelberg 1963.

Büchner, K.: *Publius Vergilius Maro. Der Dichter der Römer*, Stuttgart 1955.

Cairns, F.: *Virgil's Augustan epic*, Cambridge 1989.

Camps, W. A.: *An introduction to Virgil's Aeneid*, Cambridge 1969.

Clausen, W.: *Virgil's Aeneid and Hellenistic poetry*, Berkeley 1987.

Gransden, K. W.: *Virgil's Aeneid* (Landmarks of World Literature), Cambridge 1990.

Grant, M.: *Roman myths*, London 1971.

Hardie, P. R.: *Virgil's Aeneid: cosmos and imperium*, Oxford 1986.

Harrison, S. J. (ed.): *Oxford readings in Virgil's Aeneid*, Oxford 1990.

Heinze, R.: *Virgils epische Technik*, Leipzig ³1928. repr. 1957.

Highet, G.: *The speeches in Virgil's Aeneid*, Princeton 1972.

Johnson, W. R.: *Darkness Visible*, Berkeley 1976.

Klingner, F.: *Virgil: Bucolica, Georgica, Aeneis*, Zürich 1967.

Knauer, G.: *Die Aeneis und Homer. Studien zur poetischen Technik Virgils mit Listen der Homerzitate in der Aeneis*, Göttingen 1964.

Lyne, R. O. A. M.: *Further voices in Virgil's Aeneid*, Oxford 1987.

Otis, B.: *Virgil: a study of civilized poetry*, Oxford 1964.

Pöschl, V.: *Die Dichtkunst Virgils: Bild und Symbol in der Aeneis*, Berlin/New York ³1977.

Putnam, M. J. C.: *The poetry of the Aeneid*, Cambridge Mass. 1965.

Quinn, K.: *Virgil's Aeneid: a critical description*, London 1968.

Williams, G.: *Tradition and originality in Roman poetry*, Oxford 1968.

_____: *Techniques and ideas in the Aeneid*, New Haven 1983.

Wlosok, A.: *Die Göttin Venus in Virgil's Aeneis*, Heidelberg 1967.

4. 현대 작가의 창작물

Hermann Broch: *Der Tod des Vergil*, Zürich 1945(영역판, *The Death of Virgil*, by Jean Starr Untermeyer, Pantheon Books, New York 1945 외).

| 찾아보기 |
(행수는 원전 기준임)

ㄱ

가난(Egestas) 6 276

가뉘메데스(Ganymedes 트로스 왕의 아들) 1 28

가라만테스족(Garamantes 아프리카 내륙에 살던 부족) 4 198; 6 794

가르가누스(Garganus 아풀리아 지방의 산) 11 247

가비이(Gabii 라티움 지방의 도시) 6 773; 7 612, 682

가이툴리족(Gaetuli 사하라 지방에 살던 부족) 4 40, 362; 5 51, 192, 351

가장 위대한 제단(Ara Maxima) 8 271

갈라테아(Galathea 요정) 9 103

갈라이수스(Galaesus 라티니족) 7 535, 575

갈리아의 또는 갈리아인(Gallus) 6 858; 8 656, 657

강게스(Ganges 인도의 강) 9 31

게뤼오네스(Geryones 거한) 7 662; 8 202

게타이족(Getae 트라키아의 기마부족) 3 35; 7 604

겔라(Gela 시킬리아의 도시) 3 701, 702

겔로니족(Geloni 우크라이나 지방에 살던 스퀴타이족) 8 725

경기(競技 Circenses) 8 636

계략(計略 Insidiae) 12 336

고르고(Gorgo 보는 이를 돌로 변하게 한다는 괴물) 2 612; 6 289; 7 341; 8 438

고르튀나(Gortyna 크레타의 도시) 11 773

고통(苦痛 Labos) 6 277

광기(狂氣 Furor) 1 294

공포(恐怖 Metus) 6 276

귀게스(Gyges 트로이야인) 9 762

귀아로스(Gyaros 델로스 근처의 섬) 3 76

귀아스(Gyas 트로이야인) 1 222, 612; 5 118, 152, 160, 167, 184, 223, 12 460

귀아스(라티니족) 10 318

귈립푸스(Gylippus 아르카디아인) 12 272

그라디부스(Gradivus 마르스의 별명) 3 35; 10 542

그라비스카이(Graviscae 에트루리아 지방의 늪지대) 10 184

그라이키아(Graecia=그리스) 1 467, 530; 2 148, 157, 412, 598, 727, 786; 3 163, 210, 295, 398, 499, 550, 594; 4 228; 6 97, 242, 529, 588; 8 127, 135; 10 81, 334, 430, 720; 11 287, 289; 12 538

그락쿠스(Gracchus 로마의 호민관) 6 842

그뤼니움(Grynium 소아시아 뮈시아 지방의 도시) 4 345

글라우쿠스(Glaucus 해신) 5 832; 6 36

글라우쿠스(안테노르의 아들) 6 483

글라우쿠스(임브라수스의 아들) 12 343

기아(饑餓 Fames) 6 276

꿈들(Somnia) 6 283

ㄴ

나뤽스(Naryx 그라이키아 로크리스 지방의 도시) 3 399

나르(Nar 움브리아 지방의 강) 7 517

나우테스(Nautes 트로이야인) 5 704, 728

낙소스(Naxos 에게 해의 섬) 3 125

남풍(南風 Notus) 1 85, 108, 575; 2 417; 3 268; 5 242, 512; 6 355; 7 411; 10 266; 11 797;

남풍(Auster) 1 51, 536; 2 111, 304; 3 61, 70, 357, 481; 5 696, 764; 6 336; 8 430; 9 670

네레우스(Nereus 해신) 2 419; 8 383; 10 764; 9 102

네레우스의 딸들(Nereides) 3 74, 5 240

네르사이(Nersae 아이퀴족이 살던 산악 지방) 7 744

네리토스(Neritos 이타카 근처의 섬) 3 271

네메아(Nemea 그라이키아 아르골리스 지방의 한 지역) 8 295

네아클레스(Neacles 트로이야인) 10 753

네옵톨레무스(Neoptolemus 아킬레스의 아들) 2 263, 500, 549; 3 333, 469; 11 264

넵투누스(Neptunus 해신) 1 125; 2 201, 610, 625; 3 3, 34, 119; 5 14, 195, 360, 640, 779, 782, 863; 7 23, 691; 8 695, 699; 9 145, 523; 10 353; 12 128

노년(老年 Senectus) 6 275

노마데스족(Nomades 아프리카의 유목 부족) 4 320, 535; 8 724

노멘툼(Nomentum 사비니족의 도시) 6 773; 7 712

노에몬(Noemon 트로이야인) 9 767

누르시아(Nursia 사비니족의 도시) 7 716

누마(Numa 니수스와 에우뤼알루스에게 살해된 루툴리족) 9 454

누마(아이네아스와 싸운 루툴리족) 10 562

누마누스(Numanus 루툴리족) 9 592, 653

누미디아인들(Numidae 누미디아는 지금의 동(東)알제리와 튀니지 지방) 4 41

누미쿠스(Numicus 라티움 지방의 강) 7 150, 242, 797

누미토르(Numitor 알바 롱가의 왕) 6 768

누미토르(루툴리족) 10 342

뉘사(Nysa 박쿠스가 자랐다는 산) 6 805

니사이에(Nisaee 요정) 5 862

니수스(Nisus 트로이야인) 5 294, 296, 318, 328, 353, 354; 9 176, 184, 200, 207, 223, 230, 233, 258, 271, 306, 353, 386, 425, 438, 467

니파이우스(Niphaeus 루툴리족) 10 570.

닐루스(Nilus 나일 강) 6 800; 8 711; 9 31

ㄷ

다나에(Danae 아르고스 왕 아크리시우스의 딸) 7 410

다나이족(Danai=그라이키아인들) 1 30, 96, 598, 754; 2 5, 14, 36, 44, 49, 65, 71, 108, 117, 162, 170, 258, 276, 309, 327, 368, 389, 396, 398, 413, 433, 440, 462, 466, 495, 505, 572, 617, 669, 757, 802; 3 87, 288, 602; 4 425 5 360; 6 489, 519; 8 129; 9 154; 12 349

다레스(Dares 트로이야인) 5 369, 375, 406, 417, 456, 460, 463, 476, 483; 12 363

다르다누스(Dardanus 트로이야의 창건자) 3 167, 503; 4 365; 6 650; 7 207, 240; 8 134

다르다누스의 (자손)(Dardanis) 2 787

다르다누스의 (자손)(Dardanius) 1 494, 602, 617; 2 582; 4 163, 224, 626, 640, 647; 5 30, 711; 6 169, 756; 9 647; 10 326, 638, 814; 11 400, 472; 12 14, 613

다르다누스의 (자손)(Dardanus) 2 618

다르다누스 백성들(Dardanidae=트로이야인들) 1 560; 2 59, 72, 242, 445; 3 94; 5 45, 386, 576, 622; 6 85, 482; 7 195; 9 293, 660; 10 4, 263; 11 353; 12 549, 585

다르다누스의 자손(Dardanus=아이네아스) 4 662; 11 287

다르다니아(Dardania=트로이야) 2 281, 325; 3 52, 156; 6 65; 8 120

다르다니아의(Dardanius) 3 596; 4 658; 7 289, 422; 8 14; 9 88; 10 92, 100, 695

다르다니아의(Dardanus) 5 119; 6 57; 7 210

다우누스(Daunus 투르누스의 아버지) 10 616, 688; 12 22, 90, 934

다우누스의(Daunius) 8 146; 12 723, 785

다우쿠스(Daucus 루툴리족) 10 391

다이달루스(Daedalus 미궁의 건설자) 6 14, 29

다하이족(Dahae 카스피 해 동쪽에 살던 스퀴타이족) 8 728

달의 여신(Luna) 9 403

대지의 여신(Tellus) 4 166; 7 137

대지의 여신(Terra) 4 178; 6 580, 595; 12 176, 778

데르켄누스(Dercennus 라우렌툼인들의 왕) 11 850

데모도쿠스(Demodocus 트로이야인) 10 413

데모포온(Demophoon 트로이야인) 11 675

데몰레오스(Demoleos 그라이키아인) 5 260, 265

데이오페아(Deiopea 요정) 1 72

데이포베(Deiphobe 여사제) 6 36

데이포부스(Deiphobus 프리아무스의 아들) 2 310; 7 495, 500, 510, 544

데키우스들(Decii 로마의 평민 출신의 두 집정관) 6 824

델로스(Delos 에게 해의 섬) 3 162; 4 144; 6 12

도누사(Donusa 에게 해의 섬) 3 125

도도나(Dodona 윱피테르의 신탁소가 있던 곳) 3 466

도레스족(Dores=그라이키아인들) 2 27; 6 88

도뤼클루스(Doryclus 트마루스인) 5 620, 647

도토(Doto 네레우스의 딸) 9 102

돌로페스족(Dolopes = 텟살리아인들) 2 7, 29, 415, 785

돌론(Dolon 트로이야인) 12 347

동방(Oriens) 1 289; 8 687

동방의(Eous) 1 489; 2 417; 6 831

동풍(東風 Eurus) 1 85, 110, 131, 140, 383; 2 418; 8 223; 12 733

돌리카온(Dolichaon 헤브루스의 아버지) 10 696

두려움(Timor) 9 719

둘리키움(Dulichium 이타카 근처의 섬) 3 271

뒤마스(Dymas 트로이야인) 2 340, 394, 428

드랑케스(Drances 루툴리족) 11 122, 220, 336, 378, 443; 12 644

드레파눔(Drepanum 시킬리아의 도시) 3 707

드루수스들(Drusi 로마의 귀족 가문) 6 824

드뤼오페(Dryope 요정) 10 551

드뤼오페스족(Dryopes 그라이키아의 선주민) 4 146

드뤼옵스(Dryops 트로이야인) 10 346

디도(Dido 카르타고의 여왕) 1 299, 340, 360, 446, 496, 503, 561, 601, 613, 670, 685, 718, 749; 4 60, 68, 101, 117, 124, 165, 171, 192, 263, 291, 308, 383, 408, 450, 596, 642; 5 571; 6 450, 456; 9 266; 11 74

디뒤마온(Didymaon 장인(匠人)) 5 359

디라(Dira 복수의 여신의 다른 이름) 4 473, 610; 8 701; 12 845, 869

디스(Dis 저승의 신 플루톤의 다른 이름) 4 702; 5 731; 6 127, 269, 397, 541; 7 568; 8 667; 12 199

디아나(Diana 아폴로의 누이) 1 499; 3 681; 4 511; 7 306, 764, 769; 11 537, 582, 652, 843, 857

디오네(Dione 베누스의 어머니) 3 19

디오레스(Diores 프리아무스의 아들) 5 297, 324, 339, 345; 12 509

디오메데스(Diomedes 그라이키아의 영웅) 1 752; 8 9; 10 581; 11 226, 243

디옥십푸스(Dioxippus 트로이야인) 9 574

딕테(Dicte 크레타의 산) 3 171; 4 73

딘뒤마(Dindyma 소아시아 프뤼기아 지방의 산) 9 618; 10 252

ㄹ

라구스(Lagus 루툴리족) 10 381
라다만투스(Rhadamanthus 저승의 재판관) 6 566
라데스(Lades 트로이야인) 12 343
라돈(Ladon 트로이야인) 10 413
라르(Lar 가정의 수호신) 5 744; 9 259
라리나(Larina 카밀라의 시녀) 11 655
라리데스(Larides 루툴리족) 10 391, 395
라리사(Larisa 텟살리아 지방의 도시) 2 197; 11 404
라무스(Lamus 루툴리족) 9 334
라뮈루스(Lamyrus 루툴리족) 9 334
라비니아(Lavinia 라티누스 왕의 딸) 6 764; 7 72, 314, 359; 11 479; 12 17, 64, 80, 194, 605, 937
라비니움(Lavinium 아이네아스가 라티움 지방에 세운 도시, 지금의 프라티카(Pratica)) 1 2, 258, 270; 4 236; 6 84
라비키족(Labici 알바 산 기슭에 살던 부족) 7 796
라에르테스(Laertius 울릭세스의 아버지) 3 272
라오다미아(Laodamia 프로테실라우스의 아내) 6 447
라오메돈(Laomedon 트로이야의 왕) 4 542; 7 105; 8 18
라오메돈의 백성들(Laomedontiades=트로이야인들) 3 248
라오메돈의 아들(Laomedontiades=프리아무스) 8 158, 162
라오코온(Laocoon 트로이야인, 넵투누스의 사제) 2 41, 201, 213, 230
라우렌툼(Laurentum 라티움 지방의 오래된 도시로 라비니움의 전신)의(Laurens) 5 797; 6 891; 7 47, 171, 342, 650, 661; 8 1, 38, 71; 9 100; 10 635, 671, 706; 11 78, 431, 851, 909; 12 24, 542, 547, 769
라우렌툼인들(Laurentes) 7 63; 8 371, 537, 613; 10 709; 12 137, 240, 280
라우수스(Lausus 메젠티우스의 아들) 7 649, 651; 10 426, 434, 439, 700, 775, 790, 810, 814, 839, 841, 863, 902

라이부스(Rhaebus 말 이름) 10 861

라케다이몬(Lacedaemon＝스파르타) 3 328; 7 363

라키니움(Lacinium 이탈리아 타렌툼 만의 곶) 3 552

라타구스(Latagus 트로이야인) 10 697, 698

라토나(Latona 아폴로와 디아나의 어머니) 1 502; 12 198

라토나의 따님(Latonia＝디아나) 9 405; 11 535, 557

라티누스(Latinus 라우렌툼의 왕) 6 891; 7 45, 62, 92, 103, 192, 249, 261, 284, 333, 373, 407, 432, 467, 556, 576, 585, 616; 8 17; 9 274, 388; 10 66; 11 128, 213, 231, 238, 402, 440, 469; 12 18, 23, 58, 111, 137, 161, 192, 195, 285, 567, 580, 609, 657, 707

라티니족(Latini 라티움 지방에 살던 부족) 5 598; 7 151, 160, 202, 367, 426, 470; 8 117, 448; 9 717; 10 77, 237, 311, 895; 11 108, 134, 193, 203, 229, 302, 603, 618, 621, 745; 12 1, 15, 240, 448, 548, 556, 593, 656, 693, 730, 823, 837

라티니족의(Latinus) 1 6; 11 331

라티움(Latium 티베리스 강과 캄파니아 지방 사이의 평야 지대로 그 수도가 로마이다) 1 6, 31, 205, 265, 554; 4 432; 5 731; 6 67, 89, 793; 7 38, 54, 271, 342, 601, 709; 8 5, 10, 14, 18, 322; 10 58, 365; 11 141, 168, 361, 431; 12 24, 148, 820, 826

라티움의(Latinus) 5 568; 6 875; 7 96, 313, 400, 716; 8 38, 55, 602; 9 367, 485, 550; 10 4, 300, 360; 11 17, 100, 518, 588; 12 211, 530

라티움의 여인들(Latinae) 12 143, 604

라포(Rapo 에트루리아인으로 메젠티우스의 전우) 10 748

라피타이족(Lapithae 텟살리아 지방에 살던 부족) 6 601; 7 305, 307

람네스(Rhamnes 루툴리족으로 투르누스의 복점관) 9 325, 359, 452

레나이우스(Lenaeus 박쿠스의 별명) 4 207

레누스(Rhenus 라인 강) 8 727

레다(Leda 헬레나의 어머니) 1 652; 3 328; 7 364

레르나(Lerna 아르골리스 지방의 늪) 6 287, 803; 8 300; 12 518

레무스(Remus 로물루스의 아우) 1 292

레무스(루툴리족) 9 330

레물루스(Remulus 티부르인) 9 360

레물루스(투르누스의 매부 누마누스의 별명) 9 593, 633

레물루스(루툴리족) 11 636

레수스(Rhesus 트라키아 왕) 1 469

레아(Rhea 여사제) 7 659

레테(Lethe 저승에 있는 망각의 강) 5 854; 6 705, 714, 749

레우카스피스(Leucaspis 트로이야인) 6 334

레우카테스(Leucates 그라이키아 아카르나니아 지방의 곶) 3 274; 8 677

렐레게스족(Leleges 그라이키아와 소아시아의 선주민) 8 725

렘노스(Lemnos 에게 해의 섬) 8 454

로마(Roma 라티움 지방의 수도) 1 7; 5 601; 6 781; 7 603, 709; 8 635; 12 168

로마의(Romanus) 1 33; 4 234, 275; 5 123; 6 810, 857, 870; 8 99, 313, 361, 714; 9 449; 10 12; 12 166, 827

로마인(Romanus) 6 851

로마인들(Romani) 1 234, 277, 282; 6 789; 8 338, 626

로물루스(Romulus 로마의 창건자) 1 276; 6 778; 8 342, 654

로물루스의 추종자들(Romulidae) 8 638

로세아(Rosea 벨리누스 호 인근 지역) 7 712

로이테우스(Rhoeteus 루툴리족) 10 399, 401

로이테움(Rhoeteum 트로아스 지방의 곶) 3 108; 5 646; 6 505; 12 456

로이투스(Rhoetus 루툴리족) 9 344, 345

로이투스(마르시족의 왕) 10 388

로크리스인들(Locris는 그라이키아 중부 지방) 3 399; 11 265

루카구스(Lucagus 에트루리아인) 10 575, 577, 586, 592

루카스(Lucas 루툴리족) 10 561

루케티우스(Lucetius 라티니족) 9 570

루페르칼(Lupercal 로마 팔라티움 언덕에 있는 동굴) 8 343

루페르키들(Luperci 루페르쿠스 또는 판 신의 사제들) 8 663

루프라이(Rufrae 캄파니아 지방의 도시) 7 739

루툴리족(Rutuli 아르데아 시의 주민들) 1 266; 7 472, 475, 795; 8 381, 492; 9 113, 123, 161, 188, 236, 363, 428, 450, 517, 519, 635, 683; 10 20, 84, 111, 118, 334, 404, 445, 473, 509, 679; 11 162, 318, 464, 629, 869; 12 40, 78, 79, 216, 229, 257, 321, 463, 693,

704, 758, 915, 928

루툴리족(의)(Rutulus) 7 318, 409, 798; 8 474; 9 65, 130, 442, 782; 10 108, 232, 245, 267, 390; 11 88; 12 117, 505, 597(이 가운데 7 409; 9 65; 10 232 = 투르누스)

뤼디아(Lydia 소아시아 서해안 지방) 2 781; 8 479; 10 155

뤼디아인들(여기서는 에트루리아인들) 9 11

뤼르네수스(Lyrnesus 소아시아 트로아스 지방의 도시) 12 547; 10 128

뤼아이우스(Lyaeus 박쿠스의 별명) 1 686; 4 58

뤼카온(Lycaon 크레타의 장인) 9 304

뤼카온(에리케테스의 아버지) 10 749

뤼카이우스(Lycaeus 그라이키아 아르카디아 지방의 산) 8 344

뤼쿠르구스(Lycurgus 에도니족의 왕) 3 14

뤼쿠스(Lycus 트로이야인) 1 222; 9 545, 556

뤼키아(Lycia 소아시아 서남 지방) 4 143, 346, 377; 6 334; 7 721, 816; 8 166; 10 126, 751; 11 773; 12 344, 516

뤼키아인들(Lycii) 1 113

뤽토스(Lyctos 크레타의 도시) 3 401

륑케우스(Lynceus 트로이야인) 9 768

리게르(Liger 에트루리아인) 9 571; 10 576, 580, 584

리구레스족(Ligures)의(Ligus) 10 185; 11 701, 715

리리스(Liris 트로이야인) 11 670

리베르(Liber 박쿠스의 별명) 6 805

리부르니족(Liburni 일뤼리아 지방에 살던 부족) 1 244

리뷔아(Libya=북아프리카) 1 22, 158, 226, 301, 339, 377, 384, 527, 556, 596; 4 36, 106, 173, 257, 271, 320, 348; 5 37, 789; 6 338, 694, 843; 7 718; 8 368; 11 265

리뷔아 해(mare Libycum) 5 595

리카스(Lichas 라티니족) 10 315

리큄니아(Licymnia 여자 노예) 9 546

리파레(Lipare 시킬리아 북쪽에 있는 섬) 8 417

리페우스(Rhipeus 트로이야인) 2 339, 394, 426

릴리바이움(Lilybaeum 시킬리아의 곶) 3 706

■

마구스(Magus 라티니족) 10 521

마르루비아족(gens Marruvia＝마르시족) 7 750

마르스(Mars 군신) 1 274; 2 335, 440; 6 165; 7 182, 304, 540, 550, 582, 603, 608; 8 433, 495, 516, 557, 676; 9 518, 566, 584, 717, 766; 10 22, 237, 280; 11 110, 153, 374, 661, 899; 12 1, 73, 108, 124, 187, 410, 497, 712, 790

마르시족(Marsi 이탈리아 중부 지방에 살던 부족) 7 758; 10 544

마르켈루스(Marcellus＝마르쿠스 클라우디우스(Marcus Claudius)) 6 855

마르켈루스(아우구스투스의 생질) 6 883

마르페수스(Marpesus 에게 해 파로스 섬의 산) 6 471

마리카(Marica 요정) 7 47

마보르스(Mavors 마르스의 다른 이름) 1 276; 3 13; 6 777, 872; 8 630, 700; 9 685; 10 755; 11 389; 12 179, 332

마우리족(Mauri 지금의 무어인들) 4 206

마이야(Maia 아틀라스의 딸로 메르쿠리우스의 어머니) 1 297; 8 138, 140

마이오니아(Maeonia 뤼디아의 옛 이름＝에트루리아) 8 499

마이오니아의(Maeonius) 4 216; 9 546; 10 141

마이오니아인들(Maeonidae) 11 759

마이오티스(Maeotis 지금의 아조프(Azov) 해) 6 779

마이온(Maeon 루툴리족) 10 337

마카온(Machaon 그라이키아인 의사) 2 263

막시무스(Quintus Fabius Maximus 제2차 포이니 전쟁 때 로마의 독재관) 6 845

맛쉴리족(Massyli 북아프리카에 살던 부족) 4 132, 483; 6 60

맛시쿠스(Massicus 라티움과 캄파니아 지방의 경계를 이루는 산) 7 726

맛시쿠스(에트루리아인) 10 166

만리우스(Marcus Manlius Capitolinus 갈리아인들로부터 카피톨리움 언덕을 지켜낸 로마인) 8 652

만토(Manto 요정) 10 199

만투아(Mantua 북이탈리아의 도시, 베르길리우스의 고향) 10 200, 201

말레아(Malea 그라이키아 라코니케 지방의 곶) 5 193

망령(亡靈 Manes) 3 63, 565; 4 387, 490; 6 743, 896; 8 246; 10 34, 39, 820; 12 646, 884

먼동(Oriens) 5 42, 739

메가라(Megara 시킬리아 동해안의 도시) 3 689

메가이라(Megaera 복수의 여신들 중 한 명) 12 846

메네스테우스(Menestheus 트로이야인) 10 129

메넬라우스(Menelaus 아트레우스의 아들, 헬레나의 남편) 2 264; 6 525; 11 262

메노이테스(Menoetes 트로이야인) 5 161, 164, 166, 173, 179

메노이테스(아르카디아인) 12 517

메돈(Medon 트로이야인) 4 483

메롭스(Merops 트로이야인) 9 702

메르쿠리우스(Mercurius 신들의 전령) 4 222, 558; 8 138

메젠티우스(Mezentius 에트루리아인) 7 648, 654; 8 7, 482, 501, 569; 9 522, 586; 10 150, 204, 689, 714, 729, 742, 762, 768, 897; 11 7, 16

메타부스(Metabus 볼스키족의 왕) 11 540, 564

메티스쿠스(Metiscus 루툴리족) 12 469, 472, 623, 737, 784

멜람푸스(Melampus 라티니족, 헤르쿨레스의 전우) 10 320

멜리보이아(Meliboea 텟살리아 지방의 도시) 3 401; 5 251

멜리테(Melite 요정) 5 825

멤논(Memnon 아이티오페스족의 왕) 1 489

멤미우스(Memmius 로마의 가문 이름) 5 117

멧사푸스(Messapus 라티니족) 7 691; 8 6; 9 27, 124, 160, 351, 365, 458, 523; 10 354, 749; 11 429, 464, 518, 520, 603; 12 128, 289, 294, 488, 550, 661

멧투스(Fufetius Mettus 알바의 독재관) 8 642

모노이쿠스(Monoecus 지금의 모나코 곳) 6 830

모리니족(Morini 지금의 벨기에 서부 지방에 살던 부족) 8 727

무르라누스(Murranus 라티니족) 12 529, 639

무사(Musa 시가의 여신) 1 8; 10 191

무사 여신들: 9 77, 774, 775

무사이우스(Musaeus 그라이키아의 옛 시인 겸 예언자) 6 667

무서움(Formido) 12 335

무투스카(Mutusca 사비니족의 도시) 7 711

뮈르미도네스족(Myrmidones 텟살리아 지방에 살던 부족) 2 7, 252, 785; 11 403

뮈케나이(Mycenae 아가멤논이 다스리던 도시) 1 284, 650; 2 25, 180, 331, 577; 5 52; 6 838; 7 222, 372; 9 139; 11 266

뮈코노스(Myconos 에게 해의 섬) 3 76

뮉돈(Mygdon)의 아들(Mygdonides) 2 342

므네스테우스(Mnestheus 트로이야인) 4 288; 5 116, 117, 184, 189, 194, 210, 218, 493, 494, 507; 9 171, 306, 779, 781, 812; 10 143; 12 127, 384, 443, 459, 549, 561

미궁(迷宮 labyrinthus) 5 588

미네르바(Minerva 공예와 전쟁의 여신) 2 31, 189, 404; 3 531; 5 284; 6 840; 7 805; 8 409, 699; 11 259

미노스(Minos 크레타 왕) 6 14, 432

미노타우루스(Minotaurus 우두인신의 괴물) 6 26

미니오(Minio 에트루리아 지방의 강) 10 183

미마스(Mimas 트로이야인) 10 702, 706

미세누스(Misenus 아이네아스의 나팔수) 3 239; 6 162, 164, 189, 212

미세누스(나폴리 만 북쪽에 있는 곶) 6 234

밍키우스(Mincius 북이탈리아의 강, 지금의 민치오(Mincio)) 10 206

ㅂ

바르카이이족(Barcaei 북아프리카에 살던 부족) 4 43

바르케(Barce 쉬카이우스의 유모) 4 632

바이아이(Baiae 캄파니아 지방의 도시) 9 710

바툴룸(Batulum 캄파니아 지방의 도시) 7 739

박쿠스(Bacchus 주신) 1 215, 734; 3 354; 4 302; 5 77; 7 385, 389, 405, 580, 725; 8 181; 11 737

박트라(Bactra 박트리아나 왕국의 수도) 8 688

발레루스(Valerus 에트루리아인) 10 752

밤의 여신 또는 밤(Nox) 3 512; 5 721, 738, 835; 7 138, 331; 12 846, 860

베나쿠스(Benacus 북이탈리아의 호수) 10 205

베누스(Venus 사랑과 미의 여신) 1 229, 325, 335, 386, 411, 618, 691; 2 787; 3 475; 4 33, 92, 107, 163; 5 760, 777; 6 26; 7 321, 556; 8 370, 590, 608, 699; 9 135; 10 16, 132, 332, 608, 760; 11 277, 736; 12 411, 416, 786

베눌루스(Venulus 라티니족) 8 9; 11 242, 742

베닐리아(Venilia 요정) 10 76

베레퀸투스(Berecyntus 프뤼기아 지방의 산) 6 784; 9 82, 619

베로에(Beroe 도뤼클루스의 아내) 5 620, 646, 650

베브뤼케스족(Bebryces 흑해 남안의 베브뤼키아=비튀니아(Bithynia)에 살던 부족) 5 373

베술루스(Vesulus 리구리아 지방의 산) 10 708

베스타(Vesta 화로의 여신) 1 292; 2 296, 567; 5 744; 9 259

벨로나(Bellona 마르스의 누이, 전쟁의 여신) 8 319; 8 703

벨루스(Belus 포이니케의 왕) 1 621, 729, 730

벨루스의 자손(Belides) 2 82

병(病 Morbi) 6 275

볼라(Bola 라티움 지방의 도시) 6 775

벨리누스(Velinus 사비니족의 호수) 7 517, 712

벨리아(Velia 루카니아 지방의 해안 도시) 6 366

복수의 여신(Erinys) 2 337, 573; 7 447, 570

복수의 여신들(Furiae) 3 252; 6 605; 8 669

볼스키족(Volsci 라티움 지방에 살던 부족) 9 505; 11 167, 432, 463, 498, 546, 801, 803, 898

볼루수스(Volusus 볼스키족) 11 463

볼카누스(Volcanus 불의 신) 2 311; 5 662; 7 77, 679; 8 198, 372, 422, 535, 729; 9 76, 148; 10 408, 543; 11 439; 12 739

볼켄스(Volcens 라티니족) 9 370, 375, 420, 439, 451; 10 563

볼투르누스(Volturnus 캄파니아 지방의 강) 7 729

부테스(Butes 베브뤼케스족) 5 372

부테스(앙키세스의 무기를 들고 다니는 시종) 9 647

부테스(트로이야인) 11 690, 691

부트로툼(Buthrotum 에피로스 지방의 도시, 지금의 Butrinto) 3 293

북풍(北風 Boreas) 3 687; 4 442; 10 350; 12 365

북풍(Aquilo) 1 102, 391 ; 3 285 ; 4 310 ; 5 2 ; 7 361
북서풍(北西風 Caurus) 5 126
분노(憤怒 Irae) 12 336
불화의 여신(Discordia) 6 280 ; 8 702
뷔르사(Byrsa 카르타고의 성채) 1 367
브론테스(Brontes 퀴클롭스) 8 425
브루투스(Lucius Iunius Brutus 타르퀴니우스 일가를 추방하고 로마의 최초의 집정관이 됨) 6 818
브리아레우스(Briareus 백 개의 팔을 가진 거한) 6 287
비르비우스(Virbius 다시 태어난 힙폴뤼투스의 이름) 7 777
비르비우스(힙폴뤼투스의 아들) 7 762
비티아스(Bitias 튀로스인) 1 738
비티아스(트로이야인) 9 672, 703 ; 11 396

ㅅ

사가리스(Sagaris 트로이야인) 5 263 ; 9 575
사르누스(Sarnus 캄파니아 지방의 강) 7 738
사르라스테스족(Sarrastes 캄파니아 지방에 살던 부족) 7 738
사르페돈(Sarpedon 뤼키아 왕) 1 100 ; 9 697 ; 10 125, 471
사모트라키아(Samothracia 트라키아 앞바다에 있는 섬) 7 208
사메(Same 이오니아 해의 섬, 후일의 케팔레니아(Cephallenia)) 3 271
사모스(Samos 에게 해의 섬) 1 16
사바(Saba 아라비아의 서남부) 1 416
사바이이족(Sabaei 사바에 살던 부족) 8 706
사벨리족(Sabelli 사비니족의 한 부족) 7 665 ; 8 510
사비누스(Sabinus 사비니족의 전설적 선조) 7 178
사비니족(Sabini 중부 이탈리아에 살던 부족) 7 706, 709
사비니족의 딸들(Sabinae) 8 635
사케스(Saces 루툴리족) 12 651
사크라니족(Sacrani 라티움 지방에 살던 부족) 7 796

사크라토르(Sacrator 에트루리아인) 10 747

사투라(Satura 라티움 지방의 늪) 7 801

사투르누스(Saturnus 그리스 신화의 크로노스에 해당하는 신) 6 749; 7 49, 180, 203; 8 319, 357; 12 830

사투르누스의 딸(Saturnia＝유노) 1 23; 3 380; 4 92; 5 606; 7 428, 560, 572, 622; 9 2, 745, 802; 10 659, 760; 12 156, 178, 807

사투르니아(Saturnia 후일의 카피톨리움 언덕) 8 358

사티쿨라(Saticula 캄파니아의 언덕 도시) 7 729

산의 요정들(Oreades) 1 500

살라미스(Salamis 사로니코스 만의 섬) 8 158

살렌티니족(Sallentini 이탈리아 칼라브리아 지방에 살던 부족) 3 400

살리우스(Salius 아카르나니아인) 5 298, 321, 335, 341, 347, 352, 356

살리우스(루툴리족) 10 753

살리이(Salii 마르스의 춤추는 사제들) 8 285, 663

살모네우스(Salmoneus 텟살리아 왕) 6 585

새끼 염소들(Haedi 별자리) 9 668

새벽의 여신(Aurora 티토누스의 아내) 3 521, 580, 751; 4 7, 129, 568, 585; 5 65, 105; 6 535; 7 26, 606; 8 686; 9 111, 460; 10 241; 11 182; 12 77

샛별(Lucifer) 2 801; 3 588; 8 589

샛별(Eos) 11 4

서쪽(Vesper) 5 19

서풍(西風 Zephyrus) 1 131; 2 417; 3 120; 4 223, 562; 5 33; 10 103; 12 334

성실(誠實 Fides) 1 292

세레스투스(Serestus 트로이야인) 1 611; 4 288; 5 487; 9 172, 779; 10 541; 11 1; 12 549, 561

세르게스투스(Sergestus 트로이야인) 1 510; 4 288; 5 121, 184, 185, 203, 221, 272, 282; 12 561

세르기우스(Sergius 로마의 귀족 가문) 5 121

세르라누스(Serranus 레굴루스의 별명) 6 844

세르라누스(루툴리족) 9 335, 454

세베루스(Severus 사비니족의 산) 7 713

세베티스(Sebethis 요정) 7 734

셀리누스(Selinus 시킬리아의 도시) 3 705

소락테(Soracte 에트루리아 지방의 산) 7 696; 11 785

소문(所聞 Fama) 4 173, 174, 298, 666; 7 104; 9 474; 11 139

수크로(Sucro 루툴리족) 12 505

술모(Sulmo 루툴리족) 9 412; 10 517

쉬르티스(Syrtis 북아프리카 해안의 유사) 1 111, 146; 4 41; 5 51, 192; 6 60; 7 302

쉬마이투스(Symaethus 시킬리아의 강) 9 584

쉬바리스(Sybaris 트로이야인) 12 363

쉬카이우스(Sychaeus 디도의 남편) 1 343, 348, 720; 4 20, 502, 552, 632; 6 474

스카이아이 문(portae Scaeae) 2 612; 3 351

스퀴로스(Scyros 에우보이아 북동쪽에 있는 섬) 2 477

스퀼라(Scylla 바다 괴물) 1 200; 3 420, 424, 432, 684; 6 286; 7 302

스퀼라(배 이름) 5 122

스퀼라케움(Scylaceum 남이탈리아 브룻티움 지방의 도시, 지금의 스퀼라체(Squillace)) 3 553

스키피오들(Scipiadae 로마의 귀족 가문) 6 843

스테넬루스(Sthenelus 그라이키아인) 2 261

스테넬루스(트로이야인) 12 341

스테니우스(Sthenius 루툴리족) 10 388

스테로페스(Steropes 퀴클롭스) 8 425

스튁스(Styx 저승의 강) 3 215; 4 638, 699; 5 855; 6 134, 154, 252, 323, 369, 374, 385, 391, 439; 7 476, 773; 8 296; 9 104; 10 113; 12 91, 816

스트로파데스(Strophades 이오니아 해의 섬들) 3 209, 210

스트뤼몬(Strymon 트라키아 지방의 강) 10 265; 11 580

스트뤼모니우스(Strymonius 트로이야인) 10 414

스파르타(Sparta 라코니케 지방의 수도) 1 316; 2 577; 10 92

스피오(Spio 요정) 5 826

슬픔(Luctus) 6 274

슬픔의 들판(Lugentes Campi) 6 441

승리의 여신(Victoria) 11 436 ; 12 187

시게움(Sigeum 트로아스 지방의 곶) 2 312 ; 7 294

시논(Sinon 그라이키아인) 2 79, 195, 259, 329

시돈(Sidon 포이니케 지방의 도시) 1 619

시돈의(Sidonius) 1 678 ; 4 75, 137, 545, 683 ; 5 571

시돈의 여인(Sidonia=디도) 1 446, 613 ; 9 266 ; 11 74

시디니키족(Sidinici 캄파니아 지방에 살던 부족) 7 727

시렌(Siren) 자매(Sirenes 캄파니아 앞바다의 바위섬에 산다는 반인반조의 자매) 5 864

시리우스(Sirius 천랑성) 3 141 ; 10 273

시모이스(Simois 트로아스 지방의 강) 1 100, 618 ; 5 261, 634, 803 ; 6 88 ; 10 60 ; 11 257

시모이스(에피로스의 강) 3 302

시뷜라(Sibylla 쿠마이의 예언녀) 3 452 ; 5 735 ; 6 10, 44, 98, 176, 211, 236, 538, 666, 752, 897

시카니족(Sicani 시킬리아의 옛 부족) 5 293 ; 7 795 ; 11 317

시카니아(Sicania 시킬리아의 다른 이름) 1 557 ; 3 692 ; 5 24 ; 8 328, 416

시킬리아의(Siculus) 1 3 ; 4 549 ; 3 410, 418, 696 ; 5 702 ; 7 289

실라(Sila 이탈리아 브룻티움 지방의 숲) 12 715

실바누스(Silvanus 숲의 신) 8 600

실비아(Silvia 튀르루스의 딸) 7 487, 503

실비우스(Silvius 아이네아스의 아들) 6 763

실비우스(아이네아스 실비우스, 알바의 왕) 6 769

ㅇ

아가멤논(Agamemnon 뮈케나이 왕) 3 54 ; 4 471 ; 6 489, 838 ; 7 723

아가튀르시족(Agathyrsi 스퀴타이족) 4 146

아게노르(Agenor 벨루스의 아들) 1 338

아귈라(Agylla 에트루리아 지방의 도시) 7 652 ; 8 479

아귈라인들(Agyllini) 12 281

아그립파(Marcus Vipsanius Agrippa 아우구스투스의 사위) 8 682

아기스(Agis 뤼키아인) 10 751

아나그니아(Anagnia 헤르니키족의 도시) 7 684

아누비스(Anubis 이집트인들의 신) 8 698

아니오(Anio 티베리스 강의 지류) 7 683

아니우스(Anius 델로스의 왕) 3 80

아다마스투스(Adamastus 이타카인) 3 614

아드라스투스(Adrastus 아르고스 왕) 6 480

아락세스(Araxes 아르메니아의 강) 8 728

아랍인(Arabs) 8 706

아레투사(Arethusa 요정) 3 696

아르고스(Argos 그라이키아 아르골리스 지방의 수도. 원전에서는 사격의 경우 복수형인 Argi 의 변화형) 1 24, 285; 2 95, 178, 326; 6 838; 7 286; 10 779, 782

아르고스의(Argivus) 1 650; 2 254, 393; 3 547; 7 672, 794; 11 243; 12 544

아르고스의(Argolicus) 2 55, 78, 119, 177; 3 283, 637; 5 52, 314; 8 374; 9 202; 10 56

아르고스인들(Argivi=그라이키아인들) 1 40; 5 672

아르구스(Argus 이오의 감시자) 7 791

아르구스(Argus 에우안데르의 손님) 8 346

아르길레툼(Argiletum 로마의 거리) 8 345

아르귀리파(Argyripa 아풀리아 지방의 도시, 후일 아르피(Arpi)라고 불림) 11 246

아르데아(Ardea 라티움 지방의 도시) 7 411, 412, 631; 9 738; 12 44

아르룬스(Arruns 에트루리아인) 11 759, 763, 784, 806, 814, 853, 864

아르카디아(Arcadia 펠로폰네수스 반도의 내륙 지방) 8 159; 10 429

아르카디아의(Arcas) 8 102, 129; 10 239; 12 518

아르카디아의(Arcadius) 5 299; 8 573; 10 425; 12 272

아르카디아인들(Arcades) 8 51, 352, 518; 10 364, 397, 452, 491; 11 93, 142, 395, 835; 12 231, 281, 551

아르케티우스(Arcetius 루툴리족) 12 459

아르켄스(Arcens 시킬리아인) 9 581, 583

아르크투루스(Arcturus 별자리) 1 744; 3 516

아르킵푸스(Archippus 마르시족의 왕) 7 752

아르피(Arpi=아르귀리파) 10 28; 11 250, 428

아리스바(Arisba 트로아스 지방의 도시) 9 264

아리키아(Aricia 라티움 지방의 도시) 7 762

아마세누스(Amasenus 헤르키족 나라의 강, 지금의 아마세노(Amaseno)) 7 685 ; 11 547

아마스트루스(Amastrus 트로이야인) 11 673

아마존(Amazon 호전적인 여인족) 11 648, 660

아마존(Amazonides) 1 490

아마존족의(Amazonius) 5 311

아마타(Amata 라티누스 왕의 아내) 7 343, 401, 581 ; 9 737 ; 12 56, 71

아마투스(Amathus 퀴프루스 섬의 도시) 10 51

아모르(Amor 베누스의 아들, 사랑의 신) 1 663, 689 ; 4 412 ; 10 188

아뮈쿠스(Amycus 베브뤼케스족의 왕) 5 373

아뮈쿠스(미마스의 아버지) 10 704

아뮈쿠스(프리아무스의 아들) 1 221, 12 509

아뮈쿠스(트로이야인) 9 772

아뮈클라이(Amyclae 캄파니아 지방의 도시) 10 564

아미테르눔(Amiternum 사비니족의 도시) 7 710

아바리스(Abaris 루툴리족) 9 344

아바스(Abas 그라이키아인) 3 286

아바스(트로이야인) 1 121

아바스(에트루리아인) 10 170, 427

아베르나(Averna=아베르누스) 3 442 ; 5 732(=저승) ; 7 91(=저승)

아베르누스(Avernus 캄파니아 지방의 호수) 5 813 ; 6 126, 201

아베르누스의 4 512 ; 6 118, 564

아벤티누스(Aventinus 헤르쿨레스의 아들) 7 657

아벤티누스(로마의 일곱 언덕 가운데 하나) 7 659 ; 8 231

아벨라(Abella 캄파니아 지방의 도시) 7 740

아스뷔테스(Asbytes 트로이야인) 12 362

아스카니우스(Ascanius 아이네아스의 아들, 일명 이울루스) 1 267, 645, 646, 659, 691 ; 2 598, 652, 666, 747 ; 3 339, 484 ; 4 84, 156, 235, 274, 354, 602 ; 5 74, 548, 597, 667, 673 ; 7 497, 522 ; 8 48, 550, 629 ; 9 256, 258, 592, 622, 636, 646, 649, 662 ; 10 47, 236,

605; 12 168, 385, 433

아스투르(Astur 에트루리아인) 10 180, 182

아스튀아낙스(Astyanax 헥토르의 아들) 2 457; 3 489

아시아(Asia 대륙) 1 385; 2 193, 557; 3 1; 7 224, 701; 10 91; 11 268; 12 15

아시우스(Asius 트로이야인) 10 123

아실라스(Asilas 루툴리족) 9 571

아실라스(에트루리아인) 10 175; 11 620; 12 127, 550

아오르노스(Aornos 아베르누스 호의 다른 이름) 6 242

아우구스투스(Augustus Caesar 로마의 황제) 6 792; 8 678

아우누스(Aunus 리구레스족) 11 700, 77

아우룽키족(Aurunci 캄파니아 지방에 살던 부족) 7 206, 727, 795; 10 353; 11 318; 12 94

아우소니아(Ausonia 이탈리아의 옛 이름) 3 477, 479, 496; 7 55, 623; 9 136; 10 54, 356; 11 58

아우소니아의(Ausonius) 3 171, 378, 385; 4 236, 349; 5 83; 6 346, 807; 7 39, 105, 198, 537, 547; 8 328; 9 99, 639; 10 268; 11 41; 12 183, 838

아우소니아인들(Ausonidae) 10 564; 11 297; 12 121

아우소니아인들(Ausonii) 7 233; 10 105; 11 253; 12 447, 834, 937

아우토메돈(Automedon 그라이키아인) 2 477

아우피두스(Aufidus 아풀리아 지방의 강) 11 405

아울레스테스(Aulestes 에트루리아인) 10 207; 12 290

아울리스(Aulis 그라이키아 보이오티아 지방의 항구) 4 426

아이가이온(Aegaeon 거한) 10 565

아이가이움(Aegaeum 에게 해의 라틴어 이름) 3 74; 12 366

아이귑투스(Aegyptus 이집트) 8 687, 705

아이귑투스인 아내(coniunx Aegyptia = 클레오파트라) 8 688

아이네아스(Aeneas 『아이네이스』의 주인공) 1 92, 128, 170, 180, 220, 231, 260, 305, 378, 421, 438, 451, 494, 509, 544, 576, 580, 581, 588, 596, 617, 631, 643, 667, 675, 699, 709, 715; 2 2; 3 41, 97, 288, 343, 716; 4 52, 74, 117, 142, 150, 191, 214, 260, 261, 297, 304, 329, 393, 466, 539, 554, 571; 5 1, 17, 26, 44, 90, 129, 282, 286, 303, 348, 381, 418, 461, 485, 531, 545, 675, 685, 700, 708, 741, 755, 770, 804, 809, 827, 850; 6

9, 40, 103, 156, 169, 176, 183, 210, 232, 250, 291, 317, 403, 413, 424, 467, 475, 548, 559, 635, 685, 703, 711, 860; 7 5, 29, 107, 221, 234, 263, 280, 288, 310; 8 11, 29, 67, 73, 84, 115, 126, 152, 178, 182, 308, 311, 367, 380, 463, 465, 496, 521, 552, 586, 606; 9 8, 41, 81, 97, 172, 177, 192, 204, 228, 241, 255, 448, 787; 10 25, 48, 65, 81, 85, 147, 159, 165, 217, 287, 311, 313, 332, 343, 511, 530, 569, 578, 591, 599, 637, 647, 656, 661, 769, 776, 783, 787, 798, 802, 809, 816, 826, 830, 863, 873, 874, 896; 11 2, 36, 73, 95, 106, 120, 170, 184, 232, 282, 289, 442, 446, 472, 511, 904, 908, 910; 12 63, 108, 166, 175, 195, 197, 311, 323, 324, 384, 399, 428, 440, 481, 491, 505, 526, 540, 554, 580, 613, 628, 654, 678, 697, 723, 746, 760, 772, 783, 794, 887, 919, 939

아이네아스의(Aeneius) 7 1; 10 156, 494

아이네아스의 아들(Aenides=아스카니우스) 9 653

아이네아스의 백성들(Aeneadae) 1 157, 565; 5 108; 7 284, 334, 616; 8 341, 468; 9 180, 235, 468, 735; 10 120; 11 503; 12 12, 186, 779

아이네아스 실비우스(Aeneas Silvius 알바 롱가의 왕) 6 769

아이누스 또는 아이네아의 주민들(Aeneadae) 2 18

아이아이아(Aeaea 키르케가 살던 섬) 3 386

아이아쿠스의 자손(Aeacides 아킬레스(손자)) 1 99, 6 58

아이아쿠스의 자손(퓌르루스(증손자)) 3 296

아이아쿠스의 자손(페르세우스(먼 후손, 마케도니아의 마지막 왕)) 6 839

아이약스(Aiax 오일레우스의 아들) 1 41; 2 414

아이올루스(Aeolus 바람의 신) 1 52, 56, 65, 76, 142

아이올루스(트로이야인) 12 542

아이올루스의(Aeolius) 5 791; 8 416, 454

아이올루스의 손자(울릭세스) 6 529

아이올루스의 아들(Aeolides 미세누스) 6 164

아이올루스의 아들(클뤼티우스) 9 774

아이올리아(Aeolia 바람들의 나라) 1 52; 10 38

아이퀴족(Aequi 라티움 지방의 산악 지대에 살던 부족) 7 695

아이퀴쿨리족(Aequiculi=아이퀴족) 7 747

아이톤(Aethon 말 이름) 11 89

아이톨리아(Aetolia)(인)의(Aetolus) 10 28; 11 239, 308, 428

아이트나(Aetna 시킬리아의 산) 3 554, 571, 579, 674

아이트나의(Aetnaeus) 3 678; 7 786; 8 419, 440; 11 263

아이티오페스족(Aethiopes 이집트와 적도 사이, 대서양과 홍해 사이에 산다는 전설적 부족) 4 481

아카마스(Acamas 테세우스의 아들) 2 262

아카르나니아(Acarnania)의(Acarnan) 5 298

아카이메니데스(Achaemenides 이타카인) 3 614, 691

아카테스(Achates 아이네아스의 전우) 1 120, 174, 188, 312, 459, 513, 579, 581, 644, 656, 696; 3 523; 6 34, 158; 8 466, 521, 586; 10 332, 344; 12 384, 459

아케론(Acheron 저승의 강) 5 99; 6 107, 295; 7 91, 312, 569; 11 23

아케스타(Acesta 시킬리아의 도시) 5 718

아케스테스(Acestes 시킬리아의 왕) 1 120, 174, 188, 312, 459, 513, 579, 581, 644, 656, 696; 3 523; 6 34, 158; 8 466, 521, 586; 10 332, 344; 12 384, 459

아코이테스(Acoetes 아르카디아인) 11 30, 85

아콘테우스(Aconteus 라티니족) 11 612, 615

아퀴쿨루스(Aquiculus 루툴리족) 9 684

아크라가스(Acragas 시킬리아의 도시, 지금의 아그리겐토(Agrigento)) 3 703

아크론(Acron 그라이키아인) 10 719, 730

아크몬(Acmon 아이네아스의 전우) 10 128

아크리시우스(Acrisius 다나에의 아버지) 7 372, 410

아키달리아(Acidalia 샘 이름) 1 720

아키비족(Achivi=그라이키아인들) 1 242, 488; 2 45, 60, 102, 318; 5 497; 6 837; 10 89; 11 266

아키비족의(Achaicus) 2 462; 5 623

아킬레스(Achilles 『일리아스』의 주인공) 1 30, 458, 468, 475, 484, 752; 2 29, 197, 275, 476, 540; 3 87, 326; 5 804; 6 89, 168, 839; 12 352, 545

아테시스(Athesis 베로나 시의 강) 9 680

아토스(Athos 산 이름) 12 701

아튀스(Atys 트로이야인) 5 568, 569

아트레우스의 아들들(Atridae＝아가멤논과 메넬라우스) 1 458; 2 104, 415, 500; 8 130; 9 138, 602; 11 262

아틀라스(Atlas 이아페투스의 아들) 1 741; 4 247, 248, 481; 6 796; 8 136, 140, 141

아틀라스의 딸(Atlantis) 8 135

아티나(Atina 볼스키족의 도시) 7 630

아티나스(Atinas 루툴리족) 11 869; 12 661

아티이(Atii 로마의 귀족 가문) 5 568

아폴로(Apollo 예언과 활과 의술과 음악과 광명의 신) 2 121, 430; 3 79, 119, 154, 162, 251, 275, 395, 434, 479; 4 144, 345, 376; 6 9, 101, 344; 7 241; 8 336, 704; 9 638, 649, 654, 656; 10 171, 875; 11 785; 12 393, 405, 516

아피드누스(Aphidnus 트로이야인) 9 702

아프리카 바람(ventus Africanus 남서풍) 1 86

아프리카 땅(terra Africa) 4 37

아프리카인들(Afri) 8 724

악카(Acca 카밀라의 여자 친구) 11 820, 823, 897

악토르(Actor 트로이야인) 9 500

악토르(아우룽키족) 12 94, 96

악티움(Actium 에피로스 지방의 곶) 3 280; 8 675, 704

안나(Anna 디도의 여동생) 4 9, 20, 31, 416, 421, 500, 634

안드로게오스(Androgeos 미노스의 아들) 6 20

안드로게오스(아르고스인) 2 371, 382, 392

안드로마케(Andromache 헥토르의 아내) 2 456; 3 297, 303, 319, 482, 487

안타이우스(Antaeus 루툴리족) 10 561

안탄드로스(Antandros 뮈시아 지방의 도시) 3 6

안테노르(Antenor 파타비움 시의 창건자) 1 242

안테노르의 아들들(Antenorides) 6 484

안테우스(Antheus 트로이야인) 1 81, 510; 12 443

안템나이(Antemnae 사비니족의 도시) 7 631

안토니우스(Marcus Antonius 로마의 정치가 겸 장군) 8 685

안토레스(Antores 아르고스인) 10 778, 779

안티파테스(Antiphates 사르페돈의 아들) 9 696

알모(Almo 라티니족) 7 532, 575

알바 롱가(Alba Longa 로마의 모시) 1 271; 5 597; 6 766, 770; 8 48; 9 387

알바의(Albanus) 1 7; 5 600; 6 763; 7 603; 8 643; 9 388; 12 134, 826

알부네아(Albunea 티부르 시의 숲) 7 83

알불라(Albula 티베리스 강의 옛 이름) 8 332

알수스(Alsus 루툴리족) 12 304

알레테스(Aletes 트로이야인) 1 212; 9 246, 307

알렉토(Allecto 복수의 여신들 중 한 명) 7 324, 341, 405, 415, 445, 576; 10 41

알로에우스의 아들들(Aloidae = 오투스와 에피알테스) 6 582

알리아(Allia 티베리스 강의 지류) 7 717

알카노르(Alcanor 트로이야인) 9 672

알카노르(라티니족) 10 338

알카이우스(Alcaeus)의 손자(Alcides = 헤르쿨레스) 5 414; 6 123, 392, 801; 8 203, 219, 249, 256, 363; 10 321, 461, 464

알카토우스(Alcathous 트로이야인) 10 747

알칸데르(Alcander 트로이야인) 9 767

알페스(Alpes 알프스 산) 10 13

알페스의(Alpinus) 4 442; 6 830; 8 661

알페우스(Alpheus 엘리스 지방의 강) 3 694; 10 179

암상크투스(Amsanctus 삼니움 지방의 호수) 7 565

암프뤼수스(Amphrysus 텟살리아 지방의 강) 6 398

암피트뤼온(Amphitryon)의 아들(Amphitryoniades = 헤르쿨레스) 8 103, 214

압펜니누스(Appenninus 이탈리아의 산맥) 12 703

압펜니누스의 주민(Appeninicola) 11 700

앗사라쿠스(Assaracus 트로스 왕의 아들) 1 284; 6 650, 778; 9 259, 643; 12 127

앗사라쿠스(트로이야인) 10 124

앙기티아(Angitia 마르시족의 여신) 7 759

앙케몰루스(Anchemolus 마르시족의 왕) 10 389

앙쿠스(Ancus 로마의 왕) 6 815

앙크수르(Anxur 루툴리족) 10 545

앙크수르(Anxur 테라르키나(Terracina)의 옛 이름)의(Anxurus) 7 799

앙키세스(Anchises 아이네아스의 아버지) 1 617; 2 300, 597, 687, 747; 3 9, 82, 179, 263, 473, 475, 525, 539, 558, 610, 710; 4 351, 427; 5 31, 99, 535, 537, 614, 652, 664, 723, 761; 6 670, 679, 713, 723, 752, 854, 867, 888, 897; 7 123, 134, 245; 8 156, 163; 9 647; 10 534; 12 934

앙키세스의 아들(=아이네아스)(Anchisa generatus) 6 322

앙키세스의 아들(=아이네아스)(Anchisa satus) 5 244, 424; 6 331; 7 152

앙키세스의 아들(=아이네아스)(Anchisiades) 5 407; 6 126, 348; 8 521; 10 250, 822

야누스(Ianus 두 얼굴의 이탈리아 신) 7 180, 610; 8 357; 12 198

야니쿨룸(Ianiculum 로마의 언덕) 8 358

에게리아(Egeria 요정) 7 763, 775

에도니족의(Edonus) 12 365

에라토(Erato 무사 여신들 중 한 명) 7 37

에레부스(Erebus 암흑의 신) 4 26, 510; 6 247, 404, 671; 7 140

에레툼(Eretum 사비니족의 도시) 7 711

에룰루스(Erulus 프라이네스테의 왕) 8 563

에뤼마스(Erymas 트로이야인) 9 702

에뤼만투스(Erymanthus 아르카디아 지방의 산) 5 448; 6 802

에뤽스(Eryx 시킬리아의 산) 12 701

에뤽스(시켈리아의 영웅) 1 570; 5 24, 392, 402, 412, 419, 483, 630, 772

에뤽스의(Erycinus) 5 759; 10 36

에리다누스(Eridanus 지금의 포 강) 6 659

에리카이테스(Erichaetes 트로이야인) 10 749

에리퓔레(Eriphyle 암피아라우스의 아내) 6 445

에마티온(Emathion 트로이야인) 9 571

에뷔수스(Ebysus 루툴리족) 12 299

에우나이우스(Eunaeus 트로이야인) 11 666

에우로타스(Eurotas 라코니케 지방의 강) 1 498

에우로파(Europa 대륙 이름) 1 385; 7 224; 10 91

에우뤼스테우스(Eurystheus 뮈케나이 왕) 8 292
에우뤼알루스(Euryalus 트로이야인) 5 294, 295, 322, 323, 334, 337, 343; 9 179, 185, 198, 231, 281, 320, 342, 359, 373, 384, 390, 396, 424, 433, 467, 475, 481
에우뤼투스의 아들(Eurytides＝클로누스(Clonus)) 10 499
에우뤼티온(Eurytion 트로이야인) 5 495, 514, 541
에우뤼퓔루스(Eurypylus 텟살리아인) 2 114
에우메데스(Eumedes 트로이야인) 12 346
에우멜루스(Eumelus 트로이야인) 5 665
에우보이아(Euboea 보이오티아 지방 동쪽의 큰 섬)의(Euboicus) 6 2, 42; 9 710; 11 260
에우아드네(Euadne 카파네우스의 아내) 6 447
에우안데르(Euander 또는 Euandrus 팔란테움 왕) 8 52, 100, 119, 185, 313, 360, 455, 545, 558; 9 9; 10 148, 370, 394, 420, 492, 515, 780; 11 26, 31, 55, 140, 148, 394, 835; 12 184, 551
에우안테스(Euanthes 프뤼기아인) 10 702
에우프라테스(Euphrates 아시아의 강) 8 726
에키온(Echion 카드무스를 도와 테바이를 건설한 사람)의(Echionius) 12 515
에트루리아(Etruria 지금의 Toscana 지방) 8 494; 12 232
에트루리아(인)의(Etruscus) 8 480, 503; 9 150, 521; 10 148, 180, 238, 429; 11 598
에트루리아(인)의(Tuscus) 10 164, 203
에트루리아인들(Tusci) 11 629; 12 551
에페오스(Epeos 목마의 제작자) 2 264
에풀로(Epulo 루툴리족) 12 459
에퓌투스(Epytus 트로이야인) 2 340
에퓌티데스(Epytides 아스카니우스의 경호원) 5 547, 519
에피로스(Epiros 그리스의 북서 지방) 3 292, 503
엔텔루스(Entellus 시킬리아 출신 권투 선수) 5 387, 389, 437, 443, 446, 462, 472
엘렉트라(Electra 아틀라스의 딸) 8 135, 136
엘뤼시움(Elysium 축복 받은 자들의 거처) 5 735; 6 542, 744
엘리스(Elis 펠로폰네수스 반도의 서북 지역) 3 694; 6 588
엘릿사(Elissa 디도의 다른 이름) 4 335, 610; 5 3

엥켈라두스(Enceladus 거한) 3 578; 4 179

오니테스(Onites 루툴리족) 12 524

오레스테스(Orestes 아가멤논의 아들) 3 331; 4 471

오로데스(Orodes 트로이야인) 10 732, 737

오론테스(Orontes 트로이야인) 1 113, 220; 6 334

오르뉘투스(Ornytus 에트루리아인) 11 677

오르세스(Orses 트로이야인) 10 748

오르실로쿠스(Orsilochus 트로이야인) 11 636, 690, 694

오르쿠스(Orcus 저승 또는 저승의 신) 2 398; 4 242, 699; 6 273; 8 296; 9 527, 785

오르타(Orta 에트루리아 지방의 도시) 7 716

오르튀기아(Ortygia=델로스 섬) 3 124, 143, 154

오르튀기아(쉬라쿠사이 앞바다의 섬) 3 694

오르튀기우스(Ortygius 루툴리족) 9 573

오르페우스(Orpheus 예언자) 6 119

오리온(Orion 사냥꾼) 10 763

오리온(별자리) 1 535; 3 517; 4 52; 7 719

오리쿰(Oricum 에피로스 지방의 도시) 10 136

오리튀이아(Orithyia 에렉테우스의 딸) 12 83

오스키족(Osci 캄파니아 지방에 살던 부족) 7 730

오시니우스(Osinius 클루시움 왕) 10 655

오시리스(Osiris 라티니족) 12 458

오이노트리아(Oenotria 이탈리아의 남부) 7 85

오이노트리아인들(Oenotri) 1 532; 3 165

오이발루스(Oebalus 캄파니아 지방의 왕) 7 734

오이칼리아(Oechalia 에우보이아 섬의 도시) 8 291

오일레우스(Oileus 로크리스인들의 왕. 아이약스의 아버지) 1 41

오케아누스(Oceanus 티탄 신족) 1 287, 745; 2 250; 4 129, 480; 7 101, 226; 8 589; 11 1

오크누스(Ocnus 만투아의 창건자) 10 198

오트뤼스(Othrys 텟살리아 지방의 산) 7 675

오트뤼스의 아들(Othryades) 2 319, 336

오펠테스(Opheltes 트로이야인) 9 201

오피스(Opis 디아나의 시녀) 11 532, 836, 867

올레아로스(Olearos 퀴클라데스 군도 중 하나) 3 126

올륌푸스(Olympus 텟살리아 지방의 산=하늘) 1 374; 2 779; 4 268, 694; 5 533; 6 579, 586, 782, 834; 7 218, 558; 8 280, 319, 533; 9 84, 106; 10 1, 115, 216, 437, 621; 11 726, 867; 12 634, 792

요정(妖精 Nympha) 1 71, 168, 329; 3 34; 4 168, 198; 7 47, 137, 734, 775; 8 71, 314, 336, 339; 10 83, 220, 221, 551; 11 588; 12 142, 786

우칼레곤(Ucalegon 트로이야인) 2 312

우펜스(Ufens 라티움 지방의 강, 지금의 우펜테(Ufente)) 7 802

우펜스(라티니족) 7 745; 8 6; 10 518; 12 460, 641

운명의 여신들(Parcae) 1 22; 3 379; 5 798; 9 107; 10 419, 815; 12 147, 150

울릭세스(Ulixes=오뒷세우스(Odysseus), 『오뒷세이아』의 주인공) 2 7, 44, 90, 97, 164, 261, 436, 762; 3 273, 613, 628, 691; 9 602; 11 263

움브로(Umbro 마르시족) 7 752; 10 544

움브리아 산(產)(Umber) 12 753

유노(Iuno 윱피테르의 아내) 1 4, 15, 36, 48, 64, 279, 443, 446, 662, 668, 671, 734; 2 612, 761; 3 380, 437, 438, 547; 4 45, 59, 114, 166, 371, 608, 693; 5 606, 679, 781; 6 90, 138; 7 330 419, 438, 552, 554, 592, 683; 8 60, 84, 292; 9 2, 745, 764, 802; 10 62, 73, 96, 606, 611, 628, 685, 760; 12 134, 156, 791, 841

유투르나(Iuturna 요정, 투르누스의 누이) 12 146, 154, 222, 244, 448, 468, 477, 485, 798, 813, 844, 854, 870

율리우스(Iulius Caesar) 1 288

윱피테르(Iuppiter 최고신) 1 42, 46, 78, 223, 380, 394, 552, 731; 2 326, 689; 3 104, 116, 171, 223, 279, 681; 4 91, 110, 199, 205, 206, 331, 356, 377, 590, 614, 638; 5 17, 255, 687, 726, 747; 6 123, 130, 272, 584, 586; 7 110, 133, 139, 219, 220, 287, 308, 799; 8 301, 320, 353, 381, 560, 573, 640; 9 83, 128, 209, 564, 624, 625, 670, 673, 716, 803; 10 16, 112, 116, 567, 606, 689, 758; 11 901; 12 141, 144, 247, 496, 504 565, 725, 806, 809, 830, 849, 854, 878, 895

이나리메(Inarime=Aenaria 나폴리 만의 섬, 지금의 이스키아(Ischia)) 9 716

이나쿠스(Inachus 아르고스 왕) 7 286, 372, 792; 11 286

이노(Ino 카드무스의 딸) 5 823

이다(Ida 크레타 섬의 산) 3 105, 112; 12 412

이다(프뤼기아 지방의 산) 2 696, 801; 3 6; 5 252, 254, 449; 7 139, 207, 222; 9 80, 112, 620, 672; 10 158, 230, 252; 11 285; 12 546

이다(니수스의 어머니) 9 177

이다스(Idas 트로이야인) 9 575

이다스(트라키아인) 10 351

이다이우스(Idaeus 프리아무스의 마부) 6 485

이다이우스(다른 트로이야인) 9 500

이달리아(Idalia 퀴프루스 섬의 도시) 1 693; 5 760; 10 52

이달리움(Idalium = 이달리아(Idalia)) 1 681

이도메네우스(Idomeneus 크레타 왕) 3 122, 401; 11 265

이드몬(Idmon 루툴리족) 12 75

이리스(Iris 무지개의 여신, 신들의 여사자) 4 694, 700; 5 606; 9 2, 18, 803; 10 38, 73

이마온(Imaon 루툴리족) 10 424

이스마루스(Ismarus 트라키아 지방의 산) 10 351

이스마루스(뤼디아인) 10 139

이아르바스(Iarbas 가이툴리족의 왕) 4 36, 196, 326

이아수스의 아들(Iasides) 5 843; 12 392

이아시우스(Iasius 다르다누스의 아우) 3 168

이아이라(Iaera 요정) 9 673

이아퓍스(Iapyx 아풀리아인) 11 247, 678

이아퓍스(바람 이름) 8 710

이아퓍스(트로이야인) 12 391, 420, 425

이오(Io 이나쿠스의 딸) 7 789

이오니아 해(mare Ionium) 3 211, 671; 5 193

이오파스(Iopas 키타라 연주자) 1 740

이올라스(Iollas 트로이야인) 11 640

이울루스(Iulus 일명 아스카니우스, 아이네아스의 아들) 1 267, 288, 556, 690, 709; 2 563,

674, 677, 682, 710, 723; 4 140, 274, 616; 5 546, 569, 570; 6 364, 789; 7 107, 116, 478, 493; 9 232, 293, 310, 501, 640, 652; 10 524, 534; 11 58; 12 110, 185, 399

이카루스(Icarus 다이달루스의 아들) 6 31

이타카(Ithaca 울릭세스의 고향 섬) 3 272, 613

이타카인(Ithacus＝울릭세스) 2 104, 122, 128; 3 629

이탈루스(Italus 이탈리아인들의 선조) 7 178

이탈리아(Italia) 1 2, 13, 38, 68, 233, 263, 380, 533, 553, 554; 3 166, 253, 254, 364, 381, 458, 507, 523, 524, 674; 4 106, 230, 275, 345, 346, 361, 381; 5 18, 629, 730; 6 61, 357, 718; 7 469, 563; 9 267, 601; 10 8, 32, 67; 11 219, 508; 12 42

이탈리아의(Italus) 1 252; 3 185, 396, 440; 5 82, 117, 703; 6 757, 762; 7 85, 334, 643, 776; 8 626, 715; 9 133, 698; 10 780; 11 326, 420; 12 35, 246, 827

이탈리아인(Italus) 8 502; 11 592

이탈리아인들(Itali) 1 109; 5 565; 6 92; 8 331, 513, 678; 9 532; 10 41, 74, 109; 12 189, 202, 251, 297, 582, 628, 655, 705

이탈리아 여인들(Italides) 11 657

이튀스(Itys 트로이야인) 9 574

이피투스(Iphitus 트로이야인) 2 435

익시온(Ixion 텟살리아 왕) 6 601

인디아(India 인도) 12 67

일루스(Ilus 트로이야 왕) 6 650

일루스(이울루스의 이전 이름) 1 268

일루스(루툴리족) 10 400, 401

일뤼리쿰(Illyricum 그라이키아의 북서 지방) 1 243

일리아(Ilia＝레아 실비아(Rhea Silvia), 로물루스와 레무스의 어머니) 1 274; 6 778

일리오네(Ilione 프리아무스의 딸) 1 653

일리오네우스(Ilioneus 트로이야인) 1 120, 521, 559, 611; 7 212, 249; 9 501, 569

일리움(Ilium 트로이야의 다른 이름) 1 68; 2 241, 325, 625; 3 3, 109; 5 261, 756; 6 64

일리움의(Ilius) 1 268; 9 285; 11 245

일리움의(Iliacus) 1 97, 456, 483, 647; 2 117, 431; 3 182, 280, 336, 603; 4 46, 78, 537, 648; 5 607, 725; 6 875; 8 i34; 10 62, 335, 635; 11 255, 393; 12 861

일리움의 여인들(Iliades) 1 480; 2 580; 3 65; 5 644; 7 248; 11 35
일바(Ilva 에트루리아 지방 앞바다의 섬, 지금의 엘바(Elba)) 10 173
임브라수스(Imbrasus 뤼키아인) 12 343
임브라수스의 아들(Imbrasides) 10 123; 12 343

ㅈ

자비로운 여신들(Eumenides 복수의 여신들의 다른 이름) 4 469; 6 250, 280, 375
자퀸토스(Zacynthos 이오니아 해의 섬) 3 70
잠(Sopor) 6 278
잠의 신(Somnus) 5 838; 6 893
저녁(Vesper) 1 374
전쟁(Bellum) 1 294; 4 279; 7 607, 622
제단들(Arae 아프리카와 시킬리아 사이에 있는 암초들) 1 109
조국의 영웅(Indigetes) 12 794
죽음(Letum) 6 277, 278
죽음의 신(Mors) 11 197

ㅋ

카론(Charon 저승을 흐르는 스튁스 강의 나룻배 사공) 6 299, 326
카륍디스(Charybdis 멧사나 해협의 소용돌이) 3 420, 558, 684; 7 302
카르타고(Karthago 북아프리카의 도시, 지금의 튀니스(Tunis) 근처) 1 13, 298, 366; 4 97, 224, 265, 347, 670; 10 12, 54
카르멘탈리스 문(porta Carmentalis 로마의 문) 8 338
카르멘티스(Carmentis 에우안데르의 어머니) 8 336, 339
카르파투스(Carpathus 에게 해의 섬) 5 595
카리나이(Carinae 로마 시의 한 구역) 8 361
카리아(Caria)인들(Cares 카리아는 소아시아의 남서부 지방) 8 725
카메르스(Camers 루툴리족) 10 562; 12 224
카메리나(Camerina 시킬리아의 도시) 3 701
카밀라(Camilla 볼스키족의 여전사) 7 803; 11 432, 498, 535, 543, 563, 604, 649, 657, 689,

760, 796, 821, 833, 839, 856, 868, 892, 898
카밀루스(Marcus Furius Camillus 갈리아인들을 격퇴한 로마인) 6 825
카스밀라(Casmilla 카밀라의 어머니) 11 543
카스토르(Castor 트로이야인) 10 124
카스트룸 이누이(Castrum Inui 라티움 지방의 도시) 6 775
카스페리아(Casperia 사비니족의 도시) 7 714
카스피이족(Caspii 메디아 지방에 살던 부족) 6 798
카오스(Chaos 에레부스와 밤의 여신의 아버지) 4 510 ; 6 265
카오니아(Chaonia 에피로스 지방의 도시) 3 293, 334, 335
카온(Chaon 프리아무스의 아들) 3 335
카우카수스(Caucasus 흑해와 카스피 해 사이의 산맥) 4 367
카울론(Caulon 이탈리아 브룻티움 지방의 도시) 3 553
카이네우스(Caeneus 텟살리아인) 6 448
카이네우스(트로이야인) 9 573
카이디쿠스(Caedicus 레물루스의 친구) 9 362
카이디쿠스(에트루리아인) 10 747
카이레(Caere 에트루리아 지방의 도시, 지금의 체르베테리(Cerveteri)) 8 597 ; 10 183
카이사르(Caesar 로마의 귀족 가문, 율리우스) 1 286 ; 6 789
카이사르(옥타비아누스) 6 792 ; 8 678, 714
카이에타(Caieta 아이네아스의 유모) 7 2
카이에타(라티움 지방의 항구 도시, 지금의 가에타(Gaeta)) 6 900
카이쿠스(Caicus 트로이야인) 1 183 ; 9 35
카이쿨루스(Caeculus 볼카누스의 아들) 7 681 ; 10 544
카쿠스(Cacus 괴물, 볼카누스의 아들) 8 194, 205, 218, 222, 241, 259, 303
카토(Marcus Porcius Cato, 감찰관(Censorius)) 6 841
카토(공화주의자로서 아프리카 우티카에서 자살 Uticensis) 8 670
카틸루스(Catillus 티부르 시의 창건자) 7 672 ; 11 640
카틸리나(Lucius Sergius Catilina 로마의 반역자) 8 668
카페나(Capena 에트루리아 지방의 도시) 7 697
카페레우스(Caphereus 에우보이아 섬의 곶) 11 260

카프레아이(Capreae 나폴리 만 앞의 섬, 지금의 카프리(Capri)) 7 735

카퓌스(Capys 트로이야인) 1 183; 2 35; 9 576; 10 145

카퓌스(알바 롱가의 왕) 6 768

카피톨리움(Capitolium 로마의 일곱 언덕 중 하나) 6 836; 8 347, 653; 9 448

칼레스(Cales 캄파니아 지방의 도시) 7 728

칼뤼돈(Calydon 아이톨리아 지방의 도시) 7 306, 307; 11 270

칼뤼베(Calybe 유노 여신의 여사제) 7 419

칼뤼베스족(Chalybes 흑해 연안에 살던 부족) 8 421; 10 174

칼리오페(Calliope 무사 여신들 중 한 명) 9 525

칼카스(Calchas 그라이키아의 예언자) 2 100, 122, 176, 182, 185

칼키스(Chalcis 에우보이아 섬의 도시) 6 17

캄파니아(Campania 로마의 남부 지방) 10 145

캇산드라(Cassandra 프리아무스의 딸) 2 246, 343, 404; 3 183, 187; 5 636; 10 68

케라우니아(Ceraunia 에피로스 지방의 산맥) 3 506

케레스(Ceres 농업의 여신) 1 177, 701; 2 714, 742; 4 58; 6 484; 7 113; 8 181

케레스의(Cerealis) 1 177; 7 111

케르베루스(Cerberus 저승의 문지기 개) 6 417

케크롭스(Cecrops)의 자손들(Cecropidae=아테나이인들, 케크롭스는 아테나이의 전설적인 왕) 6 21

케테구스(Cethegus 루툴리족) 12 513

켄타우루스(Centaurus 반인반마의 괴물) 6 286; 7 675

켄타우루스(배 이름) 5 122, 155, 157; 10 195

켈라이노(Celaeno 하르퓌이아) 3 211, 245, 365, 713

켈렘나(Celemna 캄파니아 지방의 도시) 7 739

코라(Cora 라티움 지방의 도시) 6 775

코라스(Coras 티부르 시의 건설자) 7 672; 11 465, 604

코로이부스(Coroebus 프뤼기아인) 2 341, 386, 407, 424

코뤼나이우스(Corynaeus 트로이야인) 6 228; 9 571

코뤼나이우스(루툴리족) 12 298

코뤼반테스들(Corybantes 퀴벨레 여신의 사제들) 3 111

코뤼투스(Corytus 에트루리아 지방의 도시) 3 170; 7 209; 10 719

코뤼투스(그곳의 전설적 건설자) 9 10

코린투스(Corinthus 그라이키아의 도시) 6 836

코사이(Cosae 에트루리아 지방의 도시) 10 168

코이우스(Coeus 티탄 신족) 4 179

코퀴투스(Cocytus 저승의 강) 6 132, 297, 323; 7 479, 562

코클레스(Quintus Horatius Cocles 로마인) 8 650

콜라티아(Collatia 라티움 지방의 도시) 6 774

콧수스(Cossus 로마의 집정관) 6 841

쿠나루스(Cunarus 리구레스족) 10 186

쿠레스(Cures 사비니족의 도시) 6 811; 8 638; 10 345

쿠레테스들(Curetes 크레타의 원주민, 윱피테르의 사제들) 3 131

쿠마이(Cumae 캄파니아 지방의 도시) 3 441; 6 2, 98

쿠파보(Cupavo 리구레스족) 10 186

쿠펭쿠스(Cupencus 루툴리족) 12 539

쿠피도(Cupido＝아모르(Amor), 베누스의 아들) 1 658, 695; 10 93

쿼르켄스(Quercens 루툴리족) 9 684

퀴도니아(Cydonia 크레타의 도시) 12 858

퀴돈(Cydon 루툴리족) 10 325

퀴리누스(Quirinus 신격화된 로물루스의 이름) 1 292; 6 859

퀴리누스의(Quirinalis) 7 187, 612

퀴리테스들(Quirites 로마인들의 별명) 7 710

퀴모도케(Cymodoce 또는 Cymodocea 요정) 5 825; 10 225

퀴모토에(Cymothoe 요정) 1 144

퀴벨레(Cybele 프뤼기아의 여신) 10 220

퀴벨루스(Cybellus 프뤼기아 지방의 산) 3 111; 11 768

퀴크누스(Cycnus 리구레스족의 왕) 10 189

퀴클라데스(Cyclades 에게 해의 군도) 3 127; 8 692

퀴클롭스(Cyclops 외눈의 거한) 1 201; 3 569, 617, 644, 647, 675; 6 630; 8 418, 424, 440; 11 263

퀴테라(Cythera 라코니케 지방 앞바다의 섬) 1 680; 10 51, 86

퀴테레아(Cytherea 베누스의 별명) 1 257, 657; 4 128; 5 800; 8 523, 615

퀴프루스(Cyprus 동지중해의 섬) 1 622

퀸투스(Cynthus 델로스 섬의 산) 1 498; 4 147

퀼레네(Cyllene 아르카디아 지방의 산) 4 252, 258, 276; 8 139

크노수스(Cnosus 크레타의 수도) 3 115; 5 306; 4 23, 566; 9 305

크레우사(Creusa 아이네아스의 아내) 2 562, 597, 651, 666, 738, 769, 772, 778,784; 9 297

크레타(Creta 그라이키아의 섬) 3 104, 122, 129, 162; 5 588

크레타의(Cresius) 4 70; 8 294

크레타의(Cressa) 5 285

크레타의(Cretaeus) 3 117; 12 412

크레타인들(Cretes) 4 146

크레테우스(Cretheus 무사 여신들의 친구) 9 774, 775

크레테우스(가장 용감한 그라이키아인) 12 538

크루스투메리(Crustumeri 사비니족의 도시) 7 631

크리니수스(Crinisus 시킬리아의 강) 5 38

크산투스(Xanthus 트로아스 지방의 강) 1 473, 3 497

크산투스(에피로스 지방의 강) 3 350

크산투스(뤼키아 지방의 강) 4 143

클라로스(Claros 이오니아 지방의 도시) 3 369

클라루스(Clarus 뤼키아인) 10 126

클라우디아(Claudia 로마의 귀족 가문) 7 708

클라우수스(Clausus 사비니족) 7 707; 10 345

클로누스(Clonus 조각가) 10 499

클로니우스(Clonius 트로이야인) 9 574

클로니우스(또 다른 트로이야인) 10 749

클로안투스(Cloanthus 트로이야인) 1 222, 510, 612; 5 122, 152, 167, 225, 233, 245

클로일리아(Cloelia 로마의 소녀) 8 651

클로레우스(Chloreus 트로이야인) 11 768; 12 363

클루시움(Clusium 에트루리아 지방의 도시) 10 167, 655

클루엔티우스(Cluentius 로마의 귀족 이름) 5 123

클뤼티우스(Clytius 트로이야인) 9 774

클뤼티우스(또 다른 트로이야인) 11 666

클뤼티우스(뤼르네수스인) 10 129

클뤼티우스(루툴리족) 10 325

키르케(Circe 태양신의 딸) 3 386; 7 20, 191, 282

키르케의(Circaeus) 7 10, 799

키마이라(Chimaera 괴물) 6 288; 7 785

키마이라(배 이름) 5 118, 223

키미누스(Cinimus 에트루리아 지방의 호수) 7 697

키타이론(Cithaeron 보이오티아 지방의 산) 4 303

킷세우스(Cisseus 트라키아의 왕, 헤쿠바의 아버지) 5 537

킷세우스(라티니족) 10 317

킷세우스의 딸(Cisseis=헤쿠바) 7 320; 10 705

ㅌ

타구스(Tagus 루툴리족) 9 418

타나이스(Tanais 루툴리족) 12 513

타렌툼(Tarentum 이탈리아 칼라브리아 지방의 도시) 3 551

타르코(Tarcho 에트루리아인) 8 603

타르콘(Tarchon=타르코) 8 506; 10 153, 290, 299, 302; 11 184, 727, 729, 746, 757

타르퀴니우스(Tarquinius 로마 왕) 6 817; 8 646

타르퀴투스(Tarquitus 루툴리족) 10 550.

타르타라(Tartara 저승의 깊숙한 곳) 4 234, 446; 5 734; 6 135, 543; 8 563; 9 496; 11 397; 12 14, 205

타르타루스(Tartarus=타르타라) 6 577

타르타루스의(Tartareus) 6 295, 395, 551; 7 328, 514; 8 667; 12 846

타르페이야(Tarpeia, 성채(arx)) 8 652

타르페이야(거처(sedes)=카피톨리움 언덕) 8 347

타르페이야(이탈리아 여인) 11 656

타뮈루스(Thamyrus 트로이야인) 12 341
타부르누스(Taburnus 캄파니아 지방의 산, 지금의 몬테 타브르노(Monte Taburno)) 12 715
타우마스(Thaumas)의 딸(Thaumantias=이리스) 9 5
타이몬(Thaemon 뤼키아인) 10 126
타티우스(Tatius 사비니족의 왕) 8 638
탈로스(Talos 루툴리족) 12 513
탈리아(Thalia 요정) 5 826
탑수스(Thapsus 시킬리아의 도시) 3 689
태백성(Vesper) 8 280
태양신(Sol) 1 568; 4 607; 7 11; 12 115, 164, 176
테게아(Tegea 아르카디아 지방의 도시) 5 299; 8 459
테네도스(Tenedos 트로이야 앞바다의 섬) 2 21, 203, 255
테레우스(Tereus 트로이야인) 11 675
테론(Theron 루툴리족) 10 312
테르모돈(Thermodon 흑해 남안의 강) 11 659
테르실로쿠스(Thersilochus 트로이야인) 6 483
테르실로쿠스(또 다른 트로이야인) 12 363
테밀라스(Themillas 트로이야인) 9 576
테바이(Thebae 보이오티아 지방의 수도) 4 470; 9 697
테세우스(Theseus 아테나이 왕) 6 122, 393, 618
테아노(Theano 트로이야의 여인) 10 703
테우케르(Teucer 또는 Teucrus 트로이야 왕) 1 235; 3 108; 4 230; 6 500, 648
테우케르(또는 테우크루스, 텔라몬의 아들) 1 619
테우케르 나라(Teucria=트로이야) 2 26
테우케르 백성들(Teucri=트로이야인들) 1 38, 89, 248, 299, 304, 511, 555, 625, 626, 562; 2 48, 247, 252, 281, 326, 366, 427, 459, 571; 3 53, 186, 352, 601; 4 48, 349, 397, 537; 5 7, 66, 181, 293, 450, 474, 592, 675, 690; 6 41, 54, 67, 90, 93, 212, 562; 7 155, 193, 276, 301, 344, 366, 371, 388, 470, 476, 547, 578, 724; 8 10, 17, 136, 154, 397, 470, 513, 551; 9 34, 39, 55, 68, 77, 114, 115, 126, 130, 149, 226, 248, 327, 369, 510, 516, 636, 691, 719, 791, 805; 10 8, 22, 28, 44, 58, 62, 105, 158, 240, 260, 276, 309, 430, 446,

503, 512, 528, 617, 629, 684, 690; 11 92, 116, 123, 134, 164, 168, 175, 223, 279, 321, 371, 385, 434, 449, 585, 690, 825, 834, 842, 872; 12 9, 11, 38, 60, 74, 78, 183, 189, 193, 232, 368, 506, 539, 562, 570, 629, 642, 738, 744, 770, 799, 812, 824, 836, 913

테우케르의(Teucrus) 2 747; 5 530; 7 359; 8 161; 9 779; 10 866; 12 117

테우토네스족(Teutones 독일에 살던 부족) 7 741

테우트라스(Teuthras 트로이야인) 10 402

테트리카(Tetrica 사비니족의 산) 7 71

테티스(Thetis 바다의 요정, 아킬레스의 어머니) 5 825

텔레보아이족(Teleboae 레우카디아와 아카르나니아 사이의 섬들에 살던 부족) 7 735

텔론(Telon 텔레보아이족의 왕) 7 734

텟산드루스(Thessandrus 그라이키아인) 2 261

토아스(Thoas 그라이키아인) 2 262

토아스(트로이야인) 10 415

토르콰투스(Torquatus, Titus Manlius의 별명) 6 825

톨룸니우스(Tolumnius 라티니족) 11 429; 12 258, 460

투르누스(Turnus 루툴리족의 왕) 7 56, 344, 398, 413, 421, 434, 475, 577, 596, 650, 783; 8 1, 493, 538, 614; 9 3, 4, 6, 28, 47, 73, 108, 269, 462, 526, 535, 549, 559, 573, 574, 593, 738, 740, 789, 797, 805; 10 20, 75, 143, 151, 308, 440, 453, 456, 463, 471, 478, 479, 490, 500, 514, 532, 561, 615, 624, 645, 647, 657, 665, 677; 11 91, 114, 115, 129, 175, 178, 217, 221, 336, 363, 376, 441, 459, 486, 502, 507, 896, 910; 12 1, 32, 45, 56, 62, 97, 138, 148, 174, 220, 243, 317, 324, 337, 353, 380, 383, 446, 466, 469, 502, 509, 526, 557, 597, 614, 625, 631, 645, 652, 653, 666, 689, 697, 729, 742, 765, 776, 809, 861, 865, 872, 889, 927, 943

투스쿠스(Tuscus=Etruscus) 8 473; 10 199; 11 316

툴라(Tulla 카밀라의 시녀) 11 656

툴루스(Tullus Hostilius 로마 왕) 6 814; 8 644

튀데우스(Tydeus 오이네우스의 아들) 6 479

튀데우스의 아들(Tydides=디오메데스) 1 97, 471; 2 164, 197; 10 29; 11 404; 12 351

튀레스(Tyres 트로이야인) 10 403

튀로스(Tyros 포이니케 지방의 도시) 1 346; 4 36, 43, 670

튀로스의(Tyrius) 1 12, 20, 336, 340, 388, 568; 4 162, 224, 262; 10 55

튀로스인(Tyrius) 1 574

튀로스인들(Tyrii) 1 338, 423, 661, 696, 707, 732, 735, 747; 4 104, 111, 321, 468, 544, 622

튀르레니아(Tyrrhenia=에트루리아)의(Tyrrhenus) 1 67; 6 697; 7 43, 209, 242, 426, 647, 663; 8 458, 507, 526, 551, 555; 10 71, 691; 11 171, 450, 504, 517, 581, 727, 835; 12 123, 272, 290

튀르레니아인(Tyrrhenus) 10 787, 898; 11 612, 686

튀르레니아인들(Tyrrheni) 8 603; 9 93, 171, 733

튀르루스(Tyrrhus 라티니족) 7 485, 508, 532

튀르루스의 아들들(Tyrrhidae) 7 484; 9 28

튀모이테스(Thymoetes 트로이야인) 2 32

튀모이테스(또 다른 트로이야인) 10 123; 12 364

튀브리스(Thybris 이탈리아 왕) 8 330

튀브리스(티베리스 강의 다른 이름) 2 782; 3 500; 5 83, 797; 6 87; 7 151, 242, 303, 436; 8 64, 72, 86, 331, 540; 10 421; 11 393; 12 35

튀이아스(Thyias 박쿠스의 여신도) 4 302

튀포에우스(Typhoeus 괴물) 1 665; 8 298; 9 726

튄다레우스의 딸(Tyndaris=헬레나) 2 569, 601

튐베르(Thymber 루툴리족) 10 391, 394

튐브라(Thymbra 트로아스 지방의 도시) 3 85

튐브라이우스(Thymbraeus 트로이야인) 12 485

튐브리스(Thymbris 트로이야인) 10 124

트라키아(Thracia 또는 Thrace 그라이키아의 북동 지방) 12 335

트라키아의(Thracius) 5 536, 565; 9 49

트라키아의(Threicius) 3 51; 5 312; 6 120, 645; 7 208; 10 350; 11 659

트라키아의 여인 또는 요정(Threissa) 1 316; 11 858

트라키아인들(Thraces) 3 14

트로니우스(Thronius 트로이야인) 10 753

트로이야(Troia 트로아스 지방의 도시) 1 1, 24, 95, 206, 238, 375, 376, 473, 565, 597, 679, 732; 2 11, 34, 56, 60, 108, 161, 290, 293, 342, 461, 555, 573, 581, 603, 622, 625, 637,

660, 703, 751; 3 3, 11, 15, 42, 86, 149, 322, 340, 462, 505, 595, 614; 4 111, 312, 313; 5 61, 190, 555, 626, 633, 637, 787, 811; 6 56, 68, 335, 650, 840; 7 121, 233, 244, 262, 296; 8 291, 398, 471, 587; 9 144, 202, 247, 547, 644; 10 27, 45, 60, 74, 110, 214, 378, 460; 11 288; 12 828

트로이야(헬레누스가 에피로스 지방에 세운 도시) 3 349, 497

트로이야(시킬리아 아케스타 시의 일부) 5 756

트로이야(경기의 일종) 5 602

트로이야의(Troianus) 1 19, 467, 550, 624, 699; 2 4, 63; 3 335; 4 124, 165, 162, 191, 342, 425; 5 420, 602, 757, 793; 6 62, 767; 7 144, 318, 364, 723; 8 36, 182, 188, 545; 9 180; 10 360, 598,609; 11 34, 125, 131, 230, 597

트로이야의(Troius) 1 119, 249, 596; 2 763; 3 306, 596; 5 38, 417, 599, 804; 6 403, 451; 7 221, 521; 8 530; 10 584, 886; 11 350, 779; 12 122, 502

트로이야인(Troianus) 1 286; 5 688; 7 260; 9 128; 10 77; 11 421, 826; 12 359, 804

트로이야인(Tros) 1 574; 6 52, 126; 10 108, 250; 11 592; 12 723

트로이야인들(Troes) 1 30, 129, 172, 232, 524, 747; 2 325; 5 265; 7 21; 9 113, 136, 168, 533, 689, 756, 811; 10 31, 89, 895; 11 161, 620; 12 137, 231, 281, 704, 730, 820

트로이야의 여인들(Troades) 5 613

트로이야 출신(Triugena) 3 359; 8 117; 12 626

트로일루스(Troilus 프리아무스의 아들) 1 474

트리나크리아(Triacria 시킬리아의 다른 이름) 3 440, 582; 5 393, 555

트리나크리아의(Trinacrius) 1 196; 3 384, 429, 554; 5 300, 450, 530, 573

트리비아(Trivia 헤카테 또는 디아나의 별명) 6 13, 35, 69; 7 516, 774, 778; 10 537; 11 566, 836

트리토니스(Tritonis 미네르바의 별명) 2 226

트리토니아(Tritonia=트리토니스) 2 171

트리토니아의(Tritonius) 2 615; 5 704; 11 483

트리톤(Triton 해신) 1 144; 5 824; 6 173

트리톤(배 이름) 10 209

트마로스(Tmaros 에피로스 지방의 산) 5 620

트마루스(Tmarus 루툴리족) 9 685

티그리스(Tigris 배 이름) 10 166

티륀스(Tiryns)의 영웅(Tirynthius=헤르쿨레스) 7 662; 8 228

티마부스(Timavus 아드리아 해 북안에 있는 이스트리아 지방의 강) 1 244

티베리누스(Tiberinus 티베리스 강의 다른 이름) 6 873; 7 30, 797; 8 31; 9 125

티베리스(Tiberis 로마 옆을 흐르는 강) 7 715

티베리스의(Tiberinus) 1 13; 10 833; 11 449

티부르(Tibur 라티움 지방의 도시, 지금의 티볼리(Tivoli)) 7 630

티부르의(Tiburs) 7 670; 9 360; 11 757

티부르투스(Tiburtus 티부르 시의 창건자) 7 671; 11 519

티시포네(Tisiphone 복수의 여신들 중 한 명) 6 55; 5 571; 10 761

티탄(Titan 우라누스와 가이아의 여섯 아들 중 한 명, 여기서는 태양신) 4 119

티탄의(Titanius) 6 580, 725

티토누스(Tithonus 새벽의 여신의 남편) 4 585; 8 384; 9 460

티튀오스(Tityos 거한) 6 595

ㅍ

파가수스(Pagasus 트로이야인) 11 670

파노페스(Panopes 시킬리아인) 5 300

파노페아(Panopea 요정) 5 240, 825

파두사(Padusa 파두스 강의 남쪽 지류) 11 457

파두스(Padus 북이탈리아의 강, 지금의 포(Po)) 9 680

파두스(Fadus 루툴리족) 9 344

파두아(Padua)) 1 247

파로스(Paros 에게 해의 섬) 1 593; 3 126

파루스(Pharus 루툴리족) 10 322

파르라시아(Parrhasia 아르카디아 지방의 도시) 8 344; 11 31

파르테노파이우스(Parthenopaeus 멜레아게르의 아들) 6 480

파르테니우스(Parthenius 트로이야인) 10 748

파리스(Paris 프리아무스의 아들) 1 27; 2 602; 4 215; 5 370; 6 57; 7 321; 10 702, 705

파르티족(Parthi 카스피 해 북동쪽에 살던 부족) 7 606; 12 857, 858

파바리스(Fabaris 사비니족의 강) 7 715

파비이(Fabii 로마의 귀족 가문) 6 845

파시파에(Pasiphae 미노스의 아내) 6 25, 447

파에톤(Phaeton 태양 신) 5 105

파에톤(태양 신의 아들) 10 189

파우누스(Faunus 라티누스의 아버지, 판, 사튀루스) 7 47, 48, 81, 102, 213, 254, 368; 10 551; 12 766, 777

파우누스들(Fauni) 8 314

파이드라(Phaedra 미노스의 딸) 6 445

파이아케스족(Phaeaces 코르퀴라 섬의 전설적 주민들) 3 291

파이온(Paeon 의술의 신) 7 769; 12 401

파퀴눔(Pachynum 시켈리아의 곶) 3 429, 699; 7 289

파타비움(Patavium 북이탈리아의 도시, 지금의 파도바) 1 247

파트론(Patron 아르카디아인) 5 298

파푸스(Paphus 퀴프로스 섬의 도시) 1 415; 10 51, 86

팍톨루스(Pactolus 소아시아 뤼디아 지방의 강) 10 142

판(Pan 숲과 목자들의 신) 8 344

판다루스(Pandarus 뤼키아인) 5 496

판다루스(트로이야인) 9 672, 722, 735; 11 396

판타기아스(Pantagias 시켈리아의 강) 3 689

판투스(Panthus 트로이야인) 2 318, 319, 322, 429

팔라메데스(Palamedes 그라이키아인) 2 82

팔라디움(Palladium 미네르바 여신의 신상) 2 166, 183; 9 151

팔라스(Pallas 미네르바의 별명) 1 39, 479; 2 15, 163, 615; 3 544; 5 704; 7 154; 8 435 11 477

팔라스(에우안데르의 선조) 8 51, 54

팔라스(에우안데르의 아들) 8 104, 110, 121, 168, 466, 515, 519, 575, 587; 10 160, 365, 374, 385, 393, 399, 411, 420, 433, 442, 458, 480, 492, 504, 506, 533, 574, 515; 11 27, 30, 39, 97, 141, 149, 152, 163, 169, 177; 12 943, 948

팔라이몬(Palaemon 이노의 아들) 5 823

팔라티움(Palatium 로마의 일곱 언덕 중 하나) 9 9

팔란테움(Pallanteum 에우안데르가 세운 도시) 8 54, 341

팔란테움의(Pallanteus) 9 196, 241

팔레리스(Phaleris 트로이야인) 9 762

팔리누루스(Palinurus 트로이야인, 키잡이) 3 202, 513, 562; 5 12, 833, 840, 843, 847, 871; 6 337, 341, 373, 381

팔리스키(Falisci 에트루리아 지방에 살던 부족) 7 695

팔리쿠스(Palicus 시킬리아의 신) 9 585

팔무스(Palmus 트로이야인) 10 697, 699

패주(敗走 Fuga) 9 719

페게우스(Phegeus 트로이야인) 5 263; 9 765

페게우스(또 다른 트로이야인) 12 371

페나테스(Penates 가정과 국가의 수호신들, 가끔 '가정'이란 뜻으로도 쓰임) 1 68, 378, 527, 704; 2 293, 514, 717, 747; 3 12, 15, 148, 603; 4 21, 598; 5 62, 632; 7 121; 8 11, 39, 123, 543, 679; 9 258; 11 264

페네우스(Pheneus 아르카디아 지방의 도시) 8 165

페넬레우스(Peneleus 그라이키아인) 2 425

페레스(Pheres 트로이야인) 10 413

페로니아(Feronia 이탈리아의 여신) 7 800; 8 564

페르가마(Pergama 트로이야의 성채) 1 466, 651; 2 177, 291, 375, 556, 571; 3 87; 4 344, 426; 6 516; 7 322; 8 37, 374; 10 58; 11 280

페르가마(에피로스의 성채) 3 336, 350

페르가마의(Pergameus) 3 110, 476; 5 744; 6 63

페르가메아(Pergamea 크레타의 도시) 3 133

페리디아(Peridia 오니테스의 어머니) 12 515

페리파스(Periphas 그라이키아인) 2 476

페스켄니아(Fescennia 에트루리아 지방의 도시) 7 695

페텔리아(Petelia 이탈리아 브룻티움 지방의 도시) 3 402

펜테실레아(Penthesilea 아마존족의 여왕) 1 491; 11 662

펜테우스(Pentheus 테바이 왕) 4 469

펠라스기족(Pelasgi 그라이키아의 선주민 = 그라이키아인들) 2 83; 6 503; 8 600

펠라스기족의(Pelasgus) 1 624; 2 106, 152; 9 154

펠레우스의 아들(Pelides＝아킬레스) 2 548; 5 808; 12 350

펠레우스의 손자(Pelides＝네옵톨레무스) 2 263

펠로루스(Pelorus 시킬리아의 곶) 3 411, 687

펠롭스(Pelops 탄탈루스의 아들) 2 193

펠리아스(Pelias 트로이야인) 2 435, 436

포달리리우스(Podalirius 트로이야인) 12 304

포룰리(Foruli 사비니족의 도시) 7 714

포르바스(Phorbas 트로이야인) 5 842

포르센나(Porsenna 에트루리아 왕) 8 646

포르쿠스(Phorcus 해신) 5 240, 824

포르쿠스(라티니족) 10 328

포르투누스(Portunus 항구의 신) 5 241

포메티이(Pometii 볼스키족의 도시) 6 775

포이누스인들(Poeni＝카르타고인들) 1 302, 442, 567; 4 134; 6 858; 12 4

포이누스인들의(Punicus＝카르타고인들의) 1 338; 4 49

포이니케인들(Phoenices 페니키아인들) 1 344

포이니케 여인(Phoenissa＝디도) 1 670, 714; 4 348, 529; 6 450

포이닉스(Phoenix 그라이키아인) 2 762

포이베(Phoebe 달의 여신으로서의 디아나) 10 216

포이부스(Phoebus 광명의 신으로서의 아폴로) 1 329; 2 114, 319; 3 80, 99, 101, 143, 188, 251, 359, 371, 474; 4 18, 56, 58; 6 35, 69, 70, 77, 347, 628, 662; 7 62; 8 720; 9 661; 10 316, 537; 11 794, 913; 12 391, 402

포이부스의 등불(Phoebea lampas) 3 637; 4 6

포이부스의 아들(Phoebigena＝아이스쿨라피우스) 7 773

포티티우스(Potitius 아르카디아인) 8 269, 281

포풀로니아(Populonia 에트루리아의 해안 도시) 10 172

폭풍의 신(Hiems) 3 120

폭풍의 여신들(Tempestates) 5 772

폴로에(Pholoe 크레타 출신 여자 노예) 5 285

폴루스(Pholus 켄타우루스) 8 293

폴루스(트로이야인) 12 341

폴룩스(Pollux 카스토르와 쌍둥이 형제간) 6 121

폴뤼도루스(Polydorus 프리아무스의 아들) 3 45, 49, 55, 62

폴뤼보이테스(Polyboetes 트로이야인) 6 484

폴뤼페무스(Polyphemus 퀴클롭스) 3 641, 657

폴리테스(Polites 프리아무스의 아들) 2 526; 5 564

푸키누스(Fucinus 라티움 지방의 호수) 7 759

퓌그말리온(Pygmalion 디도의 오라비) 1 347, 364; 4 325

퓌라그몬(Pyragmon 퀴클롭스) 8 425

퓌르고(Pyrgo 프리아무스의 자녀들의 유모) 5 645

퓌르기(Pyrgi 에트루리아의 도시) 10 184

퓌르루스(Pyrrhus＝네옵톨레무스) 2 469, 491, 526, 529, 547, 662; 3 296, 319

프라이네스테(Praeneste 라티움 지방의 도시, 지금의 팔레스트리나(Palestrina)) 7 682; 8 561

프라이네스테의(Praenestinus) 7 678

프로몰루스(Promolus 트로이야인) 9 574

프로세르피나(Proserpina 케레스의 딸, 플루톤의 아내) 4 698; 6 142, 251, 402

프로카스(Prochas 알바 롱가의 왕) 6 767

프로퀴타(Prochyta 캄파니아 지방 앞바다의 섬, 지금의 프로치다(Procida)) 9 715

프로크리스(Procris 케팔루스의 아내) 6 445

프로테우스(Proteus 해신) 11 262

프뤼기아(Phrygia 트로이야 인근 지역, 흔히 트로이야와 같은 뜻으로 사용됨) 7 207; 10 88, 582

프뤼기아의(Phrygius) 1 182, 381, 618; 2 68, 276, 580; 3 6, 148, 484, 545; 4 103, 140; 6 785; 7 139, 358, 363, 430, 579; 9 80; 10 157, 702; 11 403, 484, 677, 769; 12 75

프뤼기아의(Phryx) 12 99

프뤼기아인들(Phryges) 1 468; 2 191, 344; 5 785; 7 294; 9 134, 599, 617, 635; 10 255; 11 145, 170

프뤼기아의 여인들(Phrygiae) 6 518; 9 617

프뤼타니스(Prytanis 트로이야인) 9 767

프리베르누스(Privernus 루툴리족) 9 576

프리베르눔(Privernum 볼스키족의 도시) 11 540

프리스티스(Pristis 배 이름) 5 116, 154, 156, 187, 218

프리아무스(Priamus 라오메돈의 아들로 트로이야 왕) 1 458, 461, 487, 570, 654; 2 22, 56, 147, 191, 291, 344, 437, 454, 484, 501, 506, 518, 527, 533, 541, 554, 581, 662, 760; 3 1, 50 4 343; 5 297, 645; 7 246; 8 158, 379, 399; 9 284, 742; 11 259; 12 545

프리아무스(폴리테스의 아들) 5 564

프리아무스의(Priameius) 2 403; 3 321; 7 252

프리아무스의 아들(Priamides) 3 295, 346; 6 494, 505

프티아(Pthia 텟살리아의 도시 및 지역) 1 284

플라비나(Flavina 에트루리아 지방의 도시) 7 696

플레게톤(Phlegethon 저승의 강) 6 265, 551

플레귀아스(Phlegyas 라피타이족의 왕) 6 618

플레뮈리움(Plemyrium 시킬리아의 곶) 2 693

플루톤(Pluton 또는 Pluto 저승의 신) 7 327

피나리아 가(domus Pinaria 헤르쿨루레스의 제사를 주관한 가문) 8 270

피네우스(Phineus 트라키아 왕) 3 212

피데나(Fidena 라티움 지방의 도시) 6 773

피리토우스(Pirithous 라피타이족의 왕) 6 393, 601

피사이(Pisae 에트루리아 지방의 도시, 지금의 피사) 10 179

피쿠스(Picus 라우렌툼 왕) 7 48, 171, 189

필록테테스(Philoctetes 그라이키아의 명궁) 3 402

필룸누스(Pilumnus 투르누스의 선조) 9 4; 10 76, 619; 12 83

ㅎ

하드리아쿠스(Hadriacus 아드리아의) 11 405

하르팔뤼케(Harpalyce 요정) 1 317

하르팔뤼쿠스(Harpalycus 트로이야인) 11 675

하르퓌이아(Harpyia 반인반조의 괴물) 3 212, 226, 249, 365; 6 289

하이몬(Haemon 루툴리족) 9 685

하이몬의 아들(Haemonides 라티니족) 10 537

할라이수스(Halaesus 아가멤논의 아들 또는 추종자) 7 724

할라이수스(루툴리족) 10 352, 411, 417, 422, 424

할뤼스(Halys 트로이야인) 9 765

할리우스(Halius 트로이야인) 9 767

함몬(Hammon 리뷔아의 신) 4 198

행운의 여신(Fortuna) 2 79, 385, 387; 3 53; 4 653; 5 22, 604, 625; 6 96; 8 127, 334, 578; 9 214; 10 49, 284, 435; 11 43, 128, 413, 427; 12 147, 405, 637, 677(이중 4 653; 6 96; 8 334는 '운명'으로, 9 214는 '우연'으로 번역했음)

헤르니키족(Hernici 라티움 지방에 살던 부족) 7 684

헤르무스(Hermus 뤼디아 지방의 강) 7 721

헤르미니우스(Herminius 트로이야인) 11 642

헤르미오네(Hermione 메넬라우스의 딸) 3 328

헤르베수스(Herbesus 루툴리족) 9 344

헤르쿨레스(Hercules 윱피테르의 아들) 5 410; 7 656; 10 319, 779

헤르쿨레스의(Herculeus) 3 551; 7 669; 8 270, 276, 288, 542

헤브루스(Hebrus 트라키아 지방의 강) 1 317; 12 331

헤브루스(트로이야인) 10 696

헤스페리데스(Hesperides 요정들) 4 484

헤스페리아(Hesperia 이탈리아의 다른 이름) 1 530, 569; 3 163, 185, 186, 503; 4 355; 7 4, 44, 543; 8 148; 12 360

헤스페리아의(Hesperis) 7 77

헤스페리아의(Hesperius) 2 781; 3 418; 6 6; 7 601

헤시오네(Hesione 라오메돈의 딸) 8 157

헤카테(Hecate 여신) 4 511, 609; 6 118, 247, 564

헤쿠바(Hecuba 프리아무스의 아내) 2 501, 515

헥토르(Hector 프리아무스의 장남) 1 99, 483, 750; 2 270, 275, 282, 522; 3 312, 319, 343; 5 371; 6 166; 9 155; 11 289; 12 440

헥토르의(Hectoreus) 1 273; 2 543; 3 304, 488; 5 190, 634

헬레나(Helena 메넬라우스의 아내) 1 650; 7 364

헬레노르(Helenor 트로이야인) 9 544, 545

헬레누스(Helenus 프리아무스의 아들) 3 295, 329, 334, 346, 369, 380, 433, 546, 559, 684, 712

헬로루스(Helorus 시킬리아의 강) 3 698

헬뤼무스(Helymus 트로이야인) 5 73

헬뤼무스(시킬리아인) 5 300, 323, 339

헬리콘(Helicon 보이오티아 지방의 산) 7 641; 10 163

호몰레(Homole 텟살리아 지방의 산) 7 675

호라이(Horae 계절의 여신들) 3 512

후회(後悔 Curae) 6 274

휘다스페스(Hydaspes 트로이야인) 10 747

휘드라(Hydra 괴물 뱀) 6 576; 7 658

휘르카니족(Hyrcani 카스피 해 근처에 살던 부족) 4 367; 7 605

휘르타쿠스(Hyrtacus 트로이야인) 9 406

휘르타쿠스의 아들(Hyrtacides 힙포코온) 5 492, 503

휘르타쿠스의 아들(니수스) 9 177, 234, 319, 492, 503

휘아데스(Hyades 별자리) 1 744; 3 516

휘파니스(Hypanis 트로이야인) 2 340, 428

휠라이우스(Hylaeus 켄타우루스) 8 294

히멜라(Himella 사비니족의 강) 7 714

히베리아(Hiberia=지금의 에스파냐)의(Hiberus) 7 663; 9 582; 11 913

히스보(Hisbo 루툴리족) 10 384

히케타온(Hicetaon)의 아들(Hicetaonius) 10 123

힙포코온(Hippocoon 트로이야인) 5 492

힙포타스(Hippotas)의 아들(Hippotades) 11 674

힙폴뤼테(Hippolyte 아마존족의 여왕) 11 661

힙폴뤼투스(Hippolytus 테세우스의 아들) 7 761, 765, 774

| 지도 | 이탈리아 1

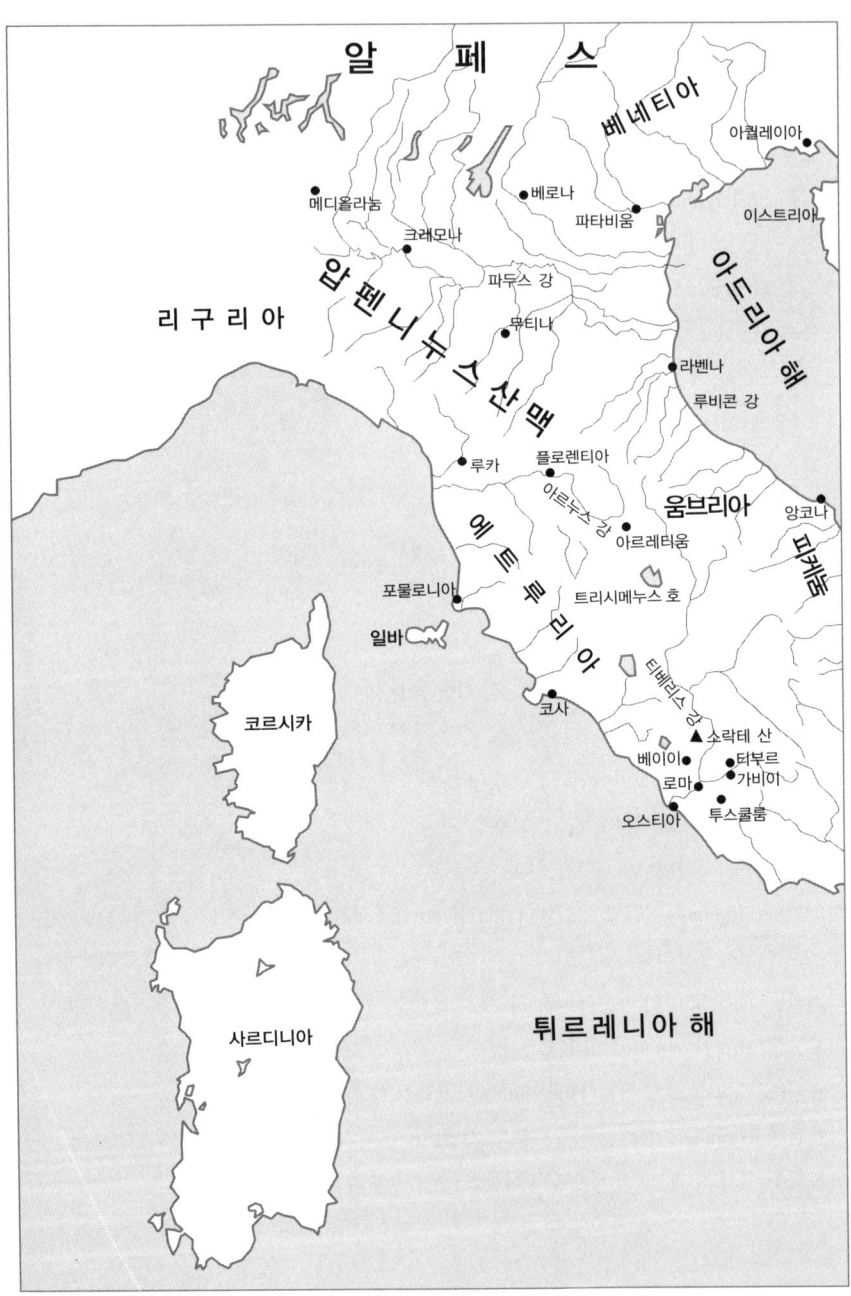

이탈리아 2

에게 해의 세계 1

에게 해의 세계 2

그리스 1

그리스 2

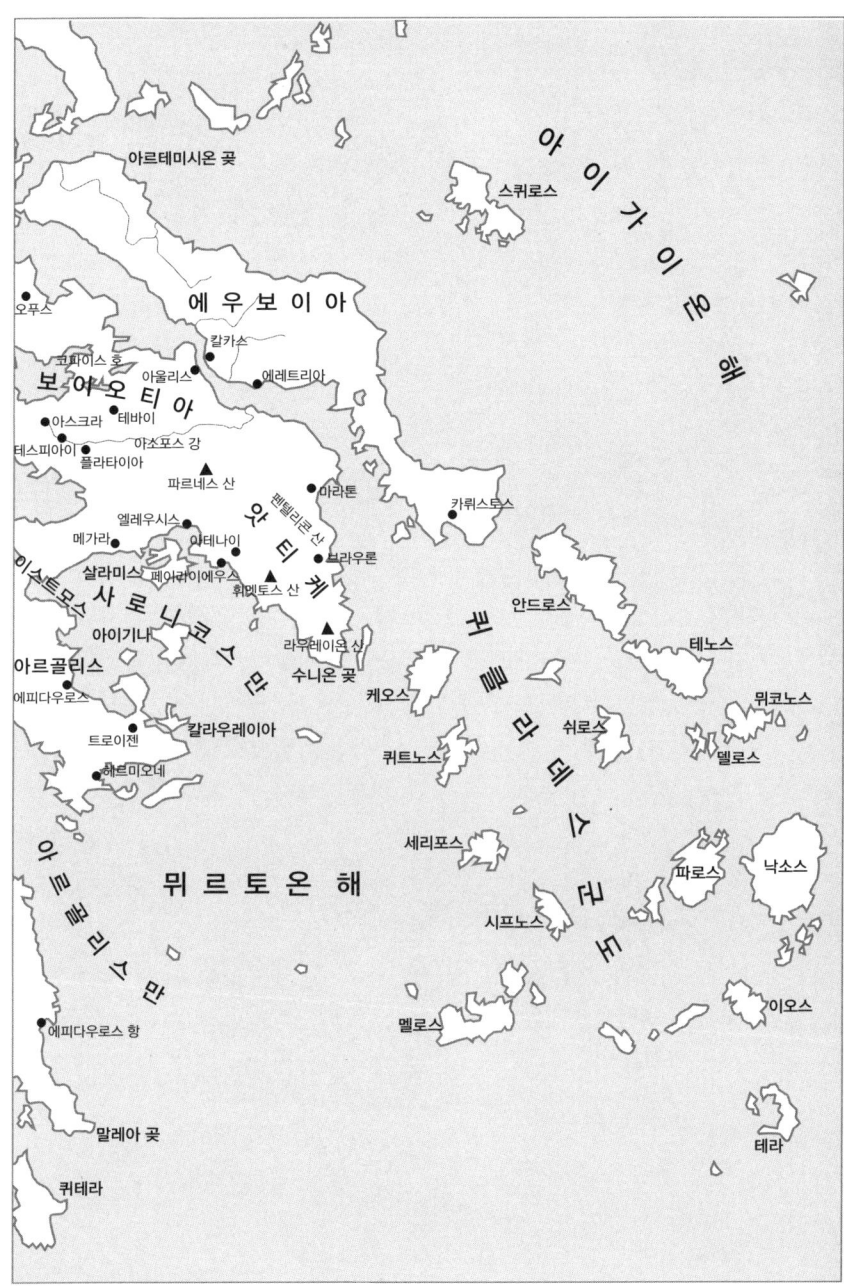